土地科学丛书

土地评价学

周生路等　编著

东 南 大 学 出 版 社

内容简介

本书全面系统地介绍了土地评价的基本理论、方法原理、支持技术及土地评价的应用。全书共4篇22章。绪论篇2章，主要介绍土地的概念、土地利用与分类、土地评价的基本概念与方法、土地评价的理论基础等；方法原理篇12章，分别介绍土地资源自然评价中有关土地适宜性评价和土地生产潜力测算，土地资源自然经济综合评价中有关农用地分等、农用地定级和农用地估价，土地资产评价中有关城镇土地分等、城镇土地定级、城镇土地估价，土地生态环境评价中有关土地生态安全评价、土地污染(环境质量)评价，以及土地利用绩效评价中有关土地可持续利用评价和土地集约利用评价的方法原理；支持技术篇5章，根据土地评价定量化、信息化、智能化的发展趋势，重点介绍土地评价常用数学方法、地统计学方法、遥感技术、地理信息系统技术和专家系统技术；应用篇3章，举例介绍土地评价原理方法在解决有关领域相关问题的实际应用。

本书可作为高校土地资源管理、资源环境城乡规划与管理、自然地理、经济地理、城市规划、环境科学等专业本科生和研究生的教学用书，也可供国土资源、经济管理、农林、环境保护、城市与区域规划等部门及有关企事业单位的管理和科技工作者参考。

图书在版编目(CIP)数据

土地评价学/周生路等编著. —南京:东南大学出版社,2006.8(2018.2重印)

(土地科学丛书)

ISBN 978-7-5641-0519-8

Ⅰ.土… Ⅱ.周… Ⅲ.土地评价 Ⅳ.F301

中国版本图书馆CIP数据核字(2006)第091795号

东南大学出版社出版发行

(南京四牌楼2号 邮编210096)

出版人:江建中

江苏省新华书店经销 南京工大印务有限公司印刷

开本:787mm×1092mm 1/16 印张:30 字数:746千字

2006年8月第1版 2018年2月第5次印刷

ISBN 978-7-5641-0519-8/F·67

印数:5501—6500册 定价:50.00元

(东大版图书若有印装质量问题，请与读者服务部联系。电话:025—83793865)

前言

科学意义上的土地评价国外始于19世纪末，我国则主要开始于20世纪50年代。几十年来，我国土地评价研究积累了丰富的经验，取得了丰硕的成果，土地评价理论和方法也取得了长足的进步。当前随着社会经济和科学技术的快速发展，迫切要求国土资源管理从数量管理向数量质量并重管理，从资源型向资源、资产与生态综合型转变。相应地，要求土地评价科学从对土地进行单纯的资源或经济质量评价，向资源、经济与生态环境综合质量评价方向转变，并特别注重定量方法和新技术、新手段的应用。为适应国土资源科学发展的新形势，本书全面系统地介绍了土地评价的基础理论、方法原理、支持技术及土地评价的应用等内容。

全书包括4篇22章。绪论篇，共列土地与土地评价概述、土地评价的理论基础2章，分别介绍土地的基本概念与特性、土地利用与分类、土地评价的基本概念与方法、土地评价的指导理论等；土地评价方法原理篇，共列土地适宜性评价、土地生产潜力测算、农用地分等、农用地定级、农用地估价、城镇土地分等、城镇土地定级、城镇土地估价、土地生态安全评价、土地污染评价和土地可持续利用评价、土地集约利用评价等12章，分别从土地资源自然评价、土地资源自然经济综合评价、土地资产评价、土地生态环境评价和土地利用绩效评价等五个方面，系统全面地介绍土地评价的基本原理、步骤和方法等；土地评价支持技术篇，根据土地评价定量化、信息化、智能化的发展趋势，共列土地评价常用的数学方法、地统计学方法、遥感技术与土地评价应用、地理信息系统技术与土地评价应用、专家系统技术等5章，分别介绍相关技术方法的基本原理及其在土地评价中的应用；土地评价应用篇，根据有关研究实例分列3章，展示土地评价原理方法在解决有关领域实际问题中的应用情况。

多年来本人一直在从事土地评价方面的教学、科研和实务工作。先后为南京大学自然资源管理、土地管理与房地产开发、资源环境城乡规划与管理专业本科生，开设“土地类型与土地评价”、“土地资源评价”课程，为土地资源管理、自然地理、人文地理、城市规划、环境科学、地理信息系统专业研究生开设“土地评价原理方法与应用”课程，为土地管理与城市规划专业研究生课程进修班学员开设“土地评价与规划”课程；主持或参加了江苏省农用地资源分等研究，江苏省域城市土地分等及其空间差异研究，新疆石河子、广西桂林等城市土地定级与基准地价评估研究，新疆石河子和一四八农场、广州天河区、江苏宜兴市和东台市农用地定级与基准地价评估研究，江苏六合和江浦县建制镇乡集镇土地分等与估价，国家自然科学基金重大项目、青年项目中土地景观生态和土地可持续利用评价研究，以及国家重点基础研究发展规划(973)项目和国土资源大调查项目中土地生态环境质量调查与评价研究；承接了有关房地产和宗地价格评估的实务工作。

本书正是在上述教学、科研和实务基础上，吸收国内外相关研究成果与方法，由周生路拟订编写大纲并组织相关人员集体编写而成。具体分工如下：第1、3、4、5、6、7、8、9、10、18、20、21、22章，周生路；第2章，王黎明、周生路；第11章，黄明丽、周生路；第12章，万红友、周生路；第13章，叶方、周生路；第14章，周生路、任奎；第15章，黄劲松、周生路；第16章，钟晓兰、吴绍华；第17章，刘波、廖富强；第19章，柳葳、周生路。全书最后由周生路统稿。

本书体系和内容初稿曾在南京大学相关专业本科生、研究生教学中试用。根据试用情况，建议第1、3～10章有关土地与土地评价概述、土地资源自然评价、土地资源自然经济综合评价和土地资产评价等作为基本内容，在本科生教学中讲授；第2、11～22章有关土地评价的理论基础、土地生态环境评价、土地利用绩效评价、土地评价支持技术、土地评价应用等作为提高内容，有选择地进行介绍讨论。研究生教学则在本科教学内容的基础上，针对有关章节并结合土地评价与国土资源管理的最新发展，开展专题讲座和研讨。

本书编写得到了赵其国院士、彭补拙教授的大力支持与鼓励，两位先生审阅了编写大纲和内容提要，对书稿体系和部分章节的写作进行了具体指导。在土地评价应用研究中，当时参与有关项目的徐彬彬研究员、李春华教授、褚维德副教授、刘兆礼高级工程师、马国庆高级工程师、胡晓娟老师、严苏宁老师、陈逸老师，博士研究生黄劲松、叶方、王国梁、万红友、刘波、钟晓兰、黄明丽、廖富强，硕士研究生陈敬雄、陆跃进、沈秀峰、冯蓉晔、宋佳波、李爱军、林明羿、孙兆金、张一飞、陆春锋、朱青、季禾禾、隋雪艳、吴绍华、陈东湘、柳葳、任奎、亓树思、吕蕾、陆长林、葛浩、张红富，以及王炳君、刘丹、支春明、黄云等，付出了许多辛勤劳动。在此一并表示感谢！

本书编写参考了大量国内外相关著作和研究成果，在此对著作作者和研究成果完成者表示衷心感谢！

由于时间仓促，加之水平有限，书中错误在所难免，恳切期望得到专家、学者及所有同行们和读者们的批评与指正！

周生路

2006年2月于南京大学东北楼

目　录

第一篇　绪论篇

第二篇 方法原理篇

第三篇 支持技术篇

第四篇 应用篇

第一篇　绪　论　篇

1　土地与土地评价概述

1.1　土地的概念与特性

1.1.1　土地的概念

土地是人类赖以生存的场所，是农业生产的基本资料，也是工业、交通、城市建设和旅游等不可缺少的物质条件。长期以来，不同学科、不同领域、不同部门给土地赋予不同的概念和含义。如城市建设领域往往把土地看作为城市设施建设及人们居住、生产、生活等的空间和场所；农业部门则把土地看作农业生产必不可少的生产要素。但从资源科学和土地管理角度，上地是一个内容非常广泛的概念。不同学者、不同组织对土地含义进行了不同界定。

中国古代管仲定义土地为："地者，万物之本原，诸生之根菀也"。英国经济学家马歇尔 A. 认为："土地的含义指的是大自然无偿资助人们的地上、水中、空中，光和热等物质和力量"。美国土地经济学家巴洛维 R. 提出"土地是受控制的附着于地球表面的自然和人工资源的总和"。近几十年来，随着生产的发展和科学技术水平的提高，地学和生态学理论的建立与完善，人们对土地的认识在不断深化。1964 年，澳大利亚学者克里斯钦和斯图尔特在《综合考察方法》一文中指出：土地是地球表面及其他对人类生存和成就有关的重要特征，是地球表面的一个立体垂直剖面，从空中环境直到地下的地质层，并包括动植物群体以及过去和现在与土地相联系的人类活动。1972 年，联合国粮农组织(FAO)发表的《土地与景观的概念及定义》一文中指出：土地包括地球特定地域表面及其以上和以下的大气、土壤及基础地质、水文和植物，并包含这一地域范围内过去和目前的人类活动的种种结果，以及动物就它们对目前和未来人类利用土地所施加的重要影响。1976 年 FAO 又进一步指出：土地是地球表面的一个区域，其特点包括该区域垂直向上和向下的生物圈的全部合理稳定的或可预测的周期性属性，包括大气、土壤和地质、生物圈、植物界和动物界的属性，以及过去和现在的人类活动的结果，它们对人类目前和未来土地利用施加重要的影响。

我国学者林超、陈传康、倪绍祥、林增杰等也对土地概念进行了分析和定义。

尽管不同学者对土地概念有不同的定义，但均认为土地是一个综合的概念。综观各方观点和论述，土地内涵至少包括以下几个方面。

(1) 土地是地球表面的特定区域。土地是地球表面的陆地部分，广阔的海洋不是土地的范畴。土地在地球上位置是固定的，有特定的形状和面积，其面积大小是土地在地球表面上垂直投影面的数量。

(2) 土地是一个自然和社会经济综合体。土地由若干自然因素和社会经济因素构成，其中自然因素主要包括大气、生物、土壤、岩石、水、地貌等。社会经济因素主要包括土地利用中土地位置及其与周边土地的关系,人口状况、土地适宜经营的产业及适宜程度、土地开发利用中所需的投入、土地的所属关系,以及人类活动包括为经济、政治、军事等目的服务活动所产生的结果。地球上的土地可分为未受人类影响土地和已受人类影响土地两大类,前者是自然综合体,后者是社会经济综合体。其中,前者也可以认为是自然经济综合体只是其中社会经济影响暂时为零。因此,总而言之,土地是一个自然经济综合体。

(3) 土地是一个立体的三维空间连续实体。在某一点上,土地还包含一个垂直的剖面。按构成物质密度的差异,该垂直剖面可分为地上层、地表层和地下层。其构成物质可大体划分为:地上层有气候、小气候、部分植物、微生物和动物等;地表层有陆地水文、土壤、浅层地下水、部分植物、动物和微生物、人类活动的结果等;地下层有土壤层之下的岩石和深层地下水等。土地的这个垂直剖面也是各种自然的物理、化学、生物过程及人类的社会经济活动的场所,可称之为土地的"活动层"。该活动层在平面上扩展和连续,使土地成为一个立体的三维空间连续实体。

(4) 土地是一个历史综合体。具有发生与发展的过程,其性质随时间而不断变化。这是由于构成土地的自然因素、社会经济因素及人类活动均随时间而变化。此外,由于土地及其属性的时间变化与空间位置紧密联系,因此土地的时间性和空间性应予统一考虑。如将土地总体性质作为因变量 Y,自然因素作为 N,社会经济因素作为 S,人类活动结果作为 P,空间位置作为 X,时间作为 T,则可将 Y 随空间 X 和时间 T 的变化表达为:

$$Y=(N,S,P,X,T) \tag{1.1}$$

(5) 土地是一个复合生态系统。土地由气候、土壤、水文、地貌、地质、动物、植物和微生物等自然要素,以及人类活动和结果等社会经济要素共同组成,形成一个复合的生态系统。系统内自然要素与社会经济要素之间,自然要素内部各因素及社会经济要素内部各因素之间,以及更大范围土地复合生态系统内各子系统之间,存在大量物质、能量、信息交换与流通,并通过相互间的作用推动系统的发展,维持系统的动态平衡。

综上所述,可将土地的概念表述为:土地是地球表面特定地段,由气候、土壤、水文、地貌、地质、动物、植物、微生物及人类活动和结果等要素所组成的,内部存在大量物质、能量、信息交换流通,空间连续,性质随时间不断变化的一个自然和社会经济综合体。

与土地概念相伴生,我们常能碰到国土、国土资源、土地资源、土地资产等名词。国土的概念从不同角度有多种见解,但一般认为,国土是一个包含有政治学、经济学、自然科学和技术科学意义的概括性的综合概念,是一个主权国家管辖下的领土、领空、领海的总称。其中,领土是包括陆地(含河流、湖泊等内陆水域)和它对应的地下层;领海是沿海国家与海岸相邻接的一定范围的海域,包括相应海床。领海宽度,目前国际上尚无统一规定,一般取 3～200 海里,我国取 12 海里;海岸基线外 200 海里以内为海洋专属经济区,其资源开发权属于该国家。领空,包括领土和领海范围内的上空,但领空的垂直高度国际上也尚无具体规定。

与国土概念一样,国土资源概念也存在不同看法。但一般认为,国土资源是一个主权国家管辖范围的全部自然资源和社会经济资源的总称。其中,自然资源包括土地资源、水资源、气候资源、生物资源、矿产资源和海洋资源等;社会经济资源包括劳动力资源、人创造的基础设施和社会环境等。

土地资源是指土地总量中在当前和可预见将来的技术经济条件下,能为人类所利用的那部分土地。由此可见,土地资源与土地概念的关系,是部分与全体的关系。但是由于人们目前还很难确定哪部分土地是绝对不能利用和创造财富,因此,土地和土地资源两个概念经常是相互通用的。

土地资产概念的提出，是认为土地不仅是社会进行物质生产的重要自然资源，而且还是一笔巨大的财产。一方面，土地的稀缺性和有限性使土地经营垄断成为可能，并使土地所有者凭借对土地的所有权可以定期从土地使用者中获取地租（绝对地租）；另一方面，土地是人类劳动或投入的载体，凝聚了大量的人类劳动成果，并提高人类的劳动生产率，从而产生超额利润（级差地租Ⅱ）。当土地加入流通被让渡时，必然要求从经济上得到补偿，进而取得价格形态（其价格是土地所提供的地租的购买价格），这时土地作为资产的职能便得到体现和发挥。

1.1.2　土地的特性

从上述土地概念可以看出，土地既是一个自然综合体，同时也是一个社会经济综合体；既是资源，也是资产，同时也是一个复合的生态系统。因此，土地具有自然和社会经济的二重性；同时，作为自然资源、资产和复合生态系统，土地具有相应的特性。

1）土地具有自然和社会经济的二重性

土地综合体包含气候、水文、地质构造、岩石、地形地貌、土壤、植物、动物、微生物等自然要素，以及地理区位、道路交通、基础设施、人类活动与结果等社会经济要素，是人类生产所必需的自然资源和生产资料，是人类活动的空间和场所。同时，土地在被人类利用的过程中总是要反映出一定社会中人与人之间的某种生产关系，包括占有、使用、支配和收益的关系。而土地的占有、使用关系是构成社会土地关系的基础，从而反映社会经济的性质。因此，土地不仅具有自然属性，同时也具有社会经济属性。土地的自然属性是土地利用、土地关系调整和土地管理的基础。土地的社会经济属性，既反映了进行土地分配与再分配的客观必要性，也是进行土地产权管理、土地关系调整的基本出发点。土地的分配和再分配，不仅反映土地利用的客观要求，而且也反映一定的土地关系。

2）土地作为自然资源的特性

作为自然资源，土地具有肥力和生产力、可更新性、面积有限性、利用永续性、多用途性和位置不可移动性等特性。

(1) 土地资源的肥力和生产力

土地资源之所以成为农业重要的生产要素之一，就在于土地资源具有肥力，即在植物生长发育过程中满足和协调植物对光照、温度、水分、养分和空气需求的能力。土地肥力是土地资源的客观属性，由自然肥力和人工肥力组成。其中，自然肥力是大自然不依靠人的生产活动而赋予土地的肥力；人工肥力是由于人类劳动、资本和技术的投入，使土壤结构得到人工改造、耕作方式得到改进、农田基本设施和生产条件得到改善等而形成的肥力。

土地资源肥力的存在促使土地具有生产能力。土地生产力的高低，既取决于土地各组成要素的质量及其组合状况，而且也取决于生产的物质投入、生产技术和管理水平。根据生产力影响限制因素，土地生产力可以分为自然生产力和经济生产力。其中，自然生产力是指土地在光照、温度、降水、土壤和地形等自然因素的影响和限制作用下所具有的生产能力；经济生产力是指在自然生产力基础上，进一步考虑土地生产的物质投入、生产技术和管理水平的影响和限制，土地资源所具有的生产力水平。根据生产条件及其满足程度，土地生产力又可以分为现实生产力和潜在生产力。其中，现实生产力是指在现实土地生产的物质投入、生产技术和管理水平下，土地利用光照、温度、降水、土壤和地形等资源条件所能达到的生产能力；潜在生产力是指在未来土地生产可能达到的物质投入、生产技术和管理水平下，土地充分利用光照、温度、降水、土壤和地形等资源条件所能达到的最大生产能力。

(2) 土地资源的可更新性、利用永续性和多用途性

土地作为一个良好的生态系统，通过其内部各子系统和各要素的物质、能量循环，使土地系统具有足够的自我调节和更新能力，维持系统的动态平衡。土地中的养分、水分虽然不断被植物吸收、消耗，但也能不断地通过降水、灌溉、施肥等途径从外界得到补充，从而维持土地上的植物不断生长，生产力得到长期维持。因此，土地是一种可更新性的资源。

由于土地资源具有可更新性，土地资源在使用过程中，只要合理利用，其肥力和生产力可以得到维持甚至不断提高，成为持久不断的永续利用的资源和生产资料。但是，如果不合理开发利用土地资源，导致土地生态系统自我调节更新能力破坏，将使土地肥力和生产力不断下降，造成土地退化。

土地资源在用途上具有多用途的特点。土地既可作为农业生产使用，也可作为建设使用；既可作为耕地使用，也可作为园地、林地和牧草地利用；既可作为工业用地，也可作为居住用地进行建设。而且随着人们认识、利用和改造能力的提高，土地用途将进一步扩大和深化，并产生更大的土地利用效益。

(3) 土地资源的地域差异性和面积的有限性

土地资源构成要素空间分布的差异性及其地域组合的复杂性，促使土地资源的空间分布也具有明显的地域差异性。自然要素方面，水热条件具有地带性规律，地质地貌因素具有非地带性规律，土壤因素则具有地带性和隐域性规律，在这些因素共同作用影响下，土地资源的空间分布具有一定地域分异规律，同时不同地区之间也会存在显著的差异性。社会经济因素方面，不同地区之间不仅社会经济条件、生产技术和水平存在差异，土地利用方式、发展方向和措施等也不同，因此形成不同的地域差异。自然要素和社会经济要素差异叠置，将进一步扩大土地资源的地域差异性。

当今地球陆地是经过漫长地质时期多次造地运动和地貌演化形成的，在人类历史时期内，地球陆地面积总体上并没有什么大的变化。作为地球表面陆地部分的土地，受陆地空间的限制，其面积只能是有限的，它既不能增加，也不能用其他资源或生产资料代替。人类虽然可以通过填海围湖造地，但这只是对地球表面土地形态进行改造。就目前造地工程来看，人们只是在改变土地形态、改善土地性能，从而提高土地的生产力，但并没有增加土地的总量。因此，人类应该充分合理地利用土地，不断提高土地利用的集约化程度，使有限的土地生产出更多的物质财富，满足人类的需求。

3) 土地作为资产的特性

土地作为资产，具有价值和价格以及收益的持续性、投资性和保值增值性、供求关系的特殊性、市场竞争的不完全性及交易的非物流性等特性。

(1) 土地价值

土地价值是通过土地转移到土地所有者手中的社会价值总量的一部分，确切地讲是社会总剩余价值即总利润的一部分。同商品价值一样，土地价值是一定经济关系的反映。这种关系的内涵就是土地权属的流转，包括：土地所有权的流转、土地所有权与使用权的分离和土地使用权的流转。因此，土地价值实际上就是土地买卖和土地租赁关系的反映。土地作为一种资源性资产，与土地的资源属性具有不可分割性，土地价值包括资产价值和资源价值两部分。一般资产价值是自身劳动价值的表现形式，主要由其中凝结的人类抽象劳动（包括物化劳动和活劳动）时

间所决定。而根据马克思的劳动价值论，作为纯自然的土地物质（土地资源）是没有劳动价值的，其价值是虚拟的；作为劳动产品的土地社会资本，则具有真实的劳动价值。土地自然资产价格不是劳动价值的表现形式，它主要由地租决定，是地租的转化形式。土地社会资产价值虽然是劳动价值的凝结，但土地的资产价值与资源价值是不可分割的，两者共同构成土地的综合价值。影响土地价值的因素有土地制度、土地垄断、土地性状和土地用途等。

土地价值具有很强的附属性、时间性、空间性和被动性等特点：① 土地价值不是直接凝结在土地上的人类劳动，而是通过土地权属流转而转移来的人类劳动；② 土地价值具有适度规模效应，一定的产业和一定的资本必须与最适应量的土地相结合，才能获得最大的土地价值量；③ 一般商品的价值量是随着劳动生产率的提高而下降的，但土地却恰好相反，它的价值会随劳动生产率的提高而增加；④ 土地因位置、用途不同将产生不同量的剩余价值，因此土地价值量会因用途、位置不同而产生巨大差异；⑤ 土地价值只有在土地被利用时才能得到体现，因为只有被利用的土地才有可能参与对剩余价值的分割；⑥ 由于土地利用及土地利用效益具有很强的时间性，因此土地价值量也具有很强的时间性；⑦ 土地价值不存在“损耗”，因为土地价值实际上是以土地作为分配条件而分得的部分国民收入，所以，土地价值量每年都可能不同，甚至逐年增长。

（2）土地价格

土地是一种自然物，非人类所创造。按照马克思的劳动价值论观点，土地没有价值，也不存在表现价值的价格。但是，土地是一种可被人们垄断的特殊财产，它具有稀缺性和利用的永续性，能够满足人类生存需求的特点。谁垄断了土地，谁就拥有了土地产品及其服务。他人要获得这种产品和服务就必须购买土地的垄断权，这就出现了土地价格。

可作为垄断性的土地权利主要包括土地的所有权和使用权。在一定劳动条件下，土地能提供相应产品和服务，产生经济收益和地租，垄断土地就拥有了可获得土地纯收益或地租的权利。土地价格就是土地这种权利的购买价格，包括土地所有权价格和使用权价格，其内涵实际上是土地提供产品和服务而产生经济收益和地租的购买价格。购买土地的权利实际上是购买一定时期的地租，地租现值的总和表现为土地价格。因此，土地价格实质上是若干年地租贴现值的总和，包括由土地所有权垄断而产生的绝对地租，土地生产与位置条件优劣而产生的级差地租以及个别地块的垄断地租。

对城市土地而言，人类在利用上地的过程中，对土地进行了大量的开发投入，土地凝结了人类的劳动，已不再是纯自然状态的土地。在对土地开发利用中，那些为了改造土地性能的投资称为土地资本，属固定资本范畴。这些资本投入要求收回，一般以折旧和利息的形式在租金上体现。所以，土地价格的组成包括三部分：① 真正的地租，即绝对地租和级差地租；② 土地资本的折旧；③ 土地资本利息。土地价格是以上三个部分之和的资本化。

土地本身具有位置固定性、稀缺性、质量差异性和永续利用性等特点。与一般商品相比，土地价格具有其独自特点：

① 土地价格是土地权利的价格。土地永续利用性表明土地能提供恒久的土地收益，购买土地实际上是购买获得土地收益的权利，土地买卖是土地作为财产权利的买卖。土地权利是一束权利的集合，可分为土地所有权、使用权、租赁权、抵押权等。购买某项土地权利，就可获得某种程度和水平的收益，并要为获得这项权利付出代价。

② 土地价格不是土地价值的货币表现。一般商品价格是该商品价值的货币表现，可由生产该产品的成本定价，价格比较客观。但土地是一种自然物，不是人类直接劳动的产品，虽然融

进了世代人的劳动，但这种劳动只能增加土地的使用价格，增加地租量，仍不是创造产品，不能形成这种商品的价值。所以，土地价格也就不能以生产成本作为定价的主要依据。

③ 土地价格的高低主要由土地需求决定。一般商品的价格以生产成本为主要依据，由市场供给与需求共同决定。对土地来说，自然供给是无弹性的，不能创造或改变，经济供给弹性也很小，但需求弹性大。这样，土地价格主要由需求决定。随着人口的增长和经济的发展，对土地需求的日益增大，土地价格会不断上升；相反，当人口减少，经济衰落，人们及社会发展对土地的需求减少时，土地价格就下跌。这种变动反映了土地的一个经济特点，也是土地价格的确定与一般商品价格的确定不一致的地方。

④ 土地价格呈上升趋势。因为土地面积有限，供给弹性小，而社会经济不断发展，人口不断增长，人地矛盾日益突出，人口与社会经济发展对土地需求量不断增加，从而使地租不断上涨；又因地价主要由需求决定，不断增加的需求引导土地价格亦呈上涨趋势。同时，社会经济的发展也意味着高技术高投资产业日趋发达，工人的劳动总量在生产中的比重日趋缩小，整个社会的资本有机构成不断提高，这也使得社会平均利润率下降。地租上升和利息率下降，也导致了土地价格呈上升趋势。

(3) 土地资产的收益持续性、投资性和保值增值性

土地资产具有收益持续性，即土地可为其所有者或使用者带来持续的收益。由于土地具有位置固定性、面积有限性、质量差异性、多用途性和利用的永续性等特征，使用者在占有某宗土地时，不仅能从该土地获得现实的纯收益，而且还能期待在未来年间源源不断地继续取得这一纯收益。可见人们拥有土地就是拥有了一笔资产。也正是由于土地的利用能够产生持续的收益，人们对土地具有强烈的资产产权要求。同时由于土地产权是一束可以分离出多项权利的产权束，土地不仅能给其所有者带来财富，也能为各项权能的拥有者带来收益，如土地使用权产权拥有者可以获取土地使用收益等。因此，在不能购买土地所有权的情况下，人们也会对土地使用权等产权产生需求。土地使用权的供给与需求是我国城市土地市场产生和发展的基本前提。

土地可作为一种良好的投资媒介。土地开发商和投资商可以通过投资于土地而在未来获取高于原来投资的回报，这种回报可能是一次性的，也可能是一种稳定的资金流。由于土地的稀缺性和增值性，它还可以作为一种投机的工具。土地是一种投资、投机两相宜的资产。另外，土地资产具有显著的保值性和增值性。一般资产的使用价值会随着使用过程中的损耗逐渐消失，即消费与增值难以同时实现，消费的过程是减值的过程。而对于土地这种特殊资产，由于其面积有限、位置固定、不可再生、区位至上等一系列自然和经济特征，会在消费过程中实现增值。在房地产增值中，虽然房屋的使用寿命比较长久，但通常情况下几十年后房屋的价值也会逐渐折旧，并最终为零。因此，房地产保值增值的基础主要来源于房屋的载体——土地的保值与增值特性。随着技术进步和劳动生产率提高，一般资产的生产成本会逐渐降低，长期而言，其价格呈下降趋势。而土地则可永续利用，只要商品经济存在，地价就不会消失。而且随着社会经济不断发展，人口不断增加，土地不断得到改良，地价呈长期上涨趋势。

(4) 土地供求关系的特殊性

由于土地市场交易客体——土地资产的特殊性，使得土地市场供求既受一般商品供求规律的制约，又具有与一般商品不同的特殊供求关系。

① 土地需求规律的特殊性。土地作为一种商品在市场上进行交易需遵循一般商品的供求规律，即地价上升，供给量增加，需求量减少；反之地价下降，供给量减少，需求量增加。土地的供给与需求在一定条件下及一定期间内可能出现暂时的平衡，但由于土地的自然供给是刚性

的，土地经济供给的弹性也有限，而人口增长和经济发展具有客观必然性，因此土地供求平衡是相对的、暂时的和个别的，不平衡是绝对的、长久的和普遍的。供不应求的普遍性和绝对性决定了地价变动呈上升态势。同时，由于土地是一种投资、投机两相宜的资源性资产，导致土地市场供求遵循与其他商品市场不同的规律，有的用地类型面临特殊的需求曲线和供给曲线，如图1.1和图1.2所示。

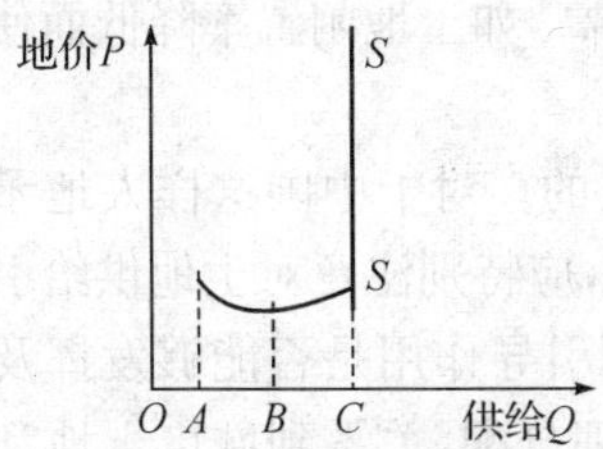

图1.1　土地供给曲线

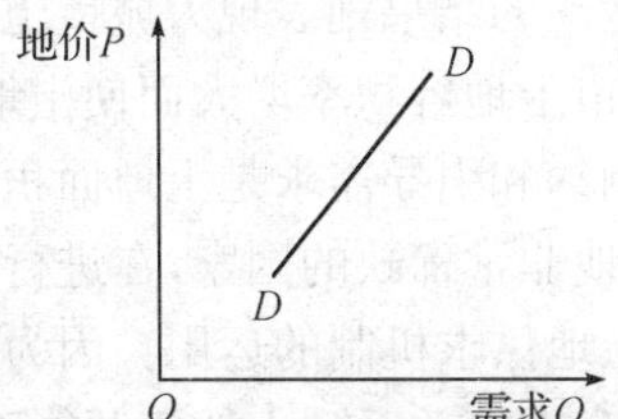

图1.2　土地需求曲线

图1.1中的供给曲线表明，土地供给的特殊性表现在两个方面：一是土地在一定范围内遵循一般商品的供求规律，即地价上升，土地的供给也增加，如图中 BC 段对应的曲线所示。但是，土地的供给总量是有限度的，超过一定限度，不管价格如何上涨，土地的供给也无法增加，如图中 SS 部分所示。因为它不像一般产品，短缺了，可以用原料再生产。二是受土地投机心理的驱使，即当地价下降时，供给者预期将来会下降更多，因此，地价下降，供给反而增加，如图中的 AB 段对应的曲线所示。

图1.2中的需求曲线反映的是土地购买者的投机心理，即把工业、商业、住宅等用地当作投机对象，购买它们的目的不是为了生产、生活，而是为了以后再卖出去，以便获得更多的利益。因为土地的有限性决定了土地价格总体趋势是上升的，购买者确信将来的价格会高于当前价格，因此价格上升，需求增多。价格下降时，需求减少。所以，从横向来看，区位差的土地在一定时期内难以卖出好价钱；相反，区位好的土地，如城市中心繁华地段，能卖出好价钱，购买者就多。从纵向来看，对土地是买涨不买落，即价格上升时，购买者增多，价格下降，购买者减少。在经济过热时，这一点表现得更为突出。

② 供给对需求的引导和制约。在一般商品市场中，需求与供给的关系表现为：需求──→供给──→供需平衡──→需求，即需求引导供给，市场需求什么，厂商设法生产什么。与一般商品市场相比，土地市场供给与需求之间的关系具有特殊性，即供给制约并引导需求，这种特殊的供求关系表现为：供给──→需求──→供需平衡──→供给。第一，供给总量制约需求总量。土地商品不具有可再生产性，一个国家或地区可利用的土地是有限的，为了保证国民经济的正常运行，必须将可利用的土地在城市建设用地和农业用地之间进行合理分配，使城市用地和农业用地之间保持适当的比例，所以，城市土地供给总量是有限的。对城市用地和农业用地的合理分配主要依靠科学的城市规划和对土地利用总体规划的实施来实现。城市规划和土地利用总体规划一旦制定并被批准，城市用地规模就以法律的形式固定下来，不能随意改变。由于城市土地规模受到城市规划的严格约束，也就制约了城市土地的需求总量。城市边界约束也就是城市土地供给对城市土地需求总量的约束，无论对城市土地总量需求的动机如何强烈，都被限制在城市土地所能供给的范围之内。在我国现行先一级市场后二级市场的土地市场层次结构中，供给总量对需求总量的约束主要表现为一级市场土地供给制约一级市场土地需求，一级市场土地供给总量决定一级市场土地需求总量。因此可以通过控制一级市场土地供给总量来达到控制土地需求

总量的目的。第二,城市土地增量供给对城市土地存量需求的引导和制约。城市存量土地是指现有城市各类用地的总和,表现为某一时点城市建成区土地总量;城市增量土地是指当年新开发转为城市用地的数量,由国家每年通过征用农村集体土地得来,这是土地年增量,一定时期内的城市增量土地是城市规划区内的土地数量。城市存量土地是各年增量城市土地的累积。增量土地供需运动的结果表现为城市用地规模的扩展,农用地景观被市地景观所替代,城市存量土地供需运动的结果则表现为城市土地利用集约度不断提高,如土地闲置率降低而使土地利用率提高;城市土地容积率增大而使土地利用强度提高等。

供给制约和引导需求是土地面积有限性等特性所决定的。对于中国这样人地矛盾十分尖锐,城市土地非常稀缺的国家,在进行城市土地资源配置时,应特别注意对土地供给引导需求这一特殊的土地供求机制的运用。因为供给对需求的制约和引导作用是否能够发挥及发挥作用的程度如何,直接关系到土地资源能否在城乡之间进行合理分配,关系到城市土地利用结构调整优化的速度和程度,最终关系到土地资源能否可持续利用。

(5) 土地市场竞争的不完全性与交易的非物流性

完全竞争型的市场应具备如下条件:一是市场必须是完全的,即市场上的供给者和需求者对市场供求状况具有完全信息,完全根据市场情况采取行动,自由买卖,特别是供给者,可以根据市场价格和需求,在几乎不受限制的范围内调整生产规模,以实现供需平衡和价格的平衡;二是供给者能生产出均质的产品或可进行价格比较的不同质量产品;三是供给者以追求经济利益为唯一目的;四是供需双方在完全公开、公平、公正的市场环境中进行交易,供需双方有充分的对策自主权,即所有的供给者和需求者都有根据自己的意愿和利益对对方作出选择的权利,也不存在市场进入障碍。这种市场结构排除任何国家对土地市场的干预和控制。

对城市土地这种具有准公共财产特征的特殊商品而言,却并不具备完全竞争市场的条件:第一,土地的面积有限性、不可再生性及其经济供给的稀缺性和土地所有权的垄断性,一方面,使得土地市场的供给主体不可能完全根据市场需求而无限地扩大供应量;另一方面,使城市土地市场的供给主体在一定的地域范围和时限内有限,从而导致城市土地市场的垄断性加强,市场主体之间的竞争不充分、不广泛。第二,土地商品具有个体异质性的基本特征,没有两宗完全等质的土地,哪怕是同一土地级别、同一用途的土地,还是不可能处在完全相同的区位;土地价格也不能像一般商品那样按生产成本来计算,正所谓"一地一价"。第三,由于城市土地交易所需资金数额巨大,土地使用周期长,一般居民并不经常参与土地交易活动,即土地市场需求主体在数量上是有限的,使城市土地市场的广泛竞争受到限制。第四,土地在利用过程中,经济效益不应是唯一的目的,而应追求经济效益、生态效益和社会效益的统一。第五,由于城市土地的特别稀缺性,对国民经济发展的特殊重要性以及城市土地利用的巨大社会性,使土地成为国家稳定的重要因素,国家不可能完全任其自由流转,即使在土地私有制的国家或地区,政府也非常重视对土地资源配置的宏观调控。无论是我国公有制条件下的土地市场还是私有制条件下的土地市场都不可能是完全竞争的市场结构模式。

城市土地市场与一般商品市场的重要区别之一,就是交易对象具有强烈资产属性的不动产。市场交易对象本身的不可移动性,导致土地商品本身的非流动性,决定了人流和信息流在土地市场上的特殊地位和极其重要的作用,即形成了以人流和信息流代替物流的现象。这种在空间上不发生位置移动的商品流通,与它的价值流通相适应的是它的产权证书的转移,通过城市土地所有权证书或使用权证书从卖者手中转移到买者手中使流通得以实现,成为马克思所说的"观念地流通"。

城市土地市场上的交易仅是城市土地产权的流转或者再界定，而这种产权的流转及再界定，又是重要的法律关系，必须在法律的确认和保护下才具有效力并得到承认和实施。由于城市土地产权的法律关系十分复杂，导致城市土地交易中的法律关系及其调节、仲裁等也十分复杂。因此，城市土地交易一般要经过复杂、严密的法律程序，耗费时间比较长，支付的中介费用、税金等交易费用比较多，一般达到土地价值总额的10%左右。

4) 土地作为复合生态系统的特性

土地不仅是资源和资产，同时也是地球陆地表面上由地貌、岩石、水文、植被、土壤、气候等自然要素之间以及与人类活动之间相互作用而形成的有机的自然—经济—社会的复合系统。土地作为一个复合生态系统，系统内生物与环境以及生物各种群之间长期相互作用，而且空间区域上各土地利用类型子系统之间不断进行物质、能量与信息交流和转换，既包括陆地生态系统中的自然现象，也包括人类在利用土地资源过程中形成的各种社会经济活动。作为复合生态系统，土地具有复杂性、开放性与动态性、自我调控性、承载有限性等特征。

(1) 土地复合生态系统的复杂性

土地是一个典型的复合生态系统。该系统位于岩石圈、大气圈、水圈和生物圈的复合界面，是自然界各种物理过程、化学过程、生物过程、物质与能量的转化和交换过程最活跃的场所，同时又是人类长期活动的历史产物，包含文化、意识、制度、政策、科技、信息和交通等多种社会经济因素，各种自然过程和社会经济过程包含于土地复合生态系统之中。土地复合生态系统作为一个庞大的系统，具有多层次结构和众多的生物种群，物质与能量的转化与交换途径众多，使系统表现出较强的自我调节能力和代偿功能；而另一方面，土地复合生态系统的边界、结构和功能都具有一定的不确定性，系统内生态特征变化也表现出一定的随机性。所有这些导致了土地复合生态系统问题的复杂性。

(2) 土地复合生态系统的开放性与动态性

土地复合生态系统的开放性与动态性主要表现在两方面：一方面是该系统和外部系统之间的物质与能量交换。土地生态系统内部的四大基本循环——大气循环、地质循环、水循环和生物循环无一不与外界环境紧密联系，在与外界不断进行物质和能量交换的同时，其自身系统状态也在不断变化发展。另一方面是土地生态系统和人类之间的物质与能量交换。土地是一个自然历史综合体，本身就凝聚着人类社会实践的成分，在长期的演化过程中，不断受到人类的干预，人类活动不断参与土地生态系统的物质与能量的交换，而人们对土地的干预随着社会的发展和科技水平的提高不断变化，从而使土地生态系统处于一个动态变化过程之中。

(3) 土地复合生态系统的自我调控性

土地复合生态系统中的生物与其环境条件是经过长期进化适应、逐渐建立起来的相互协调的关系。该系统对干扰具有抵抗和恢复的能力，面临一些扰动，系统能保持相对的稳定。系统调控功能主要靠反馈的作用，通过正、负反馈相互作用和转化，保证系统达到一定的稳态。

但并不是任何人为干预都会导致土地生态系统安全的恶化，当人的干预程度在土地自我修复能力范围之内，就不会对土地生态安全产生损害，其土地利用行为可视为安全。一般认为，成分多样、能量流动及物质循环途径复杂的土地生态系统，较易保持稳定，系统弹性大，其自我缓冲能力就大。土地复合生态系统除受到自然生态系统的自我调控外还受到人类的主动调控。

(4) 土地复合生态系统的承载有限性

对于自然生态系统来说，承载基体对其承载对象的数量仅仅是通过食物链进行约束的关系。而对于土地复合生态系统来说，其承载力的承载对象不仅是有自然的生物体还包括具有主观能动性的人。承载对象有能力改变承载基体的结构,并以最大限度满足自己需求为目标,其行为能够与承载基体的发展变化形成互动,关系更加复杂化。

土地复合生态系统承载有限性表现在以下几个方面:① 资源承载力和环境承载力是有限性,在人类生存和生态系统不受损害的前提下,一个生态系统所能容纳的污染物的最大承载量是有限的;② 自然生态系统的恢复力是有限的;③ 人类活动潜力的限制性,土地复合生态系统所能承载人口数量和经济发展规模是有限度的,否则将会影响到土地生态系统的安全。

1.2 土地利用与分类

1.2.1 土地利用与分类的概念和意义

土地利用是指人类根据一定的社会经济目的,采取一定的生物、技术手段,对土地资源进行长期性或周期性的开发利用、改造和保护等的经营活动,也就是把土地的自然生态系统改变为人工生态系统的过程,是一个自然、社会、经济、技术诸要素综合作用的复杂过程,它受到诸多方面条件的影响和制约。

土地利用分类是指对现有的土地利用状况,根据其利用的方式、结构和特征的相似性与差异性而进行的划分或归并。根据分类结果,便可划分出大小不同、层次有别的土地利用类型单位。土地利用类型具有如下特点:① 它们是在自然、经济和技术条件的综合影响下的产物。② 它们在一定的空间分布上服从社会经济条件,因此在地域分布上不一定连片。③ 它们的种类、数量、分布是随着社会经济技术条件进步而变化的。

进行土地利用类型的划分和制图,其意义主要体现在如下几个方面:① 通过土地利用类型的划分和制图,可以调查和量算各类用地面积,从而明确各类用地的数量。② 土地利用类型可以作为评定土地对该利用是否合适的基础。③ 通过研究和划分土地利用类型,可在了解土地利用的结构状况及其分布特点的基础上,分析存在的问题,为调整土地利用结构提供依据。④ 土地利用类型是国土规划最基本的地域单元;通过划分和研究土地利用类型,可为国土规划的制定提供依据。⑤ 通过划分土地利用类型,为建立、发展和完善土地利用分类系统及土地利用数据库提供了可能,也为土地利用学的发展奠定了基础。⑥ 通过土地利用类型的划分与制图,可以避免对同一土地资源的面积重复统计。如林业上将林地郁闭度在 0.1～0.3 的土地统计为林地资源;畜牧业上则将其统计为草地;在农垦中又将其统计为可垦荒地。结果,同一土地资源类型就被统计了三次。⑦ 通过土地利用类型的划分与制图,为土地资源的综合管理提供系统的基础资料。土地利用现状及其各土地利用类型的空间分布能如实和全面地反映土地利用现状,土地利用现状图是地籍管理中各类用地的面积统计,是土地利用计划管理的基础。

1.2.2 土地利用与分类的原则和依据

土地利用分类,一般应遵循下面的原则。

(1) 要根据土地利用的现状特征进行土地利用分类。土地利用现状是人类长期利用、改造土地资源的结果,它能全面记录土地利用的本质特征和土地利用之间的差异性,是划分土地利用类型的一项综合性指标。

(2) 土地利用分类要反映土地利用的地域性。由于土地利用现状和土地利用结构受到各地区自然、社会经济及技术条件的影响而具有明显的地区差异性,所以在划分土地利用类型时,一定要体现各地区土地利用的特点，揭示土地利用的分布规律。局部地区的土地利用分类，在保持统一性的前提下，对其分类可以有所增减，以反映该地区土地利用方面的特色。但无论是类型增加或减少，不能打乱土地利用分类系统的统一性。

(3) 土地利用类型划分应具有鲜明的实用性。土地利用类型的划分要体现出为生产服务的目的，要把土地利用分类与因地制宜利用土地资源结合起来，使土地利用类型划分更具有生产的适用性。分类体系力求通俗易懂、层次简明，分类要明确，说明要正确，便于掌握和应用。

(4) 土地利用类型应具有一定的科学系统性。土地利用尽管因地区之间存在的差异而表现得非常复杂，但仍有一定的规律性，在土地利用类型的划分中应正确归并相似性、区别差异性，从大到小或从高级到低级逐级细分，即采用多级续分法，形成一个上下联系、逻辑分明的土地资源利用的科学系统。在确定多级续分系统时，应该做到：先从大类分起，而后逐级细分；同一级的类型要坚持同一分类标准；分类层次不可混杂；同一种地类，只能在一个大类中出现，不可在另一个大类中并存。

土地利用类型划分的依据，主要是土地的用途、经营特点、利用方式和覆盖特点等因素。以我国1984年全国土地利用现状调查技术规程中的分类方案为例，一级类型的划分以土地用途作为划分的基本依据，二级类型的划分以土地利用方式为主要标准，同时也考虑了经营特点、覆盖度等因素。

1.2.3　我国的土地利用分类系统

土地利用分类系统是根据现有的土地利用方式、结构与特点的相似和差异性及其程度，按照一定的原则和依据，划分为一不同层次的类型结构体系。目前，国际上多数国家采用的是两级制的土地利用类型系统，如英国、美国等。日本由于土地利用调查工作较细，采用三级类型系统。这些国家土地利用分类的显著特点是侧重城市用地分类，农业用地次之。

我国自1978年之后，开展了全国性的土地利用现状调查研究工作，制定了多套全国性的土地利用分类系统，即：① 1980年的《中国1∶100万土地资源图》的土地利用分类系统；② 1984年的《土地利用现状调查技术规程》的土地利用分类系统(见表1.1)；③ 1989年的城镇地籍调查的城镇土地分类系统；④ 2004年提出的全国土地城乡统一分类的土地利用分类系统(见表1.2)。前两个系统均把农业土地利用分类放在重要地位。

1980年的《中国1∶100万土地资源图》分类系统，将土地利用分为二级类型层次，第一级层次共分11个类型，第二级层次共分42个类型。1984年的全国土地利用现状调查的土地利用分类系统，初拟于1980年，后经有关部门和专家讨论修改，载入《土地资源调查、土壤普查技术规程》中。经过各个土地利用现状调查试点县的实践，并征求有关部门的意见后，全国农业委员会土地资源土壤普查专业组于1981年提出了《土地利用现状分类及其含义(草案)》，其中第一级层次共分11个类型，第二级层次共分48个类型。经过试行，又进行了修改和完善，全国农业区划委员会于1984年印发了《土地利用现状调查技术规程》，其中第一级层次并为8个类型，第二级层次并为46个类型。经过多年县级土地利用现状调查实践，把原一级层次类型中的居民点及工矿用地改为城镇村庄工矿用地，并对其原二级层次类型的划分作局部调整，这样第一级层次仍有8个类型，第二级层次为47个类型。这一分类系统广泛得到了应用。1989年的城镇地籍调查的城镇土地分类系统，将土地利用分为二级类型层次，第一级层次共分10个类型，第二级层次共分25个类型。2004年提出的全国土地城乡统一分类的土地利用分类系统(见表1.2)，是在1984年的全国土地利用现状调查土地利用分类系统和1989年的城镇地籍调查的城镇土地分类系统的实践基础上，根据 1998 年修订的《中华人民共和国土地管理法》所确立的土地用途管制制度，并明确提出“国家编制土地利用总体规划，规定土地用途，将土地分为农用地、建设用地和未利用地”的土地管理形势发展要求，对两个系统进行合并、调整而形成城乡统一土地利用分类系统。另外，我国市场经济发展和土地使用制度改革，尤其是土地有偿使用及第三产业用地发展，要求对原有城市土地分类进行适当调整。而且随着城乡一体化进程的加快，科学实施全国城乡地政统一管理的基本条件已基本具备。因此，在 2001 年发布的试用系统全国范围内试用基础上，经进一步修改完善，以国家标准形式发布“全国土地分类”系统。将土地利用分为三级类型层次，第一级层次共分为 3 个类型，第二级层次共分为 15 个类型，第二级层次共分为 71 个类型。

表 1.1　全国土地利用现状调查的土地利用分类系统

一级类型		二级类型		含　　义
编号	名称	编号	名称	
1	耕地			种植农作物的土地，包括新开荒地、休闲地、轮歇地、草田轮作地；以种植农作物为主，间有零星果树、桑树或其他树木的土地；耕种三年以上的滩地和海涂。耕地中包括南方宽＜1.0 m、北方宽＜2.0 m的沟、渠、路、田埂
		11	灌溉水田	有水源保证和浇灌设施，在一般年景能正常灌溉。用以种植水稻、莲藕、席草等水生作物的耕地，包括灌溉的水旱轮作地
		12	望天田	无灌溉工程设施，主要依靠天然降雨。用以种植水稻、莲藕、席草等水生作物的耕地，包括无灌溉设施的水旱轮作地
		13	水浇地	指水田、菜地以外，有水源保证和灌溉设施，在一般年景能正常灌溉的耕地，系指有固定灌溉设施，在一般年景能保浇一水以上的耕地
		14	旱地	无灌溉设施，靠天然降水生长物的耕地，包括没有固定灌溉设施，仅靠引洪淤灌的耕地
		15	菜地	种植蔬菜为主的耕地，包括温室、塑料大棚用地
2	园地			种植以采集果、叶、根茎等为主的集约经营的多年生木本和草本作物。覆盖度＞50%或每亩株数大于合理株数 70%的土地，包括果树苗圃等用地
		21	果园	种植果树的园地
		22	桑园	种植桑树的园地
		23	茶园	种植茶树的园地
		24	橡胶园	种植橡胶树的园地
		25	其他园地	种植可可、咖啡、油棕、胡椒等其他多年生作物的园地
3	林地			生长乔木、竹类、灌木、沿海红树林等林木的土地。不包括居民绿化地以及铁路、公路、河流、沟渠的护路、护岸林
		31	有林地	树木郁闭度＞30%的天然林、人工林
		32	灌木林地	覆盖度＞40%的灌木林地
		33	疏林地	树木郁闭度 10%～30%的疏林地
		34	未成林造林地	指造林成活率大于或等于合理造林株数的 41%，尚未郁闭但有成林希望的新造林地（一般指造林后不满 3～5 年或飞机播种后不满5～7 年的造林地）
		35	迹地	森林采伐、火烧后，5 年内未更新的土地
		36	苗圃	固定的林木育苗地

(续表 1.1)

一级类型		二级类型		含　　义
编号	名称	编号	名称	
4	牧草地			生长草本植物为主，用于畜牧业的土地
		41	天然草地	以天然草本植物为主，未经改良，用于放牧或割草的草地，包括以放牧为主的疏林、灌木草地
		42	改良草地	采用灌溉、排水、施肥、松肥、补植等措施进行改良的草地
		43	人工草地	人工种植牧草的草地，包括人工培植用于牧业的灌木地
5	居民点及工矿用地			指城乡居民点、独立居民点以及居民点以外的工矿、国防、名胜古迹等企事业单位用地，包括其内部交通、绿化用地
		51	城镇	市、镇建制的居民点。不包括市、镇范围内用于农、林、牧、渔业生产用地
		52	农村居民点	镇以下的居民点用地
		53	独立工矿用地	居民点以外独立的各种工矿企业、采石场、砖瓦窑、仓库及其他企事业单位的建设用地，不包括附属于工矿、企事业单位的农副业生产基地
		54	盐田	以经营盐业为目的，包括盐场及附属设施用地
		55	特殊用地	指居民点以外的国防、名胜古迹、风景旅游、墓地(指公墓)、陵园等用地
6	交通用地			居民点以外的各种道路及其附属设施和民用机场用地，包括护路林
		61	铁路	铁路线路及站场用地，包括路堤、路堑、道沟、取土坑及护路林
		62	公路	指国家和地方公路，包括路堤、路堑、道沟和护路林
		63	农村道路	指农村南方宽≥1 m、北方宽≥2 m 的道路
		64	民用机场	民用机场及其附属设施用地
		65	港口、码头	专供客、货运船泊停靠的场所，包括海运、河运及其附属建筑物，不包括常水位以下部分
7	水域			指陆地水域和水利设施用地，不包括滞洪区和垦殖 3 年以上的滩地、海涂中的耕地、林地、居民点、道路等
		71	河流水面	天然形成或人工开挖河流常水位岸线以下的面积
		72	湖泊水面	天然形成的积水区常水位岸线以下的面积
		73	水库水面	人工修建总库容≥10 万 m^3，正常蓄水位岸线以下的面积
		74	坑塘水面	天然形成或人工开挖的蓄水量<10 万 m^3，常水位岸线以下的蓄水面积
		75	苇地	生长芦苇的土地，包括滩涂上的苇地
		76	滩涂	包括沿海大潮高潮位与低潮位之间的潮浸地带，河流、湖泊常水位至洪水位间的滩地，时令湖、河洪水位以下的滩地，水库、坑塘的正常蓄水位与最大洪水位间的面积。常水位线一般按地形图，不另行调绘
		77	沟渠	人工修建，用于排灌的沟渠，包括渠槽、渠堤、取土坑、护堤林。指南方宽≥1 m、北方宽≥2 m 的沟渠
		78	人工建筑物	人工修建，用于除害兴利的闸、坝、堤路林、水电厂房、扬水站等常水位岸线以上的建筑物
		79	冰川及永久积雪	表层被冰雪常年覆盖的土地

(续表 1.1)

一级类型		二级类型		含　　义
编号	名称	编号	名称	
8	未利用土地			目前还未利用的土地,包括难利用的土地
		81	荒草地	树木郁闭度<10%,表层为土质,生长杂草,不包括盐碱地、沼泽地和裸土地
		82	盐碱地	表层盐碱聚集,只生长天然耐盐植物的土地
		83	沼泽地	经常积水或渍水,一般生长湿生植物的土地
		84	沙地	表层为沙覆盖,基本无植被的土地,包括沙漠,不包括水系中的沙滩
		85	裸土地	表层为土质,基本无植被覆盖的土地
		86	裸岩、石砾地	表层为岩石或石砾,其覆盖面积>70%的土地
		87	田坝	主要指耕地中南方宽≥1 m、北方宽≥2 m 的地坝或堤坝
		88	其他	指其他未利用土地,包括高寒荒漠、苔原等

表 1.2　全国土地城乡统一分类的土地利用分类系统

类别编码			类别名称	含　　义
一级类	二级类	三级类		
1			农用地	指直接用于农业生产的土地,包括耕地、园地、林地、牧草地及其他为农业生产服务的土地
	11		耕地	指种植农作物的土地,包括熟地、新开发复垦整理地、休闲地、撂荒未满三年的轮歇地、草田轮作地;以种植农作物为主,间有零星果树、桑树或其他树木的土地;平均每年能保证收获一季的已垦滩地和海涂。耕地中还包括南方宽<1.0 米、北方宽<2.0 米的沟、渠、路和田埂
		111	灌溉水田	指有水源保证和灌溉设施,在一般年景能正常灌溉,用于种植水生作物的耕地,包括灌溉的水旱轮作地
		112	望天田	指无灌溉设施,依靠天然降雨来种植水生作物的耕地,包括无灌溉设施的水旱轮作地
		113	水浇地	指水田、菜地以外,有水源保证和灌溉设施,在一般年景能正常灌溉的耕地
		114	旱地	指无灌溉设施,主要靠天然降水种植旱作物的耕地,包括没有灌溉设施,仅靠引洪淤灌的耕地
		115	菜地	指常年种植蔬菜为主的耕地,包括大棚用地
	12		园地	指种植以采集果、叶、根茎等为主的集约经营多年生木本和草本作物(含其苗圃),覆盖度大于 50%或每亩有收益的株数达到合理株数 70%的土地
		121	果园	指种植果树的园地
		121K	可调整果园	指由耕地改为果园,但耕作层未被破坏的土地
		122	桑园	指种植桑树的园地
		122K	可调整桑园	指由耕地改为桑园,但耕作层未被破坏的土地
		123	茶园	指种植茶树的园地

(续表 1.2)

类别编码			类别名称	含义
一级类	二级类	三级类		
1	12	123K	可调整茶园	指由耕地改为茶园,但耕作层未被破坏的土地
		124	橡胶园	指种植橡胶树的园地
		124K	可调整橡胶园	指由耕地改为橡胶园,但耕作层未被破坏的土地
		125	其他园地	指种植可可、咖啡、油棕、胡椒、花卉、药材等其他多年生作物的园地
		125K	可调整其他园地	指由耕地改为其他园地,但耕作层未被破坏的土地
	13		林地	指生长乔木、竹类、灌木、沿海红树林等林木的土地。不包括居民点绿地以及铁路、公路、河流、沟渠的护路、护岸林
		131	有林地	指树木郁闭度≥20%的天然、人工林地
		131K	可调整有林地	指由耕地改为有林地,但耕作层未被破坏的土地
		132	灌木林地	生长灌木和高山矮木,覆盖度≥30%的灌木林地
		133	疏林地	指树木郁闭度≥10%但<20%的疏林地
		134	未成林造林地	指造林成活率大于或等于合理造林数的41%,尚未郁闭但有成林希望的新造林地(一般指造林后不满3~5年或飞机播种后不满5~7年的造林地)
		134K	可调整未成林造林地	指由耕地改为未成林造林地,但耕作层未被破坏的土地
		135	迹地	指森林采伐、火烧后,五年内未更新的土地
		136	苗圃	指固定的林木育苗地
		136K	可调整苗圃	指由耕地改为苗圃,但耕作层未被破坏的土地
	14		牧草地	指生长草本植物为主,用于畜牧业的土地
		141	天然草地	指以天然草本植物为主,未经改良,用于放牧或割草的草地,包括以放牧为主的疏林草地、灌木草地
		142	改良草地	指采用围栏、灌溉、排水、施肥、松耙、补植等措施进行改良的草地
		143	人工草地	指人工种植牧草的草地,包括人工培植用于牧业的灌木地
		143K	可调整人工草地	指由耕地改为人工草地,但耕作层未被破坏的土地
	15		其他农用地	指上述耕地、园地、林地、牧草地以外的农用地
		151	畜禽饲养地	指以经营性养殖为目的畜禽舍及其相应附属设施用地
		152	设施农业用地	指进行工厂化作物栽培或水产养殖的生产设施用地
		153	农村道路	指农村南方宽≥1.0 m、北方宽≥2.0 m的村间、田间道路(含机耕道)
		154	坑塘水面	指人工开挖或天然形成的蓄水量≤10万m^3(不含养殖水面)的坑塘常水位以下的面积
		155	养殖水面	指人工开挖或天然形成的专门用于水产养殖的坑塘水面及相应附属设施用地
		155K	可调整养殖水面	指由耕地改为养殖水面,但可复耕的土地
		156	农田水利用地	指农田排灌沟渠及其相应附属设施用地

(续表 1.2)

类别编码			类别名称	含　义
一级类	二级类	三级类		
1		157	田坎	主要指耕地中南方宽≥1.0 m,北方宽≥2.0 m的梯田田坎
		158	晒谷场等用地	指晒谷场及上述用地中未包含的其他农用地
2			建设用地	指建造建筑物、构筑物的土地
	21		商业服务用地	指商业、金融业、餐饮旅馆业及其相应附属设施用地
		211	商业用地	指商店、商场、各类批发和零售市场及其相应附属设施用地
		212	金融保险用地	指银行、保险、证券、信贷、期货、信用社等用地
		213	餐饮旅馆业用地	指饭店、餐厅、酒吧、宾馆、旅馆、招待所、度假村等及其相应附属设施用地
		214	其他商业服务用地	指上述用地以外的其他商业服务用地,包括写字楼、商业性办公楼和企业厂区外独立的办公楼用地;旅行社、运动保健休闲设施、夜总会、歌舞厅、俱乐部、高尔夫球场、加油站、洗车场、洗染店、废旧物资回收站、维修网点、照相、理发、洗浴等服务设施用地
	22		工矿仓储用地	指工业、采矿、仓储业用地
		221	工业用地	指工业生产及其相应附属设施用地
		222	采矿地	指采矿、采石、采砂场和盐田、砖瓦窑等地面生产用地及尾矿堆放地
		223	仓储用地	指用于物资储备、中转的场所及相应附属设施用地
	23		公共设施用地	指为居民生活和二、三产业服务的公用设施及瞻仰、游憩用地
		231	公共基础设施用地	指给排水、供电、供暖、邮政、电信、消防、公用设施维修、环卫等用地
		232	瞻仰景观休闲用地	指名胜古迹、革命遗址、景点、公园、广场、公用绿地等
	24		公共建筑用地	指公共文化、体育、娱乐、机关、团体、科研、设计、教育、医卫、慈善等建筑用地
		241	机关团体用地	指国家机关、社会团体、群众自治组织、广播电台、电视台、报社、杂志社、通讯社、出版社等单位的办公用地
		242	教育用地	指各种教育机构,包括大专院校、中专、职业学校、成人业余教育学校、中小学校、幼儿园、托儿所、党校、行政学院、干部管理学院、盲聋哑学校、工读学校等直接用于教育的用地
		243	科研设计用地	指独立的科研、设计机构用地,包括研究、勘测、设计、信息等单位用地
		244	文体用地	指为公众服务的公益性文化、体育设施用地。包括博物馆、展览馆、文化馆、图书馆、纪念馆、影剧院、音乐厅、少青老年活动中心、体育场馆、训练基地等
		245	医疗卫生用地	指医疗、卫生、防疫、急救、保健、疗养、康复、医检药检、血库等用地
		246	慈善用地	指孤儿院、养老院、福利院等用地
	25		住宅用地	指供人们日常生活居住的房基地(有独立院落的包括院落)
		251	城镇单一住宅用地	指城镇居民的普通住宅、公寓、别墅用地
		252	城镇混合住宅用地	指城镇居民以居住为主的住宅与工业生产或商业等混合用地
		253	农村宅基地	指农村村民居住和宅基地
		254	空闲宅基地	指村庄内部的空闲旧宅基地及其他空闲土地等

(续表 1.2)

类别编码			类别名称	含义
一级类	二级类	三级类		
2	26		交通运输用地	指用于运输通行的地面线路、场站等用地，包括民用机场、港口、码头、地面运输管道和居民点道路及其相应附属设施用地
		261	铁路用地	指铁道线路及场站用地，包括路堤、路堑、道沟及护路林；地铁地上部分及出入口等用地
		262	公路用地	指国家和地方公路(含乡镇公路)，包括路堤、路堑、道沟、护路林及其他附属设施用地
		263	民用机场	指民用机场及其相应附属设施用地
		264	港口码头用地	指人工修建的客运、货运、捕捞船舶停靠的场所及其相应附属建筑物，不包括常水位以下部分
		265	管道运输用地	指运输煤炭、石油和天然气等管道及其相应附属设施地面用地
		266	街巷	指城乡居民点内公用道路(含立交桥)、公共停车场等
	27		水利设施用地	指用于水库、水工建筑的土地
		271	水库水面	指人工修建总库容≥10 万 m^3，正常蓄水位以下的面积
		272	水工建筑用地	指除农田水利用地以外的人工修建的沟渠(包括渠槽、渠堤、护堤林)、闸、坝、堤路林、水电站、扬水站等常水位岸线以上的建筑用地
	28		特殊用地	指军事设施、涉外、宗教、监教、墓地等用地
		281	军事设施用地	指专门用于军事目的的设施用地，包括军事指挥机关和营房等
		282	使领馆用地	指外国政府及国际组织驻华使领馆、办事处等用地
		283	宗教用地	指专门用于宗教活动的庙宇、寺院、道观、教堂等宗教自用地
		284	监教场所用地	指监狱、看守所、劳教所、戒毒所等用地
		285	墓葬地	指陵园、墓地、殡葬场所及附属设施用地
3			未利用地	指农用地和建设用地以外的土地
	31		未利用地	指目前还未利用的土地，包括难利用的土地
		311	荒草地	指树木郁闭度<10%，表层为土质，生长杂草，不包括盐碱地、沼泽地和裸土地
		312	盐碱地	指表层盐碱聚集，只生长天然耐盐植物的土地
		313	沼泽地	指经常积水或渍水，一般生长沼生、湿生植物的土地
		314	沙地	指表层为沙覆盖，基本无植被的土地，包括沙漠，不包括滩涂中的沙滩
		315	裸土地	表层为土质，基本无植被覆盖的土地
		316	裸岩石砾地	指表层为岩石或石砾，其覆盖面积≥70%的土地
		317	其他未利用土地	指包括高寒荒漠、苔原等尚未利用的土地
	32		其他土地	指未列入农用地、建设用地的其他水域地
		321	河流水面	指天然形成或人工开挖河流常水位岸线以下的土地
		322	湖泊水面	指天然形成的积水区常水位岸线以下的土地
		323	苇地	指生长芦苇的土地，包括滩涂上的苇地
		324	滩涂	指沿海大潮高潮位与低潮位之间的潮浸地带；河流、湖泊常水位至洪水位间的滩地；时令湖、河洪水位以下的滩地；水库、坑塘的正常蓄水位与最大洪水位间的滩地。不包括已利用的滩涂
		325	冰川及永久积雪	指表层被冰雪常年覆盖的土地

1.3 土地评价概述

1.3.1 土地评价的概念和原则

1）土地评价的概念

土地评价是土地科学研究的重要内容之一。关于土地评价的含义，国内外学者主要有以下几种看法：① 土地评价是指在特定目的之下，对土地生产力高低的鉴定、评定或估价；② 土地评价是估计土地用于不同目的的潜力的过程；③ 土地评价是当土地用于特定目的时对土地性状进行估计的过程；④ 土地评价是评估土地生产力和适宜性的过程。综合上述几种说法，土地评价是在特定的目的下，通过土地质量对土地的自然和经济属性进行综合鉴定，确定土地等级，揭示土地质量等级的空间分异的过程。它的核心内容是土地质量，即按照一定的利用方式的要求来诊断土地质量，对土地的生物生产能力以及其他生产能力进行综合鉴定，以实现评价的基本目的。土地质量受到土地的自然属性和社会经济属性等的综合影响，土地评价研究不仅涉及土壤、地貌、气候、水文、植被等自然科学的研究领域，而且涉及土地利用技术、经济学、社会学等多方面的内容。

土地质量是土地的综合属性，是土地对策略和社会经济活动过程及其结果产生影响的一种量度。联合国粮农组织在《旱地农业土地评价指南》中写道："土地质量是土地的一种属性，它以截然不同的方式以其对用于特殊利用的土地适宜性的影响起作用"。《中国 1∶100 万土地资源图》对土地质量给出的定义是：指土地适用某种用途的程度，用好坏来表示，它是土地各种性质的综合反映，它的主要依据是生产力的高低。马克伟先生在其主编的《土地大辞典》中认为："土地质量是土地各种属性综合影响效应的总和。它是土地的综合属性，也是土地对某种用途适宜不适宜，或适宜程度的表示。"土地可在多个方面表现出其质量差别，并根据这些土地质量的高低而进行好坏划分。土地质量对一定种类用途的土地适宜性的影响起着明显的作用，是与利用有关，并有一组相互作用的简单土地性质组成的复杂土地属性。

由于土地最重要的特征是具有生产力，所以在土地分等定级中指的土地质量实质上就是土地的综合生产质量（包含土地的自然生产力和渗入了劳动的经济生产力），或因这种综合生产力而形成的不同的土地劳动生产率质量。在不同的土地利用状态下，土地的综合生产力有不同的构成，土地质量的含义也有所差异。在农业、林业、牧业等的利用中，土地综合生产力由自然生产力和追加的社会生产力共同体现，土地质量的好坏指的就是因土地生物生产能力不同而造成的劳动生产率的差异。在工业、交通、城市等非农用建设的利用中，土地的综合生产力主要不在于它的自然生产力，而取决于在开发和改造土地中所渗入的社会生产力。因此，非农用地质量好坏指的是以区位条件优劣为主造成的劳动生产率的高低。

土地评价是根据不同的用地目的来评定土地的适宜性和生产潜力，其实质是对土地质量的评价，是对土地生产力高低的鉴定，评价不仅要考虑影响土地利用的自然因素，同时还要考虑社会经济因素，是对土地自然属性和社会经济属性的综合鉴定，是对土地功能的综合评价。土地评价结果是因地制宜合理利用土地和调整土地收益分配的基础和依据，它在土地科学体系中占有重要地位。

2）土地评价的原则

土地评价有着不同的目的，其所采用的方法也有所差异，但均需遵循一定原则。

(1) 综合分析与主导因素相结合原则。土地质量的优劣,生产力的高低,不仅受土地自然属性影响,同时还受到社会经济属性和技术条件的重要影响。评价首先应全面分析这些属性及其对土地质量的综合影响,但同时还要重点研究其中的主导因素及其对土地生产力的限制作用。只有这样才能全面而科学地揭示土地质量和生产力的差异及其分布规律。

(2) 针对性原则。土地评价应明确评价目的,并针对评价目的选取相应的土地因素因子及其评价指标体系。不同类型和方式的土地利用,对土地性状和质量有不同的要求。土地评价时,事先必须明确评价的具体目的,并明确该目的对土地性状的要求和程度,从而有针对性地选择土地因素因子,确定其优劣评判标准进行评价。如果评价目的含糊不清,就无法准确和正确的确定参评土地因素因子及其优劣评判标准,后果必然是降低评价结果的科学性和准确性。

(3) 因地制宜原则。土地评价中,评价方案、评价依据和标准,必须根据评价地区的具体情况确定。不同国家、不同地区其土地组成要素及其组合不可能完全一致,即使对相同的土地利用类型和利用方式,在不同评价地区其土地限制因素因子及程度均会有一定差异。另外,不同国家、不同地区其社会经济条件也有一定差异,而这种差异必然对土地的开发利用产生影响。例如对性状和质量相近的土地,在社会经济发达、技术先进的地区可能评定为适宜利用的土地,但在社会经济和技术较差的地区则可能评定为不适宜利用的土地。因此,在不同的评价地区虽然其土地评价的原理基本一致,但其评价方案、依据和标准等则应因地而异。

(4) 合理确定投入水平原则。土地评价必须考虑其相应的土地投入水平。对于任何土地而言,其利用要获取一定效益,就必须有与其对应的投入。一般而言只要有足够投入,即使原本难以利用或根本无法利用的土地,也可能有较大产出。也就是说,土地产出的高低除与土地固有质量有关外,还与土地投入水平的高低有重大关系。因此在进行土地评价时必须设定所评价区域土地具有大致相同的投入水平。否则,各土地的评价结果就没有可比性。一般地,评价所设定的投入水平取评价地区常见和具代表性的土地投入水平。

(5) 合理确定单宜性与多宜性原则。土地评价注意多宜性评价与单宜性评价的选择。土地具有多宜性特点,而另一方面土地的当前利用方式大多是长期劳动实践的结果,一般具有较强的稳定性。因此,土地是针对多种不同的可能利用方式进行多直性评价,还是仅针对其当前利用方式进行单宜性评价,应给予认真考虑和选择。一般而言,对于利用效益较高且利用方式稳定的已利用土地可以仅进行单宜性评价;而对利用效益低或需改变利用方式的已利用土地,以及未利用荒地则应进行多宜性评价。

(6) 可持续利用原则。土地评价应以土地的持续利用为前提。在针对某种土地利用方式对土地进行评价时,必须确保土地不会因这种利用而遭到破坏或引起土地生态环境或经济效益的退化和恶化。假如土地被当作某种用途在短期内虽然能够取得相当高的经济效益,但却要引起土地的强烈破坏,并由此引起的危害和损失大大超过其收益,在这种情况下,评价土地对这种利用方式而言,应评为不适宜。

1.3.2 土地评价的方法

土地评价的方法,大体可区分为直接法和间接法。由于受系统试验资料和时间的限制,直接评价法在实际工作中运用很少,绝大多数土地评价均采用间接评价法。间接土地评价法又分为两类:一类是归类法(Categorical System);另一类是数值法(Numerical System),或称参数法(Parametric System)。

(1) 归类法以针对一定土地利用方式的潜力大小或适宜性及适宜程度为依据,以定性方式将评价结果表示成不同类别等级。美国农业部的土地潜力分类、联合国粮农组织的《土地评价纲要》中的土地适宜性分类以及我国的《中国 1∶100 万土地资源图》都是此方法的运用。归类法将土地评价单元评定、归纳为数目不多的几个等级,并明确指出与作物生长有关的土地质量的优劣(或主要限制因素及其强度),显得简明、通俗、实用,易为土地利用者理解和接受。由于此法的概括程度高,具有较大的可调节范围,评价过程中可根据多方面的因素加以调节,能避免评分法那种机械的公式计算可能产生的错误结论,在不同比例尺或具有不同限制因素类型和强度的地区,可以灵活地运用等级系统,不会对方法的内容和等级系统的基本结构产生大的影响。由于该法以定性评价为主,故在对土地的各种属性、作物生态特性以及两者之间的相互关系方面的了解研究尚不够深入的情况下,该法不失为一种较为实用的方法。此法的不足之处在于易受评价者主观性的影响,在评定等级时灵活性较大,经验不足的评价者可能无所适从甚至处理不当。将土地评价单元仅评定归纳为几等,对于面积不大的地区,显然过于粗糙,加之没有定量含义,故不能用于衡量具体两块土地的质量差别。

(2) 参数法是应用数学方法处理土地特征、进行土地评价的一种方法。该方法先选出决定土地生产能力的诸要素,根据这些要素的特点定出评价标准,并对某种土地利用方式的潜力或适宜性求得不同的指数,然后对各项指数进行数学运算得出总指数,借此对土地作出等级评定。根据运算方法,参数法又可进一步细分为下面三种。

累加型(Additive System),其基本形式为:

$$P=A+B+C \tag{1.2}$$

乘积型(Multiplicative System),其基本形式为:

$$P=A\times B\times C \tag{1.3}$$

复合型(Complex Parametric System),其基本形式为:

$$P=A\sqrt{B\times C\times D} \tag{1.4}$$

式中:P——参数值或称(生产力)指数;

A、B、C、D——分别代表土地的某些特性,如土层厚度、土壤质地、土壤养分等。对这些特征,既可直接采用表示其性质的数值,也可为所评定的分数,分数的设置范围一般为 0～100 分。

在参数法的评价过程中,挑选评价因素、制定各因素的评价标准和权重、求取各因素的指数是极其重要的三个步骤,它们是最后计算生产力指数,取得评价结果的重要依据。近年来,土地评价的定量方法发展很快,一系列数学模型被应用到土地评价中(见表 1.3),增强了评价的精确性。

表 1.3　土地评价模型统计表

土地评价过程	应用的模型与方法
选择土地评价因素	主成分分析、逐步回归分析、层次分析法、多元回归分析、相关系数检验法、灰色关联度分析
确定各因素的权重	层次分析法、多元回归分析、主成分分析、逐步回归分析、灰色关联度分析
单因素评价和综合评价	分级赋分法、模糊综合评判法、聚类分析

参数法与归类法相比,优点在于评价标准和方法易于掌握,便于应用。由于参数法建立在具体数值基础之上,较为精确,大大避免了评价的主观性,其客观性显著强于归类法。参数法能够很好地适应数据库和计算机处理的需要,应用前景广阔。但是,该法亦有其缺点,主要在选择因素和分配指数值范围上,仍不免存在主观的影响,甚至有些重要因素可能被忽视或处理不当;

用简单的加法或乘法运算未必能够较好地处理和反映各因素间的相互关系与共同作用。

由于两类方法各有优缺点，应根据评价需要和地区特点选用。一般认为，在区域面积大、制图比例尺小、各种资料相对较少的情况下，宜用归类法进行评价；反之，若区域面积小、制图比例尺大且有关资料又比较丰富和齐全，则以参数法为佳。

1.3.3 土地评价的分类

土地评价包括的范围很广，由评价目的、用途、方法、手段和体系上的差异，土地评价可分为多种类型。

1）按评价研究内容分类

(1) 从土地评价研究的核心内容——土地质量看，土地评价可分为土地资源评价、土地经济评价、土地环境评价和土地可持续利用评价。

土地资源评价可进一步分为土地潜力评价和土地适宜性评价。土地潜力评价主要依据土地的性质及其对于土地的某种持久利用程度，就土地在该种利用方面的潜在能力对其作出等级划分。对农用地而言，是根据一定管理状况下土地质量在气候、土壤等主要环境因子和自然地理要素相互作用下所表现出来的生产潜力来评定土地等级；对非农用地而言，是依据一定管理状况下土地质量所表现出的承载能力或最大容量来评定土地等级。迄今为止的土地潜力评价研究大多是针对农业生产而进行的，也即农业土地潜力评价。土地适宜性评价是根据在一定状况下土地质量对于特定利用类型的适宜程度来评定土地的等级，有多宜性评价和单宜性评价之分。单宜性评价是根据某一种具体目的和土地利用的具体要求评价土地；多宜性评价把土地看成是适合多种用途的实体，评价结果反映土地对于多种用途的优劣等级。

(2) 土地经济评价主要是从土地的自然和社会经济属性出发，分析各评价对象土地的单位生产耗费量(投入)与收获产品(产出)之间的对比关系，以此来衡量土地在一定的投入产出状况下的质量等级水平，换言之，是用经济的可比指标，对土地的投入—产出的经济效果进行评定。土地经济评价强调从土地经济属性角度，从土地利用的经济学等方面评价土地质量。通过土地经济评价，合理地进行土地经济分级，可有效地鼓励和指导人们正确使用土地，促进土地利用向更加合理的方向转化。

(3) 土地环境评价是对土地这一复杂系统环境质量优劣的评定。土地是一种包含地质、地貌、土壤、气候、植被和水文等多种自然资源，并相互依存、相互制约的广义综合体，土地环境的优劣直接决定着该系统内能量转换和物质循环效率的高低，合理评价土地环境质量对于合理开发利用土地资源，协调人口、粮食和环境之间的关系具有重要意义。土地系统是由许多子系统构成的复杂综合系统，相应的，土地环境评价是对评价区域的气候环境质量和土壤环境质量、水资源环境质量、生态环境质量和社会经济环境质量等的综合评价。土壤是土地系统中的一个重要子系统，土壤的肥力水平是土地质量高低的重要指标，因此土壤环境质量评价是土地环境评价的重点，通过对影响土壤环境质量因素的分析，评价土壤中容纳和清除有害有毒物质的能力以及对整个生态环境的效应，寻找防治土壤污染、退化、破坏的对策和措施。

(4)土地可持续利用评价产生于 20 世纪 90 年代。随着世界经济的显著增长，人口、资源、环境危机开始困扰着人类社会的发展，可持续发展的思想得到迅速发展。土壤专家和土地评价专家将可持续发展的概念延伸到土地利用，提出了可持续土地利用管理的概念。土地可持续利用可以理解为在生态方面应具有适宜性，经济方面应具有获利能力，环境方面能实现良性循环，社会方面应具有公平和公正性。可持续土地利用是土地利用的理想目标，它一方面是土地利用在时间上的延伸，即当代人的土地利用方式不对后代人利用土地造成危害，即代际公平原则；另一方面体现在不同区域尺度间和谐，即一定区域土地利用不对其他区域土地利用产生危害，1991年在泰国举行的“发展中国家可持续土地利用评价国际研讨会”及1993年6月在加拿大召开的“21世纪可持续土地利用管理国际研讨会”上，许多学者从自然、环境、经济和社会各个方面探讨了土地可持续利用评价的指标和方法。1993年联合国粮农组织(FAO)颁布了《可持续土地利用管理评价大纲》(FESLM)，确定了持续土地利用管理的基本原则、程序和五项评价标准，并初步建立了土地可持续利用评价在自然、经济和社会等方面的评价指标。不同国家和地区的学者都以此为指导，探讨适宜本国的土地可持续利用评价的指标体系和方法。

2）按评价对象分类

以评价的对象为标准，土地评价可分为农用地和非农用地的评价。前者主要是对耕地、林地、草地、园地等农用地生产力、效益差异、级差收益分布状况的评价；后者包括对城市工商和建设用地、工矿业用地、交通用地、旅游业用地等非农用地的评价。

在我国，城镇土地评价的研究进行较早，评价的理论体系和技术方法也较为完善，形成了以城镇为单位的土地等以及城镇内土地级和基准地价在内的不同层次的土地质量体系。2001年正式发布了《城镇土地分等定级规程》和《城镇土地估价规程》，确立了城镇土地分等定级和估价的操作规范与实施细则。城镇土地等侧重于反映城镇之间土地质量的地域差异，而土地级反映城镇内部土地质量的差异。基准地价评估是在城镇均质区域划分或土地定级的基础上，对城镇各级土地及其各类土地利用类型评估出单位面积土地的平均价格，基准地价反映出城镇内各处土地质量的优劣，并体现不同行业用地的级差收益状况。

3）按评价方法分类

从评价的方法来划分，土地评价主要可分为直接评价法和间接评价法。直接评价法又称实验法，是指利用试验手段直接去探测土地质量对某种用途的影响大小，进而确定其适宜性(包括适宜程度)、限制性(包括限制程度)和生产潜力。直接评价法的优点是评价结果比较准确可靠，但这种准确和可靠性只局限于试验区，对大范围地区的土地评价具有局限性。间接评价法是指通过对影响土地适宜性、生产力的各种因素及其性质进行间接诊断或鉴定，由此推论土地质量的高低，评定土地的等级。迄今为止的土地评价，大多采用间接评价法。

4）按评价的时间特性分类

从评价的时间特性看，可分为现状评价和预测(潜力)评价。现状评价时对当前土地利用现状的适宜性或生产力等进行评价，土地质量高低的现实状况是评价依据。评价结果是制定当前管理和利用土地的政策和方法的基础，大多数等级评定、适宜性评价都属于这一类。预测评价又称潜力评价，评定的是土地在将来经过某种改良、开发后，或某种土地特性、环境条件变化后，预期的土地质量的高低。

1.4 国内外土地评价的发展与趋势

1.4.1 国外土地评价的发展简况

国外早期的土地评价研究主要是为土地征税而发展起来的，以后逐步发展成为土地利用、土地规划服务。农用地评价的资料最早见于15世纪莫斯科公国的税册中，将土地分为上、中、下三等,造册登记,作为敛取赋税的依据。19 世纪末,俄罗斯著名的土壤地理学家和自然地理学家道库恰耶夫应政府要求,对俄罗斯黑钙土地区和尼日格勒自治州土壤进行自然历史的鉴定,作为确定土地的收入和向农民征收土地税收的基础,在此工作基础上,出版了《尼日格勒州土地的鉴定材料》一书,这是国外第一次出色的土地评价的典范。1954 年美国的司托雷(Storie R. E.)在第五次国际土壤学会上发表的论文《加州土地分类作为课税的土地评价》和克林格贝尔(Klingebiel A. A.)等代表美国农业部土壤保持局于 1961 年提出的按土壤特性将美国土地分成八级的观点,也是鉴定土地等级、作为赋税的依据。德国财政部于 1934 年提出的《农用地评价条例》,主要采用样地法进行土地评价,可以说是世界上最早的加(减)法农用地评价系统。

早在 1949 年美国的荷肯史密斯(Hokensmith)在第五次美国土壤学会上就发表了《利用土地潜力分级的最近趋势》一文,实际上是总结了前人所做的为土地利用的目的的土地评价,说明当时土地评价的目的已开始从作为土地赋税的依据而转到为土地利用的目的而服务了。1958 年克林杰比尔(Klingebeil)又在该学会上发表了《土壤调查解释——潜力级》一文,首先提出发展农业,按照土地集约程度将美国的土地划分成八个潜力级的观点。1961 年美国农业部正式颁布土地潜力分级系统(LCC),成为世界上第一个较为全面的土地评价系统,它以农业生产为目的,按照土地集约程度将美国的土地划分成八个潜力级,每个潜力级适于农、林、牧发展的程度不同。该系统客观地反映了各级土地利用的限制性程度,揭示了土地潜在生产力的逐级变化,便于进行所有土地之间的等级比较。继美国之后,参照美国的系统与方法,加拿大土地清查局的土地潜力分级系统(1963 年),英国土壤调查局的土地利用潜力分级系统(1969 年)相继推出。加拿大的土地潜力分级系统不仅用于农业用地评价,而且还有林业、牧业、旅游和自然保护等用地评价。英国的土地利用潜力分级系统的特点是各土地质量级的定义比美国土地潜力分级系统更精确,规定了限制性因素值。这一时期的土地评价以美国的土地潜力分级系统为代表,评价考虑的是土地自然属性的变化,未涉及社会经济条件和技术因素的变化。评价针对广泛的标准化的土地利用,未能指出土地对特定作物的适宜性和土地的最佳利用方式。

到了 20 世纪 70 年代,土地评价的目的已转到为土地利用规划服务,开始从一般目的的土地评价向有针对性的专门性土地评价过渡。1972 年荷兰的比克(Beek K. J.)和本奈玛(Bennemd J.)发表了《为农业土地利用规划的土地评价》一文,1973 年鲍尔(Bduer K. W.)发表了《在区域规划中利用土壤数据》一文,说明土地或土壤评价工作的目的已由为土地利用服务而转到为土地利用规划服务了。1976 年联合国粮农组织(FAO)发表的《土地评价纲要》,弥补了土地潜力分类系统的不足,标志着土地适宜性分类及其评价体系的建立。在这之后,FAO 又陆续发表了针对灌溉农业、雨养农业、林业、畜牧业的土地评价文件,构成了一个系统完整的适宜性评价体系。此后,FAO 组织了农业生态区划的研究,将气候生产潜力和土壤生产潜力相结合,来反映土地用于农业生产的实际潜力,并考虑了对土地的投资水平,在此基础上决定土地的适宜性。1983 年加拿大的杜曼斯基(Dumanski)和斯图尔特,进一步发展了 FAO 的研究方法,他们通过对土壤和气候资料的计算机处理,估算了土壤制图单位对每种作物的适宜程度,并将其分成三级。根据作物产量资料,找出与土壤有关的减产因素,逐步计算出假定无限制因素的产量和预测产量。再把气候参数、杂草、病虫害和田间耕作条件等因素的作用综合起来,然后又预测产量,获得土地适宜性值,确定出六个土地适宜性等级。

1.4.2 我国土地评价的发展简况

我国对土地评价的研究具有悠久的历史。据《禹贡》记载,夏禹治水后,曾按土色、质地和水分等将九州的土地划分为上、中、下三等九级，依其肥力制定贡赋等级。这是迄今为止世界上有文字记载的最早的土地评价体系。周朝时期，根据地形与土壤性质将土地划分为山林、川泽、丘陵、坟衍、原隰等五类，并规定了适种作物和土地利用方向；还根据土壤的色泽与质地，分别施用各种粪肥，观察地形与投入劳力等，制定贡赋。战国时的《管子·地员》篇综合地形、水文、植被、土壤等自然条件，将全国土地分成三等二十五类，以此作为赋税依据。此后，《春秋》、《左传》及许多朝代均对农用地评价有理论评述和实践记载。太平天国颁布的《天朝田亩制度》按全年单位面积产量的高低，把农用地分为九等，这是极为简易的农用地经济评价。由于科学技术、思想认识等的历史局限性，封建时代的土地评价不可能形成完整的评价体系，我国土地评价研究和实施工作的大规模开展是在新中国成立之后。

1951年随着土地改革的深入，财政部组织开展了查田定产工作。它主要采取发动群众、民主评议、逐级平衡的方法，对全国耕地评定等级、确定其常年产量，作为确定农业税的依据。但是这套方法对于等级的划分、常年产量的评定和地区间平衡的方法没有科学的界定。20世纪50年代至70年代中期，为了加强农业建设，这一时期我国的土地评价与生产建设紧密结合，针对性强，大多为区域性的单项土地评价。此时期较系统的土地评价体系主要有两种：第一种是农垦部荒地设计院提出的，以水热条件为依据将全国划分为区和副区。在副区下又依据开垦利用措施的难易程度划分为四等，对每等地的土地特性从地形、土壤等方面进行了定性描述，但没有明确的指标。第二种是中国科学院自然资源综合考察委员会提出的，根据荒地的水分条件，将全国分为11个区，反映区域间宜农荒地自然生产力的区别。此体系有比较明确的自然特性分级指标，能比较客观地反映宜农荒地的质量，但缺乏经济分析。这一时期的工作主要有新疆、内蒙古、甘肃、黑龙江等地区的宜农荒地评价，林业、农垦部门进行的宜林地评价，橡胶、紫胶宜林地评价，农业部门草原考察队和中国科学院进行的天然草场评价等。

20世纪70年代后期，国外的土地评价理论和方法被介绍进来，推动了我国土地评价研究的开展。这一时期，我国进行了大规模的资源调查和农业区划工作，参照FAO的土地评价纲要，结合我国的实际，编制了《中国1∶100万土地资源图》分类系统，对全国土地进行生产力评级，分为潜力区（水热条件）、适宜类（适宜性）、适宜等（适宜程度）、限制性（限制因素）和资源单位（制图单位）等五个等级。这一系统的提出，推动了我国土地评价研究的迅速发展，使我国的土地研究从五六十年代的荒地调查迈入土地分类与评价研究；从地区性走向全国性的研究；从单项资源调查走向全面的综合的评价研究，并且逐步形成了结合我国实际的有特色的土地评价理论和方法体系。80年代开始，随着土地科学的形成和发展，土地评价研究的内容和范围也日益综合与深入。遥感技术和信息系统的理论和方法开始应用于土地评价，评价也从定性逐渐发展为半定量和定量，旅游用地评价、城市用地评价等非农业用地的评价发展很快。90年代以来，随着可持续发展思想和理论的渗透以及我国人口、资源、环境矛盾的日益显化突出，我国土地评价研究的重点开始转向对土地可持续利用评价的指标体系和方法理论的研究，寻求如何有效合理地开发利用土地，在经济增长的同时实现土地生产力的持续稳定增长，保障地区社会、经济、生态三者的统一和谐。随着科学技术的进步，3S(RS、GIS、GPS)技术得到前所未有的发展，实现了地理空间数据的采集、交换、管理、分析、预测、决策、制图等的一体化、自动化、数字化、智能化、实时化和动态化，其在土地评价中的地位日益突出，成为土地评价不可缺少的技术手段，并为土地评价的发展提供了一个更为广阔的空间。

1.4.3 土地评价的发展与趋势

1) 综合化

近年来,土地评价已从初期的自然土地评价逐步走向综合土地评价。在土地评价过程中,除考虑土地的自然属性外,还考虑土地利用的经济背景和土地的立地条件、经济效益及社会效益。如1984年美国对伊利诺伊州和华盛顿州的土地评价不单单从土壤的理化性质鉴定土壤生产力,评价中还结合地方政府的农用地政策,考虑到土地管理措施、土地税收和法规等一些社会经济因素,具有很强的综合性。20世纪80年代以来,随着景观生态学的迅速发展和可持续发展概念的引入,土地生态价值和功能的评价逐步被重视,评价开始针对人口、资源、环境和发展问题,开展土地承载力研究,确定人口增长对资源的需求和资源系统可支持或必须支持的程度。1993年联合国粮农组织正式发表了《可持续土地利用管理评价大纲》,确定了持续土地利用管理的基本原则、程序和评价标准(Pillars),即:土地利用管理的生产性(Productivity)、稳定性(Security)、保护性(Protection)、经济可行性(Viability)和社会接受性(Acceptability),并初步建议持续土地利用管理评价在自然、经济和社会等方面的评价指示因素(Factors)。Dumanski J.和Preri C.在1996年为世界银行起草的土地质量指标体系的基础上,进一步讨论了评价土地利用持续与否的土地质量指标的研究目标和方法,建立了短期的土地质量指标(包括土壤养分平衡、潜在产量与实际产量差、土地利用强度和利用的多样性、土地覆盖)和长期的土地质量指标(包括土壤质量、土地退化、农业生物多样性)以及土地污染指标等。可持续利用评估将土地的适宜性评估、潜力评估、经济性评估、社会—经济—环境生态及功能性评估和景观结构与过程、景观异质性结合起来,是一项土地的综合性评价。90年代,“土地健康”(Land Health)开始成为土地评价研究的一个重要内容。土地健康是指土地维持自身正常新陈代谢的一种状态,其自身恢复能力可缓和外界对土地生态系统的不良冲击,使土地与人之间、生物体与生物体之间、生物体与无机环境之间的共生、互生、再生过程得到持续发展。土地健康评价指标体系研究的代表性成果主要是由世界银行、联合国粮农组织、联合国发展署、联合国环境署联合开展的土地质量指标(Land Quality Indicators,LQI)研究项目提出的“压力—状态—响应”(Pressure-State-Response,PSR)评价体系。它通过利用土地质量指标测量人类活动对土地资源的压力和这些压力对土地质量状态的影响以及社会对这些变化的响应,将土地质量指标与相关的政策和管理决策联系起来。

2) 精确化

随着土地评价研究的深化,人们愈来愈注重评价的科学性和应用价值。20世纪70年代,各国主要结合资源清查进行土地评价,尤其是在发展中国家。评价的目的是为国家或大区域性的规划服务,评价成果比较粗略。随着资源调查工作的结束,各种要素图件和数据资料的完备,土地评价工作越来越细,土地适宜性评价进一步深化,针对某种土地利用类型或某种农作物而进行,成果实用性强。主要表现在小区域和典型地段的详细的土地评价工作愈来愈多,除了分析土地的特征外,特别强调作物对土地的要求的分析,提高了土地评价的精确性和应用价值,评价成果以图件和文字的形式直接表示。我国的土地评价工作也经历了从大范围到中、小范围,从粗略到精确的过程。目前,地方性、区域性的土地评价大多结合有关地区的资源开发利用或环境整治而进行。

3）标准化

随着土地评价理论的深入研究，土地评价工作日趋向标准化方向发展。自 1961 年美国农业部颁布世界上第一个较为全面的土地评价系统——土地潜力分类系统（LCC）以来，荷兰、英国、加拿大、前苏联等国相继提出了各自的土地评价体系。由于各国各自制定的土地评价系统之间很不统一，给国际学术交流带来了困难，经过长期的实践与经验总结，1976 年联合国粮农组织发表的《土地评价纲要》中，统一了土地评价原则、方法、土地适宜性分类指标与指标体系。随着土地评价理论体系完善和研究手段及方法的革新，为缓解人口—资源—环境和发展之间的矛盾，美国 1981 年提出了应用于农用地保护的"土地评价和立地分析系统"（LESA）。英国 Strathclyde 大学和苏格兰资源利用研究所提出了"提高承载能力备择"（Enhancement of Carrying Capacity Options）方案的 ECCO 模型，反映了人口、资源、环境和发展之间相互关系。1993 年联合国粮农组织颁布的《可持续土地利用管理评价大纲》，确定了持续土地利用管理的基本原则、程序和五项评价标准，世界各国的许多学者都以此为指导，依据自身的环境资源条件和发展背景来探讨当地的持续土地利用管理评价的指标体系。

近年来，随着我国土地管理事业的快速发展，土地评价工作也逐渐向标准化方向发展。1986 年以前，我国土地资源分别由农业、林业、水利、交通、城建、规划等多部门管理，土地资源标准化工作由各部门按照本部门的规章为各自的需要进行。如《草地资源调查技术规程》、《县级土地评价技术规程（试行草案）》等。1986 年以后我国成立了国家土地管理局，先后颁布了《城镇土地分等定级规程》和《城镇土地估价规程》，《农用地分等规程》、《农用地定级规程》和《农用地估价规程》，规程明确规定了城镇土地和农用地分等定级与估价的目的、原则、技术方法、等级图的制图规范、评价成果的质检验收规定和相关数据库建设标准等。

4）新方法与新技术的运用

随着遥感技术、地理信息系统技术和计算机技术的飞速发展，为土地资源评价研究提供了有利的技术支持。联合国粮农组织、世界开发银行等国际性组织，投入巨资进行世界范围土地资源调查与评价研究。自 20 世纪 80 年代以来，土地资源调查与评价工作基础较好的国家普遍采用地理信息系统（GIS）、遥感技术（RS）和全球定位系统（GPS）等高新技术，向土地资源调查与评价的全程自动化、计算机化和成果数字化方向发展，美国、德国、加拿大、澳大利亚、荷兰等经济发达国家，先后建立了土地资源信息系统和地籍管理信息系统，并制定了相应的信息分类标准和建库标准。主要有加拿大的土地清查地理信息系统（CGIS，1964 年）和土壤信息系统（CanSIS）、美国纽约的土地利用和自然资源信息系统（LUNR，1967 年）和北卡罗来纳州的土地的利用信息系统（NCLUIS）、新西兰的微机土壤信息系统（MIDGE）等。这些系统都将土地评价与规划过程相结合，具有综合性和实用性，已成为土地评价与规划的有效手段，由此带动了土地资源评价工作向更高水平发展。

遥感用于土地评价，在于通过土地要素的解译划分出作为评价单元的土地类型或土地资源类型，或直接解译评价因素，以减少野外调查工作量。如我国早在《1∶100 万土地资源图》的编制及黄土高原和"三北"防护林地区的土地评价中就运用了卫星遥感图像。黄杏元等在福建沙县土地评价中所应用的系统可将由 DEM 自动派生的地形要素与由图形数字化产生的土壤数据进行复合，从而完成土地分类与评价。此外，还有赵庚星等在黄河三角洲垦利县、黄胜利等在安徽省、陈芬在福建省、田淑敏等在河北省的研究。

参 考 文 献

1 Beek K J. Land evaluation for agricultural development. Publication No. 23, ILRI Wageningen. The Netherlands, 1978

2 CIAR/IBSRM. Proceeding of the international workshop on evaluation for sustainable land management in the developing world. Chiang Rai, Thailand: Technical Papers, 1991(2)

3 FAO. A framework for land evaluation. Rome: FAO Soil Bulletin, 1976

4 FAO. An international framework for evaluation sustainable land management. Rome: World Soil Resources Report, 1993

5 Forman R T T and Godron M. Landscape ecology. New York: John Wiley & Sons, 1986

6 John E, Tiffen M and Mortimore M. Land resource management in the machakos district, Kenya 1930—1990. World Bank Environment Papers, 1994

7 University of Lethbridge. Proceedings of the international workshop on sustainable land management for 21st century. Lethbridge, Canada: Plenary Papers, 1993(2)

8 毕宝德.中国地产市场研究.北京:中国人民大学出版社,1994

9 陈芬.基于AEZ/GIS的福建土地适宜性评价.福建地理,2002,17(3)

10 陈百明.区域土地可持续利用指标体系框架的构建与评价.地理科学进展,2002,21(3)

11 陈美球,金夏萍.土地健康及其评价.国土经济,2001(6)

12 陈美球,刘桃菊,黄靓.土地生态系统健康研究的主要内容及面临的问题.生态环境,2004,13(4)

13 戴旭.农业土地评价的理论与方法.北京:科学出版社,1995

14 戴尔阜,蔡运龙,傅泽强.土地可持续利用的系统特征与评价.北京大学学报,2002,38(2)

15 D.登特,A.扬;倪绍祥译.土壤调查与土地评价.北京:中国农业出版社,1988

16 董黎明,冯长春.中国城市土地有偿使用的地域差异及分等研究.地理学报,1993,48(1)

17 封占霄.多目标定量动态土地评价初探.河北国土资源,2002(5)

18 傅伯杰.土地可持续利用评价的指标体系与方法.自然资源学报,1997,12(2)

19 傅伯杰.土地评价的理论与实践.北京:中国科学技术出版社,1992

20 傅伯杰.土地潜力评价的类型与方法.国土与自然资源研究,1990(2)

21 高向军.中国农用地等级评价研究进展.农业工程学报,2002,18(1)

22 谷树忠.对耕地资源估价方法的探讨.自然资源,1997,12(4)

23 国土资源部土地估价师资格考试委员会.土地管理基础.北京:地质出版社,2000

24 黄胜利.农业资源综合开发生态环境评价.环境科学研究,2000,13(3)

25 黄贤金.农用地价格论.北京:中国农业出版社,1997

26 黄杏元.土地资源信息系统及其运用的实验研究.环境遥感,1989,1(3)

27 克林格比尔 A A,蒙哥马利 P H.美国土地潜力分类.北京:中国农业出版社,1981

28 李晓文,胡远满.景观生态学与生物多样性保护.生态学报,1999,19(3)

29 李孝芳.土地资源评价的基本原理和方法.长沙:湖南科学技术出版社,1989

30 林培.土地资源学.北京:中国农业大学出版社,1996

31 林增杰,严 星.土地管理原理与方法.北京:中国人民大学出版社,1986

32 刘邦学.土地适宜性评价研究.资源开发与保护,1993,9(2)

33 刘世梁,傅伯杰.景观生态学原理在土壤学中的应用.水土保持学报,2001,15(3)

34 刘维新.试论城市土地资产的特点与管理.中国土地科学,1992,6(4)

35 倪绍祥.土地类型与土地评价概论.(第2版).北京:高等教育出版社,1994

36 倪绍祥.我国土地评价研究的进今进展.地理学报,1993,48(1)

37 钱海滨,薛永森,田彦军.土地资源合理利用评价研究综述.中国土地科学,2001,15(2)

38 邱扬,傅伯杰.土地持续利用评价的景观生态学基础.资源科学,2000,12(6)
39 邵景安.农用地分等定级研究进展.成都大学学报,2002,21(3)
40 孙波,赵其国.红壤退化中的土壤质量评价指标及评价方法.地理科学进展,1999,18(2)
41 王校常,曹志洪.太湖地区水稻土的健康质量问题及调控对策.应用生态学报,2002,13(2)
42 吴次芳.土地生态学.北京:中国大地出版社,2003
43 徐琳瑜,杨志峰,李巍.城市生态系统承载力理论与评价方法.生态学报,2005,25(4)
44 杨志峰,隋欣.基于生态系统健康的生态承载力评价.环境科学学报,2005,25(5)
45 叶艳妹.对土地资源本质属性及其与土地资产关系的认识.中国土地科学,1996,10(10)
46 张凤荣.持续土地利用管理的理论与实践.北京:北京大学出版社,1996
47 张凤荣.中国土地资源及其可持续利用.北京:中国农业大学出版社,2000
48 张明达,张晓玲.土地资源标准化初探.中国土地科学,2000,14(5)
49 张子平,王宝山.关于农用地质量评价问题的研究.焦作矿业学院学报,1995,14(3)
50 赵庚星,李玉环,李强.GIS支持下的定量化、自动化农用地评价方法的探讨.农业工程学报,1999,15(3)
51 赵松乔.黑龙江省及其西部毗邻地区的自然地带和土地类型.北京:科学出版社,1983.
52 中国1∶100万土地资源图编辑委员会文集编辑组.中国土地类型研究.北京:科学出版社,1986
53 周诚.土地价值论.中国土地科学,1992,6(2)
54 周生路,王铁成,黄劲松.农用地经济定级中两种方法的比较研究——以新疆一四八农场为例.土壤学报,2001,38(3)
55 朱德举.土地评价.北京:中国大地出版社,1996
56 陈敬雄.基于GIS的省域农用地分等研究——以江苏省为例:[硕士学位论文].南京:南京大学,2003
57 冯昌中.城市土地储备经营战略及空间布局研究:[博士学位论文].南京:南京大学,2005
58 冯蓉晔.城市化背景下农用地价格评估初步研究——以宜兴市为例:[硕士学位论文].南京:南京大学,2004
59 李爱军.农用地两类定级及其与分等结果的比较研究:[硕士学位论文].南京:南京大学,2004
60 陆跃进.南京城区土地出让价格时空变异研究:[硕士学位论文].南京:南京大学,2003
61 沈秀峰.修正法在农用地定级中的运用研究——以东台市为例:[硕士学位论文].南京:南京大学,2003
62 宋佳波.省域城镇基准地价网络体系建立方法研究——以江苏省为例:[硕士学位论文].南京:南京大学,2004
63 王黎明.省域城市土地等别体系及空间差异研究——以江苏省为例:[博士学位论文].南京:南京大学,2004

2 土地评价的理论基础

2.1 土地肥力和生产力理论

土地肥力是土地的客观属性，对植物生命活动及农作物的收获具有直接的作用。根据马克思的观点，土地肥力分为自然肥力和人工肥力两个不同的范畴。自然肥力是指土地不依赖于人的生产活动，而由自然过程赋予土地的肥力，它是自然历史过程的产物，实际上是土壤肥力与气候肥力的有机结合；人工肥力是通过人的生产活动赋予土地的肥力。关于土壤的自然肥力，德国农业化学家李比希于 1840 年曾指出土壤矿质元素是土壤肥力的核心；苏联土壤学家威廉士的定义是“土壤在植物生活的全过程中，同时而又不断地供给植物以最大量的有效养分及水分的能力”；美国土壤学会 1978 年出版的《土壤科学名词汇编》将“土壤肥力”概括为“土壤供应植物所需养料的能力及与这种能力有关的各种土壤性质与状态”。《中国土壤》把“土壤肥力”定义为“土壤从营养条件和环境条件方面供应和协调植物生长的能力”，是“土壤的物理、化学和生物学性质的综合反映”，我国土壤学家将土壤肥力归结为土壤水分、养料、通气状况和温度状况四个要素。气候肥力是光、热、水等因子相互作用、共同组合的结果，人类只能通过改变农作物的生态特征、合理充分地利用气候肥力来提高农业生产力。人工肥力的概念由马克思首先提出，他指出，人工肥力是由“资本能够固定在土地上，即投入土地”所致。人工肥力是以自然肥力为基础，是在自然肥力基础上经过人的劳动、资本、技术的投入而形成的。农业生产是人们在农用地上进行的社会生产活动，不断地生产实践使人工肥力与自然肥力相融合，形成土壤的经济肥力。土地肥力是一个历史范畴。土地肥力的状态及其变化，既取决于土地的自然肥力属性，又与农业科技水平和社会制度相关。只要合理利用土地，土地肥力和土地生产力在一定程度内是可以不断提高的；相反，土地肥力或土地生产力就会趋于衰竭。

由于土地具有肥力，因此土地具有生产力。土地生产力是土地—生物—环境系统的整体功能。土地—生物—环境系统是特定空间内由植物、动物及微生物构成的生命系统与由气候、土壤、地貌、温度、水文等要素复合成的整体。土地生产力分为自然生产力和人工生产力，自然生产力是农用地自身存在的，而人工生产力则是农用地开发、利用和保育过程中不断有外界物质输入而造成的，两者的耦合造成了农用地生产力。土地生产力具有动态性，受制于自然和社会两大因素，系统内的气候、土壤、地貌、水文、地质等自然因素及人地比例、区位条件、交通条件、经营收益等社会经济因素的变化，将使土地生产力受到影响。土地生产力是众多因素综合的结果，构成因素特别是自然条件因素的地域差异性导致了土地生产力的地域差异。土地生产力计量，自从 1964 年竺可桢教授从气候角度出发探讨粮食用地生产力潜力以来，到全国开展的农用地分等定级工作，已先后从多个层次研究了农用地生产力估算的系统模型。如：① 光合生产潜力。光合生产潜力是在其他因素(温度、水分、土壤肥力及农牧业生产措施等)处于最佳状况时，完全由光和有效辐射决定的生产潜力。② 光温生产潜力。光温生产潜力是由光能和温度两因子共同决定的生产潜力。光能资源是形成产量的基础因子，而热量资源是形成产量的限制因子，因此由光合作用计算出的光合生产潜力，还需进行温度修正，从而得到光温生产潜力。③ 气候生产潜力。气候生产潜力也称光温水生产潜力，是由光、热、水三个气候因子共同决定的潜力。水分是植物生存的基本因子之一，不仅是光合作用的原料，而且还参与其他生理过程。水分过多或过少，都会阻碍光合作用和其他生理活动顺利进行，从而影响作物产量。因而对光温生产潜力进行水分因素修正得到气候生产潜力。④ 土地自然生产力。土地自然生产力是在气候生产潜力的基础上进行土壤肥力的修正。⑤ 土地综合生产潜力。土地综合生产潜力是由农用地的自然环境因素和社会经济因素的优化配置而形成的生产力。一般农用地投入水平主要从经营规模、劳动集约度、资本集约度、技术管理水平等许多方面来考察。

农用地是用于农业生产的土地，能够生产有生命的物质资料。肥力是农用地具有产出功能的根本原因，是农用地使用的物质基础，也是形成农用地质量的最基本因素。因此，土地肥力历来是土地等级评定的基础。土地肥力与土地质量、土地产出的关系，自然肥力、人工肥力、经济肥力的关系以及土地肥力的运动规律等是正确认识农用地质量的基础，也是开展农用地分等定级工作的科学依据。

2.2 生态系统理论

生态系统生态学主要研究生态系统的组成、结构与功能、发展与演替以及人为影响与调控机制等。它以生态系统为对象，对系统内植物、动物、微生物等生物要素和大气、水分、碳、氮等非生物要素及其作用进行不同层次的全方位研究，具有基础性强、研究面宽、应用范围广特点，是现代生态学发展的前沿，目前已经形成较为成熟的理论体系。土地作为一个复合的生态系统，生态系统理论为土地评价提供了认识论的思考和方法论的借鉴，对土地评价具有重要的指导价值。下面结合土地评价学的研究内容对生态系统理论中有关生物与环境的关系、生态系统的结构、生态系统的功能等基本理论做简要概述。

2.2.1 生物与环境的关系

生态学认为，环境是某一特定生物体或生物群体以外的空间，以及直接或间接影响该生物或生物群体生存的一切事物的总和。环境包含着多种多样的因素，其中对生物生长、发育、生殖、行为和分布有直接或间接影响的环境要素称为生态因子。例如，温度、湿度、水分、土壤和其他相关生物等。所有生态因子构成生物的生态环境，具体的生物个体和群体生活地段上的生态环境称为生境。生物与环境之间的作用关系主要是通过生态因子对生物的影响以及生物对环境的适应来实现。

1）生态因子作用的一般特征

（1）综合作用。环境中各种生态因子不是孤立存在的，而是彼此联系、互相促进、互相制约，任何一个单因子的变化，都必将引起其他因子不同程度的变化及其反作用。不同的生态因子对生物虽然在影响方式、重要程度上有区别，但是各种生态因子是共同的对生物产生影响，而且它们在一定的条件下是可以相互转换的。

（2）主导作用。生态因子的综合作用不等于一切生态因子的作用都是同等的，生态因子有主次之分，即非等价性。在诸多的生态因子中，有一个对生物起决定性作用的因子，称为主导因子。主导因子发生变化会引起其他因子发生变化。例如，光合作用时，光强是主导因子，温度和二氧化碳为次要因子；蒸发蒸腾作用时，温度为主导因子，湿度和通气条件为次要因子。

(3) 不可替代和补偿作用。生态因子对生物的作用虽然不尽相同,但各具有重要性。尤其是作为主导作用的因子,如果缺少,便会影响生物的正常生长发育,甚至造成死亡。所以,总体上说,生态因子是不可替代的,但是局部可以补偿。以光合作用来说,如果光照不足,可以增加二氧化碳的量来补足;软体动物在锶多的地方,能利用是锶来补偿壳中钙的不足。

2) 最小因子定律、耐受定律和限制定律

德国农业化学家利比希,在研究各种生态因子对作物生长作用时,得出一个结论,即:植物的生长取决于环境中处于最小状态的营养物质。进一步研究表明,利比希提出的理论同样适用于其他生物种类或生态因子,因此,利比希的理论被称为最小因子定律。最小因子基本内容是:任何特定因子的存在量低于某种生物的最小需要量时,是决定该物种生存和分布的根本因素。应用该定律时要考虑到物质与能量输入与输出处于平稳态的条件,注意生态因子的补偿作用,最低因子并不是绝对的。

美国生态学家谢尔福德提出了耐受定律,即:任何一个生态因子在数量或质量上的不足或过多,即当其接近或达到某种生物的耐受程度时,就会影响该种生物的生存和分布。生物体耐受的下限和上限之间的范围称为该生物的生态幅。不同的生物物种对各种生态因子的耐受范围不一样,而同一种生物对不同生态因子的耐受范围也可能存在着差异。

生态学者们结合最小因子定律和耐受定律的思想提出了一个综合的生态学概念——限制因子。限制因子的定义为:当生态因子(一个或相关的几个)接近或超过某种生物的耐受极限而阻止其生存、生长、繁殖、扩散或分布时,这些因子就称为限制因子。在自然界中,生物不仅受到最小量需要物质供给的影响,而且也受制于其他临界生态因子。限制因子的概念表明了生物的生存与繁衍取决于环境中各种生态因子的综合作用。

3) 生物对环境的适应

适应具有不同的意义,严格意义上的适应指有助于生物体在特定环境中存活或生殖遗传特征,包括行为的、形态的或生理的,强调适应是自然选择的结果。对环境适应度高的个体所带的基因将越来越普遍,而低适应度个体所带的基因将越来越稀少,这样不同的适应度就会导致种群的遗传变异。广义上的适应还包括:由于环境条件的改变,生物体通过调整以适合于气候条件、食物质量等环境条件改变的非遗传特征。

基因型和表型是研究生物对环境适应的重要概念。基因型是个体的遗传组成,在有性杂交的物种中,大多数个体有不同的基因型。表型是各个有机体,它是基因型和环境相互作用的产物。在无性的物种中,有的个体群可能共享同一基因型,但是由于环境的影响会表现出不同的表型。由于环境影响基因型而使表型发生变化,表型的这种能力叫作表型可塑性。基因型和表型的改变是生物对环境适应的结果。

适应可以使生物对生态因子的耐受范围发生改变。但是,无论生物通过哪一种方式来调整、扩大它们对生态因子的耐受范围,或生存在更加复杂的环境中都不能永久逃脱生态因子的限制,耐受极限只能改变而不能去除。因此,生物的生理状态和分布还是会由于它们对特定生态因子耐受范围的有限性而受到限制,生物对生态因子的耐受范围是由生物的遗传结构所决定,是生物的物种特性。

2.2.2 生态系统的结构

1) 生态系统的一般结构

生态系统的结构概括起来说,有三个必要的部分:① 有两个以上的要素,是生态系统的组成部分;② 各成分与其环境相结合,系统的外界事物是系统的环境,系统与环境不可分割;③ 各成分之间相互联系、相互作用、相互制约,形成一个整体。可用下列方程表示:

$$MA(\delta,t)=[CA(\delta,t),EA(\delta,t),SA(\delta,t)] \tag{2.1}$$

式中:M—— 形态结构;

A—— 在生态系统水平上;

δ—— 生态系统;

t—— 时间;

C—— 成分;

E—— 环境;

S—— 结构。

根据结构,生态系统可分为三个生态亚系统,即生产者亚系统、消费者亚系统和分解者亚系统。

整体性是生态系统最重要的一个特征。整体性是指系统的有机整体,生态系统存在的方式、目标、功能都表现出统一的整体性。生态系统的整体性越强,就越像一个无结构的整体。在一定条件下,可以以一个要素的身份参加到更大的系统运动的过程之中。这种整体性正是生态系统的实质和核心。

反馈是生态系统另一个重要特性。反馈是一个复杂过程,按结构可分为简单反馈和复杂反馈;按等级可分为低级反馈和高级反馈;按作用范围可分为主反馈和局部反馈等。各种反馈类型中,较重要的是按功能分为正反馈和负反馈。生态系统自调控就是反馈功能的一个体现,具有增强系统功能作用的称为正反馈,具有削弱系统功能作用的称为负反馈。这两种反馈相互交替、相辅相成,维持着生态系统的稳定,生态系统通过反馈,能自动调节并维持自己正常功能和生态平衡。生态系统稳定是相对的,不断地与外界进行物种、物质、能量及信息的交换。在这种交换过程中,系统的结构不仅在量的方面可以逐渐发生变化,而且在一定条件下可以产生质的飞跃。

2) 生态系统的层级结构

生态系统是由若干有一定秩序的层级所组成。生物圈是最大的生态系统,是一个多层次的独立体系。层级结构是按照系统各要素特点、联系方式、功能的共性、尺度大小以至能量变化范围等多方面特点划分的等级体系。一般可分为十一个层级,即全球(生物圈)、区域(生物群系)、景观、生态系统、群落、种群、个体、组织、细胞、基因、分子。层级系统中首先可划分为个体水平以上的宏观及其以下的微观;其次又可以划分经济性为主的区域或以生物为主体的生态系统等。

尺度概念是生态系统一个重要特征。然而,生态系统并没有理想的空间和时间尺度,对于一个过程、事件或要素的研究是理想的空间尺度,对别的问题来说,并不一定是理想的。生态系统的研究中应注意核心尺度,同时也要关注邻近尺度。可以用某一尺度上所获得的信息和规律来推测其他尺度上的现象,这就是“尺度推绎”。尺度推绎主要包括尺度上推和尺度下推。可通过不同尺度上的研究来探讨层级系统特点。

生态系统的层级系统具有结构和功能的双重性。结构上的层级是重要而明显的,纵向的可构成垂直层级系统;横向的同一层级可构成平行并列系统;纵横交叉的网络系统又构成各种立式交叉的组织等。每一层级是由不同要素组成的亚系统或整体元。整体元具有双重性,即对高层级表现出从属组分的特性,对其低层级表现出自我包含的整体特性。一般地说,高一级的层级结构对低一级的层级结构具有重大的制约作用，低一级的层级结构是高一级的基础。

层级系统理论认为，生态系统具有非平衡性和兼容性，即低层级过程可被高层级的行为所包含。通过兼容，小尺度层级被大尺度层级所融合，但并不存在绝对的部分和绝对的整体，通常可以在不同的时空尺度上分解为相对离散的结构或功能单元。通过兼容，小尺度上的非平衡性或空间上与时间上的异质性可以转化为大尺度上的平衡性和均质性。在这种等级的转化过程中复杂性增加。

3）生态系统的耗散结构

生态系统具备耗散结构所必需的三个条件：即系统的开放性；系统处于远离平衡态的非线性区域；系统各要素之间存在着非线性相关机制。

生态系统开放性是一切自然生态系统的共同特征。生态系统开放性主要表现在：① 全方位开放是生态系统的首要特点；② 进行熵的交换；③ 促使要素间的交流。正由于开放性，使得生态系统本身的结构和功能得到不断发生和发展。可以说，生态系统的开放性决定了系统的动态和变化，给生态系统提供了不断发展的可能。

远离平衡态的区域不再局限于要素间单一的线性组合，这是因为在系统内各要素之间存在着复杂的联系和作用。如负反馈和熵产生率随时间出现波动和涨落变化等，都是具有非线性特点。在平衡态、近平衡态区域呈一定规律性变化，是确定性或线性关系，与平衡态、近平衡态有本质不同的远离平衡态，则呈非线性关系。生态系统有可能发生交变，由原来的状态转到一个新的状态。生态系统中所出现的种种矛盾：确定性和不确定性，平衡和非平衡，稳定性和不稳定性，均质性和异质性等，可用远离平衡态的耗散结构思想加以分析。

2.2.3 生态系统的功能

生态系统的组成和结构是生态系统功能实现的基础。生态系统的功能主要包括物质循环、能量流动和信息传递三方面的内容，三者不可分割。

1）生态系统的物质循环

物质是生命活动的基础。生态系统中的物质，主要是指维持生命所需的各种营养元素，它们在各个营养级之间传递，并联合起来构成物质流。物质从大气、水域或土壤中，通过以绿色植物为代表的生产者吸收进入食物链，然后流通转移到食草和食肉动物等消费者，最后被以微生物为代表的还原者分解转化到环境中。这些释放出的物质又再一次被植物利用，重新进入食物链，参加生态系统的物质再循环，这个过程就是物质循环。物质循环又称生物地球化学循环。

生态系统中的物质循环可以用库(Pool)和流通(Flow)两个概念加以概括。库是由存在于生态系统某些生物或非生物成分中一定数量的某种化合物构成的。对于某一种元素而言，存在一个或多个储库。在库里，该元素的数量远远超过正常结合在生命系统中的数量，并且通常只能缓慢的将该元素从储库中释放出。物质在生态系统中的循环实际上是在库与库之间彼此流通。流通量通常用单位时间、单位面积内通过的营养物质的绝对值来表达。为了表示一个特定的流通过程对有关库的相对重要性，用周转率和周转时间来表示。

生物地球化学循环可以分为三大类型，即水循环、气体型循环和沉积型循环。生态系统中所有的物质循环都是在水循环的推动下完成的，因此，没有水循环就没有生态系统的功能。在气体型循环中，物质的主要存储库是大气和海洋，凡属于气体型循环的物质，其分子或某些化合物常以气体的形式参与循环过程。沉积型循环的主要储库在土壤、沉积物和岩石中。生态系统的物质循环，在自然状态下，一般处于稳定的平衡状态，对于某一种物质，在各个主要库的输入和输出量基本相等。

2）生态系统的能量流动

生态系统的能量转换遵守热力学定律。热力学第一定律指出能量不能被创造，也不能被消灭，但可以从一种形态转换到另一种形态。热力学第二定律又指出由于某些能量常常变成不可利用的热能而散失掉，因此生态系统中的能量流动存在损耗。

生态系统中的能量流动开始于绿色植物通过光合作用对太阳能的固定，能量在各个营养级间流动。太阳能输入生态系统后，能量不断的沿着生产者、食草动物、一级肉食动物、二级肉食动物等营养级间流动。这种能量流动是单向、逐级流动的，它不会循环，只有消耗和变为其他形式的能量。所以说物质循环和能量单向流动是生态系统的最基本规律。

在能量流动过程中，能量的利用效率就叫生态效率。按林德曼的"10%定律"，从一个营养级到另一个营养级的能量转换效率为10%，也就是说，能量流动过程中90%的能量损失掉了，这就是营养级不能超过四级的原因。

3）生态系统的信息传递

生态系统的功能除体现在生物生产过程、能量流动和物质循环以外，还表现在系统中各种生命成分之间存在着信息传递，信息传递是生态系统的基本功能之一，在传递过程中伴随着一定的物质和能量的消耗，信息传递不像物质流那样循环，也不像能量流那样是单向的，而往往是双向的，既有从输入到输出的信息传递，也有从输出向输入的信息反馈。按照现代控制论的观点，正是由于这种信息流，才使生态系统产生了自动调节机制。

生物系统中包含多种多样的信息，大致可以分为物理信息、化学信息、行为信息和应用信息。① 生态系统中以物理过程为传递形式的信息称为物理信息，生态系统中的各种光、热、声、电、磁等都是物理信息；② 化学信息是生态系统中信息流的重要组成部分，生态系统的各个组成部分都有生物代谢产生的化学物质参与传递信息、协调各种功能，这种传递信息的化学物质通常称为信息素。信息素虽然数量不多，却涉及从个体到群落的一系列活动；③ 许多植物的异常表现和动物的异常行为传递的某种信息可称为行为信息；④ 在生态系统中，生物的食物链是生物的营养信息系统，各种生物通过营养信息关系组成互相依存、互相制约的整体。

2.3　地租理论

2.3.1　古典经济学地租理论

1）配第地租理论

配第是英国资产阶级古典政治经济学的奠基人，马克思称他是"政治经济学之父"。他对地租问题的基本看法是，将土地的自然力视作地租的源泉，并将地租归结为扣除生产费用后土地的自然产物。配第在名著《赋税论》中明确指出：地租是劳动产品扣除生产投入以及维持劳动者必需的生活资料价值以后的余额。但他未将利润包含在这一剩余之内，也未将这一剩余归结为雇佣工人的剩余劳动。配第对古典地租理论的重要贡献在于提出并确立了有关级差地租的最初概念。由于土壤肥沃程度、耕作技术水平的差异以及产地距离市场远近不同，地租和地价因而也有不同。特别是他致力于"土地的价值"的研究，并力图揭示可以自由买卖的土地的自然价值。其实，配第所称"土地的自然价值"、"土地的价值"，实际上就是指土地的价格，只不过他未能有效区分"土地价值"与"土地价格"。但是配第已经深刻地洞悉到土地价格就是一定年数的地租，已经明确地将土地价格视为资本化的地租，是地租本身的转化形式。

2）魁奈地租理论

魁奈是法国资产阶级古典政治经济学家，重农学派的创立者。重农学派的地租是重农学派的"纯产品"学说。"纯产品"学说将社会不同的生产部门归为两类：一类是社会财富扩大的部门，另一类是使社会财富相加的部门。魁奈认为，农业因有自然而为社会创造财富，自然不向人类索取报酬。农业部门生产的农产品扣除耗费的生产资料、工人和资本家消费的生活资料后，还会有剩余产品，使社会财富扩大。而农业以外的部门，如加工工业部门，只实现已经存在的物质因素的结合，将各种使用价值结合成一种新使用价值。它只使社会财富数量相加，而不能使社会财富扩大。魁奈把农业中由于自然而生产的超过生产和生活支出的剩余产品称为"纯产品"，并认为它理应以地租形式归土地所有者占有。魁奈认为，"纯产品"只存在于大规模的租地农业之中，小农经济中是没有"纯产品"的。也就是说，只有在农业雇佣劳动的地方才有"纯产品"。按照魁奈"纯产品"是农业产品扣除生产中耗费的生产资料、工人和资本家消费的生活资料后的剩余的见解，可以看出，从价值的角度来看，"纯产品"实质上是农产品价值超过生产费用的余额，是农业工人为租地农场主创造的剩余价值。

3）斯密地租理论

斯密是英国资产阶级古典政治经济学的主要代表人物。他在《国民财富的性质和原因的研究》中谈到，地租是作为土地的代价，是为使用土地而支付的价格。"有土地的地主，像一切其他人一样，都想不劳而获"。这就是说，这个余额不是利润，而是利润之上归土地所有者无偿占有的部分，是利润之上被土地所有者剥削的那一部分剩余价值。因而地租不是投在土地上的资本的利息，而是所有权所要求的，是土地所有权的单纯结果，是一种垄断价格。这是斯密对地租范畴的科学概括，这一概括从根本上揭示了资本主义地租存在的原因。可见，斯密不仅正确地提出了地租概念，而且他还把地租看成是土地所有权的结果。难怪马克思对斯密这一观点作了肯定的评价："斯密非常明确地强调，土地所有权即作为所有者的土地所有者'要求地租'。斯密因此把地租看作土地所有权的单纯结果，认为地租是一种垄断价格，这是完全正确的"。并且马克思指出："斯密觉得，土地所有者在一定情况下有权力对资本进行有效的抵抗，使人感到土地所有权的力量并因而要求绝对地租，而他在其他情况下就没有这种权力"。可见斯密虽然没有提出绝对地租的概念，但实际上分析的却是绝对地租的东西。斯密没有级差地租的概念，只是从总量上考察地租问题，但他在对地租问题的论述中，也涉及级差地租的一些问题。斯密写道："不问土地的生产物如何，其地租随土地肥沃程度的不同而不相同；不问其肥沃程度如何，其地租又随土地位置的不同而不相同。都市附近的土地，比偏远地带同样肥沃的土地，能提供更多的地租"。这里所谓"更多的"这一增量地租，实际上指的是级差地租Ⅰ。他还指出，随着交通运输条件的改善，运输费用减少，由肥沃程度相同但离市场位置远近不同引起的级差地租量就会减少。斯密也论及过级差地租Ⅱ，他说："食物是地租的原始来源，而后来才提供地租的土地的其他生产物来说，其价值中相当于地租的部分，亦来自生产食物的劳动生产力的增进，而劳动生产力的增进，是土地改良和耕作的结果"。但他只讲到土地肥沃程度和位置不同对地租的影响而未作数量分析，未具体阐述这些条件如何影响地租的高低。斯密虽然对地租问题有过较多论述，但斯密的地租理论在地租来源上有许多混乱和互相矛盾的解释。从劳动价值论出发，他认为地租是对劳动产品价值在工资、利润以外的一种扣除；从生产费用论出发，他又认为地租是使用地主土地的“自然报酬”，主张地租是商品价值的“基本源泉”；受重农主义影响，他还认为地租是“自然力的产物”，并从流通角度出发来阐明地租是“垄断价格”的结果。这样，斯密就把最深刻的见解和最荒谬的观念奇怪地交错在一起了。

4）安德森地租理论

安德森被马克思誉为近代地租理论的真正创始人。在地租的来源上，安德森认为“不是地租决定土地产品的价格，而是土地产品的价格决定地租。虽然土地产品的价格在地租最低的国家往往最高”。这就是说，地租不是来源于土地，而是来源于土地产品的价格即价值，也就是来源于生产土地产品的人类劳动。对于级差地租，安德森极其深入地研究了其基本特征，并发现了因土地肥沃程度不同而形成的级差地租Ⅰ。安德森认为，不同等级的土地，具有不同的相对肥沃程度，而这种相对肥沃程度同农业的绝对生产率没有任何关系。支付不同地租的土地之间的差别，就在于这种相对肥沃程度。由此，他得出结论：如果等量谷物，不论它来自哪一个等级的土地，可以按照同一价格出售，耕种最肥沃土地的利润一定比耕种其他土地的利润大得多；而且由于土地肥力越低这种利润越少，最后必然达到这种情况，就是在某些等级低的土地上，耕种费用（生产费用加平均利润）同全部产品价值相等。在这里，安德森所称的利润，是指土地产品价格高于其生产费用和平均利润之和的余额，即超额利润；所说的全部产品价值实际上指产品的市场价格。在安德森看来，只有超额利润才能形成地租，地租等于土地产品的市场价格超过平均价格的余额。如果耕种的土地等级越来越低，以至于土地费用大到使土地产品的市场价格等于平均价格，地租就会消失。对级差地租Ⅱ，他指出，土地肥力并非仅仅是自然的产物，由于采用的耕作方式不同，由于施肥等等原因，可以把土地的原始状态改变为完全不同的状态。他发现，土地所有者得到的级差地租，一部分是租地农场主人工提高土地肥力的结果，而这种人工提高的土地肥力经过一定时间以后却表现为土地本身的原有生产力，从而提高地租。租地农场主的投资改良土地的成果便落入土地所有者手中，这样租地农场主就不愿进行在自己的租期内收不回的投资。但是安德森并不了解资本主义的生产关系，他只指出了级差地租的实体，但并没能从资本主义生产的内在联系和土地所有权的作用等方面考察地租。所以他的理论只是到了李嘉图手里，才表现出真正意义。

5）李嘉图地租理论

李嘉图是资产阶级古典政治经济学的杰出代表和完成者。关于地租的性质，李嘉图明确指出，地租不是自然的恩赐。在1815年的《论低价谷物对资本利润的影响》一文中，他说：“所谓地租，我指的始终是，为享用土地原有的和先天的力而给予地租的报酬”。在《政治经济学及赋税原理》中，他作出了更明确的表述：“地租是为使用土地原有的和不可摧毁的力而付给土地所有者的那一部分土地产品”。他进一步指出，不应该把地租同利息和利润混为一谈，在租地农场主付给土地所有者的货币中，只有一部分是为使用土地原有的和不可摧毁的力而支付的，另一部分则是原先用于改良土壤以及建造为储存和保管产品所必需的建筑物的成本而支付的。前者是地租，后者如果不是土地所有者在土地上投资的利润，那么就是在租约期满后被土地所有者占有的租地资本家投在土地上的资本的利息或利润。这种解释实际上说，资本所有者要事先支付资本才能得到利息和利润，而土地所有者仅仅凭借对自然物的占有就可以取得地租。李嘉图的主要贡献在于，他坚持用劳动价值原理来研究地租问题。他认为，地租同利润一样，也是劳动创造的价值的一部分，是由农业经营者从利润中分割土地所有者的剩余所得一部分。马克思指出，李嘉图关于地租总是使用两个等量的资本和劳动所取得的产品量之间的差额的论点，是完全正确的。关于级差地租Ⅰ的形成过程，李嘉图通过分析指出，它是和土地等级相联系的，是土地耕种者耕种较好土地所获得但被土地所有者所占有的超额利润。关于级差地租Ⅱ，李嘉图基于土地收益递减规律认为，这种级差地租是由于追加投资而获得的超额利润。他认为，人们可以在已耕种的土地上增加投资，以便增加产量。这种由于追加投资而获得的超额利润，不像由于土地肥沃程度和位置好坏不同而获得的超额利润那样全部落入土地所有者的腰包，在租约期满以前，它落在租地农场主手中，只是在租约期满之后它才落入土地所有者手中。李嘉图把地租理论同价值规定直接地、有意识地联系起来，也是他的理论贡献。但是，李嘉图混同了价值和生产价格。这使他只能肯定有级差地租的存在，而否认了资本主义制度下最低等土地尚有绝对地租的存在。李嘉图说："肥力极小的土地绝不能生产任何地租；肥力中等的土地，由于人口增加可以提供中等的地租；肥力大的土地则能提供高额地租。……因为地租不是与绝对肥力成比例，而是与相对肥力成比例……"这是李嘉图把价值和生产价格两者相混淆所必然形成的错误论断。其实土地支付的地租的实际数额，不是像李嘉图所想的那样，取决于这种土地自己的价值超过产品费用价格的余额，而是取决于产品市场超过产品费用价格的余额。

2.3.2　马克思地租理论

马克思在科学的劳动价值论、剩余价值论以及科学的利润理论和生产价格理论的基础上，对资本主义社会的地租进行了深入分析，指出了在资本主义社会土地私有制的条件下，土地所有权表现为由法律规定的某块土地归谁所有的权力，它表现为一种单纯财产的权力。这种权力在经济上又表现为土地所有者只有在得到了一定收入的条件下，才肯将土地让渡给他人使用，其所得的收入就是地租。因此马克思指出资本主义地租是以资本主义土地私有制为前提的，是土地所有者凭借土地所有权不劳而获的收入，其特点在于土地所有权和使用权的分离。

马克思从土地所有制入手对地租进行分析，论证了无论地租的性质、内容和形式有何不同，都是土地所有权借以实现的经济形式，并且严格区分了地租和租金这两个范畴，指出了"真正的地租是为了使用土地本身而支付的"这一地租定义，还对地租产生的原因和条件进行了分析和研究。根据地租产生的原因和条件，马克思把地租区分为级差地租和绝对地租，指出这是资本主义地租的两种基本形式。此外，还有垄断地租、矿山地租、建筑地段地租等形式。

1）级差地租

级差地租是指租用较优土地所获得的归土地所有者所占有的超额利润。级差地租与土地等级相联系，在等量投入的情况下，土地等级不同，土地收益便不同，因此地租额不同。

马克思分析资本主义级差地租是以下列假定为前提条件，即：资本主义的生产关系在农业中已占统治地位；资本在国民经济各部门之间，在农业和工业之间可以自由转移；平均利润、生产价格已经形成；农产品像其他一切商品一样，按照生产价格出售。马克思指出：土地的"自然力不是超额利润的源泉，而只是超额利润的一种自然基础。……这就像使用价值总是交换价值的承担者，但不是它的原因一样"。土地的有限性所引起的土地经营上的垄断才是级差地租产生的原因，而级差地租来源于农业工人创造的剩余价值即超额利润，它不过是经由农业资本家手中转到土地所有者手中。另外，马克思在分析级差地租时，按其形成的基础的不同，把级差地租分为两种形式：级差地租第一形式（即级差地租Ⅰ）和级差地租第二形式（即级差地租Ⅱ）。级差地租Ⅰ：指农业工人因利用肥沃程度和位置较好的土地所创造的超额利润而转化的地租。级差地租Ⅱ：指对同一地块上的连续增加投资，使各次投资的生产率不同而产生的超额利润转化的地租。

2）绝对地租

绝对地租是指土地所有者凭借土地所有权垄断所得到的地租。马克思在分析级差地租上，为了说明级差地租而假定劣等地是不缴纳地租的，其实，土地所有者出租的土地无论优劣都要收取地租，否则“就意味着土地所有权的废除，即使不是法律上的废除，也是事实上的废除”。因此，租用劣等地的资本家也必须缴纳地租。从对级差地租的分析看，租用劣等地的资本家只得到了平均利润，如果让其从平均利润中拿出一部分缴纳地租，农业资本家得不到平均利润绝对不行，可又必须缴纳地租，显然绝对地租不是平均利润的一部分，而是农产品市场价格高于生产价格的余额。总之，农业资本有机构成低于社会平均资本有机构成是绝对地租形成的条件，而土地所有权的垄断才是绝对地租形成的根本原因。绝对地租的实质和来源同样是农业工人创造的剩余价值。

3）垄断地租

垄断地租是由产品的垄断价格带来的超额利润而转化成的地租。垄断地租的形成，除了土地私有权垄断这个前提外，还因为某些土地具有特殊的自然条件。具有特殊自然条件的土地能够生产某些特别名贵而又非常稀缺的产品。这些商品的生产者凭借对这一商品的垄断经营，使这些产品的价格不仅大大超过其生产价格，而且也超过其价值，从而形成垄断价格。生产者便可获得垄断价格与生产价格之间的差额，即垄断利润。这部分利润经由租地资本家转交给土地所有者后，便形成垄断地租。垄断地租不是来自农业雇佣工人创造的剩余价值，而是来自社会其他部门工人创造的价值。

4）矿山地租

矿山地租是指工业资本家为取得采掘地下矿藏财富的权利而向土地所有者支付的地租。马克思指出：“真正的矿山地租的决定方法，和农业地租完全一样”，经营矿山开采业的资本家同样要缴纳级差地租和绝对地租。这是因为：① 由于各矿山的蕴藏丰度不同，开采条件不同，距离消费地点（即使用矿石的企业）远近和运输条件也不同，因此，各个矿山开采的矿产品的个别生产价格也不同。② 采矿业同农业一样，存在着资本主义的垄断经营，所以，矿产品的社会生产价格是由劣等生产条件的矿山的个别生产价格来决定。③ 由于矿山采掘业的资本有机构成低于社会平均资本有机构成，这样，矿产品的价值也就高于它的生产价格，同时还存在着矿山所有权的垄断，使矿产品可以按其价值出售。

5）建筑地段地租

建筑地段地租是指工商业资本家和房地产业资本家为获得建造各种建筑物所需的土地而支付给土地所有者的地租。建筑地段地租同样是土地所有权在经济上的实现，它的来源同样是工人创造的剩余价值超过平均利润的余额，反映了土地所有者对雇佣劳动者的剥削关系。

马克思在分析建筑地段地租时指出，农业地租是建筑地段地租的基础，并且指出，建筑地段地租同样存在着级差地租，“而这种级差地租”同样要“遵循着和农业级差地租相同的规律”。建筑地段地租的形式也可分为级差地租Ⅰ和级差地租Ⅱ：级差地租Ⅰ是指由于城市内各地段的土地离市场的位置不同而产生的超额利润转化成的地租；级差地租Ⅱ是指在城市发展过程中，由于国家和企业在同一地块上的追加投资所产生的超额利润转化成的地租。

尽管建筑地段地租的基础是由真正的农业地租规定的，并受相同的级差地租规律的支配，但它与农业地租是有区别的，并且具有其自身的特征，特征内容如下所述。

（1）建筑地段所处的位置对建筑地段地租有着决定性的影响。因为使用位置有利的建筑地段的企业，比如靠近销售市场，或者交通运输十分方便，或者是处于经济文化中心，市场容量大，特别是获得信息等特种资源费用较低而且容易，因此他们能降低成本，加快资金周转率，提高利润率，可获得较高的超额利润。这种超额利润转化为级差地租。进一步说，这个位置是指经营地块离城市中心位置的距离，这个中心不是指位置中心（也可能是），而是指城市功能中心。所以城市中心的地租就高，离中心越远的地方，地租就越低。如果我们以城市中心某一块地作为标准地租，那么离标准地租这块地的远近，地租是不一样的。所以，与农业用地相比，城市土地不是以丰度为主，而是以地理位置和离功能中心远近为主，由它决定着级差地租量的多少。

（2）商业地租是城市建筑地段级差地租最典型的形态。商业对土地位置最为敏感。作为商业地租实体的超额利润是与商业所在位置决定的顾客密度及其营业额等指标成正相关的。在繁华的商业街区经营商业较之零星散落的商店更容易吸引消费者。

（3）城市地段级差地租Ⅱ的数量要比农业级差地租Ⅱ大得多。农业土地的追加投资能产生级差地租Ⅱ，但是由于农业生产受气候、技术等多方面的制约，农产品的产量不可能成倍地提高，因此农业级差地租Ⅱ一般较小。城市建筑地段级差地租Ⅱ就与农业不同，由于城市的扩大，开发区的建立，随着市政基础设施追加投资的落实，加上企业对原有营业用房的扩建、装潢等追加投资的见效，使得因追加投资而增加的超额利润可能成倍增加，由此转化成的级差地租Ⅱ也会大幅度增长。

（4）垄断地租占有显著的优势。垄断地租是资本主义地租的一种特殊的形式，它只存在于少量自然条件或地理位置特别优越或者是特别有利的土地上。例如，由于生产的发展和农村人口大量涌入城市以及城市人口的自然增长，都形成了对建筑地段的巨大需求。在这种情况下，土地的所有者可以凭借对土地所有权的垄断，就能尽量地提高建筑地段的地租，以垄断地租的形式向社会征收大量的贡赋。马克思指出："对建筑地段的需求，会提高土地作为空间和地基的价值，而对土地的各种可用作建筑材料的要素的需求，同时也会因此增加"。

城市建筑地段除了级差地租外，也存在绝对地租。城市绝对地租与农业绝对地租之间既有区别又有联系。城市土地作为第二、第三产业活动的场所和基地，城市绝对地租是由使用城市土地的第二、第三产业的企事业单位提供的，这与农业绝对地租相区别。但是，城市绝对地租的实体与农业绝对地租的实体是一样的，仍然是超额利润即劳动者创造的剩余劳动的一部分。而且，城市绝对地租是由农业地租调节的。斯密在谈到建筑用地的地租问题时指出，它的地租的基础，和一切非农业土地地租的基础一样，是由真正的农业地租调节的。城市劣等土地，即西方经济学所称的边际土地，它们不提供城市级差地租，它们一般处于城市的边缘地区，与周边的农业用地相接，也许去年还是农业的优等地，今年划入城市土地，成了城市的劣等地。那么这些城市劣等地的绝对地租就应该与面积相当的可比的周边农业优等地所提供的全部地租相等，而不仅是该土地作为农业用地时的绝对地租量。否则，土地所有者就不会改变这些土地的用途。必须指出，这仅是城市绝对地租的低限，而且不仅这种劣等地要提供绝对地租，其他更优的土地也要提供绝对地租。这样，城市中等地和优等地不但要提供城市绝对地租，而且要提供城市级差地租，这是城市地价昂贵的经济原因。

城市地租除了级差地租和绝对地租这两种基本的地租形式之外，还存在着一种个别的、特殊的地租形式，即城市垄断地租。所谓城市垄断地租，是指城市中由某些特殊地块的稀有功能带来的生产经营商品的垄断价格所形成的垄断超额利润转化成的地租。马克思称垄断地租是一种以真正的垄断价格为基础的特殊形式的地租。由于垄断价格既不是取决于它的生产价格，也不是取决于它的价值，而是取决于购买者的购买欲望和支付能力，因此，具有购买欲望和支付能力的人越多，其价格也就越高，垄断地租就越多。那么，垄断地租和绝对地租有什么区别和联系呢？垄断地租和绝对地租都与土地产品或土地上经营商品的垄断价格有关，但是，垄断地租是垄断价格产生的地租，而绝对地租是垄断价格产生的原因。垄断地租产生的原因是土地经营权的垄断，只不过所垄断的不是一般土地的经营权，而是具有某种特殊优越条件的土地的经营权，所以，垄断地租是一种特殊的级差地租，而绝对地租产生的原因则是土地所有权的垄断。

2.3.3 新古典经济学地租理论

19世纪的资产阶级庸俗经济学家城市地租地价理论的代表人物是法国的萨伊和美国的马尔萨斯。他们抛弃了古典学派地租理论领域里的科学探索，对地租理论的研究，一般都不涉及地租存在的社会经济根源，也就是从不回答为什么一部分社会财富要作为地租归土地所有者所有，而是从土地资本的利息以及土地的生产性服务报酬角度来解释地租。

1）萨伊生产三要素论

萨伊的地租理论的基础是“生产三要素”论，而谈生产三要素时，他又是从效用价值方面入手的。萨伊仅仅把生产归结为自然方面，抽去了社会方面，他认为生产的意义在于通过各种因素协同活动，使自然界本来就有的各种物质适宜于用来满足人们的需要。因此，“所谓生产，不是创造物质，而是创造效用”。萨伊说，由于生产出来的物品具有效用，人们就给这种物品以价值。“人力所创造的不是物质而是效用”。也就是说，物品价值的唯一基础是它的效用。这个观点显然是错误的，效用是商品的使用价值。商品的使用价值只是商品价值的物质前提，而不是价值存在的基础。商品价值的大小应由生产商品所耗费的劳动量大小决定。萨伊把商品的价值与使用价值混淆起来，也就必然引申出生产三要素论。在他看来，“所生产出来的价值，都是归因于劳动、资本和自然力这三者的作用和协力”，不能仅归于劳动，而应归于劳动、资本与土地。这三种生产要素在创造效用的过程中分别提供了“生产性服务”，应得到相应的补偿或收入。工资是对劳动服务的补偿或收入；利息是对资本服务的补偿或收入；地租是对土地服务的补偿或收入。这三者之和就构成并创造效用（即萨伊所讲的价值）的“生产费用”，这样萨伊就建立起“三收入决定价值”的庸俗理论，其目的是想证明利息和地租是来自资本和自然要素（即土地）的作用，而不来自工人的剩余劳动，以此来否认劳动价值论和掩盖资本家和地主对雇佣工人的剥削。

2）马尔萨斯经济剩余论

马尔萨斯在《关于地租之性质及其进步的研究》一书中指出，地租是总产品价值中的剩余部分，或者用货币来计算，是总产品价格中扣除劳动工资和耕种投资利润后的剩余部分。关于这个剩余部分产生的原因，马尔萨斯认为有三个方面：第一，是土地的性质，土地能够生产出比维持耕种者的需要还多的生活必需品，这点是主要的。第二，是生活必需品所特有的性质，生活必需品在适当分配以后，就能够产生出它自身的需要。第三，是肥沃土地的相对稀少性。第一点的土地性质是指土地的肥力，马尔萨斯认为，它是剩余产品即地租产生的基础或主要原因。他说，地租是自然对人类的赠与，与垄断完全无关。这种见解似乎与重农学派相同，但实际上是把重农学派的观点进一步庸俗化了。

3）乔治纯经济租金理论

经济学家乔治在其畅销书《贫困和进步》里建议应当主要通过对土地征税而为政府融资，同时削减或免除其他所有对资本、劳动以及土地改进的征税。乔治认为，对纯经济租金征收的税在不损害经济生产效率的情况下，既改善了收入分配又不改变任何人的经济行为：需求者没有受到影响，因为价格没有改变；供给者的行为也没有受到影响，因为土地的供给是固定的，不可能作出反应。税后的经济会同税前一样地运行——土地税没有带来扭曲或非效率。

4）克拉克生产要素价格论

美国哥伦比亚大学经济学家克拉克认为，地租是对土地产品所作的一种贡献，即土地生产力的报酬。他认为任何生产至少需要有两种生产要素，互相结合，才能进行生产。当两种生产要素（如土地与劳动）相结合生产一种产品时，每一种生产要素都对产品及其价值作出了贡献。地租即是土地这个生产要素对产品及其价值所作贡献的报酬。为了确定共同参与生产的诸要素中各个要素各自对产品生产所作的贡献，克拉克在1899年出版的《财富的分配》一书中，提出了生产要素的"边际产量"概念。所谓要素的边际产量是指：在一种生产要素（如劳动或资本）变动，对生产的产品总量的影响，即由于增加该生产要素（劳动或资本）一个单位而增加的产品总量。由于增加一种生产要素的投入产量后，虽然总产量会增加，但要素的边际产量却是下降的。这样克拉克认为可以用要素的边际产量决定要素价格的方法，来解决两个协作的生产要素之间的分配。而地租可以在土地这个生产要素的数量既定不变，劳动要素可变的假定下，通过计算出劳动的边际产量，决定出劳动的价格，从而计算出地租的大小。

在克拉克看来，地租是一种"经济盈余"，是产品价格同工资、利息等生产费用之间的余额。如果产品价格较高，作为地租的余额就多，反之就少。但这里有一个前提：地租不是产品成本的构成部分。从全社会看，地租之所以产生完全是由于需求因素，对土地的需求取决于土地的边际生产力。假定其他生产要素（如劳动、资本）固定不变，逐步增加土地使用量，由于报酬递减规律的作用，土地的边际生产力迟早将出现递减现象。因此土地的需求曲线是一条自左向右下倾斜的曲线。而土地的供给和其他生产要素的供给不同，全社会土地数量总是固定不变的，也就是说土地供给弹性是完全不足的。通常它的供给总量也不会随地租的高低而增减。价格上升，不能引起土地供给扩大，另一方面价格下降到零，同样数量的土地供给仍然存在。因此，土地的供给曲线是一垂直线，即土地从全社会看，没有供给价格，表示土地供给完全缺乏弹性。因此，地租之所以能够产生，完全是由于需求因素。由于需求大，供给不能随之增大，从而使农产品价格上升，而农产品价格超过产品生产成本的部分即构成地租。因而地租具有农产品价格超过该产品成本的"盈余"的性质，一旦农产品需求减少，农产品价格不能在生产农产品的成本之上再提供一个余额，地租也就消失。

5）马歇尔均衡价值论

马歇尔是新古典学派的奠基人，他认为，地租是由三个部分构成，即由原始价值、私有价值和公有价值所组成的。所谓原始价值是土地的自然的原始价值；私有价值是指土地所有者为改良土地以及建立地面建筑所投入的资本、劳动及带来的收入；公有价值是国家为一般目的而并非专为农业修建的公路和其他改良，使土地具有了公有价值。马歇尔称，土地的"原始价值"部分是真正的地租，是大自然赋予的收益。尽管有时土地的改良费用数额巨大，但不能由此否认地租中含有土地的"原始价值"。

关于地租额的确定，马歇尔认为，原则上应依据供求理论。他说地租理论不过是一般供求理论中特定的一种主要应用而已。土地供给受自然条件的限制，供给量是固定不变的，它没有生产费用，因而也没有供给价格。地租只受土地需求状况的影响，土地需求价格则决定于土地

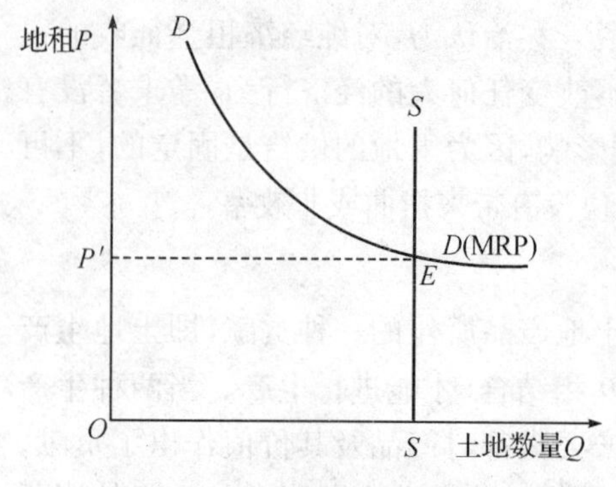

图 2.1 马歇尔地租供给需求曲线

的边际生产率。马歇尔指出,随着土地使用量的增加,在其他要素的投入量不变的情况下,其边际收益会不断递减,由此决定土地的需求曲线 DD 向右下方倾斜。土地的供给完全缺乏弹性,供给曲线 SS 是一条垂直线。土地的供给曲线和需求曲线相交于 E 点,土地的均衡地租(地价)为 OP',见图 2.1 如示。

在城市地租方面,马歇尔着重论述了建筑物基地地租的特点:第一,建筑物基地地租与建筑物租金混合在一起。他说:"房(或其他建筑物)租是一种混合租金,其中有一部分是属于地基,而另一部分是属于建筑物本身。"无论混合租金中的哪一部分,其性质都是生产者剩余,各有其影响因素。建筑物基地的价值,在部分场合上是由于土地所有者为提高土地的价值而投资形成的,但在更多的场合是人们为了建筑和开发城市,设计和修筑了道路,规划和建筑了美观房屋而提高了基地的价值,这是一种集体价值,与基地所有者无多大关系。第二,建筑物基地的价值或地租主要是由基地上建筑物的收入估计来确定,但必须考虑两个因素对收入估计的影响:一个因素是在基地租约满后,不仅基地,而且地上建筑物将一并归土地所有者。另一个因素是,租约对土地使用的限制,给土地使用带来的不便。这两个因素决定的地租会低于"年地基价值",但是,随着人口的不断增长,城市的繁荣,地租是看涨的。

6) 阿隆索区位平衡以及地租模型

阿隆索是美国籍的经济地理学家,他的突出贡献在于,将区位空间作为地租问题的一个核心进行了探讨,还首次引进了区位平衡(Locational Equilibrium)这一新古典主义概念,同时成功地解决了城市地租计算的理论方法问题。他所提出的"阿隆索地租模型"是新古典主义地租模型中最杰出的代表之一。阿隆索在建立他的地租模型时,假设如下:①单位核心城市坐落在没有特征的平原上,四周土质都是一样的;②城市的产业活动,都集中在城市中心地区;③买卖自由,市场发达,信息灵敏。这样,当一家人要到城市定居时,最关心的问题可能是距离工作场所的远近和住宅或宅地面积之间的补偿关系。于是,他们必须作出选择:在距市中心多远的地方,购买多大面积的宅地或住宅。由于家庭收入的固定,并且每个家庭都希望以一定的支出取得最大的效用,阿隆索认为,家庭收入将用于土地投资、通勤费用和其他商品支出。因此,该家庭住宅地点选择行动可用下列数学模型表达:

$$Y=P_zZ+P(t)q+K(t) \tag{2.2}$$

式中:Y——收入;

P_z——其他商品的单位价格;

Z——其他商品的数量;

t——距市中心距离;

$P(t)$——距 t 处的地价;

q——土地数量;

$K(t)$——距 t 处的交通费用。

在对土地数量 q、其他商品的数量 Z 和距市中心距离 t 之间的关系进行分析之后,阿隆索指出,对于一个家庭来说,区位平衡的获得取决于这三者比例关系的配置。为此他设计了买价曲线(Bid Price Curves)来表示假设的地价与距离的组合。阿隆索将买价曲线定义为"一组家庭在不同的距离都有能力支付的而又保证同等满意度的价格曲线”。如果地价按此曲线变化，那么家庭（或企业）就不会计较具体的区位。相对于不同的满意度（或企业利润）水平，就会有一组买价曲线。买价曲线 BP 的位置越低，其满意度（或利润）越高（见图 2.2）。

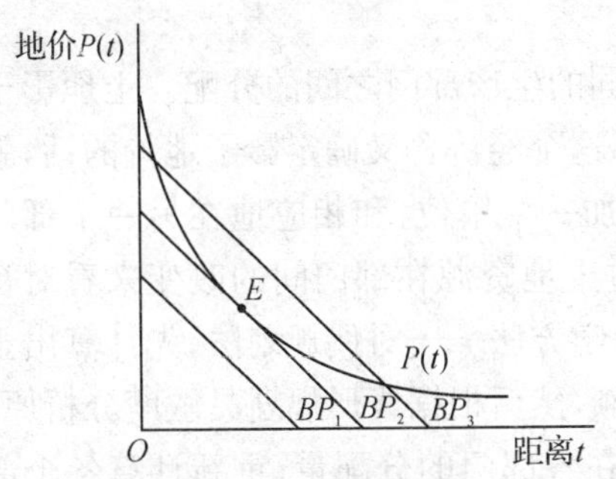

图 2.2　平衡区位的取得

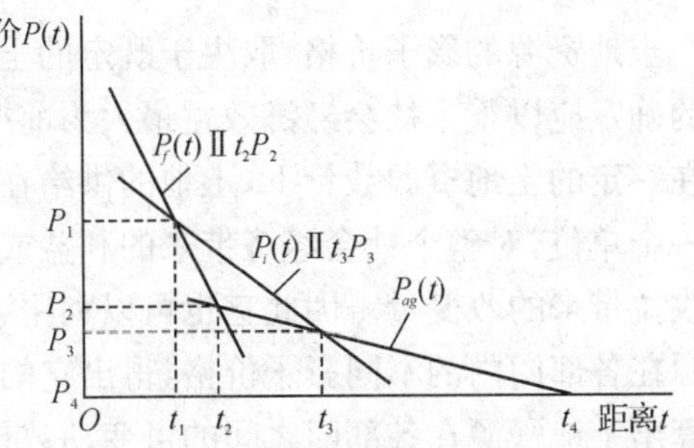

图 2.3　阿隆索的地租模型

阿隆索还将五维空间 u、q、t、z 和 Y 简化为一个二维求解过程，即仅剩下 t 和 $P(t)$ 两个变量。他将买价曲线与地价曲线 $P(t)$ 相迭加，得出如下结论：家庭（或企业）会选择一个其满意程度最高，而又与地价构成曲线相吻合的区位，即图 2.2 中买价曲线 BP 与地价曲线 $P(t)$ 相切处 E，这时该家庭（企业）取得区位平衡。与此同时，阿隆索对城市及郊区土地市场进行了分析，提出了土地市场取得平衡的条件，即供求数量相等，“直到城市边缘所有的土地被卖光，在一定距离内不再有土地出售”。买价曲线斜率最大的用户因其竞争力强而取得了市中心的区位，斜率次之的将处于其外围，直至城市边缘（见图 2.3）。由于农业地价的计算方法在古典主义经济学中已有成熟的理论，那么就很容易从城市郊区将地价反推至城市中心。这样，城市中任意一处的地价就可以通过这一系列的平衡区位和边际价格与边际区位的分析中求得。某一区位的地价与其他区位的地价是密切相关的，其关系可用土地用户的买价曲线描述，该用户处于平衡区位时，他所支付的地价等于该区位标价曲线所表示的价值。而标价曲线是由邻近他最满意区位的价值所定义的。或可归纳为：对于一个家庭 I 在其取得区位平衡的区位 t_i 处，若他的第二个最满意区位 t_j 的地价为 P_j，则他所支付的平衡区位地价 P_i 为

$$P_i = P_i(t)\ \text{II}\ t_j P_j \tag{2.3}$$

7）萨缪尔森影子地价

影子价格在西方是由荷兰数理经济学家詹思·丁伯根最早提出的，他认为，影子价格是反映资源得到合理配置的“预测价格”，是对“劳动、资本和为获得稀缺资源而进口商品的合理评价”。与此同时，苏联数理经济学家康托洛维奇也提出了用线形规划计算的“最优计划价格”。两人提出的理论都被后人统称为“影子价格”。随后，美国经济学家萨缪尔森在此基础上，对影子价格作了进一步阐述。他认为，第一，影子价格可以是以线形规划为计算方法的“计账价格”，又称“内部会计的计点价格”；第二，影子价格是给非人力资源制定的价格，其目的是保证稀缺资源的利用处于最优位置；第三，影子价格以边际生产力为基础，把商品边际成本称之为“影子价格”。

虽然对影子价格有种种不同的解释，但影子价格实质反映的是一种资源价格。利用影子价格来计算土地价格，就产生了土地的影子地价。这里所谓“影子地价”是从土地资源有限性出发，认为土地资源总是有限的，需要合理分配和使用，这样在一定的配套资源约束条件下，以求每增加一个单位土地资源可得到最大经济效益。因此它主要是分析土地资源的机会成本，选择

最大效益的机会成本来确定其计算价格。它的经济含义是反映土地资源利用的经济效益的价格,或者说是考虑土地资源得到最优利用的价格。通常是把社会消耗最多的土地资源,分配给经济效益最好的项目使用,因此,它一是反映土地的劳动消耗,二是要反映土地的稀缺程度(即供求关系)。

土地资源的影子价格,取决于既定的土地数量在不同的生产部门之间的分配。土地影子价格的确定应以整个社会经济效益最大为前提条件。按照这个经济含义确定影子地价的话,就应是在一定的土地资源数量下,土地的供给在一个部门增加一个单位,和相应地在另一个部门减少一个单位,对整个社会经济带来的利益或损失,即通过土地资源在部门间的改变来看对社会总收益带来的改变量。因此它也可以利用影子价格的数学方法——对偶规划法,先计算出土地资源在各部门内的不同影子价格,得出它的边际收益差额,然后根据线形规划灵敏度分析原理,计算出土地资源在各部门之间的可变动数量,调整土地在各部门的分配量,重新计算各个部门的边际收益差额,这样反复计算后,直到各部门边际收益基本接近,从而确定出最优分配方案,得出影子地价。

2.4 区位理论

2.4.1 农业区位论

农业区位论是研究农业景观空间形态的理论,是指以城市为中心,由内向外呈同心圆状分布的农业地带,因其与中心城市的距离不同而引起生产基础和利润收入的地区差异。农业区位论是由德国农业经济学家杜能首先提出的,他根据在德国北部麦克伦堡平原长期经营农场的经验,于 1826 年出版了《孤立国对于农业及国民经济之关系》一书,提出了农业区位的理论模式。

1) 杜能模式的假设前提

杜能模式的假设前提有以下几点:

(1) "孤立国"中唯一的巨大城市位于沃野平原的中央,周围为其农业腹地,平原被未能开垦的荒野所包围并与外界完全隔绝;

(2) 城市是其腹地多余产品的唯一市场,并且不从其他区域获得产品供应;

(3) "孤立国"内没有可通航的河流和运河,马车是城市与农村间联系的唯一交通工具;

(4) 腹地具有均质性,即认为各地的土壤肥力、气候等地理环境相同;

(5) 腹地各地农业经营者的能力和技术条件相同;

(6) 腹地经营者是追求最大利润,并且有能力按市场要求调整其农业经营类型的农民;

(7) 运费与距离成正比,并且由产品生产者——农民负担。

2) 杜能农业区位的主要内容

(1) 形成机制

杜能根据其假设前提认为:市场上农产品的销售价格决定农业经营的产品种类和经营方式,农产品的销售成本为生产成本和运输成本之和,而运输费用又决定着农产品的总生产成本。因此,某个经营者是否能以单位面积土地上获得最大利润(P),将由农业生产成本(E)、农产品的市场价格(V)和把农产品从产地运到市场的费用(T)这三个因素所决定,它们之间的变化可用公式表示为:

$$P=V-(E+T) \tag{2.4}$$

式中：P——利润；

V——农产品的市场价格；

E——农业生产成本；

T——农产品从产地运到市场的运费。

由于杜能已经假设全国的商品农产品只有一个市场——"孤立国"，唯一的中心城市，农产品的市场价格都要由这个中心市场来确定，因此，在特定时期内，"孤立国"各种农产品的市场价格应是固定的，V是一个常数；杜能还假设，各地发展农业的条件完全一致，因此各地同一种农产品的生产成本也是固定的，E也是个常数。那么，V与E之差也是常数，故上式可改写成：

$$P+T=V-E=K \tag{2.5}$$

这就是说，利润加运费是个常数。因此，只有把运费支出压缩到最小，才能将利润增加到最大。可见，杜能农业区位论所要解决的问题，就是如何通过农业布局来达到节约运费，从而最大限度地增加利润。

(2) 杜能圈——农业生产方式的空间配置原则

根据区位经济分析区位地租理论，杜能在其《孤立国对于农业及国民经济之关系》一书中提出六种耕作制度，每种耕作制度构成一个区域，而每个区域都以城市市场为中心，围绕城市呈同心圆状分布，这就是著名的"杜能圈"。

第一圈：自由农业区。它最接近于市场，土地用于生产不易运输的易腐食品，以蔬菜、牛奶、鲜花为主。这一农作区在经营方式上突出的特点是集约化程度很高。

第二圈：林业区。此区农民专门从事林业产品生产，这一区的外限，根据城市对木柴的需求量而定。

第三圈：谷物轮作区。本区主要生产粮食，采用轮栽作物制，无休闲地，六区轮作。

第四圈：谷草轮作区。本区提供的商品农产品主要为谷物与畜产品，其特点是经营较粗放，轮作中增加了牧草的比重，而且出现了休闲地。

第五圈：三圃农作区。即本区内的土地1/3用来种黑麦，1/3种燕麦，其余1/3休闲。这一区处在整个谷物种植区的最外围，农业经营粗放，土地大量休闲。

第六圈：畜牧区。为家畜养殖区，经营畜牧业。

杜能也讨论了由于一条可航河流的存在对"孤立国"农业区位模式产生极大影响（见图2.4）。这时，农作物轮作图式将沿着河流两岸延伸至边界。杜能还考虑了在孤立国范围内出现其他小城市的可能。这样，大小城市就会在农产品供应等方面展开市场竞争。结果根据实力和需要，形成各自的市场范围。对大、小城市的市场边界，杜能作了进一步分析。他认为，大城市人口多，需求量大，不仅市场范围大，市场价格和地租亦高；相反，小城市则市场价格低，地租亦低，市场波及范围也小。而地租变化，都是随距离增加而下降的，其空间形式则表现在"无差别曲线"上（见图2.5）。

2.4.2 工业区位论

韦伯是研究自由资本主义时期工业区位理论的重要代表人物，居西方区位论的突出地位。他的代表作有《工业区位理论——论工业区位》(1909年)和《工业区位理论：区位的一般及资本主义的理论》(1914年)。韦伯理论的核心，是认为在选择工业区位时，要尽量降低生产成本，尤其要把运输费用降到最低限度，以实现产品的最终销售。

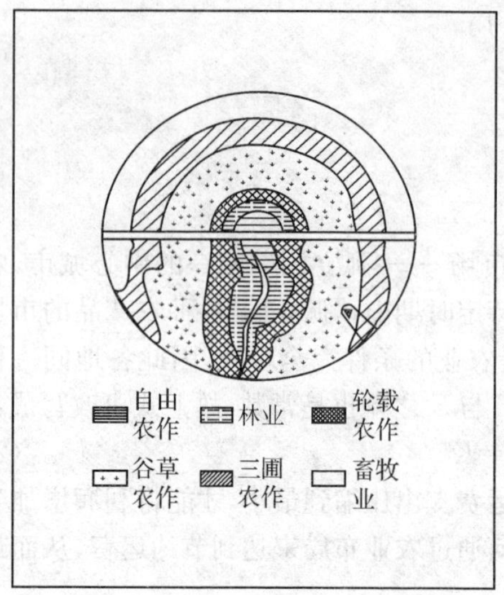

图 2.4 河流导致的杜能环的变形

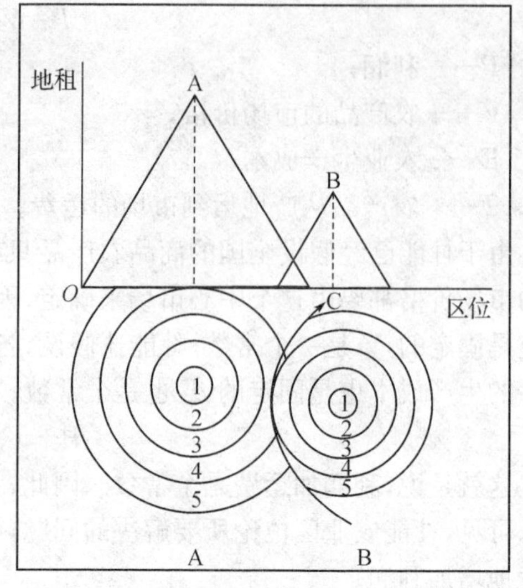

图 2.5 大小城市市场竞争下杜能环的变形

A—大城市；B—小城市；C—无差别曲线

1,2,3,4,5—杜能环

1）韦伯工业区位论的理论前提

韦伯工业区位论的理论前提有以下几点：

(1) 研究区域是一个均质的国家或特定的地区，在此范围内只探讨影响工业区位的经济因素，其他如自然条件、政治制度、政策及技术水平都是相同的；

(2) 原料地、燃料地、消费区和劳动力来源为已知；

(3) 其他矿藏条件、产品需要量、劳动力供应状况和工资等不变；

(4) 有普遍存在的原料，简称遍在原料（如水和沙），也有局部地区存在的原料，简称局地原料（如煤和铁矿）；

(5) 运费是重量和距离的函数，运输方式为铁路等等；

(6) 仅就同一产品讨论其生产与销售问题。

2）韦伯工业区位论的基本内容

在这些假设前提条件下，韦伯认为理想的工业区位和企业厂址，应当选在生产费用最低的地点。这里影响生产费用的主要区位因素有：原料和燃料、工资、运费、集聚、地租、固定资产的维修、折旧和利息等。他认为在这些因素中主要的是运费、工资和集聚三者。运费起着决定性作用，工资影响可引起运费定向产生第一次“偏离”，集聚作用又可使运费、工资定位产生第二次“偏离”，即在运费、工资和集聚三者关系中寻求最佳区位，并以此为基础，联系其他因素对区位的影响，这就是韦伯工业区位理论体系的基本思想。

(1) 运费指向论

运费指向论主要是通过原料指数（Material Index）来判断工业区位指向。原料指数为需要运输的局地原料的重量与成品重量之比，即

$$M_i = \frac{W_m}{W_p} \tag{2.6}$$

式中：M_i——原料指数；

W_m——局地原料重量；

W_p——成品重量。

在工业生产过程中，如使用局地纯原料(在加工过程中不会减少重量)，则原料与成品之比为1；如用局地粗原料(在加工过程中会减少重量)，原料重量大于成品重量，原料指数大于1；如掺用部分遍在原料(无需运输)，结果需用原料总重量有可能小于成品重量，原料指数可能小于1。由此可知，局地原料的失重程度愈大，原料指数也愈大，遍在原料的掺用程度愈大，原料指数则愈小。而原料指数的不同将导致工业区位的趋向不同。我们可以用上述的原料指数来得出一般的区位法则：① 原料指数(M_i)>1时，工厂区位在原料地；② 原料指数(M_i)<1时，工厂区位在消费地；③ 原料指数(M_i)=1时，工厂区位在原料地、消费地都可(自由区位)。

当原料地为两个，且同市场不在一起时，其区位图形为一三角形，即区位三角形，见图2.6(a)；而当原料地为多个，且同市场不在一起时，其区位图形为一多边形，即区位多边形，见图2.6(b)。为了确定生产工厂的最佳区位，韦伯按照力学方法，构建了"范力农构架"(Varignnon Frame)。

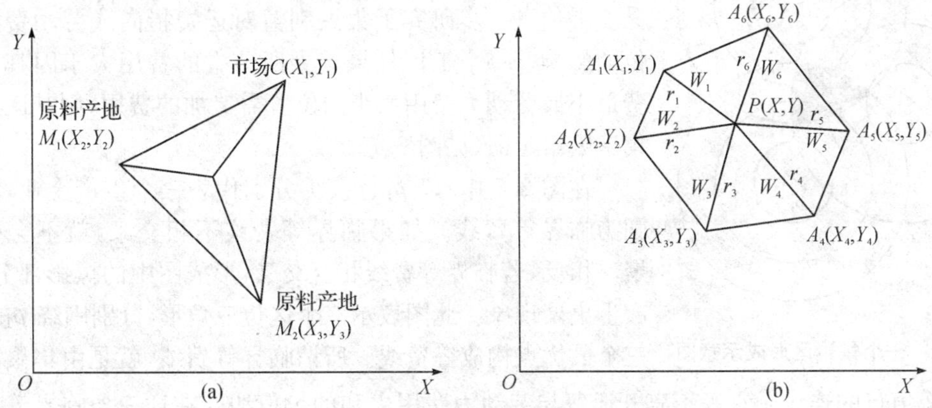

图2.6　二维坐标中的区位三角形和区位多边形

(2)劳动费指向论

韦伯从运输成本的关系论述了工业区位模式之后，对影响工业区位的第二项因素——劳工成本进行了分析。他认为劳工成本是导致以运输成本确定的工业区位模式产生第一次变形的因素。所谓劳工成本，就是指每单位产品中所包含的工人工资额，或称劳动力费用。韦伯认为，当劳工成本(工资)在特定区位对工厂配置有利时，可能使一个工厂离开或者放弃运输成本最小的区位，而移向廉价劳动力(工资较低)的地区选址建厂。其前提是在工资率固定、劳动力供给充分的条件之下，工厂从旧址迁往新址，所需原料和制成品的追加运费小于节省的劳动力费用。在具体选择工厂区位时，韦伯使用了单位原料或单位产品等运费点的连线即等费用线的方法加以分析。同时，还考虑了劳工成本指数(即每单位产品之平均工资成本)与所需运输的(原料和成品)总重量的比值即劳工系数对工厂区位的影响。

$$\text{劳工系数}=\frac{\text{劳动费}}{\text{区位重量}} \tag{2.7}$$

如果在运费率固定不变，其他社会环境相同的条件下，劳工系数越大，劳工成本越低廉，生产越容易被吸引。也就是说，劳工系数越大，把工厂企业迁至或建在工资低廉的地区越有利。韦伯认为，劳工系数兼顾了运输成本和劳工成本两者，所以用"劳工"系数这个综合指标来确定工业区位更符合实际情况。

(3) 集聚指向论

集聚因子就是一定量的生产集中在特定场所带来的生产或销售成本降低。与此相反,分散因子则是集聚的反作用力,是随着消除这种集中而带来的生产成本降低。集聚因子的作用分为两种形态:一是由经营规模的扩大而产生的生产集聚。大规模经营相对于明显分散的小规模经营可以说是一种集聚,这种集聚一般是由"大规模经营的利益"或"大规模生产的利益"所产生。二是由多种企业在空间上集中产生的集聚。这种集聚利益是通过企业间的协作、分工和基础设施的共同利用所带来的。集聚又可分为纯粹集聚和偶然集聚两种类型:纯粹集聚是集聚因子的必然归属的结果,即由技术性和经济性的集聚利益产生的集聚,也称为技术性集聚。偶然集聚是纯粹集聚之外的集聚,如运费指向和劳动费指向的结果带来的工业集中。分散因子的作用是集聚结果所产生的,可以说是集聚的反作用。这种反作用的方式和强度与集聚的大小有关。其作用主要是消除由于集聚带来的地价上升造成的一般间接费、原料保管费和劳动费的上升。韦伯进一步研究了集聚利益对运费指向或劳动费指向区位的影响。一个工厂如果集聚所节省的费用大于因其离开运费最小或劳动力费用最小的位置需追加的费用,则其区位将由集聚因素定向(见图 2.7)。

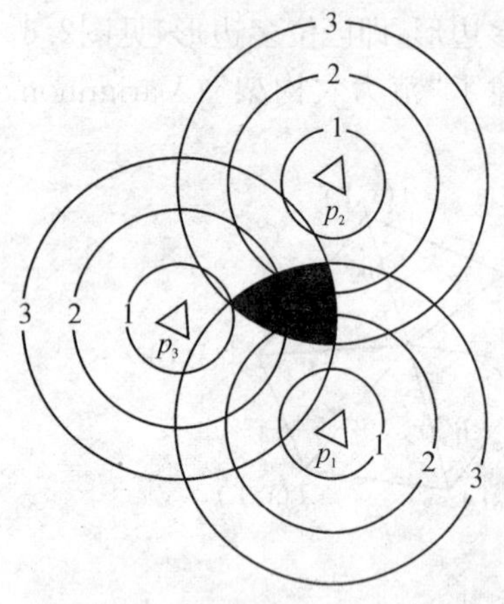

图 2.7　一个集聚区形成示意图

在图 2.7 中,以 p_1、p_2、p_3 分别代表三个生产企业,图中的圆为临界等费线。如果临界等费线不相交叉,就不会引起集聚。相反,若临界等费线相互交叉,形成图中的黑影部分,就会产生集聚现象。此图表示三个区位三角形,分别围绕 p_1、p_2、p_3 三个最优点构成等费线。所谓临界等费线,就是由集聚所节省的费用等值点的连线。它等于离开运费与劳动力费用之和的等值线。在这三条临界等费线交叉区以外的任何地方,都不适宜工业集聚,其理由是集聚所节省的费用小于所需追加的运费和劳力费。只有在这块共轭(黑影)区内,才能使每个工业企业得到集聚利益。

2.4.3　中心地理论

中心地理论是近代区位论的核心部分,其代表是德国地理学家克里斯塔勒在《德国南部的中心地》一书中提出的三角形聚落分布和六边形市场区的区位标准化理论。该理论主要涉及市场和城市的布局,即城市区位,因而又被称之为城市区位论。

1) 中心地理论的基本假设

中心地理论的基本假设有以下几点:

(1) 地域是一个均匀的大平原,其上人口均匀分布,居民收入水平和消费方式完全一致;

(2) 统一的交通系统,对同一等级规模的城市的便捷度相同,交通费用和距离成正比;

(3) 厂商和消费者是完全的经济人,即厂商为谋取最大利润尽可能占领更大的市场,消费者尽可能减少交通费用,自觉到最近的中心地购买商品和取得服务;

(4) 平原上的货物可以完全自由地向各个方向流动,不受关税或非关税壁垒的限制。

2) 六边形市场区和市场等级序列

对于一个独立的中心地或商业企业来说,总体费用最低而服务范围最大的最佳服务图形(市场区)是圆形。但从宏观上看,一定区域内多个商业企业或中心地如果采取圆形市场区布局，要么会出现各中心服务半径不能覆盖的空白，要么会造成市场区的重叠，以致圆形市场区不满足最佳服务要求。考虑费用最小和地域弥合，最佳的市场区图形应为圆内接正六边形，而竞争的结果也是如此，见图 2.8。

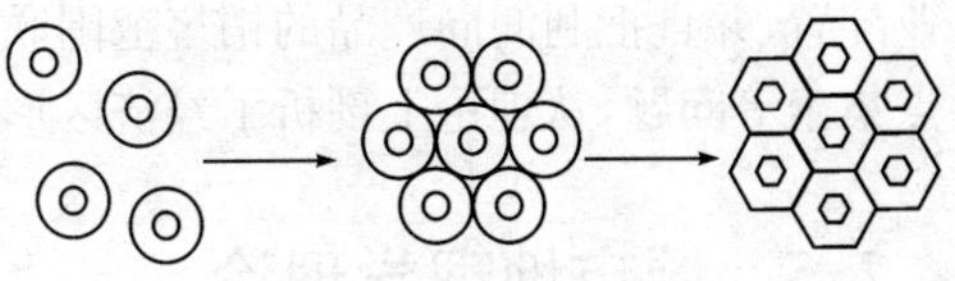

图 2.8　六边形市场区的形成

上述是关于同一行业同等规模下六边形市场区的合理性。对于不同行业或同一行业不同规模的商业服务来说，由于其需要的门槛人口不同，它们的市场区范围也不一样，一般是高级商业服务功能的市场区覆盖低级商业服务功能的市场区。在空间分布上，则形成高级商业服务功能向少数中心地集中，这样就在功能上形成中心地等级序列，且不同等级的中心地范围相互覆盖，等级中心地的六边形市场区号序列分布，见图 2.9。图中 A、B、C、D、E 为五级中心地，不同线条表示出四级市场区。

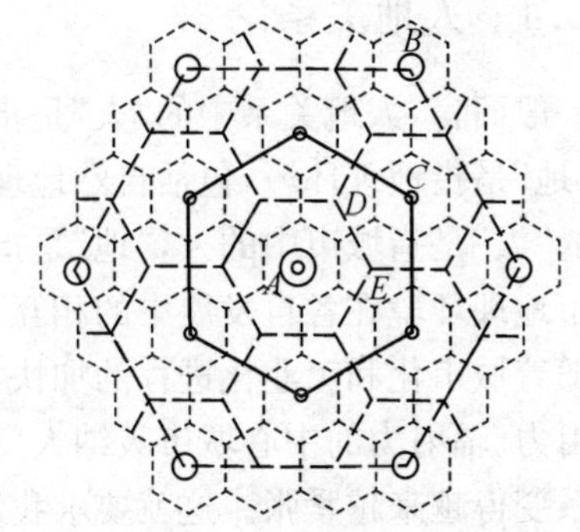

图 2.9　市场等级序列

3）市场网络的三种基本类型

中心地市场等级序列所形成的市场网络看起来很复杂，但归纳起来主要有三种基本类型：其一是按市场原则组织的 $K=3$ 模型，即高一级中心支配相邻 6 个次级中心的 1/3 市场区，各级中心按 1，2，6，18，54，…递增，见图 2.10(a)；其二是按交通原则组织的 $K=4$ 模型，即高一级中心支配相邻 6 个次级中心的 1/2 市场区，各级中心按 1，3，12，48，…递增，见图 2.10(b)；其三是按行政原则组织的 $K=7$ 模型，即高级中心管辖相邻 6 个次级中心的市场区，各级中心按 1，6，42，294，…递增。这三种类型所形成的中心地市场网络体系，见图 2.10(c)。由以上分析可以看出克里斯塔勒的中心地理论主要是从城市或中心居民点的物品供应、行政管理和交通运输等角度，论述了一定区域内城市和城市职能、大小、空间结构及形成过程。

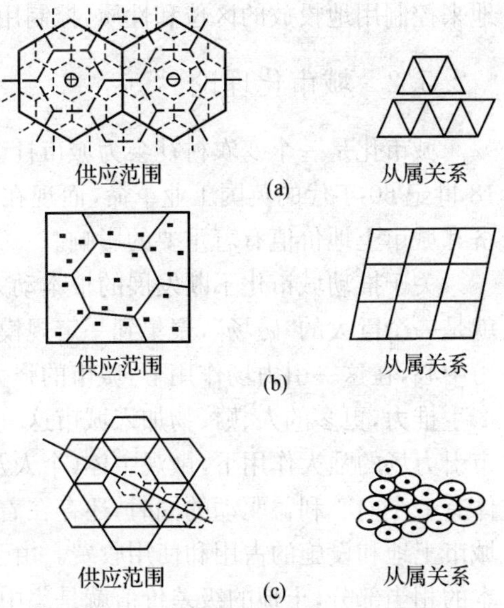

图 2.10　中心地市场网络的三种类型

2.4.4　市场区位论

廖什的市场区位论也有均质平原的假设条件：平原上有足够的均匀分布的工业原料；有相同的运输条件、普及的可用于生产的技术知识和相同的消费需要。廖什假设的人口分布不是像克里斯塔勒假设的那样呈连续的均匀分布，而是结合成基本农村聚落的不连续的均匀分布。他把生产区位和市场结合起来，从工业配置要寻求最大市场的角度，得出了与克里斯塔勒的城市区位论模型相似的六边形区位模型。廖什的市场区位理论，是通过对整个企业体系的考察，从总体均衡的角度揭示整个系统的建立问题。他更把生产区位与市场结合起来，以利润来判明企业配置,并且把利润同产品的销售范围联系起来。他还从市场区的概念出发,提出了区域集聚、点集聚等问题,从理论上剖析了经济区形成的内部机制。

2.5 城市地理学理论

2.5.1 人地关系论

一般而言,人地关系中的"人"是指人类而言,包括个体的人和人类社会两方面。人地关系中的"地"是指地理环境,包括自然地理环境和社会环境两方面。而城市地理学所研究的人地关系中的"人"是指城市中的人,"地"是指城市地理环境。城市地理学的人地关系就是探讨城市人与城市地理环境在各自发展中的相互影响和制约关系。

随着城市化和工业化进程的加快,大量人口向城市集聚,尤其是那些在一定区域内具有更大吸引力、辐射力的中心城市吸纳人口的速度更快。这种现象导致了城市尤其是中心城市的人地关系变得越来越紧张。这就要求我们应根据城市人地关系论,采取一些措施有目的地去保护城市地理环境以及协调城市人地关系。比方说,通过城市土地分等定级和位置级差地租法则来控制人口过度集聚、优化用地结构;通过建立土地预征制度,即通过政府预征规划建设开发的土地来控制用地投放的区位和性质,控制用地开发的强度,从而实现城市土地资源的合理配置。

2.5.2 城市化理论

城市化是一个变农村社会为城市社会的自然历史过程,从世界总体看,这一过程的起点是18世纪60年代的英国工业革命,而现在已成为世界性现象,并不断加速。无疑这一过程对经济和城市土地价值有着重要的影响。

关于推动城市化不断发展的根本动力,理论界说法不一。"城市引力场论"认为:一座城市就是一个巨大的"磁场",聚集到一定规模的人群及由它创造的物质财富与精神文化一起构成引力中心,在这一引力场作用下,城市的强大聚集效益不断产生引力,乡村受冲击"裂变"而不断地产生推力,更多的人、财、物加入城市这一引力中心,使城市不断地得以发展和扩大。在上述城市引力场的强大作用下,微观主体(个人及企业)不断向城市移动。正常的城市机制在对微观主体有一个向心利益驱动的同时,还存在着离心利益的制约——为集中所付的成本,主要体现在城市土地和设施的占用和使用收费。由于城市土地是非常稀缺的资源,土地费用占微观主体成本的相当部分,土地的级差价值就是集中成本的主要部分,土地市场竞争因而将控制微观主体向城市中心集中的倾向,使城市系统达到均衡状态。

我国长期以来实行城市土地无偿使用和分配制度,对土地占用缺乏经济制约,城市化的集中成本不随距离市中心的远近而发生变化,因此微观主体有无限向心移动的趋势,导致城市中心的恶性膨胀,实际的集中成本由政府作为唯一主体承担,最终平均分配到所有公民,同时造成城市基础设施建设投资的严重短缺。城市化过程这一不均衡增长机制,也是城市布局混乱、用地效益低下的重要原因。实行城市土地有偿使用,进行土地估价正是为了纠正城市化过程中发生这种病态增长机制,运用经济杠杆促使城市化过程趋向合理高效。

日本地理学家山鹿城次对此曾有精辟的论述,他认为从城市化的各种现象可以推导出:在正常的城市发展机制下,有商业向城市中心部集中的求心功能,和工业、住宅、校园等向城市周边扩展的离心功能。前者因向城市中心发展而高层化,城市被立体地膨胀起来;后者因向郊区发展，城市被平面地膨胀开来。这种城市化过程的发展，如从一个市镇来看，会显示为“普通农村期—近郊农村期—周边城市设施选址期—住宅区填充期—商业中心化期”这种时序的变化，如从城市以外向市中心平面看去，就成为“普通农村地域—近郊农村地域—周边城市设施选址地域—住宅地域—商业中心”逐步向市区外膨胀的倾向，从而使城市土地价格逐年高涨，并从中心向郊外倾斜。总的看来，地价越来越高，但又与各个地域土地的利用方式相适应。

2.5.3　城市的可达性

可达性是指一个区域(国家、地区、城市、线状和点状基础设施)与其他有关区域(同样包括国家、地区、城市、线状和点状基础设施)进行物质、能量、人员交流的方便及便捷程度。可达性的高低(或大小)，反映区域与其他有关区域相接触进行社会经济和技术交流的机会和潜力。这种接触“机会”、接触“潜力”对城市的土地质量的好坏有着直接的影响，也就是说，城市的可达性愈高，城市的地价愈高。城市的可达性一般是通过城市间的旅行时间、旅行速度以及城市的经济位置中心性来描述。

(1) 测量城市间旅行时间的公式：

$$\text{旅行时间} = \frac{1}{m}\sum_{j=1}^{m} R_{ij} \tag{2.8}$$

式中：i—— 出发区域；

j—— 目标区域；

R—— 旅行时间(min)。

(2) 测量城市间旅行速度的公式：

$$\text{旅行速度} = \frac{\sum_{j=1}^{m} L_{ij} \times 60}{\sum_{j=1}^{m} R_{ij}} \tag{2.9}$$

式中：i—— 出发区域；

j—— 目标区域；

L—— 空中直线距离(km)；

R—— 旅行时间(min)。

(3) 测量城市 P_i 经济位置中心性的公式：

$$P_i = \frac{G_i + G_1}{S_1} + \frac{G_i + G_2}{S_2} + \frac{G_i + G_3}{S_3} + \cdots + \frac{G_i + G_n}{S_n} \tag{2.10}$$

式中：$G_1, G_2, G_3, \cdots, G_n$—— 城市 $P_1, P_2, P_3, \cdots, P_n$ 的国内生产总值；

$S_1, S_2, S_3, \cdots, S_n$—— 城市 P_i 到 $P_1, P_2, P_3, \cdots, P_n$ 的运输距离。

2.5.4　聚集效应论

聚集效应是由社会经济活动的空间集中所形成的聚集经济与聚集不经济综合作用的结果。其中，聚集经济一般是指因社会经济活动及相关要素的空间集中而引起的资源利用效率的提高、成本的节约、收入或效用的增加；聚集不经济是指因社会经济活动及相关要素的空间集中而引起的费用增加或收入、效用损失。城市土地的充分利用要以聚集利益为前提。城市发展的内在动力在于聚集利益，而其物质基础是城市土地的充分利用，二者之间存在相辅相成的密切关系：没有聚集经济利益，城市要素就难以实现合理的区位聚集与空间布局，城市土地就难以得到充分有效的利用,聚集经济效益就无从谈起。正是在聚集利益调节机制的作用下,才形成了城市土地的有效性和空间布局的合理性,从而真正发挥聚集效应的功能,使经济要素在聚集集中获得外部经济效应,并使得城市比其他地域更具有吸引力,引起更大规模的聚集和城市更快发展。所以,城市土地利用过程实际就是聚集经济调节机制发挥作用的过程。在土地市场的竞争中,一方面,土地供给的有限性和滞后性,对区位的竞争必然增加具有不可移动性质的土地的稀缺性,从而会提高城市土地要素的价格,使得厂商的地租支付增加。而地租的支付对厂商而言是一种成本,也是产品价格的一个组成部分,厂商对土地的需求又是由其边际产出,即产品价格所决定的。地租的上涨,造成厂商支付能力下降。另一方面,区位越有利,聚集经济利益越明显,则厂商的经济越高,消费者的效用越大,地租的支付能力越强,同时竞争也越激烈。地租水平越高,带来城市内不同地段土地的价格上涨幅度不同,相应的厂商的支付能力也就随之下降。相反,当聚集不经济增强时,厂商的经济效益将低于分散时的水平,必然促使厂商向外迁移。这样,在竞争均衡时,厂商的聚集利润为零,超额利润消失。聚集经济最终在厂商地租中得到了充分体现,即聚集经济实现了地租的资本化。同时,厂商的市场份额和辐射区将因竞争而缩小,产品价格因供给增加而下降,其结果,聚集的厂商达到最大。根据市场竞争的原则,由聚集经济利益所引致的区位竞争均衡,在特定地块上,出价最高者将获得土地使用权。也就是说,哪种用途产生更多的经济地租,该土地就会作哪种用途使用,从而最终决定城市土地利用的结构和布局,城市区位聚集利益的分布与土地利用格局具有空间上的一致性。这样,地租成为调节城市空间结构的杠杆,聚集效应与地租成为城市空间结构形成中的一对平衡力。

2.6　城市土地经济学理论

2.6.1　城市土地供求理论

1) 城市土地供给

城市土地供给是指城市范围内提供给人们可资利用的各类生产和生活用地的数量,其中包括现在已经利用的和将来可供利用的土地数量,以及可供每一项用途的土地数量。城市土地供给可分为自然供给和经济供给。土地的自然供给是指自然所实际供给的各类型土地的数量,它是一种无弹性的供给,即用一点少一点。土地的经济供给是指土地具有多种用途,各种用途具有相互竞争或相互置换的情况,从而可以通过一定途径使土地从一种用途转变为另一种用途,并提高土地的经济效益。实际上,这是通过土地使用价值的变化来提高其经济价值。必须强调,土地的经济供给是以土地供给总量不变为前提的,但它是动态的和有弹性的供给。影响城市土地经济供给的因素众多,主要有自然供给量的多少,利用土地的知识和技术水平的高低,交通的便利程度,周边环境的好坏,土地利用的集约速度,城市各项活动的变化情况以及城市经济的发展阶段等。为了满足城市经济发展的需要,要增加城市土地的经济供给,可采用以下办法:开发滩涂,围海造地,扩大土地可利用面积;提高单位土地利用率和产出率;实行土地置换,改变用途,提高土地的适用性;调整土地利用结构,将土地配置在最迫切需要的地方。

2) 城市土地需求

城市土地需求是一种引致需求,是人们对城市土地产品——生产与生活资料的需求所引起的。这里所指的土地产品主要是包括各类房屋在内的地上构筑物。因此,我们把人们必须利用城市土地才能进行各种社会经济活动，以维持生存与发展而对土地的需要称之为土地的需求。影响城市土地需求的因素有多种，其中包括城市人口数量和人口密度，人口数量越多，密度越高，对土地的需求量就大；在城市经济起飞和规模扩张阶段，对土地的需求量大，城市经济进入后工业社会，城市规模收缩，对土地的需求量相对会减少；凡土地质量越好，使用价值越高，人们对它的需求程度就越高，反之就低。

3）城市土地供求均衡

城市土地供求均衡是城市土地供求运动的趋势——从非均衡趋向于均衡，是一种动态平衡。我们可以此动态均衡为参照系来调控城市土地供求运动，达到合理配置城市土地的目的。从城市土地供求关系的一般理论看，在市场自由竞争的情况下，土地供求关系决定土地价格，土地价值影响土地供求关系。由于土地的短期供给在城市中为一定值，因此，城市土地的供求关系见图 2.11 所示。

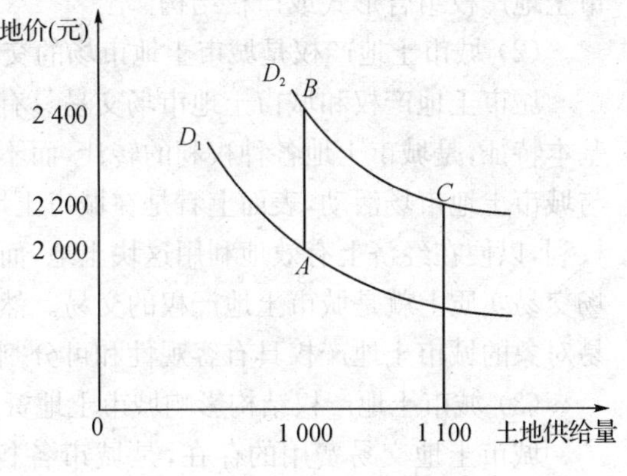

图 2.11 土地的供求关系

图中需求曲线 D_1 表示在城市化水平和工业化水平尚未提高的情况下，以及各种因素综合影响下所形成的对土地的需求。假设现有1 000单位面积供给，每单位面积地价为 2 000 元的 A 点上形成供求均衡。如果因城市化和工业化发展引起各种社会经济活动对土地需求的增加，其需求曲线显示为 D_2。由于对土地求过于供，短期内又无新的供给，土地价格上升，其供求均衡点上升到 B 点。如果采用开发和改变用途等措施使土地供给增加 100 个单位面积，即供给量增加到 1 100，其供求均衡点为 C 点，此时每单位面积的地价为 2 200 元。

2.6.2 土地产权理论

产权简单地说就是财产权利，或者说就是凭借财产所获得的各种权利关系的总和。一般认为，产权是财产关系或经济关系的法律表现。它既是个法学范畴，也是经济范畴。土地作为社会的主要财富形式，加上其本身的运作特点其产权关系的研究具有特殊重要的意义。

随着现代市场经济的发展和生产的日益社会化，传统的城市土地所有权内涵已经不能完全解释和说明市场经济中的各个独立或相对独立的城市利益主体，和在利用城市土地中所产生的复杂利益关系以及运作状况。伴随城市土地权益主体的日趋多元化，城市土地权益分散化走势也日益明显，从而使得单纯从城市土地所有权的角度来研究和运作城市土地，已经不能适应变化了的社会经济现实。因此，就产生了从城市土地的占有和利用角度来研究城市土地产权关系和城市土地产权制度的学说——现代城市土地产权理论。城市土地产权关系并非人与城市土地之间的关系，而是指由于城市土地的存在和使用而形成的人与人之间的一些被认可的行为性关系。城市土地产权是城市土地所有权演变、发展的必然结果。当社会经济日益发展，使城市土地所有权的占有、使用、收益、处分等内在权能不断分离派生并独立化为各个特殊权益时，量变导致质变，原来的城市土地所有权就只保留了最终处分权，即城市土地的最终所有权。此时，通常而言的城市土地所有权实质上仅是城市土地的最终所有权，它已经不能包容各个独立化的城市土地权益了。于是，城市土地产权应运而生。城市土地产权与城市土地所有权的根本区别在于:前者是经济体制的范畴,后者是经济制度的范畴;前者是直接与资源配置方式相联系,后者是直接与生产关系性质相联系;前者强调城市土地的运作,后者强调城市土地的最终归属。

现代城市土地产权理论具有一系列的基本点,有下面一些内容。

(1) 城市土地产权是各个权益主体对城市土地资产的“权利束”

城市土地产权是指当事人对城市土地的一组权利,而不是一种权利。城市土地产权的内容包括城市土地所有权、使用权、收益权、处分权等。这些城市土地产权要素是可以界定、可以分离的,因而能在不同的城市各权益主体之间进行排列组合状的分割或配置,形成多种不同的城市土地产权组合形式或产权结构。

(2) 城市土地产权是城市土地市场的交易对象

城市土地产权和城市土地市场交易具有内在的必然联系。城市土地市场中的交易行为的基本特征,是城市土地各种权利的转让,而不是土地物质的转让和移动。某个城市权益主体参与城市土地市场活动,表面上看是在城市土地交易中竞争,但实质上只是为了获得某些规定的权利,以便在经济上有效地利用这块土地,而不是为了城市土地物质本身。所以说,城市土地市场交易实质上就是城市土地产权的交易。然而,要进行城市土地产权的交易,就必须使作为交易对象的城市土地产权具有客观性和可分割性。

(3) 城市土地产权结构影响城市土地资源的配置效率

城市土地交易费用的存在,是城市各权益主体选择不同的城市土地产权结构的主要原因。科斯定理证明:只要城市土地交易费用等于零,法定城市土地权利的初始配置并不影响效率。但在现实社会经济生活中城市土地交易费用总是大于零的,因而城市土地产权结构就会对资源配置发生影响。同时,在不同的城市土地产权制度下,城市土地的交易费用水平是不同的。于是,城市各权益主体就会选择那种使得城市交易费用最低,城市土地资源配置效率最大的城市土地产权结构。所以,城市土地产权结构会对城市土地资源的配置效率发生积极的或消极的影响。

(4) 城市土地产权体现为一种法律规范

在市场经济的体制下,城市土地产权是以法律规范的形式加以界定和保障的。也就是说,城市土地产权是以法律的形式来明确规定人们关于城市土地的各种权利,来明确规定关于这些权利的限制以及破坏这些权利时的处罚。但是,城市土地产权又不仅仅是一种法律形式,而且还是受法律所规范的、可操作的、借以获得权益的一种资格。或者说,城市土地产权是一种实际的行为权利,是可以行使的;并且,这种权利的行使是受法律约束和保障的。

城市土地的产权关系主要是作为城市土地所有者的国家及其代理主体和包括各类企业、事业法人及非法人组织、机关、社会团体、自然人等在内的各种城市土地使用者,因城市土地利用而产生的城市土地权益、责任和义务关系。因此,城市土地产权制度的核心,也就是城市土地产权要素在城市土地所有者与城市土地使用者这两大产权主体之间的界定与分享。

城市土地所有者所拥有与运作的城市土地产权称为城市土地所有者产权,它已经不再是传统计划经济体制下的城市土地所有权了;城市土地使用者所拥有与运作的城市土地产权称为城市土地使用者产权,它也不仅仅是传统计划体制下的城市土地使用权了。

2.6.3　土地资源配置理论

资源配置理论是研究一个社会如何配置整个资源,如何使资源的利用达到最优水平。土地无论是作为生活资料还是生产资料,其资源配置的效率和效果对整个社会来说,都是不容忽视的。把资源配置理论融于城市土地经济学的研究中,将有助于达到其优化的目的。

城市土地资源配置有两层含义:一是指城市各功能区(如商业区、工业区、住宅区)所配置的土地数量及其比例;二是指城市各功能区所配置的土地位置。城市土地资源配置的最基本法则是"位置级差地租"。按照位置级差地租原理科学安排城市土地利用,可使各种利用方式和土地使用者严格按照本身利用方式的地租曲线选择自己的位置和占地面积的大小。其结果就是使城市土地利用再整体上达到节约,防止有形和无形的土地浪费,即防止用地位置选择不当和用地过多。但由于城市土地的特性以及土地利用所涉及更广泛的公共利益,因此仅靠位置级差地租来优化配置土地资源是不够的。因为在涉及城市整体利益和长远利益以及社会利益和生态利益时,城市土地市场这只"看不见的手"就会"失灵",于是还必须依靠城市政府对城市土地资源配置的调控。

在城市化过程中,我国土地资源配置存在以下问题:土地资源的市场配置规模较小,据统计,目前我国进入市场流动的土地占土地供给总量很低,原有存量土地无偿使用仍占绝大部分;土地配置的权属界定不明晰,给市场动作带来诸多问题,如国有土地产权人缺位和集体所有土地权属界定不清,导致以土地使用权掩盖其他权利,土地名义上归国家和集体所有,但其实际支配权却在土地占有者手中,并给土地市场管理增加难度。

2.6.4 土地投资开发理论

土地投资开发是根据社会经济发展的需要,改变原有土地使用方式,提高土地资产价值和土地资产利用社会经济效益的一种活动。土地投资开发的直接目的是提高土地资产的使用价值和价值。土地是一种非再生的自然资源。在一个既定的地区内进行土地资产投资开发,并不能增加该地区土地的自然供给。但只要增加单位面积土地所投入的资金,就有可能提高这块土地的使用价值,从而也就提高了该土地资产的价值。土地投资开发最终目标是提高土地利用的社会经济效益。土地资产作为一定社会经济关系的载体,其使用和占有可以为其占用者带来一定利益。在社会主义市场经济条件下,这种利益通常表现为一定量的货币形式的收入。大量研究表明,我国城市之间在其他条件相同的情况下,投入强度的大小与城市土地经济效益呈正相关。因为对城市的投入愈多,一方面可以迅速改善城市发展条件如基础设施、生活服务设施、环境质量等等,从而提高劳动生产率,增加城市对外的引力;更重要的是可以加快城市的产业集聚,在单位土地上充分发挥规模经济的集聚效益。因此,城市土地通过连续不断投入产生超额利润,实际相当于级差地租Ⅱ的形式。

2.6.5 外部地价理论

土地是一种外部效益较为明显的资源。外部地价论的理论基础是西方经济学中的外部经济理论。外部经济也称溢出效应,是指一个生产者或消费者的生产或消费活动对其他生产者或消费者所附带产生的损益情况。外部经济有正负之分,正的外部经济是指生产活动使其他社会成员无需付出代价而得到好处;负的外部经济则指这种生产活动使其他社会成员蒙受损失而未予补偿。地价是受土地、资金、技术、管理、制度等多要素的影响,当这些要素配合适当并达到均衡时,土地的效用便能高度发挥,地价随之上扬。就具体地块而言,随着外部条件的变更,可能出现最佳的利用方式,存在着潜在的较优状态下的地价。

土地总收益是土地经济收益、生态收益和社会效益三者之和。每一种收益都存在着相应的收益权并都能在经济上以地价形式得以实现。土地收益权包括土地经济收益权、生态收益权和社会效益收益权:土地收益权价格应当是三者价格之和。土地所有者或使用者真正能把握住的仅仅是土地经济收益、小部分返回的生态效益收益和社会效益收益。由于土地的生态效益收益和社会效益收益具有公益性,称这两者之和为公益收益;把土地所有者或使用者从该土地公益收益中返回的那一部分效益收益称为返回收益;把土地所有者或使用者不能把握而造成对外部产生影响的收益称为外溢收益;把土地所有者或使用者由于其他资源的外溢收益而无偿取得的收益或造成的损失统称为额外收益。

参 考 文 献

1 Andrews A. Fragmentation of habitat by roads and utility corridors: a review. Australian Zoologist, 1990(26)

2 Burghar A F. A hypothesis about gateway cities. Annals of the Association of American Geographers, 1971(61)

3 Clarke K C and Gaydos L J. Loose-coupling a cellular automata model and GIS: long-term urban growth prediction for San Francisco and Washington/Baltimore. International Journal Geographical Information Sciences, 1998(12)

4 Driver F. New Perspectives on the history and philosophy of geography. Progress in Human Geography, 1994(18)

5 Fabos J G and Ahern J. Greenways: the beginning of international movement. Landscape and Urban Planning, 1995(Special Edition)(33)

6 Goodchild M F, Parks B O and Steyaert L T. Environmental modeling with GIS. New York: Oxford University Press, 1993

7 Kates R. The human environment: the road not taken, the road still beckoning. Annals of AAG, 1987(77)

8 Katz C. Major/Minor: theory, nature and politics. Annals of AAG, 1995(85)

9 Larkin R P and Peters G L. Dictionary of Concepts in Human Geography. Greenwood Press, 1983

10 Lee Y. An allometric analysis of the US urban system: 1960—80. Environment and Planning A, 1989(21)

11 Li X. and Yen A G. Modeling sustainable urban development by the integration of constrained cellular automata and GIS. International Journal of Geographical Information Science, 2000(14)

12 Porter P. Searches for social theory in geography and geography in social theory. Paper presented at the annual meeting of the AAG, Toronto, 1990(21)

13 Stutz F P. The world economy resources, location, trade, and development. Third edition. Prentice Hall, 1998

14 Ullman E L and Harris C D. The nature of cities. Annals of the American Academy of Political and Social Science, 1945(242)

15 Van Lierm H N. Sustainable land use planning. An editorial commentary. Landscape and Urban Planning, 1998a(41)

16 Vance J E. The merchant′s world: the geography of whole soling. Englewood Cliffs, NJ: Prentice Hall, 1970

17 Whebell C F. Corridors: a theory of urban systems. Annals of the Association of American Geographers, 1969(59)

18 White R Engelen G. Cellular dynamics and GIS: modeling spatial complexity. Geogaphical Systems, 1993(1)

19 Wodenberg M J and Berry B J L. Rivers and central place: Analogous systems. Journal of Regional Science, 1967(7)

20 Woldenberg M J. An allometric analysis of urban land use in the United States. Ekistics, 1973(36)
21 Wu F. Simulating urban encroachment on rural land with fuzzy-logic-controlled cellular automata in a geographical information system. Journal of Environmental Management, 1998, 53(12)
22 [英]A. 麦肯齐(A. Mackenzic)等;孙儒泳等译. 生态学. 北京:科学出版社,2000
23 蔡晓明. 生态系统生态学. 北京:科学出版社,2001
24 陈海生,黄寿波. 作物气候生产潜力研究进展. 湖北气象,1997(3)
25 崔功豪. 关于城市带(中国城镇发展研究). 北京:中国建筑工业出版社,1992
26 戴学珍,蒙吉军. 京津空间一体化研究. 经济地理,2000,20(6)
27 顾朝林,陈金永. 大都市伸展区:全球化时代中国大都市地区发展新特征. 规划师,2000,18(2)
28 顾朝林,陈振光. 中国大都市空间扩展形态. 中国方略,1996(1)
29 顾朝林. 中国城镇体系——历史·现状·展望. 北京:商务印书馆,1996
30 何春阳. 大都市区城市扩展模型——以北京城市扩展模拟为例. 地理学报,2003,53(58)
31 胡序威,周一星,顾朝林. 中国沿海城镇密集地区空间积聚与扩散研究. 北京:科学出版社,2000
32 黄金川,方创琳. 城市化与生态环境交互耦合机制与规律性分析. 地理研究,2003,22(2)
33 黄贤金. 农用地价格论. 北京:中国农业出版社,1997
34 李博. 生态学. 北京:高等教育出版社,2000
35 李涛,代全厚,石德梅. 黑牛河流域土地资源承载力初探. 东北水利水电,2000(6)
36 李振基,陈小麟,郑海雷等. 生态学. 北京:科学出版社,2001
37 刘盛和. 城市土地利用扩展的空间模式与动力机制. 地理科学进展,2002,21(1)
38 陆大道. 论区域的最佳结构与最佳发展. 地理学报. 2001,56(2)
39 陆大道. 区域发展及其空间结构. 北京:科学出版社,1995
40 陆玉麒. 论点轴系统理论的科学内涵. 地理科学,2002,22(2)
41 陆玉麒. 区域双核结构模式的数学推导. 地理学报,2003,58(3)
42 马克思. 资本论(第三卷). 北京:人民出版社,1975
43 宁越敏,施青,查志强. 长江三角洲都市连绵区形成机制与跨区域规划研究. 城市规划,1998(1)
44 吴次芳. 土地生态学. 北京:中国大地出版社,2003
45 薛领,杨开忠. 复杂性科学理论与区域空间演化模拟研究. 地理研究,2002,21(1)
46 阎小培,郭建国,胡宇冰. 穗港澳都市连绵区的形成机制研究. 地理研究,1997,16(2)
47 杨开忠. 中国区域发展研究. 北京:海洋出版社,1989
48 姚士谋,陈爽. 21 世纪我国长江流域城市化发展的空间格局. 科技导报,2001(7)
49 姚士谋,张立生. 中国大都市的空间扩展. 北京:中国科技出版社,1998
50 姚士谋. 关于长江流域国际化大都市建设前景的思考. 科技导报,1995(10)
51 姚士谋. 中国城市群. 合肥:中国科技大学出版社,1992
52 叶大年. 中国城市的对称性. 中国科学,2001,31(7)
53 于洪俊,宁越敏. 城市地理概论. 合肥:安徽科技出版社,1983
54 俞孔坚. 城乡与区域规划的景观生态模式. 国外城市规划,1997(3)
55 曾艳红. 国外大都市区发展对我国大都市区建设的启示. 地域研究与开发,1998,17(1)
56 张明. 都市圈与区域空间结构模式. 城郊发展,2003(2)
57 张涛,李智勇. 自然资源与环境经济学. 北京:中国经济出版社,2002
58 张京祥,崔功豪. 大都市空间集散的景观、机制与规律——南京大都市的实证研究. 地理学与国土研究,2002,18(3)
59 张文尝,金凤君. 空间运输联系. 北京:中国铁道出版社,1992
60 张显锋. 基于 CA 的城市扩展动态模拟与预测. 中国科学院研究生院学报,2000,17(1)
61 郑弘毅. 港口城市探索. 南京:河海大学出版社,1989

62 周一星.中国的城市体系和区域倾斜战略探讨.中国城市化道路宏观研究.哈尔滨:黑龙江人民出版社,1991

63 冯昌中.城市土地储备经营战略及空间布局研究:[博士学位论文].南京:南京大学,2005

64 冯蓉晔.城市化背景下农用地价格评估初步研究——以宜兴市为例:[硕士学位论文].南京:南京大学,2004

65 李爱军.农用地两类定级及其与分等结果的比较研究:[硕士学位论文].南京:南京大学,2004

66 陆跃进.南京城区土地出让价格时空变异研究:[硕士学位论文].南京:南京大学,2003

67 沈秀峰.修正法在农用地定级中的运用研究——以东台市为例:[硕士学位论文].南京:南京大学,2003

68 王黎明.省域城市土地等别体系及空间差异研究——以江苏省为例:[博士学位论文].南京:南京大学,2004

第二篇　方法原理篇

3　土地适宜性评价

3.1　土地适宜性评价的概念与步骤

3.1.1　土地适宜性评价的概念

土地适宜性评价是根据土地利用的目标，针对某种或某几种特定土地利用对土地及土地构成要素的要求，评价土地对所设定的土地利用要求的适宜性和适宜程度。由于适宜性的对立面即限制性，因此土地适宜性评价也可理解为评价土地对特定土地利用要求的限制性和限制程度。当前学术界对土地适宜性评价的内容范围有不同的看法：有些学者认为，土地适宜性评价的内容范围应包括根据美国农业部土地潜力分级评价方案发展起来的土地潜力评价，以及联合国粮农组织(FAO)《土地评价纲要》所提出的土地适宜性评价的内容；另一些学者认为，应只包括FAO《土地评价纲要》所提的土地适宜性评价；还有一些学者认为，可把土地潜力评价与FAO《土地评价纲要》所讲的土地适宜性评价综合在一起，称为广义的土地适宜性评价，而把FAO《土地评价纲要》所讲的土地适宜性评价，称为狭义的土地适宜性评价。但看法的不同并没有影响到土地资源质量评价工作的正常开展。

实际上，土地潜力评价和适宜性评价的核心均是对土地资源自然质量的评价，只是它们在评价目的的具体性，评价成果应用的针对性，评价内容的深度以及评价对象所属的土地利用类别的层次、所采用的评价系统等方面有所差异。其中，潜力评价的目的比较宽泛，评价内容的深度一般较低；适宜性评价的目的更为具体和针对性，评价内容的深度一般较高。它们可以根据具体情况单独进行，也可以结合在一起综合运用。笔者认为，随着土地评价范畴的不断扩大，评价内容的不断加深，今后更适宜将它们综合在一起运用，统称为土地适宜性评价，并根据土地资源管理的要求、土地资源质量评价的目的具体性、评价对象所属土地利用类别的等级层次以及评价内容的深度要求和成果应用的针对性等，将其分为概要性土地适宜性评价、针对性土地适宜性评价和综合性土地适宜性评价等三种类型。

概要性土地适宜性评价其评价目的比较笼统，对评价内容深度的要求一般，评价成果的应用较为宽泛，评价对象所属的土地用途等别层次主要为大的用地类型，一般按照潜力评价的思路开展土地资源质量的评价，评定土地资源对某种或某几种用地类型的适宜性及程度。

针对性土地适宜性评价其评价目的比较具体，对评价内容深度一般有较高的要求，对评价成果应用的针对性强，评价对象的土地用途等别层次为较具体的土地利用类型或经营方式(如为具体作物类型或作物品种），一般选择 FAO《土地评价纲要》的思路进行土地资源质量的评价，评定土地资源对某种或某几种用地类型或经营方式的适宜性和适宜程度。

综合性土地适宜性评价，既要评定土地资源对大的用地类型的适宜性及其适宜程度，又要在此基础上进一步评定土地资源对某种或某几种具体土地利用类型或经营方式的适宜性和程度，评价程序上一般应首先针对大的用地类型按照潜力评价的思路开展较为笼统的土地资源质量评价，然后在特定用地类型、特定适宜性等级土地中，按照 FAO《土地评价纲要》的思路进一步针对某种或某几种土地利用类型或经营方式，更为具体地评定土地资源对所考虑的利用类型或经营方式的适宜性及其程度。

三种类型的土地适宜性评价，在土地资源管理中均有其运用之处。如果土地利用规划进行区域土地利用结构调整时一般需要进行土地资源质量评价；如果规划对区域土地利用结构仅作局部调整，这时对区域的未利用的土地一般可只按照概要性土地适宜性评价的思路进行土地资源质量的勘测性评价，而已开发利用的土地一般只需针对其现状或规划确定改成的土地利用类型或方式，按照针对性土地适宜性评价的思路开展其土地资源质量的评价；如果规划需充分考虑土地资源对不同土地利用类型和方式的适宜性程度，全面统筹区域土地利用布局，并对区域土地利用结构进行较大规模调整，这时则应按照综合性土地适宜性评价的思路，分别针对不同土地利用类型与经营方式对区域土地资源质量进行全面评价。

3.1.2 土地适宜性评价的基本步骤

与其他种类的土地评价相似，土地适宜性评价的基本步骤总体上包括以下几个方面：评价系统的选择与制定、评价单元的划分、参评因素的选取、参评因素质量分值的量化、参评因素综合分值计算与适宜性等级划分等。

(1) 评价系统的选择与制定

土地适宜性评价系统，应该根据评价目的所要考虑的土地利用种类所属的等级层次，评价研究地区土地资源和土地利用的特点，评价成果应用的要求以及评价的主、客观条件等选择制定。具体制定时，应充分参考类似研究的评价系统以及评价地区其他相关研究的资料。

(2) 评价单元的划分

土地是气候、土壤、水文、地貌、地质、动物、植物、微生物及人类活动与结果等众多自然和社会经济要素所组成的综合体，同时又是一个连续体，土地的个体性较差，土地特性和组成要素空间上存在着较大差异。评价单元即通过人为地将土地连续体划分为不同的虚拟个体，使单元内部土地特性和组成要素性质基本一致。土地适宜性评价单元的划分可根据评价的主、客观条件，选择采用地块法、网格法、叠置法、多边形法等方法。

(3) 参评因素的选取

土地资源质量的好坏，是通过土地综合体组成要素的性质状况来综合体现，土地适宜性的高低，则通过评价土地构成要素质量的好坏来刻画。但土地构成要素众多，评价应选择那些对土地适宜性有显著影响、自身性状时间上相对稳定、空间上有较大差异、性状指标数据较易获取的因素，作为评价的参评因素。

(4) 参评因素质量分值的量化

评价各参评因素性状指标的表达一般存在很大差异，同时对土地适宜性的影响形式也存在差别。因素作用的影响性往往并不是随因素性状指标数据的增减呈直线性变化，有时还是非线性的。当因素性状指标数据在一定范围内变化时，受其影响下的土地质量可能变化不大或不发生变化;而当它在另一范围内变化时,较小的变动可能会引起土地质量较大的变化。因此评价需要将参评因素性状指标数据转换成因素因子的质量分值,以便更为直观、合理地刻画因素对土地适宜性的影响作用大小。由于各因素性质的不同,其作用方式、影响程度也不相同,因此需要针对因素的性质采取不同的标准,来实现参评因素性状指标值——质量分值的换算。这一转换实际上就是进行因素因子指标值的标准化和无量纲处理。

(5) 参评因素综合分值计算与适宜性等级的划分

参评因素综合分值是在参评因素质量分值量化的基础上,根据各参评因素对土地综合体资源质量影响的贡献性,采用加权求和法或几何平均法等计算得到。土地适宜性的等级则根据单元适宜性综合分值,一般采用等间距法、数轴法、频率曲线法等进行划分,并经实地验证校核、修改完善而最终确定。

3.2　评价系统的选择与制定

3.2.1　土地适宜性评价系统概况

土地适宜性评价系统可分为概要性评价系统、针对性评价系统和综合性评价系统三大类。概要性评价系统服务目标的范围较为宽泛,主要应用于土地多目标的适宜性评价;针对性评价系统服务目标的范围较为具体,往往针对某一特定土地利用目标展开,常应用于土地单一目标的适宜性评价;综合性评价系统兼有概要性评价系统和针对性评价系统的特点。概要性的土地适宜性评价系统以美国农业部的土地潜力分级评价系统为代表,针对性的土地适宜性评价系统以FAO《土地评价纲要》评价系统为代表。世界各国土地资源质量评价系统大多参照这两大类系统修正制定。在我国具有代表性的《中国1∶100万土地资源图》的土地资源评价系统,大致介于两者之间,属于综合性的土地适宜性评价系统。土地适宜性评价系统一般可以参照这些系统,并根据评价目标及成果应用的要求修正制定。

3.2.2　美国农业部潜力分级评价系统

美国农业部于1961年颁布的土地潜力分级系统(LCC)主要以大农业发展为主要目标,包括潜力和限制性两个基本概念。其中,潜力指土地在用于某种利用的潜在能力;限制性则是对潜力施加不利影响的土地特征,分为暂时限制性和永久限制性,前者指通过一定措施可以消除的限制性,后者指不易改变的限制性。该系统包括三个等级单位,即潜力级(Capability Class)、潜力亚级(Capability Subclass)和潜力单元(Capability Unit)。

1) 潜力级

潜力级是潜力评价中的最高等级,是限制性或危害性程度相同的若干土地潜力亚级的归并。根据土地在利用上所受到的限制性的强弱,将全部土地划分为八个等级,从Ⅰ级至Ⅷ级,限制性逐渐增强,适宜性逐渐降低(见图3.1)。

限制性变化及土地潜力级			土地利用的集约程度增加								
			野生动物	林业	放牧			耕作			
					有限	中等	集约	有限	中等	集约	高度集约
限制性和风险性增大	选择性和适宜性减小	Ⅰ									
	土地潜力级	Ⅱ									
		Ⅲ									
		Ⅳ									
		Ⅴ									
		Ⅵ									
		Ⅶ									
		Ⅷ									

图 3.1　美国农业部土地潜力分级评价系统土地潜力级的划分

各潜力级土地的适宜性、限制性情况如下：

Ⅰ级土地的利用很少受到限制，适宜种植各种植物，可以安全地被利用于农作物、牧草、林木和野生动物栖居。土地近于水平(或某些透水能力很强的缓坡地)，水蚀或风蚀的危险性小；土层深厚，一般排水良好，易于耕作；土壤持水性好，且含有相当充足的植物养分或是对施肥有良好反应；生产能力高，适于精耕细作；几乎不会遭受洪涝危害，当地气候也有利于大多数农作物生长。Ⅰ级土地种植农作物时，只需一般的经营管理就能维持土地生产能力、土壤肥力和土壤结构。

Ⅱ级土地的利用会受到一些限制，可以种植农作物和饲料作物，也可以作为牧场、林场或野生动物栖居场所等，但适种作物的选择范围有所减小。该级土地在耕作时需要进行较为细致的土地经营管理，包括采取水土保持措施，以防止土壤退化或改善水气关系。但总的来说，土地利用所受限制不多，且改良措施易于实施。

Ⅲ级土地的利用已受到严格限制，虽然可以种植农作物和饲料作物，也可以作为林场、牧场或野生动物栖居场所，但作物选择有限。土地利用受到更多的限制，耕作时水土保持措施常较难实行和维持，需要采取特殊的水土保持措施。

Ⅳ级土地的利用已受到强烈限制，虽然可以勉强种植农作物、饲料作物，也可以用作林场、牧场或野生动物栖居地，但对作物的选择有很严格的限制。耕种要求有很仔细谨慎的管理，水土保持措施也较难实施和维持。

Ⅴ级土地存在限制作物生长和妨碍正常农业耕作的难以排除的限制因素，它们不适于种植一般农作物，大多只能作为草场、林场或野生动物栖居地。该级土地近乎水平，有些处于潮湿状态或由河流造成频繁的洪涝，或含石较多，或受气候影响，或是若干限制因素兼而有之。该级土地经过治理后可望作为有适当收益的草地。

Ⅵ级土地具有严格的限制因素，以致一般不宜于耕种，大部分限于用作草场(或牧场)、林场或野生动物栖居地。如果采用播种、施石灰、施肥、等高耕作以及开挖排水渠、分洪或喷灌等措施可使其成为改良牧地，在高水平的经营管理条件下，某些Ⅵ级土地也可用于一般农业，有些还适用于特种作物或作林地使用。

Ⅶ级土地具有很严格的限制因素，以致不宜耕种，它们对任何农作物都不适宜，大部分只能用作牧地、林地或野生动物栖居地。从自然条件上说Ⅶ级土地无法通过播种、施石灰、施肥、等高耕作、挖排水沟、分洪或喷灌等措施使其成为改良牧地，根据土壤性质与地方气候状况，Ⅶ级土地可能适用作为林地。在特殊情况下,某些Ⅶ级土地在特殊管理措施下可适用于特种作物。

Ⅷ级土地其土壤与地形所固有的限制作用排除了商品性作物的生产,并限定其只能用作休养地、野生动物栖居地、水源地、风景地等。这级土地的土壤与地形的限制作用,使得它不能在经营作物、草地或林地中获利,但用作野生动物栖居地、水源地或休养地等仍具有一定的价值。

2) 潜力亚级

潜力亚级是具有相同的限制因素和危险性的潜力单元的组合。与潜力亚级相应的四种限制因素是侵蚀危害(*e*);潮湿、排水或洪涝(*w*);根系层(*s*)和气候(*c*)。其中,*e* 亚级土地,侵蚀危害是土地利用面临的主要问题或危害,现代侵蚀的敏感性及古代侵蚀的损害程度是划分该亚级土地的主要依据;*w* 亚级土地,水分过多是土地利用面临的主要限制因素或危害,土壤排水不良、潮湿、地下水位高和洪涝等是划分该亚级土地的依据;*s* 亚级土地,是指根系层浅薄或者含有大量石块、持水容量低、肥力低、含盐或钠等限制的土地;*c* 亚级土地,气候(温度与湿度)是土地利用中的重要限制因素或危害。

除气候因素外,上述诸限制因素均可予以改良或局部改良,因此在确定潜力亚级时应优先考虑它们,从而根据土地利用的主要限制或危害来决定潜力单元应归属于 *e*、*w*、*s* 等潜力亚级。除气候外,不受别的因素限制的潜力单元则归属于 *c* 亚级。在两种限制因素程度基本相等且可以改造的情况下,则按 *e*、*w*、*s*、*c* 顺序划分。也可以从当地土地利用的需要出发,表示出土地具有两种限制因素,但须把主要的限制因素放在前面,以表明该亚级土地存在的主要问题。

3) 潜力单元

潜力单元是对土地利用的经营管理具有大致相同效应的土地组合。属于同一个潜力单元的土地,在土地性质的配合方面充分一致,从而导致它们具有相同的潜力、限制或危害。所以,属于同一潜力单元的所有土地应具有以下特点:① 在相同经营管理措施下,可生产相同的农作物、牧草或林木;② 在种类相同的植被条件下,采取相同的水土保持措施和经营管理方法;③ 相近的生产潜力(在相似的经营管理制度下,同一潜力单元内各土地的平均产量的变率不超过 25%)。

在借用美国农业部土地潜力分级评价系统,具体制定土地适宜性评价系统时,应注意以下几点:

(1) 该系统潜力级的评定主要依据对土地利用永久限制方面的土地因素,并突出其中对土地利用限制性最为强烈因素的作用。评价将现状植被(树木、灌木等)视为非永久限制性,评价中一般不考虑植被因素;尽管土地的其他一些性质不存在什么问题,但当某一限制性因素的限制程度足以将土地的潜力级降至某一级以下时,便将该土地定为该潜力级。

(2) 该系统同一潜力级的土地尽管其限制程度相似,但是限制性因素的种类不一定相同,所需经营管理措施也不一定相同。也就是说,属于同一潜力级的土地,在地形尤其是土壤上可能有较明显的差异。

(3) 该系统潜力级的评定主要依据土地的自然要素,对土地的社会经济因素不作特别考虑,评价时基本上不考虑市场远近、道路存在与否及道路等级的影响。

(4) 该系统潜力级的评定一般将中等经营管理水平(即当地大多数农户所及的经营管理水平)作为评价所对应的土地投入水平,对经营管理水平不作专门考虑,一般也不进行专门的投入产出分析。

3.2.3 FAO《土地评价纲要》评价系统

为了避免世界各国因土地评价体系不同造成的交流障碍，FAO在1972年10月瓦格宁根农业土地评价专家会议有关土地评价系统某些规范形式问题讨论的基础上，经草稿拟订，广泛征求意见，于1976年正式颁布具有深远影响的《土地评价纲要》。这是粮农组织组织有关土地专家，经仔细讨论、反复修改而成为土地评价的指导性文件，在许多国家中有重要影响。虽然它只规定了土地适宜性评价的一般原则和概念，但其适宜性分类结构和进行土地适宜性评价必须遵守的程序，则有广泛的适用性。该评价系统包含有四个等级单位，即适宜纲(Order)、适宜级(Class)、适宜亚级(Subclass)和适宜单元(Unit)。

1) 适宜纲

适宜纲是指土地适宜性的种类，表示土地对所考虑的特定利用方式是适宜还是不适宜。分为适宜纲(S)和不适宜纲(N)两大类。

适宜纲(S)是指土地能够满足按所考虑的用途进行持久利用，达到预期的效益，在经济上是合算的，而且对土地不会产生不可接受的破坏后果。不适宜纲(N)是指土地不能满足所考虑的土地用途对土地的要求，亦即土地质量显示该土地不能按所考虑的用途进行持久利用。土地被列入不适宜纲的原因一般有：所提出的用途在技术上不可行；所提出的用途如果实施会产生破坏性后果；预期投资获得的经济效益低，得不偿失。

2) 适宜级

适宜级是反映适宜纲以内土地对特定用途或方式的适宜程度。一般用阿拉伯数字按适宜纲内的适宜程度递减顺序编列，适宜级的数目不加具体规定。但通常在适宜纲内分出三种适宜级，即高度适宜(S_1)、中度适宜(S_2)和临界适宜(S_3)；不适宜纲通常分成两级，即当前不适宜(N_1)和永久不适宜(N_2)。

高度适宜(S_1)，土地可持久应用于某种用途而不受严重限制，或受限制较小，在采取正当的利用措施下长期使用不会降低土地的生产力或效益，不需要增加超出可承担水平的费用。

中度适宜(S_2)，土地对持久利用于规定的用途有中等程度的限制性，如不采取必要的措施，长期使用会出现中等程度的不利，降低土地的生产力或效益并增加费用，虽然仍能获得利益，却明显低于S_1的效益。为了获得理想的效益，并维持土地的持久生产力，往往需要采取中等规模的改造措施。

临界适宜(S_3)，土地对持久利用于规定的用途有强烈的限制性，将降低土地的生产能力或效益，或者需要增加投入，而这种投入从经济上说只能算勉强合理。这类土地的有效利用，往往必须采取重大的改造措施。

当前不适宜(N_1)，土地有较强烈的限制性，但终究可加以克服，只是在目前的技术和现行成本下不宜加以利用，或者不能确保对土地进行有效而持久的利用。但将来一旦条件具备，通过较大的改造措施，能使土地获得新的质量特征，最终满足某些利用类型对土地的要求。

永久不适宜(N_2)，土地的限制性十分严格，以致在一般条件下根本不可能持续有效利用，即使将来在改造技术上也难以实现，或投入过大，经济上不合算，最终也不可能实现有效利用。

3) 适宜亚级

适宜亚级反映土地限制性类别的差异，或需采取的改良措施的区别，如水分亏缺、侵蚀危害等。亚级的表示方式是用英文小写字母列在适宜级符号之后。高度适宜级(S_1)无明显限制因素，因此不设亚级。亚级设置的一般原则包括：① 亚级的数目愈少愈好，只要能区分开适宜级内土地的质量或者改良所针对限制因素的不同即可；② 对于任何亚级而言，符号中应尽可能少用限制因素，一般只列出主要亚级的符号，如果两种限制因素同样重要，则同时列出两者。

不适宜纲内的土地，一般可以不对其限制性划分为亚级。

4) 适宜单元

适宜单元是适宜亚级的细分，反映亚级以内土地经营管理方面的次要差别。每一适宜亚级内的所有适宜单元具有同样程度的适宜性和相似的限制性，不同适宜单元之间在生产特点或经营管理要求的细节方面不同。适宜单元用阿拉伯数字表示，置于适宜亚级之后，如 S_{2e-1}、S_{2e-2} 等。一个适宜亚级可划分出多少适宜单元，无明确规定。

在借用 FAO《土地评价纲要》评价系统，具体进行土地适宜性评价系统制定时，应注意以下几点：

(1) 该系统在某些情况下还可增划"有条件适宜"类别，即研究区内有些小面积土地，在规定的经营管理条件下对某种指定用途为不适宜，但满足一定条件后则可变为适宜。条件的变化可能与经营方式、投入及作物选择有关。"有条件适宜"是适宜纲下的一个"相"，可在纲符号与类符号之间加小写字母"c"表示，如 S_{c2}。设置"有条件适宜"有利于在土地用途发生局部变化或采取局部的改良措施时，不对土地重新评价即可知道土地的适宜性，但也容易造成评价结果的含糊性，一般应尽量避免使用"有条件适宜"这一类别。

(2) 土地适宜性评价系统制定时，系统可以包括土地适宜性纲、级、亚级和单元各等级单位，也可以根据研究区范围的大小、研究目的和评价深度要求等，只针对其中某几个或某一个等级单位进行评定。一般地，如果研究区范围较小，目的比较狭窄，评价结果要求为具体，应进行低等别的土地适宜性单位划分，如适宜性单元；否则，只要求划分到较高等级的土地适宜性单位。

(3) 对研究区内与所考虑的评价目的关系不大的某些区域，为突出评价结果的针对性和应用性，可将这些区域列为与土地适宜性评价无关的区域而不进行评价，在评价图上用"NR"(即无关)表示，并可达到节约人力物力和缩短评价时间的效果。

3.2.4 《中国 1∶100 万土地资源图》的评价体系

新中国成立以来，我国陆续开展了一些土地资源评价工作，其中《中国 1∶100 万土地资源图》的土地资源评价系统最具代表性。该系统由土地潜力区、土地适宜类、土地质量等、土地限制型和土地资源单位等组成。

1) 土地潜力区

土地潜力区以水热条件为划分依据，是土地资源评价的"零"级单位。同一区内，具有大致相同的土地生产潜力，包括适宜的农作物、牧草、林木的种类、组成、熟制和产量以及土地利用的主要方向和措施。该系统将全国划分为九个潜力区，即华南区、四川盆地—长江中下游区、云贵高原区、华北—辽南区、黄土高原区、东北区、内蒙古半干旱区、西北干旱区、青藏高原区。

2) 土地适宜类

土地适宜类是在土地潜力区范围内，依据土地对于农、林、牧业生产的适宜性划分。划分时，尽可能按主要适宜方面划分，但对那些主要利用方向尚难明确的多宜性土地，则作多宜性评价。该系统共划分八个土地适宜类，即宜农耕地类、宜农宜林宜牧土地类、宜农宜林土地类、宜农宜牧土地类、宜林宜牧土地类、宜林土地类、宜牧土地类、不宜农林牧土地类。

3）土地质量等

土地质量等是在土地适宜范围内反映土地的适宜程度和生产力的高低，是土地资源评价的核心。土地质量等级的划分按农、林、牧三方面，每个方面分三等。其中，宜农土地包含适宜类中的宜农耕地类、宜农宜林宜牧土地类、宜农宜林土地类和宜农宜牧土地类四个类别的土地；宜林土地包括宜农宜林宜牧土地类、宜农宜林土地类、宜林宜牧土地类和宜林土地类四个类别的土地；宜牧土地包含宜农宜林宜牧土地类、宜农宜牧土地类、宜林宜牧土地类和宜牧土地类四个类别的土地。宜农、宜林、宜牧各质量等土地状况如下：

(1) 宜农土地

一等宜农用地：对农业利用无限制或少限制，质量好。这类土地地形平坦，土壤肥力高，机耕条件好，在当地属基本农田或易于建成基本农田。在正常耕作条件与管理措施下，一般都能获得较好的产量。对未垦土地不需改造或略加改造，即可垦殖。垦后也容易建成基本农田，而在正常利用下，对当地或邻近地区不会发生土地退化等不良效果。

二等宜农用地：对农业利用有一定限制，质量中等。这类土地需加以一定改造措施才能开垦和建设成基本农田，或者需要一定的保护措施，以免产生土地退化。

三等宜农用地：对农业利用有较大的限制，质量差。这类土地需加以措施大力改造后，才能开垦和建设成基本农田。在严格保护下才能进行农业生产，否则容易发生土地退化。

(2) 宜林土地

一等宜林地：最适宜于林木生长的土地，无明显限制的因素，在更新或造林时采用一般技术，产量高，质量好。

二等宜林地：一般适宜于林木生长的土地，无特别明显限制的因素，在更新或造林时采用一般技术，产量较高，质量较好。

三等宜林地：林木生长有一定困难的土地，地形、土壤、水分、盐分等因素限制性较大，造林时要有一定改良措施，产量较低。

(3) 宜牧土地

一等宜牧地：最适宜于牲畜放牧饲养的土地。这类土地一般草群条件好、产草量高，水土条件好，容易建成基本牧草场。

二等宜牧地：一般适宜于牲畜放牧饲养的土地。这类土地一般草群质量较差或产草量较低，或草场轻度退化。但水土条件较好，恢复较容易。

三等宜牧地：勉强适宜于牲畜放牧饲养的土地。这类土地一般草群质量很差，或产草量很低，草场退化，需大力改造，或由于某种条件的限制，利用困难。

4）土地限制型

土地限制型是在土地质量等的范围内，按限制因素种类及强度划分(见表 3.1)。同一土地限制型内的土地具有相同的主要限制因素和要求相同的主要改造措施。土地限制型的划分：无限制(o)，水文与排水限制(w)，土壤盐碱化限制(s)，有效土层厚度限制(l)，土壤质地限制(m)，基岩裸露限制(b)，地形坡度限制(p)，土壤侵蚀限制(e)，水分限制(r)，温度限制(t)。

5）土地资源单位

土地资源单位是土地资源图的制图单位和评价对象。土地资源单位也称土地资源类型，由地貌、土壤、植被与土地利用类型组成，实际上也就是土地类型。

表 3.1 《中国 1∶100 万土地资源图》限制性因素分级指标

土壤侵蚀 e	e_0	e_1	e_2	e_3	e_4
侵蚀沟占土地面积的百分比(%)	无	<10	11～30	31～50	>50

地形坡度 p	p_0	p_1	p_2	p_3	p_4	p_5
华南区、四川盆地—长江中下游区、	<3°	3°～7°	8°～15°(25°)	16°(26°) ～25°(35°)	26°(36°) ～35°(45°)	>35°(45°)
云贵高原区、华北—辽南区、东北区、内蒙古半干旱区、黄土高原区、西北干旱区、青藏高原区	<3°	3°～7°	8°～15°	16 °～25°	26° ～35°	>35°

基岩裸露 b	b_0	b_1	b_2	b_3	b_4
基岩占总面积百分比(%)	偶有基岩	<20	21～50	51～70	>70

土壤质地 m	m_0	m_1	m_2	m_3
土壤质地类型	壤土	粘土、砂壤地	重粘土、砂土	砂质、砾质

有效土层厚度 l	l_0	l_1	l_2	l_3	l_4
华南区、四川盆地—长江中下游区	>70(100)cm	70(100) ～50(60) cm	49(59) ～20(30) cm	19(29) ～10 cm	<10 cm
云贵高原区	>60 cm	60 ～30 cm	29 ～10 cm	<10 cm	—
华北—辽南区、东北区	>80 cm	80 ～50 cm	49 ～30 cm	29 ～10 cm	<10 cm
内蒙古半干旱区、黄土高原区、西北干旱区	>180 cm	100 ～60 cm	59 ～30 cm	29 ～10 cm	<10 cm
青藏高原区	>100 cm	100 ～50 cm	49 ～30 cm	29 ～10 cm	<10 cm

土壤盐碱化 s	s_0	s_1	s_2	s_3
华南区、四川盆地—长江中下游区	无盐碱	盐碱化	盐土	—
华北—辽南区、东北区、黄土高原区	无盐碱	轻盐碱化	中强度盐碱化	盐土
内蒙古半干旱区、西北干旱区、青藏高原区	无盐碱或轻	中强盐碱化，部分强盐碱化，改良困难	强度盐碱化或盐土，改善条件差	重盐土，改良困难

	w_0	w_1	w_2	w_3
水文条件与排水条件 w	无积水或偶尔积水，排水条件好	偶尔积水或季节性短期淹没，排水条件好	季节性积水或季节性长期淹没，排水条件差	长期积水或长期淹没、排水条件很差

	r_0	r_1	r_2	r_3
水分条件 r	旱作较稳定或有稳定灌溉条件的干旱、半干旱土地，有水源保证的南方地区水田	灌溉水源保证差的干旱、半干旱土地，水源保证差的南方地区水田	无水源保证、旱作不稳定的半干旱土地，无水源保证的南方地区水田	无灌溉水源保证、不能旱作的干旱土地

温度条件 t	t_0	t_1	t_2	t_3
华南区、四川盆地—长江中下游区	亚热带作物正常发育	亚热带生物生长受一定影响	亚热带生物生长受严重影响	亚热带生物不能生长
云贵高原区	低海拔或中海拔地区	高海拔地区，耐寒作物不稳定	高海拔地区，耐寒作物不稳定	高海拔地区，耐寒作物不能发育
黄土高原、内蒙古半干旱区、西北干旱区、东北区	耐寒作物稳定	耐寒作物不稳定	耐寒作物很不稳定	—
青藏高原区	—	>10℃积温 700～1 400℃，耐寒作物稳定	>10℃积温<700℃，耐寒作物很不稳定	耐寒作物不能生长

中国土地资源评价系统吸收了美国农业部评价系统与FAO评价分类系统的某些优点，并根据中国国情对两者作了较好的结合与补充。中国土地资源评价系统重视我国地域辽阔、自然环境复杂的特点，在进行类似美国潜力级的土地适宜类的划分前，先进行土地潜力区的划分。与美国农业部评价系统相似，中国土地资源评价系统也把农业利用放在优先地位，即把质量好、潜力高的土地评定为适宜于农业利用，然后再考虑牧业、林业和其他。两者均按主导限制因素对潜力等级进行进一步划分，明确指出土地的改造方向与措施。但对限制因素，美国农业部评价系统只是加以定性说明，而中国评价系统则作定量说明，一定程度上有助于克服评价的主观任意性。与FAO《土地评价纲要》评价系统相比，中国土地资源评价系统的土地质量等、土地限制型和土地资源单位，分别相当于FAO评价系统的土地适宜级、土地适宜亚级和土地适宜单元。

3.3 评价单元的划分

3.3.1 评价单元的概念及划分的原则、方法

1）评价单元的概念

评价单元是土地评价对象的基本空间单位，同一单元内土地的基本属性和土地质量基本一致，不同单元之间则有较大差异。土地适宜性结果是通过对评价单元的土地构成因素质量的评价得出，因此，评价单元划分对土地评价工作的实施至关重要，直接决定土地评价工作量的大小、评价结果的精度及成果的可应用性。

评价单元在质量因素组合以及环境因素构成上反映某种土地质量。同一评价单元内，土地的某些基本属性存在一致性，不同单元之间土地的属性具有明显的差异性。整个评价区范围内的全部土地可以按土地的内部属性划分为独立的评价单元。

2）评价单元划分的原则

(1) 综合与主导性相结合原则。土地是自然、社会和经济的综合连续体，其性质随时间变化而变化。因此在划分评价单元时，首先要综合分析各个土地因素之间的相互关系及其组合特点，从而辨别它们之间的差异性。在运用综合分析原则时，要求在大量的组合方式中找出土地质量变异的界限进行单元分异研究，而变异界限主要受那些对土地生产力影响较大，而且比较稳定的自然要素(主导因素)的制约，为此评价单元划分时还需遵循主导性原则。

(2) 主导因素差异原则。不同地貌部位的土地不能划为同一单元，山脉走向两侧水热分配有明显差异的不能划为同一单元，地下水、土壤条件、盐碱度等土地因素指标有明显差异的不能划为同一单元。

(3) 针对性原则。针对评价目的以及评价区范围，选取大小适合的评价单元，满足土地目的对评价单元精度的要求。

(4) 实用性原则。评价单元也是应用评价成果、进行土地管理的基本单元，因此评价单元在实地应该具有明显的、易辨别的界限。

3）评价单元划分的方法

土地评价单元划分的一般方法有地块法、网格法、叠置法和多边形法等。

(1) 地块法。在底图上用明显的地物界线或权属界线，将主导特性相对均一的地块，划分

成为封闭土地评价单元。其操作的关键是底图的选择和对研究区域实际情况的了解。

(2) 网格法。用一定大小的方格构成的网格划分评价单元。网格大小以能基本区别开不同特性的地块为标准。由于在划分网格时，不易完全与土地的均质条件和各影响因素的实际分布相符合，因此网格法划分单元除了在工作中取样和获取数据外，还需要尽量兼顾单元的均质性。具体操作上，可采用单一大小的固定网格，也可采用大小不均一的动态网格。

(3) 叠置法。将相同比例的土地利用现状图与地形图、土壤图叠加，基本一致区域形成的封闭图斑即为有一定地形特征、土壤性质和用地类型的土地单元。若图斑小于最小上图面积则应进行归并。一般采用"三图叠置法"划分评价单元，即由土地利用现状图、土壤图和地形图这三图叠置形成封闭的评价单元。叠置法要求所选用的基本图件都能转化到同一比例，并且所有图件的主要参照物能很好地吻合。

(4) 多边形法。将所有参评因素的质量分值图进行叠加，最终生成的封闭多边形即为评价单元。

就土地适宜性评价而言，评价单元划分的具体方法主要有：① 采用土壤发生类型图斑作为评价单元；② 采用土地类型图斑作为评价单元；③ 以土地利用现状图叠加土壤图、地形图等生成的最小图斑为评价单元。只要有了土壤类型图、土地类型图、土地利用现状图，评价单元划分问题就迎刃而解。也就是说，评价单元划分的关键其实在于土壤类型的划分与制图、土地类型的划分与制图、土地利用现状的调查与制图。

3.3.2 土壤发生类型及其划分与制图

1) 土壤发生分类的概念

土壤的形成取决于土壤形成因素，即母质、气候、生物、地形和时间以及在耕作土壤中的人为活动。成土母质在其他各种土壤形成因素的综合影响下，产生多种反应，创造出区别于原来母质的土壤特征。土壤发生分类是根据土壤的属性、成土过程和成土因素之间相关性的特点系统认识土壤的一种方法，即按具体土壤的特性所表现出来的相似性或差异性，归并和区分出各个级别的土壤类型，并按照这些土壤类型彼此之间的亲疏关系和从属关系进行综合归纳和系统排列，高层级别的土壤类型较少，属性高度概括，基层级别的土壤性状个体特征划分得仔细、具体，从而形成逐级归纳的宝塔形土壤分类谱系。土壤分类是不同规模和比例尺土壤调查制图的基础，也是各级行政区合理利用土地资源、因地制宜发展农业生产必不可少的重要科学依据。

土壤分类的发展过程，大致经历了从以经验性的直观为依据的朴素的古代土壤分类，到以成土因素学说为指导的近代土壤分类，再到以诊断层和诊断特性为基础的现代土壤分类，并不断朝定量化、标准化和国际化方向发展。尽管如此，我国于 20 世纪 80 年代按发生分类所完成的全国第二次土壤普查成果，仍广泛应用于我国各级各种土地资源管理之中。该成果仍然是我国土地资源评价必不可少的重要基础资料。

2) 土壤发生类型划分的指导思想与原则

全国第二次土壤普查的土壤分类系统，主要依据土壤发生学原则，把成土因素、成土过程和土壤属性(较稳定的性态特征)三者结合起来考虑，同时把耕作土与自然土作为统一的整体考虑，注意生产上的实用性。该分类系统采用六级的等级分类制，即土纲、土类、亚类、土属、土种和变种。其中，土纲根据成土过程的共同特点加以概括；土类为分类的基本单元，是在一定的自然条件和人为因素作用下形成的，具有独特成土过程和土体构造，各土类之间有质的差别；亚类是土类中的不同发育阶段，或土类间的过渡类型；土属是承上启下的分类单元，主要依据母质、侵蚀程度、耕作熟化情况等地方性因素划分；土种是分类的基础单元，根据发育程度或熟化程度划分，同一土种不仅母质相同，剖面构造特征也相似；变种是土种内的变化，一般以表层或耕作层的某些变化来划分。

(1) 土纲的划分

我国地域辽阔，自然条件复杂，土壤类型极为丰富。全国共划分为 11 个土纲，即富铝土、淋溶土、半淋溶土、钙层土、漠土、盐碱土、岩成土、半水成土、水成土、水稻土和高山土。

(2) 土类的划分

土类是概括性较强的高级分类单元，具体划分时应着重考虑以下方面：① 土类主要是受生物气候制约、较少受地域性因素（如母质、地形、地下水等）直接影响而发育的土壤即地带性土壤，也可在同一地带内由于某些非地带性因素（如母质、地形、水文、地质或人为活动等）的特殊影响，形成非地带性的隐域性土壤；② 在一定的自然或人为因素作用下，土壤成土过程的主导发育方向应一致；③ 同一土类的土壤剖面发生层，包括各发育土层或非发育土层的结构、形态及属性基本一致；④ 在成土条件和主导成土过程方向一致而土壤具有正常发育的情况下，其改良利用的方向基本一致。

(3) 亚类的划分

亚类是土类范围内的续分单元，主要反映同一土类成土过程中的不同发育阶段，既有典型的亚类，也有土类间的过渡性亚类，即在主导成土过程中同时出现附加次要成土过程的土壤类型。同一土类中的各亚类的主导成土过程方向一致。

(4) 土属的划分

土属着重反映土壤发育属性的地方性或区域性因素的重要差异，划分土属时主要考虑以下方面：① 突出 1 m 土体的母质成因类型及其属性差异，其中母质属性主要反映在矿物、化学性质和颗粒组成等方面，注意母质属性变化对土壤发育和生产特性的重要影响；② 突出 1 m 土体同源母质属性的地方性变异特征因素对土壤发育属性的影响，主要表现在不同地形地段或受水文地质状况等环境因素影响而引起土壤发育性状的差异；③ 突出 1 m 土体的母质成因中出现的异常属性或残留属性，以及这类母质成因属性引起土壤物质循环或水盐运行的明显差异。

(5) 土种的划分

土种是土壤基层分类的基本单元，在同一土属范围内，以土体构型为基础，重点体现诊断土层或指示性土层（包括表土层及亚表层）在发育程度上的量级差异。土种划分应重视以下方面：① 土种是一组土地构型相似的土壤个体，具有相对稳定的性态特征，每个土种都具有特定的土层组合及其土层厚度、颜色、质地、结构和有关理化性质等性态量级差异；② 土壤实体中诊断土层或指示性土层的层位与量级差异是土种划分的重要依据；③ 土壤实体中诊断土层或指示性土层（包括表土层及亚表层）在自然或人为的影响下，其发育程度（包括基本土层的增厚或缺失）足以影响土地构型特征的量级差异时，应划分成新的土种。

(6) 变种的划分

变种是同一土种内土壤个体变异，主要表现在耕层土壤肥力特性的量级变异，包括耕层厚度、质地、耕性、养分状况等的变化，致使土壤的地力产生一定差异。

3) 土壤制图

土壤制图的目的在于反映区域的主要土壤类型、组合及其广域和中域分布规律。土壤制图的工作流程主要包括以下方面：

(1) 资料收集

资料包括需要缩编的土壤图,地貌、地质、水文地质、植被、气候、第四纪地质等专题图以及农业区划、气象等数据和文字资料。

(2) 土壤野外踏查

野外踏查的线路应尽可能穿越较多的景观单元,尽可能地掌握调查区域地理景观的类型及其空间变化特征,尤其是地形、植被、母岩、水文等成土影响因素的地域差异,土壤类型发生发育状况及其空间分布规律。

(3) 样区调查

有针对性地选取几个土壤典型样区,采用大比例尺土壤调查方法进行详细调查,掌握土壤与母质、地貌、植被及人类生产活动之间的发生学关系,为土壤制图提供依据。

(4) 遥感图片判读

利用相应的航空、卫星遥感图片,根据遥感地学分析原理,采用相应目视判读、机助判读等方法,根据成土因素与土壤类型的关系,进行土壤类型的解译和草图勾绘。

(5) 确定制图单元

制图单元是图斑内容的基本单位,与土壤分类单元密切相关,分类单元是制图单元的基础和框架。可以直接把一个土壤分类单元作为土壤制图单元,也可以将单一自然地理景观内最主要的土壤单元,即优势土壤制图单元或称土壤类型制图单元,作为土壤制图单元。

(6) 制图综合

制图综合是按成图比例尺的要求,对土壤编稿图斑进行科学概括,包括图斑综合和图形综合。其中,图斑综合是以最小上图面积的要求,将小于标准的图斑按相似合并、相异组合的原则实施归并;制图综合是在保持图斑基本形状和面积不变的前提下,舍去次要的、弯曲度大而又无规律的碎部,使其平滑自然,保留或适当夸大主要的、有规律特征的部分。

(7) 系列成图

土壤制图的主要目的在于得到反映研究区域土壤类型空间分布的土壤图,也可在此基础上,产生出土壤肥力、土壤各性质、土壤改良利用分区等系列衍生图件。

3.3.3　土地类型及其划分与制图

1) 土地分级与土地类型的概念

土地分级是根据一定的目的,在对土地组成要素进行综合分析的基础上,按照土地的复杂程度不同,将土地自下而上合并或自上而下分解成为面积不等、复杂程度不同、等级从属的土地个体,它们构成一个完整的土地等级系统。土地分级系统是一个多级序系统,分级单位的级别越高,彼此的相似性越小,差异性越大;反之,分级单位的级别越低,彼此的相似性越大,差异性越小。

土地类型是地球表面规律分布、面积大小不同、性质相对均一的土地单元。同一种土地类型具有如下相似之处:① 相似的外貌形态,即地形、植被、土壤等方面地貌特征相似;② 相近的成因及可以比拟的、相近的土地性质;③ 大致相同的土地生产力;④ 相同类别和程度的土地利用适宜性或因素的限制性;⑤ 相同的土地保护、改造和提高生产力的措施。

事物类型是对若干具体事物的抽象概括,分类需先明确研究的对象个体。但土地分类对象是陆地表面的不同土地地段,它们是一个地理连续体,一般不存在既定的个体。因此对其进行分类首先必须根据相应的目的将这个地理连续体分割成若干个各种各样的土地个体。地球表面的土地包含了一系列的不同尺度的土地单位，其中高级个体单位包含了低级的个体单位，如坡地包含了缓坡地、中坡地和陡坡地。土地分类只能在同一级别的土地个体中进行，不能跨越不同的级别。因此通过土地分级划分土地个体单位是土地类型划分的基础。土地分类之前，先要采用地域系统研究方法对一定级别的土地地段进行划分，并逐级合并为更高一级的土地单位；然后采用类型学研究方法对同一等级的土地单位进行分类，得到分类级别高低不同的各种土地类型。土地分级是对土地的纵向划分，土地分类是对土地的横向归并。由于土地分级是多级的，因此土地分类也是多系列的。

2）土地分级

目前土地分级在国际上还没有统一的标准，国内外有关学者曾先后提出过多种方案，它们在级别数目和名称上不完全一致，但具有一定的对应关系（见表 3.2，据倪绍祥）。目前较普遍地采用土地系统、土地单元、土地点的三级分类系统。土地点（Land Site）是内部性质和土地利用特点极为一致的区域，也是理论上最低级的土地等级单位。同一土地点位于相同的地貌面，一般具有相同的地形部位、相对高度、坡度、坡向、岩性、小气候、水文条件、植被群丛、土壤变种和土地利用措施等，土地点面积较小，在中、小比例尺综合调查制图中一般难于将它们表现出来。土地单元（Land Unit）是一组相关的土地点有规律的结合体，地貌上它为一个初级地貌形态，这组土地点内部土地利用特征是相似的，地形、植被和土壤上也是相对一致的，在改造利用上需要有一套相应措施，并要考虑组成土地单元的各个土地点的关系。土地系统（Land System）是土地单元的集合，这些土地单元在地理和地形上有相互的联系，在这个土地系统中地形、土壤、植被重复出现。

表 3.2　各国主要土地分级系统对比

荷　兰	澳大利亚	英　国	加拿大	前苏联	制图比例尺
土地省	土地省	土地省	生态县	景观	≤1∶25 万
土地系统	土地组合	土地系统	生态组	地方	≤1∶25 万
土地单元	土地单元	土地刻面	生态点	限区	≥1∶5 万
土地成分	土地点		生态要素	相	≥1∶5 万

3）土地分类

土地分类是将各个体土地单位按质的共同性或相似性作不同程度的抽象概括与归并，获得分类级别高低不同的各种土地分类单位。分类级别越低，分类标志的共同性或相似性越多；分类级别越高，分类标志的共同性或相似性越少。土地分类的主要步骤为：

(1) 确定分类对象所对应的土地级别并划分土地单位。确定以哪一级的土地单位作为分类对象，主要取决于研究任务和土地类型的制图比例尺。一般而言，研究任务笼统，范围广泛，已有资料精度低，宜采用高级别的土地单位；反之，研究任务比较具体，范围较小，已有资料精度高，则可采用低级别的土地单位。

(2) 确定分类依据和分类指标。确定分类对象后，要恰当地确定分类的依据和分类指标。分类的依据和指标要力求客观反映土地分异规律，需对土地分异因素进行仔细分析。在土地组成要素中，气候水热条件以及植被和水文等较明显地体现地带性分异规律。因此，在一个较大地域范围内进行土地分类，尤其是对高级土地单位进行分类，须对这类要素的地带分异给予足够的注意。基础地质和地貌比较明显具体地体现非地带性即地方性分异规律。因此，在一个较小的地域范围内进行土地分类，尤其是对低级土地单位进行分类，对这些要素要给予更多的重视。而在地形起伏较大、切割强烈的山地与丘陵区,地貌和岩性在土地类型的分异中往往起主导作用,确定土地分类的依据和指标时,要考虑到这些因素的作用。

(3) 选择恰当的方法拟定土地分类系统并进行分类。土地分类的方法主要有顺序法、两列指标网格法、路线考察法和参数法等。顺序法是按照种、属、科的分类直接列出土地分类系统;两列指标网格法主要用于土地点的分类,有时也用于土地单元的分类;路线考察法是在研究区范围内选定几条代表线路,进行实地考察并绘制土地单位的土地综合剖面图;参数法建立在对海拔高度、相对高度、坡度和水文网密度等分类指标的数量化或等级化基础上。

4) 土地类型制图

土地类型制图的目的,主要在于通过制图,揭示研究区域土地类型的形成、特性、结构和土地的分异规律,全面、系统地总结土地类型研究的成果,丰富土地科学理论,并为土地评价、土地规划与管理、农业区划和国土整治等提供基础资料和科学依据。土地类型图属于专题地图的范畴,它的编制遵循一般专题地图编制的原理、步骤与方法。

土地类型制图时一般要遵循以下基本要求:① 体现科学性、系统性、完整性及制图表现的精确性,拟定好土地类型的分类系统及与之有关的图例系统;② 正确反映研究区土地类型结构的规律性,体现不同地区土地类型结构的差异性;③ 要将底图的几何精度与土地类型的界线紧密结合起来,力求使各土地类型的图斑在图上定位准确,并注意资料的分析、概括及综合;④ 图例系统要简明扼要,层次清楚,线划符号力求精致、易读;⑤ 尽量采用年代较新和科学性较强的参考性图件资料,内容上要与同一区域的地貌图、土壤图、植被图、土地利用图和土地评价图等有关专业图件相协调;⑥ 尽可能采用遥感、地理信息系统等新技术进行土地类型制图,并与常规制图技术相结合,提高制图精度。

3.3.4 土地利用现状的调查与制图

1) 土地利用现状的调查

土地利用现状是由自然状态的土地,经过长期或周期性的人类开发经营活动演化而来的,既受土地自然属性的限制,又受人类开发活动影响,在不同的区域有不同的结构,反映每个地区不同的土地自然特点、社会经济发展及土地开发利用技术水平。土地利用现状调查的对象包括土地的位置、数量、类型、权属,它建立在土地利用分类基础上,通过调查探讨自然条件和社会经济条件对土地利用的影响、各类用地的分类规律和各地区土地利用的结构特点。为此要进行野外考察和社会调查,根据高质量地形图,并参考航摄照片、卫星图像和各类专题图,对土地利用现状进行判读或核实,将各类用地的主要界限勾绘在地形图上,同时编写调查记录。若在大范围内调查土地利用现状,为保证调查精度并节省调查时间,可采取小地区典型调查和路线调查相结合的方法。

土地利用现状调查的具体目的与任务是:查清村和农、林、牧、渔以及居民点以外的机关、部队、团体、学校、厂矿、仓库等企事业单位的土地所有权和使用权的界限及其土地总面积、各类土地的面积,以满足建立土地登记、统计制度,全面管理土地的要求。在查清各土地权属单位土地面积等的各类土地面积的基础上,逐级汇总各乡(镇)、县(市)、地(州、市)、省(自治区)和全国的土地利用总面积等的各类土地面积、分布和利用状况,以满足编制土地利用总体规划、合理安排各业用地和国民经济各部门综合发展的需要。

土地利用现状调查的主要内容有:村和农、林、牧、渔场以及居民点以外的厂矿、机关团体、部队、学校等企事业单位的土地权属界限和村以上行政辖区范围界限；土地利用类型及分布，并量算出各类土地面积；按土地权属单位及行政辖区范围，汇总出土地总面积和各类土地面积；编制土地利用现状图和土地权属界线图；调查土地权属及土地利用经验、教训，提出合理利用土地的意见。

以县级土地利用现状调查为例，其成果主要包括：基层土地统计表（土地资源面积测算记录表）及县、乡镇、村土地利用现状分类面积表（土地资源统计汇总表）；县、乡镇土地控制面积结合图表；县1∶10 000国际分幅土地利用现状图；县1∶10 000分幅土地权属界线图及权属文书；县1∶50 000或1∶100 000土地利用现状图；乡镇1∶10 000土地利用现状图；县土地利用现状调查报告；乡镇土地利用现状调查说明书。

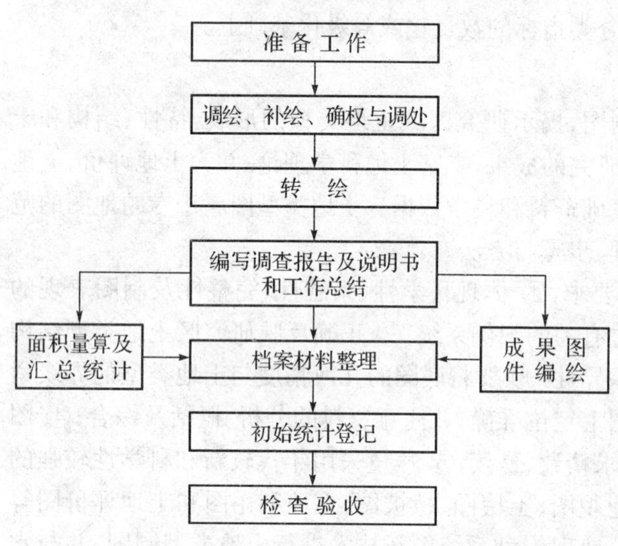

图3.2　土地利用现状调查程序图

步骤上，土地利用现状调查一般分为以下阶段进行：准备工作、航片调绘（含新增地物补测）与权属调查、航片转绘、面积量算、图件编绘、汇总统计、编写报告、档案材料整理、初始登记、统计和检查验收等，各阶段之间的关系如图3.2所示。土地利用现状调查的重点是要了解土地利用率和土地利用结构，但是现状调查只反映一定地区在一定时期的静态土地利用实况，为了增强土地利用现状调查的现实性，充分了解土地利用的变化情况，可利用遥感、遥测技术对它进行定期或不定期的监测，及时更新土地利用数据。

2）土地利用现状图的编制

土地利用现状图的编制，首先取决于制图的任务、目的和选择的地图比例尺；其次，要考虑制图区域的地理环境特征，土地利用类型的复杂程度和编图资料的累积状况等。现状图的制图图例系统是基于土地利用分类系统，其内容的中心问题是拟定适合于一定比例尺范围的图例系统，并通过图面信息传输给读者。土地利用现状图是一种比较复杂的专题地图，要求图例的层次分明，内容丰富。土地利用图编制程序主要有下面几个环节。

（1）制图准备

制图准备阶段工作内容包括：明确制图的目的和要求，明确编制计划的具体方案；收集资料，主要包括遥感影像资料、专题地图、考察报告和统计资料等；了解和熟悉制图区域的自然地理特征和土地开发历史等，初步掌握制图区土地利用分布和结构的基本规律，为后续的判读和制图综合工作提供依据；在熟悉区域概念的基础上，利用明显的影像判读标志，开始室内预判，勾绘类型界线，或是利用影像修改已有的土地利用现状图；标出有疑点的图版，以便野外验证。

（2）野外实况调查

为了建立影像判读标志和解决预判中或原有土地利用中存在的问题，需进行野外补点调查，调查方式一般有路线考察和典型区调查两种。

① 路线考察。在对制图区域缺乏感性认识的情况下，利用遥感图像和地形图进行路线考察，具有省时迅速的效果。在路线选择上应该包含该区尽可能多的土地利用类型和预判中的疑

点所在地。在考察过程中，深入了解土地利用的现状、历史及其与地理环境的关系，并有目的建立起地物影像判读标志，为室内正式判读奠定基础。

② 典型区调查。在不同类型的小范围地区，进行大比例尺土地利用调查和制图，以便取得不同类型区的土地资源的数量、质量及其结构分析的详尽资料，求算非耕地系数。包含不同类型的典型区调查，可为大范围的土地利用制图提供基础的分析资料。除此以外，也可采用近期航空相片进行抽样调查，也能达到同样的目的。

(3) 室内编图及制图综合

在统一制图分类的指导下，根据遥感图像及其有关信息，对专题内容进行详细的分析判读，以遥感图像为基础对各类用地进行定性和定位。以河流等明显地物作为局部控制，将图像上判读的土地利用类型界线蒙绘于同比例尺的地形底图上，闭合类型界线，并标注相应的类型代码。

对土地利用现状图的内容进行制图综合。编制土地利用图不可能将地表所有的土地利用类型全部照搬到图上来，必须通过综合和取舍来反映土地利用本质的特征和基本规律，这是土地利用制图综合的出发点，也是制图综合的主要任务。制图综合，绝不是进行机械的缩小和取舍，而是要遵循一定的原则，通过科学分析、逻辑归纳来揭示制图现象的基本规律。土地利用内容进行制图综合的基本原则如下：① 不同的制图目的和比例尺，应有不同的详略程度，一般地，制图目的和用途的层次越高而比例尺越小，则综合概括的程度越深入；② 通过制图综合要反映制图区域土地利用的本质特征和基本规律；③ 各类土地利用类型经取舍和概括，应保持各类型面积相对值的一致性；④ 图斑规格适当，图面清晰易读。

(4) 量算面积、报告编写与地图制印

以编绘原图为基础，对主要土地利用类型进行面积量算，并扣除非耕地系数，求算净耕地面积，为深入土地利用现状的分析研究提供基础数据。总结和编写土地利用调查报告和图幅说明书。编绘原图经审查验收后，即可交付出版社清刻绘制作出版原图，继而进行彩色印刷出版。

3.4 参评因素的选取、分值量化与适宜性等级划分

3.4.1 参评因素的选取

1) 影响土地适宜性的主要因素

影响土地适宜性的主要因素包括自然因素和社会经济因素两大类。其中，自然因素主要包括气候条件、地形条件、土壤条件、植被状况、水文和水文地质状况与环境质量状况等，社会经济因素包括农业生产条件和区位条件等。这些因素相互联系与作用，共同影响和决定土地对所考虑用途的适宜性及其程度。

(1) 气候条件。气候条件中气温与降水状况对植物的生长和发育起着决定性的作用，一个地区水热条件及其组合不仅决定作物的种类、熟制、产量和品质，而且在很大程度上也决定土地利用方式和农业生产应采取的方向性措施，是农业生产的先决条件，是影响土地适宜性的基本因素。

(2) 地形条件。地形对区域内水热状况的再分配和土地物质的迁移起着重要的作用，也直接影响土壤与植被的发育。地形条件在很大程度上决定着土地利用、农田基本建设、土地改良与土地开发等的经济效益。尤其在于山地、丘陵、熔岩等地区，地形因素往往对土地的适宜性起主导影响，对土地的适宜性和程度起决定作用。

(3) 土壤条件。土壤具有供应和协调植物生长发育所必需的水分、养分、空气、热量及其他生长条件的能力，土地自然生产力主要取决于土壤的肥力水平。土壤是土地资源质量的重要影响因素，是农业生产的基本资源。对于土地适宜性评价常针对的县级行政空间范围而言，土壤是土地适宜性评价需考虑的主要方面，评价应尽可能全面细致地考虑土壤方面的因素，包括土壤类型、有效土层厚度、土壤质地、土体构型、障碍层、有机质和各种营养元素的含量、pH 和盐分状况等。

(4) 水文与水文地质状况。水文主要指地表水状况，是影响土地资源质量与农作物产量水平的重要因素之一。特别在干旱、半干旱、盐碱化和沼泽化地区，灌溉防洪排水等水文条件对土地利用的适宜性起到某种决定性的作用。水文地质条件主要指地下水状况，它影响土壤性状和土壤改良的可能性与难易程度，地下水位的高低和矿化度大小是导致土壤是否会沼泽化和盐碱化的决定因素。

(5) 环境质量状况。农田环境污染状况对农业生产和土地利用适宜性的影响越来越重要和明显，它不仅影响农业产品的品质，还在一定程度上影响农作物的产量水平。农田环境质量是当前城市化、工业化背景下，土地利用适宜性评价必须考虑的因素。

(6) 农业生产条件。农业生产条件，包括区域大的灌溉、排水等水利条件，沟、渠、路、林、井、电等田间工程配套情况，机械化水平以及作物布局、品种、轮作制度、复种指数等因素。农业生产条件对土地利用状况及其产量和效益有重要影响。

(7) 区位条件。区位条件反映土地与城市、集镇的距离和相对位置，与行政、经济中心的相关位置，与河流、主要交通道路的相对关系。对于农用地来说，地理位置是决定土地利用方向、集约利用程度和土地生产力的重要因素，并对农业生产和产品疏通具有十分重要的影响。

2) 参评因素选取的一般原则和方法

土地适宜性参评因素选取时，一般应遵循以下原则：① 影响性原则，即选取的参评因素对土地生产力有比较大的影响；② 空间变异性原则，即选取的参评因素的性状指标在评价区范围内具有较大的空间变异性；③ 稳定性和可获取性原则，即选取的参评因素的性状指标时间上相对稳定，指标数据能够获取得到。参评因素具体选取时，可以采用定性方法，如特尔菲调查分析法(Delphy 法)；定量方法，如层次分析法(Analytic Hierarchy Process，AHP 法)、回归分析法、主因子分析法等；或者定性与定量相结合的方法确定。

我国地域辽阔，地区间自然和社会经济条件差异很大，参评因素的选取确定时，必须充分考虑评价地区的自然地理特点和社会经济因素及其对土地利用的影响。同时也要注意评价区域的大小、内部差异程度以及制图的比例尺、评价工作条件基础等。当评价区域很大，跨越了气候带时，气候中的水热条件应作为参评因素；内部地形起伏较大的评价区域，海拔高度、地面坡度多被选为参评因素；在低洼或平原地区，地下水位对农业生产有很大的影响，必须被列为参评因素；在评价区域较大或资料较少时，把土壤养分状况综合分级；而在资料丰富的地区，则把土壤养分细分为有机质、氮、磷、钾等方面。

3.4.2　参评因素的指标分级与分值量化

1) 参评因素的指标分级

(1) 气候条件

气候条件中的温度因素决定着作物整个生长发育阶段的生命活力，对于作物的整个生命过程来说，通常用≥10℃积温即活动积温作为气温条件的衡量指标，以此来考察热量条件对作物是否适宜。积温与宜种作物的关系见表 3.3。

表 3.3 主要作物对≥10℃积温条件的要求

≥10℃积温(℃)	可栽培作物
<1 000	基本上无作物栽培(不能成熟)
1 000～1 500	早熟品种的土豆、大麦、燕麦(莜麦)、甜菜根和叶菜类蔬菜
1 500～2 000	土豆、大麦、小麦、燕麦、油菜、胡麻、豌豆、蚕豆、荞麦、早熟耐寒蔬菜、各种喜凉作物
2 000～2 500	特早熟水稻、早熟玉米、中早熟谷子、早熟高粱、早熟大豆、甜菜、各种喜凉作物
2 500～3 000	早熟作物(水稻、芝麻)、中晚熟作物(玉米、高粱、谷子、大豆)、甜菜、向日葵、各种喜凉作物、各种蔬菜
3 000～3 500	特早熟陆地棉、花生、早中熟水稻、甘薯、芝麻、各种中温作物、喜凉作物、各种蔬菜
3 500～4 000	早中熟陆地棉、中晚熟水稻、甘薯、芝麻、各种中温作物和喜凉作物、蔬菜
4 000～4 500	中熟陆地棉、晚熟水稻、特早熟细绒棉、各种喜温作物、中温作物、喜凉作物、蔬菜
4 500～7 500	中晚熟陆地棉、早中晚熟细绒棉、双季连作稻、各种喜温作物、中温作物、喜凉作物
>7 500	水稻可一年三熟，玉米、甘薯可冬种，不宜喜凉作物(如小麦、油菜、土豆)

降水因素通常用年降雨量、湿润度或干燥度指标衡量。湿润度为年降水量与年蒸发量之比，湿润度>1.0，为湿润，种植旱作物稳定；湿润度 0.6～1.0，为半湿润，种植旱作物基本稳定；湿润度 0.3～0.6，为半干旱地区，旱作物不稳定；湿润度<0.3，为干旱，没有灌溉就没有农业。干燥度为蒸发量与降水量之比，干燥度<1.0，为湿润；干燥度 1.00～1.29 为半湿润；干燥度 1.30～1.49 为半干旱；干燥度>1.5 为干旱。

(2) 地形条件

地形条件一般通过地貌类型、海拔、坡度、坡向、侵蚀程度等来衡量。其中，大的地貌类型主要根据海拔(绝对高度)和相对高度进行划分(见表 3.4)，地形坡度的分级标准参见表 3.5。

表 3.4 地貌类型分级参考标准

名称		切割程度	绝对高度(m)	相对高度(m)
山地	极高山	切割明显	>5 000	>1 000
	高山	深切割高山	3 500～5 000	>1 000
		中切割高山	3 500～5 000	500～1 000
		浅切割高山	3 500～5 000	100～500
	中山	深切割中山	1 000～3 500	>1 000
		中切割中山	1 000～3 500	500～1 000
		浅切割中山	1 000～3 500	100～500
	低山	中切割低山	500～1 000	>500
		浅切割低山	500～1 000	100～500
丘陵	高丘		<500	100～200
	中丘		<500	50～100
	低丘		<500	<50
平原	高平原		200～600	<10
	低平原		<200	<10

表 3.5　地形坡度分级参考标准

坡度优劣评级	Ⅰ	Ⅱ	Ⅲ	Ⅳ	Ⅴ
地面倾角	<2°	2°～6°	6°～15°	15°～25°	≥25°

土壤侵蚀程度一般以侵蚀模数为主要指标，并结合地面景观和生境条件如植被覆盖度、坡度、侵蚀类型、侵蚀土壤、基岩裸露等直观性形态，进行分级(见表 3.6)。

表 3.6　土壤侵蚀强度分级标准

级　别	年均侵蚀模数 (t/km²)	年平均流失厚度 (mm)	面蚀		沟蚀		重力侵蚀
			坡　度 (坡耕地)	植被覆盖度 (林地、草坡) (%)	沟　壑 密　度 (km/km²)	沟壑面积 占总面积 (%)	滑坡、崩塌 面积占坡面 面积(%)
一、微度侵蚀 (无明显侵蚀)	<200、500、1 000	<0.16、0.4、0.8	<3°	>90			
二、轻度侵蚀	(200、500、1 000)～2 500	(0.16、0.4、0.8)～2	3°～5°	70～90	<1	<10	<10
三、中度侵蚀	2 500～5 000	2～4	5°～8°	50～70	1～2	10～15	10～25
四、强度侵蚀	5 000～8 000	4～6	8°～15°	30～50	2～3	15～20	25～35
五、极强度侵蚀	8 000～15 000	6～12	15°～25°	10～30	3～5	20～30	35～50
六、剧烈侵蚀	>15 000	>12	>25°	<10	>5	>30	>50

(3) 土壤条件

有效土层是指作物或木本植物根系能自由伸展的土层厚度，在实际土体中指作物能够利用的土壤母质层以上(有障碍土层时指障碍层以上)的土层厚度。对多年生作物来说，最佳土层厚度为 150 cm 以上，临界厚度为 75 cm；块根作物的最佳厚度为 75 cm 以上，临界值为 50 cm；谷类作物的最佳土层厚度在 50 cm 以上，25 cm 为临界值。土壤耕层厚度与有效土层厚度分级参考标准见表 3.7 和表 3.8。

表 3.7　土壤耕层厚度与有效土层厚度分级参考标准

优劣评级	Ⅰ	Ⅱ	Ⅲ	Ⅳ	Ⅴ
土壤耕层厚度(cm)	>40	25～40	15～25	10～15	<10
有效土层厚度(cm)	>100	50～100	30～50	15～30	<15

表 3.8　主要作物适宜的土层厚度参考标准

作物种类	土壤厚度(cm)	
	最佳厚度	临界厚度
小麦、大麦、高粱、玉米、大豆	>50	25～50
棉花、甜菜、甘薯、土豆	>75	50～75
旱稻	>100	50～100
水稻、花生	>100	75～100
橡胶、茶树、柑橘	>150	75～150

土壤障碍层次是根系不能够下扎或水分不能下淋的土层，该层次影响土体内水、肥、气、热等因素的协调与供应，一般有铁磐层、粘磐层、石膏磐目、铁锰结核层、潜育层、白浆层等类型。土壤质地是土壤中各级土粒的百分含量，是反映土壤物理特性的一个综合指标，不仅影响植物的根系生长发育，水分、养分的吸收与储存，而且也影响耕作效率。土壤障碍层和质地分级参考标准见表 3.9 和表 3.10 所示。

表 3.9 土壤障碍层分级参考表

<table>
<tr><th>障碍层</th><th>特 征</th><th>分 级(cm)</th></tr>
<tr><td rowspan="2">潜育层</td><td rowspan="2">排水不良，铁还原的灰黄色上层，亚铁反应强，有时夹有少量锈纹或斑块</td><td>按厚度：
轻度＜30；中度 30～10；强度＞10</td></tr>
<tr><td>按出现深度：
浅位＜30；中位 30～50；深位＞50</td></tr>
<tr><td>卵石层</td><td>埋藏的洪积物、冰积物</td><td>浅位＜50；中位 50～100；深位＞100</td></tr>
<tr><td>铁锰结核层</td><td>土体表面包裹有大量铁锰胶膜和铁结核</td><td>浅位＜30；中位 30～80；深位＞80</td></tr>
<tr><td>铁磐层</td><td>铁锰结核胶结成层，连片度达 90%以上</td><td>浅位＜30；中位 30～80；深位＞80</td></tr>
<tr><td>粘磐层</td><td>粘粒下渗的粘化层，粘重、坚实，切口面光滑</td><td>浅位＜30；中位 30～80；深位＞80</td></tr>
<tr><td>网纹层</td><td>红色土体中嵌银白色蠕虫状条纹</td><td>浅位＜30；中位 30～80；深位＞80</td></tr>
<tr><td>硬板层</td><td>碳酸钙胶结层，平面分布，连片度达 90%以上</td><td>浅位＜30；中位 30～80；深位＞80</td></tr>
<tr><td>残余碳酸钙结核层</td><td>分布于黄褐土亚类称为料姜，土壤无石灰反应</td><td>浅位＜30；中位 30～80；深位＞80</td></tr>
<tr><td>黑粘土层</td><td>灰色-灰黑色粘土棱块状结构，有机质含量不同(＜2%)</td><td>浅位＜30；中位 30～80；深位＞80</td></tr>
<tr><td>沙 层</td><td>表层覆盖一定厚度的细沙</td><td>薄层＜50；中层 50～100；厚层＞100</td></tr>
</table>

表 3.10 我国土壤质地分类标准

<table>
<tr><th rowspan="2">质地组</th><th rowspan="2">质地名称</th><th colspan="3">颗粒组成(%)</th></tr>
<tr><th>砂粒(粒径 1～0.05 mm)</th><th>粉砂粒(粒径 0.05～0.001 mm)</th><th>粘粒(粒径＜0.001 mm)</th></tr>
<tr><td rowspan="3">砂土</td><td>粗砂土</td><td>＞70</td><td rowspan="3">—</td><td rowspan="3">＜30</td></tr>
<tr><td>细砂土</td><td>60～70</td></tr>
<tr><td>面砂土</td><td>50～60</td></tr>
<tr><td rowspan="5">壤土</td><td>砂粉土</td><td>＞20</td><td rowspan="2">＞40</td><td rowspan="4">＜30</td></tr>
<tr><td>粉 土</td><td>＜20</td></tr>
<tr><td>粉壤土</td><td>＞20</td><td rowspan="2">＜40</td></tr>
<tr><td>粘壤土</td><td>＜20</td></tr>
<tr><td>砂粘土</td><td>＞50</td><td>—</td><td>＞30</td></tr>
<tr><td rowspan="3">粘土</td><td>粉粘土</td><td colspan="2" rowspan="3">—</td><td>30～35</td></tr>
<tr><td>壤粘土</td><td>35～40</td></tr>
<tr><td>粘 土</td><td>＞40</td></tr>
</table>

土壤有机质是反映土壤肥力状况的一个综合指标，氮、磷、钾等营养元素含量对土壤肥力也起举足轻重的作用，这些养分的高低是划分土壤肥力的重要指标。土壤养分含量的分级标准见表 3.11。

表 3.11　土壤养分含量分级参考标准

分级	有机质(%)	全氮(%)	碱解氮(mg/kg)	速效磷(mg/kg)	速效钾(mg/kg)
Ⅰ	＞4	＞0.2	＞150	＞40	＞200
Ⅱ	3～4	0.15～0.2	120～150	20～40	150～200
Ⅲ	2～3	0.1～0.15	90～120	10～20	100～150
Ⅳ	1～2	0.075～0.1	60～90	5～10	50～100
Ⅴ	0.6～1	0.05～0.075	30～60	3～5	30～50
Ⅵ	＜0.6	＜0.05	＜30	＜3	＜30

土壤的酸碱度采用 pH 指标表示，不同作物进行正常的生理生化生命活动时，都需要有适宜的土壤酸碱度(见表 3.12)。土壤盐碱化程度则采用土壤表层 20～30 cm 以内的含盐总量表示，一般含盐总量＜0.3%为轻度盐碱化；含量总量 0.3%～0.5%为中度盐碱化；含量总量 0.5%～1%为强度盐碱化；含量总量＞1%为极强度盐碱化或称盐土。

表 3.12　土壤酸碱度分级参考标准

土壤酸碱度	pH	评级	适应栽培的作物
强酸性土	＜4.5	Ⅳ～Ⅴ	一般作物难以生长
酸性土	4.5～5.5	Ⅲ	茶、油菜、大麦、荞麦
微酸性土	5.5～6.5	Ⅱ	一般作物可以生长
中性土	6.5～7.5	Ⅰ	一般作物均宜生长
微碱性土	7.5～8.0	Ⅱ	一般作物可以生长
碱性土	8.0～9.0	Ⅲ	甜菜、棉花、高粱等作物还可生长
强碱性土	＞9.0	Ⅳ～Ⅴ	一般作物难以生长

土壤因素质量分级标准确定时，应当充分参考当地土壤普查与评价方面的相关资料。

(4) 农田环境质量状况

农田环境质量状况因素可通过土壤环境质量指标反映。土壤环境质量分级标准参见表3.13。

表 3.13　土壤环境质量分级标准(mg/kg)

项　　目			一　级	二　级			三　级
			土　壤　pH				
			自然背景	＜6.5	6.5～7.5	＞7.5	＞6.5
镉		≤	0.20	0.30	0.30	0.60	1.00
汞		≤	0.15	0.30	0.50	1.00	1.50
砷	水田	≤	15	30	25	20	30
	旱地	≤	15	40	30	25	40
铜	农田等	≤	35	50	100	100	400
	果园	≤	—	150	200	200	400
铅		≤	35	250	300	350	500
铬	水田	≤	90	250	300	350	400
	旱地	≤	90	150	200	250	300

(续表 3.13)

项　　目	一 级	二 级			三 级
	土　壤　pH				
	自然背景	＜6.5	6.5～7.5	＞7.5	＞6.5
锌　　≤	100	200	250	300	500
镍　　≤	40	40	50	60	200
六六六　≤	0.05		0.50		1.00
DDT　≤	0.05		0.50		1.00

注:① 重金属(铬主要是三价)和砷均按元素量计,适用于阳离子交换量＞5 cmol(＋)/kg 的土壤,若≤5 cmol(＋)/kg,其标准值为表内数值的半数。

② 六六六为四种异构体总量,DDT 为四种衍生物总量。

③ 水旱轮作地的土壤环境质量标准,砷采用水田值,铬采用旱地值。

2) 参评因素的指标分值量化

参评因素指标—质量分值换算量化,一般可采用最大最小值法按百分制相对值方法。因素分值量化的原则包括:① 因素质量分值与土地资源质量优劣成正比;② 因素质量分值采用0(1)～100 分的封闭区间,最优取 100,相对最劣取 0 或 1;③ 因素质量分值只与参评因素的显著作用区间相对应。

最大最小值法进行参评因素指标分值换算量化的具体公式如下。

(1) 参评因素为正向型因素即因素指标值越大分值也越大时:

$$f_i=(A_{\max}-A_{\min})\frac{X_i-X_{\min}}{X_{\max}-X_{\min}} \tag{3.1}$$

(2) 参评因素为逆向型因素即因素指标值越大分值却越小时:

$$f_i=(A_{\max}-A_{\min})\frac{X_{\max}-X_i}{X_{\max}-X_{\min}} \tag{3.2}$$

(3) 参评因素为适度型因素,设 a 为某因素指标适度值。

当 $X_i \geqslant a$ 时:

$$f_i=(A_{\max}-A_{\min})\frac{X_{\max}-X_i}{X_{\max}-a} \tag{3.3}$$

当 $X_i < a$ 时:

$$f_i=(A_{\max}-A_{\min})\frac{X_i-X_{\min}}{a-X_{\min}} \tag{3.4}$$

式中:f_i——i 单元参评因素指标质量分值;

X_i——i 单元参评因素指标值;

$X_{\max}$—— 参评因素指标最大值;

$X_{\min}$—— 参评因素指标最小值;

$A_{\max}$—— 参评因素指标质量分值最大值;

$A_{\min}$—— 参评因素指标质量分值最小值。

对无指标值表示的定性参评因素,可直接按照评价单元因素质量状况,结合评价区域内因素指标值平均情况,在(0/1,100)区间赋予一定的因素质量分值。

3) 参评因素综合分值的计算

参评因素综合分值在各因素质量分值量化基础上,采用以下方法计算得到。

(1) 加权求和法

$$H=\sum_{j=1}^{n}w_jf_j \tag{3.5}$$

(2) 几何平均法

$$H=\left(\prod_{j=1}^{n}f_j\right)^{\frac{1}{n}} \tag{3.6}$$

式中：H—— 综合分值；

j—— 参评因素编号；

w_j—— 第 j 个参评因素的权重；

f_j—— 第 j 个参评因素的质量分值；

n—— 参评因素总数。

(3) 限制系数法

当评价研究区存在强限制性因素时，可选择限制系数计算法：

$$H=\prod_{j=1}^{m}F_j\cdot\sum_{k=1}^{n}w_kf_k\Big/100^m \tag{3.7}$$

式中：H—— 综合分值；

j—— 强限制性因素编号；

k—— 非强限制因素编号；

F_j—— 强限制性因素质量分值；

f_k—— 第 k 个非强限制性因素的质量分值；

w_k—— 非强限制性因素的权重；

m—— 强限制因素个数；

n—— 非强限制性因素个数。

3.4.3 土地适宜性等级的划分与确定

1) 适宜性等级的初步划分

土地适宜性等级，根据评价单元参评因素综合分值，采用等间距法、数轴法、总分频率曲线法等进行土地级别的初步划分。划分时应注意以下原则：① 适宜性等级的高低与单元综合分值的大小相对应，分值越大，级别越高，反之亦然；② 不同适宜性级别间综合分值具有明显差异；③ 任何一个综合分值只能唯一对应一个土地适宜性级别；④ 土地适宜性级别的界线不打破行政权属界线和线状地物。

(1) 数轴法适宜性初步划分

数轴法把各评价单元的每个综合分值看成是一个一维变量，点绘在一维数轴上，按分值在数轴上的分布状况划分土地的适宜性级别。数轴法在平面上建立一个一维数轴，在数轴的方向线上连续标注单元综合分值的数值。将每一个单元的综合分值对号点绘在数轴上方，如果一个分值上有多个单元，则依次向上点绘，形成高低不等的单元分值集中与分散分布图。根据数轴上点的分布稀疏与集中情况，在相对稀疏处分开，把相对密集的地方划分成一个集合，定出其代表的级别，并绘出各级别的分值区间(见图 3.3)。

级别确定后，经实地勘察级别界线，进行级别合理性检验后，量算级别面积，进行评价结果的汇总。数轴法有直观、简便易操作的优点，其不足之处是当评价单元很多时，需要很长的数

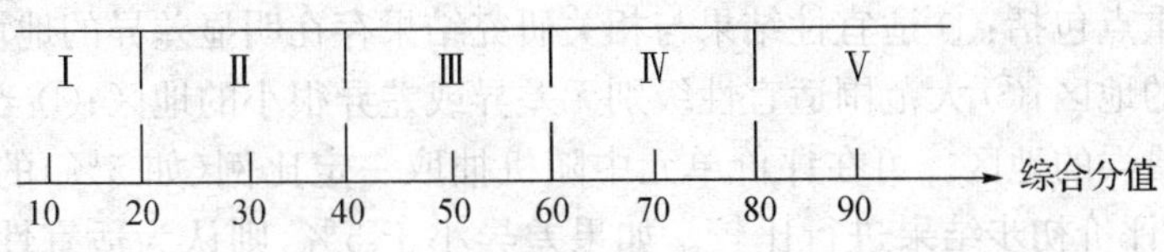

图 3.3 数轴法单元综合分值分布图

轴，表达上不太方便。

（2）分值频率曲线法适宜性初步划分

分值频率曲线法的基本思路是，先将每个综合分值作为样本，对其进行频率统计，以横坐标表示样本分组，纵坐标表示频率大小，绘制相应的曲线。然后按土地优劣实际情况，选择若干频率曲线突变处，结合野外调查与定性分析，确定土地适宜性级别间的界线值和总的级别数（见图3.4）。适宜性级别界线应划在频率分布空白区域或频率分布的低值区，不能将级别界线划在频率分布的最高点或相对最高点。

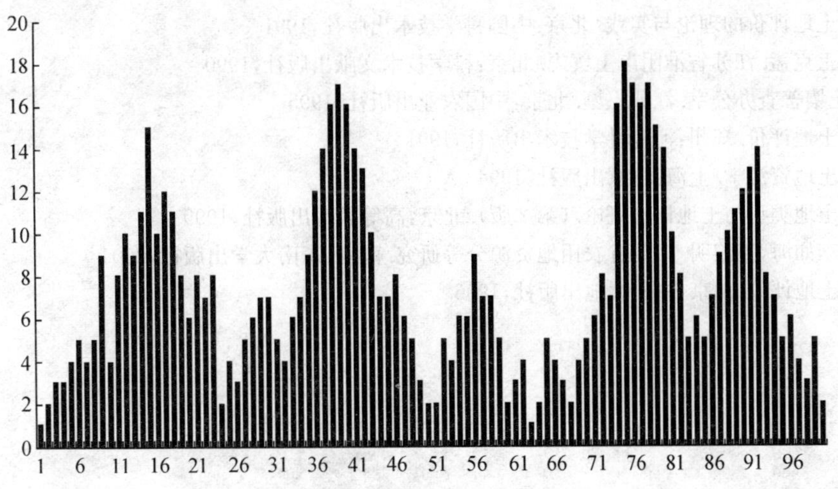

图 3.4 综合分频率曲线图

（3）总分等值线法适宜性初步划分

总分等值线法是将各单元综合分值标注到单元分布图上，相同单元分值用曲线连接起来，绘成等值线分布图。一般土地质量最优的地区，也是单元分值最高区，在图上则显示为分值闭合曲线，其形状类似地形图上的海拔高度曲线。根据等值线间隔疏密程度，确定土地适宜性级别界线（见图3.5）。

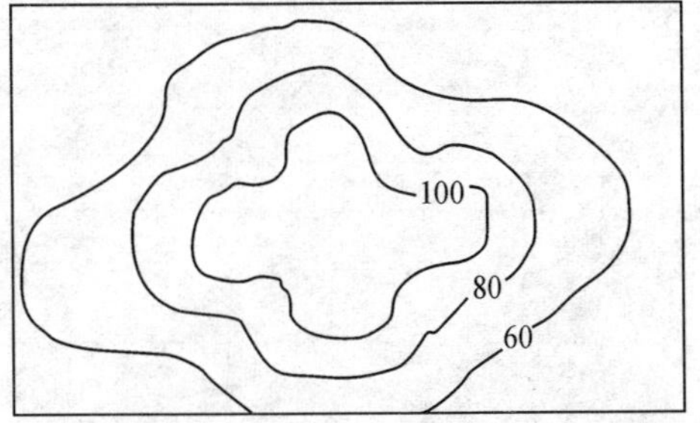

图 3.5 单元总分等值线分布图

2）级别的验证和最终确定

土地适宜性级别的初步划分结果，只是一种理论的计算，不管资料收集如何细致、全面，所采取的技术方法如何先进，评价计算结果与实际情况之间有可能存在差异。为保证评价成果的科学性，使其与实际情况相吻合，必须对适宜性初步结果进行实地验证，对初步成果进行修改和完善，落实级别界线。

实地验证的重点包括：① 适宜性结果与相关研究结果存在明显差异的地块；② 相邻地块定级结果差别很大的地区；③ 大范围适宜性级别无差异或差异很小的地区；④ 当地专家认为评价结果有出入甚至错误的地区。可在评价单元中随机抽取一定比例(如 5%)的单元进行野外实测，将实测结果与评价初步结果进行比较。如果差异小于 5%，则认为适宜性评价初步成果总体上合格，对于发现的不合格计算结果要进行修正；如果大于 5%，则应对适宜性评价初步成果进行调整。

初步成果通过检验后，确定土地适宜性最终级别的界线，进行各级别的面积汇总和成果图编绘。

参 考 文 献

1 陈焕伟，张凤荣，刘黎明等. 土壤资源调查. 北京：中国农业大学出版社，1997
2 戴旭. 农业土地评价的理论与方法. 北京：科学出版社，1995
3 傅伯杰. 土地评价的理论与实践. 北京：中国科学技术出版社，1991
4 黄启武，王克孟. 江苏省淮阴市土壤志. 北京：科学技术文献出版社，1990
5 江苏省土壤普查办公室. 江苏土壤. 北京：中国农业出版社，1995
6 梁朝仪. 土地评价. 郑州：河南科学技术出版社，1991
7 刘卫东. 土地资源学. 上海：百家出版社，1994
8 倪绍祥. 土地类型与土地评价概论.（第 2 版）. 北京：高等教育出版社，1999
9 周生路，李如海，王黎明. 江苏省农用地资源分等研究. 南京：东南大学出版社，2004
10 朱德举. 土地评价. 北京：中国大地出版社，1996

4 土地生产潜力测算

4.1 概述

在一定的外部环境条件下，土地生产物质可以达到的上限称为土地生产潜力。土地之所以具有生产物质的能力，是因为其上有辐射能资源，水资源，CO_2 资源以及氮、磷、钾等营养资源和各种微生物等生命资源，它们构成了土地生态系统的统一整体。土地生态系统全部资源条件，按人类控制能力可大致分为两类：一类是人类难控制资源，主要包括太阳能辐射资源、大气热量资源、天然降水以及其他永久性影响大面积植物利用水、热资源的土地条件（地质、地貌等）。由于这些资源很难为人类控制，因而可统称为土地自然生产潜力的决定因素。另一类是人类可控资源，主要包括土壤中的氮、磷、钾、有机质和各种微量元素等营养资源，通过工程设施可以利用的部分地面水和地下水资源，通过耕作技术可以充分利用的水、热资源，通过植树造林、水土保持、土壤改良等工程措施可以利用的小气候资源、土地环境资源以及其他经营管理措施等。这些资源的利用程度取决于人类对土地的投入水平和经营管理水平，因而可统称为土地经济生产潜力的决定因素，它们决定土地人工生态系统的生产能力。根据土地生态系统的资源条件分类，土地生产潜力可以相应地划分为光合生产潜力、光温生产潜力、气候生产潜力和经济生产潜力等层次。

(1) 光合生产潜力。将地面可以接收的太阳辐射能通过绿色植物的光合机制转化为作物生物质能或干物质能，即得到光合生产潜力。它是一项对绿色植物的太阳辐射能最高利用率的研究。光合生产潜力主要取决于土地的地理纬度分布、绿色植物的生长时令及生理特点和形态学特点等。土地光合生产潜力反映了土地生产潜力的理论上限，它是土地其他生产潜力研究的基础。

(2) 光温生产潜力。在相同的太阳辐射和其他环境条件下，绿色植物 CO_2 同化率主要取决于大气的温度条件。不同光合类型植物要求某一温度区间的最佳大气温度条件，称为活动积温。在此温度区间内，植物 CO_2 同化速率随温度升高而增加，从而干物质积累也就增加。反之，则呈下降趋势。一般说来，温度条件决定作物的生长速度和作物发育阶段的完成，从而影响形成产量所需总生长期。由于作物生长发育所要求的理想温度条件往往不能得到满足，因而影响产量。只受太阳辐射和大气温度条件影响而得到的作物产量，或者说，当水分和养分处于最佳状态，而且无杂草、病虫害出现时，作物生长完全取决于太阳辐射和大气温度条件，由此而推算出的作物最高产量水平，称为作物的光温产量，即光温生产潜力。

(3) 气候生产潜力。在充分利用当地的太阳辐射、大气温度和降水等农业气候资源，以及最佳的土壤养分、生产技术、管理水平和较理想的作物组合条件下，作物可以提供的生物产量或经济产量，称为气候生产潜力。它实质上是在光温生产潜力的基础上，进一步考虑水分对作物产量的影响以后，推算所得到的作物最高产量水平。植物体内的水分状态影响叶片气孔的开闭，从而影响 CO_2 摄入率。当植物从土壤中吸收的水分处于最佳状态时，其 CO_2 同化率最高，否则，植物会处于抑制水分消耗状态（水分不足）或者缺氧状态（土壤水分过多），由此导致 CO_2 摄入量降低，减少同化率并最终影响作物产量。在给定地区气候条件下的总生长期内，最大日蒸腾量（ET_m）与作物的生长速度有密切关系，因而它是估算水分对作物产量影响的主要指标。

（4）经济生产潜力。在土地自然生产潜力的基础上，考虑人类可控制因素对作物产量的影响而得到的作物最高产量水平，称为土地的经济生产潜力。影响土地经济生产潜力的主要因素有：灌溉、排水、土壤改良、水土保持和植树造林等田间基础设施建设的潜力；耕、翻、耙和种等田间农业技术投入以及化肥和农药等物质投入的潜力；作物品种改良及其优化组合的潜力；改善经营管理的潜力。这些因素可以综合为资金与物质投入的水平，或简称为投入水平，通常假设为高、中、低三种投入水平。土地经济生产潜力反映除自然因素之外的人为生产经营活动潜力对植物第一性生物质产量的影响，是在一定时期内经过努力可以获得的作物产量，是可以实实在在获得的生产潜力，因而是计算土地未来可能产量的基础。

4.2 光合生产潜力测算

4.2.1 光合生产潜力测算的思路

一般地，作物光合生产过程可分为三个阶段：第一阶段，为能量和原料的输送阶段，即光、CO_2 和 H_2O 通过辐射、扩散和传导进入植物冠层，直达叶绿素内的光合作用反应中心。达到植物冠层的光能一部分反射回空间，一部分漏射到地面或照射到非光合器官，余下部分被植物所截获，这其中大部分用于蒸腾和乱流热交换，只有少部分用于光合作用。第二阶段，为光生物化学阶段，即无机物合成有机物、光能转化为生物化学潜能的阶段。这一阶段，量子效应和呼吸消耗均影响光合作用效率。第三阶段，为生物化学阶段，这一阶段最初的光合产物转化成植物结构物质如纤维素、蛋白质、木质素和脂肪等，或者积累并作为储备暂时贮存起来，其中部分通过呼吸作用为合成新的植物成分和维持活的植物结构的生活活动提供能量而被消耗。

根据上述植物的能量收支模式，可以得到作物光合生产潜力的计算通式，即：

$$y(Q) = \sum_{i=1}^{n} r_i f_i \varepsilon (1-\alpha-\beta-\rho)(1-\omega)\varphi \tag{4.1}$$

式中：$y(Q)$——光合生产潜力；

i——作物生长时段；

n——作物生长期内的总时段数；

r_i——第 i 时段内地面接受的太阳净辐射平均值，它是随时间变化的离散函数；

f_i——作物截获太阳辐射的百分数；

ε——生理辐射系数，即能够用于光合作用的太阳辐射占太阳净辐射的比率；

α——被叶面积反射的入射光比率；

β——由冠层叶面积透射到下层叶面积或地面的入射光比率；

ρ——被叶片其他色素无效吸收的即与 CO_2 同化作用无关的入射光比率；

$(1-\alpha-\beta-\rho)$——叶面积吸收率；

ω——作物保守呼吸损耗率；

φ——作物光合机制效率。

4.2.2　地面接受太阳净辐射的计算

(1) 计算公式

地面接受的太阳净辐射，等于到达地面太阳总辐射扣除地面反射部分的太阳辐射之后的剩余部分，即：

$$R_n = R_S - R_a - R_b \tag{4.2}$$

$$R_a = R_a(1 - r_a) \tag{4.3}$$

式中：R_n——地面接受的太阳净辐射[J/(m²·d)]；

R_S——到达地面被作物接受的太阳总辐射[J/(m²·d)]；

R_a——地面反射部分的太阳辐射[J/(m²·d)]；

r_a——地面辐射反射系数，与地面特征有关，自由水面约为5%，绿色植物约为25%；

R_b——地面长波热辐射[J/(m²·d)]。

(2) 到达地面太阳总辐射的计算

到达地面太阳总辐射 R_S，是太阳发出的辐射能穿过地球大气层被大气吸收、散射、反射一部分后到达地面的那部分太阳辐射。它可以通过气象站观测得到，也可根据经验公式计算得到。具体计算公式如下：

$$R_S = R_0[a_A + b_A(n/N)] \tag{4.4}$$

式中：R_0——到达地球大气层以前的太阳辐射理论值[J/(m²·d)]，它是日期与纬度的函数(见表4.1)，1 mm/d＝2.466×10⁶ J/(m²·d)；

a_A、b_A——经验常数，是纬度和气候的函数(见表4.2)；

n——实际日照时数(h)，根据气象站观测得到；

N——无云最大可能日照时数(h)，是日期和纬度的函数(见表4.3)。

表4.1　到达地球大气层以前的太阳辐射能理论值 R_0(mm/d)

纬度	1月	2月	3月	4月	5月	6月	7月	8月	9月	10月	11月	12月
N05°	14.0	14.8	15.5	15.5	14.9	14.6	14.6	15.1	15.3	15.1	14.4	13.8
N10°	13.2	14.2	15.3	15.7	15.5	15.3	15.3	15.5	15.3	14.7	13.6	12.9
N15°	12.2	13.5	14.9	15.6	15.9	15.9	15.8	15.7	15.1	14.0	12.6	11.8
N20°	11.2	12.7	14.4	15.6	16.3	16.4	16.3	15.9	14.8	13.3	11.6	10.7
N25°	10.0	11.7	13.7	15.4	16.4	16.7	16.6	15.8	14.4	12.4	10.5	9.5
N30°	8.8	10.7	13.1	15.2	16.5	17.0	16.8	15.7	13.9	11.6	9.5	8.3
N35°	7.5	9.6	12.3	14.8	16.4	17.1	16.8	15.4	13.2	10.6	8.3	7.0
N40°	6.4	8.6	11.4	14.3	16.4	17.3	16.7	15.1	12.5	9.6	7.0	5.7
N45°	5.4	7.8	10.3	13.4	16.4	17.5	16.4	15.0	11.5	8.3	5.3	4.2
N50°	4.9	7.5	9.1	12.3	16.8	17.8	16.1	15.2	10.3	6.9	3.1	2.7
N55°	5.1	7.8	7.8	10.5	17.8	18.6	15.6	16.0	8.7	5.0	0.1	1.1
N60°	6.1	9.2	6.2	8.2	19.4	19.7	15.3	17.4	6.8	2.7	−3.9	−0.7

表4.2　不同纬度和气候带 a_A、b_A 经验值

地理纬度带	寒带与温带	干旱热带	湿润热带
a_A 经验值	0.18	0.25	0.29
b_A 经验值	0.55	0.45	0.42

表 4.3 不同纬度无云最大可能日照时数 N 值(h)

纬度	1月	2月	3月	4月	5月	6月	7月	8月	9月	10月	11月	12月
N05°	11.8	11.9	12.0	12.1	12.3	12.3	12.3	12.1	12.0	11.8	11.7	11.7
N10°	11.6	11.8	12.0	12.3	12.6	12.7	12.6	12.4	12.1	11.8	11.6	11.5
N15°	11.3	11.6	11.9	12.4	12.8	12.9	12.8	12.6	12.2	11.7	11.4	11.2
N20°	11.0	11.5	12.0	12.6	13.1	13.3	13.2	12.8	12.3	11.7	11.2	10.9
N25°	10.7	11.3	12.0	12.7	13.3	13.6	13.5	12.9	12.3	11.6	10.9	10.5
N30°	10.4	11.1	12.0	12.9	13.6	14.0	13.9	13.2	12.4	11.5	10.6	10.2
N35°	10.0	10.8	11.9	13.0	13.9	14.4	14.2	13.4	12.4	11.3	10.2	9.7
N40°	9.6	10.7	11.9	13.3	14.4	15.0	14.7	13.7	12.5	11.2	10.0	9.3
N45°	8.9	10.5	11.7	13.5	15.0	15.6	15.1	14.0	12.6	11.0	9.8	8.7
N50°	8.0	10.4	11.4	14.0	15.9	16.5	15.4	14.5	13.0	10.9	9.9	7.9
N55°	6.6	10.5	11.0	14.5	17.3	17.5	15.8	15.1	13.6	11.0	10.5	7.1
N60°	4.6	10.7	10.4	15.3	19.0	18.7	16.0	15.9	14.6	11.2	11.5	5.9

(3) 地面长波热辐射的计算

地面长波热辐射 R_b,可根据如下经验公式计算：

$$R_b=\sigma(T_a+273)^4\times(0.56-0.079L_a^{0.5})\times(0.1+0.9n/N) \quad (4.5)$$

式中：σ——波尔兹曼常数，为 4.9×10^{-3} J/(m²·d·K⁴),K 取 273;

T_a——地面空气平均温度(℃);

$\sigma(T_a+273)^4$——黑体辐射量；

L_a——实际空气水气压($\times10^2$ Pa)。

4.2.3 计算公式其他项目取值的计算

(1) 作物截获太阳辐射的百分数 f_i

作物在生长初期及成熟末期其叶冠面积并未覆盖整个土地表面，从而只有部分入射太阳辐射被作物截获，致使 CO_2 同化率有所减少。f_i 计算公式为：

$$f_i=1-e^{-k\cdot LAI} \quad (4.6)$$

式中：k——可见光衰减系数，视作物叶冠几何特性而异，一般取 0.5～0.8;

LAI——作物叶面积指数，等于单位土地面积上叶片总面积与该土地面积之比，从作物发芽到生长旺盛时期，LAI 值变化于 0～5 范围内；

e——自然对数的底。

(2) 作物生长期内的总时段数 n

计算作物生产潜力或作物田间试验时，多以旬为统计和计算单位，如条件限制也可用月为单位，为提高计算精度需进行月头和月末生长期处理。

(3) 生理辐射系数 ε

生理辐射系数指能够用于光合作用的太阳辐射占太阳净辐射的比率。地球表面所接受的太阳辐射能中，只有波长在(380～710)$\times10^{-9}$ m 光谱区范围的可见光能够在作物的光合作用中被利用，它约占地球表面接受太阳净辐射的一半，因此 $\varepsilon=0.5$。

(4) 叶面积吸收率$(1-\alpha-\beta-\rho)$

叶面积吸收率又称太阳有效辐射率。当入射可见光辐射到达叶面积时，其中有以下几项损耗：被叶面积反射的入射可见光比率约为 10%;由冠层叶面积透射到下层叶面积或地面的入射可见光比率约为10%；被叶片其他色素无效吸收的，即与 CO_2 同化作用无关的入射可见光比率约为10%。因此，作物叶面积吸收率的值约为0.7。

(5) 作物保守呼吸损耗率 ω

通过作物光合作用所产生的碳水化合物，主要部分用于形成植物机体干物质，另一部分则用于维持作物自身生命过程的需要，其反应式为：

$$CH_2O + O_2 \longrightarrow CO_2 + H_2O + \text{化学能}$$

由于该过程释放 CO_2，并用于自身消耗，可以通称为作物的保守呼吸过程。植物的保守呼吸一般可消耗其同化作用所生成碳水化合物总量的30%～40%，所以 ω 取0.3～0.4。

(6) 作物光合机制效率 φ

作物光合机制效率又称量子效率、光合能量效率，即作物将辐射能转化为干物质燃烧能的效率，一般取0.224～0.250。

根据1 cal热量等于4.18 J，1 g干物质燃烧值平均为4 250 cal，1 hm^2 等于10 000 m^2，可以将据上述公式所计算得到光合生产潜力的能量单位[J/(m^2·d)]化为干物质单位(kg/hm^2)。

4.3　光温生产潜力测算

4.3.1　光温生产潜力测算的思路

除太阳光照外，作物的生长发育还受到其他一些外界环境因素的影响。其中，气温是作物生产潜力的一个重要限制因素。如果没有适宜的气温条件配合，就会影响作物光合生产潜力的发挥。气温的这种影响主要表现在以下两个方面：① 对作物光合速率的影响。每种作物的生长都需要一定的适宜温度区间，在此区间范围内作物的 CO_2 同化率随气温升高而增加；否则其 CO_2 同化率将呈下降趋势。② 对作物发育的影响。每种作物自出苗(或移栽)至开花，直到成熟结实均经过一系列发育阶段，其中多以开花为分界点，自出苗至开花为第一阶段，开花至成熟为第二阶段。各发育阶段均要求一定的积温条件，如水稻第一、第二阶段分别需要1 500℃和800℃，而小麦则分别需要1 100℃和650℃。气温条件对作物发育进程影响的表现是使作物发育提前或迟延，从而影响作物各部分器官的干物质分配与积累，最终影响作物产量。光温生产潜力是在光合生产潜力的基础上，考虑气温的影响所得到的作物生产潜力。因此，光温生产潜力计算公式可以表述为：

$$y(Q,T) = y(Q) \cdot f(t) \tag{4.7}$$

式中：$y(Q,T)$——光温生产潜力；

$y(Q)$——光合生产潜力；

$f(t)$——气温影响订正函数。

因此，作物光温生产潜力测算，实际上就是在光合生产潜力计算结果基础上，求算气温订正函数和订正系数，进行作物光合生产潜力的气温影响修正。

4.3.2　气温影响修正

光合生产潜力的气温影响修正主要有两种方法，即温度订正法和状态变量法。温度订正法，是在作物光合生产潜力基础上，乘上响应的气温订正系数即得到其光温生产潜力。比较常用的气温订正系数计算公式如下：

$$f(t)=\begin{cases}0 & t<T_1 \text{ 或 } t>T_2 \\ t/T_2 & T_1\leqslant t\leqslant T_2 \\ [T_2-(t-T_2)]/T_3 & T_2< t\leqslant T_3\end{cases} \tag{4.8}$$

式中：$f(t)$——气温订正系数；

T_1——作物生长下限气温值；

T_2——作物生长最适气温值；

T_3——作物生长上限气温值；

t——实际气温值。

对喜温作物(如玉米等)，则常采用莱亨泊的分段温度修正函数，进行气温订正系数$f(t)$计算。

$$f(t)=\begin{cases}0.027t-0.162 & 6℃\leqslant t<21℃ \\ 0.086t-1.41 & 21℃\leqslant t<28℃ \\ 1.0 & 28℃\leqslant t<32℃ \\ -0.083t+3.67 & 32℃\leqslant t<44℃ \\ 0 & t<6℃ \text{ 或 } t\geqslant 44℃\end{cases} \tag{4.9}$$

温度订正法进行气温影响订正方法较为简便，一直被广泛应用，但其机理性不强。状态变量法，是在作物各种生理活动与其环境相互关系基础上，通过田间试验结果模拟建立作物生产潜力-光温条件模型，然后根据该模型来计算作物光温生产潜力。这种方法机理性较强，但比较复杂，不易操作。

4.3.3 农业生态区域法中光温生产潜力的测算

上述计算作物光合和光温生产潜力的方法，是能量平衡法的模式。目前进行作物光合和光温生产潜力尤其是区域性光合和光温生产潜力计算时，比较普遍采用联合国粮农组织(FAO)的农业生态区域法(AEZ 法)。该方法是以 Dewit 经验模型(1965 年)为基础，利用大量的实验参数，考虑太阳辐射、气温、作物生长期长度以及作物生长所需的某些特殊气温条件，估算在实际耕作条件下，作物在水分、投入和管理达到最高水平时的最高产量，即光温潜力。这种方法是一种经验性理论模型，也可称之为光温生产潜力计算的综合模式。农业生态区域法测算光温生产潜力有下面一些步骤。

(1) 标准作物的干物质产量 Y_0

标准作物的干物质产量 Y_0 计算公式为：

$$Y_0=Fy_0+(1-F)y_c \tag{4.10}$$

$$F=\frac{R_{se}-0.5R_S}{0.8\times R_{se}} \tag{4.11}$$

$$R_S=(0.25+0.5n/N)R_0 \tag{4.12}$$

式中：Y_0——标准作物的干物质总产量[kg/(hm²·d)]；

F——一天中阴天所占的比例；

R_{se}——晴天有效短波辐射最大值[cal/(cm²·d)]，它是日期和纬度的函数(见表 4.4)；

* 1 cal=4.18 J，下同。

R_S——到达地面被作物接受的短波辐射量[cal/(cm²·d)]，为实测值，也可根据测定的日照持续时间按式(4.12)计算；

R_0——到达地球大气层以前的太阳辐射理论值；

n——实际日照时数；

N——无云最大可能日照时数(见表4.3)；

y_0——一定地点的标准作物在一全阴天中的物质生产率[kg/(hm²·d)]，它是日期和纬度的函数(见表4.5)；

y_c——一定地点的标准作物在一全晴天中的物质生产率[kg/(hm²·d)]，它是日期和纬度的函数(见表4.6)。

这一步实质上是相当于计算作物的光合生产潜力。

表4.4　不同纬度晴天有效短波辐射最大值 R_{se}[cal/(cm²·d)]

纬度	1月	2月	3月	4月	5月	6月	7月	8月	9月	10月	11月	12月
N05°	321	347	365	370	364	357	359	368	370	356	331	314
N10°	299	332	359	375	377	374	375	377	369	345	311	291
N15°	275	313	349	376	386	388	388	382	364	330	288	265
N20°	249	293	337	375	394	400	399	386	357	313	264	238
N25°	220	270	321	370	398	409	406	386	346	292	237	209
N30°	191	245	303	363	400	417	411	384	333	270	210	178
N35°	160	218	282	352	399	421	412	378	316	245	180	148
N40°	130	190	260	339	396	422	413	369	298	220	150	118
N45°	104	160	236	322	390	417	412	355	276	194	120	88
N50°	83	130	214	304	384	407	413	337	252	170	89	61
N55°	70	98	192	282	375	388	416	312	227	148	57	38
N60°	69	67	174	260	367	359	425	282	199	130	26	20

表4.5　不同纬度全阴天标准作物物质生产率 y_0[kg/(hm²·d)]

纬度	1月	2月	3月	4月	5月	6月	7月	8月	9月	10月	11月	12月
N05°	208	219	228	231	229	226	227	230	230	223	213	205
N10°	197	212	225	234	236	235	236	235	230	218	203	193
N15°	184	203	220	234	241	243	243	239	228	211	191	179
N20°	170	193	215	235	246	250	249	242	226	203	178	164
N25°	154	181	208	234	249	256	253	243	221	193	163	147
N30°	137	168	200	232	251	261	258	243	216	182	148	130
N35°	118	153	190	228	252	265	261	241	208	169	130	111
N40°	99	137	178	223	253	268	263	239	200	155	112	91
N45°	78	119	163	214	254	270	263	236	190	139	90	69
N50°	59	101	145	203	256	271	263	235	180	122	67	45
N55°	39	81	122	186	259	271	260	235	169	105	39	20
N60°	21	62	94	164	266	270	256	240	160	87	8	−8

表 4.6　不同纬度全晴天标准作物物质生产率 y_c[kg/(hm^2·d)]

纬度	1月	2月	3月	4月	5月	6月	7月	8月	9月	10月	11月	12月
N05°	394	413	426	433	427	424	426	430	431	420	401	389
N10°	376	401	422	437	440	440	440	439	431	411	385	370
N15°	356	386	415	438	451	454	453	445	428	399	367	348
N20°	334	371	407	439	460	468	465	451	425	387	348	325
N25°	308	353	396	438	466	479	474	454	419	372	325	298
N30°	281	333	385	437	471	489	483	456	412	356	299	269
N35°	250	309	370	433	474	497	490	456	402	336	270	237
N40°	219	283	353	427	480	506	497	455	390	314	241	204
N45°	187	251	331	415	489	516	505	453	374	286	212	170
N50°	158	214	304	396	507	530	518	452	354	252	187	140
N55°	133	169	269	366	537	550	536	451	328	209	170	113
N60°	116	115	228	322	585	580	565	454	295	156	164	94

(2) 作物种类和大气温度修正

由于标准作物产量 Y_0 是作物在标准气温下的产量，但不同气温条件下，不同类型（喜温或喜凉）作物的生产率 y_m[kg/(hm^2·h)]是不相同的（见表 4.7）。因此，作物干物质产量 Y_0 应进行作物和大气温度订正。运用 Dewit 公式对上述 Y_0 计算式（4.10）中 y_0 和 y_c 值作如下调整，并得到 Y_0 的新计算方法。

当 $y_m > 20$ kg/(hm^2·h)时，

$$Y_0 = F(0.8 + 0.01\ y_m)y_0 + (1-F)(0.5 + 0.025\ y_m)y_c \tag{4.13}$$

当 $y_m < 20$ kg/(hm^2·h)时，

$$Y_0 = F(0.5 + 0.025\ y_m)y_0 + (1-F)(0.05\ y_m)y_c \tag{4.14}$$

表 4.7　不同类型作物在不同平均气温下的生产率 y_m[kg/(hm^2·h)]

作物类型	5℃	10℃	15℃	20℃	25℃	30℃	35℃	40℃	45℃
喜凉作物Ⅰ	5	15	20	20	15	5	0	0	0
喜温作物Ⅰ	0	0	15	32.5	35	35	32.5	5	0
喜凉作物Ⅱ	0	5	45	65	65	65	45	5	0
喜温作物Ⅱ	0	0	5	45	65	65	65	45	5

注：喜凉作物Ⅰ包括：苜蓿、菜豆、结球甘蓝、豌豆、马铃薯、番茄、甜菜、小麦；喜温作物Ⅰ包括：柑橘、棉花、花生、辣椒、水稻、红花、大豆、向日葵、烟草；喜凉作物Ⅱ包括：某些玉米和高粱品种；喜温作物Ⅱ包括：玉米、高粱、甘蔗。

(3) 作物叶面积指数修正 CL

作物在全生育期内有效叶面积差别很大，从而影响作物太阳辐射的摄取和生产率。另外，作物在生长期开始和结束时的生产速率要小，全生育期平均生产率大约为最盛生长期间生产率的 50%。设标准作物叶面积指数 LAI（有效叶面积与土壤面积比值）＝5，当叶面积指数低于这一数值时，则需要运用一个校正系数 CL 进行相应的修正（见表 4.8）。

表 4.8　作物在不同叶面积指数下生长校正系数

叶面积指数 LAI	0	1	2	3	4	≥5
校正系数 CL	0	0.2	0.3	0.4	0.48	0.5

(4) 作物净干物质修正 CN

作物为了维持干物质生产，需要能量供给植株内部的生长过程(即呼吸作用)，只有剩余能量可用于作物的新的生长。这种新的生长对凉气候(平均温度＜20℃)是 0.6，对于暖气候(平均温度＞20℃)是 0.5，即 CN 取 0.5～0.6。

(5) 作物收获指数修正 CH

一般地说，收获的只是作物干物质的一部分，如籽粒、糖或油等。因此，应该从干物质净产量中按可收获的比率即收获指数 CH，计算作物的经济产量部分即进行收获指数修正。主要作物的收获指数 CH 见表 4.9。

表 4.9　主要作物高产品种的收获指数 CH

作 物	收获产品	收获指数	作 物	收获产品	收获指数
水 稻	稻 谷	0.40～0.50	豆 类	籽 实	0.25～0.35
小 麦	麦 粒	0.35～0.45	烟 草	烟 叶	0.50～0.60
玉 米	谷 物	0.35～0.45	番 茄	水 果	0.25～0.35
大 豆	籽 实	0.30～0.40	甘 蓝	甘蓝头	0.60～0.70
高 粱	谷 物	0.30～0.40	洋 葱	茎	0.70～0.80
棉 花	皮 棉	0.08～0.12	豌 豆	籽 实	0.30～0.40
花 生	果 实	0.25～0.35	菠 萝	水 果	0.50～0.60
向日葵	向日葵籽	0.20～0.30	辣 椒	果	0.20～0.40
甘 蔗	糖	0.20～0.30	苜 蓿	一年干草	0.40～0.50
甜 菜	糖	0.35～0.45	苜 蓿	二年干草	0.80～0.90
马铃薯	块 茎	0.55～0.65			

综上所述，可以得到作物在生长期为 G 天内的光温生产潜力 $y(Q,T)$ 计算公式为：

当 $y_m > 20\ \mathrm{kg/(hm^2 \cdot h)}$ 时，

$$y(Q,T)=CL\times CN\times CH\times F\times G\times[(0.8+0.01\ y_m)y_0+(1-F)(0.5+0.025\ y_m)y_c] \tag{4.15}$$

当 $y_m < 20\ \mathrm{kg/(hm^2 \cdot h)}$ 时，

$$y(Q,T)= CL\times CN\times CH\times F\times G\times[(0.5+0.025\ y_m)y_0+(1-F)(0.05\ y_m)y_c] \tag{4.16}$$

4.4　气候生产潜力的测算

4.4.1　气候生产潜力测算的思路

大气是作物光合过程 CO_2 的主要来源。CO_2 供应率一方面取决于大气中 CO_2 含量与植物体内 CO_2 含量的差，另一方面则取决于植物体内 CO_2 运输的阻力。其中，植物叶子的气孔即是运输的一个重要因子。研究表明，植物叶子气孔的开闭直接受植物体内水分的制约。当植物内部水分含量处于低临界状态时，气孔开始关闭，这是由于植物自根部吸收水分和叶片释放水分总量之间失去平衡。而且只要植物吸收水分与蒸腾水分的平衡状态不恢复，植物叶片的气孔就不会恢复张开或处于低水平的张开状态，CO_2 也就无法供应，使光合作用受阻，最后导致作物减产。因此，除太阳辐射、气温条件外，水分对作物产量也具有重要意义。气候生产潜力，就是在光温生产潜力基础上，考虑水分对作物产量的影响而得到的生产潜力。其计算公式可以表示为：

$$y(Q,T,W)=y(Q,T)f(w) \tag{4.17}$$

式中：$y(Q,T,W)$ ——气候生产潜力；

$y(Q,T)$ ——光温生产潜力；

$f(w)$——水分影响订正系数。

研究还表明，在土壤供水、植物根部吸水和叶片蒸腾水分三者之间，虽然存在着复杂的相互关系，其中包括了许多生物的、生理的和化学的过程，但这些复杂关系可以加以简化，找出典型评价指标来分析和掌握水分对作物生产潜力影响的规律和计算方法。这个典型评价指标就是作物的蒸发蒸腾量 ET，它可以简捷而集中地反映作物产量与水分的关系。实验证明，当土壤中的有效水分能充分满足作物的需水量时，作物的实际蒸发蒸腾量 ET_a 达到最大值 ET_m；当土壤中的有效水分供应不足时，作物处于缺水状态，只能在干渴的状态下生长，表现为作物的实际蒸发蒸腾率下降。因此，作物的缺水程度可以用实际蒸发蒸腾量 ET_a 与最大蒸发蒸腾量 ET_m 的比值表示，并由此来计算水分影响订正系数 $f(w)$。

从上述可知，有了光温生产潜力测算结果后，气候生产潜力的测算，实际上归结到了实际蒸发蒸腾量 ET_a 和最大蒸发蒸腾量 ET_m 的计算。

4.4.2 作物蒸发蒸腾量的计算

1）标准蒸发蒸腾量 ET_0 的计算

标准蒸发蒸腾量 ET_0 是指地面有 8～15 cm 高、生长良好的青草覆盖，叶面可以全部覆盖种植面积，而且土壤供水充足条件下的蒸发蒸腾量。它是理想化的蒸发蒸腾量，反映气候对蒸发蒸腾的影响。ET_0 的计算方法主要有彭曼法、辐射法和蒸发皿法三种。

（1）彭曼法

彭曼法计算标准蒸发蒸腾量 ET_0 的公式为：

$$ET_0 = C[WR_n + (1-W)f(u)(e_a - e_d)] \tag{4.18}$$

$$f(u) = 0.27 \times (1 + u/100) \tag{4.19}$$

式中：C——修正系数，它是最大湿度 $RH_{\max}$、到达地面被作物接受短波辐射量 R_S、昼夜风速 U 之比的函数（见表 4.10）；

W——不同大气温度和海拔高度的重力因子（见表 4.11）；

R_n——太阳日净辐射总量（mm/d），为实测值或根据前文相关公式（4.2）计算得到；

$f(u)$ ——风能函数；

u——距地面高度 2 m 的风速测量值（km/d）；

$(e_a - e_d)$ ——平均温度下饱和气压 e_a（见表 4.12）与实际气压 e_d 之间的差值（$\times 10^2$ Pa）。

（2）辐射法

辐射法计算标准蒸发蒸腾量 ET_0 的公式为：

$$ET_0 = C(WR_S) \tag{4.20}$$

式中：C、W——含义同彭曼法公式；

R_S——到达地面被作物接受短波辐射量。

表 4.10 彭曼法 ET_0 计算公式修正系数 C

RH_{max}	30%				60%				90%			
R_S(mm/d)	3	6	9	12	3	6	9	12	3	6	9	12
$U_{白天}$(m/s)	$U_{白天}/U_{夜间}=4.0$											
0	0.86	0.90	1.00	1.00	0.96	0.98	1.05	1.05	1.02	1.06	1.10	1.10
3	0.79	0.84	0.92	0.97	0.92	1.00	1.11	1.19	0.99	1.10	1.27	1.32
6	0.68	0.77	0.87	0.93	0.85	0.96	1.11	1.19	0.94	1.10	1.26	1.33
9	0.55	0.65	0.78	0.90	0.76	0.88	1.02	1.14	0.88	1.01	1.16	1.27
$U_{白天}$(m/s)	$U_{白天}/U_{夜间}=3.0$											
0	0.86	0.90	1.00	1.00	0.96	0.98	1.05	1.05	1.02	.06	1.10	1.10
3	0.76	0.81	0.88	0.94	0.87	0.96	1.06	1.12	0.94	1.04	1.18	1.28
6	0.61	0.68	0.81	0.88	0.77	0.88	1.02	1.10	0.86	1.01	1.15	1.22
9	0.46	0.56	0.72	0.82	0.67	0.79	0.88	1.05	0.78	0.92	1.06	1.18
$U_{白天}$(m/s)	$U_{白天}/U_{夜间}=2.0$											
0	0.86	0.90	1.00	1.00	0.96	0.98	1.05	1.05	1.02	1.06	1.10	1.10
3	0.69	0.76	0.85	0.92	0.83	0.91	0.99	1.05	0.89	0.98	1.10	1.14
6	0.53	0.61	0.74	0.84	0.70	0.80	0.94	1.02	0.79	0.92	1.05	1.12
9	0.37	0.48	0.65	0.76	0.59	0.70	0.84	0.95	0.71	0.81	0.96	1.06
$U_{白天}$(m/s)	$U_{白天}/U_{夜间}=1.0$											
0	0.86	0.90	1.00	1.00	0.96	0.98	1.05	1.05	1.02	1.06	1.10	1.10
3	0.64	0.71	0.82	0.89	0.78	0.86	0.94	0.99	0.85	0.92	1.01	1.05
6	0.43	0.53	0.68	0.79	0.62	0.70	0.68	0.79	0.72	0.82	0.95	1.00
9	0.27	0.41	0.59	0.70	0.50	0.60	0.75	0.87	0.62	0.72	0.87	0.96

表 4.11 不同大气温度和海拔高度的重力因子 W

海拔高度	温度(℃)							
(m)	5	10	15	20	25	30	35	40
0	0.48	0.55	0.63	0.69	0.74	0.78	0.82	0.85
500	0.50	0.57	0.64	0.70	0.75	0.79	0.83	0.86
1 000	0.51	0.58	0.65	0.71	0.76	0.80	0.84	0.87
2 000	0.54	0.61	0.68	0.73	0.80	0.82	0.86	0.88
3 000	0.57	0.64	0.70	0.75	0.82	0.84	0.87	0.89

表 4.12 不同大气温度下的饱和气压 e_a

大气温度(℃)	−2.5	0	2.5	5	7.5	10	12.5	15	17.5
饱和气压 e_a($\times10^2$Pa)	5.08	6.11	7.31	8.72	10.36	12.27	14.49	17.04	19.99
大气温度(℃)	20	22.5	25	27.5	30	32.5	35	37.5	40
饱和气压 e_a($\times10^2$Pa)	23.37	27.25	31.67	36.71	42.43	48.91	56.24	64.49	73.39

(3) 蒸发皿法

蒸发皿法标准蒸发蒸腾量 ET_0 的计算公式为：

$$ET_0 = kE \tag{4.21}$$

式中：k——蒸发皿系数；

E——无植被 A 级蒸发皿蒸发量(mm/d)。

2) 最大蒸发蒸腾量 ET_m 的计算

最大蒸发蒸腾量 ET_m 是指在水量适宜于作物生长和发育不受限制，并且具有最优的农业气候和灌溉管理条件下，生长茂盛的大田作物的蒸发蒸腾量。ET_m 因作物而异，又随作物的不同发育阶段和周围气候条件(风速和大气湿度)而异，其计算公式如下：

$$ET_m = k_c ET_0 \tag{4.22}$$

式中：ET_0——标准蒸发蒸腾量(mm/d)；

k_c——作物系数(见表 4.13)。

表 4.13 不同发育阶段作物系数 k_c

作　物	苗　期	发育期	中　期	后　期	收获期	生长期平均
小　麦	0.30～0.40	0.70～0.80	1.50～1.20	0.65～0.75	0.20～0.25	0.80～0.90
大　豆	0.30～0.40	0.70～0.80	1.00～1.15	0.70～0.80	0.50～0.55	0.75～0.90
高　粱	0.30～0.40	0.70～0.80	1.00～0.80	0.70～0.80	0.50～0.55	0.75～0.85
青玉米	0.30～0.50	0.70～0.90	1.05～1.20	1.00～1.15	0.95～1.10	0.80～0.95
玉　米	0.30～0.50	0.70～0.85	1.05～1.20	0.80～0.95	0.55～0.60	0.75～0.90
棉　花	0.40～0.50	0.70～0.80	1.05～1.25	0.80～0.90	0.65～0.70	0.80～0.90
花　生	0.40～0.50	0.70～0.80	0.95～1.10	0.75～0.85	0.55～0.65	0.75～0.80
水　稻	1.10～1.15	1.10～1.50	1.10～1.30	0.95～1.05	0.95～1.05	1.05～1.20
向日葵	0.30～0.40	0.70～0.80	1.05～1.20	0.70～0.80	0.35～0.45	0.75～0.85
马铃薯	0.40～0.50	0.70～0.80	1.05～1.20	0.85～0.95	0.70～0.75	0.75～0.90
甜　菜	0.40～0.50	0.75～0.85	1.05～1.20	0.90～1.00	0.60～0.70	0.80～0.90
烟　草	0.30～0.40	0.70～0.80	1.00～1.20	0.90～1.00	0.75～0.85	0.85～0.95
青豌豆	0.50～0.70	0.70～0.85	1.05～1.20	1.00～1.15	0.95～1.10	0.80～0.95
葡　萄	0.35～0.55	0.60～0.80	0.70～0.90	0.60～0.80	0.55～0.70	0.55～0.75
热带香蕉	0.40～0.50	0.70～0.85	1.00～1.10	0.90～1.00	0.75～0.85	0.70～0.80
亚热带香蕉	0.50～0.65	0.80～0.90	1.00～1.20	1.00～1.15	1.00～1.15	0.85～0.95
甘　蔗	0.40～0.50	0.70～1.00	1.00～1.30	0.75～0.80	0.50～0.60	0.85～1.05
西　瓜	0.40～0.50	0.70～0.80	0.95～1.05	0.80～0.90	0.65～0.75	0.75～0.85
红　花	0.30～0.40	0.70～0.80	1.05～1.20	0.65～0.70	0.20～0.25	0.65～0.70
青胡椒	0.30～0.40	0.60～0.75	0.95～1.10	0.85～1.00	0.80～0.90	0.70～0.80
番　茄	0.40～0.50	0.70～0.80	1.05～1.25	0.80～0.95	0.60～0.65	0.75～0.90
鲜洋葱	0.40～0.60	0.60～0.75	0.95～1.05	0.95～1.05	0.95～1.05	0.65～0.80
干洋葱	0.40～0.60	0.70～0.80	0.95～1.10	0.85～0.90	0.75～0.85	0.80～0.90
甘　蓝	0.40～0.50	0.70～0.80	0.95～1.10	0.90～1.00	0.80～0.95	0.70～0.80

3）实际蒸发蒸腾量 ET_a 的计算

实际蒸发蒸腾量 ET_a，通过最大蒸发蒸腾量 ET_m、土壤有效水分指数 ASI 及 $(1-P)S_aD$ 为自变量的函数测算。

$(1-P)S_aD$ 式中，S_a 为 1 m 厚度土壤中所含水分(mm)，即单位厚度土壤有效水分，是指土壤田间持水到作物凋萎点的土壤含水量，它跟土壤质地有关。其中，重质地土壤 S_a＝200 mm /m，中质地土壤 S_a＝140 mm /m，粗质地土壤 S_a＝60 mm /m。D 为根区深度(mm)；S_aD 为根区 D 范围内土壤总有效水分(mm/根深)。

$(1-P)S_aD$ 式中，P 为土壤总有效水分中在被利用时可以保证作物的实际蒸发蒸腾量 $ET_a=ET_m$ 的那部分土壤有效水分所占的比例，它与作物种类和生长期阶段、作物 ET_m 值大小及土壤等因素有关。不同作物在不同 ET_m 下的 P 值见表 4.14。

表 4.14　不同作物在不同 ET_m 下的 P 值

作物分组	ET_m(mm /d)								
	2	3	4	5	6	7	8	9	10
Ⅰ	0.50	0.425	0.35	0.30	0.25	0.225	0.20	0.20	0.175
Ⅱ	0.675	0.575	0.475	0.40	0.35	0.325	0.275	0.25	0.225
Ⅲ	0.80	0.70	0.60	0.50	0.45	0.425	0.375	0.35	0.30
Ⅳ	0.875	0.80	0.70	0.60	0.55	0.50	0.45	0.425	0.40

注：Ⅰ组作物包括洋葱、辣椒、马铃薯等；Ⅱ组作物包括香蕉、甘蓝、葡萄、豌豆、番茄等；Ⅲ组作物包括苜蓿、柑类、花生、菠萝、西瓜、向日葵、小麦等；Ⅳ组作物包括水稻、棉花、橄榄、红花、高粱、大豆、甜菜、甘蔗、烟草等。

土壤有效水分指数 ASI 的计算公式如下：

$$ASI=[P_e+W_b-(1-P)S_aD]/ET_m \tag{4.23}$$

式中：P_e——计算期有效降雨量(mm)；

W_b——计算期初根深处的土壤有效水分(mm)。

ASI 是一种假定，即假定当 P_e 等于或小于 ET_m 时被全部用于蒸发蒸腾而无土壤渗漏或地表径流，而且 ET_a 仅与 P_e、W_b 的总量有关，而与它们计算期分布无关。当 $ASI\geqslant 1$ 时，$ET_a=ET_m$；$ASI<1$ 时，$ET_a<ET_m$，ET_a 为 $(1-P)S_aD$、ET_m 的函数(见表 4.15)；$ASI<0$ 时，将达到作物无法生长的临界状态。

表 4.15(a)　$ASI<1$ 时 ET_a 的计算取值

D(根深)	ASI＝0.83					ASI＝0.67					ASI＝0.50				
	ET_m					ET_m					ET_m				
	2	4	6	8	10	2	4	6	8	10	2	4	6	8	10
25	1.9	3.8	5.6	7.3	9.1	1.8	3.3	4.8	6.1	7.5	1.6	2.8	3.8	4.8	5.8
50	2.0	3.9	5.7	7.6	9.4	1.9	3.6	5.2	6.7	8.1	1.7	3.2	4.4	5.5	6.5
100	2.0	3.9	5.9	7.8	9.6	1.9	3.8	5.5	7.2	8.8	1.9	3.5	5.0	6.3	7.6
150	2.0	4.0	5.9	7.8	9.7	2.0	3.8	5.7	7.4	9.1	1.9	3.7	5.3	6.7	8.1
200	2.0	4.0	5.9	7.9	9.8	2.0	3.9	5.7	7.5	9.3	1.9	3.7	5.4	7.0	8.5

表 4.15(b) *ASI*＜1 时 ET_a 的计算取值

D(根深)	ASI=0.33					ASI=0.17					ASI=0.05				
	ET_m					ET_m					ET_m				
	2	4	6	8	10	2	4	6	8	10	2	4	6	8	10
25	1.3	2.1	2.8	3.5	4.2	1.1	1.5	1.8	2.2	2.5	0.8	0.8	0.8	0.8	0.8
50	1.6	2.7	3.5	4.3	5.0	1.4	2.1	2.8	3.0	3.3	1.2	1.5	1.6	1.7	1.7
100	1.8	3.2	4.3	5.3	6.2	1.7	2.8	3.6	4.2	4.7	1.5	2.3	2.8	3.0	3.2
150	1.8	3.4	4.7	5.9	7.0	1.7	3.1	4.2	5.0	5.7	1.7	2.7	3.5	4.0	4.3
200	1.9	3.5	5.0	6.3	7.5	1.8	3.3	4.5	5.5	6.4	1.7	3.0	4.0	4.7	5.1

4.4.3 作物气候生产潜力的计算

据研究，不同作物缺水造成的作物产量下降率$[1-y(Q,T,W)/y(Q,T)]$，与用实际蒸发蒸腾量 ET_a、最大蒸发蒸腾量 ET_m 表示的缺水率$(1-ET_a/ET_m)$之间，存在一定的比率关系 k_y（见表 4.16），即

$$\frac{1-\dfrac{y(Q,T,W)}{y(Q,T)}}{1-\dfrac{ET_a}{ET_m}}=k_y \tag{4.24}$$

其中，k_y 反映作物产量下降对缺水程度的敏感程度。作物 k_y 值越大，作物产量对缺水敏感越大，即缺水将造成作物产量下降程度较大；作物 k_y 值越小，作物产量对缺水敏感越小，即缺水所造成的作物产量下降程度较小。

将上式进行变换，可以得到作物气候生产潜力 $y(Q,T,W)$计算公式为：

$$y(Q,T,W)=y(Q,T)\left[1-k_y\left(1-\frac{ET_a}{ET_m}\right)\right] \tag{4.25}$$

亦即，水分影响订正系数 $f(w)$计算公式为：

$$f(w)=1-k_y\left(1-\frac{ET_a}{ET_m}\right) \tag{4.26}$$

表 4.16 部分作物生长期缺水产量反映系数 k_y

作 物	冬小麦	春小麦	玉米	大豆	甜菜	苜蓿	花生	甘蔗	高粱	烟草	棉花	辣椒
k_y 值	1.00	1.15	1.25	0.85	0.6～1.1	0.7～1.1	0.70	1.20	0.90	0.90	0.85	1.10
作 物	向日葵	马铃薯	豌豆	葡萄	柑橘	香蕉	西瓜	番茄	洋葱	甘蓝	红花	水稻
k_y 值	0.95	1.10	1.15	0.85	0.8～1.1	1.2～1.3	1.10	1.05	1.10	0.95	0.80	1.20

4.5 经济生产潜力的测算

土地的许多限制因素是难以克服的，如土层厚度、土壤质地、地形坡度等，即使是灌溉农用地，由于各地条件不同也很难全部达到适时适量地灌溉。这些土地不利因素的存在，势必影响作物生产潜力的实现，因此有必要进行土地质量的订正，以便测算作物现实的经济生产潜力。方

法一般是在作物计算生产潜力基础上，乘上一个土地质量订正系数 k。k 一般可以按下式求取：

$$k = \sum_{i=1}^{n} a_i F_i \Big/ \sum_{i=1}^{n} F_i \tag{4.27}$$

式中：a_i——作物在 i 等地上产量达到计算生产潜力的比率；

F_i——作物在 i 等地上的播种面积比例。

F_i 和 a_i 也可分别取土地质量评价所得各等级土地面积比率及其平均质量分值。

土地现实的经济生产潜力的大小，还取决于人工投入水平的高低，它们是土地现实生产潜力进一步提高的主要限制性因子。实践证明，这类限制性因子主要包括灌溉条件、对土地养分的可能投入量、作物品种改良可能性、农业技术和管理水平等。灌溉条件主要取决于两个方面，一是该地区水资源可开发量的多少，二是改善灌溉条件所需人力、资金和材料投入增加的可能性。土壤养分是作物生长和产量形成的物质基础，它们由作物根系从土壤中吸收，但大多数情况下自然状态的土壤不能连续不断地提供足够数量的营养元素以满足作物需要，因此增加对土地养分的投入是影响土地生产力的重要因素之一。在现代农业技术和生产水平条件下，作物品种改良对于提高土地生产能力起着越来越重要的作用。作物品种的作用主要表现在两个方面，一是优良品种的使用率；二是新品种的增产效应，也就是新品种提高作物太阳辐射利用率即光合产量、光温产量及气候产量的能力。农业技术和管理水平，主要包括新的耕作栽培方法、病虫害与杂草防治、水土保持、植树造林和改善经营管理等方面。

综上所述，土地经济生产潜力的计算方法为，在光温生产潜力 $y(Q,T)$ 及气候生产潜力 $y(Q,T,W)$ 的基础上，分别进行土地质量、灌溉条件、养分投入、优良品种使用、新品种增产效应及农业技术和管理水平等订正，即：

$$y(Q,T,W,I) = f\left[a, y(Q,T),\ y(Q,T,W)\right] k g(C_1) \left[\frac{g(F)+g(C_2)+g(M)}{3}\right] \tag{4.28}$$

$$f\left[a, y(Q,T),\ y(Q,T,W)\right] = a y(Q,T) + (1-a) y(Q,T,W) \tag{4.29}$$

式中：$y(Q,T,W,I)$——土地经济生产潜力；

a——灌溉保证率；

$f[a, y(Q,T),\ y(Q,T,W)]$——土地生产潜力的灌溉条件订正函数；

k——土地质量订正系数；

$g(C_1)$——新品种增产效应订正系数；

$g(F)$——养分投入订正系数；

$g(C_2)$——优良品种使用率；

$g(M)$——农业技术和管理水平订正系数。

参　考　文　献

1　陈百明. 中国土地资源生产能力及人口承载量研究. 北京：中国人民大学出版社，1991

2　陈锡康，郭菊锷. 中国粮食生产发展预测及其保证程度分析. 自然资源学报，1996，11(3)

3　董德显. 土地利用规划. 北京：中国展望出版社，1990

4　封志明. 土地承载力研究的过去、现在与未来. 中国土地科学，1994，8(3)

5　高觉民，林培. 中国气候生态区划分及作物气候生产力估算. 见：全国土地利用总体规划研究. 北京：科学出版社，1994

6　郭岐峰，傅硕龄. 我国作物生产潜力研究进展. 地理研究，1992，11(4)

7 苏璧耀.土地资源学.南京:江苏教育出版社,1994
8 张连军,林培.土地生产潜力评价中的土壤修正系数模型的研究——以河北涿鹿县为例.自然资源学报,1994,9(3)
9 周生路,彭补拙,徐彬彬.桂林市以土地资源及利用为核心的区域可持续发展研究.土壤学报,1999,36(3)
10 周生路,石晓日,徐彬彬.桂林市土地质量评价.山地研究,1997,15(4)
11 周生路,徐彬彬,赵其国.我国东南低山丘陵区土地粮食生产潜力研究——以桂林市为例.南京大学学报(自然科学版),1998,34(6)
12 竺可桢.论我国气候的几个特点及其与粮食作物的关系.地理学报,1964,23(1)

5 农用地分等

5.1 农用地的概念与特点

5.1.1 农用地的概念

农用地为人类提供衣食住行各方面的生产和生活资料，是土地资源的精华。对于农用地这一概念有很多种理解。《辞海》上的解释是“直接、间接用于农业生产的土地。包括耕地、园地、牧地、林地、池塘、沟渠、田间道路及其他生产性建筑物所占用的土地等。”陈洪博主编的《土地科学词典》也把农用地定义为“直接或者间接用于农业生产的土地……可分为直接生产用地和间接生产用地。前者包括耕地、园地、牧场、林地等，后者包括道路、晒谷场等所占土地”。王同亿主编的《语言大典》则把农用地定义为“无论城镇或乡村的无建筑物的土地”。按照联合国粮农组织定义，农用地是指农牧业用地，即耕地、牧草地和牧场(永久牧场)的合称。

通常意义上，农用地分为广义农用地和狭义农用地两种。广义的农用地包括林业、畜牧业、种植业和渔业等在内的大农业用地，即林地、牧地、农耕地、果园地及人工养殖水域等的总称。狭义农用地仅指种植业用地，即农耕地。我国有关农用地分等定级和估价规程，其工作对象的农用地是指研究行政区内现有农用地和宜农未利用地，不包括自然保护区和土地利用总体规划中的永久性林地、永久性牧草地及其他农用地。

5.1.2 农用地的特点

农用地的特点具有下面的内容。

(1) 农用地是自然和人类劳动的联合产品。农用地是由自然赋予与人类投资两部分构成，是经过加工的自然土地，也即次级的自然土地。从农业生产过程来看，土地既是劳动资料又是劳动对象，是最基本的生产资料。而在非农业生产中，土地主要为生产提供场所，作为工作的空间和基地。目前，农业生产成果很大程度上仍取决于土地的自然条件状况，土地质量的高低成为影响土地生产率和劳动消耗的主要因素。

(2) 农用地是一个复杂的生态经济系统。从农业生态经济观点来看，农业生产就是人类通过生产劳动，通过对生物生长规律与机理的认识，通过对生物与环境依存的规律、物质与能量交换关系的认识，采用相应的科学技术手段，充分利用自然力，在自然界中获取相应的产品或服务，以满足自身需要。然后，又以各种排泄物、副产品、废物返还于大自然，使这种新陈代谢过程循环进行。农用地生态经济系统以农用地为基础，由地貌、气候、水文、植被、动物、土壤等自然要素共同组成，以作物群落为中心，以农作物经济产量为目标的可为人类调控的生态经济复合系统。该系统又分为土壤、森林、草原、沼泽、滩涂、河流等子系统。通过自然再生产与经济再生产的交融，系统内各要素间或整体与各系统的要素和整体间，经常进行复杂的物质、能量和信息的交换、转化、传递、流动和循环，从而维持农用地生态经济系统的相对稳定，使得土地价值得以充分、持久地实现。

(3) 农用地具有生态脆弱性。农用地与非农用地的根本性差异在于,农用地具有肥力的土壤是农业基本生产资料。土壤肥力受自然条件及社会经济的双重影响,土壤的形成需要漫长的岁月,而自然灾害以及人类不合理的开发利用都极易造成对土壤的侵蚀,从而使得农用地具有强烈的生态脆弱性。重用轻养、重眼前轻长远的土地开发利用方式,以及农药、化肥、"三废"和垃圾污染,增大了自然灾害的频率和强度,加大了农业风险,农用地生产力衰退,降低其受益和服务功能,扩大土壤侵蚀和荒漠化趋势,破坏土地生态经济系统的功能,影响土地的持续利用。

(4) 农用地较易转化为非农用地,但非农用地转化为农用地却很困难。农用地非农化十分便利且迅速,非农用地转为农用地则极其困难,其土壤要恢复原来的生产力水平需很长时间,并需大量资金投入。

(5) 与非农用地相比,农用地开发与资产运行所需资金较少,但用地规模一般较大。农用地占用面积的广阔性,造成农业经营的分散性和风险性较高。农业生产以土地作为不可取代的基本生产资料,从宏观上,全球、各国、各地区的农业生产几乎分布在一切有土壤的地方;微观上,农业企业与工厂相比,拥有广阔而分散的土地,从而以其人数为标志的直接责任单位的规模,往往需要划得较小,以便使责任制更易落实,从而导致农业劳动组织上具分散性。农作物栽种后,要经过一个收获期才能收获产品。农业生产中自然再生产和经济再生产交织在一起,严重的自然灾害、市场竞争以及农业政策的失误等,都会给农用地经营者带来风险。

5.2 农用地分等定级估价的概念、关系和意义

5.2.1 农用地分等定级估价的概念

我国国土资源部门自 20 世纪 80 年代末开始进行农用地分等定级估价试点工作,对技术方法相继进行了大量探索研究工作。其中,对农用地分等定级的概念存在不同的看法。大致有以下几种代表性观点:① 等级不分。认为分等、定级是同一概念,等级不分,等即是级,级即为等。② 等下分级。认为土地级是等的续分,反映土地等内的次一级差异。③ 等级双轨。认为土地"等"别与土地"级"别不是从属关系,而是相互联系又相对独立的农用地质量评价体系。④ 等级综合。主张"级"反映"等"内土地的质量差异,但构成其差异的因素既含有地形、土壤、地下水、排灌条件等稳定因素,又包括土地利用经济效益等易变因素,由于其包含内容过多,其实质是"分等+定级"的综合体。

自从 2001 年国土资源部颁布了国土资源大调查专用《农用地分等定级规程》、《农用地估价规程》,尤其是 2003 年以行业标准分别颁布了《农用地分等规程》(TD/T1004—2003)、《农用地定级规程》(TD/T1005—2003)和《农用地估价规程》(TD/T1006—2003)以来,国内学者对农用地分等定级估价概念、目的、任务、成果应用范围等,已有了相对较统一的认识。

根据上述国土资源部农用地分等定级估价的有关规程,农用地分等、定级与估价是根据农用地自然和经济两方面属性,对农用地的质量优劣进行综合评定。农用地等别是依据构成土地质量稳定的自然条件和经济条件,在全国范围内进行的农用地质量综合评定。农用地等别划分,侧重于反映因农用地潜在的(或理论的)区域自然质量、平均利用水平和平均效益水平的不同,而造成的农用地生产力水平差异。分等成果要求在全国范围内具有可比性。农用地级别是依据构成土地质量的自然因素和社会经济因素,根据地方土地管理工作的需要,在行政区(省或

县)内进行的农用地质量综合评定。农用地级别划分,侧重于反映因农用地现实的(或实际可能的)区域自然质量、利用水平和效益水平的不同,而造成的农用地生产力水平差异。定级成果一般要求在县级行政区内具有可比性。农用地估价是在一定的市场条件下,根据土地的社会经济和自然属性,按照土地质量等级及其在现实经济活动中的一般收益状况,并充分考虑社会经济发展、土地利用方式、土地预期效益和土地利用政策等因素对土地收益的影响,从而综合评定土地在某一权利状态下和在某一时点的价格。

与国土资源部综合评价的农用地分等定级估价体系并存,目前我国还有另外一套与农用地分等定级有关的、以产量为主导的耕地地力等级划分体系,即农业部于 1996 年颁布的行业标准《全国耕地类型区、耕地地力等级划分》。该体系以耕地的基础地力要素,包括耕地的立地条件、土壤条件、农田基础设施条件及培肥水平等为主要依据,以粮食产量为标准,将全国耕地划分成 10 个耕地地力等级、7 个耕地类型区和 8 个中低产田类型区。耕地基础地力体系是基于独立指标的多因素描述体系,分等控制指标只有单一的产量,只要产量确定,等别就确定,其他因素指标只是对耕地等级的界定性说明,不能作为等别划分的参数依据。

农用地分等定级估价成果是国土资源由数量管理向质量管理,进而向生态化管理过渡的重要基础。它综合运用了土地自然评价、经济评价和生态环境评价的理论方法,建立了一套具有多目标、多层次、多样性特点的农用地评价体系,揭示了农用地自然、经济和部分生态环境属性及质量状况。在具体操作实施上,充分利用土地详查、土壤普查和农业区划等的研究成果,与土地利用总体规划相协调,与数字国土工程相配套,符合国土资源多目标管理的要求。随着市场经济的深化,农村劳动力的流动,各地对耕地的投入水平发生了较大变化,单纯的产量不能完全反映耕地地力等级,产量等级不能与土地详查、数字国土工程相衔接,不能满足国土资源多目标管理的要求。

因此,本章主要根据国土资源部以综合评价为主导的农用地分等定级估价体系,来介绍和讨论农用地分等定级估价的关系与方法等。

5.2.2 农用地分等定级估价的关系

农用地的分等、定级、估价是从不同尺度、不同形式来反映农用地的质量,三者之间既有区别又有联系。

农用地分等、定级、估价的区别,主要体现在以下三方面:

(1) 三者的侧重点不同。农用地分等侧重于反映因农用地资源潜在的(或理论的)区域自然条件、平均利用水平和平均效益水平的不同而造成的农用地生产力(生产率)水平的差异;农用地定级侧重于反映因农用地资源现实的(或实际可能的)区域自然条件、利用水平和效益水平的不同而造成的农用地生产力(生产率)水平的差异;农用地资源估价则侧重于反映具体地块在具体市场条件和利用形式下价值的实现。

(2) 三者结果的可比范围不同。分等结果在全国范围内可比;定级结果只在所评价的区域范围内可比;估价结果的区域可比性,主要体现在评价区域范围内可比,与评价区域外的可比性大为减弱。

(3) 三者考虑的内容不同。农用地分等,只考虑影响农用地质量相对稳定的土地构成因素;农用地定级,则需综合考虑影响农用地质量稳定的和易变的土地构成因素;农用地估价,除考虑影响农用地质量的土地构成因素外,还需进一步考虑政策、市场等非土地构成因素的影响。

农用地是一个复杂的自然和社会经济综合体,具有资源属性和经济属性两重性,其中经济属性要通过资源属性发挥作用，资源属性是农用地经济属性发挥作用的前提和基础，农用地质量的高低是多方面属性综合作用的结果。农用地分等主要在于评价农用地资源属性因素质量的高低；而定级在分等评价农用地资源属性因素质量高低的基础上，进一步评价农用地经济属性因素的优劣状况；估价则在于通过货币的形式反映农用地资源和经济属性因素质量的高低。因此，农用地分等、定级和估价之间是相互联系的。分等主要在于刻画农用地资源利用产出即产量的高低，定级则主要刻画农用地资源利用效益的高低，而效益需通过产量和产值来反映。由此可见，农用地分等是农用地定级的基础，分等对定级成果起宏观控制作用，通过等别的划分来控制级别的划分；定级是分等的细化和深化。其中，细化要对同一等别内局部存在差异的资源属性因素，进一步进行对其质量的评价；深化则在分等对资源属性因素评价基础上，进一步对经济属性因素进行评价。分等、定级旨在对农用地资源属性和经济属性实体质量进行评价，而估价则是用价格的方式反映农用地实体质量在市场上的体现。

5.2.3 农用地分等定级估价的意义

农用地分等定级估价工作是一项具有基础性、公益性和战略性的土地资源调查评价工作。基础性主要体现在：凡涉及农用地质量问题的国土资源管理工作，都需要利用农用地的分等定级与估价成果。公益性体现在：农用地分等定级与估价成果像土地详查成果一样，可以为国家、社会提供服务。战略性体现在：农用地分等定级与估价成果是实现土地管理改革与发展各项目标的重要技术依据，目标远大，支撑性很强。在现实工作中，农用地分等定级与估价成果的具体应用，主要体现在以下几方面。

1）在土地整理、实现耕地占补平衡中的作用

耕地占补平衡是我国土地管理工作的重要战略目标。《中华人民共和国土地管理法》规定："非农建设经批准占用耕地的，按照'占多少、垦多少'的原则，由占用耕地的单位负责开垦与占用耕地的数量和质量相当的耕地。"耕地占补平衡是国家为实现耕地总量动态平衡，确保我国粮食安全而以法律形式作出的重要规定，是实现我国耕地保护基本国策的一项根本制度。

从耕地占补平衡的内涵上来看，占补平衡包括数量平衡、质量平衡和生态平衡。但在实际工作中，由于缺乏完善的耕地质量衡度与判断标准，绝大多数地区只是停留在保证耕地数量平衡上，而忽视耕地的质量平衡和生态平衡。农用地分等定级和估价工作是科学评定农用地质量的综合体系，其结果可为耕地占补平衡的实施提供标准和依据。农用地定级成果在县域范围内具有很强的可比性，能够为实现县域内的耕地占补平衡评价提供基础依据。农用地分等建立了一套以农用地质量等别指数为基础的、全国可比的农用地质量等别序列，使不同地区间的土地质量具有可比性，可用于异地占补平衡指标的换算，增加耕地占补平衡的空间跨度。

在实施具体的土地开发整理工作时，农用地分等定级成果可直接应用到土地开发整理的质量标准和权属调整工作中。土地开发整理工作必须建立在土地质量标准的基础之上，必须在开发整理前后进行土地质量评价，搞清楚土地质量的变化。在开发整理前，要根据土地质量现状、可采用的工程技术措施和技术经济条件，制定出适宜的土地开发整理质量改善目标；在开发整理后，要重新测评土地质量，确保工程质量，并为解决土地开发整理后的利益分配、权属调整等，提供公平、公正和合理的依据。

2）在优化农业结构、调整土地利用配置中的作用

我国的农用地资源数量少、质量低，但是滥用和乱用现象严重，面临着土地生态系统破坏、

人类生存环境污染的严峻挑战，因此，对农用地资源进行优化配置和合理利用已迫在眉睫。农用地资源优化配置，就是要在全面认识区域农用地资源现状构成、质量特点及存在问题的前提下，从分析区域社会经济发展战略入手，着眼于农用地供需状况的系统分析，合理组织农用地生产力分配与布局，并通过制定政策和措施规范人类活动行为、协调农用地生产关系，以保持人地系统的协调运行和可持续发展，不断提高农用地生态经济系统功能，获取农用地资源利用的最佳经济效益、社会效益和生态效益。农用地的合理配置，除资源的数量分配外，还包含其空间布局，它是农用地资源优化配置的核心。农用地空间优化布局的前提和关键，是根据农用地资源的特征、利用前景及限制因素，对区域内的农用地进行科学分类。

运用农用地分等定级的成果，可对比分析土地利用现状与土地质量结构的对应匹配关系，确定土地利用调整对象，在时空上有效地把农用地资源分配于不同的用途，并与其他经济资源（人力、资金、技术）达到合理组合，使这些资源生产出更多的产品或服务，同时又不导致生态环境质量下降。

3）*在征地制度改革、建设城乡土地市场一体化中的作用*

经过十多年的改革和发展，我国的国有城镇土地市场已经初步建立，并在国有企业改革和国有土地使用权出让中发挥了重要作用。而对农用地资产的管理力度则明显不足，进而影响了我国统一的、一体化的城乡土地市场的形成。目前《中华人民共和国土地管理法》规定：征用耕地的土地补偿费，为该耕地被征用前三年平均年产值的六至十倍；每一个需要安置的农业人口的安置补助费标准，为该耕地被征用前三年平均年产值的四至六倍。但是，土地的产出不仅与土地的自然质量有关，而且与投入量、劳动者素质等社会经济因素有关。因此，仅根据土地的实际产值作为补偿费的标准，会产生同地不同价、同价不同地等问题，造成虽土地质量好，但因投入少、产值小、补偿费低，而土地质量差，却因投入多、产值大、补偿费高等不公平、不合理现象。而农用地分等定级与价格成果，揭示了土地内在质量，反映了土地的现实收益能力，以此作为土地征用的补偿费标准更为科学合理，更能保障农民的利益。

随着我国经济的发展，农用地转为建设用地的情况越来越多。特别是城市边缘区，受城市经济、信息、技术和人才等因素的影响，农用地市地化的可能性更大。农用地转为城市建设用地，不仅丧失了农用地固有的生产农产品的农业生产功能，即农业生产的经济价值，而且其净化环境、维持生态平衡等的生态环境价值，以及向农民提供社会保障、维护国家粮食安全保障等的社会价值，也一并丧失。农用地转为城市建设用地，必须实行“按价征地”，不仅需补偿农用地的生产经济价格，还要补偿农用地的社会保障价格和生态环境价格。农用地分等定级与估价是对农用地自然和经济属性的综合评定，其估价成果为农用地征用补偿提供了科学和可操作的依据。

农用地分等定级与估价对农用地进行全方位的综合评价，所划分的农用地等级在城镇规划许可范围内，可指导城市建设优先征用和使用农用地质量等级较低的地块，以有效保护高质量的农用地资源；可使城镇地价和农村农用地地价共同形成覆盖全国的、统一的、完整的城乡土地地价体系，推进“统一、规范、竞争、有序”的土地市场的建立，实现地价统一管理的科学化和信息化。

5.3 农用地分等的基本思路与步骤

5.3.1 农用地分等的基本思路与原则

1）农用地分等的基本思路

农用地分等，通过计算得到农用地资源的自然质量等指数、利用等指数和经济等指数，分别对农用地资源质量的综合等别进行评价和划分。各等别指数计算公式如下：

自然质量等指数＝光温生产潜力×农用地自然质量分值　(5.1)

利用等指数＝自然质量等指数×土地利用系数　(5.2)

经济等指数＝利用等指数×土地经济系数　(5.3)

由此可见，农用地分等主要是通过对农用地生产率的高低来衡度农用地质量的好坏。其中，农用地生产率需从不同方面和层次进行表征与衡量。首先，计算农用地资源的光温生产力；其次，对光温生产力进行农用地自然质量订正，得到农用地的自然生产力；然后，考虑在光、温、水、土等自然条件相同情况下，由于农田道路交通、水利等基本设施建设程度和完善水平的差异，造成自然生产力发挥程度即自然资源利用率方面产生差异，而进一步对农用地自然条件进行潜力发挥水平即土地利用系数订正，得到农用地资源利用可能达到的最高现实产量；最后，考虑在相同产量情况下，由于区位条件、农业生产技术和管理水平不同，使农用地投入-产出效益和经济收益产生差异，从而需对农用地现实产量进行投入-产出效益即土地经济系数修正，得到农用地农业生产经营可能得到的经济产量，即经济生产率。根据农用地生产率表征与衡度方面和层次，农用地分等将得到农用地资源的自然质量、利用质量和经济质量三方面和层次结果。

2）农用地分等的原则

农用地分等应遵循如下原则：

(1) 综合分析原则。农用地质量是各种自然因素、社会经济因素综合作用的结果，农用地分等要以造成等别差异的各种相对稳定因素的综合分析为基础。

(2) 分层控制原则。农用地分等以建立全国范围内的统一等别序列为目的。在实际操作上，农用地分等是在国家、省、县三个层次上展开。县级分等成果要确保在本县域范围内可比；省级协调汇总成果要确保在本省域范围内可比；国家级协调汇总成果要确保在全国范围内可比。

(3) 主导因素原则。农用地分等要根据相对稳定的影响因素的种类及其作用的差异，重点考虑对土地质量和土地生产力水平具有重要作用的主导因素，突出主导因素对土地分等结果的影响。

(4) 收益差异原则。农用地分等既要反映出土地自然条件、利用水平和社会经济水平的差异，及其对不同地区土地生产力水平的影响，也要反映出不同投入水平对不同地域土地生产力和收益水平的影响。

(5) 定量与定性分析相结合原则。农用地分等要以定量计算为主，对现阶段难以定量的自然因素、社会经济因素，则需采用必要的定性分析。定性分析的结果可用于农用地分等成果的调整和确定之中，提高农用地分等成果的精度。

5.3.2 农用地分等的主要步骤与技术流程

1) 农用地分等的主要步骤

农用地分等可分为工作准备、外业补充调查、内业计算处理、分等结果确定四个阶段。主要步骤见图 5.1。

(1) 工作准备与资料收集

本阶段的主要工作内容如下：

① 分等任务书编制，有关调查表格设计准备。包括：明确农用地分等的区域和范围，工作程序与方法，分等所需的技术资料和基本图件，工作的组织领导、参加人员、时间安排，经费预算和预期提交的分等成果等。

② 农用地自然条件资料收集。包括：水源类型(地表水、地下水)、水量、保证率等水文资料；土壤类型、土壤有机质含量、土壤质地、土层厚度(土壤 A 和 B 层的厚度)、土壤盐碱状况、土体构型、障碍层次数量、障碍层的厚度与埋深、土壤侵蚀状况、土壤养分状况、土壤污染状况、土壤保水供水状况、土壤中砾石含量等土壤资料；地貌类型(山地、丘陵、平原等)、海拔、坡度、坡向、坡型、地形部位(如：在坡的上部、中部、下部)等地形资料；灌溉条件(水源保证率、水源水质、灌溉保证率)、排水条件、田间道路条件、田块大小及平整度等农田基本建设情况资料；用于作物光温(气候)生产潜力指数计算所需的各月平均气温、日照百分率、降水量、水汽压、风速等气候资料。

③ 土地利用、经济效益资料收集。包括：农业耕作制度，种植的主要农作物及其播种、收获日期；标准耕作制度中所涉及指定作物的面积、单产、总产的统计资料，土地利用条件样点基本情况资料，农业生产实测资料和农业技术实验资料等；亩均资金投入、亩均纯收益、农村道路网分布、道路级别标准、距区域经济中心距离、田块破碎程度等资料。

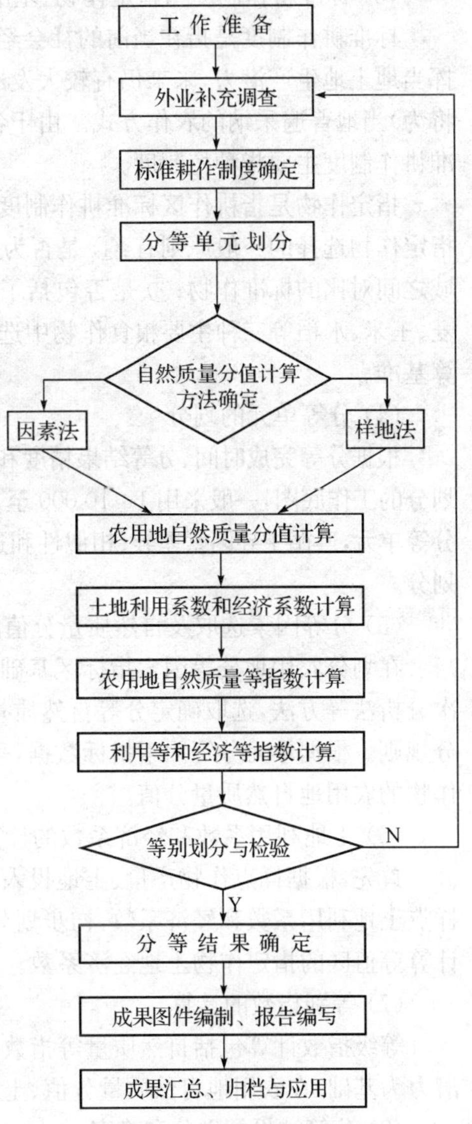

图 5.1 农用地分等的主要步骤

④ 其他资料收集。包括：土地利用现状图、土壤类型图、地形图、土地利用规划图等图件以及农业区划资料、土壤普查资料、土地利用现状调查资料、土地利用规划资料、土地利用变更资料、农业统计资料、当地农产品市场价格资料等。

(2) 外业补充调查

外业补充调查包括农用地自然质量影响因素状况、农用地利用状况和农用地经营状况等三方面内容。农用地资源自然条件补充调查是在前期所收集得到的资料、确定的分等自然质量参评因素基础上，对被列入研究范围，但现有资料空白、不全或精度不能满足分等要求的区域，或者对现有资料需进行准确性校核的区域，对农用地资源自然因素状况进行补充调查。农用地利用状况和经营状况调查，可采用实测、评估和历史资料分析相结合的综合分析方法，以村为基本调查单位进行外业补充调查。调查项目包括：标准耕作制度中所确定的基准作物和指定作物的实物产出量，种子、化肥、农药、地膜和农家肥等物质投入，各生产环节的劳动力投入和必要的农田维护劳动力投入等。

(3) 标准耕作制度与指定作物、基准作物的确定

标准耕作制度是指在当前的社会经济、生产条件和技术水平下，有利于生产或最大限度发挥当地土地生产潜力，未来仍有较大发展前景，不造成生态破坏，能够满足社会需求，并已为(或将为)当地普遍采纳的农作方式。由于各地养地方式难以统一，因此农用地资源分等研究中标准耕作制度主要指种植制度。

指定作物是指耕作区标准耕作制度中所涉及的作物，农用地资源分等时需进行选择确定。指定作物选择的一般原则有：① 是否为反映耕作区生态特点的典型作物；② 是否包括能进行区域之间对比的标准作物；③ 是否包括了耕作区主要的习惯性大宗作物。指定作物一般可从小麦、玉米、水稻等三种主要粮食作物中选取一种，作为分等基准作物，它是分等理论标准粮的折算基准。

(4) 分等单元的划分

根据分等完成时间、分等结果精度和成果应用性要求以及当地的实际情况，农用地分等单元划分的工作底图，一般采用 1∶10 000 至 1∶100 000 的比例尺，原则上与土地详查的精度相一致。分等单元，遵循主导因素差异、相似性和边界完整性等原则，采用叠置法、地块法和网格法等方法划分。

(5) 分等因素选取及自然质量分值的计算

在划分农用地分等因素指标区基础上，通过特尔菲法、因素成对比较法、主成分分析法和层次分析法等方法，选取确定分等自然质量参评因素，编制指定作物—分等因素—自然质量分记分规则。根据单元分等因素指标数据，采用几何平均法或加权平均法，计算各分等单元各指定作物的农用地自然质量分值。

(6) 土地利用系数和经济系数的计算

首先，根据样点作物产量、土地投入-产出数据以及土地利用系数、经济系数计算公式，计算样点土地利用系数和经济系数，初步划分系数等值区；然后，采用几何平均或加权平均的方法，计算等值区的指定作物土地经济系数。

(7) 等别指数的计算

等级指数计算包括自然质量等指数、利用等指数和经济等指数。它们以指定作物光温生产潜力为基础，在农用地自然质量分值、土地利用系数、经济系数计算结果基础上，逐层修正得到。

(8) 分等结果的划分和确定

首先，根据农用地自然等指数、利用等指数和经济等指数计算结果，采用等间距法和频率直方图法等方法，进行农用地自然等、利用等和经济等别结果的初步划分。然后，在室内校核、意见征询和野外验证基础上，对分等结果进行必要的调整和完善，并最终确定分等结果。

2) 农用地分等的技术流程

根据农用地分等各步骤的主要工作内容，以及各内容间的相互关系，可将农用地分等的技术流程表述为图 5.2。

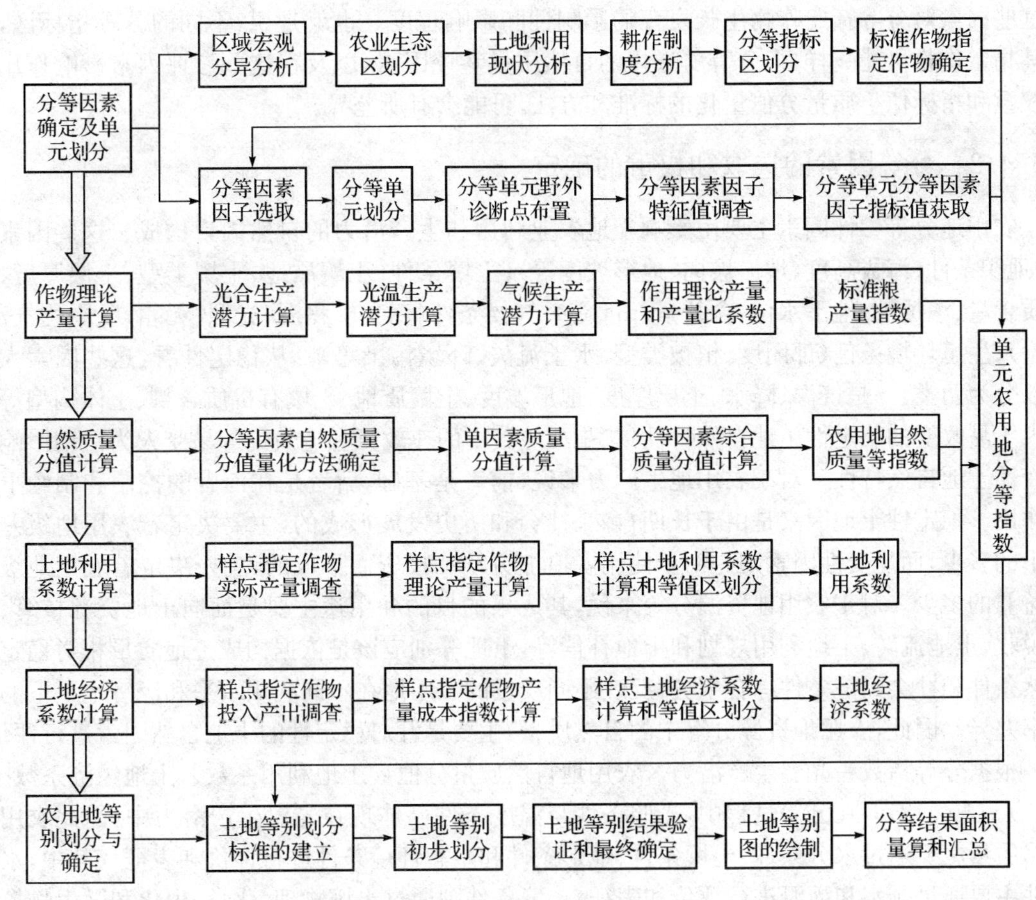

图 5.2　农用地分等的技术流程

5.4　农用地分等因素的确定及自然质量分值的计算

5.4.1　分等指标区的划分

分等指标区是对区域内决定农用地资源自然质量的各分等因素，依据主导因素和区域差异等原则划分的区域，是区别于其他指标区的最小单元，是某一分等指标体系的适用区，可以以地貌和耕作制度等因素进行划分。

分等指标区划分目的，在于对研究区进行区域细分，确定各细分区域光温生产潜力计算时所选择的作物（分等指定作物），以及进行土地自然质量订正时参评的自然因素。指标区划分要满足以下要求：

(1) 分等指标区划分时，应该遵循主导因素和区域差异的原则，划分所得到的分等指标控制区域，与其他指标区之间有显著区别。

(2) 每个分等指标区，均可建立一套经过科学分析论证的农用地资源分等因素指标体系。被选定的分等因素应该对农用地资源的质量差异有明显影响，未选定因素的影响较小或不明显，农用地分等中自然质量分值计算时只采用该指标区内所选取的参评因素。

(3) 分等指标控制区将决定农用地资源分等时所选择的自然质量参评因素的区域组合，以及这些因素对分等指定作物生长发育的影响性和影响程度。也就是说，不同的分等指标区，虽然其指定作物可能一样，但分等所选择的自然质量参评因素，以及在这些参评因素影响作用下的权重和指标值—质量分值量化的标准和方法，可能会有所差异。

5.4.2　分等因素的选取和权重的确定

农用地分等参评因素主要由影响土地农业利用和生产潜力的自然因素构成。这些因素包括：地貌条件（海拔高度、地形坡向、地形坡度等）；土壤条件（土壤质地、土壤类型、土层厚度、有机质含量、渗透性、地下水位、含盐量、pH 等）；气候条件（≥10℃积温、光照、无霜期、平均气温、雨量）；生态环境条件（郁闭度、植被类型、水土流失、环境污染等）。从稳定性看，这些因素大致可以分为两类：一是气温、降水、土层厚度、地形坡度、土壤质地、土壤有机质含量、土体构型等短期内不易改变的稳定性土地自然特性；二是如土壤中的速效氮和速效钾等易受人为活动影响的易变性土地自然特性。对于农用地生产力来说，前者是基础，后者是在前者的控制和制约下发挥作用。稳定性土地因素是由于长期自然、社会和历史发展形成的，主要决定着农用地级差收益Ⅰ的多少，而易变性因素则是由于使用者追加劳动和投资而形成的，主要决定着农用地级差收益Ⅱ的多少。对于农用地资源分等来说，其成果的目的和用途主要是面向土地资源核算、土地税收、土地流转、土地利用规划和土地补偿等，土地等别应该是依据构成土地质量相对稳定的自然条件和社会经济条件综合划分，反映不同质量的农用地在不同利用水平和经济水平下的生产率差异。因此，农用地资源分等中的自然质量，主要是针对稳定性的土地自然因素进行评价。

根据分等指数＝光温生产潜力×农用地自然质量分值×土地利用系数×土地经济系数[式(5.1)～式(5.3)]，在分等过程中，光照条件与温度条件已体现在光温生产潜力中，因此农用地自然质量主要通过水分条件、土壤条件、地形条件和生态环境条件进行评价和表征。其中，水分条件主要通过排水和灌溉进行评价和表征；土壤条件则通过土壤物理、化学、生化和微生物等特性指标进行评价和表征。

参评因素因子权重确定的方法很多，一般可以分为定性和定量两大类。前者如特尔菲调查分析法，后者如层次分析法、回归分析法、因子筛选法、相关分析法等。定量与定性方法各有优点，但各有不足。定量方法虽具有逻辑性强、结果清晰准确、便于计算机应用等优点，但由于对土地内部各要素之间的相关关系尚未彻底揭示，土地生产力的产生过程远没有达到能进行仿真模拟的水平，数学、物理、化学的许多概念还难以对土地的系统过程进行精确描述。这种情况下，单纯地依赖数学计算，而把专家的经验和理性判定抛在一边是十分危险的。就目前而言，农用地分等参评因素的权重，宜采用定性方法结合定量方法确定。

5.4.3　自然质量分值的计算

1）因素质量分值的计算

分等因素参与分等指数计算之前，需首先将因素属性指标数据转换成因素质量分值。之所以要进行这样的转换处理，是因为分等因素对土地等别的影响程度，并不随因素属性指标数据的增减呈直线性变化，有时是非线性的，即当因素属性指标数据在一定范围内变化时，受其影响下的土地质量可能变化不大或不发生变化；而当它在另一范围内变化时，较小的变动可能会引起土地质量较大的变化。

因素属性指标数据向因素质量分值转换的实质，实际上就是进行因素指标值的标准化、无量纲处理。以质量分值作为参与分等指数计算的因素属性数据，能更为直观、合理地刻画分等因素对土地等别的影响作用大小。由于各因素性质的不同，其作用方式、影响程度亦不相同，因此，需针对因素性质采取不同的标准，来实现参评因素属性指标值——质量分值的换算。

分等因素属性指标值与农用地自然质量的关系，可分成三种情况：一是正向型关系，即因素指标值越大，反映土地质量状况越好，如土壤有机质含量、耕层厚度等；二是逆向型关系，即因素指标值越大，反映土地质量越差，如土壤盐渍化程度、土壤侵蚀程度等；三是适度型关系，即因素指标有一适度值，在此适度值内土地质量最优，大于或小于此适度值，土地质量均由优向劣方向发展。如土壤酸碱度，pH 为 6.5～7.5 时，土壤对多数作物生长无限制，pH 大于 7.5 或小于 6.5 时，土壤碱度和酸度随数值变大或变小而增高，土地对作物限制程度愈来愈大，生产力逐渐降低。

由于分等因素主要为面状因素，因素分值计算一般采用极大值标准化法。三种类型因素属性指标值—质量分值转换计算公式为：

(1) 正向型因素

$$f_i = 100 \times \frac{X_i - X_{\min}}{X_{\max} - X_{\min}} \tag{5.4}$$

(2) 逆向型因素

$$f_i = 100 \times \frac{X_{\max} - X_i}{X_{\max} - X_{\min}} \tag{5.5}$$

(3) 适度型因素，设 a 为某因素指标适度值

当 $X_i \geqslant a$ 时，

$$f_i = 100 \times \frac{X_{\max} - X_i}{X_{\max} - a} \tag{5.6}$$

当 $X_i < a$ 时，

$$f_i = 100 \times \frac{X_i - X_{\min}}{a - X_{\min}} \tag{5.7}$$

式中：f_i—— 因素质量分值；

X_i—— 因素属性指标值；

$X_{\max}$ —— 因素属性指标最大值；

$X_{\min}$ —— 因素属性指标最小值；

a—— 因素属性指标适度值。

因素属性指标值—质量分值转换，一般采用百分制相对值方法计算，并遵循下列原则：① 因素质量分值与农用地质量优劣成正比；② 因素质量分值采用 0～100 分的封闭区间，最优取 100，相对最劣取 1 或 0；③ 因素质量分值只与分等因素的显著作用区间相对应。

2) 自然质量综合分值的计算

农用地自然质量综合分值，根据各分等因素质量分值，采用几何平均法或加权平均法计算得到。

(1) 几何平均法的计算公式

$$C_L = \left(\prod_{i=1}^{m} f_i\right)^{\frac{1}{m}} \tag{5.8}$$

(2) 加权平均法的计算公式

$$C_L = \sum_{i=1}^{m} w_i f_i \tag{5.9}$$

式中：C_L—— 农用地的自然质量综合分值；

i—— 分等因素编号；

m—— 分等因素的数目；

f_i—— 第 i 个分等因素质量分值，取值为 0(1) ～ 100；

w_i —— 第 i 个分等因素的权重。

5.5 土地利用系数与土地经济系数的计算

5.5.1 土地利用系数与土地经济系数的作用与计算公式

农用地等别是通过反映农用地生产率高低的分等指数划分。其中，分等指数的计算公式为：

$$G = \alpha C_L K_L K_C \tag{5.10}$$

式中：G—— 分等指数；

α—— 农用地的光温生产潜力；

C_L—— 农用地的自然质量综合分值；

K_L—— 土地利用系数；

K_C—— 土地经济系数。

根据公式(5.10)，分等指数 G，首先在光温生产潜力 α 的基础上，经自然质量综合分值 C_L 订正后来刻画该农用地的自然生产潜力；然后考虑由于研究区内不同区域间农田基本设施、农业生产投入和技术等的水平不同，致使光、温、水、土等自然条件潜力发挥程度不一致，而对自然生产潜力进一步进行区域自然潜力平均发挥水平即土地利用系数 K_L 的订正，得到农用地的可能产量；最后考虑投入-产出水平不同导致相同产量农用地经济效益的差异，而对地块的可能产量进行区域投入-产出平均水平即土地经济系数 K_C 的订正，从而最终得到农用地的分等指数 G。其中，土地利用系数 K_L，主要用于反映研究区不同区域农用地资源潜力发挥的平均程度，经土地利用系数 K_L 修正后将使分等指数 G 能刻画农用地的实际产出水平；土地经济系数 K_C 则用于反映研究区不同区域农用地产出效率的高低，体现农用地资源利用效益对土地生产率的影响，进而更加科学地衡量土地产出率的高低。

土地利用系数 K_L 和经济系数 K_C 的计算公式如下：

$$K_L = \frac{Y}{Y_{\max}} \tag{5.11}$$

$$K_C = \frac{a}{A} \tag{5.12}$$

$$a = \frac{Y}{C} \tag{5.13}$$

式中：Y—— 单元指定作物单产水平；

$Y_{\max}$—— 指定作物最高单产；

a—— 单元指定作物“产量-成本”指数；

A—— 指定作物最高“产量-成本”指数；

C—— 单元指定作物实际成本。

5.5.2 土地利用系数的计算

土地利用系数的计算,可区分指定作物分别计算各指定作物的土地利用系数,也可以不区别指定作物,按综合土地利用系数进行计算。

1) 区分指定作物土地利用系数的计算

区分指定作物,各指定作物的土地利用系数的计算步骤和方法如下:

(1) 土地利用系数等值区的初步划分

对调查收集得到的指定作物产量数据进行整理,以一定基础地域(自然地域单位、自然村或行政村等)为单位,根据指定作物的实际单产,初步划分指定作物的土地利用系数等值区。各等值区要满足的条件是:等值区间实际单产水平有明显差别;等值区的边界不打破基础地域单位的完整性。

(2) 样点土地利用系数的计算

依据初步划分的等值区,在所有的基础地域单位内分不同产量水平,分层设置一定数量的样点,计算各样点各指定作物的土地利用系数为:

$$K_{Lj} = \frac{Y_j}{Y_{j,\max}} \tag{5.14}$$

式中:K_{Lj}—— 样点的第 j 种指定作物土地利用系数;

Y_j—— 样点的第 j 种指定作物单产;

$Y_{j,\max}$—— 第 j 种指定作物最高单产。

(3) 等值区土地利用系数的初步计算

计算基础地域内各样点指定作物土地利用系数的几何平均数或加权平均数,作为该基础地域的指定作物土地利用系数。根据初步划分的等值区内各基础地域的指定作物土地利用系数,采用几何平均或加权平均的方法,计算得到等值区的指定作物土地利用系数初步结果。

① 几何平均法的计算公式

$$K_{Lj} = (\prod_{i=1}^{m} K_{Lji})^{\frac{1}{m}} \tag{5.15}$$

② 加权平均法的计算公式

$$K_{Lj} = \sum_{j=1}^{m} w_i K_{Lji} \tag{5.16}$$

式中:K_{Lj}—— 等值区第 j 种指定作物土地利用系数;

i—— 基础地域单位编号;

m—— 基础地域单位的数目;

K_{Lji}—— 第 i 个基础地域单位第 j 种指定作物土地利用系数;

w_i —— 第 i 个基础地域单位权重,可取面积比例。

(4) 等值区及土地利用系数的修订

以指定作物土地利用系数基本一致为原则,参考其他自然、经济条件的差异,对初步划分的等值区进行边界订正。订正后的等值区要满足:

① 等值区各样点土地利用系数在 $X \pm 2S$ 之间(X 表示平均值,S 表示方差);

② 等值区间土地利用系数平均值有一定差值;

③ 等值区边界两边的土地利用系数值具有突变特征。

根据修订后的等值区内各基础地域指定作物土地利用系数值，采用几何平均或加权平均的方法，计算得到等值区的指定作物土地利用系数最后结果。

2）综合土地利用系数的计算

不区别指定作物，综合土地利用系数的计算步骤和方法如下：

(1) 根据标准耕作制度和产量比系数，计算样点的标准粮实际产量公式为：

$$Y = \sum Y_j \beta_j \tag{5.17}$$

式中：Y—— 样点的标准粮实际产量；

Y_j—— 样点的第 j 种指定作物单产；

β_j—— 第 j 种作物的产量比系数。

(2) 根据指定作物的最高单产，依据标准耕作制度和产量比系数，计算最大标准粮单产公式为：

$$Y_{\max} = \sum Y_{j,\max} \beta_j \tag{5.18}$$

式中：$Y_{\max}$—— 最大标准粮单产；

$Y_{j,\max}$—— 第 j 种指定作物的最高单产；

β_j—— 第 j 种作物的产量比系数。

(3) 样点综合土地利用系数的计算公式为：

$$K_L = \frac{Y}{Y_{\max}} \tag{5.19}$$

式中：K_L—— 样点的综合土地利用系数；

Y—— 样点的标准粮实际产量；

$Y_{\max}$—— 最大标准粮单产。

(4) 在样点综合土地利用系数计算结果基础上，采用几何平均或加权平均的方法，计算各等值区的综合土地利用系数。

5.5.3 土地经济系数的计算

与土地利用系数相似，可区分指定作物分别计算各指定作物的土地经济系数，也可以不区别指定作物，按综合土地经济系数进行计算。

1）区分指定作物土地经济系数的计算

区分指定作物，各指定作物的土地经济系数的计算步骤和方法如下：

(1) 土地经济系数等值区的初步划分

对根据作物产量、投入产出数据调查计算得到的指定作物“产量-成本”指数进行整理，以一定基础地域（自然地域单位、自然村或行政村等）为单位，根据指定作物的“产量-成本”指数，初步划分指定作物的土地经济系数等值区。各等值区要满足的条件是：等值区间“产量-成本”指数水平有明显差别；等值区的边界不打破基础地域单位的完整性。

(2) 样点土地经济系数的计算

依据初步划分的等值区，在所有的基础地域单位内分不同“产量-成本”指数水平，分层设置一定数量的样点，计算各样点各指定作物的土地经济系数为：

$$a_j = \frac{Y_j}{C_j} \tag{5.20}$$

$$K_{Cj} = \frac{a_j}{A_j} \tag{5.21}$$

式中，a_j—— 样点第 j 种指定作物“产量-成本”指数(kg/元)；

Y_j—— 样点第 j 种指定作物实际单产(kg/hm^2)；

C_j—— 样点第 j 种指定作物实际成本(元/hm^2)；

K_{Cj}—— 样点第 j 种指定作物土地经济系数；

A_j—— 第 j 种指定作物“产量-成本”指数最大值。

(3) 等值区土地经济系数的初步计算

计算基础地域内各样点指定作物土地经济系数的几何平均数或加权平均数，作为该基础地域的指定作物土地经济系数。根据初步划分的等值区内各基础地域的指定作物土地经济系数，采用几何平均或加权平均的方法，计算得到等值区的指定作物土地利用系数初步结果。

① 几何平均法的计算公式

$$K_{Cj} = (\prod_{i=1}^{m} K_{Cji})^{\frac{1}{m}} \tag{5.22}$$

② 加权平均法的计算公式

$$K_{Cj} = \sum_{j=1}^{m} w_i K_{Cji} \tag{5.23}$$

式中，K_{Cj}—— 等值区第 j 种指定作物土地经济系数；

i—— 基础地域单位编号；

m—— 基础地域单位的数目；

K_{Cji}—— 第 i 个基础地域单位第 j 种指定作物土地经济系数；

w_i —— 第 i 个基础地域单位权重，可取面积比例。

(4) 等值区及土地经济系数的修订

以指定作物土地经济系数基本一致为原则，参考其他自然、经济条件的差异，对初步划分的等值区进行边界订正。订正后的等值区要满足：

① 等值区各样点土地经济系数在 $X \pm 2S$ 之间(X 表示平均值，S 表示方差)；

② 等值区间土地经济系数平均值有一定差值；

③ 等值区边界两边的土地经济系数值具有突变特征。

根据修订后的等值区内各基础地域指定作物土地经济系数值，采用几何平均或加权平均的方法，计算得到等值区的指定作物土地经济系数最后结果。

2) 综合土地经济系数的计算

不区别指定作物，综合土地经济系数的计算步骤和方法如下：

(1) 根据标准耕作制度和产量比系数，计算样点的标准粮实际产量、标准粮实际成本和综合“产量-成本”指数，并确定综合“产量-成本”指数最大值，计算公式为：

$$Y = \sum Y_j \beta_j \tag{5.24}$$

$$C = \sum C_j \tag{5.25}$$

$$a = \frac{Y}{C} \tag{5.26}$$

式中：Y—— 样点的标准粮实际产量；

Y_j—— 样点的第 j 种指定作物单产；

β_j—— 第 j 种作物的产量比系数；

C_j—— 样点的第 j 种指定作物实际成本；

C—— 样点的标准粮实际成本；

a—— 样点的综合“产量-成本”指数。

(2) 样点综合土地经济系数的计算，公式为：

$$K_C = \frac{a}{A} \tag{5.27}$$

式中：K_C—— 样点的综合土地经济系数；

a—— 样点的综合“产量-成本”指数；

A—— 综合“产量-成本”指数最大值。

(3) 在样点综合土地经济系数计算结果的基础上，采用几何平均或加权平均的方法，计算各等值区的综合土地经济系数。

5.5.4　土地利用系数与经济系数计算公式的改进

1) 经济系数计算公式的改进

经济系数 K_C 只是用来进行由于土地投入-产出水平不同所造成的相同作物产量等价性差异的修正。因此，K_C 只是农用地等别的影响性因素，不应直接参与分等指数的计算，而应先将其系数值转化成影响性数值即影响度值。据此，可将经济系数 K_C 计算公式改进为：

$$K_C=1-b(1-K_{Co}) \tag{5.28}$$

$$K_{Co}=\frac{a}{A} \tag{5.29}$$

$$a=\frac{Y}{C} \tag{5.30}$$

式中：K_C——方法改进后的土地经济系数计算结果；

a——“产量-成本”指数 (kg/元)；

Y——指定作物或标准粮实际产量(kg/hm^2)；

C——指定作物或标准粮实际成本(元/hm^2)；

K_{Co}——方法改进前的土地经济系数计算结果；

A——指定作物或综合“产量-成本”指数最大值；

b——相同质量的土地在相同物质投入的情况下，由于区位、生产技术和管理水平的不同，导致作物产量可能下降的最大比率，一般取 30%左右。

2) 计算步骤的改进

前述土地利用系数 K_L 和经济系数 K_C 的计算，是按“点—区—值” 步骤计算各等值区 K_L、K_C 数值，即：首先分别计算各样点的土地利用系数 K_{Li} 和经济系数 K_{Ci}；然后根据样点 K_{Li}、K_{Ci} 的空间变化，进行土地利用系数等值区和经济系数等值区划分；最后计算等值区内各点 K_{Li}、K_{Ci} 的平均值，作为该等值区土地利用系数 K_L 和经济系数 K_C 的计算结果，并赋值给等值区内所有分等单元。

为减小研究区各样点土地投入-产出数据的离散性，降低局部地区数据的不准确性及不同地区间数据的不可比性，增强两系数等值区划分和系数计算的宏观和地域控制性，突出等值区土地利用系数和经济系数的区域平均值特征，从而提高等值区划分和系数计算结果的准确性，

可以将两系数“点—区—值”的计算步骤,改进为“点—面—区—点—区值”的步骤。具体如下:

(1) 异常基础地域单位农用地投入-产出数据修正(点—面)。根据样点农用地投入-产出调查数据,对研究区内农用地投入-产出值异常的基础地域单位调查数据进行修正,公式为:

$$B_i=b_i\frac{B_0}{b_0} \tag{5.31}$$

式中:B_i——待修正基础地域单位的投入-产出数据修正值;

b_i——待修正基础地域单位的投入-产出样点数据平均值;

B_0——正常基础地域单位的投入-产出数据;

b_0——正常基础地域单位的投入-产出样点数据平均值。

(2) 基础地域单位土地利用系数和经济系数计算。根据步骤(1)修正后的基础地域单位农用地投入-产出平均值,按下列公式计算各基础地域单位土地利用系数和经济系数:

$$K_{Lx}=\frac{Y_x}{Y_{\max}} \tag{5.32}$$

$$K_{Cx}=\frac{a_x}{A} \tag{5.33}$$

式中,K_{Lx}——基础地域单位的土地利用系数;

Y_x——基础地域单位的指定作物平均单产;

K_{Cx}——基础地域单位的土地经济系数;

a_x——基础地域单位的指定作物“产量-成本”指数;

$Y_{\max}$——指定作物或标准粮单产最大值;

A——指定作物或综合“产量-成本”指数最大值。

(3) 两系数等值区的初步划分(面—区)。根据步骤(2)所得 K_{Lx} 和 K_{Cx} 的计算值,分别绘制研究区全部基础地域单位的土地利用系数和经济系数的大小排序数轴图,并以图上的明显拐点作为其等值区的分界点,经实地验证核查和必要综合处理,得出两系数等值区划分的初步结果。

(4) 等值区代表样点土地利用系数和经济系数计算(区—点)。在步骤(3)初步划分的两系数等值区内,按照分层抽样的原理和要求,分别选取代表性基础地域单位和农用地投入-产出代表样点,并按下列公式计算样点的土地利用系数和经济系数:

$$K_{Ly}=\frac{Y_y}{Y_{\max}} \tag{5.34}$$

$$K_{Cy}=\frac{a_y}{A} \tag{5.35}$$

式中:K_{Ly}——代表样点的土地利用系数;

Y_y——代表样点的指定作物单产;

K_{Cy}——代表样点的土地经济系数;

a_y——代表样点的指定作物“产量-成本”指数;

$Y_{\max}$——指定作物或标准粮单产最大值;

A——指定作物或综合“产量-成本”指数最大值。

(5) 两系数等值区及其土地利用系数 K_L 和土地经济系数 K_C 的最终确定(点—区值)。以等值区内土地利用系数、经济系数基本一致为原则,参考其他自然、经济条件的差异,对两系数等值区的初步结果进行边界订正,使其满足:① 等值区各样点系数值在 $X\pm 2S$ 之间;② 等值区间系数平均值有一定差异;③ 等值区边界两边的系数值具有突变特征。最后以等值区内代表

样点 K_{Ly} 和 K_{Cy} 的平均值，分别作为各等值区土地利用系数 K_L 和经济系数 K_C 的最终计算结果。

5.6 分等指数的计算与等别的划分、确定

5.6.1 分等指数的计算

1) 自然质量等指数的计算

自然质量等指数是按照标准耕作制度所确定的各指定作物，在农用地相应自然质量条件下，所能获得的按产量比系数折算的基准作物产量之和。这个产量指数也可以解释为，在最优土地利用水平和最有利经济条件下，该分等评价单元内的农用地所能实现的最大可能单产水平。因此，也可以将其称为农用地的“本底”产量水平。

(1) 自然质量等指数的计算

自然质量等指数根据下列公式计算：

$$R = \sum R_j \tag{5.36}$$

$$R_j = \alpha_j C_{Lj} \beta_j / 100 \tag{5.37}$$

式中：R—— 农用地自然质量等指数；

R_j—— 第 j 种指定作物的自然质量等指数；

α_j—— 第 j 种作物的光温生产潜力；

C_{Lj}—— 第 j 种指定作物农用地自然质量分值；

β_j—— 第 j 种指定作物的产量比系数。

(2) 产量比系数的计算

产量比系数 β 用于刻画相同的光、温、水、土资源条件下，不同作物产量之间的当量关系。在相同的生长季节内播种生长的作物，其产量比系数 β 可以直接采用作物单产比较来计算得到，即：

$$\text{指定作物产量比系数}\ \beta = \frac{\text{基准作物最高单产}}{\text{指定作物最高单产}} \tag{5.38}$$

而对于不同生长季节内播种生长的基准作物、指定作物，由于它们生长发育所处光、温、水尤其是光、温条件不同，因此作物产量比系数 β 则不能简单地采用式(5.38)计算得到。这种情况下，首先应该将指定作物或基准作物最高单产，调整成基准作物或指定作物生长发育所对应光、温、水尤其是光、温资源条件下的最高单产，然后再按照指定作物产量比系数 β 取基准作物最高单产与指定作物最高单产之比方法，计算指定作物产量比系数。一定光、温条件下作物的最高单产，实际上就是相当于作物的光温生产潜力。

2) 利用等指数的计算

利用等指数是按照标准耕作制度所确定的各指定作物，在农用地自然质量条件和农用地所在土地利用分区的平均利用条件下，所能获得的按产量比系数折算的基准作物产量之和。这个产量也可以解释为，在当地最有利经济条件下，该分等单元内的农用地所实现的最大可能产量水平。因此，也可以将其称为农用地的“现实”产量水平。

利用等指数，根据下列公式计算：

$$Y = \sum Y_j \tag{5.39}$$

$$Y_j = R_j K_{Lj} \tag{5.40}$$

式中：Y—— 农用地利用等指数；

Y_j—— 第 j 种指定作物的利用等指数；

R_j—— 第 j 种指定作物的标准粮产量(指定作物的自然质量等指数)；

K_{Lj}—— 第 j 种指定作物的土地利用系数。

3）经济等指数的计算

经济等指数是按照标准耕作制度所确定的各指定作物，在农用地自然质量条件、农用地所在土地利用分区的平均利用条件及所在土地经济分区的平均经济条件下，所能获得的按产量比系数折算的基准作物产量之和。这个产量也可以解释为，在当前的农业技术经济条件下，该分等单元内的农用地所能实现的最大经济产量水平。因此，也可以将其称为农用地的"经济"产量水平。

经济等指数根据以下公式计算：

$$G = \sum G_j \tag{5.41}$$

$$G_j = Y_j K_{Cj} \tag{5.42}$$

式中：G—— 农用地经济等指数；

G_j—— 第 j 种指定作物的农用地经济等指数；

Y_j—— 第 j 种指定作物的"本底" 产量(指定作物的农用地利用等指数)；

K_{Cj}—— 第 j 种指定作物的土地经济系数。

5.6.2 农用地等别的划分与确定

农用地等别可以根据各分等单元自然质量等指数、利用等指数、经济等指数，采用等间距法、频率分布直方图法等进行划分。

但是不管分等中资料调查收集如何细致、全面，所采取的技术方法如何先进，分等计算结果(包括中间结果和等别结果)与实际情况之间有可能存在差异。因此，初步划分农用地等别后，需对分等计算的中间结果和等别结果进行实地验证和抽样实测。

实地验证的重点包括：① 等别结果与相关研究结果存在差异的农用地；② 相邻行政单位包括乡镇之间、县与县之间、市与市之间，分等计算结果难以甚至无法接边的农用地；③ 大范围计算结果无差异或差异很小的农用地；④ 分等计算结果难以甚至无法解析的农用地；⑤ 当地领导和专家认为分等结果有出入甚至错误的农用地。

抽样实测时，在所有分等单元中随机抽取不超过总数 5%的单元进行野外实测，将实测结果与计算结果进行比较。如果差异小于 5%，则认为计算成果总体上合格，对于发现的不合格的计算结果要进行调整；如果差异大于 5%，则要对计算结果进行全面调整。

实地验证后，对分等结果存在的问题，从基础资料和数据源头以及计算方法、参数选取、结果表达方法等逐一进行全方位的原因分析，并从技术方案的高度提出改进方法和措施。经过野外校验调整后，可以得出分等最终结果，包括农用地资源的自然质量等别、利用质量等别和经济质量等别划分结果，并绘制分等中间成功结果和最终等别结果图，包括分等因素质量分值图、土地利用系数等值区图、土地经济系数等值区图、自然质量等别图、利用质量等别图、经济质量等别图等。

参 考 文 献

1 Beek K J. Land evaluation for agricultural development. Publication No. 23, ILRI Wageningen. The Netherlands, 1978
2 Dumanski J. Land quality indicarors: research plan. Agriculture, Ecosystems and Environment, 2000, 81
3 FAO. A Framework for land evaluation. Rome: FAO Soil Bulletin, 1976
4 FAO. An international framework evaluating sustainable and management. Rome: World Soil Resource Report 73, 1993
5 FAO. Land evaluation for forestry. Rome:FAO Forestry Paper 48,1984
6 FAO. Land evaluation for irrigated agriculture. Rome:FAO Soil Bulletin 55, 1985
7 FAO. Land evaluation for rainy agriculture. Rome: FAO Soil Bulletin 52,1983
8 FAO. Report on the agro-ecological zones project Vll. 1, Methodology and Results for Africa. Rome: World Soil Resources Report 48,1978
9 Mcrac S G and Burnham C P. Land evaluation. Oxford University Press, 1981
10 安萍莉,陈阜.农用地分等定级中标准耕作制度的确定.地理学与国土研究,2002,18(2)
11 陈敬雄,黄劲松,周生路.我国农用地分等定级和估价研究的近今进展.土壤,2003,35(2)
12 陈美球,赵小敏,陈安忠.GIS支持下的耕地分等定级——以浙江省临海市为例.江西农业大学学报,1999,21(3)
13 但承龙,江水玲.县域农用地分等定级与估价模式的构建.山东农业大学学报,2001,3(1)
14 但承龙,王万茂,厉伟.农用地分等定级和估价理论与技术路线的探讨.华中农业大学学报(社会科学版),2000(4)
15 丁生喜.农用耕地分等定级的评价指标选取及其定量化处理.青海师范大学学报(自然科学版),2000(2)
16 冯蓉晔,周生路.农用地分等中土地利用系数与经济评价计算方法改进探讨——以江苏省无锡市为例.经济地理,2004,24(2)
17 高向军,马仁会.中国农用地等级评价研究进展.农业工程学报,2002,18(1)
18 关文荣.农用地的分等定级与估价.中国土地,2000(4)
19 关文荣.农用地分等定级估价的理论和应用探讨.见:农用地分等定级估价理论·方法·实践.北京:地质出版社,2004
20 黄胜利,岳燕珍.GIS支持下区域土地资源分等评价——以安徽省为例.地域研究与开发,1999,18(4)
21 李如海,周生路.农用地分等指标区与参评因素定量确定.土壤学报,2004,41(4)
22 李莹星,王济民.耕地分等定级方法的比较及应用研究.中国土地科学,1997,11(1)
23 林培.土地资源学.北京:中国农业大学出版社,1996
24 刘友兆,王峻.地理信息支持下的县域耕地分等研究.南京农业大学学报,2001,24(3)
25 马仁会,李强,李小波.县级农用地分等评价单元划分方法评析.地理学与国土研究,2002,18(2)
26 倪绍祥.近10年来中国土地评价研究的进展.自然资源学报,2003,18(6)
27 邵景安.农用地分等定级研究进展.成都大学学报,2002,21(3)
28 沈秀峰,周生路,李春华.试论农用地估价的几个问题.土壤,2003,35(1)
29 田淑敏,周颖,宇振荣.基于GIS的土地质量评价——以河北省曲周县为例.中国农业资源与区划,2002,23(3)
30 王建国,单艳红.我国农用地分等定级理论与方法探讨.农业系统科学与综合研究,2002,18(2)
31 王令超,刘荷芬.基于GIS工作平台的农用地定级方法研究.地域研究与开发,1999,18(4)
31 王令超.农用地定级方法初探.国土资源科技管理,2001,18(1)
33 张凤荣,孔祥斌,安萍莉.对《农用地分等定级规程》土地利用系数的探讨.中国土地科学,2002,16(1)
34 张启凡,王智才.耕地质量评价理论与实践.西安:西安地图出版社,1997

35　赵其国,孙波,张桃林.土壤质量与持续环境Ⅰ:土壤质量的定义与评价方法.土壤,1997,29(3)
36　周明,周孝强.耕地地力分等定级体系与方法探索.土壤农化通报,1998,13(3)
37　周勇,李学垣,贺纪正.ARC/INFO信息系统在农用地分等定级中应用——以武汉狮子山地区土系为例.土壤学报,1998,35(4)
38　周生路,王铁成,黄劲松.农用地经济评价定级中两种方法的比较研究——以新疆一四八农场为例.土壤学报,2001,38(3)
39　周生路,李如海,王黎明.江苏省农用地资源分等研究.南京:东南大学出版社,2004
40　周生路,徐彬彬,石晓日.桂林市土地质量评价.山地研究,1997,15(4)
41　朱德举.土地评价.北京:中国大地出版社,1996
42　国土资源部.农用地分等规程(TD/T1004—2003).2003
43　国土资源部.农用地定级规程(TD/T1005—2003).2003
44　国土资源部.农用地估价规程(TD/T1005—2003).2003
45　陈敬雄.基于GIS的省域农用地分等研究——以江苏省为例:[硕士学位论文].南京:南京大学,2003
46　冯蓉晔.城市化背景下农用地价格评估初步研究——以宜兴市为例:[硕士学位论文].南京:南京大学,2004
47　李爱军.农用地两类定级及其与分等结果的比较研究:[硕士学位论文].南京:南京大学,2004
48　沈秀峰.修正法在农用地定级中的运用研究——以东台市为例:[硕士学位论文].南京:南京大学,2003

6 农用地定级

6.1 农用地定级的方法与步骤

6.1.1 农用地定级的方法和原则

1）农用地定级的基本方法

从理论而言，农用地定级有两种思路：一是从原因或本质入手，通过分析评价影响土地构成因素的优劣，来揭示土地级别的差异；二是从结果或外在表现形式入手，通过分析土地产出或土地收益高低，来推求土地级别的差异。第一种思路，以土地质量为标准，从分析造成土地质量差异的原因入手，评价量化土地因素质量分值，评定土地级别。这种思路，客观性强，能够比较真实地反映土地级别高低，与实际情况较为吻合。但影响土地质量的因素及其特性地区性强，不同地区土地质量评价量化的指标含义和标准等存在差异，不利于不同地区间土地级别的比较。第二种思路，从土地质量的外在表现形式出发，对土地产出或土地收益进行修正，排除非土地因素的影响，根据修正后的土地产量或土地收益来反推土地级别。这种思路，简单明了，将土地级别与土地利用结果紧密联系，有利于不同地区间土地级别的比较。但土地利用结果除受土地自身因素影响外，还容易受到投入强度、经营管理水平、科技水平及其他不确定性因素的强烈影响，土地利用结果往往表现出较强的不确定性。

目前，我国主要根据第一种思路开展农用地定级，并提出和形成了三种基本方法，即：因素法、修正法和样地法。其中，因素法是通过对构成土地质量的自然和社会经济因素的综合分析，确定定级参评因素因子体系及影响权重，计算单元因素总分值，以此为依据客观评定农用地级别；修正法是在农用地分等指数的基础上，根据定级目的，选择区位条件、耕作便利度等因素计算修正系数，对分等成果进行修正评定出农用地级别；样地法是以选定的标准样地为参照，建立特征属性计分规则，通过比较计算定级单元特征属性分值，评定土地级别。

因素法农用地定级的思路、方法、步骤和技术处理，与传统土地评价如土地适宜性评价等接近，易为人们理解接受和推广，不受有无农用地分等成果的影响，工作的独立性相对较强，但结果与区域外其他地区农用地定级成果间的可比性较差。另外，农用地具有地域性的特性，不同的区域影响土地质量的因素千差万别，只有对定级区深入调查研究，才能准确、合理地选取确定定级参评因素，因素选取不当极易使定级结果产生偏差。

修正法农用地定级是充分利用已有分等成果的资料和数据，进一步细化评价单元，进行农用地修正性资源因素、经济因素的补充调查和分值计算等，对分等指数进行修正得出定级指数，划分农用地级别，充分体现了定级是分等结果的细化和深化以及这一农用地分等与定级间的关系。修正法农用地定级指数，本质上是由地带性很强的光温生产潜力经过研究区域内部非地带性的土壤条件和区位条件和农田设施等订正后得到的，其结果不仅能体现研究区内部农用地质量的差别，而且通过地带性的光温生产潜力这一纽带，能较好地进行不同地域间农用地质量差异的比较。但是,修正法农用地定级,必须有最近完成的农用地分等成果作基础,工作的独立性相对较差。

样地法农用地定级,虽然土地级别划分标准和结果比较直观,但必须通过事先已完成的农用地分等成果作基础选定标准样地。特征属性计分规则的制定以及依据特征属性计分规则确定土地级别,均要求工作人员具有较丰富相关理论知识和野外工作经验,且带有很强的主观性。该方法土地级别划分结果,与区域外其他地区农用地定级成果间的可比性也相对较差。

综上所述,在已完成农用地分等的地区进行农用地定级,宜采用修正法,也可采用因素法;在未完成农用地分等的地区进行农用地定级,应采用因素法;目前,在农用地定级中还不适宜推广应用样地法。因此,因素法是农用地定级的基本方法,修正法为补充方法。本章主要介绍因素法和修正法农用地定级的原理与方法。

2) 农用地定级的基本原则

农用地定级应遵循以下基本原则:

(1) 综合分析原则。农用地质量是各种自然因素、经济因素综合作用的结果,农用地定级应以对造成质量差异的各种因素进行综合分析为基础。

(2) 主导因素原则。农用地定级应根据影响因素因子的种类及作用的差异,重点分析对土地质量及土地生产力水平具有重要作用的主导因素的影响,突出主导因素对土地定级结果的作用。

(3) 土地收益差异原则。农用地定级既要反映出土地自然质量条件、土地利用水平和社会经济水平的差异及其对不同地区土地生产力水平的影响,也要反映出不同投入水平对不同地域土地生产力水平和收益水平的影响。

(4) 定量分析与定性分析相结合原则。农用地定级应尽量把定性的、经验的分析进行量化,以定量计算为主。对现阶段难以定量的自然因素、社会经济因素采用必要的定性分析,将定性分析的结果运用于农用地定级成果的调整和确定阶段的工作中,提高农用地定级成果的精度。

6.1.2 农用地定级的主要步骤

农用地定级的主要步骤见图 6.1。

(1) 定级工作准备

农用地定级工作实施之前,首先应要明确定级工作的目的、对象、范围、程序和方法,根据定级实际情况、成果精度要求等,制定定级工作计划、实施方案和技术路线,确定定级所需的技术资料和基本图件,设计调查表格,并对工作中可能出现的困难、问题及解决办法进行分析和论证。

(2) 资料的调查收集与整理分析

农用地定级资料调查和收集,主要采取如下方式进行:从有关部门收集现有相关资料;编制调查表格;由有关部门技术人员实地测算和抽样调查。

定级需调查收集的主要资料如下:

① 农用地自然条件和农田基本建设资料。包括:平均温度、积温、降水量、蒸发量、无霜期、灾害天气等气候资料;水源类型(地表水、地下水)、水量、保证率、水质等水文资料;土壤类型、土壤有机质含量、土壤质地、土层厚度、土壤盐碱状况、土体构型、障碍层次数量、主要障碍层的厚度及埋深、土壤侵蚀状况、耕表层土壤养分状况、土壤污染状况、土壤保水供水状况等土壤资料;

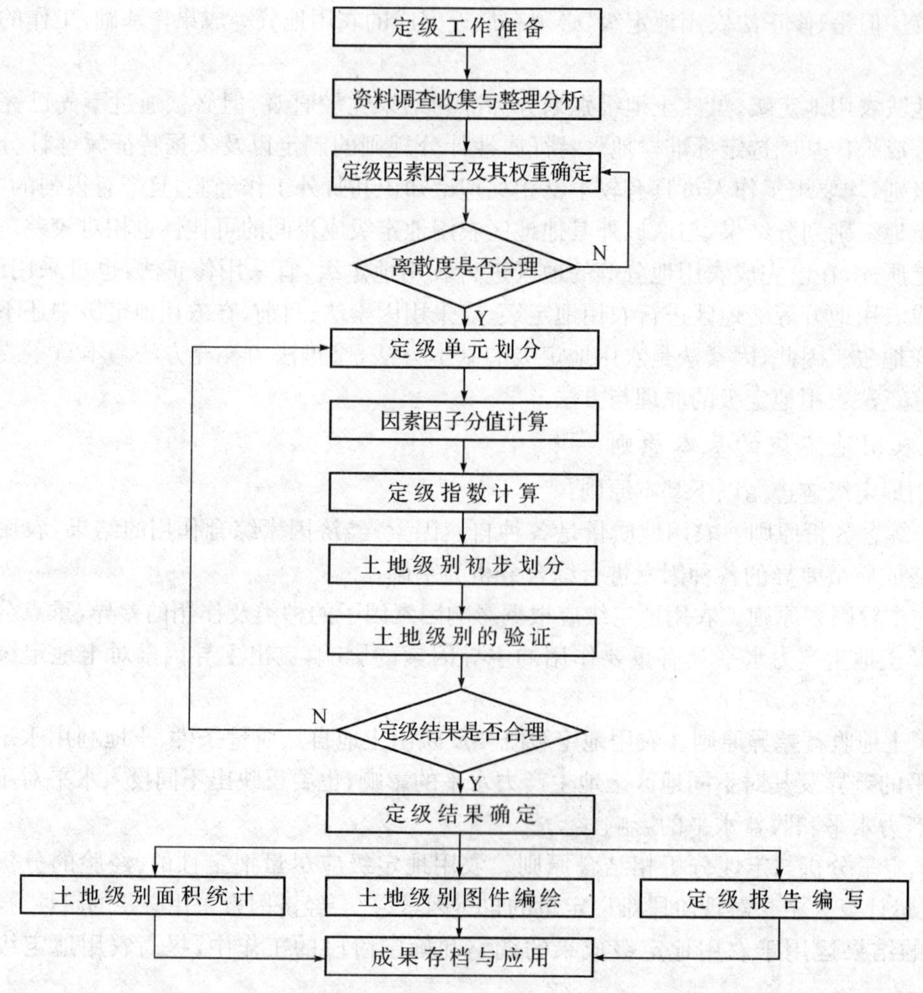

图 6.1　农用地定级的主要步骤

地貌类型、海拔、坡度、坡向、坡型、地形部位等地形资料；灌溉条件、排水条件、田间道路条件、田块大小及平整度等农田基本建设情况资料。

② 农用地利用条件资料。包括：最近三年主要农作物的播种面积、单产、总产的统计资料，土地利用条件样点基本情况资料和农业生产实测资料和农业技术实验资料等。

③ 农用地经济条件资料。包括：最近三年人均耕地、亩均资金投入、亩均纯收益、农民人均收入、农村道路网分布、道路级别标准、距区域经济中心距离、耕作距离、田块分散程度等。

④ 其他资料。包括：农业区划资料、土壤普查资料、土地利用现状调查资料、土地利用规划资料、土地利用变更资料、农业统计资料、当地农产品市场价格资料等。已完成农用地分等工作的，需收集农用地分等基础资料汇编、中间成果及最终成果资料。

(3) 定级因素因子及权重确定

农用地定级的因素是指对农用地质量差异有显著影响的自然因素、区位因素及社会经济因素，某些因素可分解为多个因子。定级因素、因子权重是其对土地级别影响程度的体现。根据主导因素、差异性、相对稳定性和可行性等原则，采用特尔菲测定法、因素成对比较法、层次分析法、数理统计法等方法确定。

(4) 定级单元划分

定级单元是反映土地自身特性、土地利用和定级因素因子状况的最基本地块，是定级取样和获得数据的工作单位，同时也是评定和划分土地级别的基本空间单位。定级单元内部特性和土地构成因素因子状况相对均一。可根据土地利用特征、定级完成任务时间、投入人力、成果精度要求及定级采用的技术手段等，选择相应的方法划分定级单元。

(5) 定级因素因子分值计算

定级因素因子分值按因子作用分值、因素分值和因素因子总分值这三个层次进行计算，其中因子作用分值计算是基本。因子作用分值计算时，应区分因子指标与土地级别之间的正、负相关性，采用极值标准化或距离衰减方法建立相应的数学模型进行计算。因子作用分值越大，表示定级土地受该因子的影响效果越佳。因素分值和定级因素因子总分值，则在因子作用分值计算基础上，一般可根据定级因素因子权重采用逐级加权求和方法计算得到。

(6) 定级指数计算与土地级别划分确定

首先进行定级指数计算，因素法定级指数采用因素因子总分值作为定级指数；修正法定级指数则以分等指数乘上因素因子总分值计算得到。农用地级别，根据单元定级指数，采用等间距法、数轴法、频率曲线统计法等进行初步划分；然后通过意见征询、实地验证、抽样实测以及土地级差收益测算等方法，对土地级别划分初步结果进行验证、修订和完善，最终确定土地级别。

6.2 因素法农用地定级

6.2.1 因素法农用地定级的技术流程

农用地定级的目标就是要刻画和表征农用地农产品产出尤其是收益(包括级差收益Ⅰ和级差收益Ⅱ)的能力和差异。对农用地而言，其土地利用的收益必须通过农产品生产和出售两个环节才能得以实现。也就是说，农用地收益水平的高低是由光照、温度、水分(包括降水和灌溉)、土壤肥力、投入管理等所决定的土地生产力，以及影响土地产品市场价值实现的土地投入-产出效益状况所共同决定的。因此，因素法农用地定级工作可以转化为：①如何评定影响和决定农用地生产力及农用地投入-产出效益状况的农用地构成要素及其优劣状况；②这些土地构成要素及其优劣状况，又如何影响和决定农用地生产力水平及农用地投入-产出效益状况。

影响和决定农用地生产力的土地构成要素，主要包括土地自然属性因素(如：光照、温度、降水、地形、土壤条件等)和部分土地经济属性因素(如：农田灌溉、防洪、排涝等基础设施)；影响和决定农用地投入-产出效益状况的土地构成要素，则主要为土地经济属性要素，包括区位条件(如：距离村庄、城市、市场和交通干道的远近等)、农田基础设施等。

农用地构成要素具有多层次性，亦即土地构成要素由若干因素组成，每个因素又由若干因子组成，因子又由若干更次一级因子组成，从而构成一个具有多层次因素因子所组成的农用地定级参评因素因子体系。由于各定级参评因素因子对农用地生产力及投入-产出效益影响的方式各不相同，影响作用的大小也不一致。其中，定级参评因素因子的影响作用方式，一般可以通过因素因子的指标值与农用地生产力和农用地投入-产出效益状况的关系，采用将指标值按照一定的数学函数转换成影响作用分值的方法进行表达；而各定级参评因素因子影响作用的大小，则可根据其对农用地生产力和农用地投入-产出效益状况产生综合影响时的重要性程度，确定其相应权重的方法进行表达。土地最终级别，可采用各定级参评因素因子影响作用分值逐级加权求和得到总分值的方法；或根据定级参评因子影响作用分值逐级加权求和所得到的各因素作用分值，与所设定各级别对应各因素作用分值集合的隶属状况的方法确定。

由此可见，因素法农用地定级技术流程可分解为：① 对定级区内自然条件和土地利用等进行宏观分异分析，确定定级将针对的参评作物，并根据参评作物生态习性及土地投入-产出效益的影响要素，选择确定农用地定级参评因素因子及其权重体系；② 根据定级参评因素因子的空间分布状况，划分定级单元，进行定级参评因素因子指标值的调查、分析和计算；③ 制定定级参评因素因子指标值-影响作用分值分级标准，并进行各定级单元参评因素因子影响作用分值计算；④ 定级单元土地级别的初步划分、验证和最终确定。因素法农用地定级的技术流程见图 6.2。

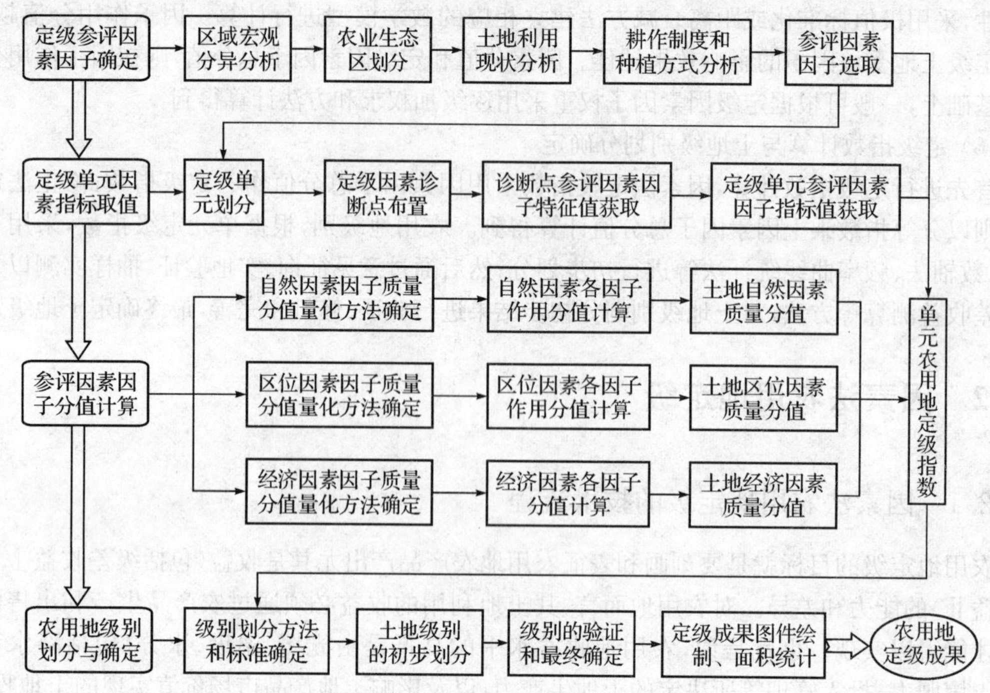

图 6.2 因素法农用地定级的技术流程

6.2.2 定级因素因子

1) 定级因素指标区的划分

土地是一个复杂的自然经济综合体，土地利用必然受到自然生态规律和社会经济规律的制约。在具体实施定级工作之前，必须对定级区域内的自然和社会经济因素进行宏观角度的分析，从整体上把握研究区域内部的气候、地貌、土壤、农业生产特点和土地利用方式等的空间差异。在不同的气候、地貌、土壤、农业生产和土地利用方式下，对农用地质量影响起主导作用的因素是不同的。因此，如果定级区域内部在气候、土壤、地貌、农业生产和土地利用方式等方面存在明显差异的，需划分定级因素指标控制区。即根据区域分异理论，以区域内相似性和区域间差异性特征为基础，采用归并相似性与区分差异性这一原理，划分土地利用区。定级指标控制区是每套计算农用地定级指数的必选因素和参选因素指标所构成的评价指标体系的适用区，是对定级区域的细分。各指标控制区，影响农用地级别的评价指标、指标分级、指标分值和指标权重各不一致，独自适用一套农用地定级因素指标体系。一个指标区内，只适用一套经过科学分析论证的农用地定级因素指标体系。被选定的定级因素应该对农用地的质量差异有明显影响,未选定的定级因素对土地质量差异的影响小或不明显。

指标控制区的划分应着重如实地反映各地区土地利用的现状和特点,其划分应遵循的原则主要包括下面两点:

(1) 主导因素原则。指标控制区划分时,应选取反映区域分异的主导因素的某一主导标志,作为确定不同指标控制区之间区界的主要依据,并且特别强调按统一指标进行分区。

(2) 区域分异原则。指标控制区划分时,应全面考虑构成控制区的各因素及指标的相似性和差异性,挑选具有相互联系的指标作为确定不同指标控制区之间区界的依据。

主导因素原则和区域分异原则并不矛盾。虽然控制区分异因素非常复杂,但仍可以区分出主导因素。采用区域分异原则,挑选具有分区意义的相互联系的指标后,可以再从中挑选出具有决定意义的主导指标。遵循主导因素和区域分异的原则,划分所得到的定级指标控制区域,是区别于其他指标区的最小单元。

农用地定级因素及指标控制区划分的依据是下面两点:

(1) 区域自然条件的差异。自然的地带性与非地带性交错,形成了自然条件的地域分异。地带性的差别,表现在热量条件、水热组合逐渐递增的明显趋势,以及与它相适应的土壤、植被的变化。同时,存在着非地带性因素,特别是地貌类型比较复杂。我国既有大小河流形成的三角洲与冲积、淤积的低洼平原,又有海相沉积的滨海平原,还有从西南和北面延伸入境的低山丘陵。此外,深受地貌影响的水文状况,距海远近的地方气候以及隐性土壤,也都有明显的地区差别。这些地带性因素与非地带性因素交错复合,为指标控制区的划分提供了依据。

(2) 生产结构和生产水平的差异。各地土地垦殖历史长短不一,在开垦利用中不断改造,逐步形成了各地不同的土地类型。由于水、热和土地条件的差别,并受其他社会经济条件的作用和影响,地区之间农业生产的布局和发展水平也就有所不同。水稻、棉花等作物布局有明显的地区性,耕作制度和品种类型差别更大。因此,为指标控制区的划分提供了依据。

2) 定级因素因子的选取确定

定级因素包括对农用地质量差异有显著影响的自然因素、区位因素及社会经济因素,某些因素可分解为多个因子,构成因素体系。权重反映定级因素及其因子对土地质量的影响程度。

定级因素选取时,应遵循以下原则:① 主导因素原则。定级因素选择,首先要选取对某种土地利用方式(如标准耕作制度)起主导限制作用的因素,即选取本地区对土地级别影响较大的主导因素,突出主导因素,数量不宜过多。② 差异性原则。定级因素对不同区位的影响应有较大的差异,因素因子指标值有较大的变化范围。③ 相对稳定性原则。所选取的因素要有相对稳定性,尽量避免选取易变因素。④ 可行性原则。农用地定级工作的深度应与当地所拥有的资料和技术水平相协调,应根据当地条件,尽量从现有资料(如土壤普查、土地利用现状调查、农业区划等)中选取定级因素,如需要也可作必要的野外补测工作。

定级因素及权重,可采用特尔菲法、因素成对比较法、层次分析法等方法中的一种或几种进行综合分析论证后确定。表 6.1 是《农用地定级规程》(TD/T1005—2003)推荐的供选择的农用地定级因素因子,表 6.2～表 6.5 为有关研究的农用地定级因素因子。

表 6.1 《农用地定级规程》推荐供选择的农用地定级因素因子

因素类型	因 素	因 素 所 含 因 子
自然因素	局部气候差异	温度、积温、降水量、蒸发量、酸雨、灾害气候、无霜期等
	地形状况	地形部位、海拔高度、坡度、坡向、侵蚀程度、其他
	土壤条件	土层厚度、障碍层深度、土壤质地、土体构型、土壤 pH、土壤盐碱状况、土壤污染状况、土壤侵蚀状况、土壤养分状况等
	水资源状况	地下水埋深、水源保证率、水源水质、其他
经济因素	基础设施条件	林网化程度、灌溉保证率、排水条件、田间道路、田间供电等
	耕作便利条件	耕作距离、耕作装备、田块大小、田块形状、田块平整度、田面高差等
	土地利用状况	经营规模、经营效益、利用集约度、人均耕地、利用现状、利用方式
区位因素	区位条件	中心城市影响度、农贸市场影响度
	交通条件	道路通达度、对外交通便利度等

表 6.2 新疆绿洲一四八农场农用地定级因素因子

参评因素类别	参评因素	参 评 因 子
土地自然条件	气候条件	光照、温度、降水
	地质地貌条件	地形状况、地下水埋深、土地平整度
	土壤条件	有机质含量、碱解氮含量、速效磷含量、速效钾含量、土层厚度、土壤障碍层深、土壤质地、土壤 pH、土壤含盐量
土地区位条件	位置优越度	区域中心城镇等级、离中心城镇距离
	交通通达度	交通干线影响度、区域路网密度
农田环境条件	农田环境优越度	农田林网化程度、农田污染程度
农田设施条件	农田水利设施完备度	灌溉沟渠完善度、排水沟渠完善度、防洪设施完善度
	农田田间道路完备度	田间道路等级、田间道路密度

表 6.3 大城市边缘区广州天河区农用地定级因素因子

定级对象	参评因素及权重	参 评 因 子 及 权 重
菜 地	土壤条件(0.30)	全氮含量(0.06)、速效氮含量(0.08)、速效磷含量(0.15)、速效钾含量(0.12)、有机质含量(0.15)、耕层厚度(0.10)、阳离子代换量(0.12)、pH(0.13)、土壤质地(0.09)
	立地环境质量(0.25)	大气污染状况(0.35)、水质污染状况(0.35)、土壤污染状况(0.30)
	农田基础设施状况(0.27)	田间道路等级(0.34)、农田灌水沟渠状况(0.25)、农田排水沟渠状况(0.41)
	农田区位条件(0.12)	道路通达度(0.20)、田间路网密度(0.25)、离中心市场距离(0.30)、离农村居民点距离(0.25)
	地形条件(0.06)	地形坡度(0.40)、田块平整度(0.60)
园 地	土壤条件(0.27)	全氮含量(0.07)、速效氮含量(0.09)、速效磷含量(0.11)、速效钾含量(0.10)、有机质含量(0.12)、土层厚度(0.15)、障碍层深度(0.12)、pH(0.11)、土壤质地(0.13)
	立地环境质量(0.25)	大气污染状况(0.45)、水质污染状况(0.25)、土壤污染状况(0.30)

（续表 6.3）

定级对象	参评因素及权重	参评因子及权重
园地	田间基础设施（0.13）	防治水土流失挡土墙状况（0.40）、供水沟渠状况（0.32）、排水沟渠状况（0.28）
	土地区位条件（0.17）	道路通达度（0.40）、离中心市场距离（0.35）、离农村居民点距离（0.25）
	地形条件（0.18）	地形坡度（0.30）、地势起伏状况（0.30）、坡向（0.20）、坡位（0.20）
林地	土壤条件（0.39）	全氮含量（0.07）、速效氮含量（0.08）、速效磷含量（0.12）、速效钾含量（0.09）、有机质含量（0.12）、土层厚度（0.15）、障碍层深度（0.11）、pH（0.13）、土壤质地（0.14）
	立地环境质量（0.20）	大气污染状况（0.50）、水质污染状况（0.20）、土壤污染状况（0.30）
	土地区位条件（0.15）	道路通达度（0.45）、离中心市场距离（0.30）、离农村居民点距离（0.25）
	地形条件（0.26）	海拔高度（0.15）、地形坡度（0.25）、坡向（0.20）、坡位（0.15）、地势起伏状况（0.25）

* 括号内数字为权重值。

表 6.4　长江三角洲平原太仓市农用地定级因素因子

因素类别	参评因素	因素所含参评因子
自然因素	局部小气候（0.06）	台风（1.00）
	地形条件（0.05）	海拔高度（1.00）
	土壤条件（0.24）	耕层厚度（0.17）、表土质地（0.39）、耕层有机质含量（0.29）、土壤酸碱度（0.15）
	水文状况（0.13）	自然排涝能力（1.00）
区位因素	区位条件（0.10）	农贸市场影响度（1.00）
	交通条件（0.06）	道路通达度（1.00）
社会经济因素	土地资源状况（0.05）	人均耕地（1.00）
	土地利用状况（0.06）	土地垦殖率（1.00）
	基础设施条件（0.19）	灌溉保证率（0.74）、路网密度（0.26）
环境因素	环境污染状况（0.06）	大气污染状况（0.38）、水污染状况（0.62）

* 括号内数字为权重值。

表 6.5　沿海滩涂地区东台市农用地定级因素因子

因素类别	参评因素	因素所含参评因子
自然因素	土壤条件	有机质含量、pH、盐渍化程度、质地、土层厚度
	自然灾害	台风灾害、洪涝灾害
社会经济因素	位置条件	农贸中心影响度
	交通条件	道路通达度、路网密度
	基础设施条件	灌溉保证率、排水设施完善度、农田平整度、林网化程度
	土地利用状况	产投比
	资源状况	劳均耕地

6.2.3 定级单元的划分

农用地是综合体更是联合体，它由许多基本要素组成，定级单元是根据地块上主要要素个体的特征，人为综合划分的结果。它是具有确定的用地类型、地形特征、土壤性质等属性的地块，是农用地定级的基本单位和基本图斑。定级单元是土地定级中取样和获得数据的基本单位，根据各因素对单元地块的作用方式和作用程度，所求取的单元因素总分值是土地级别评定的基础和依据。区域自然条件及土地利用集约化程度的差异，直接影响土地评价单元的大小和数目。评价区域地形地貌差异大，必将引起其他因子差异性增大。土地利用方式和集约化程度差异较大，则评价单元的平均面积就较小，定级单元数目较多；反之亦然。评价单元的划分还与土地评价工作量的大小及评价结果的应用有密切关系。

单元内部土地质量相对均一，单元之间有明显的差异。划分单元的目的是要客观的反映土地质量的空间差异性，并把质量差异性落实在具体地块上，为合理利用和科学管理土地服务。农用地定级单元的划分，应在同比例尺的土地利用现状图和地形图和土壤类型图等相关图件的基础上进行。根据当地资料的实际情况，农用地定级工作底图采用 1∶10 000～1∶50 000 的比例尺，原则上与土地利用现状调查的精度相一致，或根据土地管理工作需要确定。

遵循主导因素差异、相似性和边界完整性等原则，农用地定级单元可选择叠置法、地块法、网格法、多边形法等方法划分。

6.2.4 定级因素因子分值的计算

根据影响方式的差异，农用地定级因素因子对土地级别的影响，可分为面状影响、线状影响和点状影响。其中，面状影响是指该定级因素因子指标的优劣仅与具备此指标的地块有影响，不对其他农用地的级别发生影响，如土壤质地、土壤有机质含量等；线状影响是指定级因素因子指标的优劣不仅对具备此指标的地块有影响，还对其相邻的平行于该定级因素因子中心带的农用地的级别产生相同的影响，如交通条件；点状影响是指定级因素因子指标的优劣不仅对具备此指标的地块有影响，还对其周围农用地的级别产生影响，如区域农贸中心影响度、中心城镇影响度。对不同性质的定级因素因子指标，需采用相应的方法进行其作用分值计算。

1）点状因素因子分值的计算

农用地定级涉及的点状因素因子，主要有农贸中心影响度和中心城镇影响度。它们通过农贸中心或中心城镇距离农用地的远近来影响农用地的经营和收益，进而影响农用地的级别。农贸中心影响度分值的计算步骤如下：

(1) 确定各级农贸市场的服务半径和相对距离。其中市级农贸市场的服务半径为农贸市场在市域内的最大服务距离，镇(区)级农贸市场的服务半径为农贸市场在镇(区)范围内的最大服务距离，公式为：

$$d=\sqrt{\frac{S}{n\pi}} \tag{6.1}$$

式中：d—— 某级农贸中心的影响半径；

S—— 某定级区域面积；

n—— 本级农贸中心的个数。

(2) 按照一定的衰减法计算农贸市场的作用分值。公式为：

$$f_i=M_i^{1-r} \tag{6.2}$$

或
$$f_i = M_i(1-r) \tag{6.3}$$
$$r = \frac{d_i}{d} \tag{6.4}$$

式中：f_i—— 因素作用分值；

M_i—— 综合规模指数；

r—— 相对距离；

d_i—— 定级单元与农贸中心的实际距离；

d—— 因素影响半径。

(3) 读取定级单元内农贸中心的作用分值。同时受多个同级功能影响时，取其中的最高作用分；同时存在多级功能影响时，对同一级别的功能作用分仅取值一次并进行加和。

中心城镇影响度的计算方法，与农贸中心影响度的计算方法相类似。

2) 线状因素因子分值的计算

农用地定级涉及的线状因素因子，主要是区域交通条件中的道路通达度因子。道路通达度反映道路所在区域范围内农用地所具备的道路通达条件，其计算方法为：

(1) 计算道路的作用指数

根据道路的路面宽度、道路等级和车流量等指标，计算道路的作用指数，作用指数可采用百分制形式。具体计算方法如下：

$$F_i = \sum w_j M_{ij} \tag{6.5}$$
$$M_{ij} = 100 \times \frac{A_{ij}}{A_{j,\max}} \tag{6.6}$$

式中：F_i—— 第 i 条道路的综合规模指数；

w_j—— 道路第 j 个指标的权重；

M_{ij}—— 第 i 条道路第 j 个指标的规模指数；

A_{ij}—— 第 i 条道路第 j 个指标的实际值；

$A_{j,\max}$—— 定级区道路第 j 个指标的最大值。

(2) 计算道路的影响半径

道路影响半径按实际推算，公式为：

$$d = \frac{S}{2L} \tag{6.7}$$

式中：d—— 道路的影响距离；

S—— 定级区域面积；

L—— 道路长度。

(3) 按照一定的衰减法计算道路的作用分值。公式为：

$$f_i = M_i^{1-r} \tag{6.8}$$

或
$$f_i = M_i(1-r) \tag{6.9}$$
$$r = \frac{d_i}{d} \tag{6.10}$$

式中：f_i—— 因素作用分值；

M_i—— 综合规模指数；

r—— 相对距离；

d_i—— 定级单元与农贸中心的实际距离；

d—— 因素影响半径。

需要指出的是，高级别道路往往包含了更低级别道路的功能。因此，道路通达度分值计算时，也可采取如下处理方法：① 从各级别道路功能中区分出该级别道路自己特有的功能，以及该级别道路所包括的更低级别道路的功能；② 据此划分出定级研究区所含各级别道路的功能分，并将各级别道路特有功能服务半径作为该级别道路的服务半径，所包含更低级别道路功能的服务半径作为低级别道路的服务半径；③ 定级单元道路通达度作用分值计算时，先分别计算各级别道路功能对该单元的作用分值，然后再求和得到该定级单元总的道路作用分值。

3）面状因素因子分值的计算

根据具体指标数值的性质以及可获取性，面状因素因子指标可划分为直接指标和间接指标两大类。直接指标是指能从实际中可调查到或从土地利用现状图等相关图件上量测到具体数据，如土壤有机质含量、耕层厚度、坡度等；间接指标是指无法得到具体数据，只能用定性表述，如土壤质地、坡形、坡向、地貌类型等。

（1）直接指标因素因子分值的计算

① 最大最小值法计算公式为：

$$f_i = 100 \times \frac{x_i - x_{\min}}{x_{\max} - x_{\min}} \tag{6.11}$$

式中：f_i—— 定级单元因素因子指标值的作用分值，其中末一级指标的分值往往不能按 0 考虑，而应根据土地质量的衰减程度确定，因此需对求算出的指标分值初值进行修正后得到分值的最终值；

$x_{\min}$—— 定级研究区该因素因子指标值的最小值；

$x_{\max}$—— 定级研究区该因素因子指标值的最大值；

x_i—— 定级单元该因素因子指标实际值。

② 极值标准化法

若因素因子为正向型，即指标值越大，反映土地质量状况越好，计算公式为：

$$A_i = \frac{a_i}{a_{\max}} \times 100 \tag{6.12}$$

若因素因子为逆向型，即指标值越大，反映土地质量状况越差，计算公式为：

$$A_i = \frac{a_{\min}}{a_i} \times 100 \tag{6.13}$$

若因素因子为适度型，即指标有一适度值，在此适度值上，土地质量最优，大于或小于此适度值，土地质量均由优向劣发展。设 a 为某因素适度值：

当 $a_i \geqslant a$ 时，

$$A_i = \frac{a}{a_i} \times 100 \tag{6.14}$$

当 $a_i < a$ 时，

$$A_i = \frac{a_i}{a} \times 100 \tag{6.15}$$

式中：A_i—— 定级单元因素因子指标值的作用分值；

a_i—— 定级单元该因素因子指标实际值；

$a_{\max}$—— 定级研究区该因素因子指标值的最大值；

a_{min}—— 定级研究区该因素因子指标值的最小值；

a—— 定级研究区该因素因子指标值的适度值。

(2) 间接指标因素因子分值的计算

间接指标因素因子分值无法用指标值表示，只有定性说明。可直接按照因素因子状况，结合指标区域内各因素因子的平均情况赋予一定的分值，分值采用[0,100]封闭区间。

6.2.5 定级指数的计算与级别的划分、确定

1) 定级指数的计算

定级指数，在定级因素因子分值计算结果基础上，根据各定级因子权重采用以下方法计算得到。

(1) 加权求和法

$$H = \sum_{j=1}^{n} w_j f_j \tag{6.16}$$

式中：H—— 定级指数；

j —— 定级因素因子编号；

w_j —— 第 j 个定级因素因子的权重；

f_j—— 第 j 个定级因素因子的分值；

n—— 定级因素因子总数。

(2) 几何平均法

$$H = \left(\prod_{j=1}^{n} f_j\right)^{\frac{1}{n}} \tag{6.17}$$

式中：H—— 定级指数；

j—— 定级因素因子编号；

f_j—— 第 j 个定级因素因子的分值；

n—— 定级因素因子总数。

(3) 限制系数法

当某地定级因素对土地定级存在强限制性时，可选择限制系数计算法：

$$H = \prod_{j=1}^{m} F_j \sum_{k=1}^{n} w_k f_k \Big/ 100^m \tag{6.18}$$

式中：H—— 定级指数；

j—— 强限制性定级因素编号；

k—— 非强限制因素编号；

F_j—— 强限制性定级因素分值；

f_k—— 第 k 个非强限制性因素的分值；

w_k—— 非强限制性因素的权重；

m—— 强限制因素个数；

n—— 非强限制因素个数。

2) 级别的划分、验证和确定

(1) 级别的初步划分

评价单元定级指数的高低，反映了农用地质量的好坏。用定级指数进行农用地级别的划

分，指数值越大，农用地质量越好，级别就越高。级别划分应遵循的原则是：① 级别的高低与单元定级指数总分值的大小相对应。分值越大，级别越高；反之亦然。② 级别间分值具有明显差异。③ 任何一个定级指数分值只能唯一对应一个土地级别。④ 级别的界线不打破行政权属界线和线状地物。级别的具体划分方法主要有数轴法、总分值频率曲线法、总分等值线法等。

(2) 级别的验证和确定

在农用地级别初步成果完成后，应组织当地有关专家对初步成果进行论证，根据专家意见对定级初步成果进行修改、完善，并到实地进行验证，落实级别界线。实地验证的重点包括：① 级别结果与相关研究结果(分等结果、土壤评级结果等)存在明显差异的地区；② 相邻地块定级结果差别很大的地区；③ 大范围计算结果无差异或差异很小的地区；④ 当地专家认为定级结果有出入甚至错误的地区。

如果不存在上述问题，则可在定级评价单元中随机抽取一定比例(如不超过总数5%)的单元进行野外实测，将实测结果与定级结果进行比较。如果差异小于5%，则认为初步定级成果总体上合格，对于发现的不合格的计算结果要进行修正；如果大于5%，则应对初步定级成果进行调整。检验的准则是各级土地的光、热、水、土、地貌等自然因素组合是否存在明显差异；所划分的土地级别间的单位面积纯收益是否存在明显差异；各级间土地纯收益是否为正差级。检验的程序依次为：样本分布合理性检验；划分级别的总体趋势合理性检验；各级间差异显著性及各级间差异是否为正差级检验等。检验的方法有 X^2 检验法、F 检验法、U 检验法、级差收益检验法等。

经过对初步定级成果的检验，确定定级的最终级别界线，进行各级别面积汇总和成果图编绘。

6.3 修正法农用地定级

6.3.1 修正法农用地定级的技术流程

采用修正法进行农用地定级是在已完成的农用地分等成果基础上，充分利用分等成果已有的资料和数据，进一步细化评价单元，进行农用地修正性资源因素、经济因素的补充调查和分值计算等，在对分等指数进行修正的基础上计算得到定级指数，并据此划分农用地级别。具体技术流程如图6.3。

修正法和因素法农用地定级，具有以下相同或相似之处的四个方面：

(1) 两种方法定级原理和工作程序基本一致。它们均是在对研究区进行区域宏观分异分析、土地利用现状分析、定级指标区划分、参评因素因子选取、定级单元划分、参评因素因子指标值获取和优劣量化的基础上，通过计算反映定级单元土地质量差异的定量指标来进行土地级别的划分。其中，修正法是在分等的基础上，进一步补充选择自然资源因素和经济因素，对土地分等结果的利用等指数进行修正，得到土地定级指数。因素法直接通过各影响土地质量的因素分值综合得到土地定级指数。

(2) 定级指标区划分的目的和方法一致。即通过对研究区气候、地质、地貌、成土母质、土壤发生和土地利用等宏观差异的比较分析，将上述因素较为一致的区域划为相同的指标区，然后在指标区内分别确定其对应的参评作物、参评因素因子和定级指标等，从而达到更加客观、细致和准确地对研究区土地进行定级的目的。

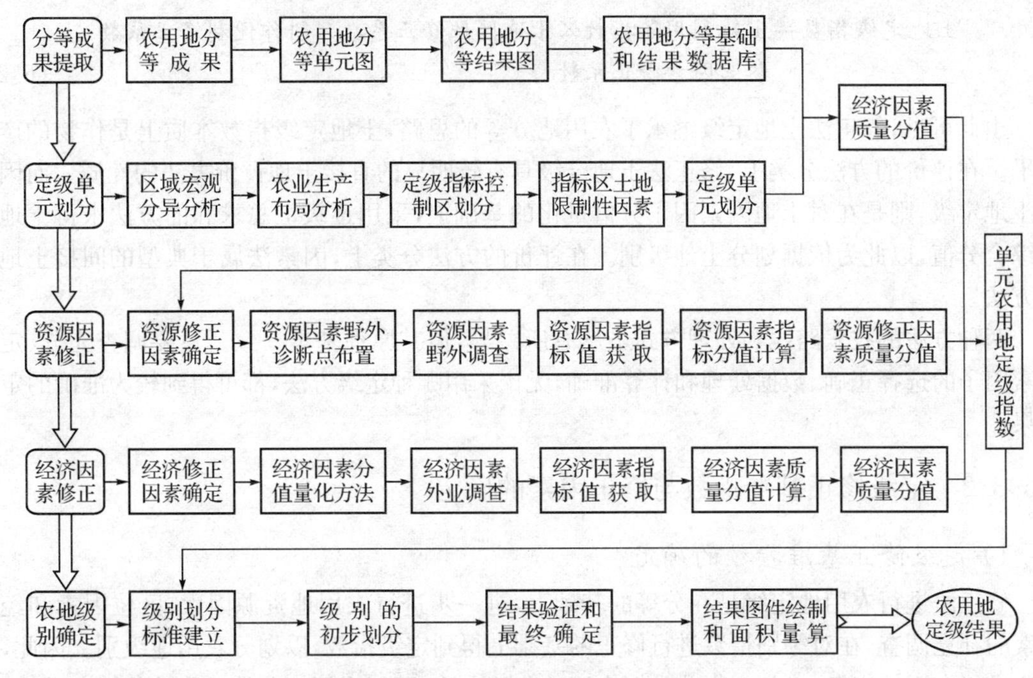

图 6.3　修正法农用地定级技术流程

(3) 定级单元的划分方法一致。两种方法进行定级单元的划分，其目的都是为了更好的客观反映土地质量的空间差异性。单元的划分遵循主导因素差异原则、相似性原则、边界完整性原则等，单元内部土地质量相对均一，单元之间有明显差异。单元的划分方法都可采用叠置法、网格法和地块法等。

(4) 土地级别划分方法一致。两种方法均根据定级指数、遵循等原则，采用数轴法、总分值频率曲线法、总分等值线法等方法进行划分，然后进行实地校核、级差收益等验证，进行必要订正完善而最后确定。

修正法和因素法农用地定级，不同之处主要有以下两个方面：

(1) 参评因素的选取有所不同，但指标量化方法基本一致。土地级别是土地等别的细化和深化，修正法从参评因素的选择上体现了这一关系，修正法的定级因素是选取分等工作没有细化、局部存在差异的自然因素和分等工作没有涉及的社会经济因素。因素法定级从影响土地质量的自然、区位和经济各方面按主导因素原则、差异性原则等选取评价因素。修正法参评因素的选择在一定意义上说是对土地分等参评因素的补充(主要是社会经济因素方面)与修正(主要是自然因素方面)，参评因素特别是自然质量因素的选择数目比参数法少。两种土地定级的因素因子指标值的量化方法基本一致，都是在因素因子与土地质量关系的分析和研究的基础上，选取因素因子指标值的显著作用区间进行各因素因子指标值优劣的相对量化。

(2) 土地定级指数的本质含义差别大，这也是两种方法的主要差别所在。修正法土地定级是对农用地分等工作的延续，定级指数是由土地利用等指数通过一系列因素修正得到的。农用地分等的基本思路和技术路线沿用了联合国粮农组织的 AEZ 法(农业生态区法)，其实质是在作物光温生产潜力的基础上进行自然质量水平、土地利用水平和土地经济水平的修正后得到作物可能产量，以此为依据划分农用地的等别。

$$土地利用等指数=作物光温生产潜力\times土地自然质量指数\times土地利用系数 \quad (6.19)$$

土地定级指数＝土地利用等指数×土地区位修正系数×耕作便利修正系数×参选因素修正系数　　(6.20)

由此可见，修正法土地定级继承了农用地分等的思路，土地定级指数本质上是作物的产量水平。在评价的方法分类上，修正法土地定级具有较明显的直接土地评价方法的性质。而因素法土地定级，则是在对土地因素因子分值量化的基础上，采用逐级汇总求和的方法求得土地质量综合分值，以此为依据划分土地级别。在评价的方法分类上，因素法属于典型的间接土地评价方法。

两种方法的技术路线和处理方式虽然有所差异，但其原理基本一致。只要调查充分、定级因素因子的选择正确、数据处理和计算准确，无论采用哪种定级方法，都可得到较为准确的定级结果。

6.3.2　定级修正基准指数与修正因素的确定

1）定级修正基准指数的确定

修正法进行农用地定级是在分等的基础上，进一步进行农用地资源因素、区位因素和经济因素的补充调查，在对等别指数进行修正的基础上得到定级指数，以划分农用地级别。因此，修正法进行农用地定级，必须在充分掌握农用地分等方法、了解农用地分等过程的前提下，提取农用地分等的图形数据和属性数据，与定级的野外调查数据相结合，计算定级指数，划分农用地等级。定级可借鉴和引用的分等成果主要有：分等技术报告、分等单元图、自然等别图、利用等别图和分等结果图、分等的基础数据库、中间成果数据库和最终结果数据库等。农用地分等工作中体现土地质量的指数主要有自然质量等指数、利用等指数和最终的分等指数，在实施过程中，确定提取哪个指数，作为基准参与定级指数的计算，将影响到最终定级结果的科学性和真实性。

农用地自然质量等指数体现的是土地自然质量水平，其代表着在最优土地利用水平和最有利经济条件下，农用地所能实现的最大可能单产水平，体现的是农用地不同地块（或称分等单元）自然条件因素的差异；利用等指数是在自然质量等指数的基础上，进行区域土地利用水平的修正后得到，是农用地在当地最有利经济条件下所实现的最大可能产量水平，其结果进一步体现了农用地不同地块（或称分等单元）在农田水利、田间道路等农田基本设施方面的差异（按区域平均水平进行订正量化）；农用地分等指数由利用等指数进行土地经济系数修正后得到，虽然目前学术界关于土地经济系数作用的认识纷争较大，但土地经济系数主要是用来进行由于土地投入-产出经济效益不同所造成的相同作物产量等价性差异的修正，修正后的结果将进一步体现农用地不同地块（或称分等单元）在区位条件等方面的差异（按区域平均水平进行订正量化）。根据农用地"级" 与"等"的关系，即农用地"级别"是农用地"等别"在资源属性因素方面的细化和在社会经济属性因素方面的深化，我们认为上述三种指数中选取土地利用等指数作为定级修正的基准指数，进一步进行定级修正因素因子的选取和修正系数的计算最为适合。这种处理将全面选取对农用地级别影响作用敏感的中心城镇、道路交通等区位因素因子并刻画其作用，而自然条件、农田基本设施等只需在研究区选取其中分等单元间存在较大空间差异的那部分因素因子，作为定级参选因素参与定级指数的修正计算。

2）定级修正因素的确定

定级是对分等的细化和深化，是在分等对农用地资源属性因素评价的基础上，进一步对农用地的经济属性因素和分等工作没有细化、局部存在差异的资源属性因素质量进行评价。这些定级的修正因素分为必选因素和参选因素两大类型。

(1) 必选修正因素

土地区位因素：主要包括中心城镇影响度、农贸中心影响度和区域交通条件。

耕作便利因素：主要包括耕作距离、农田水利设施、田间道路和田块形状等。

(2) 参选修正因素

参选修正因素是对农用地分等因素的补充，选择农用地分等因素之外，对农用地级别有显著影响的1～3个因素作为参选因素。参选修正因素的确定原则为：

① 参选修正因素必须是定级对象所处区域进行农用地分等时未被选择的因素；

② 在定级指标区范围内，参选修正因素应该对农用地级别有显著影响，未选定的参选修正因素对农用地级别差异的影响小或不明显；

③ 参选修正因素应选择容易量化的因素；

④ 在定级指标区范围内，参选修正因素的数量原则上不超过3个。

6.3.3　定级指数的计算

1) 修正因素修正系数的计算

(1) 修正因素修正系数的一般计算公式

修正因素的修正系数，反映修正因素在定级范围内相对变化程度，可用下式进行计算：

$$k_i = \frac{F_i}{\overline{F}} \tag{6.21}$$

式中：k_i—— 第 i 个单元修正因素的修正系数；

i—— 该区域内第 i 个单元；

F_i—— 第 i 个单元修正因素分值；

$\overline{F}$—— 区域内修正因素平均作用分值。

(2) 土地区位修正系数 k_{zi} 的计算

$$k_{zi} = \frac{F_{zi}}{\overline{F}_z} \tag{6.22}$$

式中：k_{zi}—— 第 i 个单元土地区位修正系数；

i—— 该评价指标区域内第 i 个单元；

F_{zi}—— 第 i 个单元土地区位修正因素分值；

$\overline{F}_z$—— 定级区域内土地区位平均作用分值。

土地区位系数是农贸中心影响状况和区域交通状况的综合评价指标，用加权求和模型计算。

(3) 耕作便利修正系数 k_{fi} 的计算

$$\overline{k}_{fi} = \frac{F_{fi}}{\overline{F}_f} \tag{6.23}$$

式中：k_{fi}—— 第 i 个单元耕作便利修正系数；

i—— 该区域内第 i 个单元；

F_{fi}—— 第 i 个单元土地区位修正因素分值；

$\overline{F}_f$—— 定级区域内耕作便利平均作用分值。

(4) 参选修正因素修正系数 k_{ji} 的计算

$$k_{ji} = \frac{F_{ji}}{\overline{F}_j} \tag{6.24}$$

式中：k_{ji}—— 第 i 个单元第 j 个参选修正因素修正系数；

j—— 第 j 个参选修正因素($j = 1,2,3$)；

i—— 该区域内第 i 个单元；

F_{ji}—— 第 i 个单元第 j 个参选修正因素分值；

$\overline{F}_j$—— 定级区域内第 j 个因素平均作用分值。

2) 定级修正因素修正系数转换为修正系数影响度

定级修正因素修正系数转换为修正系数影响度的方法下：

设 j 定级修正因素修正系数最小值为 $k_{j,\min}$，最大值为 $k_{j,\max}$，其对土地产出的影响幅度上、下限即最大影响度分别为 $A_{j,\min}$ 和 $A_{j,\max}$，设 i 单元 j 定级修正因素修正系数为 k_{ji}，则 i 单元 j 定级修正因素影响度 F_{ji} 计算公式为：

(1) 当 $k_{ji} < 1$ 时，

$$F_{ji} = 1 - \frac{(1 - A_{j,\min})(1 - k_{j,\min})}{1 - k_{ji}} \tag{6.25}$$

(2) 当 $k_{ji} > 1$ 时，

$$F_{ji} = A_{j,\max} - \frac{(A_{j,\max} - 1)(k_{j,\max} - k_{ji})}{k_{ji} - 1} \tag{6.26}$$

(3) 当 $k_{ji} = 1$ 时，

$$F_{ji} = 1 \tag{6.27}$$

其中，修正因素最大影响度 $A_{j,\min}$ 和 $A_{j,\max}$ 确定的基本步骤和方法如下：① 按照修正因素 j 条件的优劣划分为好、中、差三种区域；② 在好、中、差三种类型区内，分别找出其他定级修正因素条件接近的区域，作为影响幅度的计算样区；③ 分别测算定级修正因素 j 条件好、中、差计算样区农用地投入-产出(或地价)的平均水平；④ 将定级修正因素 j 条件好、差样区农用地投入-产出(或地价)的平均水平，除以三种类型定级修正因素 j 条件中等样区农用地投入-产出(或地价)的平均水平，所得值即为修正因素 j 最大影响度的上、下限值 $A_{j,\min}$ 和 $A_{j,\max}$。

修正因素最大影响度的上、下限值 $A_{j,\min}$ 和 $A_{j,\max}$ 的计算公式如下：

$$A_{j,\max} = \frac{\sum P_{1i}S_{1i}}{\sum S_{1i}} \bigg/ \frac{\sum P_{2i}S_{2i}}{\sum S_{2i}} \tag{6.28}$$

$$A_{j,\min} = \frac{\sum P_{3i}S_{3i}}{\sum S_{3i}} \bigg/ \frac{\sum P_{2i}S_{2i}}{\sum S_{2i}} \tag{6.29}$$

式中：P_i——i 样区的单位面积净收益；

S_i——i 样区面积；

i—— 样区类型，1、2、3 分别代表好、中、差样区。

3) 定级修正系数和定级指数的计算

(1) 定级修正系数 K_i 的计算

定级修正系数 K_i，可根据定级参评修正因素修正系数 k_{ji}、修正系数影响度 F_{ji}，分别采用连乘法和加权求和法计算得到。

① 连乘法

$$K_i = K_{zi} k_{fi} \prod k_{ji} \tag{6.30}$$

式中：K_i—— 第 i 个单元定级修正系数；

k_{zi}—— 第 i 个单元土地区位修正系数；

k_{fi}—— 第 i 个单元耕作便利修正系数；

k_{ji}—— 第 j 个单元参选修正因素修正系数。

② 加权求和法

$$K_i = w_z F_{zi} + w_f F_{fi} + \sum w_j F_{ji} \tag{6.31}$$

式中：K_i—— 第 i 个单元定级修正系数；

F_{zi}—— 第 i 个单元土地区位修正系数影响度；

w_z—— 土地区位修正系数影响度权重；

F_{fi}—— 第 i 个单元耕作便利修正系数影响度；

w_f—— 耕作便利修正系数影响度权重；

F_{ji}—— 第 i 个单元第 j 个参选修正因素修正系数影响度；

w_j—— 第 j 个参选修正因素修正系数影响度权重。

(2) 定级指数 H_i 的计算

$$H_i = Y_i K_i \tag{6.32}$$

式中：H_i—— 第 i 个单元的定级指数；

Y_i—— 第 i 个单元所对应的定级修正基准指数，一般取土地利用等指数；

K_i—— 第 i 个单元土地定级修正系数。

(4) 级别划分、验证和确定

修正法农用地定级，级别划分、验证和确定的方法与因素法相似。

参 考 文 献

1 FAO. An international framework for evaluating sustainable land management. Rome: World Soil Resources Report 73, 1993

2 FAO. Report on the agro-ecological zones project Ⅶ.1, Methodology and Results for Africa. Rome: World Soil Resources Report 48, 1978

3 陈海生，黄寿波. 作物气候生产潜力研究进展. 湖北气象，1997(3)

4 但承龙，王万茂，厉伟. 农用地分等定级和估价理论与技术路线的探讨. 华中农业大学学报(社会科学版)，2000，(4)

5 高向军，马仁会. 中国农用地等级评价研究进展. 农业工程学报，2002，18(1)

6 关文荣. 农用地的分等定级与估价. 中国土地，2000(4)

7 国土资源部. 农用地定级规程(TD/T1005—2003). 2003

8 国土资源部. 农用地分等规程(TD/T1004—2003). 2003

9 梁山，许月明，陈国栋. 农用地定级估价理论与方法. 石家庄：河北科学技术出版社，1998

10 林英彦. 不动产估价. 台北：台湾文笙书局，1989

11 刘水杏. 农用地分等定级与估价成果在耕地占补平衡中的应用. 国土经济，2002(7)

12 陆春锋，李爱军，周生路. 修正法农用地定级方法探讨及其与因素法比较. 土壤，2005，37(2)

13 倪绍祥. 土地类型与土地评价概论.(第 2 版). 北京:高等教育出版社,1992
14 盛乐山,赵哲远,陈建明. 农用地定级估价探讨——以浙江省义乌市为例. 中国土地科学,1999,13(5)
15 王建国,单艳红. 我国农用地分等定级理论与方法探讨. 农业系统科学与综合研究,2002,18(2)
16 王令超,王国强,王国灵. 农用地的总分值计算模型研究. 地域研究与开发,2001,20(3)
17 叶方,周生路,李爱军. 两种目的农用地定级及其结果比较研究. 经济地理,2005,25(1)
18 尹君,安智胜,王亚西. 农用地定级估价研究. 河北农业大学学报,2003,5(4)
19 周生路,王铁成,黄劲松. 农用地经济定级中两种方法的比较研究——以新疆一四八农场为例. 土壤学报,2001,38(3)
20 李爱军. 农用地两类定级及其与分等结果的比较研究:[硕士学位论文]. 南京:南京大学,2004
21 沈秀峰. 修正法在农用地定级中的运用研究——以东台市为例:[硕士学位论文]. 南京:南京大学,2003

7 农用地估价

7.1 农用地估价的基本原则与方法

7.1.1 农用地价格的特点与分类

1) 农用地价格的基本特点

马克思以土地价格理论与劳动价值论为理论基础，从地价的构成上来分析，确定土地价格具有二元性，即虚幻性和真实性。虚幻性是由于土地物质本身的无价值和社会支付土地资本过多的东西决定的，而真实性则是由于土地资本个别劳动决定的。但这只是土地价格的一方面，即是已开发土地的价格，另一方面，未开发土地的价格则只是一种虚幻的价格形态，土地价格的这种特性归根到底是由于土地价值的二元性。就土地特点而言，其虚假的社会价值、虚幻价格的产生，则是由于土地的稀缺性即土地绝对数量有限、相对价值随时间递增，因而，土地价格是一种稀缺价格。农用地具有土地的一般特性，因而农用地价格也是一种二元价格。

从土地价值的二元性角度看，农用地价格由农用地物质价格、社会对农用地资本支付过多的社会价值价格以及农用地资本个别劳动价值价格共同构成。前两者形成农业用地虚幻价格，后者为真实价格。简单地说，农用地作为一种资源性资产，其价值是农用地生产力决定的生产力价格和农用地的无形价值之和。在我国土地资源特别缺乏的情况下，农用地的无形价值更显重要，它主要指农用地的存在对农民所具有的社会保障及为社会提供粮食安全作用而产生的社会稳定功能，以及农用地的存在对保持良好的生存环境所具有的生态环境功能这两种功能价值之和。但现实经济活动，农用地价格得到体现的主要是生产力价格即经济收益价格。

当前，以生产力或经济收益价格为主体的农用地价格，具有以下特点：

(1) 以其收益能力作为价格基础。土地生产力、生产成本和利用方式因地而异，导致土地纯收益的差异，也决定了土地价格的不同。

(2) 价格评估困难。由于依法转让的农用地案例较少，运用市场比较法和长期趋势法比较困难，通常用收益还原法求地价。但同块土地因作物种类不同，生产水平有很大差异并且受条件限制，收益计算很难做到精确，所以农用地评估的开展仍有相当困难。

(3) 价格具有不确定性。土地在作为农用地使用时可按土地收益确定价格，如果农用地转化为非农用地，土地市场售价应该按未来预期收益扣除未来的开发成本定价。由于影响地租和地价因素的多样性和动态性，也加剧了地价的不确定性。

(4) 农用地价格水平是其他用地价格的基础。如农村非农用地的价格，在缺乏买卖案例和交易资料时，均可根据农用地价格来推算，并进行必要的加权修正。

2) 农用地价格的分类

农用地价格根据不同标准可以分成不同的类型。根据价格的用地类型，农用地价格可以分成水田价格、旱地价格、园地价格、林地价格、养殖水面价格、牧草地价格和未利用地价格等。根据市场流通交易的类型,农用地价格可以分为农用地承包价格、农用地转包价格、农用地租用价格、农用地抵押价格和农用地拍卖底价等。根据价格的适用空间范围,农用地价格可以分为宗地地价和基准地价两种类型。根据农用地功能,农用地价格可以分为农用地经济收益价格、农用地生态收益价格和农用地社会收益价格等类型。

根据农用地所转向经营主体的差异,农用地价格也可分为三种类型:① 农用地内部流通价格。它是农用地在不改变用途的前提下,在农业经营主体之间流通的价格,价格水平取决于农用地的生产能力及农用地的质量,因而又称之为农用地质量价格。流通中虽然土地使用权和所有权可能发生变化,但土地的利用类型与方式不发生变化。② 农用地内部转用价格。它是农用地转为集体非农用地的价格,价格水平不仅取决于农用地的生产能力及农用地的质量,而且也取决于转用后的土地利用类型与方式。转用中不仅土地利用的类型与方式发生变化,而且土地使用权要发生变化,但土地所有权不发生变化。③ 农用地征用价格。它是农用地被征为国家建设用地的价格。征用中不仅土地所有权发生转移,而且土地使用权和土地利用的类型与方式均发生变化。

7.1.2　农用地估价的基本原则

农用地估价应遵循的基本原则有以下主要内容:

(1) 预期收益原则。农用地估价应以估价对象在正常利用条件下的未来客观有效的预期收益为依据。

(2) 替代原则。根据替代原则,农用地价格评估应以近邻地区或类似地区的功能相同、条件相似和交易方式一致的农用地交易实例的市场价格为参考,经比较修正后估算出待估农用地价格。

(3) 报酬递增递减原则。报酬递增递减原则是指经济学中的边际效益变动的原则。在投入水平较低时,每增加各生产要素的单位投入量,纯收益均会随之增加;但增加到某一数值以后,若继续增加投资,其边际纯收益递减。这一规律在农业生产经营中普遍存在,估价中应充分依据这一原则。

(4) 贡献原则。农用地的总收益是由农用地及其各种投入共同作用的结果,估价时要充分考虑农用地对总收益的实际贡献。

(5) 合理有效利用原则。农用地价格评估时,待估农用地所设定的利用方式,不仅应能充分发挥其土地质量的效用,产生良好的经济效益,而且不会使其土地质量明显降低,不对其周围土地利用造成不利影响或危害。具体包括:① 持续的使用。根据农用地自身条件和有关规划的要求,评估对象土地按照所确定的利用方式使用应是多年持续的,并能保持持续的合理性和有效性。② 有效的使用。在已确定的利用方式下,能带来最佳的经济收益。③ 合法的使用。在合乎法规、政策、规划等限制条件下的最佳利用状态。④ 资源条件的适用。即从评估对象农用地的气候、地形、地势等条件考虑的适宜利用方式。

(6) 变动原则。遵循变动原则,要求农用地估价应充分考虑地价形成因素的变化,对将来的地价变动作出准确预测,同时也要对所采用的地价资料按变动原则修订到估价期日的标准水平。

(7) 供需原则。农用地估价要充分考虑农用地供需的特殊性和农用地市场的地域性。

7.1.3　农用地估价的基本方法

农用地估价的基本方法主要有收益还原法、市场比较法、成本逼近法、剩余法、土地补偿费法、置换成本法等。

1) 收益还原法

收益还原法是以土地收益价格为依据，将待估农用地在未来某些年预期的纯收益，以一定的还原利率还原成估价期日价格的一种方法。

收益还原法进行农用地估价的基本公式为：

$$P=\frac{a}{r}\left[1-\frac{1}{(1+r)^n}\right] \tag{7.1}$$

式中：P—— 土地价格；

a—— 土地市场收益；

r—— 土地还原利率；

n—— 土地使用年期。

当 n 为无限年期时，公式变为：

$$P=\frac{a}{r} \tag{7.2}$$

收益还原法着眼于农用地的预期收益，从农用地总收益中扣除物质费用及劳动力成本等，分离出土地纯收益，能比较准确地反映农用地本身的生产力或收益能力的真实水平。因此，收益还原法比较适合评估农用地的农业生产经济价格。采用收益还原法评估农用地价格，所计算的年纯收益应与其权利状况相对应，即相应权利主体所获得的年纯收益经还原就是该权利状况下的价格。

土地年纯收益 a 为年总收益与年总费用之差。年总收益、年总费用、土地还原利率 r 的测算确定方法如下：

(1) 年总收益测算

年总收益是指待估农用地按法定用途合理有效地使用所取得的持续而稳定的客观正常年收益，需根据待估农用地生产经营活动的方式测算得到。

① 待估农用地为直接生产经营方式时，用根据其产量和估价期日正常市场价格水平下的农产品年收入(包括主产品收入和副产品收入)作为年总收益。

② 待估宗地为租赁经营，农用地由其产权拥有者用于出租时，每年所获得的客观租金及承租方支付的保证金或押金的利息收入之和作为年总收益。其中，客观租金根据实际租金水平考虑评估期日当地正常的市场租金水平进行分析计算；保证金或押金的利息按其数量及评估期日中国人民银行的一年期定期存款利息率进行计算。

(2) 年总费用测算

年总费用是指待估农用地的使用者在进行生产经营活动中所支付的年平均客观总费用，也需根据待估农用地生产经营活动的方式测算得到。

① 待估农用地为直接生产经营方式时，用农用地维护费和生产农副产品的费用之和作为总费用。其中，维护费一般指农用地基本配套设施的年平均维修费用；生产经营农副产品的费用为生产农副产品过程中所必须支付的直接及间接费用，包括种苗费(或种子费、幼畜禽费)、肥料费(或饲料费)、人工费、畜工费、机工费、农药费、材料费、水费、农舍费(或畜禽舍费)、农具费

以及有关的税款、利息等。

② 待估农用地为租赁经营时,用土地租赁过程中所必须支付的年平均客观总费用作为年总费用。

(3) 土地还原率 r 的确定方法

土地还原率 r 的确定方法主要有下面三种方法:

① 租价比方法。选择与评估对象处于同一地区或近邻地区、类似地区及相同用途的三宗以上近期发生交易的,且在交易类型上与评估对象相似的农用地交易实例,以交易实例的土地租金或土地纯收益与其价格的比率的均值作为土地还原率。

② 安全利率加风险调整值法。即:

$$\text{土地还原率} = \text{安全利率} + \text{风险调整值} \tag{7.3}$$

安全利率可选用同一时期的一年期国债年利率或银行一年期定期存款年利率,风险调整值应根据农业生产所遇到的灾害性天气、评估对象所处地区的社会经济发展水平和农用地市场等状况对其影响程度而确定。

③ 投资风险与投资收益率综合排序插入法。将社会上各种相关类型投资,按它们的收益率与风险大小排序,然后分析判断估价对象所对应的范围,确定其还原率。

2) 市场比较法

市场比较法是根据替代原则,参照邻近地区条件相同或相近地块的若干个农用地交易案例,对交易案例成交价格进行修正得到待估农用地的比准价格,然后采用简单算术平均法或加权算术平均法、中位数法和众数法计算得出待估农用地价格的一种方法。市场比较法要求待估农用地所在区域有比较完善的农用地交易市场,估价人员具备较为丰富的知识和经验。

采用市场比较法进行农用地估价时,比准价格的计算公式为:

$$P = P_b K_c K_t K_n K_e K_s K_y \tag{7.4}$$

式中:P—— 待估农用地的比准价格;

P_b—— 交易实例价格;

K_c、K_t、K_n、K_e、K_s、K_y 的含义和计算公式分别如下:

$$K_c = \frac{I_{cp}}{I_{cb}} \tag{7.5}$$

式中:K_c—— 交易情况修正系数;

I_{cp}—— 待估农用地交易情况指数;

I_{cb}—— 交易实例农用地交易情况指数。

$$K_t = \frac{I_p}{I_b} \tag{7.6}$$

式中:K_t—— 期日修正系数;

I_p—— 估价期日的地价指数;

I_b—— 交易日期的地价指数。

$$K_n = \prod \left(\frac{I_{oi}}{I_{bi}}\right) \tag{7.7}$$

式中:K_n—— 自然因素的修正系数;

I_{oi}—— 待估农用地 i 自然因素的指数;

I_{bi}—— 交易实例 i 自然因素的指数;

n—— 自然因素个数。

$$K_e = \prod \left(\frac{I_{oi}}{I_{bi}} \right) \tag{7.8}$$

式中:K_e—— 社会经济因素的修正系数;

I_{oi}—— 待估农用地 i 社会经济的指数;

I_{bi}—— 交易实例 i 社会经济因素的指数;

n—— 社会经济因素个数。

$$K_s = \prod \left(\frac{I_{oi}}{I_{bi}} \right) \tag{7.9}$$

式中:K_s—— 特殊因素的修正系数;

I_{oi}—— 待估农用地 i 特殊因素的指数;

I_{bi}—— 交易实例 i 特殊因素的指数;

n—— 特殊因素个数。

$$K_y = 1 - \frac{1}{(1+r)^n} \tag{7.10}$$

式中:K_y—— 年期修正系数;

r—— 土地还原利率;

n—— 土地使用年期。

3) 成本逼近法

成本逼近法是以未利用土地开发或废弃土地复垦为农用地所耗费的各项客观费用之和为主要依据,再加上一定的利润、利息、应缴纳的税金和土地增值收益,并进行各种修正来确定农用地价格的一种方法。

成本逼近法农用地估价的基本公式为:

$$P_0 = E_a + E_d + T + R_1 + R_2 + R_3 \tag{7.11}$$

式中:P_0—— 土地价格;

E_a—— 未利用土地开发或废弃地的取得费;

E_d—— 土地开发费,是使土地达到一定的农业利用条件而投入的各种客观费用,包括土地平整、耕作层处理、农田水利设施建设、田间道路修建和田间防护林种植等;

T—— 税费,包括土地取得和开发过程中所应支付的有关税费,具体项目和取费标准按国家和评估地区有关规定确定;

R_1—— 利息,包括土地取得费利息和开发费利息,计息期间以根据农用地开发总面积、开发程度和开发难度等方面确定开发周期为基础,考虑各项投资的投入特点确定,利息率取评估期日中国人民银行公布的贷款利息率;

R_2—— 利润,是土地取得费和开发费在合理的投资回报率(利润率)下应得的经济报酬,根据开发农用地所处地区经济环境、土地利用类型(行业特点)和开发周期等方面确定;

R_3—— 土地增值收益,是追加投资提高土地生产能力而引起的农用地价格增值,根据开发农用地所处地区经济环境、土地利用类型(行业特点)等确定。

当土地价格为有限年期价格时,需进行年期修正。公式如下:

$$P_n = P\left[1 - \frac{1}{(1+r)^n}\right] \tag{7.12}$$

式中：P_n—— 有限年期土地价格；

P—— 无限年期土地价格；

r—— 土地还原利率；

n—— 农用地使用年期。

4）其他方法

其他方法还包括剩余法、基准地价修正法、置换成本法和土地补偿费法等。

(1) 剩余法

剩余法是在预计开发完成后农用地正常交易价格的基础上，扣除预计的正常开发成本及有关专业费用、利息、利润和税收等，以价格余额来估算待估农用地价格的方法。

剩余法农用地估价的基本公式为：

$$P = A - B - C \tag{7.13}$$

式中：P—— 待估农用地的价格；

A—— 农用地总开发价值，根据待估农用地最有效利用方式和当地农用地市场现状及未来变化趋势，采用市场比较法确定；

B—— 开发成本，主要包括开发建设投资成本、有关专业费用、投资利息和税收等；

C—— 开发合理利润，根据类似农用地开发项目的平均利润率确定。

(2) 基准地价修正法

采用基准地价修正法，待估农用地价格计算公式如下：

$$P = P_0(1 \pm \sum K)K_t K_y \tag{7.14}$$

式中：P—— 待估农用地价格；

P_0—— 基准地价；

$\sum K$—— 宗地地价影响因素修正系数和；

K_t—— 交易期日修正系数，计算方法按式(7.6)；

K_y—— 年期修正系数，计算方法按式(7.10)。

(3) 置换成本法

置换成本法认为，土地的价格应当等于目前在异地开垦同样质量农用地的全部成本。运用成本累加的办法，可把农用地的价格表示为：

$$P = P_A + P_B + P_C \tag{7.15}$$

式中：P—— 农用地价格；

P_A—— 农用地开发费，即在异地开垦可以生产同等数量与质量农产品农用地所需的成本；

P_B—— 农产品运输费，即异地农产品运到本地的运输成本；

P_C—— 补偿费，即生产者在异地生活的安置补偿费。

(4) 土地补偿费法

土地补偿费法是根据替代原则设计的一种估价方法，根据国家土地管理法的规定，征地补偿费包括土地补偿费、安置补偿费、青苗和附着物补偿费，其中土地补偿费给农村集体经济组织，补偿制度为被占用耕地征用前三年平均年产值的若干倍。征用农村集体土地时，对失去土地的农村集体进行补偿，这种补偿本身在一定程度上体现了农用地的农业生产经济价值，以这种补偿价格直接作为农用地农业生产经济价值的机会成本，是土地补偿费法的出发点。

7.2 农用地基准地价评估

7.2.1 基准地价测算的前期准备工作

农用地基准地价测算前期准备工作，主要包括基准地价评估方法选择、土地还原率确定、资料调查收集等。

(1) 评估方法的选择

农用地基准价格评估，主要有样点地价平均法、定级指数模型法和基准地块法这三种方法。在农用地基准地价评估中，应根据当地农用地市场状况、基础资料及技术条件，选择其中一种方法或几种方法结合进行评估。

样点地价平均法是在农用地定级基础上，用投入产出资料和市场交易资料评估并确定基准地价。定级指数模型法则是在农用地定级基础上，根据定级指数、农用地市场交易资料和投入产出资料，建立地价测算模型，评估并确定基准地价。基准地块法也称标准田法，是通过设置基准(标准)地块，并评估基准地块价格，根据基准地块价格评估并确定基准地价。

(2) 土地还原率的确定

土地还原率的确定方法主要有：租价比方法、投资风险与投资收益率综合排序插入法和安全利率加风险调整值法。评估测算中，应根据当地土地市场情况，选择适当的方法确定土地还原率，也可几种方法结合运用。

7.2.2 基准地价的测算

1) 样点平均法基准地价的测算

(1) 资料调查的收集与样点地价的计算

资料调查收集内容包括：土地级别图、土地定级工作报告和技术报告等农用地定级成果资料；农用地承包、转包、出租、拍卖、抵押、联营入股等交易资料，农用地征用的补偿标准文件及实际支付标准资料等；当地农村经济发展状况资料，农业和社会经济发展统计资料，土地利用总体规划资料，基本农田保护区资料等；农用地历史地价资料，农业开发和农业生产的政策资料等。

样点地价是根据所收集得到的样点地价相关资料，选择相应的地价计算方法如收益还原法、成本逼近法等，经过相应的年期、期日、交易情况和农用地开发程度修正后计算得到。

(2) 级别基准地价的计算

按照样点所在级别分类，对样点进行样本同一性检验。剔除异常样点后，采用面积加权平均值法，计算级别的基准地价。公式如下：

$$P_i = \frac{\sum_{j=1}^{n} P_{ij} S_{ij}}{\sum_{j=1}^{n} S_{ij}} \tag{7.16}$$

式中：P_i——第 i 级别的基准地价；

P_{ij}——第 i 级别内第 j 个样点的地价；

S_{ij}——第 i 级别内第 j 个样点代表区的面积；

n——第 i 级别内的样点数。

2）定级指数模型法基准地价的测算

定级指数模型法测算基准地价的理论依据是农用地的价格与其土地质量之间存在相关性。地价是土地质量在市场上的体现，质量好的土地价格高；反之亦然。模型法就是旨在通过一定数量的调查样点模拟出地价与表征土地质量好坏的土地定级指数之间的数学关系，建立地价-土地质量指数模型，从而完成对农用地基准地价的评定。

用于分析定级指数和定级单元地价之间关系的基本模型有：

（1）线性模型

$$Y = aX + b \tag{7.17}$$

（2）对数模型

$$Y = a \times \ln(x) + b \tag{7.18}$$

（3）乘幂模型

$$Y = aX^b \tag{7.19}$$

（4）指数模型

$$Y = ae^{bx} \tag{7.20}$$

（5）多项式模型

$$Y = aX^2 + bX + c \tag{7.21}$$

式中：Y—— 评估单元地价；

X—— 评估单元定级指数；

a、b、c—— 常数。

评估测算中，可通过绘制评估单元地价与评估单元定级指数的二维散点图来初步选择回归模型类型，经对模型进行经济、统计和计量检验后，按检验结果确定模型。

评估测算时，首先分别在各土地级别中建立定级指数和农用地地价回归模型的数学公式，并对得到的各回归模型进行分析，从而最终确定该土地用途在该土地级别的回归模型，经过数理检验，最终确定各个级别的地价模型；然后，利用建立的定级指数与单元地价关系模型，计算所有定级单元地价，并利用定级单元地价采用简单算术平均值、加权算术平均值、中位数和众数等作为级别基准地价。

7.2.3 基准地价的确定与修正体系的建立

1）基准地价的确定

经过上述方法测算，得出基准地价初步结果后，对各种方法基准地价测算的依据、基础资料的充分程度、计算过程的严谨程度以及结果与实际的符合程度，采用简单平均、加权平均或选择其中一种方法的结果，作为各级别基准地价最后结果。

2）基准地价修正体系的建立

（1）农用地基准地价修正体系的意义

在确定基准地价基础上，建立由基准地价评估宗地地价的修正体系是基准地价应用的一个重要方面。基准地价实际上是每一级土地的平均价格，但现实的土地流转都是以宗地为单位进行的，因此，地价评估只有落实到具体宗地才具有实际意义。由于我国农村土地市场尚不发育，无法直接评估每宗地的地价。在这种情况下，一般需要先对估价区域内的农用地进行土地质量定级，然后分别评估出每个级别的基准地价，最后再在基准地价的基础上，通过修正影响地价的因素因子来评估宗地地价。可见,基准地价可以作为评估宗地地价的依据,但由于影响地价因素的差异,需对基准地价按照特定条件进行修正后,才能反映宗地地价的个别特征。

(2) 农用地宗地地价影响因素因子的选择

宗地地价影响因素因子选择时,应遵循以下原则:① 主导因素原则,所选因素因子应对农用地价格起重要作用,突出主导因素,因素数量不宜过多;② 差异性原则,所选因素因子指标值在不同土地级别之间、宗地与宗地之间应有明显差异;③ 稳定性原则,所选因素因子要有较好的稳定性,尽量避免选取易变因素;④ 可获取性原则,所选因素因子指标数据应具有较好可获取性,且易于评估。

对农用地宗地地价影响较大的主要有自然因素、社会经济因素和其他因素等,具体包括:① 自然因素:地形地貌、土壤质地、地表水状况、地下水位、地块形状;② 社会经济因素:距离农贸市场距离、道路通达状况、农田路网状况、土地利用方式、人均 GDP、人均耕地、农田水利基础设施配套建设状况;③ 其他因素:污染状况、灾害性天气。

(3) 各因素影响宗地地价幅度值的计算

① 基准地价上调和下调的最高值和最低值计算确定

具体方法是,以土地级别为单位,调查各级别中正常土地收益的上限值、下限值,分别与该级别基准地价折算的土地收益相减,得到上调和下调的最高值和最低值。计算公式为:

$$F_1 = \frac{I_{nb} - I_{ib}}{I_{ib}} \times 100\% \tag{7.22}$$

$$F_2 = \frac{I_{ib} - I_{ni}}{I_{ib}} \times 100\% \tag{7.23}$$

式中:F_1—— 基准地价上调最大幅度;

F_2—— 基准地价下调最大幅度;

I_{ib}—— 基准地价;

I_{nb}—— 级别或区域正常样点地价的最高值;

I_{ni}—— 级别或区域正常样点地价的最低值。

在确定上调、下调幅度的情况下,将宗地地价修正幅度划分为优、较优、一般、较劣、劣五个档次。

② 影响宗地地价各因素因子的修正系数计算确定

根据所确定的因素因子权重值,计算得出影响地价各因素因子的最大修正系数。公式如下:

$$F_{1i} = F_1 w_i \tag{7.24}$$

$$F_{2i} = F_2 w_i \tag{7.25}$$

式中:F_{1i}——i 因素因子的上调幅度;

F_{2i}——i 因素因子的下调幅度;

w_i——i 因素因子对宗地地价的影响权重。

以基准地价为一般水平,将宗地地价修正幅度划分为优、较优、一般、较劣、劣五个档次。一般水平的修正系数为 0;优等档次修正系数为 F_{1i};劣等档次修正系数为 F_{2i};在一般水平与上限价格之间,内插条件较优的修正系数,通常为 $F_{1i}/2$;在一般水平与下限价格之间,内插条件较劣的修正系数,通常为 $F_{2i}/2$。

(4) 宗地地价影响因素因子指标条件说明表编制

根据前述确定的宗地地价修正体系,以各级别基准地价为一般条件,比一般条件好的分优、较优，比一般条件差的分较劣、劣，分别进行描述，编制各级别基准地价影响因素因子的指标条件说明表。

7.3 农用地征用价格评估

7.3.1 农用地价值的构成及征用前后的变化

1) 农用地价值的构成

从土地资源、资产、生态系统功能角度上，农用地具有一定的再生性，只要利用得当，不仅有自行恢复和再生的能力，而且可以永续利用；农用地既是劳动对象，又是劳动手段，是不可替代的生产资料；农用地是一个复合生态系统，其资源价值取决于系统循环状况。农用地是一类特殊的资源，它不仅能产生经济效益，而且还能产生社会效益和生态环境效益。因此，农用地全部价值，应该是体现经济效益的农用地经济价值、体现社会效益的农用地社会价值以及体现生态环境效益的农用地生态环境价值三项之和。即：

$$农用地价值=农用地经济价值+农用地社会价值+农用地生态环境价值 \tag{7.26}$$

在农用地交易中，真正能让渡的并能使受让方得到收益的，主要是体现直接经济收益权的农用地经济价值。农用地社会价值和生态环境价值，由于对应效益的外溢作用，农用地所有者和使用者无法完全实现其收益权利。

(1) 农用地经济价值

农用地是基本的生产资料和劳动对象，具有生产功能，其内部和上层附着各种有用矿物和营养成分，在一定的光、温、水等自然条件和技术条件下能生产出各种农作物，为人类提供各种食物。农用地是人类赖以生存的农作物吸取营养的主要源泉，是农作物正常生长发育不可缺少的水分、养分、空气和热量的供应者和调节者。农用地是农业生产中不可或缺且无法替代的生产资料。农用地使用会对全社会产生积极的影响，表现为农业为社会提供日益丰富的农产品。农业的这种与其他产业无区别的效益就是农用地经济价值。

(2) 农用地社会价值

农用地的社会价值包括两个部分，即农用地的社会保障价值和农用地的社会粮食安全保障价值。

① 农用地的社会保障价值。农用地是广大农民的“衣食之源、生存之本”，农用地本身所具有的养育功能、承载功能、蓄积和增殖资产功能，可以转化为农民的养老保障、就业保障、医疗保障和生活福利等可靠手段。农用地的社会保障功能源自于农用地固有的自然和社会经济特性，是农用地基本功能衍生出来的一种功能。长期以来，我国的社会保障制度主要惠及城镇居民，尚无力顾及占全国总人口70%的农民，农民的生活来源还主要依赖于农用地。

② 农用地的社会粮食安全保障价值。粮食问题是一个关系到国计民生的重要战略问题，我国的耕地面积只占世界的7%，却要养活占世界人口20%以上的人口。粮食对于国家和社会稳定大局起着至关重要的作用。“民以食为天，食以农为源，农以地为本”正是农用地为人类提供粮食这一基本生存要素的社会稳定价值功能的体现。人类消费的80%以上的热量和75%以上的蛋白质以及部分穿着纤维，直接来自农用地。农用地生产出来的粮食和农副产品，不仅是工业发展的基础，也是城市生存和发展的基础，所以说，农用地是关系我国经济和社会可持续发

展的全局性战略问题，具有重要的社会稳定价值功能。

农业总产量会随着社会的发展不断增长，但其增长幅度会慢于其他产业部门，在国民经济总量中农业所占的份额会逐步下降。农业的基础地位在很大程度上就是指农业的牵连锁效应，农业的牵连锁效应不会由于其份额的下降而发生变化。农用地的社会价值中最主要的是农用地的存在价值，也就是农用地存在对农民所具有的就业、生存保障价值和对社会提供粮食的安全作用而产生的社会稳定功能所具有价值之和，它是土地永续利用和社会持续发展的重要指标。当前所说的农用地市场价格实际上是并没有包含农用地社会价值在内的生产力价格。社会价值实现还有很多的障碍。但是，农用地社会价值的客观存在性是不以人们的意志为转移的。

(3) 农用地生态环境价值

农用地生态环境价值主要表现为它具有净化环境、调节大气化学组成、调节水分循环过程，保持和储存水分、保持土壤获取形成及内部循环和储存养分、恢复流失的养分、转移分解过剩养分和有毒物质，对植物种群营养级进行动态调节、为定居和临时种群提供栖息地，为人类提供生态休闲和娱乐等功能，以及它作为农业生态系统所特有的美学、艺术、教育、精神和科学价值等。

2) 农用地征用转为市地后的价值变化

农用地征用转化为市地过程中，不仅其生产农产品的农业生产功能，而且其净化环境等生态环境功能，以及提供农业劳动就业机会等的社会保障功能，均要丧失。换句话说，农用地市地化后所具有的价值(主要为经济价值)，是以丧失其作为农用地所具有的农业生产经济价值、生态环境价值和社会价值为代价换来的。因此，从市地角度分析，农用地所具有价值应该包括上述农用地所具有的农业生产价值、生态环境价值和社会价值。也就是说，农用地非农化即转化为市地后所具有的新价值，是以牺牲农用地所具有的、包括农业生产的经济价值、生态环境价值和社会价值的农用地整体价值为代价的。为此，农用地征用价格评估时，除测算农用地体现其农业生产经济价值的经济地价外，还应测算体现其作为农用地所特有的生态环境功能和社会功能的生态环境价值地价和社会价值地价。

农用地征用转化为市地后，随着土地用途的改变，土地收益将得到大幅度提高，地价也随之大幅提升，从而产生土地增值。因此，作为更为完整的农用地征用补偿价格，应对农用地征用转化为市地后的土地增值及其在整个利益主体中的分配进行考虑。

7.3.2　农用地征用价格的构成与评估

1) 农用地征用价格的构成

根据上述分析可知，农用地征用转化为市地过程中，新的土地使用者需支付的农用地征用总地价，应由原农用地价值地价、农用地转化为市地的土地增值地价以及原农用地上的附属物价格共同构成。即：

农用地征用总地价＝农用地价值地价＋土地增值＋附属物价格　(7.27)

农用地征用总地价＝补偿农民农村集体的地价＋补偿国家的地价　(7.28)

其中，　农用地价值地价＝农用地经济价值地价＋农用地社会价值地价＋农用地生态环境价值地价　(7.29)

农用地社会价值地价＝农民社会保障价格＋社会粮食安全保障价格　(7.30)

补偿农民农村集体的地价＝农用地经济地价＋农民社会保障价格＋

附属物价格＋农民分享的土地增值地价　　(7.31)

补偿国家的地价＝社会粮食安全保障价格＋农用地生态环境价值地价＋国家分享的土地增值地价　　(7.32)

2）农用地经济价值估价

农用地经济价值，根据调查收集得到的有关资料，选择收益还原法、市场比较法、成本逼近法、剩余法、土地补偿费法、置换成本法等方法，进行估价。

3）农用地社会价值估价

农用地的社会价值是农用地对农民的社会保障价格与对社会粮食安全保障价格之和。

(1) 农民社会保障价格

农用地对农民的社会保障价格是指农民失去土地以后获得最低生活保障所需的资金。土地是农民赖以生存的物质基础，农用地对农民具有保障作用。农用地对农民的社会保障价格评估，根据替代原则主要有两种评估方法：一是比照城镇居民最低生活保障线，以最低人均月总收入为参照对象，采用个人养老保险法；二是采用安置补偿费法，以征用农村集体土地时，安置农业人口的安置补偿费为参照标准。

① 个人养老保险法农用地对农民的社会保障价值估价

农用地社会保障价格，为农民失去土地后，获得最低生活保障和接受教育等应获得的补偿。可根据中国人寿保险公司个人养老保险费率计算，公式如下：

$$Y_j = (Y_{jm}b_j + Y_{jw}c_j)\frac{M_{ji}}{M_{j0}} + C_{je} \tag{7.33}$$

$$Y = \sum_{j=1}^{n} Y_j R_j \Big/ \sum_{j=1}^{n} R_j \tag{7.34}$$

$$P_s = \frac{A_m}{A_a} Y \tag{7.35}$$

式中：Y_j——j 年龄组人均社会保障价格；

Y_{jm}——j 年龄组男性公民保险费趸缴金额基数；

Y_{jw}——j 年龄组女性公民保险费趸缴金额基数；

b_j——j 年龄组男性人口占 j 年龄组总人口的比例；

c_j——j 年龄组女性人口占 j 年龄组总人口的比例；

M_{ji}——j 年龄组农民基本生活费(月保险费领取标准)；

M_{j0}——j 年龄组月保险费基数；

C_{je}——j 年龄组人均教育等费用；

R_j——j 年龄组人口数；

Y——人均社会保障价格；

P_s——社会保障价格；

A_m——被征用农用地面积；

A_a——人均农用地面积。

年龄组可按 0～18 周岁、18～40 周岁(男)及 18～35 周岁(女)、40～60 周岁(男)及 35～55 周岁(女)、60 周岁以上(男)及 55 周岁以上(女)划分。Y_{jm}、Y_{jw}、M_{ji}、M_{j0}、C_je 按组中值周岁取值。

② 安置补偿费法农用地对农民的社会保障价值估价

这也是根据替代原则设计的一种方法。征用农村集体土地时，对失去土地的农民个人进行安置和补偿,这种补偿本身就构成了农用地对农民个人的保障价格,以这种补偿价格直接作为农民个人的保障价格,是安置补偿费法进行农用地对农民的社会保障价值估价的出发点。

(2) 社会粮食安全保障价格

根据替代原则,社会粮食安全保障价格可用耕地开垦费进行量化,这是因为耕地开垦费即是对占用耕地的恢复价值补偿。

耕地开垦费标准的确定,要根据后备土地资源情况,首先确定土地开发(开垦、复垦、整理)的基本费用,然后考察平均质量水平耕地的土地资本投入量,包括有形的农田水利设施和无形的土壤经济肥力。对有形的农田水利设施可以根据重置成本确定其价值量;对无形的土壤经济肥力,既要考虑土地的经济肥力的形成周期,还要考虑这一周期内每年的资金投入,根据各年资金投入的现值确定其价值量。

在不考虑地表物质价值的情况下,社会粮食安全保障价格可采用下列公式计算:

$$P = P_1 + P_2 \tag{7.36}$$

式中:P—— 社会粮食安全保障价格;

P_1—— 耕地开垦费;

P_2—— 土壤培肥费。

土壤培肥费一般采用损失收益资金的折现计算。假设有 1 hm^2新开发土地,其收益水平只相当于相邻地块(假设也为 1 hm^2)的收益(指纯收益)8 000 元的 1/4,为 2 000 元,该地块在第 5 年达到相邻地块的收益水平,产量水平等差递增,成本、产品价格等因素不变,折现率为 10%,则 1 hm^2 土地的土壤培肥费计算过程为:

$$\text{土壤培肥费} = \left[\frac{6\,000}{(1+10\%)} + \frac{4\,500}{(1+10\%)^2} + \frac{3\,000}{(1+10\%)^3} + \frac{1\,500}{(1+10\%)^4}\right] \bigg/ 10\,000$$

$$= 1.27 \text{ 元}/\text{m}^2$$

4) 农用地生态环境价值估价

农用地生态环境价值估价的方法,主要有市场价值法、假设市场评价法和影子工程法等。

(1) 市场价值法

市场价值法把环境看成是生产要素,环境质量的变化导致生产率和生产成本的变化,从而导致产量和利润的变化,而产量和利润是可以用市场价格来计量的。市场价值法就是利用计量因环境质量变化引起的产量和利润的变化,来计量环境质量变化的经济效益或经济损失。计算公式如下:

$$L = \sum_{i=1}^{n} P_i R_i \tag{7.37}$$

式中:L—— 环境破坏造成产品损失的价值;

P_i—— 第 i 种产品的市场价格;

R_i—— 第 i 种产品因环境破坏减少的产量;

n—— 环境破坏造成价值损失的产品数。

建设占用耕地是永久性的。建设占用耕地导致土壤生命有机体被销毁,植被被破坏,还会导致生物量的减少及因植被被破坏而使释放氧气量减少,水土保持功能下降。

(2) 假设市场评价法

假设市场评价法是建立一个假想的市场,调查被调查者对于资源环境损失的获取赔偿的意愿值或者避免其损失的自愿支付意愿值,从而推出人们对环境资源的假想变化的评价。具体操作步骤为：首先，给待估农用地建立一个假想的市场；其次，确定采访方式，设计调查问卷，选择适当的提问方式；再次，调查和数据收集；最后，对调查数据检验统计分析，得到结论。

此方法只能对生态环境价值作一个大概的估算，因为它主要依赖人们各自的意愿观点，会有很大偏差，因此不会很准确。

(3) 影子工程法

影子工程法是恢复和防护费用法的一种特殊形式。在农用地环境价值评估中，影子工程法就是当农用地被占用或污染后，人工建造一个工程代替原来的环境物质和服务的功能，然后用建造该新工程的费用来估计环境破坏或污染造成的经济损失，视同于原功能价值。

影子价格是现行市场价格之外，反映资源稀缺程度及社会劳动耗费的一种理论价格，一般运用线性规划的数学方法求得，因而它是反映社会资源最佳配置的一种价格。其具体计算是：

目标函数：
$$Y_{\max} = \sum C_j X_j \quad (j = 1, 2, \cdots, n) \tag{7.38}$$

约束条件：
$$a_{i1}x_1 + a_{i2}x_2 + \cdots + a_{ij}x_j + \cdots + a_{in}x_{in} \leqslant b_i \tag{7.39}$$
$$x_{ij} \geqslant 0 \qquad I = 1, 2, \cdots, n$$

式中：C_j—— 各类农用地或土地单位面积收益系数；

X_j—— 各类农用地或土地面积；

a_{ij}—— 约束系数；

b_i—— 约束常数；

Z—— 目标值(生态、效益等)。

则可利用该规划的对偶规划求解农用地影子价格 U_j，即：

目标函数：
$$Y_{\min} = \sum b_i U_i \tag{7.40}$$

约束条件：
$$a_{1j}U_1 + a_{2j}U_2 + \cdots + a_{ij}U_i + \cdots + a_{mi}U_m \leqslant C_j \quad U_i \geqslant 0 \tag{7.41}$$

式中：Y—— 为生产总成本；

U_i—— 为决策变量即影子价格。

参 考 文 献

1 白暴力. 价值与价格理论. 北京：中国经济出版社，1999

2 陈东湘，周生路. 南京市农村房屋拆迁补偿政策演变与改革研究. 中国土地科学，2005，19(6)

3 陈敬雄，黄劲松，周生路. 我国农用地分等定级和估价研究的近今进展. 土壤，2003，35(2)

4 陈思源，倪绍祥. 论农用地转用补偿及补偿制度改革. 农村展望，2003(9)

5 崔友平. 价值理论述评与研究的深化. 山东财政学院学报，2002(2)

6 单胜道，黄祖辉. 土地价值论再探讨. 国土整治和开发，2002，3(12)

7 单胜道. 环境资源价值评价方法在农用地价格评估中的应用. 国土与自然资源研究，2002(2)

8 邓大才. 论农用地社会价值及其核算. 云南行政学院学报，2002(2)

9 邓留献. 农用地定级估价理论与实践. 北京：中国大地出版社，2000

10 范黎. 农用地价格综述. 房地产评估，2002(10)

11 关文荣. 农用地分等定级估价的理论和应用探讨. 见：农用地分等定级估价理论·方法·实践. 北京：地质出版社，2004

12 郭贯成. 略论农用地价值功能及其价格构成. 见：农用地分等定级估价理论·方法·实践. 北京：地质出版社，2004

13 国土资源部土地估价师资格考试委员会. 土地估价理论和方法. 北京：地质出版社，2000

14 李强,王秋香,马仁会.农用地征用价格与建设用地市场价格的衔接关系.农用地分等定级估价理论·方法·实践.北京:地质出版社,2004
15 梁山,许月明,陈国栋.农用地定级估价理论与方法.石家庄:河北科学技术出版社,1998
16 刘慧芳.论我国农用地地价的构成和量化.中国土地科学,2000,14(5)
17 刘书楷.马克思劳动价值观与西方非劳动价值观土地价格与价值理论.中国土地科学,1995,9(6)
18 陆春锋,李爱军,周生路.修正法农用地定级方法探讨及其与因素法比较.土壤,2005,37(2)
19 陆大道.区位论及区域研究方法.北京:科学出版社,1988
20 曲福田,冯淑怡,俞红.土地价格及分配关系与农用地非农化经济体制研究.中国农村经济,2001(12)
21 沈秀峰,周生路,李春华.试论农用地估价的几个问题.土壤,2003,35(1)
22 隋雪艳,周生路.城市化背景下农用地价格体系的构建与量化.山东师范大学学报,2005,20(4)
23 王国强,王令超.农用地转用价格构成及评估思路.见:农用地分等定级估价理论·方法·实践.北京:地质出版社,2004
24 严曾.生态价值浅析.生态经济,2001(10)
25 姚会武,杨敏.农用地与城镇土地定级估价之比较.河北农业大学学报,2002,4(25)
26 叶方,周生路,李爱军.两种目的农用地定级及其结果比较研究.经济地理,2005,25(1)
27 袁泸华.影子价格法在水资源价值理论测算中的应用.自然资源学报,2002,17(6)
28 张安录,毛泓.农用地城市流转:途径、方式和特征.地理学和国土研究,2000,16(5)
29 张安录.城市生态经济交错区农用地城市流转与土地价值增值研究.华中农业大学学报(社会科学版),1999(4)
30 张涛,李智勇.自然资源与环境经济学.北京:中国经济出版社,2002
31 诸培新,曲福田.资源经济学角度考察土地征用补偿价格构成.中国土地科学,2003,17(3)
32 冯蓉晔.城市化背景下农用地价格评估初步研究——以宜兴市为例:[硕士学位论文].南京:南京大学,2004

8 城镇土地分等

8.1 城镇土地的特性与价值

8.1.1 城镇土地的基本特点

与农用地相比，城镇土地主要是以其承载力服务于城镇居民的生产、生活等各项活动，而与土地的自然肥力无关。城镇土地除了具有一般土地共有的特性外，还具有下面一些特点。

(1) 位置的极端重要性

城镇土地的区位具有特殊重要性，由于城镇土地是人类社会经济活动高度集聚的空间，位置的影响十分突出。主要表现在：① 影响的广泛性。位置的差异不仅形成土地的级差收益，同时也影响土地利用的环境效益和社会效益。② 影响的显著性。从土地产生的经济效益来看，城镇建成区的土地要比郊区土地高数倍到数十倍，在城镇内部，市中心区的土地又比城市边缘区的土地高出很多。③ 区位的敏感性。在城镇中往往位置相差数十米甚至几米，地租和地价的差异变化十分悬殊。对于城镇土地，区位条件是影响土地经济价值最重要的因素。

(2) 开发经营的集约性

城镇土地的开发利用具有高度集约性。在面积不大的城镇土地上，不仅修建了大量的道路、桥梁、堤坝、供电、供水、排污等设施，还修筑了供公众工作、生活、憩息、游乐的各种建筑物，使土地上人口密集、高楼毗邻，土地的利用向地上、地下多层立体发展，从而在每一寸土地上都凝聚了大量的人类劳动带来的物质和精神财富。同时，高度的集约经营和投入，使单位面积城镇土地创造的物质、精神财富和经济收益远大于自然状态下的土地。

(3) 使用功能的固定性

城镇土地的利用方式，除非特殊原因如城市拆迁改造、重大市政工程或自然灾害等原因，土地利用方式一旦形成如商业、住宅用地等一般不会随意改变。

(4) 土地功能的整体性

城镇的土地在功能上是一个统一的有机整体。这些功能如工业、居住区、商业、交通等既有密切联系的一面，同时在利用和使用价值方面又存在着一定的差异。在相互的空间组合中，往往形成十分复杂的相互依存的群体关系。

(5) 土地利用和经济收益的不均衡性

城镇中的土地利用，都通过居民的各种活动联系起来，由于各类用地功能的差异，使得人们利用土地时，一些地方的使用效率高，一些地方的使用效率低，造成利用率的差异，最终影响到土地利用效益和土地经济收益的差异。由于土地开发经营集约度不一样，城镇内一些地段土地资本大量集聚，另一些地段相对较少；土地的利用方式和强度不同，使得在同一地段上不同活动的经济效果相差悬殊；土地位置相异，使得同类经济活动的收益大不相同。与自然状态下的土地相比，城镇土地在经济效益上的不均衡性十分突出的。

8.1.2 城镇土地的经济属性

土地的经济属性是以土地的自然属性为基础和前提的。土地的经济属性是土地这一自然资源处于人类社会中所具有的非物质属性,是因土地利用、改造后所具有的新属性,是人们在使用土地时所引起的经济关系。城镇土地的经济属性主要表现在以下方面。

(1) 城镇土地供给的稀缺性

这一属性包含两层意思:第一,供给人们从事各种城市活动的土地面积是有限的;第二,特定地段不同用途的土地面积也是有限的,往往不能满足人们对各类用地的需求。

(2) 城镇土地经营的排他性和垄断性

城镇土地是城市居民重要的生产和生活资料。在城市发展的历史中,城市土地总是要采取一定的所有制形式。比如奴隶社会中的奴隶主对城市土地的所有制形式;封建社会中的封建地主对城市土地的所有制形式;资本主义社会中的资本家对城市土地的所有制形式;社会主义社会中国家对城市土地的所有制形式等。但是,不管采取哪种土地所有制的形式,"土地所有权的前提是,一些人垄断一定量的土地,把它作为排斥其他一切人的、只服从自己个人意志的领域"。土地所有制的形式决定了土地的使用制度和土地在经济上实现的形式,如劳役地租、产品地租、货币地租、绝对地租、级差地租和土地价格的决定等。城镇土地经营的垄断性和排他性是由土地自然特性,即土地位置固定性、差别性以及在一定技术条件下产生的土地报酬(收益)递减律决定的。如果城镇土地位置可以任意移动,也不存在位置上的差异,那么土地报酬就不会递减,土地也就不会产生供应上的稀缺性和经营上的垄断性。但从另一个角度来说,正是城镇土地供给的稀缺性所引起的土地经营的垄断性和地价的昂贵性,迫使人们节约、集约利用土地,努力提高土地的有效利用率和单位面积产出率。

(3) 城镇土地对交通运输和城镇基础设施的依赖性

城镇土地利用的状况和城市土地价格的高低,主要取决于交通运输和城市基础设施的状况。交通运输越便利,城镇基础设施条件越好,那里土地的价格就越高,土地利用率也就越高。一般说来,决定和影响城镇土地价格和土地利用率的因素,是"后天"形成的。城镇中价格高的和利用率高的土地大都位于市中心区,而且主要是商业密集区。

(4) 城镇土地报酬的递减性

在技术不变或技术一定的条件下,土地集约利用是有限度的。当土地开发超过某一限度时,土地收益有递减的趋势,出现土地产出的增加比例低于土地投入的增加比例的现象。土地报酬递减是由土地使用的自然特性及一定时期的技术水平决定的,这也就为集约使用土地的原则提供了理论基础。

(5) 土地面积对城镇土地的制约性相对小

城镇土地主要用于建筑等,在面积有限的情况下,它可以向空中和地下发展。不像农用地那样,其数量的多少、面积的大小直接影响着农业经营规模的大小。在市场经济条件下,只有在向空间发展的投资大于购买土地的支出时,城镇土地使用单位才去扩大土地使用的面积。所以说,土地面积对城镇土地的制约性比农用地要小得多。

(6) 城镇土地的资产性

首先,土地作为一种财产,具有经济价值和交换价值;其次,土地可以被占有和控制,具有保值性,同时土地可以流通,通过流通又可以增值;再次,土地可以是担保物,故而对其投资的风险较小。

(7) 城镇土地位置的价值性

城镇土地的价值性是由其位置表现出来的。一般来说，距城镇中心愈近，其价值愈高，所获得的土地级差收入也愈高。显然，土地位置是决定城市土地租金和价格的重要因素。

(8) 城镇土地利用方向变更的困难性和利用后果的社会性

城镇土地有许多不同的用途，但是，变更城镇土地的用途往往是困难的或者说高代价的。在城镇土地上，各种建筑物和构筑物是和土地结合在一起的。在一个相当长的时期内，或者说，在它的有效使用期内，其使用方向是稳定的、不易变动的。它不像农用地那样，经常根据市场上各种农产品价格的变动，来变更它的使用方向。城镇土地的变更往往要考虑多方面的效益，如经济、社会、环境效益，其代价是巨大的。为此，要求人们探求城市区域土地利用的规律，以便根据这些规律和具体城市区域社会经济发展的需要，科学合理地安排土地的利用。

8.1.3 城镇土地的使用价值、价值和价格

从经济学角度分析，城镇土地之所以具有经济属性，是因为它拥有使用价值、价值和价格。

1) 城镇土地的使用价值

从经济学的观点来说，物品的使用价值是指能够满足人类某种需要的效用。对城镇土地而言，使用价值则是指能够满足居住在城市里人们生产与生活需要的效用。按照其效用的差异，我们把它分为居民用地、商业用地、工业用地、交通用地及其他用地。居民用地主要指用于城市居民生活住房和附属设施的用地，包括生活小区、单位家属区、公寓、花园和别墅等；商业用地包括城市中心商业区、商场、商厦等商业网点的用地；城市工业用地包括生产各种工业产品的所有企业占用的土地；交通用地指为城市生产和生活服务的交通线路，包括公路、铁路、地下铁路、水上路线等；其他用地包括不属于上述用地的所有用地其他类型，主要有政府、团体、学校、科研等行政事业单位用地以及旅游景点、绿化用地等。

2) 城镇土地的价值

据城市经济学和城市地理学的研究，早期城市的产生，归因于人类社会生产力的发展所引起的社会分工、商品交换以及阶级关系的变化。随着社会生产力的提高，商品生产日益发展，私有制逐渐产生，原始的集聚地发展为城堡，并逐渐形成城市。从此，作为城市经济载体的城市土地有别于农业土地，成为一种特殊的资源进入市场，反映土地私有制的地租由农用地扩展至市地，城镇土地形成了自身的价值。也就是说，城镇土地价值是经过人类不断的改造和加工，不断投入资金、技术和劳动，经过长期开发后转化而成的。在这一过程中，土地凝结了大量人类物化劳动和活劳动，其“丰度”不断提高，价值显著增大，以致土地的自然属性被经济属性所掩盖，自然景观被城市景观所替代，产生了大量新的经济效益、社会效益和环境效益，并为土地所有者和使用者所获取。人类投入城市土地的附加劳动包括两类：一类是直接附加劳动，即为满足城市建设所需的地基条件而直接投在具体地块上面的劳动与投资，如土地的平整、为增加地基承载力而打下的钢管桩、水泥桩等，这类劳动直接改善了城市土地的地基条件，进而提高土地的价值；另一类是间接附加劳动，即那些未直接投在具体地块上为城市土地综合经营开发而付出的劳动，如城市的道路网、电力、电讯、供热、供气、给排水管网、环卫绿化等基础设施，虽与具体地块没有联系，但它们是发挥城市多功能的物质基础，是城市生产必不可少的条件，为居民生活带来方便，直接影响城市土地的经济地理位置，对于提高城市土地的价值更为重要。城镇土地的价值决定了土地等级的高低。换言之，城镇土地等级也是人类对土地开发、利用所投入劳动的

经济效果的体现。城镇土地等级与投入土地的劳动量密切相关，如投入劳动量大、集约化水平高、基础设施完备的土地，其价值就高，等级也高。因此，城镇土地分等定级必须考虑土地的价值，即人类对土地的劳动投入量、开发和再开发程度及其经济效益的大小。

3）城镇土地的价格

众所周知，在一定的劳动、资金投入下，土地本身能产生纯收益，谁垄断了土地，也就垄断了土地的收益，即地租，这种地租是一种恒久的收益流。随着土地权利的转移，这种收益的归属也发生转移，购买土地的权利，实际上是购买一定时期的土地收益，即购买土地满足人类生产与生活活动的效能，也就是土地资源价值。因而，土地价格是土地收益现值总和的体现，它包括由土地所有权垄断而产生的绝对地租和级差地租，正如马克思指出的：土地价格“不是土地的购买价格，而是土地所提供的地租的购买价格”。

城镇土地经过人类长期的开发，已经不再是纯粹的自然土地。在现实经济运行中，土地在交换活动发生之前，土地所有者或土地开发商总是先对土地进行开发。旨在改造土地的性能、提高土地的使用价值和价值的投资称为土地资本，它属于固定资本的范畴。这些土地资本必然要求收回，以折旧和利息的形式在租金里得到体现。正如马克思所说“这种贡赋和真正的地租有一个共同点：它决定土地的价格，如上所述，土地价格无非是出租土地的资本化的收入”。

$$\text{土地价格}=\frac{\text{地租}}{\text{利息率}} \tag{8.1}$$

值得注意的是，我们不能因为城镇土地经过人类长期改造，凝结了人类长期的劳动而认为土地物质与土地资本难以分离，从而特别规定只有最近一次投资才算是土地资本。虽然土地资源价值并不具有累积性，并非开发年代久价值愈高。土地资本属于固定资产范畴，到一定时候必然会折旧完毕而不存在任何价值。因此，人类对土地的投资会随着人类长期的土地利用而逐步折旧，只要没有折旧完，不论是最近一次还是以前的投资，都会通过折旧及利息的形式在土地价格中体现出来。从上面分析可以看出，土地价格的内涵包含三个部分：一是真正的地租，即绝对地租和级差地租；二是土地投资的折旧；三是土地投资的利息。

8.2 城镇土地分等定级估价的概念与关系

8.2.1 城镇土地分等定级估价的概念

城镇土地分等定级是根据城镇土地社会经济和自然两方面的属性及其在城镇社会经济活动中的地位和作用，综合评定土地质量，划分城镇土地等级的过程。它是土地管理、土地合理利用和土地流通交易的基础。城镇土地是城镇社会经济活动的载体，由于社会活动的形式多种多样及城镇土地满足的程度和方式有所差异因而表现为不同的土地质量。

城镇土地具有十分明显的区位特征，在城镇内部及不同城市之间的土地价值存在明显差异。城镇土地的区位特征表现在两个层面上：一是表现在城镇之间，二是表现在城镇内部不同地域之间。城镇之间由于在自然、经济等方面存在地域差异性，决定了城镇之间的土地价值和土地利用方式存在差别。全国各个城镇之间由于自然地理条件、经济发展状况和基础设施完善程度等地域性条件的不同，使得各城镇的土地获益能力具有很大的差异，因而影响城镇土地的价值。如果地域条件大体相同，则大城镇的土地经济价值一般高于中小城镇的。从城镇的空间分布来看，沿海开放城镇土地价值明显高于中部及西部内陆城镇。城镇内部土地区位条件的不同，使得土地的获益能力存在差异，这就影响到城镇内部土地的经济价值，表现为城镇中心地价远高于城镇边缘地价。各城镇以及城镇内部各地块的土地价值，就其表现形式——城镇地价标准应当与各城镇和城镇内部各地块的自然条件、经济发展水平和土地利用水平相协调。

因此，对一定区域内城镇土地质量进行评定时，一般可将城镇作为一个整体看待，区域中的若干个城镇，变成了若干个整体。这些城镇，由于受到具体的地理位置、交通条件、周围经济条件和自然条件的影响，加之人们改造土地、投入资本不同，它们在区域中的作用地位有很大差异。这种差异通过土地使城镇之间产生级差收益。而对单个城镇进行独立研究时，需对不同类型和利用方式的地块进行评定。这些地块由于受资本投入、土地自然条件、现实经济条件和管理方式的影响，在满足不同职能的土地要求方面有所差异并产生不同的收益量，即土地的级差收益。

为体现城镇土地的上述两个特点，城镇土地分等定级采用"等"和"级"两个层次的划分体系。土地等反映城镇之间土地条件的地域差异，它将各城镇分别看作一个整体，研究整个城镇在各种社会、自然和经济条件影响下，所表现出的土地差异，土地等的顺序在各城镇间排列。土地级反映城镇内部土地区位条件、利用效益的差异，通过分析投资于土地上的资本、自然条件、经济活动程度和频率等得出土地价格、土地收益的差异，并据此划分出土地的级别高低，土地级的顺序在各城镇内部统一排列。

土地估价则是在一定的市场条件下，根据土地的经济社会和自然属性，按照土地质量、等级及其在现实经济活动中的一般收益状况，并充分考虑社会经济发展、土地利用方式、土地预期收益和土地利用政策等因素对土地收益的影响，而综合评定土地在某一权利状态下，在某一时点价格的过程。它是国家、单位和个人进行土地交易、土地资产管理等的依据。土地价格可分为基准地价和宗地地价。

8.2.2　城镇土地分等定级与估价的关系

城镇土地分等定级与估价是从不同角度对城镇土地特性进行评定，前者评定土地的使用价值及价值，后者则评定这些价值在市场上反映出的价格。在理想的土地市场和土地交易中，仅从发挥土地经济效益的原则出发，土地的使用价值优，等级高，地价就应该高；相反，地价就低。但是，在现实的土地管理制度和土地市场条件下，或从综合效益考虑以及受交易双方的行为影响，使用价值高的土地不一定能实现高地价，使用价值低的土地也不一定地价就低。所以，为满足对土地进行全面、科学、合理地管理，并有效利用土地，需要从使用价值和价格两方面进行评定。其中土地分等定级是土地估价基础，评出的等级是土地使用价值和价值稳定的本质表现，是土地价格高低的合理内涵。土地使用价值和价值的高低，决定了土地使用者为取得土地使用权而愿意对付的基本地价数额；土地价格是土地等级更灵活的外在表现形式，土地估价除考虑土地质量优劣、等级高低特征外，还考虑了市场供求等因素变化，使土地使用价值更简明、更精确地体现在价格上。由此可见，两者的关系是相辅相成的。通过土地估价迅速把握土地使用价值在市场上的价格动向，概括出等级演变趋势，细化、修正等级成果；而通过土地分等定级可掌握价格本质，在众多复杂、变幻的价格中，去伪存真，提高估价精度，掌握合理地价水平。

8.3 城镇土地分等的基本思路

8.3.1 城镇土地分等的基本途径

城镇土地分等就是对一定区域范围内以城镇为单位的土地价值进行等别划分。对城镇土地分等存在两种技术思路:一是直接比较。由于土地市场中土地交易价格的高低可以直接反映土地价值的差异,所以通过比较各城镇的土地市场价格,可以对城镇间土地使用效率即土地的价值进行评价。二是间接比较。由于土地使用效益的差异是由自然、社会和经济等多方面条件决定的,而这些条件的差异也能够反映城镇间土地价值的差异。通过对影响土地价值的各因素进行分析比较,可以揭示各城镇土地价值的差异,从而划分出各城镇土地的等别。

在长期实行市场经济、土地私有化的西方资本主义国家,土地市场发育程度比较高,土地及不动产交易十分活跃,地租地价资料比较丰富,且土地市场信息公开化程度高,信息获取容易且方式和途径也较多,其城镇土地价值等别可以通过不同城镇间实际发生的土地收益水平,即地租地价水平及其差异来直接评定。在我国,长期以来土地只是被作为资源来对待,土地的国家所有权在经济上没有得到实现,城镇土地缺乏收益和价格基础。20 世纪 80 年代末开展土地有偿使用制度改革以来,我国土地市场得到了迅速发育,但市场发育程度仍然相对较低,区域发展也不平衡,不同城镇之间差异较大,土地交易资料缺乏可比性,并深受非经济因素的影响,缺乏直接利用土地市场交易资料进行城镇土地价值分等的客观基础。

因此,目前我国城镇土地等别划分更适宜运用地租地价理论和区位论等基本理论,采用间接比较方法,以多因素综合评价方法为主导,其他方法如聚类分析方法为辅,再用土地市场交易资料进行验证,定量测算与定性分析相结合进行城镇土地等别的划分。具体来说,就是在分析影响各城镇之间土地价值差异的各种因素因子基础上,选择影响城镇土地价值的主导因素因子,建立起多因素综合评价的指标体系,并选用一定的方法确定各因素因子的权重,然后对各城市因素因子的评价指标值进行标准化处理,加权计算各城市总分值,再初步划分城市土地等别。其次,运用其他方法如聚类分析的结果及土地市场交易资料对初步结果进行校核验证,再以定量和定性分析相结合的方法确定最终的分等结果。

8.3.2 城镇土地分等的主要步骤

城镇土地分等的主要步骤包括工作准备、分等相关资料调查收集与整理、分等因素因子及权重确定、因素因子指标值标准化与作用分值计算、土地等别初步划分与最终确定、分等结果统计、报告编写与图件绘制等(见图 8.1)。

(1) 工作准备

本阶段的主要工作内容包括:明确城镇土地分等工作的目的、对象和范围,制定项目实施的工作方案、技术方案,确定资料调查收集清单,设计外业补充调查的工作表格。明确资料的有无、调查时间、所属部门和处科室情况,提出资料的规范性、普遍性、准确性等要求,并对工作中可能出现的困难、问题及解决办法进行充分讨论,为分等工作的顺利开展奠定良好基础。

(2) 分等相关资料的调查收集与整理

城镇土地分等调查收集与整理的资料主要有:① 城镇土地分等基本资料。包括近 3～5 年统计年鉴,城镇年末总人口、非农业人口、农业人口,区域总人口、农业人口城镇建成区面积、区

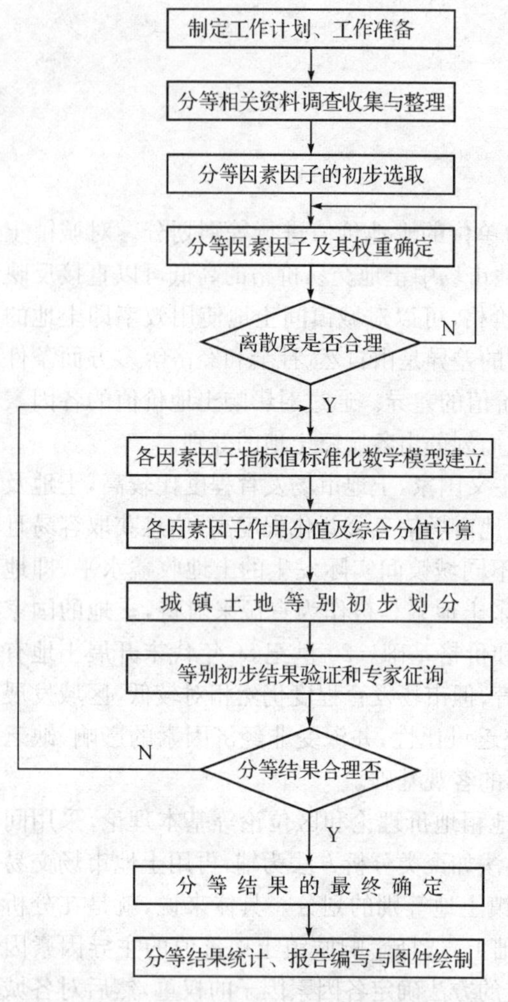

图 8.1　城镇土地分等的主要工作程序

域土地总面积。② 城镇区位资料。包括最新行政区划图和交通图,经过各城镇的干线、支线铁路的数量,干线、非干线公路的数量和等级,港口年吞吐量,机场等级,高速公路数量,城镇全年客运总量、货运总量。③ 城镇集聚规模资料。包括城镇人口密度,城镇全年第二、三产业增加值,城镇全年工业销售收入。④ 城镇基础设施资料。包括城镇年末铺装道路面积,城镇全年人均生活用水量,城镇气化率或城镇用气人口数,城镇排水管道总长度。⑤ 城镇投入产出水平资料。包括城镇全年第二、三产业增加值,城镇全年批发零售贸易商品销售额,全年固定资产投资额,城镇全年从业人口数。⑥ 区域经济发展水平资料。包括全年国内生产总值、人均国内生产总值、3～5 年国内生产总值年均增长率,全年地方财政收入、人均地方财政收入、3～5 年地方财政收入年均增长率,全年全社会固定资产投资额、人均全社会固定资产投资,全年社会消费品零售总额、人均社会消费品零售总额、3～5 年社会消费品零售总额年均增长率,全年外贸出口额、人均外贸出口额。⑦ 区域综合服务能力资料。包括居民年末储蓄存款余额,全年邮电业务总量,年末专业技术人员总数。⑧ 区域土地供应潜力资料。包括区域年末耕地总面积,区域人口密度。⑨ 其他相关资料。

(3) 分等因素因子及权重确定

城镇土地分等因素因子及其权重,一般可通过专家意见征询,采用特尔菲法、层次分析法确定。也可根据所调查收集整理分析得到有关因素因子数据,采用主成分分析、聚类分析等数学方法确定。

(4) 因素因子指标值标准化与作用分值计算

因素因子指标值标准化与作用分值在城镇土地分等资料整理基础上,区分因子指标与土地等别之间所存在的正相关或负相关关系,采用极值标准化或距离衰减方法建立相应的数学模型进行计算。因子分值越大,表示分等对象受该因子的影响效果越佳。

(5) 土地等别划分与确定

土地等别划分和确定时,首先应根据分等因素因子综合评价分值,采用数轴法或总分频率曲线法进行土地等别的初步划分;其次采用市场资料分析和聚类分析等方法对城镇土地初步分等结果进行验证,形成土地等别的基本方案;然后征询有关专家、各级土地行政主管部门意见,确定土地等别的最终结果。

8.4　城镇土地分等因素因子

8.4.1　城市土地等别影响因素因子的分析

土地使用效益的差异是由自然、社会和经济等多方面条件决定的，影响城市土地价值等别的因素十分复杂，这些因素对土地的影响和作用各不相同，且因素因子间具有明显的层次性。层次越高，影响度越大，覆盖面越大。因此，整个影响因素评价体系可分为两个层次。第一层次属于因素层，第二层次属于因子层。因子层是因素的组成部分，从更小的范围反映土地质量的差异。由于各因素因子的层次地位不同，在评价过程中不能将因素、因子的层次随意调换，更不能在不同层次之间进行累加。

影响城市之间土地价值高低的因素十分复杂，概括起来有下面主要内容。

(1) 城市区位

城市区位即城市与周围地区的相互关系及其对外联系的通达性，作为一定地域的政治经济中心，城市总是与其依托的地区保持密切的社会经济联系。对外联系强度在很大程度上取决于交通运输条件，并且便捷的交通网络可以缩短物品流通的时间，减少原料产品的运输成本，从而使单位城市土地获得更多的超额利润。

(2) 城市集聚规模

由于城市中各产业之间、各社会群体之间相互依存和相互补充的性质，当人口和产业在城市集聚到一定程度，便可形成规模生产和经营，产生集聚效益。另一方面，城市本身是一个劳动力市场和产品消费市场，城市规模大，可以形成齐全的城市设施和巨大的商业购物中心，吸引更多的流动人口，在金融、流通和消费领域中也产生集聚效益。

(3) 城市基础设施

城市基础设施包括能源、水源、交通、通信、环境绿化和防灾等系统，它是城市发展、土地开发不可缺少的物质基础。城市基础设施的完善程度和设施水平反映了城镇土地物化劳动投入强度的大小，进而影响城市社会经济活动的运转效率，并产生相应的级差收益。大量的事实说明，基础设施越完备，城市经济的运转效率越高，投入土地资本的收益也相应提高，由此产生的级差地租Ⅱ是促使地价上升的重要因素。

(4) 科技文化教育环境卫生状况

文化是指人类在社会历史发展过程中所创造的物质财富和精神财富的总和。因此，人们一度只讲经济不讲文化，这是一种认识上的误区。尤其在城市发展过程中，文化和精神的力量实在不可低估。城市文化内涵的高低，影响城市的人居环境。

科研水平和技术力量对城镇土地利用效益具有重要作用。像北京这样拥有大批高等院校及科研单位的城市，在产业结构发生大转变时，就拥有相对的竞争优势。中关村的迅速崛起，涌现出联想集团这样的一些大企业。这都与北京市拥有的知识产业基础有关。现在各大城市都在争抢人力资源，就是争抢科技产业的制高点。有了这样的制高点，便可以掌握优势，带动一批企业。因此，科研与技术队伍也是各个城市竞争力的基本要素。

环境卫生因素包括基础设施和原有的工业基础、城市建设、医院、学校、商店等服务设施及其公共设施、交通道路状况、通信条件等等。环境好了，不仅适合企业生产，更适合人类居住。

(5) 城市投入产出水平

城镇用地产出水平越高，表明获得的级差地租相应越大，则土地等级越好。投资经济学理论认为投资是一种引致行为，就土地开发利用而言，其结果使得投资尽可能的趋向可能获得高额利润的城镇土地，进而又改善了土地条件，提高了土地的价值。

(6) 城市用地需求

供求理论认为，土地这一生产要素的价格在自由市场经济中，如同其他价格的高低取决于土地能提供收益大小，并与自身的供给需求有关。城市用地需求主要反映了城市潜在的消费用地和生产用地的需求，直接表明城市用地需求的主要是人均住宅面积和人均道路面积等，人均储蓄额和人均财政收入反映了城市用地潜力。

城市化的过程即大量土地转化为城市用地的过程。由于土地属于紧缺的不可再生的资源，城市的用地潜力实际上取决于郊区土地资源的数量和人口密度，人均耕地水平直接影响土地市场的供给状况从而也影响地价的高低。

但当前城市土地供给状况对地价的影响较小，也反映出我国城市面积的扩大受用地条件限制较小，土地的供给主要是依靠外延扩大，而不是靠集约利用建成区内的土地。我国东部地区耕地紧张，而这些地区的城市内部土地又不是很集约利用。

(7) 对外开放程度

改革开放之前，我国片面强调独立自主、自力更生、艰苦奋斗，完全依靠内部自身的力量搞发展，结果成效甚小。改革开放后，我国积极吸引外部技术和资金，学习外国的制度。外部力量给中国带来很大的竞争力。

随着我国加入了 WTO，对外开放程度有了很大的提高，与世界各地的交流及外资的投入，社会经济效益的提高，土地的产出能力增强，因而使地价逐步上扬。

(8) 城市产业结构

一方面，不同行业的用地产出率不同；另一方面，因行业特点不同，在土地使用集约性方面也有巨大的差异，从而对地价产生重要的影响。

(9) 政策因素

一方面，国家宏观的区域和城市发展政策直接影响基本建设投资导向；另一方面，城市不仅是经济中心，也是一定地区的政治中心，而在现实生活中，不同行政等级的城市在社会经济上享受不同的待遇。城市行政等级愈高，通常单位土地获得的建设资金愈多，城市基础设施的水平也高，这在一定程度上影响城市的级差地租。

8.4.2 城市土地分等因素因子的确定

1) 城市土地分等因素因子确定的一般原则

对于城市土地分等因素因子的选择并不是越多越好，一方面，指标越多统计工作量越大；另一方面，指标过多也将造成指标权重分散(均匀化作用)，从而导致重要指标的作用被削弱。但只根据少数几个指标来划分城市土地的等级有很大的风险和局限性。因此，必须从影响城市土地等级的各种因素中，筛选出足够的指标来综合分析，并据此构筑包含若干个因素因子的指标体系。

具体确定城市土地分等因素因子时，要遵循以下五项原则：

(1) 城镇土地分等因素因子的指标值变化对城镇土地质量有显著影响，且能直接客观地反映所评价区域的城镇土地等别的高低；

(2) 城镇土地分等因素因子的指标值有较大的变化范围；

(3) 选择的因素因子对不同性质城镇的影响有较大的差异，其指标能够反映不同性质城镇之间的土地等别差异；

(4) 城镇土地分等因素因子的指标能反映当前的土地利用发展趋势，并对城镇未来土地等产生影响；

(5) 城镇土地分等因素因子的指标应易通过统计资料获取或易量化处理等。

2) 城镇土地分等因素因子的选取

(1) 国家“规程”城镇土地分等因素因子

2001 年，国家质量技术监督局颁布《城镇土地分等定级规程》，该规程制定了以多因素综合评价方法为主导，以市场资料校核和聚类分析方法为辅助，定量与定性分析综合运用的城镇土地分等技术路线，推荐 7 个因素 24 个因子(见表 8.1)作为城镇土地分等指标。

表 8.1 国家《城镇土地分等定级规程》城镇土地分等推荐因素因子体系

因　素	因　子	评价指标
城镇区位*	交通区位	城镇交通条件指数*
	城镇对外辐射能力	城镇对外辐射能力指数
城镇集聚规模*	城镇人口规模	城镇人口规模*
	城镇人口密度	城镇人口密度
	城镇非农产业规模	城镇第二、三产业增加值
	城镇工业经济规模	城镇工业销售收入
城镇基础设施*	道路状况	道路人均铺装道路面积*
	供水状况	城镇人均生活用水量
	供气状况	城镇气化率
	排水状况	城镇排水管道密度
城镇用地投入产出水平	城镇非农产业产出效果	城镇单位用地第二、三产业增加值
	城镇商业活动强度	城镇单位用地批发零售贸易业商品销售总额
	城镇固定资产投资强度	城镇单位用地建设固定资产投入
	城镇劳动力投入强度	城镇单位用地从业人员数
区域经济发展水平*	国内生产总值	国内生产总值综合指数*
	财政状况	地方财政收入综合指数*
	固定资产投资状况	全社会固定资产投资综合指数*
	商业活动	社会消费品零售总额综合指数*
	外贸活动	外贸出口额综合指数
区域综合服务能力*	金融状况	人均年末银行储蓄存款余额*
	邮电服务能力	人均邮电业务量
	科技水平	专业技术人员比例
区域土地供应潜力	区域农业人口人均耕地	区域农业人口人均耕地
	区域人口密度	区域人口密度

注：加*的为必选因素因子，其他的为备选因素因子。

从因素因子的选择性上，该体系的城镇土地分等因素因子分为必选因素因子和备选因素因子两类。其中，城镇区位、城镇集聚规模、城镇基础设施、区域经济发展水平和区域综合服务能力等5个因素为必选因素，城镇用地投入产出水平和区域土地供应潜力这2个因素为备选因素；交通区位、城镇人口规模、道路状况、国内生产总值、财政状况、固定资产投资状况、商业活动、金融状况等8个因子为必选因子，其余16个因子为备选因子。作为分等备选因素因子，一般情况下这些因素因子与必选因素因子或其他备选因素因子指标之间存在一定的相关性，或者这些因素因子指标值不易获取。

在因素因子指标代表的空间范围上，该体系的城镇土地分等因素因子分为城镇指标因素因子和区域指标因素因子两类。其中，城镇区位、城镇集聚规模、城镇基础设施、城镇用地投入产出水平这4个因素14个因子为城镇指标因素因子；区域经济发展水平、区域综合服务能力、区域土地供应潜力3个因素10个因子为区域指标因素因子。8个必选因子中只有城镇区位、城镇集聚规模、城镇基础设施3个因素属于城镇指标，其余国内生产总值、财政状况、固定资产投资状况、商业活动和金融状况等5个因子均为区域指标。采用区域指标这无疑要夸大城镇的指标值，夸大城镇的影响力，造成分等因素因子作用分值量化不准确性。

(2) 其他相关研究城镇土地分等参评因素因子

从目前研究实践来看，我国一般分城市(包括县城)和建制镇(含乡集镇)两个层次，分别建立城镇土地分等因素因子体系。

董黎明等人在运用地租理论和区位论思想采用多因素加权叠加方法进行我国城市有偿使用等级划分研究时，认为影响城市间土地收益水平的因素十分复杂，主要有城市区位、城市集聚规模、城市基础设施(包括能源、水源、交通、通讯、环境绿化、防灾等系统)、城市用地潜力、城市用地产出水平和当年城市投入强度等六大因素，建立了相应的评价指标体系(见表8.2)。刘幼慈等人选取上海、青岛、南通、烟台、重庆、宁德、中山、三亚、琼海、宁波、湖州、武汉、昆明、长春、沈阳、大连、锦州、营口、汉中和商州20个城市作为建模样本城市，建立城市地价评估模型，并根据地价估测结果将全国517个城市划分为6个等级研究中，围绕影响城市地价的5个主要因素，共选取了19项评估因子(见表8.2)。

表8.2　董黎明等城市土地分等指标体系

研究作者	分等参评因素	分等参评因子
董黎明(1993年)	城市区位	城市区域交通条件、城市距海距离、城市经济位势
	城市集聚规模	城市人口规模、工业资金总额
	城市基础设施	单位用地公交车辆、单位用地供水量、单位用地电话数、单位用地城建基金
	城市用地潜力	市域农业人口人均耕地、城市人口国民收入
	城市用地产出水平	单位用地国民收入、单位用地商品零售额、单位工业用地利税总额
	当年城市投入强度	单位用地基本建设投资、单位用地外商投资、单位用地劳动力投入
刘幼慈(1998年)	城市区位	人均港口吞吐量、人均货运量
	人口与城市化	人口密度、城市化水平、第三产业人数占全部从业人数比重
	经济发展水平	人均工业总产值、人均财政收入、人均社会消费品零售额、人均基本建设投资、人均拥有商业网点、单位面积利用外资额
	社会发展水平	职工平均工资、万名职工中专业技术人员数、万人拥有医院床位数
	城市基础设施	人均邮电业务量、万人拥有公共汽车辆数、人均道路面积、万人拥有下水道长度、人均供水量

周建明认为，现在城市土地分等的方法主要应用特菲尔法、层次分析以及诸如聚类分析等辅助方法。但前者的主观随意性较大，后者对等级的级距及各等级城市土地的地价构成依然是不确定的。因此，他认为应采用多变量统计中的因子分析法对城市地价构成因子进行解析，并与聚类分析相结合，寻找各类城市地价的动因，为地价确定提供客观实用的方法。从现状和潜在的角度考虑城市土地的产出能力和供求情况，以我国4个特区、14个沿海开放城市和北京、南京、杭州、漳州以及海口等房地产发育较好的城市为样本，分别从土地供求和土地的产出能力等方面，提出了15个指标，作为刻画城市地价水平指数的度量，即：市区非农业人口（x_1）、建成区面积（x_2）、固定资产净值（x_3）、国内生产总值（x_4）、货运量（x_5）、人均储蓄总额（x_6）、百元资金所提供的利税（x_7）、近年来经济增长的速度（x_8）、人均财政收入（x_9）、对外开放程度（x_{10}）、利用外资总额（年度）（x_{11}）、固定资产投资总量（x_{12}）、人均道路面积（x_{13}）、人均道路面积（x_{14}）、市区耕地面积（x_{15}），然后采用因子分析法通过方差极大正交旋转变换，将原始变量转换成相互独立的各因子，按特征值的累积比例数的85%选取主因子，得到4个主因子，并由此可从因子载荷矩阵表中找出4个主因子与原始变量间的相关关系并建立相应的城市土地分等指标体系（见表8.3）。

表8.3　周建明城市土地分等指标体系（1997年）

因子类别	因子名称	因子构成
第一主因子	城市规模因子	市区非农业人口 x_1、固定资产净值 x_3、国内生产总值 x_4、货运量 x_5
第二主因子	用地需求因子	人均储蓄总额 x_6、近年来经济增长的速度 x_8、固定资产投资总量 x_{12}
第三主因子	开放程度因子	对外开放程度 x_{10}
第四主因子	用地供求因子	人均道路面积 x_{14}

表中4个主因子有以下主要内容：① 第一主因子为城市规模因子。城市规模对地价具有的突出贡献，反映了在我国现阶段的经济水平下，城市是各种优势的集中所在，而大城市更是其中的佼佼者。在这个因子中，货运量所具有的高载荷，表明沿海城市的对外功能很强，其经济影响向四周辐射，而且，城市越大辐射越强。而投资总额和利用外资所具有的较高载荷，反映了国内的资金主要投向城市，相对而言，外资的投向并不像国内投资那样集中于大城市，这与我国的特区政策有关。② 第二主因子是城市用地需求因子。城市规模的大小虽然也包含着用地的需求因素，但直接表明城市用地需求的却是人均住宅面积、人均道路面积等，人均储蓄额和人均财政收入反映了城市潜在的消费用地和生产用地的需求，其较高的载荷表明潜在的需求大于现状的需求。另一方面，经济增长速度也列入了该因子，说明经济增长总是伴随着用地需求的迅速扩张，或这些城市的经济增长主要是用地较大的第二产业所带来的。对外开放程度显示了略低的负载荷，原因在于一是开放程度高的、以中等城市和新城市为多，这类城市用地不是非常紧张；二是开放程度高的城市，城市扩大也很快，从而缓解了用地问题。③ 第三主因子为开放程度因子。开放程度有显著的载荷，且经济增长速度、人均储蓄额以及国外投资均有较高的正载荷。这表明随着开放程度的提高，经济效益变好，土地的产出能力增强，因而使地价上扬。④ 第四主因子为城市土地供给因子。但其信息负载较低，表明其对地价的影响较小，也反映我国城市的扩大受用地条件限制较小，在这个因子中，市区耕地面积的负载荷较高，而建成区面积的负载荷较低，这表明土地的供给主要是依靠外延扩大，而不是靠集约利用建成区内的土地，这与我国东部城市耕地紧张，而这些城市内部土地不集约利用很不相称。

王黎明等在江苏省域城市土地等别划分研究中，从江苏省城镇的实际情况，采用特尔菲法，在影响城市土地等级的各种因素中选取城市区位、城市集聚规模、城市基础设施、城市服务设施、城市产出水平、城市投入水平、城市用地需求、对外开放程度等8大因素及27个因子，构成城市土地分等因素因子体系（见表8.4）。

表8.4　江苏省域城市土地分等参评因素因子体系

分等参评因素	分等参评因子
城市区位(21.0)	交通区位(50.0)、经济区位(50.0)
城市集聚规模(17.5)	城市人口规模(34.3)、城市土地规模(31.4)、城市经济规模(34.3)
城市基础设施(15.5)	道路状况(16.1)、供水状况(12.9)、供电状况(9.7)、供气状况(12.9)、排水状况(9.7)、排污状况(6.4)、邮电状况(12.9)、绿地状况(13.0)、公交状况(6.4)
社会服务设施(6.5)	科技水平(30.8)、教育水平(38.4)、卫生水平(15.9)、文化水平(15.0)
城市产出水平(14.5)	财政状况(41.4)、商业状况(31.0)、工业状况(27.6)
城市投入水平(11.0)	劳动力投入状况(40.9)、投资状况(59.1)
城市用地需求(6.5)	现有用地状况(46.2)、用地需求状况(53.8)
对外开放程度(7.5)	对外贸易状况(40.0)、利用外资状况(60.0)

注：括号内数字为权重值。

小城镇土地分等研究方面，我国学者进行了广泛研究探讨与实践，针对不同地域的特点提出建立了各具特色的分等参评因素因子体系。如：周寅康等人在新疆生产建设兵团农垦城镇土地分等中，选取城镇规模等4个因素、人口数量等9个因子作为分等指标；周生路等在江苏六合区域集镇基准地价体系建立研究中，建立了包括集镇规模等6个因素、集镇建成区面积等24个因子的集镇土地分指标体系（见表8.5）。

表8.5　部分城镇建制镇土地分等因素因子体系

研究作者	分等参评因素	分等参评因子
周寅康等(1997年)	城镇规模(28.0)	人口数量(35.71)、建成区面积(28.58)、二、三产业总产值(35.71)
	集聚水平(18.0)	人均占地面积(44.44)、人均国民收入(55.56)
	区位条件(32.0)	区域交通条件(56.25)、距最近城市(港口)距离(43.75)
	基础设施(22.0)	单位土地供水量(54.55)、单位土地供电量(45.45)
周生路等(1999年)	集镇规模(26.61)	集镇建成区面积(39.10)、集镇规划区面积(15.28)、镇区常住人口数(34.37)、镇区流动人口数(11.25)
	经济发展水平(20.64)	工农业总产值(44.45)、人均GDP(55.55)
	区位条件(18.15)	交通干线影响度(37.92)、中心城市影响度(13.45)、江河码头影响度(8.33)、外联道路数(20.25)、镇区路网密度(12.68)、镇区河网密度(7.37)
	商业服务繁华度(12.41)	镇区商业服务营业面积(30.55)、镇区商业服务营业总额(36.55)、镇区商业服务利税总额(32.90)
	基础设施完善度(13.75)	供电设施完善度(25.09)、供水设施完善度(20.95)、供气设施完善度(12.65)、医疗设施完善度(12.72)、中学完善度(18.45)、小学完善度(10.14)
	环境状况(8.44)	环境质量指数(32.95)、自然条件优劣度(39.27)、名胜古迹状况(27.78)

注：括号内数字为权重值。

8.5 分等因素因子的分值计算与等别划分的确定

8.5.1 分等因素因子的分值计算

1）分等因子的分值计算

(1) 城镇经济区位因子的分值计算

根据空间结构理论，城市在对外辐射的同时，也受到区域中的其他城市的辐射。城镇经济区位因子分值，采用城镇区位势指数表示。城镇区位势指数表征了一个城镇在区域中的区位优势，通常用受到区域中的城市辐射的总量来表示。其计算步骤和方法如下：

① 确定辐射源城市。辐射源城市是指在区域中对其他城市有明显辐射影响的城市。

② 确定辐射源城市的势能值和影响半径。辐射源城市对外的影响作用主要体现在经济辐射作用和行政影响作用方面，故辐射源城市的势能值由这两方面组成。通常用辐射源城市的GDP来表征经济辐射作用，以城市行政等级赋分的方式来表征行政影响作用，具体公式见下式：

$$E_i = G_i W_G + A_i W_A \tag{8.2}$$

式中：E_i—— 第 i 个辐射源城市的势能值；

G_i—— 第 i 个辐射源城市的 GDP 标准化值；

W_G——GDP 的权重；

A_i—— 第 i 个辐射源城市的行政分值；

W_A—— 行政分值的权重。

辐射源城市影响半径计算公式为：

$$R_i = \sqrt{\frac{S_i}{n\pi}} \tag{8.3}$$

式中：R_i—— 第 i 个辐射源城市的影响半径；

S_i—— 第 i 个辐射源城市的影响面积；

n—— 第 i 个辐射源城市所在该级及上级城市数目。

③ 量取各城镇到辐射源城市的距离（主要按公路或铁路交通距离计算），计算辐射源城市对在各自影响半径内的各城镇的势能影响值。

④ 各城镇势能影响值累加，计算各城镇的城镇区位势指数。公式为：

$$I_i = \sum_{j=1}^{n} E_j \left(1 - \frac{L_{ij}}{R_j}\right) \quad (L_{ij} \leqslant R_j) \tag{8.4}$$

式中：I_i—— 第 i 个城镇的区位势指数；

E_j—— 第 j 个辐射源城市的势能值；

L_{ij}—— 第 i 个城镇到第 j 个辐射源城市的距离；

R_j—— 第 j 个辐射源城市的影响半径；

n—— 辐射源城市总个数。

(2) 其他分等因子的分值计算

除城镇区位因素中的城镇经济区位因子按上述方法计算因子分值外，其余因素因子的计算皆采用标准化方法，即：

$$Y_{ij} = 100 \times \frac{X_{ij} - X_j}{X_{max} - X_{min}} \tag{8.5}$$

式中：Y_{ij}—— 第 i 个分等对象的第 j 项因子分值；

X_{ij}—— 第 i 个分等对象第 j 项指标值；

X_{max}—— 各分等对象 X_{ij} 指标的最大值；

X_{min}—— 各分等对象 X_{ij} 指标的最小值。

2）分等因素的分值计算

分等因素的分值计算公式如下：

$$F_{ik} = \sum_{j=1}^{m} (W_{kj} Y_{ij}) \tag{8.6}$$

式中：F_{ik}—— 第 i 个分等对象第 k 个因素分值；

W_{kj}—— 第 j 项因子对应上层第 k 个因素的权重值；

Y_{ij}—— 第 i 个分等对象第 j 项因子的分值；

m—— 第 k 个因素包含的因子个数。

3）土地等别指数的计算

土地等别指数的计算公式如下：

$$S_i = \sum_{k=1}^{n} (W_k Y_{ik}) \tag{8.7}$$

式中：S_i—— 第 i 个分等对象的综合分值；

W_k—— 第 k 个因素的权重值；

Y_{ik}—— 第 i 个分等对象第 k 个因素的分值；

n—— 因素个数。

8.5.2　土地等别的初步划分

1）城镇土地等别划分的原则

城镇土地等别划分应遵循以下原则：① 城镇土地等按照综合分值分布状况划分，不同土地等对应不同的综合分值区间；② 城镇土地等划分数目要适当，一般为 5～8 等；③ 任何一个综合分值只能对应一个土地等；④ 等别划分应体现同一地区内部、相同等别内土地质量的相似性、收敛性以及不同等别间土地质量的差别性、离散性。

2）城镇土地等别划分的方法

土地等根据分等因素综合分值(分等指数)，可以采用如下方法的一种或多种方法进行划分：

(1) 数轴法。将综合分值点标绘在数轴上，按土地利用效果的实际状况，选择拐点或点数稀少处作为等间分界。

(2) 总分频率曲线法。对综合分值进行频率统计，绘制频率直方图，按土地利用效果的实际状况选择频率曲线波谷处作为等间分界。

8.5.3　分等结果的验证与确定

1）分等结果的验证

城镇土地分等结果验证应采用市场资料分等和聚类分析方法分等中的一种或多种方法。

利用市场资料验证城镇土地等时，应保证参与验证的城镇数量占参加分等的城镇总数 50%以上，利用聚类分析方法验证城镇土地等时，应保证参与验证的城镇数量占参加分等的城镇总数 90%以上。

利用市场资料验证城镇土地等别时，可采取城镇间基准地价分等、土地市场交易资料分等、商品住宅交易资料分等和标准宗地资料分等中的一种或多种方法。其中，利用城镇基准地价验证时，宜以最高级别商业或住宅用地的基准地价为主要分等依据；利用城镇主城区土地市场交易资料验证时，宜以涉及城镇数量最多的相应类型土地的总平均价格为主要分等依据；利用城镇商品住宅交易资料验证时，宜以商品住宅的总平均价格为分等依据；利用标准宗地资料验证时，宜以标准宗地的总平均价格为分等依据。

利用聚类分析方法验证城镇土地等时，应根据聚类分析法的要求计算任意两个分等城镇的加权欧氏距离，对分等城镇进行聚类，并勾画聚类分析谱系图。加权欧氏距离计算公式为：

$$D_{ij}=\sqrt{\sum\left[W_k(F_{ik}-F_{jk})\right]^2} \tag{8.8}$$

式中：D_{ij}—— 第 i 个分等城镇到第 j 个分等城镇的欧氏距离；

W_k—— 第 k 项因子的总排序权重值；

F_{ik}—— 第 i 个分等城镇第 k 项因子的评分值；

F_{jk}—— 第 j 个分等城镇第 k 项因子的评分值。

2）分等结果的调整确定

（1）分等结果调整确定的一般要求

分等结果调整确定的一般要求包括：① 各类分等城镇的土地等高低，必须通过对总体进行分析或抽样调查来确定；② 当只需确定各类的高低顺序时，可通过计算各类中所有分等城镇的指标平均值，按指标对土地质量的作用大小，确定各类土地等；③ 如果出现各类指标值各有高低优劣的情况，按上述方法难以判定土地等顺序时，可通过抽样调查各类中相同类型的土地或房地产价格情况，确定其土地等；④ 当需要确定各类分等城镇土地等时，则需通过抽样调查各类中相同行业的土地收益、地价或房价等资料，确定各类分等城镇的土地等高低；⑤ 根据多因素综合评价初步划分的城镇土地等，并结合市场资料分析和聚类分析等方法对城镇土地初步分等结果进行验证，形成基本方案，并进行专家咨询和向下级土地行政主管部门征求意见，确定最终方案。

（2）分等结果调整确定的原则

城镇土地分等结果调整确定除应遵循城镇土地分等的一般原则要求外，还应遵循以下原则：

① 行政建制协调原则。城镇土地等应与我国现行的行政建制相协调；一般情况下，在省级以下（不含省级）的同一行政区域内，行政级别较高的城市土地等不宜低于行政级别较低的城市，设市城市土地等不宜低于未设市城镇。

② 城镇规模和职能调控原则。城镇土地分等应根据城镇人口规模和职能特征进行适当调控。

③ 近邻平衡原则。空间相近且分属于不同行政区域的城镇之间应根据区域经济发展状况保持适当的等别平衡。

（3）分等结果最终确定的一般方法

城镇土地分等最终结果应以多因素综合评价的结果为主要依据。对于多种方法划分土地等别一致的城镇，即可以确定该城镇的土地等别。对于多种方法划分土地等别不一致的城镇，应进一步采用多方案对比分析与专家咨询结合的方法调整确定其土地等别：① 检查分析各方法涉及资料的准确性和样本的数量、分布情况，分析各方法的结果产生差异的原因，对各方法的可靠性做出判断；② 将可靠性较低的方法结果剔除，将其余方法的结果对照列出，提交专家组进一步判断；③ 应采用多数方法相一致的土地等结果为依据，不一致时可采用专家咨询投票的多数专家的意见为依据，确定分等结果。

参考文献

1 Andrew Baum and David Macdmin. The Income approach to property valuation. Hong Kong，1988

2 Britton W. Modern methods of valuation. 8th edition. The Estate Gazette Limited，1989

3 Clark G L. Feldman M P & Gertler M S. The Oxford Handbook of Economic Geography. New York：Oxford University Press，2000

4 Clive Darlow. Valuation and development appraisal，2nd edtition. Estates Gazette，1988

5 HKIS and RICS. Hong Kong guidance notes on the valuation of property assets. Hong Kong，1988

6 Millington A F. An introduction to property valuation. The Estate Gazette Limited，1988

7 艾建国. 中国城市土地制度经济问题研究. 武汉：华中师范大学出版社，2001

8 毕宝德. 土地经济学. 北京：中国人民大学出版社，1993

9 陈宗兴，唐海彬，贡瑛. 经济活动的空间分析. 西安：陕西人民出版社，1989

10 国家质量监督检验检疫总局. 城镇土地估价规程(GB/T18508—2001). 北京：中国标准出版社，2002

11 大卫·李嘉图. 政治经济学及赋税原理. 上海：商务印书馆，1962

12 单卫东，包浩生. 区域中心城市地价的空间扩散研究. 经济地理，1997，17(1)

13 董黎明，胡存智. 城镇土地定级原理与方法. 北京：地震出版社，1992

14 董黎明. 中国城市土地有偿使用的地域差异及分等研究. 地理学报，1993，48(1)

15 范黎. 城镇土地分等研究综述. 房地产评估，2003(7)

16 [加]歌德帕戈. M，钦洛依. P；国家土地管理局宣教司译. 城市土地经济学. 北京：中国人民大学出版社，1990

17 顾朝林. 城市经济区理论与应用. 长春：吉林科学技术出版社，1991

18 国家质量监督检验检疫总局. 城镇土地分等定级规程(GB/T18507—2001). 北京：中国标准出版社，2002

19 胡存智. 区位理论在我国城镇土地分等定级中的应用研究. 中国土地科学，1991，5(1)

20 胡存智. 土地估价理论与方法. 北京：改革出版社，1995

21 黄桐城，黄碧云. 城市土地经济学. 上海：上海交通大学出版社，1998

22 江苏省无锡县土地管理局. 无锡县城镇土地分等定级估价实践与研究. 南京：南京师范大学出版社，1995

23 [美]雷利·巴洛维；谷树忠等译. 土地资源经济学——不动产经济学. 北京：北京农业大学出版社，1989

24 李武生. 关于城镇土地使用价值的地域差异与分等研究的数理分析. 资源科学，2000，22(5)

25 李晓东. 新疆城市分等与城镇土地基准价格体系的建立初探. 干旱区地理，1997，20(1)

26 厉伟，葛吉琦. 我国小城镇土地分等估价体系的进一步探讨. 房地产评估，2000(2)

27 刘幼慈. 我国城市地价评估模型及其空间分布规律研究. 中国人口·资源与环境，1998，8(1)

28 陆大道. 区位论及区域研究方法. 北京：科学出版社，1988

29 鹿心社. 中国地产估价手册. 北京：改革出版社，1993

30 饶会林，王雅莉. 试论城市宏观级差地租制度的建立与实施. 中国土地科学，1998，12(1)

31 萨谬尔森. 经济学. 北京：商务印书馆，1989

32 唐根年. 浙江省城镇土地分等地域分异特征研究. 经济地理，1998，18(3)

33 王明田，李昕. 城镇土地分等及其相关问题讨论. 中国房地产估价师，2002(4)

34 威廉·配第. 赋税论——献给英明人士货币略论. 上海：商务印书馆，1963

35 许牧,张小华.中国土地管理利用史.北京:中国农业科技出版社,1995
36 亚当•斯密.国民财富的性质和原因的研究.上海:商务印书馆,1981
37 严星,林增杰.城市地产评估.北京:中国人民大学出版社,1999
38 杨吾扬.区位论原理.兰州:甘肃人民出版社,1989
39 周建明.城市类型与地价成因的定量分析.中国土地科学,1997,11(4)
40 周生路,吴文红,彭补拙.区域城镇基准地价体系建立研究.自然资源学报,1999,14(2)
41 周寅康,徐梦洁,彭补拙.新疆生产建设兵团农垦城镇土地等级体系研究.自然资源学报,1997,12(1)
42 冯昌中.城市土地储备经营战略及空间布局研究:[博士学位论文].南京:南京大学,2005
43 陆跃进.南京城区土地出让价格时空变异研究:[硕士学位论文].南京:南京大学,2003
44 宋佳波.省域城镇基准地价网络体系建立方法研究——以江苏省为例:[硕士学位论文].南京:南京大学,2004
45 王黎明.省域城市土地等别体系及空间差异研究——以江苏省为例:[博士学位论文].南京:南京大学,2004
46 叶方.城乡一体化地价体系建立方法研究:[博士学位论文].南京:南京大学,2005

9 城镇土地定级

9.1 城镇土地定级的基本思路

9.1.1 城镇土地定级的途径、分类和原则

1）城镇土地定级的途径

根据区位论和地租地价理论等，城镇土地级别可以分别从城镇土地价值、土地价值的货币表现形式——土地价格以及价格还原基础——土地收益的高低等三个方面进行评定，从而形成相应的三种城镇土地定级方法：① 通过分析评价土地自然和社会经济属性因素因子质量，揭示土地使用价值、土地价值及其空间差异，从而划分城镇土地级别的多因素综合评定的城镇土地定级法；② 从企业经营利润剔除非土地因素——资金、劳力的作用，剥离出单位面积土地利润贡献，揭示土地收益能力及其空间差异，从而划分城镇土地级别的级差收益测算的城镇土地定级法；③ 直接从城镇土地地价高低及其空间分布，划分城镇土地级别的地价分区的城镇土地定级法。

多因素综合评定的城镇土地定级方法，从影响土地质量高低的土地构成因素（包括经济属性和自然属性因素）评价入手，排除非土地因素的干扰，定性与定量结合，采用相对统一和规范的定量化的科学指标——分值来表示土地各种条件的优劣，并在考虑因素重要程度的前提下，对这些反映土地条件优劣的分值进行加和得到总分值，最后按总分值的高低评定城镇土地级别。公式如下：

$$P = \sum_{i=1}^{n} W_i F_i = W_1 F_1 + W_2 F_2 + W_3 F_3 + \cdots + W_n F_n \tag{9.1}$$

式中：P—— 总分值；

n—— 定级因素总数；

W_i—— 定级因素权重；

F_i—— 定级因素分值。

多因素综合评定的城镇土地定级法，抓住决定反映城镇土地价值、土地使用价值高低本质——土地质量的土地综合体构成因素的优劣状况，定级结果客观性强，方法易于操作。只要对土地自身及其周围条件进行正确评定，就可得出其准确土地级别。但是该方法通过分值这一非市场显化来刻画城镇土地质量高低，较为抽象，不便于成果的使用。

级差收益测算的城镇土地定级方法，通过选取受土地条件影响明显的有关行业的企业单位，从分析市场经济条件下企业现实经济活动所获得的企业利润构成和变化入手，采用一定的技术方法和模型，从企业全部利润中剥离出作为企业超额利润表现形式的土地收益，测算出单位土地面积上土地的收益水平，分析其在城镇内部不同地域的空间差异，从而将城镇全域范围内的土地划分成不同的级别。级差收益测算的城镇土地定级法，通过土地价格还原基础——土

地收益来反映城镇土地质量，具有一定的市场显化性。但是，除土地条件外，企业经营利润还同时受到企业经营管理水平、产品市场供需状况、国家产业和金融政策等非土地因素的显著影响。因此，从企业利润剥离测算的土地收益往往难以真实反映土地条件的优劣状况。另外，不同行业和企业在经营形式、经营成本等方面相互之间存在很大差异，从企业利润剥离土地收益设定有关参数时，带有很强的主观性。

地价分区的城镇土地定级方法，根据土地市场交易资料，分析城镇土地价格水平高低及其空间分异状况，对城镇土地进行级别划分。这种方法直接将城镇土地级别与土地价格联系起来，通过市场显化的土地价格来刻画城镇土地质量的高低，易于接受，定级成果便于应用。但是，除土地条件外，土地价格直接受到宏观经济形势、城市规划和市场供求关系的强烈影响，其高低水平具有很强的波动性。另外，土地交易价格有出让价格、转让价格和抵押价格等多种形式，各形式价格之间高低水平具有一定的差异性，从而影响城镇土地定级结果的准确性。

根据上述三种城镇土地定级方法的优缺点以及这些方法定级刻画城镇土地质量所依据的土地价值、土地价格和土地收益与土地质量之间本质、形式的逻辑辩证关系，刻画土地质量高低本质的程度，反映土地质量的市场显化性以及定级方法的科学性、结果的准确性，宜采取如下途径进行城镇土地定级：以多因素综合评定方法结果为定级初步结果，参考级差收益测算和地价分区定级方法结果，对初步结果进行修正、完善得出城镇土地定级的最终结果。

2）城镇土地定级的分类

根据不同标准，城镇土地定级可分为相应不同的类型。根据评价对象用途，可分为城镇土地定级综合定级及城镇商业用地定级、城镇住宅用地定级和城镇工业用地定级；根据评价对象时间，可分为城镇现状土地定级和城镇规划土地定级；根据评价对象规模，可分为城市土地定级和小镇土地定级；根据评价对象的特殊性，可分为开发区土地定级、风景区土地定级、卫星城镇土地定级和工矿区土地定级等等。

3）城镇土地定级的原则

城镇土地定级一般应遵循的原则有以下几点。

（1）综合分析原则。城镇土地级别受到城镇经济、社会、自然和生态环境等多种因素的影响。定级除分析经济因素外，应对城镇社会、自然和生态环境因素进行分析；除分析单个因素对城镇土地效益的影响作用，还要分析经济、社会、自然和生态环境等因素对城镇土地效益的综合影响作用；土地级别效益分析时，除反映经济效益外，也要反映社会、生态环境效益以及经济、社会、生态环境综合效益及差异。

（2）主导因素原则。土地因素及其影响作用和效益，往往存在一定的重叠性和相关性。与综合分析原则相辅相成，主导因素原则上要求，定级应根据影响城镇内部土地优劣的各种因素及其作用的差异，重点选择对土地级别起控制和主导作用的因素作为定级的参评因素，并突出这些因素对土地效益主要方面的影响。

（3）地域分异原则。土地构成因素特性、优劣状况、对土地效益的影响作用方式和强度，在城镇范围内一般存在一定的空间差异。定级应掌握土地因素特性、优劣状况、影响作用方式和强度的空间分布与组合规律，分析其地域差异，科学准确地选取定级参评因素、量化其影响作用，并将类似地域划归同一土地级别。

（4）级差收益原则。土地级别反映了城镇土地条件的优劣状况，而对土地条件具有一定敏感性的企业利润所包含的土地收益在不同级别土地上应有明显差异，因此应选择有关行业企业进行土地差收益地价测算,并将测算值作为确定土地级别数目和了解行业级差收益的重要参考依据。

(5) 定量与定性结合原则。城镇土地定级应尽量把定性、经验性分析定量化,以定量计算为主。但对难以定量刻画的因素及其影响作用方式和强度,应以定性分析为主,减少主观任意性,保证城镇土地定级的科学性,提高定级结果的精度。

(6) 因地制宜原则。土地定级既要遵循国家规定的技术程序和作业规范,又要结合调查区的实际情况,以确保土地定级成果的客观性和实用性。

9.1.2　城镇土地定级的主要步骤

城镇土地定级的主要步骤见图 9.1。

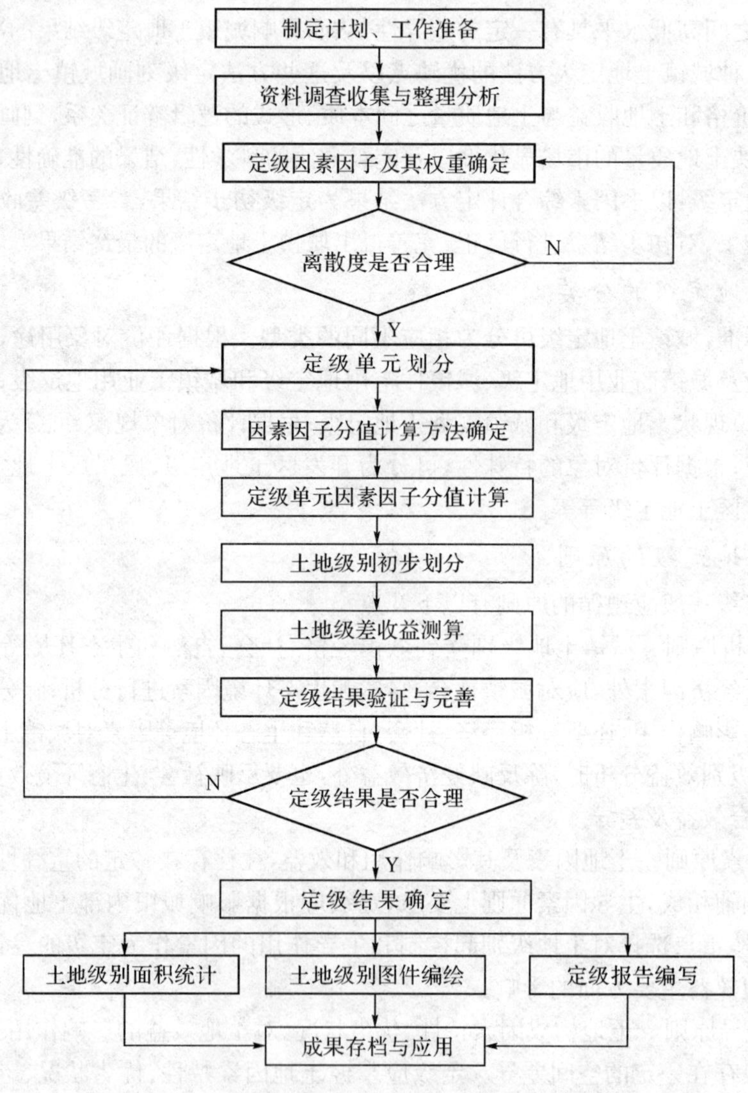

图 9.1　城镇土地定级的主要步骤

(1) 制定计划、工作准备

城镇土地定级是一项涉及面广的技术性工作。工作开始前,要明确城镇土地定级工作的目的、对象和范围，根据城镇的实际情况、完成任务时间、投入人力多少和成果精度要求等，制定定级工作计划、工作方案和技术方案，确定资料调查收集清单，设计外业补充调查的工作表格，提出资料的规范性、普遍性和准确性等要求，并对工作中可能出现的困难、问题及解决办法进行分析和论证。

(2) 资料的调查收集与整理

在资料调查和收集时，首先要明确资料的有无情况、所属部门、调查时间和精度要求等，然后在此基础上，采取相应方式进行调查收集。如：从有关部门收集现有资料；编制调查表格，走访有关部门，与有关人士座谈了解情况，填写表格；实地测算和抽样调查等等。资料调查收集的内容如下：

① 繁华程度资料。包括商业服务业中心的位置、数量、范围；商店总数、销售额、利润值、占地面积、职工数以及商业职能种类数、商业服务中心职能完备率、商业服务建筑物密度等。

② 交通条件资料。包括道路网分布，道路类型、级别标准、车流量、道路长度、宽度；公共汽车线路、站点分布、车流量及停靠次数；主要交通工具类型、设施规模及分布等。

③ 基础设施状况资料。包括基础设施类型、数量、分布及投资状况；基础设施的技术水平、规模、级别和服务水平；生活服务设施使用的保证率、持续率和可靠率等。

④ 环境条件和自然条件资料。包括环境质量指数、各类污染状况及分布状况；地形、工程地质、水文和气候条件；公园、绿地的位置、面积、范围等。

⑤ 社会、历史及人口资料。包括人口、行政区划、城镇发展过程等资料。

⑥ 土地利用效益资料。包括工、商等企业单位各自的产值、商业销售额、流动资金与固定资金、税前及税后利润；各企业单位的占地面积、营业面积、职工人数；各企业单位的所有性质、经营范围、所属行业系统；现行房地产销价、租金水平以及历史地租、地价及其分布状况等。企业单位的土地利用效率数据，一般应选用三年以上的资料。

⑦ 其他。包括临街权属单位使用土地平均进深数据，以及定级中需要利用的明显地物、新增地物的位置数据等。

(3) 定级因素因子及权重确定

城镇土地定级因素、因子的确定，根据城镇的实际情况，有影响城镇土地质量、土地利用和效益的因素，以及这些因素的影响方式和程度等，选取其中影响性较大的那部分因素、因子作为定级参评因素、因子。定级因素、因子权重是其对土地级别影响程度的体现，可采用特尔菲测定法、因素成对比较法、层次分析法、数理统计法等方法确定。因素、因子权重一般应满足如下要求：① 权重值的大小与因素、因子对土地质量的影响成正比；② 各因素、因子的权重值在 0～1 之间变化，同一类同一层次因素或因子权重值之和等于 1。

(4) 定级单元划分

定级单元是反映城镇土地自身特性、土地利用和定级因素因子的最基本地块，是定级取样和获得数据的工作单位，同时也是评定和划分城镇土地级别的基本空间单位。定级单元内部特性和土地构成因素因子相对均一。定级单元可根据城市特征、定级完成任务时间、投入人力、成果精度要求及定级采用的技术手段等，选择相应的方法划分。

(5) 定级因素因子分值计算

定级因素因子分值，按因子作用分值、因素分值和定级因素因子总分值三个层次进行计算。其中，定级因子作用分值计算是基本。定级因子作用分值，应区分因子指标与土地级别之间所存在的正相关或负相关关系，采用极值标准化或距离衰减方法建立相应的数学模型进行计算。

因子作用分值越大,表示定级土地受该因子的影响效果越佳。因素分值和定级因素因子总分值,则在因子作用分值计算基础上,根据定级因素因子权重采用逐级加权求和方法计算得到。

(6) 土地级别的划分与确定

城镇土地级别根据定级单元因素因子总分值,采用数轴法、剖面图法和频率曲线统计法等进行初步划分;然后进行各级别土地收益即级差收益测算,并对土地级别划分初步结果进行验证。当土地级差收益不明显时,应对定级计算进行修正和完善,土地级差收益显著后还应对土地级别进行局部调整以最终确定土地级别。

9.2 城镇土地的定级因素与定级单元

9.2.1 城镇土地的定级因素

1) 城镇土地级别的影响因素

城市是一个复杂的人工系统,其内各种设施众多,是人们生活和各种经济活动最为集中的场所。在不同城镇之间以及同一城镇内部不同区域之间,城镇土地构成要素、土地利用与效益、土地质量与价值均存在很大差异,影响城镇土地级别的因素复杂多样,但主要包括繁华程度、道路交通条件、城市设施条件、环境条件和人口状况等。

(1) 繁华程度

根据区位论、城市地理学理论和地租地价理论,城镇中某些对人口流动和物质能量交换具有聚集作用的特殊地段形成城镇结节点。因为结节点上人口流动频繁,物质、能量、信息交换频频发生,各种政治经济、文化活动以此为中心展开,因此,大大小小的城镇结节点成为城镇不同层次和等级的繁华中心。在这些繁华中心里,人口、物质、能量和信息交流空间等的高度集中,产生了集聚效应和集聚利益。城市发展的内在动力就在于聚集利益。在聚集利益调节机制作用下,使得城市繁华中心比城市其他地域更具有吸引力,引起更大规模的聚集和城市更快发展。在城市土地市场方面,区位越有利,聚集经济利益越明显,则厂商的经济效益越高,消费者的效用越大,地租的支付能力越强,同时竞争也越激烈。土地市场的竞争,由于土地供给的有限性和滞后性,对区位的竞争必然增加具有不可移动性质的土地的稀缺性,从而会进一步提高城市土地的地租地价。因此,土地繁华程度是城镇土地级别因素的重要方面。

繁华程度可以通过多种指标衡量,如人口密度、商业繁华程度等。其中商业服务业的繁华程度较为直观,也相对易测,是衡量繁华程度的重要指标。商业服务业有其自身的行业运行发展规律,在运用商业服务业繁华指标时,可以用商业服务规模近似代替繁华中心规模;以服务吸引半径代表繁华影响范围;以商业服务业吸引力随距离的衰减值即商业服务繁华影响度代表土地繁华程度。因此,土地繁华程度可以通过商业服务繁华影响度表示。

(2) 道路交通条件

城市道路交通条件是某特定地块土地与外界(包括定级城镇内部其他地域和定级城镇之外环境)进行物质、能量、人员和信息等交流的方便程度及快捷程度。它的好坏状况,一方面影响人流、物流的移动成本;另一方面还影响土地所处区域与其他有关区域相接触进行社会经济和技术交流的频率、机会、便利程度和潜力。这种接触频率、机会、便利程度和潜力对城市土地质量的好坏、土地利用效益和土地价值的高低有直接的影响。土地经济区位产生的影响能否转化为实质性效益,在很大程度上受到道路交通条件的制约。此外,道路交通条件还影响到聚集效益、市场演变、城市结节点产生和扩大等。所以，道路交通条件的好坏，对城镇土地级别有重要影响，道路交通条件愈好，城市地价、土地级别愈高。

根据道路交通设施在所促进物质、能量、人员和信息等交流的空间性和主要对象方面的差异，可将道路交通条件进一步细分为对外交通便利度、道路通达度、公交便捷度和路网密度等因素。其中，对外交通便利度反映城镇土地与定级城镇之外环境进行物质、能量、人员和信息等交流的方便及快捷程度；道路通达度、公交便捷度和路网密度反映评价地域与定级城镇内部其他地域进行物质、能量、人员和信息等交流的方便及快捷程度。因此，城镇土地定级中，道路交通条件可通过采用对外交通便利度、道路通达度、公交便捷度和路网密度等因素表达。

(3) 城市设施条件

根据地租地价理论和区位论等理论，城市土地之所以远高于农用地的价值，是因为城市土地经过人类不断的改造和加工及其资金、技术和劳动投入，而凝结了大量人类物化劳动和活劳动(包括直接附加劳动和间接附加劳动)，从而产生大量的土地级差收益和级差地租地价。其中，电力、电信、供热、供气、给排水管网、医院、学校、菜场和图书馆等城市基本设施，是为城市土地综合经营开发而付出的间接附加劳动。城市设施条件是发挥城市多功能的物质基础，是城市生产和居民生活必不可少的条件，直接影响城市土地的经济区位，对于提高城市土地利用效益和城市土地价值具有重要作用，因此是城镇土地定级因素不可缺少的方面。

根据设施在城市生产和居民生活的功能作用，城市设施条件可分为生活设施完善度、公共设施完备度和文体设施影响度等三个因素。其中，生活设施包括给水、排水、供电、电信、热力、煤气等与生活或生产基本条件有关的设施；公共设施包括与日常生活密切相关的中小学、诊所、医院、菜场、邮电所、银行储蓄所等；文体设施包括影剧院、俱乐部、体育馆场、游乐园等文化、体育设施。

(4) 环境状况

城市环境状况包括环境质量优劣度、城市绿地覆盖率、自然条件优劣度等因素。随着社会进步和人类生活质量的提高，这些因素对城市生产经济活动和居民生活正产生越来越重要的影响，因此是影响城镇土地级别的重要因素。

(5) 人口状况

城市是随着人们生产经济活动和交流集聚并且人口达到一定规模后形成的。人口一直是城市系统中最活跃的因素，对城市生产经济活动、土地利用和土地区位条件等都会产生重大影响。商业服务中心的形成需要一定的市场和人口条件，只有服务于一定的市场范围和人口规模数，才能维持中心的生存，人口越多，购买力越大；作为城市设施的使用者，只有人口到达一定规模后，才有可能配套建设比较完善的城市基础设施和服务设施；同时，人口规模和人口密度也是城市繁华程度的重要标志。因此一般而言，人口规模和人口密度能够提高城市土地利用程度、提升土地经济区位、提高土地利用效益。但是，人口的过度集聚也将带来交通拥挤、环境质量变差和市容混乱等负面效应，从而降低土地经济区位。因此，人口状况是城镇土地定级需要考虑的方面。

人口状况包括人口数量(人口总量、人口密度等)、人口结构(性别结构、年龄结构、民族结构等)和人口素质(受教育程度、职称、技能水平等)等各个方面。在城镇土地定级中主要考虑人口密度因素。

2) 城镇土地的定级参评因素因子

经过多年的实践和完善，目前我国城镇土地定级大多根据定级城镇的本身特点，参照国家

《城镇土地定级规程》选取确定定级的参评因素因子体系。国家《城镇土地定级规程》定级因素因子见表 9.1～表 9.4。

表 9.1　城镇土地综合定级因素表

项　目	商业服务繁华程度	交通条件			基本设施状况		环境条件		
定级因素	商业服务繁华影响度	道路通达度	公交便捷度	对外交通便利度	基础设施完善度	公用设施完备度	环境质量优劣度	绿地覆盖度	自然条件优劣度
选择性	必选	至少一种必选		备选	至少一种必选		备选		
重要性顺序	1	2 或 3			3 或 2		4		
权重范围	0.2～0.4	0.1～0.3			0.1～0.3		0.03～0.2		

表 9.2　城镇商业用地定级因素表

项　目	商业服务繁华程度	交通条件			基本设施状况	人口状况
定级因素	商业服务繁华影响度	道路通达度	公交便捷度	对外交通便利度(客运)	基础设施完善度	人口密度
选择性	必选	至少一种必选			必选	备选
重要性顺序	1	2 或 3			3 或 2	4
权重范围	0.25～0.45	0.25～0.05			0.25～0.05	0.2～0.1

表 9.3　城镇住宅用地定级因素表

项　目	基本设施状况		交通条件			环境条件		商业服务繁华程度	人口状况
定级因素	基础设施完善度	公用设施完备度	道路通达度	公交便捷度	对外交通便利度(客运)	环境质量优劣度	绿地覆盖度	商业服务繁华影响度	人口密度
选择性	必选		至少一种必选		备选	至少一种必选		备选	备选
重要性顺序	1		2 或 3			3 或 2		4 或 5	5 或 4
权重范围	0.2～0.4		0.2～0.3			0.15～0.25		0.1～0.2	0.05～0.1

表 9.4　城镇工业用地定级因素表

项　目	交通条件		基本设施状况	环境条件	产业集聚效益
定级因素	道路通达度	对外交通便利度(货运)	基础设施完善度	自然条件优劣度	产业集聚影响度
选择性	必选			备选	
重要性顺序	1		2	3	4
权重范围	0.2～0.4		0.2～0.3	0.1～0.2	0.05～0.1

9.2.2　城镇土地的定级单元

定级单元既是一个能完整反映城镇土地特性的最基本地块,同时也是城镇土地定级取样、获得数据、级别划分和确定的工作单位。定级单元大小要适宜,单元太小,地块整体属性易被破坏;单元太大,则易把多个性质不一的地块包含在内,土地差异性被掩盖,影响土地定级精度。

一般而言,单元内定级因素的作用分值差异的标准为≤100/N(N 为该城镇所分土地级别数),以保持内部特性和区位条件的相对均一。城镇土地定级单元主要的划分方法有下面三点。

(1) 多边形法

多边形法也叫主要因素分值叠置法。该方法是在定级资料调查、收集和利用一定方法计算得到城镇土地定级参评因素作用分值的基础上,采用分层设色法或等值线法形成各定级因素分值等值线图,然后将各定级因素分值等值线图重叠,由此而产生不同的图斑,再依单元划分的原则进行图斑的修订,最后形成定级单元。

多边形法划分城镇土地定级单元的步骤为:① 定级参评因素的确定和因素分值图绘制;② 各定级因素分值等值线图叠加,得到封闭图斑;③ 划分和确定定级单元。

(2) 均质地域法

一个范围面积不太大,但却聚集同一种利用类型土地的地域,称为均质地域。均质地域法划分城镇土地定级单元,首先找出所有商业服务中心并标于工作底图上,依据它们的影响能力划分出各自影响的粗略边界;然后在这个封闭的图斑里,依据土地利用类型的不同划出的不同定级单元。明显属于同一商业服务中心的区域,不能分割为不同的定级单元;除交通性道路外,兼有商业等多种用途的道路,由于道路两侧功能等效且互补,往往形成一个整体,因此不能作为单元之间的分界线。均质地域法划分城镇土地定级单元,可以反映城市现状和城镇土地的经济特性。

均质地域法划分定级单元时,以下地物可作为单元的界线:① 线状地物和面积较大的自然地物,包括自然线状地物、小的道路和围墙以及城镇内部明显、易于定位的线状地物。② 城镇中的铁路,往往因其阻隔作用将其两侧地块分割开,致使土地利用类型不连续,加上其明显的线状特征,可作为单元界线。③ 土地权属界线或权属单位内部土地利用类型界线。

均质地域法划分城镇土地定级单元的步骤为:① 找出定级区域的所有商业服务中心;② 划分土地利用类型单元;③ 划分全市土地定级单元。

(3) 网格法

网格法是以一定大小(如 10 m×10 m)的网格作为定级单元。网格大小以能基本区别开不同特性的地块为标准。由于在划分网格时,不易完全与土地的均质条件和各定级因素的实际分布相符合,因此网格划分单元除了在工作中取样和获得数据外,还需尽量兼顾单元的均质性。网格法可分为固定网格法和动态网格法两种。

固定网格法的具体操作是依一定的经验,给出一个统一的面积限制,然后将同样面积和几何形状的网格布满全部评价区域,且单元不再变动。动态网格法划分方法略有不同。首先选用一定大小的网格构成覆盖城镇定级地域的初步单元体系,然后测算单元内定级因素得分值。如果该值在单元的边界四等分点处发现差异大于土地定级单元划分的均质标准 100/N,则以四等分对初步划成的单元进行加密。然后对加密形成的每个 1/4 基本单元,再计算其四等分点的定级因素得分值。均质标准差异不大的成为一个单元,差异大的继续加密或调整网格,直到其内部差异符合规定的指标为止。

网格法适用于定级参评因素及权属单位空间变化不大的区域,确定适宜的网格尺寸的大小,使其既能满足定级精度的要求,又不使工作量过度增加,是网格法划分定级单元的关键。

9.3　城镇土地的定级因素因子分值计算

9.3.1　定级因素因子分值计算的方法

1）定级因素因子对土地质量影响方式分类

根据因素因子的空间分布形态及其对土地质量的影响方式，城镇土地定级因素因子可分为点线状因素因子和面状因素因子两大类。其中，点线状因素因子包括与商业服务中心、文体设施和公交站点等客体有关的商业服务繁华影响度、对外交通便利度、公交便捷度、公共设施完备度、文体设施影响度以及与道路有关的道路通达度等因素因子；面状因素因子包括路网密度、生活设施完善度、环境质量优劣度、城市绿地覆盖率、自然条件优劣度和人口密度等因素因子。

点线状因素因子在空间分布形态及其对土地质量影响方式方面具有两个明显特征：① 与整个土地定级城镇空间范围相比，因素因子呈点状、线状分布，依附客体所占的土地面积小，空间分布的集聚性明显；② 在因素因子对城镇土地的影响作用方面，因素因子不仅对其自身客体所在位置上的土地产生影响作用，而且还通过区位的波及性、效益外溢和功能扩散等作用形式形成一定的区位关系，对周围地块乃至整个城镇土地产生不同影响作用。按这些因素因子对其自身客体周围土地影响作用随距离衰减规律，可进一步分为影响随距离变化呈线性衰减和非线性衰减两种类型。

与点线状因素因子特征对应，面状因素因子也具有两个主要特征：① 与整个土地定级城镇空间范围相比，因素因子呈面状分布，依附客体在城镇中分布面积较大；② 因素因子一般仅对其自身客体所在位置上的土地产生影响作用，对周围的地块基本上没有区位波及、效益外溢和功能扩散作用，或者虽然有但影响作用范围较小，或在影响范围内其作用变动不大。

2）点线状因素因子分值计算的方法

点线状定级因素因子由于其对城镇土地的影响作用既与因素因子依附客体规模、类型或等级有关，又与评价地块与依附客体的相对距离有关。因此，点线状定级因素因子分值计算时，首先在各因素因子内按规模、类型或等级求出各因素因子依附客体的相对作用分，最大值为 100，最小值为 1 或 0；然后根据因素因子依附客体规模、类型或等级，计算确定其影响作用范围，划分若干相对距离区间；最后根据因素因子影响作用强度随距离衰减的规律特点，选取相应的线性或非线性数学模型，计算各相对距离上定级单元土地的因素因子作用分值。

城市土地定级中，典型的线性模型表达式为：

$$F = M(1 - r) \tag{9.2}$$

$$r = \frac{d}{D} \tag{9.3}$$

典型的非线性模型主要为指数模型，表达式为：

$$F = M^{(1-r)} \tag{9.4}$$

式中：F—— 因素因子依附客体在某一相对距离上对定级单元土地的影响作用分值；

M—— 因素因子依附客体的相对作用分基值；

r—— 定级单元土地的相对距离；

d—— 因素因子依附客体与定级单元土地的实际距离；

D—— 因素因子依附客体影响作用最大距离。

3）面状因素因子分值计算的方法

城镇土地定级面状因素因子分值计算方法为：① 对各因素因子资料进行整理，按因素因子与土地质量相关性的特点，计算出各地域或定级单元土地的因素因子指标值，对超出显著作用区间的因素因子指标值，按显著区间内的最高值或最低值处理；② 采用一定数学模型（一般用极大值标准化模型），计算得出各地域或定级单元土地因素因子指标的作用分值。极大值标准化模型表达式为：

$$f_i = 100 \times \frac{X_i - X_{\min}}{X_{\max} - X_{\min}} \tag{9.5}$$

式中：f_i—— 某地域或定级单元土地因素因子指标的作用分值；

$X_{\min}$—— 指标的最小值；

$X_{\max}$—— 指标的最大值；

X_i—— 某地域或定级单元土地的因素因子指标值。

9.3.2 点线状因素因子作用分值的计算

1）商业服务繁华影响度分值计算

(1) 商业服务中心及其影响作用方式分析

商业服务繁华影响度是城镇土地定级中典型的点状定级因素。习惯上，根据中心的地位和相对规模，可将商业服务中心划分四级：为全市、镇服务的市级商业服务业中心，为市、镇内某个区域范围服务的区级商业服务中心，为某个居民小区服务的小区级商业服务中心，为某个街区服务的街区级商业服务中心。

不同的商业服务中心，有着与其级别相一致的商业服务功能。但各中心除了有与其自身级别一致的功能外，还包含了比其级别低的各级功能，而且商业服务中心级别越高，包含的功能层次越多。不同级别中心的功能，服务对象不同，满足人们需求程度不同，吸引和影响的范围也不同。各级中心的范围是与各功能层次相对应的，市级中心之所以对全市有影响，主要是其中的市级功能起作用；而中心内的区级功能只对所在一片区域有影响；其中的小区级功能则只吸引附近不远的居民，其中的街区级功能就是能为中心所在的几条街上的居民服务。与功能层次对应，各级商业服务中心影响半径和影响递减速率也有其各自规律：商业服务中心级别越高，影响半径越大，影响递减速率也越大。因此，在计算商业服务繁华影响度时，需要对商业服务中心的各级功能进行分割，区分各级功能的影响半径。

(2) 商业服务中心的各级功能分割与繁华作用分值计算

首先，根据相对规模、作用、服务水平差异，确定土地定级城镇商业服务中心级别层次。一般而言，商业服务中心级别层次的数目为特大城市、大城市 2～4 个层次；中等城市 2～3 个层次；小城市以下 1～2 层次。划分的层次数目要适宜，层次太少，低级商业服务中心的作用得不到反映；层次太多，则会加大工作量。

然后，根据商业服务中心的销售总额、总利润或单位面积销售额、利润值、占地面积、营业面积、中心职能种类、职工人数以及其他经济指标的高低，计算得出商业服务中心相对规模指数。相对规模指数公式如下：

$$M_i = \sum_{j=1}^{n} w_j m_j \tag{9.6}$$

$$m_j = 100 \times \frac{A_j}{A_{j,\max}} \tag{9.7}$$

式中：M_i—— 第 i 个商业服务中心的规模指数；

m_j—— 某商业服务中心第 j 个经济指标单项规模指数；

w_j—— 商业服务中心第 j 个经济指标权重值；

A_j—— 某商业服务中心第 j 个经济指标实际值；

$A_{j,\max}$—— 各商业服务中心第 j 个经济指标最大值。

最后，进行商业服务中心各级功能分割与繁华作用分值计算。对于同一中心内包含的各功能层次的量，称为繁华作用分值。商业服务中心各级功能层次的繁华作用分值，根据商业服务中心的职能种类、专业化程度和规模等，采用次级中心功能扣除法计算。计算公式如下：

$$F_i = M_i - M_j \tag{9.8}$$

$$F_{\min} = M_{\min} \tag{9.9}$$

式中：M_i—— 某级中心的规模指数；

M_j—— 次一级中心的规模指数；

$M_{\min}$—— 最低级中心的规模指数；

F_i—— 商业服务中心某级功能繁华作用分基值；

$F_{\min}$—— 商业服务中心最低级繁华作用分基值。

(3) 商业服务中心各级功能的影响半径和相对距离的计算

商业服务中心各级功能的影响半径，一般是根据各级中心规模确定，近似地把商业服务中心所在的区域和服务范围看作其影响范围，以中心到范围边缘的距离作影响半径，如市级中心服务于全市，其市级功能的影响半径就应取从中心至连片建城区边缘的最大距离；区级中心服务于各区域，区级功能影响半径就在多个区级中心里取中心至区域边缘距离的最大值。当存在多个均匀分布的同级中心时，也可以用多个同级功能均分整个城市市场的原理，先按下式计算，然后加以适当调整，得到影响半径：

$$d = \sqrt{\frac{S}{\pi n}} = 0.564\,2\sqrt{\frac{S}{n}} \tag{9.10}$$

式中：d—— 影响半径；

S—— 土地定级城镇总面积；

n—— 同级功能的数目(等于同级中心数＋更高级中心数)。

为此，相对距离 r 可按下式计算：

$$r = \frac{d_i}{d} \tag{9.11}$$

式中：d_i—— 实地距离。

在考虑影响半径和相对距离时，应按实际情况考虑以何种距离衡量影响半径，如城市道路均匀，无天然阻碍可考虑采用空间直线距离；道路曲折迂回，就需把实际路距考虑在内；若有山、河等天然地物阻隔，需用耗时量对实地距离进行修订，考虑耗时距离。

(4) 商业服务繁华影响度分值的计算与叠加

商业服务繁华对土地的影响随距离的增加而递减，一般而言，从商业服务中心往外，开始时繁华程度急剧下降，随距离加大下降速度逐渐减慢。因此，商业服务繁华影响度分值采用指数衰减模型计算，公式为：

$$f_i = F_j^{(1-r)} \tag{9.12}$$

式中：f_i—— 定级单元土地商业服务中心某级功能衰减后的繁华影响度分值；

F_j—— 商业服务中心某级功能繁华作用分基值；

r—— 相对距离。

定级单元土地商业服务繁华影响度，由各商业服务中心、各级功能繁华影响度作用分值叠加后反映。只受单中心影响的地块，其繁华程度分值就是该中心的各级功能繁华影响度作用分值直接加和；当定级单元土地受多中心影响时，其繁华影响度分值通过各商业服务中心、各级功能繁华影响度作用分值叠加计算得到，并遵循以下规则：① 同时存在多级功能影响时，对各功能的作用分仅取值一次；② 受多个同级功能影响时，取其中最高分值。

2）道路通达度作用分值计算

道路通达度是城镇土地定级中典型的线状定级因素。与道路通达度有关的要素有道路的类型、数量和与道路的相对位置。城镇内的道路按其在城镇交通中的作用可分为主干道、次干道和支路等类型。一般而言，城镇土地定级中道路类型划分数为特大城市、大城市5～7类；中类城市3～5类，小城市1～3类。

(1) 道路作用指数和通达作用分计算

道路作用指数反映某类道路在城镇交通运输中所起的作用，作用大小顺序一般为：混合型主干道、生活型主干道、交通型主干道、生活型次干道、交通型次干道、支路。道路作用指数一般可根据道路的宽度、路面档次、车道数、人流量和车流量等指标以及道路在城镇交通中的地位和作用综合计算确定。道路在城镇交通中的地位和作用指数与道路作用或车流量大小呈正比，数值在(0,1)之间，最佳作用指数为1，其余依次递减。道路作用分按以下公式计算：

$$F_i = 100 \times k_i \tag{9.13}$$

式中：F_i—— 某道路作用分；

k_i—— 某类道路作用指数，可根据道路类型结合定级研究区实际参照表9.5确定。

表9.5　道路类型对应的道路作用指数

道路类型	定级类型			
	综合定级	商业用地定级	住宅用地定级	工业用地定级
混合型主干道	1.00	1.00	0.80～0.95	0.80～0.95
生活型主干道	0.75～0.95	0.80～0.95	1.00	0.60～0.80
交通型主干道	0.65～0.85	0.60～0.80	0.60～0.80	1.00
生活型次干道	0.50～0.70	0.55～0.75	0.55～0.75	0.30～0.55
交通型次干道	0.40～0.60	0.30～0.55	0.30～0.55	0.55～0.75
支　　路	<0.40	<0.40	<0.40	<0.40

(2) 道路影响距离和相对距离计算

从道路边缘两侧到影响范围边缘的距离，称为道路影响距离。由于道路对其周围的土地影响是从道路边缘同时向道路两侧扩散和衰减的，因此道路影响距离计算公式为：

$$d = \frac{S}{2L} \tag{9.14}$$

式中：d—— 影响距离；

S—— 土地定级城市总面积；

L—— 本级道路与更高级道路总长度。

相对距离 r 可按下式计算：

$$r = \frac{d_i}{d} \tag{9.15}$$

式中：d_i—— 定级单元至道路边缘的实际距离。

在城镇各类道路中，主、次干道搭起了整个城市内部交通网络的骨架，对全市、镇都有影响。而支路以下道路的影响范围只是城镇局部地区。因此，除按上述公式计算道路影响距离外，支路以下道路的影响距离，可按市内路的疏密状况，在 0.3～0.7 km 之间确定。

(3) 道路通达度分值计算、取值和修订

① 道路通达度分值计算。道路通达性以道路为轴线向两侧逐渐递减时，开始递减很快，在一定距离后变化不大。因此，道路通达度分值采用指数衰减模型计算，公式为：

$$f_i = F_j^{(1-r)} \tag{9.16}$$

式中：f_i—— 定级单元土地某道路功能作用递减后的通达度分值；

F_j—— 某道路功能作用分基值；

r—— 相对距离。

② 道路通达度分值取值。交通运输总是朝通达度最好的方向发展，地块的通达状况自然取决于最高的得分值，因此当同时存在多种道路类型影响时，道路通达度分值取其中最高的得分值。

③ 道路通达度分值修订。定级单元道路通达度分值计算得到后，还需进行通达系数的修正。含支路以上道路的定级单元统计道路的通达方向数；无支路以上道路的定级单元统计通往道路的方向数。通达系数 k 取值标准为：方向数≥4，k=1.00；方向数=3，k=0.9；方向数=2，k=0.81；方向数=1，k=0.58。

将前述计算得到的通达度得分乘以通达系数，即为定级单元最终道路通达度分值。计算公式如下：

$$f'_i = f_i k_i \tag{9.17}$$

式中：f'_i—— 道路通达度分值；

f_i—— 定级单元前述通达度计算得分；

k_i—— 定级单元通达系数。

3) 公交便捷度分值计算

公交便捷度是城镇土地定级中的点状定级因素。影响公交便捷度的因素主要有线路的多少、车流量的大小和站点的多少，定级可采用站流量指标来综合衡量公交便捷状况。

(1) 站流量和公交作用分计算

各公交站点的站流量取一定区域内各公交站点每小时各线路各向车流量之和；然后按大小排序绘制各公交站点的站流量数轴图，根据数轴图明显拐点，将公交站点划分成若干个级别。各级别站点公交作用分按下式计算：

$$F_i = 100 \times \frac{B_i}{B_{\max}} \tag{9.18}$$

式中：F_i—— 某级别公交站点作用分；

B_i—— 某公交站流量；

$B_{\max}$—— 最大公交站流量。

(2) 公交站点服务半径和相对距离计算

各级别公交站点服务半径 d 统一在 0.3～0.5 km 之间确定。站点密的城市，公交站点服务半径 d 定小一些；站点疏的城市，公交站点服务半径 d 定大一些。各级别公交站点服务半径 d 也可采用下列公式计算得到：

$$d=\sqrt{\frac{S}{\pi n}}=0.5642\times\sqrt{\frac{S}{n}} \tag{9.19}$$

式中：d—— 服务半径；

S—— 土地定级城镇总面积；

n—— 本级别公交站点数与更高级别公交站点数之和。

相对距离 r 按下式计算：

$$r=\frac{d_i}{d} \tag{9.20}$$

式中：d_i—— 定级单元距公交站点的实地距离。

(3) 公交便捷度的分值计算和修订

① 公交便捷度分值计算。公交便捷度分值，根据各公交站点站流量作用分 F_i 和相对距离 r 值，采用线性衰减模型计算，公式为：

$$f_i=F_j(1-r) \tag{9.21}$$

式中：f_i—公交便捷度分值；

F_j—— 各公交站点站流量作用分；

r—— 相对距离。

若定级单元土地同时存在多个公交便捷度作用分值时，只取其中最高作用分值。

② 定级单元计算得到公交便捷作用分值，还需进行通达系数修订。凡是有线路的单元，统计线路通往的方向数；无线路的单元，统计其通往线路的方向数。按方向数确定通达系数 k：方向数≥4，k=1.00；方向数=3，k=0.91；方向数=2，k=0.81；方向数=1，k=0.58。

③ 将前述便捷度作用分值乘以通达系数既得到定级单元公交便捷度分值。公式为：

$$f'_i=f_ik_i \tag{9.22}$$

式中：f'_i—— 公交便捷度分值；

f_i—— 定级单元前述便捷度计算得分；

k_i—— 定级单元通达系数。

4) 其他点状因素分值计算

其他点状因素，主要包括公用设施完备度、对外交通便利度和文体设施影响度三个因素。其中，公用设施主要指与日常生活密切相关的中小学、诊所、医院以及除商业中心以外的副食店、邮电所、浴池、粮油店、煤店和储蓄所等；对外交通设施在土地定级中主要指飞机场、火车站、港口和长途汽车站等城镇中对外经营的客货运输站；文体设施在土地定级中主要是指影剧院、俱乐部、体育馆场和游乐园等文化、体育设施。

三个因素分值的计算，可参照前述点状因素分值计算方法进行。主要步骤如下：① 确定设施类型及其数目；② 计算各设施作用系数 k_i 和作用分 F_i（$=100\times k_i$）；③ 计算设施的服务半径和相对距离；④ 计算各种设施的影响作用分值；⑤ 计算各定级单元的因素分值。

9.3.3 面状因素因子作用分值的计算

1）生活设施完善度作用分值计算

生活设施主要指给水、排水、供电、电信、热力和煤气等与生活基本条件有关的设施。其完善度由主要设施类型齐备性、设施水平和使用保证率这三个方面进行衡量，即：

$$f_i = F_i a_i b_i \tag{9.23}$$

$$F_i = 100\, k_i \tag{9.24}$$

式中：f_i—— 某设施的完善度得分；

F_i—— 某设施作用分；

a_i—— 某设施的设施水平指数；

b_i—— 某设施的某个使用保证率；

k_i—— 设施作用系数。

因此，计算各设施类型的完善度得分后，将各得分值进行加和即可得到定级单元的生活设施完善度分值。

2）环境质量优劣度分值计算

环境质量是一个综合的概念，可通过环境污染进行衡量。根据目前我国城镇环境污染的有无和完整情况，可以分成三种类型：① 开展了环境质量综合评价，具有环境质量综合指数；② 开展了环境污染监测和单项污染评价；③ 基本没有环境污染资料。

对第一种类型城镇，可直接采用环境质量综合指数计算环境质量优劣度分值，公式为：

$$F_i = 100 \times \frac{X_i - X_{\min}}{X_{\max} - X_{\min}} \tag{9.25}$$

式中：F_i——i 区域环境质量优劣度分值；

X_i——i 区域环境质量综合指数；

$X_{\max}$—— 定级城镇环境质量综合指数最优值；

$X_{\min}$—— 定级城镇环境质量综合指数最差值。

对第二种类型城镇，首先对各单项污染环境质量指数进行作用分计算，然后加权求和即得到区域环境质量优劣度分值。公式为：

$$F_i = \sum_{j=1}^{n} \frac{W_j (X_{ij} - X_{j,\min})}{X_{j,\max} - X_{j,\min}} \tag{9.26}$$

式中：F_i——i 区域环境质量优劣度分值；

X_{ij}——i 区域 j 项目单项污染指数；

W_j——j 项目单项污染指数权重；

$X_{j,\max}$——j 项目单项污染指数的最优值；

$X_{j,\min}$——j 项目单项污染指数的最差值。

对第三种类型城镇，只能用定性判别的方法确定环境质量优劣分值。

3）人口密度、绿地覆盖度、路网密度分值计算

人口密度、绿地覆盖度、路网密度分值计算的步骤如下：

(1) 因素指标值计算

各因素指标值计算公式为：

$$R_i = \frac{L_i}{S} \tag{9.27}$$

$$F_i = \frac{S_i}{S} \tag{9.28}$$

$$D_i = \frac{P_i}{S} \tag{9.29}$$

式中：R_i—— 某区域或单元人口密度指标值；

F_i—— 某区域或单元绿地覆盖度指标值；

D_i—— 某区域或单元路网密度指标值；

L_i—— 某区域或单元内道路总长；

S_i—— 某区域或单元内绿地面积；

P_i—— 某区域或单元内人口总数；

S—— 区域或单元面积。

(2) 因素分值计算

因素分值计算公式为：

$$F_i = 100 \times \frac{X_i - X_{min}}{X_{max} - X_{min}} \tag{9.30}$$

式中：F_i—— 某区域或单元因素分值；

X_{min}—— 某区域或单元因素指标的最小值；

X_i—— 某区域或单元因素指标的某指标值；

X_{max}—— 对于路网密度和绿地覆盖度是最大指标值，对于人口密度是最佳人口密度。

人口密度指标值 X_i，大于人口密度最佳值时需按如下公式进行修订：

$$X_i = 2X_{max} - X_t \tag{9.31}$$

式中：X_i—— 经修订后的人口密度指标值；

X_{max}—— 人口密度最佳值；

X_t—— 大于最佳人口密度的人口密度指标值。

9.4 土地级别的划分与确定

计算得到的各定级单元因素因子综合质量分值后，首先对土地级别进行初步划分；然后，进行土地级别收益、地价测算和验证；最后，对土地级别进行必要的修正和归并，最终确定土地级别。

9.4.1 土地级别的初步划分

1) 土地级别划分的依据

土地级别划分的依据是各定级单元(网格)的因素因子作用分值及其作用总分值在空间分布上的变化规律。划分的土地级别应充分反映评价区内土地区位条件和社会经济效益的地域差异。

2) 土地级别划分的原则

土地级别划分的原则有下面几点：

(1) 土地级别高低与土地相对优劣的对应关系基本一致，即土地级别按照综合作用总分值的大小来划分。综合作用总分值越大，土地级别越高。

(2) 任何一个总分值只能对应于一个土地级别。

(3) 土地级别数依据城市的规模、复杂程度和定级类型来确定。

(4) 各级土地之间应渐变过渡,同级土地之间土地级差不宜过大。

(5) 各类用途的各级土地的平均单位面积地租或地价应具有明显差异并呈正向级差。

(6) 保持自然地块及权属单位的完整性。对于跨土地级别界线的宗地,若宗地被级别界线分开的两块面积悬殊,则将该宗地归入大面积地块所在的土地级;若宗地被级别界线分开的两块面积相差不大,可依据收益高低将其划分相应的土地级,也可根据其土地利用现状来确定其土地级;若宗地面积很大,且被级别界线分开的两个地块用途不同,视情况可分为两个土地级。

(7) 土地级别界线尽量采用具有地域突变特征的自然界线或人工界线,如河流、铁路和土地利用类型界线等。

3) 土地级别划分的方法

土地级别界线表征土地质量的突变处,以突变处形成土地级别界线。准确地划分土地级别关键在于正确分析多因素多因子综合作用总分值及总分值图,分析方法一般采用总分频率曲线法。

(1) 绘制总分频率直方图

将定级区域每个定级单元作为统计单元,依次计算总分值在1～100分之间各分值的网格个数和频率,形成频率直方图图形数据库,然后由绘图仪自动绘制总分频率直方图。

(2) 确定划分土地级别的分界点

根据总分频率直方图,选择频率分布的突变处作为土地级别的分界点,结合各评价区土地利用和土地优劣的实际情况,删去变化较小的分界点,合并较小的分值区间,最终确定分界点。根据分界点总分值,确定土地级别的分值区间。

9.4.2 土地级别的验证与确定

1) 土地级别的验证

土地级别的收益测算、验证,可以采用两种方法:一是利用企业利润数据进行测算、验证;二是利用宗地地价进行测算、验证。

(1) 利用企业利润数据测算、验证

利用企业利润数据测算、验证的方法是把土地作为生产要素之一,从企业利润剥离出土地收益,通过回归分析建立相应土地收益与土地质量指数数学模型,测算得出土地级别间的土地收益差异,从而验证土地级别差异。

(2) 利用宗地地价测算、验证

利用宗地地价测算、验证的方法是利用土地使用权出让、转让和出租中形成的宗地地价资料,以土地级别为单位,分商业、住宅和工业等用地类型,分别测算各级别土地地价标准,从而反映土地级别间土地价格的差异,定量反映土地级差。如果土地级别间土地收益、土地价格的差异显著,表明城镇土地级别划分结果总体正确;如果差异不明显,则说明城镇土地级别划分存在问题,需进一步检查核实有关基础数据、定级计算方法和模型等,或者将土地的级别进行必要修定和归并。

2) 土地级别的修正与确定

土地级别的修定和归并按以下要求进行:① 各级之间必须有较大的收益或地价差别。如果这种差别很小,则土地级别就缺少存在的必要性,可以将其归并。② 在级别确定出来后,考虑到实施情况,应与有关单位及当地政府讨论协商,在不影响级别评定科学性的基础上尽量考虑政府有关应用成果部门的要求,可以适当增加或减少一些级别数目。③ 级别数目确定后,应划定各土地级别界线。划定界线时,依据土地利用状况和景观原则,并照顾到土地权属的完整性,可对土地级别界线略作调整。

参 考 文 献

1 毕宝德.土地经济学.北京:中国人民大学出版社,1993

2 董黎明,胡存智.城镇土地定级原理与方法.北京:地震出版社,1992

3 国家质量监督检验检疫总局.城镇土地分等定级规程(GB/T18507—2001).北京:中国标准出版社,2002

4 国家质量监督检验检疫总局.城镇土地估价规程(GB/T18508—2001).北京:中国标准出版社,2002

5 胡存智.区位理论在我国城镇土地分等定级中的应用研究.中国土地科学,1991,5(1)

6 陆大道.区位论及区域研究方法.北京:科学出版社,1987

7 单卫东,包浩生.区域中心城市地价的空间扩散研究.经济地理,1997,17(1)

8 严星,林增杰.城市地产评估.北京:中国人民大学出版社,1999

9 张占军,王令超.城镇土地多因素综合评价的理论与方法.地域研究与开发,1997,16(8)

10 周生路,吴文红,彭补拙.区域城镇基准地价体系建立研究.自然资源学报,1999,14(2)

10 城镇土地估价

10.1 城镇地价的分类、影响因素及评估原则

10.1.1 城镇地价的分类

城镇土地价格,归根到底是城镇土地现状收益状况的综合反映。它是由城镇土地的各种条件和社会经济发展水平综合决定的。一方面,不同宗地、不同时间、不同用途和不同供求关系会形成不同的地价;另一方面,不同的土地估价目的和不同的估价方法也会得到不同的估价结果。因此,根据不同的分类标准,城镇土地价格可以划分成不同的种类。

1) 按地价的作用划分

根据地价在城市宏观调控和地价管理中的作用,城镇土地价格可划分为基准地价和宗地地价,其中宗地地价又可分为标定地价、出让底价和交易地价等。

(1) 基准地价

城镇土地基准地价是国土部门在一定时间内,根据城镇土地的利用类型和土地收益状况,为满足合理利用和管理城镇土地、调整和完善现有用地结构的需要,依据政府投资开发的土地条件(如三通一平、五通一平等)和现实土地交易状况,评估测算出城镇内各级别或区域土地商业、住宅、工业用地单位面积土地使用权的平均价格。基准地价是现实土地条件的综合价值反映,不是某个宗地的个别价格。基准地价在很大程度上反映了政府土地投资的部分收益,包括了绝对地租和级差地租。

(2) 标定地价

城镇土地标定地价是在正常土地市场和土地政策下,政府根据需要评估的具体地块在一定使用年期、特定用途下土地使用权的价格。标定地价评估可以以基准地价为基础,根据土地使用年限、市场供应状况和土地收益、规划限制、政府产业政策以及宗地大小、形状、容积率、微观区位差异等条件,采用一定的方法进行评估。

2) 按用地的类型划分

根据用地的类型,城镇土地价格可划分为商业用地价格、住宅用地价格和工业用地价格等。

(1) 商业用地价格

商业用地主要包括商业、服务业、旅游业、金融业用地,一般情况下它是城镇中经济收益最高的用地类型。商业用地的形成和布局对城镇中心的形成发展、人口分布、市政设施建设以及居住、办公等各类用地的分布有着重要影响。在城镇内部,其他不同用途的土地往往是以商业中心区为中心有规律地向外扩展。商业用地一般是城镇内具有核心作用的土地利用类型,因此商业用地价格往往要远高于其他用地类型的价格。

(2) 住宅用地价格

住宅用地是城镇内占地面积较大的用地类型,它的分布直接影响着城镇人口的分布,其布局结构对商业、工业用地结构也将产生影响。住宅用地的开发强度和地价水平直接关系到居民的居住水平,因此住宅用地价格往往成为公众和政府地价管理关注的重点。

(3) 工业用地价格

工业用地的集约水平虽远高于农业用地,但与商业用地和住宅用地相比一般有着明显的差距。工业用地因其占地面积大,经济效益相对较低,受商业、住宅用地竞租影响,逐渐被挤出城镇中心区域,一般分布在与工业生产密切相关的交通、供电、供水等条件较优越的区域。因此,工业用地价格一般要远低于住宅尤其是商业用地的价格水平。但是,工业用地价格对城镇经济发展和产业结构有着深远的影响。

3) 按其他标准划分

城镇土地价格根据土地的权利,可以分为土地所有权价格、土地使用权价格、土地租赁权价格和地役权价格等;根据土地交易的形式,可分为土地出让价格和土地转让价格、土地抵押价格等;根据地价评估的方法,可分为成本逼近法评估地价、市场交易法评估地价、收益还原法评估地价和基准地价修正法评估地价等。

10.1.2 城镇地价的影响因素

城镇土地价格的高低,受众多因素的影响。它们虽然种类多样、影响作用关系错综复杂,但可以根据不同的目的和角度对其进行相应的类型划分。如可将其划分成自然因素、社会因素和经济因素等类型,也可划分成普遍影响因素和个别影响因素等类型。但从因素对地价影响作用的普遍性和个别性差异、影响作用的层次关系出发,可将城镇土地价格的影响因素划分为一般因素、区域因素和个别因素。

1) 影响城镇地价的一般因素

影响城镇地价的一般因素,具有的特点:对城镇土地价格高低影响作用的波及范围是普遍的,影响作用的方式是一般的,影响作用的强度是整体的,影响作用的方向是共同的等。它们虽然对不同地块地价影响的差异性并不明显,但它们是决定地块地价高低的基础。这一层次和类型的因素,主要包括行政因素、宏观经济因素、社会因素、人口因素和国际因素等。

其中,行政因素包括土地制度、住房制度、城市规划、土地出让方式、地价政策、行政级别和隶属变更等方面;宏观经济因素包括经济发展状况和储蓄及投资水平、财政收支和金融状况、居民收入和消费水平、物价变动、利率水平等方面;社会因素包括政治安定状况、社会治安程度、房地产投机状况和城市化进程等方面;人口因素包括人口数量、人口素质和人口构成等方面;国际因素包括国际经济状况和国际政治关系等方面。

2) 影响城镇地价的区域因素

区域因素是土地所在区域自然条件与社会经济、行政因素等相结合所形成的具有区域特点的影响城镇地价的因素。这类因素对地价的影响,不仅与土地所在区域土地供求关系有关,而且与土地利用功能分区有着重要的关系。

其中,影响商业用地地价的区域因素一般包括:区域在城市中的位置、交通状况、基础设施状况、公用服务设施状况、商业繁华程度、环境因素和人流量等;影响住宅用地地价的区域因素一般包括:区域自然条件、交通条件、基础设施条件、公用设施条件、环境因素和人口密度等;影响工业用地地价的区域因素一般包括:交通状况、基础设施条件、环境状况、自然条件和工业区成熟度等。

3) 影响城镇地价的个别因素

个别因素是影响具体地块价格的反映宗地特点的因素,它与一般因素、区域因素共同作用影响和决定具体地块的土地价格。影响城镇地价的个别因素,一般包括宗地地形条件、地基条件、宗地形状、宗地面积、宗地利用状况、宗地临路状况、土地使用限制、宗地基础设施条件和距危险设施距离等方面。

10.1.3 城镇地价评估的原则

城镇地价评估一般应遵循以下基本原则:

(1) 预期收益原则。城镇土地估价应以估价对象在正常利用条件下的未来客观有效的预期收益为依据。

(2) 替代原则。城镇土地估价应以邻近地区或类似地区功能相同、条件相似的土地市场交易价格为依据,估价结果不得明显偏离具有替代性质的土地正常价格。

(3) 最有效利用原则。城镇土地估价应以估价对象的最有效利用为前提。估价所设定的土地利用方式,应符合其自身利用条件、法律法规政策及规划限制、市场要求和最佳利用程度,能持续的使用,产生最佳的经济效益,而且不会使其土地质量明显降低,不对其周围土地利用造成不利影响或危害。

(4) 供需原则。城镇土地估价要以市场需求决定的土地价格为依据,并充分考虑城镇土地供需的特殊性和土地市场的地域性。

(5) 报酬递增递减原则。报酬递增递减原则是指经济学中的边际效益变动的原则。在投入水平较低时,每增加各生产要素的单位投入量,纯收益均会随之增加;但增加到某一数值以后,若继续增加投资,其边际纯收益递减。这一规律在农业生产经营中普遍存在,城镇土地估价中应充分依据这一原则。

(6) 贡献原则。土地总收益是由土地及其他各种投入共同作用的结果,城镇土地估价时要充分考虑土地对总收益的实际贡献。

(7) 变动原则。城镇土地估价应充分把握地价影响因素及地价的变化规律,对将来的地价变动作出准确预测,同时也要对所采用的地价资料按变动原则修订到估价期日的标准水平。

10.2 城镇土地估价的基本方法

城镇土地估价的基本方法主要有收益还原法、市场比较法、成本逼近法和剩余法等。

10.2.1 收益还原法

1) 基本公式

收益还原法在评估城镇土地价格时,首先估算土地在未来每年的预期纯收益,然后在此基础上将待估土地在未来某些年内的纯收益,以一定的还原利率还原折算成估价期日的收益总和,并将该收益总和作为土地价格。

收益还原法城镇土地估价的基本公式为:

$$P=\frac{a}{r}\left[1-\frac{1}{(1+r)^n}\right] \tag{10.1}$$

当 n 为无限年期时，公式变为：

$$P=\frac{a}{r} \tag{10.2}$$

式中：P—— 土地收益价格；

a—— 土地年纯收益(或地租)；

r—— 土地还原利率；

n—— 未来土地使用年期。

2) 有关参数的测算确定

土地年纯收益 a 为年总收益与年总费用之差。下面是年总收益、总费用、纯收益及土地还原利率 r 的测算确定方法。

(1) 年总收益

年总收益是指待评估城镇土地按法定用途和最有效用途出租或自行使用，在正常情况下，合理使用土地应取得的持续而稳定的年收益或年租金。收益期超过或不足一年的总收益，应统一折算成年总收益。

城镇土地收益可分为实际收益和客观收益。其中，实际收益是在现状情况下城镇土地实际取得的收益，由于其受工商企业或个人生产经营能力的影响深刻，因此不能作为城镇土地价格评估的依据；客观收益是在排除实际收益中特殊、偶然因素影响后城镇土地所能得到的一般正常收益，它可以直接用于城镇土地价格评估。因此，城镇土地价格评估时，应全面分析土地各种收益，并按一定原则确定土地的客观收益。土地客观收益确定时，应遵循以下原则：① 收益是由具备良好素质和正常生产经营能力的工商企业或个人使用土地所产生的收益；② 收益必须是城镇土地使用持续且有规律产生的收益，收益可以长期较为固定地取得；③ 收益是城镇土地使用安全可靠的收益，收益必须符合国家规定和批准的经营项目所产生的收益，违法和未经批准经营项目收益不能作为客观收益。

根据土地参与生产经营过程的形式和业主以土地取得收益的方式即用地方式的不同，土地年总收益的主要构成如下：

① 土地租赁。其年总收益为土地年租金，即直接通过土地出租每年获得的租金收入，包括土地租赁过程中承租方所交纳的押金或担保金的利息。

② 房地出租。其年总收益为房地年租金，一般可根据实际房地租赁合同的年租金金额，以及当地房地产租赁市场状况，确定其客观的年租金水平。

③ 企业生产经营。其年总收益为企业在正常生产经营管理水平下每年所获得的客观总收益。可根据企业的财务报表，考虑企业在生产经营过程中所受到的企业经营管理水平、不合理人为干预及宏观经济形势、政策波动影响，经适当调整后得到企业客观年总收益；也可根据企业生产经营项目，按照其生产的产品或提供的服务项目和相应的市场价格，分析计算企业客观年总收益。

(2) 年总费用

年总费用是指使用土地进行生产经营活动时正常、合理和必要的年支出。支出期超过或不足一年的总费用，应统一折算成年总费用。主要用地方式土地年总费用的构成如下：

① 土地租赁。年总费用包括土地使用税、土地管理费、土地维护费及其他费用。其中，土

地使用税为因土地使用和租赁发生的、由评估土地承担的税赋；土地管理费为管理人员的薪水及其他费用，一般以年租金的3%计算；土地维护费为维护土地使用所发生的费用，如基础设施修缮费等。

② 房地出租。年总费用包括经营管理费、经营维修费、房屋年折旧费、房屋年保险费、房屋出租年应交税金及其他费用。其中，经营管理费为出租房屋进行必要管理的费用，包括消耗品支出和管理人员工资，一般以年租金的2%～5%计算；经营维修费为保证房屋正常使用的修缮费，一般以房屋重置价的1.5%～2%计算；保险费为避免房屋意外损失而向保险公司支付的费用，一般以房屋重置价的0.15%～0.2%计算；房屋年折旧费为房屋使用损耗需得到补偿的部分价值，一般根据房屋结构、等级对应的重置价、耐用年限和残值按年平均分摊计算，即：

$$年折旧费=\frac{房屋重置价-残值}{耐用年限} \tag{10.3}$$

当房屋耐用年限超过土地使用权出让年限时：

$$年折旧费=\frac{房屋重置价}{土地出让前房屋已使用年限+土地出让年限} \tag{10.4}$$

③ 经营性企业。年总费用包括销售成本、销售费用、经营管理费、销售税金、财务费用及经营利润。

④ 生产性企业。年总费用包括生产成本(含原材料费、人工费、运输费等)、产品销售费、产品销售税金及附加、财务费用、管理费用及企业利润。

(3) 年纯收益

土地年纯收益是指从总纯收益中扣除非土地因素产生的纯收益的余额。主要用地方式土地年纯收益 a 的计算方法如下：

① 土地租赁

$$a = R - C \tag{10.5}$$

式中：R—— 年租金收入；

C—— 年总费用。

② 房地出租

$$a = R_{in} - I_{hn} \tag{10.6}$$

$$R_{in} = R_{lg} - C_{lg} \tag{10.7}$$

$$I_{hn} = P_{hc} \times r_2 \tag{10.8}$$

$$P_{hc} = P_{hk} \times D_n = P_{hk} - E \tag{10.9}$$

式中：R_{in}—— 房地年纯收益；

I_{hn}—— 房屋年纯收益；

R_{lg}—— 房地出租年总收益；

C_{lg}—— 房地出租年总费用；

P_{hc}—— 房屋现值；

r_2—— 房屋还原利率；

P_{hk}—— 房屋重置价；

D_n—— 房屋成新度；

E—— 房屋折旧总额。

③ 经营性企业

$$a = I_{jp} - I_{jf} \tag{10.10}$$

$$I_{jp} = Y_{jp} - C_{jp} \tag{10.11}$$

式中：I_{jp}—— 企业经营年纯收益；

I_{jf}—— 非土地资产年纯收益；

Y_{jp}—— 企业经营年总收入；

C_{jp}—— 企业经营年总费用。

④ 生产性企业

$$a = I_{sp} - I_{jf} \tag{10.12}$$

$$I_{sp} = Y_{sp} - C_{sp} \tag{10.13}$$

式中：I_{sp}—— 企业生产年纯收益；

Y_{sp}—— 企业生产年总收入；

C_{sp}—— 企业生产年总费用。

(4) 土地还原利率

土地还原利率 r_1 可按下列方法确定：

① 土地纯收益与价格比率方法。选择三宗以上近期发生交易的，在交易类型上与评估对象相似的城镇土地交易实例，以交易实例的土地租金或土地纯收益与其价格的比率的均值作为土地还原利率 r_1 的值。

② 安全利率 r_0 加风险调整值法。

$$\text{土地还原利率} = \text{安全利率} + \text{风险调整值} \tag{10.14}$$

安全利率可选用同一时期的一年期国债年利率或银行一年期定期存款年利率，风险调整值应根据评估对象所处地区的社会经济发展水平和土地市场状况等对其影响程度而确定。

③ 投资风险与投资收益率综合排序插入法。将社会上各种相关类型投资，按它们的收益率与风险大小排序，然后分析判断估价对象所对应的范围，确定土地还原利率 r_1 值的大小。

④ 根据房地还原利率 r 和房屋还原利率 r_2 计算得到。计算公式为：

$$r_1 = \frac{r(L+B) - r_2 B}{L} \tag{10.15}$$

式中：r_1——土地还原利率；

r——房地还原利率；

r_2——房屋还原利率；

L——土地价格；

B——房屋价格。

收益还原法以地租，或者根据生产要素分配理论从土地、劳动、资本等生产要素组合产生的整体收益中剥离出土地纯收益为途径评估土地价格，能够比较正确地反映城镇土地本身地租或收益能力的真实水平。因此，收益还原法比较适合评估有收益或潜在收益的城镇土地的价格。但是对于没有收益的城镇土地，如机关、学校、公园等公益性用地的估价则大多不适用。另外，收益性土地的稳定纯收益和适当土地还原利率的求取，受宏观经济形势和工商企业生产经营、房地产市场行情等要素的强烈影响，对它们进行准确确定是一件比较困难的工作，从而影响收益还原法的应用性及其结果的准确性。

10.2.2 市场比较法

市场比较法在评估城镇土地价格时，根据替代原则，将待估价土地与近期已经发生交易的类似土地交易实例进行比较，并依据交易实例的土地单位面积价格，参照待估价土地与交易实例土地在交易情况、期日、区域因素、个别因素和土地使用年限等方面的差别，对交易案例土地单位面积价格进行修正得到待估土地的单位面积价格，然后采用简单算术平均法或加权算术平均法、中位数法和众数法等计算得出待估城镇土地的比准价格。

市场比较法评估城镇土地价格时，比准价格的计算公式为：

$$V = V_B A \times B \times D \times E \times K \tag{10.16}$$

式中：V——待评估土地单位面积价格；

V_B——比较实例土地单位面积价格；

A——交易情况修正系数，其目的是排除交易行为中的一些特殊因素所造成的比较实例的价格偏差，将其成交价格修正为正常市场价格，A 值取待评估土地交易情况指数与比较实例土地交易情况指数比值；

B——估价期日修正系数，其目的是将比较实例在其成交日期的价格调整为估价期日的价格，B 值取待评估土地估价期日地价指数与比较实例交易日期地价指数的比值；

D——区域因素修正系数，其目的是将比较实例在其外部区域环境状况下的价格，调整为待评估土地外部区域环境状况下的价格，D 值取待评估土地区域因素条件指数与比较实例区域因素条件指数的比值；

E——个别因素修正系数，其目的是将比较实例在其个体状况下的价格，调整为待评估土地个体状况下的价格，E 值取待评估土地个别因素条件指数与比较实例个别因素条件指数的比值；

K——土地使用年期修正系数，其目的是将比较实例的不同使用年期修正得到待评估土地的使用年期，以消除因土地使用年期不同而对价格带来的影响，K 计算公式如下：

$$K = \frac{1-\dfrac{1}{(1+r_1)^m}}{1-\dfrac{1}{(1+r_1)^n}} \tag{10.17}$$

式中：r_1——土地还原利率；

m——待评估土地使用年期；

n——比较实例土地使用年期。

采用市场比较法评估城镇土地价格，必须以发育健全的土地市场为基本条件，掌握足够的土地交易实例资料，并要求交易实例资料与待评估具有相关性和替代性，交易实例的交易资料可靠、合法。另外，还要求估价人员具备较为丰富的知识和经验。

10.2.3 成本逼近法

1）基本公式

成本逼近法在评估城镇土地价格时，首先根据经济学等量资金投入应取得相应等量收益回报的投资原理，把包括土地取得费和基础设施开发费的城镇土地投资作为基本成本，加上基本成本投资所应产生的相应利润和需发生利息，以及基本成本投资活动应交纳的相应税费，组成城镇土地价格的基础部分即土地成本价格；然后根据国家对城镇土地所有权在经济上得到实现的需要，加上土地所有权应得收益，从而得出城镇土地价格。

成本逼近法评估城镇土地价格的基本公式为：

$$V = E_a + E_d + T + R_1 + R_2 + R_3 = V_E + R_3 \tag{10.18}$$

式中：V—— 土地价格；

V_E—— 土地成本价格；

E_a—— 土地取得费；

E_d—— 土地开发费；

T—— 税费；

R_1—— 土地开发利息；

R_2—— 土地开发利润；

R_3—— 土地增值。

2）有关参数的测算确定

土地取得费、土地开发费、税费、土地开发利息、土地开发利润、土地增值，确定和计算方法如下：

(1) 土地取得费

土地取得费按土地使用者取得土地使用权应支付的各项客观费用计算。根据土地使用者获得城镇土地使用权途径，土地取得费有相应的三种计算方法：

① 通过征用农村集体土地获得土地使用权时，土地取得费 E_a 为征地费用。一般包括土地补偿费、地上附着物和青苗补偿费、安置补助费和土地增值被征土地所有者分享部分。其中，土地补偿费为被征土地未来收益的购买费，可根据被征土地未来收益还原计算得到，或根据被征土地征用前三年平均值的若干倍（如 6～10 倍）计算；地上附着物和青苗补偿费为对被征土地未收回资金投入的补偿，地上附着物补偿费一般按重置价格计算，青苗补偿费一般参照作物长势、已投入成本和成熟作物收益状况等确定；安置补助费为保证被征土地农业人口在失去其生产资料后的生活质量不致降低而给予的补助，可根据以农民月基本生活费作为月养老保险费领取标准计算的社会保险价格加上必要的教育和再就业培训等费用计算得到，也可根据被征土地征用前三年平均值的若干倍（如 4～6 倍）计算；土地增值被征土地所有者分享部分，是指农用地转变为建设用地后由于土地用途改变导致土地收益增加而使土地得以增值，根据原农用地为土地增值源泉、用途改变为土地增值原因，被征土地所有者应从中分享的那部分土地增值，其中安置补助费可视为土地增值被征土地所有者分享的一种形式。

② 通过城镇国有土地房屋拆迁获得土地使用权时，土地取得费 E_a 为拆迁安置费。主要包括拆除房屋及构筑物的补偿费、拆迁安置补助费等。

③ 通过从市场购入土地获得城镇土地使用权时，土地取得费 E_a 即为土地购买价格。

(2) 土地开发费

土地开发费主要包括基础实施配套费、公共事业建设配套费和小区开发配套费。其中，基础实施配套费是指开发土地达到“三通（通水、通路、通电）一平（平整土地）”或“五通（通水、通路、通电、通信、通热）一平”、“七通（通上水、通下水、通电、通信、通气、通热、通路）一平”开发程度的建设费。

(3) 税费

通过征用农村集体土地获得土地使用权时，相关税费主要包括占用耕地的耕地占用税、占用耕地的耕地开垦费、占用菜地的新菜地开发建设基金、征地管理费、政府规定的教育基金及其他有关税费；通过城镇国有土地房屋拆迁获得土地使用权时，相关税费主要包括房屋拆迁管理费、房屋拆迁服务费、政府规定的其他有关税费；通过从市场购入土地获得城镇土地使用权时，相关税费主要包括契税、土地变更登记费、政府规定的其他有关税费。

(4) 土地开发利息

土地开发投资由土地取得费、土地开发费、相关税费组成，根据各部分资金投入时间和占用时间计算其相应利息。一般而言，土地取得费及其相关税费利息以整个费用为基数，计息期为整个开发期；土地开发费及其相关税费利息计算，可以整个费用为基数，计息期为整个开发期的一半，也可以整个费用的一半为基数，计息期为整个开发期。当开发费是以当地收取的基础实施配套费标准计算时，计息期为整个开发期。土地开发周期一般根据开发土地规模和难易程度确定，利息率取银行贷款利率，按复利形式计算利息。

(5) 土地投资利润

土地开发利润根据由土地取得费、土地开发费、相关税费所组成的土地开发总投资，乘上适当的土地投资利润率计算得到。土地投资利润率，根据开发土地的利用类型、土地开发周期的长短、开发土地所处地区社会经济发展水平等确定。

(6) 土地增值

土地增值由两部分组成，即：① 农用地转变为建设用地后由于土地用途改变导致土地收益能力提高而使土地得以增值；② 城镇土地开发投资改善土地性能导致土地收益能力提高而使土地得以增值。一般在由土地取得费 E_a、土地开发费 E_d、税费 T、利息 R_1、利润 R_2 所构成的土地成本价格基础上，乘上土地增值收益率计算得到。其中，土地增值收益率计算公式为：

$$\text{土地增值收益率}=\frac{\text{土地市场价格}-\text{土地成本价格}}{\text{土地成本价格}} \tag{10.19}$$

成本逼近法评估城镇土地价格，需根据待评估土地在区域中的位置及其条件进行个别因素修正，根据土地使用年限进行年期修正等。

成本逼近法一般适用于新开发土地，市场不发育、交易案例少、无法采用其他方法评估土地，以及没有收益的如机关、学校、公园等公益性土地的价格估价。成本逼近法评估土地价格时，以成本累加为途径，忽略了土地效用、价值、市场需求对土地价格的影响，因此往往导致结果产生偏差。

10.2.4 剩余法

剩余法评估城镇土地价格时，根据土地最有效使用和合法原则，在正确确定包括用途、使用强度、建筑物式样、外观、内部设计与布局等土地最佳利用方式，掌握房地产行情和土地供求关系，判断土地开发后房地产销售价格，确定土地开发费用和正常利润的前提下，估算土地开发完成后不动产正常交易价格，扣除建筑物建造费用及与建筑物建造和买卖相关的专业费、利息、利润和税费等，以剩下的余额作为待评估土地的价格。

剩余法评估城镇土地价格的基本公式为：

$$V=A-(B+C+D) \tag{10.20}$$

式中：V——待评估土地价格；

A——开发完成后的不动产（土地或房地产）总价值；

B——整个开发项目的开发成本；

C——土地开发利息；

D——开发商合理利润。

开发完成后的不动产总价值 A,应根据待评估土地最有效利用方式、待评估土地所在地区房地产市场现状及未来发展趋势,采用市场比较法结合趋势法估算得到。开发成本 B 为项目开发建设期间发生的一切费用的总和。土地开发项目中,整个项目的开发成本 B 包括购地税费、将土地开发成熟地的开发费用、管理费用、投资利息和销售税费;房地产开发项目中,整个项目的开发成本 B 包括购地税费、房屋建造成本、管理费用、投资利息和销售税费。开发商合理利润 D 一般根据土地或房地产总价值或全部预付资本,采用同一市场上土地或房地产开发项目的平均利润率计算得到。土地开发利息计算方法同成本逼近法,销售税费不计利息。

10.3　城镇土地基准地价评估

10.3.1　基准地价评估的基本思路与要求

城镇土地基准地价是在城市规划区范围内,对现状利用和规划利用条件下不同级别的土地或者土地条件相当的地域,按照商业、住宅、工业等用途,分别评估确定的某一时点上一定年期的土地使用权区域平均价格。它是区域平均地价的最常见形式。

1) 基准地价评估的基本思路与途径

城镇土地基准地价评估,按照同一市场供需圈内土地使用价值相同、级别一致的土地应具有同样的市场价格的原理,首先将城镇土地条件均一或土地使用价值相等的区域或级别进行划分,并进行不同区域归类;然后在同一土地级别或类型区域中,从土地使用者已取得的土地超额利润、土地交易中成交的地租和市场交易价入手,测算出不同行业用地在不同土地级别或土地条件均质区域上形成的土地收益或地价,进而评估出基准地价。

对以土地级别为基础进行基准地价评估的,先分别计算商业、住宅、工业用地在不同级别上的土地收益和地价等,评估出各级别土地内不同用地类型的基准地价;然后以各级别土地利用的最佳用地类型的基准地价,作为该级土地的基准地价。最后在此基础上,再综合估算出城镇土地的基准地价。其中商业用地等对区位条件敏感的行业用地,在级别基准地价的基础上,应分区段、街道评估路线价作为基准地价。

对以土地条件均质区域为基础进行基准地价评估的,先进行区域归类,然后对各类型区域中实际存在的土地用途(主要指商业、住宅、工业用地)及宗地土地收益、宗地交易地价等资料,评估出各区域城镇土地的基准地价。只有一种土地用途的,只评估出一种用途的基准地价。有多种土地用途的混合区域,应评估出各用途土地的基准地价。

在评估出基准地价标准基础上,要进一步分析基准地价与宗地地价、租金和土地条件之间的相关关系,建立起城镇内土地级别或区域分用途的宗地地价修正体系。

在评估途径上,目前城镇土地基准地价评估主要有两条途径,即:① 用土地收益资料评估城镇土地基准地价;② 用市场交易资料评估城镇土地基准地价。

2) 基准地价评估的基本要求

(1) 基准地价评估时的土地用途以现状实际用途为主。基准地价的市场导向性的作用,要求评估出的基准地价应以目前实际存在的土地利用现状为主，据此反映现实土地收益高低和支付地租、地价的能力。

对某些城市规划实施或社会经济发展造成地价上涨的局部区域，在没有达到规划的土地条件时，仍应按原用途评估基准地价。但考虑到成果的实用要求，可在按现状评估基准地价的基础上，假设规划条件实现后的状况，另外评估出区域未来的基准地价标准。

(2) 采取土地使用价值评估与土地收益、地租、地价测算相结合的形式进行。土地的使用价值决定人们对某一类型或地块的需求程度，市场供求关系和经济政策等决定地价水平的高低。在正常和完善的市场条件下，相同使用价值的土地，在同一市场供需圈内，应具有同样的地价标准。但在土地市场不成熟、土地使用权转移不规范的情况下，宗地地价多数采用收益还原法求算的收益价格，土地使用权直接转移形成的地价并不多见。因此，通过土地使用价值相同类型区域中收益价格的比较分析，可排除其他因素对地价的非正常影响，较好地评估出基准地价。

(3) 根据城镇条件和市场状况，选择评估技术路线。不同城镇的基准地价评估技术路线是不完全一致的，在工业企业或其他企业占主要成分的城镇，评估的技术路线往往以级差收益测算法为主；而在房产出租，小商品活动较为发达的地区，评估的技术路线则多数采用租金剥离法。因此，要因地制宜选择技术路线。

10.3.2 基准地价评估资料的调查收集

1) 资料调查收集的一般要求

城镇土地基准地价评估资料的调查收集，一般应满足以下要求：

(1) 收集到的地租、地价资料要按实地位置标注到相应的基准地价评估工作底图上；

(2) 资料调查应在土地级别或均质地域划分的基础上，以划分的地价调查区为单位进行；

(3) 调查样本应具代表性，且分布要均匀；

(4) 调查样本数为每级别内相同土地利用性质宗地数的 1/50～1/5，一般房地出租买卖的调查样本至少应占其总量的 15%，每级样本总数不少于 30 个；

(5) 所选样本应能同时获得地价或利用效益和相对应的土地条件资料；

(6) 土地利用效益等经济资料要求不少于近期连续两年的数据；

(7) 出让、转让、出租、入股、联营、联建等地价和企业单位土地利用效益资料以元为单位，准确到小数点后一位。

2) 资料调查收集的内容

城镇土地基准地价评估时，资料调查收集的内容主要包括以下方面：

(1) 城镇土地定级成果资料。包括土地级别图，定级工作报告和技术报告，其他能用于土地估价的定级成果及资料等。

(2) 土地利用效益资料。包括不同行业资金利润率标准，同一行业不同规模的资金利用效益资料，不同行业不同规模的企业劳动力标准，行业经济效益资料，单位或企业土地利用效益资料等。

(3) 地租、地价资料。包括土地使用权出让、转让资料，土地使用权、房屋及柜台出租资料，土地征用补偿、安置补偿及地上附着物补偿标准，土地联营入股资料，用土地进行联合建房的分成资料，以地换房资料，房屋拆迁补偿标准、房屋造价标准、房屋重置价标准、房屋经营及管理标准、固定资产作价标准等资料，宗地用途、出租时间、容积率等资料，有关税费征收标准资料，土地开发费用标准、资本利息、利润标准资料以及其他资料。

(4) 影响地价的因素资料。包括影响地价的一般因素、区域因素、个别因素等方面的资料。

(5) 其他资料。主要包括历史地价资料，有关经济指数和建筑成本价格变动资料，土地开发经营的政策法规方面资料，城镇规划等资料。

3) 资料调查收集的途径

城镇土地基准地价评估所需的资料，主要是通过走访有关部门及个人，收集现有资料并结合实地调查取得。资料调查收集途径可参见表10.1。

表10.1 城镇土地基准地价评估所需资料调查收集途径

土地使用权转移类型	资 料 来 源
土地使用权转让	双方当事人及主管部门、公证处、税务局、财政部门、街道办事处
土地使用权出租	租赁双方及其主管部门、公证处、税务局、街道办事处
土地联营入股	经营双方及主管部门
联合建房	各地建筑定额标准、物价部门、建设银行、建房双方、产权登记机关、公证机关
以地换房	双方当事人及主管部门、开发公司、房地产交易所、物价部门、工商部门、产权登记机关
房屋买卖	交易双方及主管部门、各地建筑定额标准、各地房屋拆迁补偿标准、房地产交易所、公证处、财政及物价部门、建设银行等
房屋出租	租赁双方及主管部门、各地建筑定额标准、各地房屋拆迁补偿标准、工商及建设、物价等部门、街道办事处、建设银行、房地产开发公司
商品房出售	各地建筑定额标准、开发公司、买房单位、产权登记机关、建设银行、物价及建设、税务、规划部门
企业兼并	兼并双方及主管部门、国有资产管理部门、固定资产估价机构
征地拆迁开发	各地建筑定额标准、各地拆迁安置补偿标准、开发公司、城建部门、税务部门、土地部门
企业土地利用效益资料	企业本身、各地工商业主管部门及工商、税务、财政等部门

10.3.3 用土地收益资料评估基准地价的步骤和方法

用土地收益资料评估基准地价的主要步骤和方法有以下内容。

1) 样本数据的处理

(1) 单元土地质量指数计算

土地级别综合指数反映了城镇土地利用强度和质量的高低。级差收益测算中，各企业用地效益样点土地质量指数根据它们的土地级别综合指数，按照下列公式计算：

$$X_{in} = \frac{f_i}{n} \tag{10.21}$$

式中：X_{in}——i 单元土地质量指数；

f_i——i 单元土地级别综合指数；

n—— 土地级别数。

(2) 行业或类别资本效益折算系数的计算

不论是商业服务企业,还是工业,都会因其行业不同而对资金、土地、劳动力人数有不同的需求,由此形成不同的企业利润。因此在进行土地级差收益测算中需选择一个行业作为标准行业,对其他行业进行行业效益修正。在测算级差收益中,可以选择城镇商业、居住和工业行业中样点数量最多的行业,分别作为商业、居住和工业的标准行业,并按照下列公式计算各行业或类别资本效益折算系数:

$$K_{ci} = \frac{C_{rm}}{C_r} \tag{10.22}$$

式中:K_{ci}—— 某用地类型中某一行业或类别资本效益折算系数;

C_{rm}—— 该用地类型中某一行业或类别全城镇平均资金利润率;

C_r—— 该用地类型中标准行业或类别全城镇平均资金利润率。

(3) 规模资本效益折算系数的计算

不论是商业、居住,还是工业,都会因其规模不同而形成不同企业的利润。因此在进行土地级差收益测算中需选择行业中的某一规模作为该行业的标准规模,对该行业的其他规模进行规模效益修正。在测算级差收益中,可以分别选择城镇商业、居住和工业行业当中最佳企业规模或技术水平下的资本作为该行业的标准资本规模,并按照下列公式计算各行业或类别规模资本效益折算系数:

$$K_{cs} = \frac{C_{pm}}{C_p} \tag{10.23}$$

式中:K_{cs}—— 某一行业或类别的规模资本效益折算系数;

C_{pm}—— 该行业或类别某一规模下的全城镇平均资金利润率;

C_p—— 该行业或类别最佳规模下的全城镇平均资金利润率。

(4) 企业标准资本额计算

企业标准资本额按照下列公式计算:

$$C_s = C_e K_{ci} K_{cs} \tag{10.24}$$

式中:C_s—— 企业标准资本额;

C_e—— 企业实际使用的资金额。

(5) 合理工资量的计算

根据各行业不同规模和技术水平下企业劳动力平均数量,按照下列公式计算企业合理工资量的支出标准:

$$L_{cs} = L_{ce} \frac{L_{ps}}{L_{pe}} \tag{10.25}$$

式中:L_{cs}—— 某企业在标准定员情况下应支出的工资额;

L_{ce}—— 该企业实际支出的工资额;

L_{ps}—— 某一同等规模和技术水平下企业应有的劳动力标准数量;

L_{pe}—— 企业实际占有的劳动力数量。

(6) 样点土地级差收益测算指标的计算确定

土地级差收益测算指标主要包括单位土地面积净收益、单位土地面积标准资金占有量、单位土地面积合理工资占有量、企业所在土地的级别或单元定级综合指数。样点各指标根据相应的方法计算确定。

2) 样本数据的检验与处理

样本数据的检验是以土地级别或均质区域为单位，按商业、住宅和工业用地对土地收益的样本数据分别进行总体同一性和分布类型检验。

(1) 样本总体同一性检验

样点资料处理中的可变参数选择，可能造成土地收益的系统误差。在将不同处理方法计算所得的样点土地收益资料应用于基准地价评估时，需进行资料处理方法的检验。

资料处理方法的检验首先满足有同样使用价值的土地，在相同的市场条件下，应该有同样的土地收益水平，即在同一个土地级别，不同样点的土地收益应服从样本为同一总体的检验。按数理统计检验的要求，可用卡方检验法、秩和检验法，分别对已知数据总体分布类型和未知数据分布类型的样本进行总体一致性检验。当检验结果认为样本土地收益为不同总体的样本时，则检验土地级别划分准确性和不同土地收益计算处理方法可能产生的系统误差，经过调整后，重新进行检验，直到符合要求为止。

(2) 样本总体分布类型检验

样本总体分布类型检验以商业、住宅、工业用地土地级别为单位，按土地分类整理数据的归并结果，对每级土地商业、住宅、工业用地土地收益的样本数据，分别进行总体分布类型检验，样本总体分布类型检验一般采用 X^2 检验法。

X^2 检验法是检验分布函数与理论分布是否吻合的方法，它可以用于检验总体是否服从正态分布，也可用来检验抽样总体是否服从任何一个预先给定的分布。检验的具体步骤为：

① 数据分组

根据样本观测数值的范围划分为 K 组。

② 求频率

求 X_i 落在各级的频数 f_i 和频率 f_i/n。

③ 求理论概率 P_i

当 H_0 成立时，X_i 出现在 (b_{i-1},b_i) 内的理论概率 P_i 为：

$$P_i=\frac{1}{\sqrt{2\pi}s}\int_{bi-1}^{bi}\exp\left\{-\frac{1}{2s^2}(x_i-\overline{x})^2\right\}\mathrm{d}x$$

$$s^2=\sum_{i=1}^{n}\frac{(x_i-\overline{x})^2}{n-1}$$

④ 计算统计量 X^2

$$X^2=\sum_{i=1}^{k}\frac{(f_i-nP_i)^2}{nP_i}$$

⑤ 求出拒绝域

根据给定的显著水平 X_i 和自由度 $k-r-1$，查 X^2 分布表可得临界值 $X^2(k-r-1)$，统计量 X^2 的拒绝域为 $X^2>X_a^2(k-r-1,a=0.05)$。

⑥ 作出判断

若 $X^2>X_a^2(k-r-1)$ 则拒绝 H_0；否则接受 H_0。

要求样本容量 n 不小于 50，且每一个 nP_i 不小于 5；否则，应适当合并区间。

(3) 异常样本数据的剔除与样本数据的整理

在样本总体分布类型检验的基础上剔除样本数据的异常值。检验数据准确合理性的方法是采用数理统计方法，当样本总体分布属正态分布时，采用 t 检验法，而对非正态分布函数时，采用 2 倍方差法剔除。

将经过修正及样本数据处理后的样点，按土地级别、土地用途和资料交易方式进行整理，并建立相应的数据库。

3) 模型选择与系数估计

(1) 级差收益测算的常用模型

级差收益测算的常用模型有：

$$Y_n = A(1+r)^{X_{bn}} \text{ 或 } Y_n = A(1+r)^{aX_{bn}} \tag{10.26}$$

$$Y_n = b_0 + b_1 X_{bn} + b_2 X_{bn} + b_2 X_2 + b_3 X_3 \tag{10.27}$$

$$Y_n = A(1+r)^{X_{bn}} X_2^{b_2} X_3^{b_3} \tag{10.28}$$

$$Y_n = F(X_{bn}) + b_2 X_2 + b_3 X_3 + V \tag{10.29}$$

式中：Y_n—— 第 n 级土地上样点单位面积土地利润值；

A—— 常数；

r—— 利润级差系数；

$F(X_{bn})$—— 某级土地上，土地给企业带来的利润；

X_{bn}—— 第 n 级土地级别指数或单元土地质量指数，土地级别指数按 $n,\cdots,2,1$ 取值，土地质量指数按 $1,2,\cdots,n$ 取值；

a—— 待定系数；

X_2—— 单位面积土地上标准资金占有量；

X_3—— 单位面积土地上标准工资占有量；

b_0—— 常数，大于 0；

b_1、b_2、b_3—— 分别为土地、资金、劳动力的回归系数；

V—— 误差项。

(2) 模型的选择与系数的估计

根据数据资料情况，按照下列方法进行模型的选择与系数的估计：

① 在已知线性模型的前提下，用被解释变量与解释变量的相关数学关系和相关检验来初步确定模型的数学形式，并用最小二乘法求解因素系数数值。

② 将样本数据依次代入可能的数学模型，得到相应的回归方程，同时对各方程进行经济、统计和计量检验，按检验结果选择确定最终测算模型，并计算得出各因素系数数值。

计算得出因素系数数值后，还应从以下方面对其可靠性进行检验：

① 经济意义检验。一般可从正负性和值域两方面进行检验。

② 统计检验。包括通过回归系数的统计显著性检验判断因素对净收益的影响程度，通过回归系数的总体显著性检验判断因素在总体上对净收益的影响程度，通过模型的拟合优度检验判断模型与样点数据的拟合程度。

4) 土地收益和基准地价的计算

将各样本数据代入上述确定的级差收益测算模型，计算得到各级别土地上各样点单位面积土地收益，并计算每一级别土地收益的平均值，计算公式如下：

$$I_n = \left(\sum_{i=1}^{M} I_{ni}\right) \Big/ M \tag{10.30}$$

式中：I_n—— 第 n 级土地上不同行业单位面积的土地平均收益；

I_{ni}—— 第 n 级土地上 i 样点单位面积的土地收益；

M—— 第 n 级土地上的样点数。

各级别土地不同用途的基准地价则按下列公式计算得到：

$$V_{1b} = \frac{I_n}{r_1}\left[1 - \frac{1}{(1+r_1)^n}\right] \tag{10.31}$$

式中：V_{1b}—— 某一用途土地在某一土地级上基准地价；

I_n—— 某一用途土地在某一土地级上单位面积的土地收益；

r_1—— 土地还原利率；

n—— 基准地价评估年期。

10.3.4　用市场交易资料评估基准地价的步骤和方法

用市场交易资料评估基准地价的主要步骤和方法有以下这些内容。

1）样点地价的测算

市场土地交易的形式主要包括：土地出让与转让、土地联营入股、土地联建分成、以地换房、柜台出租、商品房出售，以及 10.2“城镇土地估价的基本方法”中“收益还原法”已经介绍的土地租赁、房地出租等等。各样点的地价，根据调查收集到的市场交易资料所对应的土地交易的形式，采用相应的方法进行测算。下面是具体的计算方法。

(1) 用土地出让或转让资料计算地价

根据土地出让或转让资料计算地价的公式如下：

$$V = \frac{V_T}{S} \tag{10.32}$$

式中：V—— 出让或转让宗地的单位面积地价；

V_T—— 出让或转让宗地总地价；

S—— 出让或转让宗地总面积。

(2) 用土地联营入股资料计算地价

土地联营入股经营中约定地方土地股每年分享一定量的利润或股息的，按下列公式计算地价：

$$V = \frac{R}{S}\,\frac{1}{r} \tag{10.33}$$

土地联营入股经营中约定出资方的资本总量、双方利润分成比例的，按下列公式计算地价：

$$V = C_g\,\frac{r_e}{r_c}\,\frac{1}{S} \tag{10.34}$$

式中：V—— 联营土地的单位面积地价；

R—— 土地股每年分享的利润或股息；

S—— 联营土地的面积；

r—— 土地还原利率；

C_g—— 出资方的资本总量；

r_e—— 出地方利润分成比例；

r_c—— 出资方利润分成比例。

(3) 用土地联建分成资料计算地价

联建分成的土地不能进入市场，根据土地联建分成资料计算地价的公式如下：

$$V = \frac{(C_h + T)S_{lb}}{S_d} = \frac{(C_h + T)S_{lb}R_v}{S_{cb}} \tag{10.35}$$

式中：V—— 联建房中的土地单位面积地价；

C_h—— 房屋单位建筑面积造价；

T—— 房屋单位建筑面积交纳的税费；

S_{lb}—— 出地方分成房屋建筑面积；

S_d—— 出资方建筑物分摊的土地面积；

R_v—— 容积率；

S_{cb}—— 出资方分成房屋建筑面积。

(4) 用以地换房资料计算地价

根据以地换房资料计算地价的公式如下：

$$V = \frac{S_{tb}P_{bs}}{S} \tag{10.36}$$

式中：V—— 土地单位面积地价；

S_{tb}—— 转让土地方获得的房屋建筑面积；

P_{bs}—— 建筑面积房屋的平均售价；

S—— 出让的土地面积。

(5) 用柜台出租资料计算地价

根据柜台出租资料计算地价的公式如下：

$$V = \frac{R - E\dfrac{S_{bl}}{S_b}}{S\dfrac{S_{bl}}{S_b}}\frac{1}{r} \tag{10.37}$$

式中：V—— 出租柜台单位土地面积的地价；

R—— 出租柜台年租金总收入；

E—— 出租柜台所在商店的年经营总支出费用；

S_{bl}—— 出租柜台的营业面积；

S_b—— 商店的总营业面积；

r—— 土地还原利率。

(6) 用商品房出售资料计算地价

根据商品房出售资料计算地价的公式如下：

$$V = [P_r - (C_hS_h) - I - T - B]\frac{G}{S_{bl}} \tag{10.38}$$

式中：V—— 某一商品楼用地的单位面积土地地价；

P_r—— 某一商品楼的总售价；

C_h—— 当地同类建筑单位面积平均造价；

S_h—— 楼房总建筑面积；

I—— 开发公司利润；

T—— 商品房开发中向国家交纳的投资及营业税等；

B—— 开发资金应支付的利息；

G—— 规划的建筑覆盖率；

S_{bl}—— 建筑物占地面积。

2）样点地价修正

样点地价的修正包括出让年期修正、交易时间修正、容积率修正和其他修正。

(1) 出让年期修正

基准地价评估要求样点资料具有可比性。由于宗地出让年期或转让的剩余使用年期不统一，相互缺乏可比性，在利用样点地价评估基准地价前，要求将基准地价评估所需的样点地价，修正到按法律规定的各类土地法定的最高出让年限，即商业用地 40 年、住宅用地 70 年、工业用地 50 年。因此，对收集、整理得到的样点地价，要根据土地出让或转让中剩余的实际使用年期进行修正。没有明确使用年期的，应按无限年期使用的价格修正到法定最高出让年限；对有年期但没有到最高出让年期的，也要修正到法定最高出让年限。下面是计算方法。

① 有限年期使用权地价修正到法定最高出让年限地价的计算公式为：

$$V_m = \frac{V_n\left[1-\frac{1}{(1+r)^m}\right]}{1-\frac{1}{(1+r)^n}} \tag{10.39}$$

式中：V_m—— 最高出让年限的土地使用权价格；

V_n—— 有限年期出让地价或剩余使用年期转让地价；

m—— 土地使用权出让法定最高年限；

n—— 实际出让年期或剩余使用年期；

r—— 土地还原率。

② 无限年期土地使用权地价修正到法定最高出让年限地价的计算公式为：

$$V_m = P\left[1-\frac{1}{(1+r)^m}\right] \tag{10.40}$$

式中：P—— 无限年期土地使用权价格；

V_m、r、m 含义同式(10.34)。

(2) 交易时间修正

土地市场中的地价水平在不同时间是不相同的，为保证样点地价的可比性，需对不同年份发生的交易地价进行交易时间修正。修正公式如下：

$$V = V_0\,\frac{Q}{Q_0} \tag{10.41}$$

式中：V—— 修正到估价期日的宗地价格；

V_0—— 实际成交的宗地价格；

Q—— 某一类土地估价期日的地价指数；

Q_0—— 某一类土地交易时日的地价指数。

(3) 容积率修正

容积率修正是根据城镇规划规定的区域容积率，将不同容积率情况下发生的交易地价修正到规定容积率下的地价，公式如下：

$$V = V_0\,\frac{V_{is}}{V_i} \tag{10.42}$$

式中：V—— 修正到规定容积率时的宗地价格；

V_0—— 某一容积率下宗地交易价格；

V_{is}—— 某一区域某一用途规定容积率下单位面积的平均地价；

V_i—— 某一区域某一用途在某一容积率时单位面积的平均地价。

(4) 其他修正

其他修正主要包括:① 交易情况修正。把交易情况不正常的样点地价,修正到公开、公平的正常市场情况下的交易地价。② 开发水平修正。对于开发水平与基准地价设定开发水平不一致的样点地价进行开发水平修正,修正方法为在样点地价上加上或减去相应项目的开发费用。

3) 样点数据的检验与处理

样点数据检验以土地级别或均质区域为单位,对同一交易方式和不同交易方式计算的商业、住宅、工业用地样本地价数据,分别进行样本总体同一性和分布类型检验,并对异常样点数据进行剔除。具体方法参照第 10.3.3 节"用土地收益资料评估基准地价的步骤和方法"中的相关内容。

4) 基准地价的计算

对合格样本数量符合数理统计要求的区域或级别,其基准地价评估时,可根据样点地价的分布规律,选用简单算术平均值、加权算术平均值、中位数、众数作为该区域或级别的基准地价。对没有交易资料或者合格交易资料较少的区域或级别,其基准地价评估时,可采用比较法、比例系数法或系数修正法进行,具体如下:

(1) 对已评估出基准地价的区域或级别,建立地价与影响地价的土地条件对照表;

(2) 将没有交易资料或数量不足的区域或级别,进行土地条件调查和量化;

(3) 比较待估价区域或级别与有地价区域或级别的接近程度,评估其基准地价;

(4) 因素差异大的区域,在比较的基础上,采用系数修正法评估区域基准地价;

(5) 通过确定各种用途基准地价在不同区域或级别内的比例关系,评估其他用途的基准地价。

级别基准地价的评估,也可采用通过建立样点地价与土地级别或单元定级总分值的数学模型的方法进行。有关模型选择和具体方法参照 10.3.3"用土地收益资料评估基准地价的步骤和方法"中的相关内容。

5) 商业用地路线价评估

商业用地路线价评估按照划分路线价区段、设定标准深度、评估区段路线价的程序进行。

(1) 路线价区段划分

商业用地路线价区段划分时,首先,根据繁华程度的相似性进行路线区段的初步划分。即对城镇的主要商业街道进行实地踏勘,在此基础上详细分析商业服务企业分布图、商业用地房地出租样点分布图及城市规划要求,初步划分主要商业路线价区段,并按商业服务繁华程度的相似性分段。其次,根据区位条件的接近性进行细化,即根据商业用地定级成果和各区段距离商业服务中心、交通设施的距离及其周围土地的利用类型,对初步划分的商业路线价区段进行细化,以保证各区段区位条件较为接近。最后,实地校核确定,即对初步划分的商业路线价区段进行实地踏勘,校核调整,保证区段划分的合理性。

(2) 标准深度设定

标准深度是指在城镇中随着土地离道路距离的增加,道路对土地利用价值影响为零时的深度称为标准深度。里地线是标准深度的连线,里地线与道路之间的区域称为临街地或表地,里地线向里的区域称为里地。

一般可利用各路线区段出租样点求取各类路段的平均深度，据此并结合各类路线区段上商业服务企业临街深度状况，确定各类路段的标准深度。

(3) 区段路线价评估

一般可利用各商业路线价区段上的房地出租商业用途样点资料测算样点地价，经样点地价总体同一性检验，剔除异常样点，采用土地面积加权求均值的方法，测算各商业路线区段的平均地价。

10.3.5 基准地价的确定与修正体系的建立

1) 基准地价的确定

(1) 基准地价确定的原则

① 以实际数据测算的结果为准，以比较、修正的结果为辅。对有实际数据测算结果的级别或区段，以实际测算的结果为准，确定级别或区段的基准地价；对无实际数据测算结果的级别或区段，采用比较、修正的结果为依据确定级别或区段的基准地价。

② 土地市场发达的以市场交易资料测算结果为准，级差收益测算结果验证；土地市场不发达的以级差收益测算结果为准，市场交易资料测算结果验证。

③ 以评估结果为基础，并充分体现政府的地价管理政策。在评估结果的基础上，应充分考虑政府今后一段时间内的地价管理政策，综合确定基准地价。

(2) 基准地价确定的方法

按照基准地价的确定原则和不同方法的估价结果，采用以下方法确定基准地价：

① 对一个级别或区段，只用土地市场交易资料估算基准地价中的一种方法评估级别和区段平均价的，以该种方法确定的级别或区段的商业、住宅、工业平均地价为依据，在适当考虑土地利用和管理政策的基础上，对全城镇或局部区域进行适当调整后，确定出该级别或区段的基准地价。

② 对一个级别或区段资料丰富，用两种以上方法评估出级别或区段基准地价的，以级别或区段为单位，利用不同方法的评估结果，根据不同区段、级别内评估的平均价与当地土地市场状况和地价水平的一致性，确定用某一方法评估的平均价或多种方法评估结果的均值，作为确定该级别或区段的商业、住宅、工业基准地价的主要依据，在此基础上，根据政府优化、调节土地利用的需要，确定该级别或区段的基准地价。

2) 级别基准地价修正体系的建立

级别基准地价与宗地地价的差异，一般是由影响地价的区域因素和个别因素造成的。只要确定了基准地价对应级别的区域因素和个别因素的平均水平，在占有大量宗地样点地价的基础上，通过对已有地价数据和影响因素的比较分析，就可以得到不同因素在不同标准下，对地价的影响程度和修正比例，编制出在不同土地条件下，将基准地价修正为宗地地价的修正体系。

(1) 基准地价修正因素及权重的确定

影响地价的因素有一般因素、区域因素和个别因素之分。但在一个城镇或城镇中的某些区域，一般因素的变化只会引起整个城镇地价水平的变化。因此，基准地价修正因素应主要选择影响宗地地价的区域因素和个别因素。

① 商业用地的影响因素

区域因素：一般包括区域在城镇中的位置、社会因素、交通状况、基础设施状况、公用服务设施状况、商业繁华程度、行政因素、环境因素、其他区域因素状况。

个别因素：一般包括宗地地形状况、宗地地基状况、宗地日照和通风及干湿状况、宗地形状、宗地面积、宗地利用状况、宗地基础设施状况、宗地邻接道路等级与通达性、临街状况、接近交通设施程度、相邻土地利用状况、规划限制、地上建筑物状况、其他个别因素状况。

② 居住用地的影响因素

区域因素：一般包括自然因素、社会因素、交通条件、基础设施条件、公用设施条件、经济发展水平、行政因素、环境因素、其他区域因素状况。

个别因素：一般包括宗地地形条件、宗地地基条件、宗地形状、宗地面积、宗地日照和通风及干湿状况、宗地临街状况、邻接道路等级与通达性、规划限制、宗地利用状况、宗地基础设施状况、地上建筑物状况、距商业服务中心距离、接近交通设施程度、接近公用设施程度、相邻土地利用状况、距危险设施距离、距污染源距离、其他个别因素状况。

③ 工业用地的影响因素

区域因素：一般包括交通状况、基础设施条件、环境状况、自然条件、工业区成熟度、行政因素、其他区域因素状况。

个别因素：一般包括宗地地形条件、宗地地基条件、宗地形状、宗地面积、宗地利用状况、宗地临路状况、宗地位置、土地使用限制、宗地基础设施条件、接近对外交通设施程度、距危险设施距离、其他个别因素状况。

④ 影响因素权重

一般采用特尔菲法、层次分析法等，通过征询熟悉当地情况的专家意见，综合确定商业、住宅、工业三类用地地价影响因素及其权重。

(2) 因素影响地价修正幅度的计算

① 以各类用途的级别基准地价的上限、下限，与基准地价的平均值相减，再除以基准地价平均值，得到上调或下调幅度的最高值。

上调幅度的计算公式为：

$$F_1 = \frac{(F_{nh} - F_{eb})}{F_{eb}} \times 100\% \tag{10.43}$$

下调幅度的计算公式为：

$$F_2 = \frac{(F_{nl} - F_{eb})}{F_{eb}} \times 100\% \tag{10.44}$$

式中：F_1—— 基准地价上调最大幅度；

F_2—— 基准地价下调最大幅度；

F_{eb}—— 基准地价平均值；

F_{nh}—— 基准地价变幅高限；

F_{nl}—— 基准地价变幅低限。

② 以各影响因素的权重值乘以上调或下调幅度最高值可得因素的修正幅度。

计算公式如下：

$$F_{1i} = F_1 W_i \tag{10.45}$$

$$F_{2i} = F_2 W_i \tag{10.46}$$

式中：F_{1i}——i 影响因素的上调幅度；

F_{2i}——i 影响因素的下调幅度；

W_i——i 影响因素的权重值。

(3) 修正系数表及其说明表的编制

① 以基准地价为一般水平，其修正系数为零，以某因素上调幅度 F_{1i} 为优级水平的修正系数，在一般水平和优级水平之间，内插条件较优的修正系数，取 $F_{1i}/2$；同时，以某因素下调幅度 F_{2i} 为劣级水平的修正系数，在一般水平与劣级水平之间，内插条件较劣的修正系数，取 $F_{2i}/2$。按优、较优、一般、较劣、劣编制各类用途宗地地价修正系数表。

② 分析各级别土地利用状况及各类用地特征，根据上述选择的宗地地价影响因素，确定级别各因素的优、较优、一般、较劣、劣的分级指标，编制修正系数说明表，并选择一些典型估价样点对之进行验证调整。

(4) 宗地地价计算

按修正系数表所列因素调查待估宗地的实际情况，根据调查宗地的因素状况，由修正系数说明表确定各因素的等级水平，在修正系数表中查取相应的修正系数，并按下式计算宗地地价。

$$P_{es} = P_{eb}\left(1 + \sum_{i=1}^{n} r_i\right) \tag{10.47}$$

式中：P_{es}—— 待估宗地地价；

P_{eb}—— 宗地所在级别的基准地价；

r_i—— 各因素的修正系数；

n—— 影响因素个数。

3) 路线价修正体系的建立

路线价代表了某一路线区段在某临街深度上的平均地价。虽然路线区段上繁华程度、交通条件等区域因素基本一致，但由于路线价区段上各宗地的深度、宽度、是否临拐角等个别条件的不同，单位面积地价差异很大。因此，若求算某路线区段上宗地地价，必须考虑宗地的个别条件对地价的影响强度由路线地价修正而获得宗地地价。

(1) 深度修正系数

按所划分的路段类别，每一类选择若干条房地出租样点数较多的路线区段，并对所选择的路线区段上房地出租样点进行分析比较，选择临街宽度大致相等且样点地价合理的样点进行深度修正系数计算。具体步骤如下：

① 深度区间的划分

根据所选择的路线区段上房地出租样点，商业服务企业样点的临街深度状况，对每类路线区段划分若干深度修正区间。

② 深度地价比例系数的计算

由式(10.48)计算各路线区段上合理样点的深度地价比例系数：

$$\text{深度地价比例系数} = \frac{\text{样点地价}}{\text{样点所在路线区段的平均地价}} \tag{10.48}$$

③ 深度地价修正系数的确定

按上述分类和划分的深度区间，分别求取每一类路线区段各深度区间的所有合理样点深度地价比例系数的平均值。计算公式如下：

$$\overline{K_d} = \frac{\sum_{i=1}^{n_d} K_{di}}{n_d} \tag{10.49}$$

式中：$\overline{K}_d$—— 某类路线区段某深度区间深度地价比例系数均值；

n_d—— 该类各路线区段上临街深度上该深度区间内合理样点的总数；

K_{di}—— 合理样点的深度地价比例系数。

依据所求算的路线区段各深度区间的深度地价比例系数均值，并参照同类城镇路线价深度修正系数，确定各路线区段路线价深度修正系数。

(2) 宽度修正系数

与深度修正系数求算方法相似，首先在每类路线区段选择若干条房地出租样点数较多的典型路线区段，利用路线区段路线价深度修正系数对各条路线区段上样点地价进行修正，并对所选择的路线区段上房地出租样点进行对比分析，选择地价较为合理的样点进行宽度修正系数求算。步骤如下：

① 宽度区间的划分

根据典型路线区段上房地出租样点、商业服务企业样点的临街宽度状况，对路线区段划分若干宽度修正区间。

② 宽度地价比例系数的计算

按式(10.50)计算所有合理样点的宽度地价比例系数：

$$\text{宽度地价比例系数}=\frac{\text{样点地价}}{\text{样点所在路线区段平均地价}} \tag{10.50}$$

③ 宽度地价修正系数的确定

由式(10.51)求取路线区段各宽度区间内所有合理样点的宽度地价比例系数均值。计算公式如下：

$$\overline{K}_w=\frac{\sum_{i=1}^{n_w}K_{wi}}{n_w} \tag{10.51}$$

式中：$\overline{K}_w$—— 路线区段某宽度区间宽度地价比例系数均值；

n_w—— 该路线区段上临街宽度上该宽度区间内合理样点的总数；

K_{wi}—— 合理样点的宽度地价比例系数。

依据这些宽度区间地价比例系数均值，结合各类各宽度区间上宽度地价比例系数均值的对比分析，并参照同类城镇路线价宽度修正系数，确定各类路线地价宽度修正系数。

(3) 拐角地修正

地处拐角的宗地由于其两面临街，土地的使用价值高于非街角地；而且所临拐角类型和所临街道繁华程度的不同也会造成宗地地价的明显差异。一般可根据城镇内的地价样点资料，经综合分析确定街角地修正系数。

参 考 文 献

1 Andrew Baum and David Macdmin. The income approach to property valuation. Hong Kong，1988

2 Britton W. Modern methods of valuation. 8th edition. The Estates Gazette Limited，1989

3 Clive Darlow. Valuation and development appraisal. 2nd edtition. The Estates Gazette Limited，1988

4 Hard Rechard and Melanctbon. Principles of city land values. Ann Ather University Microfilm，1970

5 HKIS and RICS. Hong Kong guidance notes on the valuation of property assets. Hong Kong，1988

6 Millington A F. An introduction to property valuation. The Estates Gazette Limited，1988
7 William Britton，Keiyh Davies and Tony Johnson. Modern Methods of Valuation of Land，Houses and Building，The Estate Gazette Limited，1980
8 国家质量监督检验检疫总局. 城镇土地分等定级规程(GB/T18507—2001). 北京：中国标准出版社，2002
9 国家质量监督检验检疫总局. 城镇土地估价规程(GB/T18508—2001). 北京：中国标准出版社，2002
10 胡存智. 土地估价理论与方法. 北京：改革出版社，1995
11 黄桐城，黄碧云. 城市土地经济学. 上海：上海交通大学出版社，1998
12 刘幼慈. 我国城市地价评估模型及其空间分布规律研究. 中国人口·资源与环境，1998，8(1)
13 鹿心社. 中国地产估价手册. 北京：改革出版社，1993
14 单卫东，包浩生. 区域中心城市地价的空间扩散研究. 经济地理，1997，17(1)
15 严星，林增杰. 城市地产评估. 北京：中国人民大学出版社，1999
16 张瑜. 土地估价理论及实务. 北京：企业管理出版社，1992
17 周建明. 城市类型与地价成因的定量分析. 中国土地科学，1997，11(4)
18 周生路，吴文红，彭补拙. 区域城镇基准地价体系建立研究. 自然资源学报，1999，14(2)

11 土地生态安全评价

11.1 概述

11.1.1 生态安全的概念

1）生态安全提出的背景

“生态安全”这一概念是在生态环境日益遭受破坏的背景下提出的。自20世纪50年代以来，随着人口规模的急剧膨胀和工业化的快速发展，全球资源环境状况发生了重大变化，迅速增长的消费需求及结构变化对有限的资源环境基础及其安全保障形成了越来越大的压力，到20世纪五六十年代产生了极为严重的消极后果。如世界八大公害事件、自然资源的过度消耗、生物物种的加速灭绝、温室效应加剧、臭氧层耗损、水土流失、土地沙化、环境污染、酸雨加剧等，这些生态环境问题直接威胁到整个人类自身的生存、安全和发展，成为一个全球性的问题。生态环境问题随着经济的发展得到了国际社会的日益重视，由于全球环境的恶化威胁着地球上人类未来的生存和发展，当代人类面临着的环境危机及问题，涉及几乎所有国家的利益，生态安全成为重大的国际政治问题。20世纪60年代初，美国著名学者卡逊《寂静的春天》的出版，向人类敲响了生态危机的警钟。10年之后，罗马俱乐部的活动及其主持发表的一系列研究报告，特别是1972年出版的《增长的极限》，在世界各地引起了巨大的反响。1972年，在瑞典斯德哥尔摩召开了联合国人类环境会议，会议通过的《人类环境宣言》，向全球呼吁：在我们人类决定世界各地的行动时，必须更加审慎地考虑环境后果。20世纪80年代联合国世界环境与发展委员会提交的《我们共同的未来》报告中指出：在过去的经济发展模式中，人们关心的是经济发展对生态环境带来的影响，而现在，人类还迫切感受到生态压力对经济发展所带来的重大影响与存在的安全性问题。

进入20世纪90年代后，全球性的气候变暖、环境污染与越境转移问题，已经使我们这个星球进入到一个人类与环境如何协调发展，共同走向未来的可持续发展的时代。1992年在巴西里约热内卢召开的联合国人类环境会议是生态环境安全问题的一个里程碑，第一次把环境与发展紧密联系起来。会议通过了《里约热内卢宣言》和《21世纪议程》，前者是为了保护地球生态系统永恒的活力，开展全球环境与发展领域合作的框架性文件，是建立一种新的、公平的全球伙伴关系的“关于国家和公众行为基本准则”；后者是围绕环境与发展主题的全球范围内可持续发展的行动计划。以这次大会为标志，生态安全、环境安全与可持续发展成为国际社会中国际政治的一部分。2002年9月，南非约翰内斯堡的环境与发展高峰会议，进一步商讨生态安全大计。当前，关注生态安全问题已成为国际社会的广泛共识。

2）生态安全的概念及特点

目前，国际社会关于生态安全（Ecological Security）的概念至今未能达成共识，概念的界定也由此成为生态安全研究的一大热点。肖笃宁将生态安全分为广义和狭义两种解释,前者以国际应用系统分析研究所(IASA)在1989年提出的定义为代表:生态安全是指在人的生活、健康、安乐、基本权利、生活保障来源、必要资源、社会秩序和人类适应环境变化的能力等方面不受威胁的状态,包括自然生态安全、经济生态安全和社会生态安全,组成一个复合人工生态安全系统。狭义的生态安全是指自然和半自然生态系统的安全,即生态系统完整性和健康整体水平的反映。生态系统健康是环境管理的一个新内容和新目标,通常认为,功能正常的生态系统可称为健康系统,它是稳定的和可持续的,在时间上能够维持它的组织结构和自治以及保持对胁迫的恢复力。反之,功能不完全或不正常的生态系统为不健康的生态系统,其安全状况处于受威胁之中。Norman Myers于1993年指出生态安全涉及由地区的资源战争和全球的生态威胁而引起的环境退化,这些问题继而波及经济和政治的不安全。郭中伟从生态系统的角度定义生态安全,他认为生态安全是指一个生态系统的结构是否受到破坏,其生态功能是否受到损害。生态安全的显性特征是生态系统所提供的服务的质量或(和)数量的状态。当一个生态系统所提供的服务的质量或数量出现异常时,则表明该系统的生态安全受到了威胁,即处于"生态不安全"状态。因此,生态安全一般包含两层基本含义:一是生态系统自身的安全,即其自身结构是否受到破坏;二是生态系统对于人类的安全,即生态系统的功能是否受损害,其提供的服务是否能满足人类的生存和发展需要。

国内外学者对生态安全的定义有着许多不同的认识,这些生态安全的定义存在两方面的局限,一方面,仅考虑了生态风险,而忽略了脆弱性的一面;另一方面,仅把生态安全看成一种状态,而没有考虑到生态安全的动态性。针对这一局限,人们认为,生态安全应是指人与自然这一整体免受不利因素危害的存在状态及其保障条件,并使得系统的脆弱性不断得到改善。一方面,生态安全是指在外界不利因素的作用下,人与自然不受损伤、侵害或威胁,人类社会的生存发展能够持续,自然生态系统能够保持健康和完整;另一方面,生态安全的实现是一个动态过程,需要通过脆弱性的不断改善,实现人与自然处于健康和有活力的客观保障条件。

生态安全是国家、区域安全和社会稳定的重要组成部分,在全球安全中占据着越来越重要的地位。事实表明,生态破坏将使人们丧失大量适于生存的空间,并由此产生大量生态灾民而冲击周边社会的稳定。因此,保障生态安全已成为生态与环境保护的首要任务。生态安全反映了把自然界当成为人类无偿和无限提供资源及服务的传统观念的转变,是一种新型的人与自然的共生共荣关系。

生态安全具有其自身的特点,主要有以下一些内容。

(1) 整体性

生态安全具有整体性,即所谓的"蝴蝶效应"。生态环境是各种因素相互作用而形成的整体,局部生态环境的破坏可能引发全局环境问题,甚至会使整个国家和民族乃至全球的生存条件受到威胁。因此,各国应重视国际间的生态环境合作,以求得共同的生态安全利益。

(2) 综合性

生态安全包括诸多方面,而每个方面又有诸多的影响因素,有生态方面的,也有社会和经济方面的,这些因素相互作用、相互影响,使生态安全显得尤为复杂。

(3) 不可逆性

生态环境的支撑能力有其一定限度,一旦超过其自身修复的"阈值",往往造成不可逆转的后果,比如野生动物、植物一旦灭绝就将永远消失,人力无法使之恢复。

(4) 长期性

生态环境的形成是一个长期的历史过程，许多生态环境问题一旦形成，要想解决它就需在时间和经济上付出很高代价。生态安全会随着其影响要素的发展变化而在不同时期表现出不同的状态，可能朝着好转的方向发展，也可能呈现恶化的趋势。因此，控制好各个环节使其向良性发展是维持生态安全的关键。

(5) 全球性

正如全球经济一体化之后国与国之间的经济安全密切相关一样，生态安全也是跨越国界的。目前世界各国已经面临各种全球性环境问题，包括气候变化、臭氧层破坏、生物多样性迅速减少、土地沙化、水源和海洋污染、有毒化学品污染危害等。在生态安全上，各国有着相当广泛的共同利益，应开展广泛的国际合作。

3) 生态安全与可持续发展的关系

就生态安全的本质来讲，它是围绕人类社会的可持续发展的目的，促进经济、社会和生态三者之间和谐统一。实现生态安全就必须保持土地、水、森林、矿产和动植物物种等自然资源的永续利用；维护和保障生态系统的物质、能量良性循环，保持生态平衡，满足于社会经济发展需要，使生态环境有利于人民健康状况的改善和生活质量的提高，实现经济社会的可持续发展。早在世界环境与发展委员会 1987 年的报告《我们共同的未来》中，安全问题就进入了可持续发展的讨论视野，该报告指出："和平和安全问题的某些方面与持续发展的概念是直接有关的。实际上，它们是持续发展的核心"。生态安全与可持续发展的关系主要表现在以下几个方面：

(1) 生态安全是可持续发展的基石，它是可持续发展追求的目标之一。生态安全是可持续发展的核心与基石，两者是相辅相成的。没有生态安全，系统就不可能实现可持续发展。可持续发展的基本目标是要持续地满足人类的需求，发展的实现又加强了生态安全保障的能力，而安全却是人类最基本的需求之一，生态安全是可持续发展的目标，同时它又是实现可持续发展的保障，没有生态安全就没有可持续发展。可持续发展包括"需要"和"限制"这两个重要概念，要求满足全体人民的基本需要，而维护生态安全正是人们的一种基本需要，同时也是对重大环境问题的强制性限制。实现生态安全，就是要使生态环境能够有利于经济增长，有利于经济活动中效率的提高，有利于人民健康状况的改善和生活质量的提高，避免因自然资源衰竭、资源生产率下降、环境污染和退化给社会生活和生产造成短期灾害和长期不利影响，以实现经济社会的可持续发展。

(2) 生态安全与可持续发展内涵的一致性。可持续发展的内涵包括持续性、发展和公平，这些都与生态安全的内涵一致。生态安全要求维护自然生态系统的健康和完整，这与不超出生态系统的承载能力相一致；生态安全也不否定经济增长，它也要维护人类的生计安全，只是需要在统一的人类安全与生态安全之间维持均衡，既满足人类的生存和发展不受危害的需要，又不损害自然生态系统的健康和持续性；生态安全所要的安全也不是一部分人的安全或是当代人的安全，而是指全人类的安全和今世后代的安全。

(3) 生态安全与可持续发展目标的一致性。保障生态安全要求降低风险，改善系统的脆弱性。由于脆弱性不仅反映在生态脆弱性上，它也反映在社会脆弱性上，因而生态安全所追求实现的基本目标是自然—社会—经济复合生态系统整体结构的优化。对于单纯经济系统而言，生态安全的目标是经济总量的持续增加，资金的投入和效益的最大化；对于技术系统而言，生态安全的目标是实现环境无害化技术或环境优化技术的不断进步，包括污染治理技术、废物利用技术和清洁生产技术；对于社会系统而言，生态安全的目标是追求公平和谐的社会体制，建立健康合理的政府规范、法律道德约束、文化导向和价值观念体系；对于生态系统而言，生态安全的目标是追求生态系统的整体性，要在生态系统的承载能力下，合理使用资源，保护生物多样性。而这些也都是可持续发展的目标框架下的内容，都强调自然、社会和经济这三个子系统要相互协调，强调子系统间的相互联系、相互影响和相互促进，从而实现可持续发展。

(4) 生态安全是对可持续发展概念的补充和完善。可持续发展的概念具有一定的局限性，它过多地强调环境与发展的关系，对环境、发展、伦理、文化、和平与安全等范畴涉及较少。因此，生态安全将安全这一基本需求突显出来，是对可持续发展概念的一个补充。另外，可持续发展更多的是从人类的需求角度出发的，在考虑人类安全与自然生态安全时，优先考虑的是人类安全，而生态安全从一开始就将人类安全和自然生态安全放在同等重要的位置上，并视为一个共同体，要求在人类安全和自然生态安全之间找到均衡点，这就从根本上改变了自然生态保护的被动性和效果不佳的局面，因此它是可持续发展概念的进一步完善。

11.1.2 土地生态安全的概念与特征

1）土地生态安全的概念

土地是人类生存和发展的物质基础，是人类栖居的基地和衣食的基本来源，人类所有的活动包括政治、经济和文化在内都必须依赖于土地资源。早在20世纪40年代，自然学家Leopold就在其著作中提出了“土地健康”的定义，认为健康的土地是指被人类占领而没有使其功能受到破坏的状况，其中包含了最初的土地生态安全思想。当前，对土地生态安全的定义多是基于可持续发展的目标出发的。刘勇认为，土地生态安全是指人类赖以生存和发展的土地资源所处的生态环境，处于一种不受或少受威胁与破坏的健康、平衡状态。在这种状态下，土地生态系统有稳定、均衡和充裕的自然资源可供利用，土地生态环境处于没有或很少污染的健康状态。土地资源只有在这种生态安全的状态下，才能维持土地资源与人类的协调发展，实现自然、经济和社会的可持续发展目标。孟旭光和谷树忠等认为，土地资源安全是指一个国家或地区的全部土地资源对实现其可持续发展具有稳定的供给状态和良好的保障能力。曹新向认为，土地持续利用的生态安全可以定义为，通过对土地资源的合理利用和管理，使土地生态系统对人类在生产、生活和健康等方面不受生态破坏与环境污染等影响的保障程度。从中可以看出其包含了两重涵义：一是土地生态系统自身是否安全，即其自身结构是否受到破坏，其生态功能是否受到损害；二是土地生态系统对人类的生产和生活是否安全，以及土地生态系统所提供的服务是否满足人类的生存需要。

郭凤芝对土地资源生态安全作了更为详尽的论述：所谓土地安全是指土地资源的数量、质量和结构始终处于一种有效供给状态，即在动态上满足当代人和未来世代人发展的需要。土地资源安全是指一国的土地资源出现威胁、破坏土地资源安全可靠和经济有效供给的各种内外因素和情况时，能够进行有效防御的状态。具体来讲，土地资源安全包括以下几层含义：一是数量安全含义，即土地资源量要充裕，既有总量的充裕，也有人均水平的充裕，而且后者较之前者更有意义；二是质量安全含义，即维持土地资源具有长期、持续和稳定生产能力的土地资源质量；三是结构安全含义，即指土地资源系统结构的稳定性，包括耕地系统、林地系统、草地系统之间稳定的结构关系以及各系统内部的结构关系的稳定，土地资源供给的多样性是结构稳定性的基础，没有多样性就谈不上土地资源的结构安全；四是均衡的含义，包括土地资源分布的地区均衡以及个体与群体之间的分配均衡两方面，土地资源分布或分配不均衡，会增加资源供给的时间和成本，是导致土地资源安全问题的重要原因之一，也是影响土地资源安全的重要因素；五是目标含义，即土地资源安全的目标是最大限度地实现土地资源数量供给的稳定、质量供给稳定和土地资源供给的多样性，保证土地资源供给的地区均衡和人群均衡。

在区域范围内，土地生态安全的本质，应该围绕区域乃至周边地区人们可持续发展的目的，促使经济、社会和自然生态的协调统一，它是由土地自然生态安全、土地经济生态安全和土地社会生态安全三方面组成的安全复合体系。如果考虑经济和社会因素对上述自然系统安全的影响，显然土地经济生态安全和社会生态系统构成了土地生态安全的动力和出发点，而土地自然生态安全构成了土地生态安全的基石和生态安全的核心。如没有土地自然生态安全，就不会有生态安全；没有土地生态安全，任何系统就不可能实现可持续发展。实现土地资源的生态安全，不仅是区域可持续发展所需要追求的目标，同时又是一个不断发展的过程体系。土地资源生态安全是生态安全的重要组成部分，它关系到国家的政治安全、经济安全、国防安全和人民的生存安全。

2）土地生态安全的特征

(1) 保障供给

不论在任何情况下，对于国民经济发展和人民生活所需要的各类土地资源，都要保障供给，这是土地资源经济安全的最基本特征。

(2) 土地生态安全的收益具有代际转移性

土地生态安全的收益具有代际转移性是指保证土地资源安全既为当代人的发展权利提供了有力的保障，也为未来世代人的发展权利提供了强有力的保障。

(3) 土地生态安全具有基础性

土地是人类生存和发展的物质基础，是人类栖居的基地和衣食的基本来源，人类所有的活动包括政治、经济、文化在内都必须依赖于土地资源。到目前为止，人类还没有找到一种可以离开土地生态系统生存繁衍的方法和途径，这就决定了土地资源的基础性作用。

(4) 土地生态安全具有可持续性

从长远的角度来看，土地资源安全就是土地资源的可持续力，不仅要保证对当代人的供给，也要保证对未来世代人的供给，也就是要保证国土资源的数量和质量，且能够持续利用。

(5) 土地资源不安全的影响具有广泛性

安全是一种稳定状态，不安全则使这种稳定状态遭到了破坏。一旦土地系统的稳定状态遭到破坏，它不仅影响人类的生存安全，也影响其他植物、动物等生物多样性的安全，不仅影响当代人的生存安全，也影响未来世代人的生存安全，因此，土地资源不安全的影响是广泛而深远的。土地资源不安全的结果还具有不可逆性。土地生态系统结构的稳定性、过程的连续性和功能的完整性是长期自然进化的结果，人类活动规模的不断扩大、活动空间的不断拓展和活动强度的不断增加，使土地资源系统的安全受到了前所未有的破坏——数量急剧减少、质量退化、土壤系统污染加剧和荒漠化等等，这种结果从某种意义上讲是不可修复的，即使可以修复，其修复成本也可能高得难以承受。此外，土地资源不安全的成本具有代际转移性，当代人的不可逆行为所导致的高昂成本往往并不直接由当代人自身承担，而是转移给未来世代人，这可能就是当代人可以肆无忌惮地滥用人类赖以生存和发展的土地资源的根本原因。

11.1.3 土地生态安全的影响因素与研究内容

1）土地生态安全的主要影响因素

(1) 经济因素

不同的经济发展阶段、不同的经济发展水平以及对不同经济发展模式和道路的选择，决定了对土地资源的态度和利用模式。所以，经济因素是威胁土地资源生态安全的首要因素，经济发展和工业生产对环境的破坏引发了生态安全问题。一个多世纪以来，各国都把追求经济效益的增长放在发展目标的首位，而在经济发展的同时没有给予生态环境必要的关注，这种"先污染、后治理"的发展模式导致了严重的土地生态环境污染。工业化和城市化是影响十地资源生态安全的主要因素，同时对于土地资源的不合理开发利用甚至滥用土地资源是影响土地生态安全的又一主要原因。在工业化的后期，经济发展的速度越来越快，工业生产在给人们提供了大量所需物质资料的同时，也过度地使用了土地环境与资源，特别是工业社会的生活方式和生产方式对土地自然资源带来了极大的浪费和破坏，也给生态系统造成了极大的危害。

(2) 人口因素

在近100年里，世界人口增长约40亿，对土地生态安全造成了巨大的压力。迅速增长的人口需要更多的房屋、粮食、资源与环境。这种不断增长的需求无不需要充足的土地资源和良好的土地环境，使土地环境承受着空前的压力，导致世界粮食紧缺、森林减少、土壤退化，对世界土地资源生态安全构成威胁。

(3) 管理因素

20世纪以来，各国政府的职能都有了很大的扩张，政府不正确的发展政策对土地生态环境的影响越来越大。在土地管理中出现的问题对土地生态安全会产生很大的威胁。如，对土地资源的开发利用缺乏科学的土地思想作为指导；土地法规或条例不健全，不能形成一个有机的体系，降低法律的效率；由于资金、技术、人力及其他执法条件的限制，出现有法不依、执法不严和违法不究的现象；在土地资源开发利用中，缺乏依法制定科学的总体规划，使土地资源的开发利用处于无序和掠夺性利用的混乱状态；在土地资源管理中，各地区、各部门基于各自的利益和目标，各行其是，各自为政，降低土地资源的保护效率；没有建立起科学的土地资源安全监测预警系统和安全评价体系，不能对土地资源的安全状况做出前瞻性的预报；土地资源利用和保护效率低，缺乏科学、统一的土地资源安全评价指标和指标体系等。

(4) 科技因素

科学技术的发展不仅对土地资源的需求量和供应量产生较大影响，而且对土地资源的供给与需求结构产生较大影响。科技进步不仅会增加土地资源的需求量，同时也扩大了资源领域与范围。对于土地资源安全威胁最大的是落后的工业和农业技术。目前，我国由于技术因素所造成的土地资源破坏和浪费现象十分严重，仅受工业"三废"和农药污染的耕地就占耕地总面积的1/5，全国已有"三化"(退化、沙化和碱化)草地面积达1.35亿 hm^2，并且还在以每年200万 hm^2 的速度增加。科学技术成果的不当应用也会引发土地生态安全问题。

(5) 自然因素

自然因素的影响分为两个方面：一是资源禀赋存在先天性缺陷，即资源存量不足和资源质量偏低；二是土地资源存在结构性缺陷，也就是土地资源结构不合理和不配套。

(6) 灾害因素

自然灾害，如地质、洪涝和台风等灾害同样威胁着土地资源的生态安全。全国水土流失面积约 3.56 万 km^2，每年新增水土流失面积约 1 万 km^2；荒漠化土地面积已达 267 万 km^2，且还在以每年 2 400 km^2 的速度扩展。由于生态系统的严重失调，水旱灾害频繁发生，每年因自然灾害损毁的耕地约 10 万 km^2。

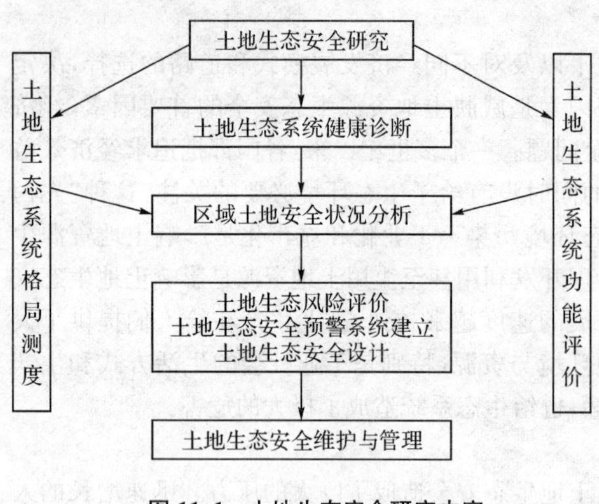

图 11.1　土地生态安全研究内容

2) 土地生态安全研究的主要内容

生态安全研究包括生态安全评价、生态安全预警、生态安全监控和生态安全政策等基本内容。其中生态安全评价是各项研究的基础。

区域土地生态安全研究的主要内容包括：区域土地生态系统的完整性和稳定性；土地生态系统健康与服务功能的可持续性；主要胁迫因子诊断分析；土地生态平衡期望值的设定及重要阈值的判定（变化的允许范围）；主要土地生态过程演化的连续性、演化状况的监测以及演化的预测和预警；管理和维护的调控对策等（见图 11.1，据曹新向）。

11.2　土地生态安全评价的指标体系和标准的建立

11.2.1　土地生态安全评价概述

土地生态安全对于国家、地区的经济发展和未来的土地资源环境的合理利用起着至关重要的作用，因此认识和了解土地生态安全的状况及其动态变化具有非常现实的意义。对土地进行生态安全评价是土地生态安全研究的核心内容，也是构建土地生态利用的基础。考虑土地生态安全的动态过程的特点，评价要以土地资源、环境和生物为中心，立足于安全，着眼于可持续发展，充分利用科学技术，实现土地资源可持续发展的战略及解决土地可持续发展中的重大生态安全问题。只有在准确安全评价的基础上，才能科学合理地制定出适合本地特点的土地生态安全战略。

土地是自然因素与经济、社会因素综合作用的产物。因此，土地生态安全评价应综合土地自然环境和经济、社会情况，从土地生态系统的结构和功能出发，建立系统的区域生态安全评价指标体系，揭示各生态扰动因子在不同时空上的综合性生态效应和生态风险的时空分布规律，阐明退化生态系统生态过程的内在动力学机制，确定不同生态功能区的最低安全阀值。土地生态安全评价的重要任务之一，就是全面分析研究各个因素及组成因子之间的动态联系和组成方式，以及它们对生态环境的影响和作用的效应。

一般，土地生态安全评价过程可分为以下几个步骤：确定研究区域，选择评价指标，确定指标权重，选定各指标不安全程度判断的标准值，计算每个指标的安全指数，综合评分和分析，提出对策。

11.2.2　评价指标体系的建立

1）评价指标体系建立的原则

土地生态安全评价指标的确定是一项探索性很强的工作。在实际操作中，能否建立科学合理的指标体系，是土地生态安全评价结果是否准确和合理的关键，也是土地生态安全评价能否继续进行的关键。评价指标的选择应能客观、全面、科学地衡量土地生态安全状况，在研究和建立土地生态安全评价指标体系时，需要遵循下面的原则。

(1) 科学性原则

科学性原则是指应依据生态学和经济学为基础的理论建立评价指标体系。指标的选择、指标权重系数的确定和数据的选取、计算与合成要建立在科学的基础上。各指标概念必须明确，并且有一定的科学内涵，能够度量和反映土地复合系统结构与功能的现状及发展趋势。在选择评价指标及构建评价模式时，要力求科学，各种因子及模式都应具有本学科的特点内涵；客观反映土地生态环境质量的基本特征，指标的概念必须明确。

(2) 客观性原则

客观性原则是指应充分考虑研究区域的基本国情，并与现行的经济核算体系及统计标准相衔接，系统、准确地反映土地生态安全的客观情况，克服人为主观因素的影响。

(3) 可比性原则

可比性原则是指在选择指标时应当借鉴国内、国际通行的统计标准和规范，并与之衔接，能够进行较广泛的比较分析。评价指标还应具有区域间、时间上的可比性。

(4) 实用性原则

实用性原则是指评价指标要紧紧围绕可持续发展的需要，从实际出发，突出重点。在选取评价因子、制定评价指标体系及构建评价模式时，不可能面面俱到，应当遵循简洁、方便、有效、实用的原则，即要通过相关学科理论的概括，抽取对生态安全影响较大的，而又易于获取的观测资料，并有利于生产及管理部门掌握的因子及模式，使理论与实践得到良好的结合。

(5) 全面性原则

全面性原则是指评价指标体系应能完整、全面地体现土地生态安全的实际情况。要全面衡量所考虑的诸多因子，进行综合分析和评价。指标具有较强的综合性，既能简化指标体系，又能全面集中地反映土地生态各个方面的特征和状况。

(6) 独立性原则

独立性原则是指土地生态安全评价指标体系作为一个有机整体，应该全面反映和测度评价对象的主要特征和变化趋势。为了避免各个指标所提供的信息存在交叉和重叠，在选择指标时，应尽可能选择具有独立性、排他性或相关性小的指标，以便提高评价的准确性和科学性。

(7) 可操作性原则

考虑到统计工作的现状，土地生态安全评价指标应尽可能建立在现有统计体系的基础上，即使现行统计体系不能满足，评价所需的数据资料也要保证能通过典型调查或抽样调查获得。评价指标体系的关键是理论研究在现实中的可行性、指标选择的可量化性，设置指标体系时应尽量采用易于获取和计算的数据指标，提高指标体系在实际工作中应用的可操作性。

2）评价指标体系的构成

土地安全评价涉及自然、经济和社会等方面，这些方面有机组合，形成了土地生态系统。因而土地生态安全评价体系应包含自然、经济和社会三大子系统，它们相互作用、相互依存。自然生态系统为经济和社会系统提供物质基础，而经济社会又反作用于自然生态系统。土地生态安全评价涉及自然、经济和社会等多方面。

(1) 自然指标。主要是反映土地资源利用的状况、发展潜力及与之密切相关的生态、环境状况。构成土地的自然因素包括气候、地形、土壤、植被、水文和水文地质、农机总动力、化肥用量、有效灌溉面积比例、人均耕地量、耕地年减少率、土壤肥力综合指标和水质量指数等；饮用清洁水比例、森林覆盖率、工业"三废"排放量等。

(2) 经济指标。主要是反映某种利用方式下土地资源的生产力和生产效益。包括土地生产率、粮食产量、人均 GDP、人均年收入、农民人均纯收入、非农产业产值比重和农业在 GDP 中的比重等。

(3) 社会指标。主要是反映土地资源利用方式对人们生活的影响和人们对它的反应。包括城市化水平、人均住房面积、人均肉产量、人均蛋产量、农业技术人员比例、非农就业劳动力比重及交通条件、生产管理条件和地理位置等。

土地生态安全评价的指标体系应充分反映出土地生态安全的现状与生态安全的程度，特别要体现人类对土地生态系统的影响层次与等级的"压力—状态—响应"框架(见图 11.2，据曹新向)。根据此框架，区域土地生态安全评价的指标可从土地资源生态压力(如人口密度、人均土地面积、人均水资源、单位面积化肥农药使用量等)、土地资源生态环境质量(如灾害成灾率、耕地质量、低产土地面积等)、土地资源生态环境保护整治及建设能力(如人均收入、科技人员、农民素质等)三方面来考虑。

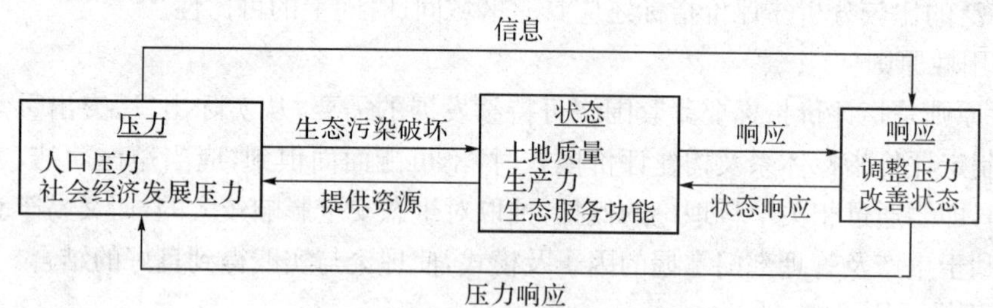

图 11.2 区域土地生态系统的"压力—状态—响应"模式

土地生态安全评价指标体系是一个典型的人口、经济、资源与环境的复合系统，影响土地生态安全的因素也分布在这几个方面。根据土地与人口、经济与环境的关系以及各因素对土地资源安全作用的权重，可建立土地生态安全评价指标体系。郭凤芝认为，土地生态安全评价指标体系可由四部分构成：土地资源数量安全指标体系、土地资源质量安全评价指标体系、土地资源安全承载力指标体系和土地资源安全保障指标体系(见图 11.3，据郭凤芝)。其中，第一部分指标中包括土地资源存量、土地资源消耗量、土地资源需求量和土地资源供给量等方面的评价指标；第二部分指标是为反映土地资源质量变化而设计的，包括静态指标和动态指标两大类，主要有水土流失面积和速度、土地荒漠化面积和速度、土地污染面积和速度、土地次生盐碱化面积和速度等指标；第三部分指标包括土地资源的人口承载力、土地资源的经济承载力和环境承载力等方面的指标。土地资源安全保障体系的基本功能是根据土地资源安全的评价结果，对土地资源进行科学管理，包括土地资源开发与供给管理系统、资源保护与综合治理系统，主要有土地资源安全的法律体系、土地资源利用规划体系、土地资源综合利用决策体系、土地资源安全监督体系和土地资源安全宣传教育体系等。该体系的基本功能是进行资源决策研究，针对上述系统运

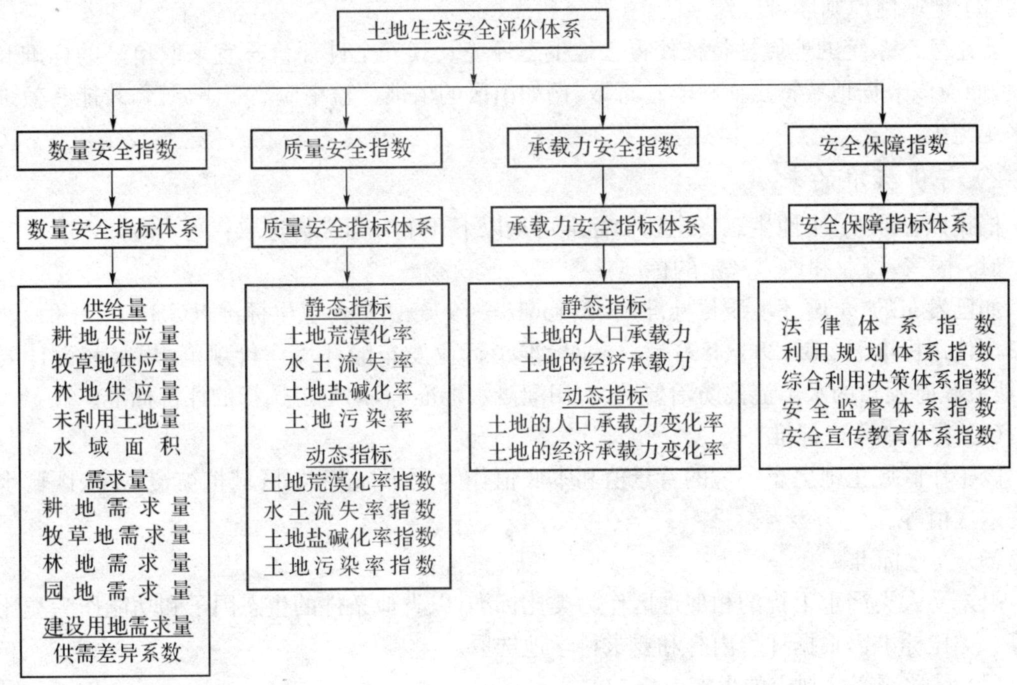

图 11.3　土地生态安全评价体系框架

行结果，提出资源规划、资源管理政策与资源经济安全战略等方面的可行性论证及建议等。三个系统的关系为：决策支持系统对土地资源安全评价系统和土地资源安全保障管理系统起指导作用，其他两个系统肩负着为决策支持系统提供反馈信息的责任；土地资源安全评价系统将评价结果反馈给决策支持系统，决策支持系统通过调整规划和政策，指导土地资源安全保障管理系统的工作；土地资源安全保障管理系统的运行要经过土地资源安全评价系统发挥作用。本系统的核心是土地资源安全保障管理系统，基础是土地资源安全评价系统，决策支持系统是保障。

11.2.3　评价标准的建立

1）评价标准构建的原则

(1) 可计量性原则

可计量性是指应能量化土地生态系统的结构和运行特征或是其生态环境功能特性。

(2) 先进性与应用性原则

先进性与应用性是指特别能满足区域可持续发展对生态安全的要求。在先进性上，如选取区域环境绿化率作指标时，应考虑未来的环境功能需求，在土壤生态脆弱带地区，指标值应高于背景值。在应用性上，土壤在生态安全性评价中所有能反映生态环境功能和表征生态因子状态的标准及其指标值，可以直接用作判别基准；而大量反映土地生态系统结构和运行状态的指标，尚需按照功能与结构对应性原理，根据土地生态安全中环境安全要求的具体性状，借助一些相关关系经适当计算而转化为反映环境功能的指标后，方可用作判别基准。例如，植被覆盖可直接用于生态环境的优劣评判，亦可用作计算水土保持功能。因此在土地生态安全的综合评价中，常常需要选取一组指标进行量化比较，以评价土地生态安全现状或变化趋势的好坏。

(3) 地域性原则

土地生态系统的地域性特征使得土地生态环境及其安全性评价不宜采取单一的标准和指标值，而应该根据地域特点而科学地选取，例如山区的植被覆盖率应高于平原区，才能有效地防止水土流失。

2) 评价标准的来源

根据以上原则，土地生态安全评价标准可从以下几个方面进行选取：

(1) 国家、行业和地方规定的标准

如已发布的《土壤环境质量标准》(GB 15618—1995)、《粮食卫生标准》(GB 2715—81)、《农药安全使用标准》(GB 4285—89)等，行业标准指行业发布的环境评价规范、规定和设计要求等，地方政府颁布的水土流失防治要求、农田灌溉水标准等，均是可选择的评价标准。

(2) 背景和本底标准

以工作区域土地生态环境的背景值和本底值作为评价标准，如区域植被覆盖率、区域水土流失本底值等。

(3) 类比标准

以未受人类严重干扰的相似地区作为类比标准；以类似条件的生态因子和功能作为类比标准等。类比标准需根据评价内容和要求科学地选取。

(4) 科学研究已判定的生态效应

通过当地或相似条件下，科学研究已判定的保障生态安全的指标体系等也可作为土地生态安全评价的标准或参考标准。

11.3 土地生态安全评价的方法

根据其量化程度，土地生态安全评价的方法可分为定性评价和定量评价两种。其中，定性评价研究，可对具有少量定量信息的效应影响作出评价，为决策过程的调查研究获取多层次的信息资料。通常建立优先权时，无论是筛选过程或是排序过程都可以采用定性评价方法。当前，土地生态安全的定量评价方法还处于探索与研究之中，各种方法均具有一定的局限性，没有一套公认的标准方法。常用的有综合指数法、景观指数法、景观生态安全格局法、层次分析法等。在具体评价过程中常同时使用几种方法。

11.3.1 综合指数法

综合指数法是目前土地生态安全评价应用较多的一种方法。该方法首先根据"压力—状态—响应"模型建立表征各生态安全因子多层次的生态安全指标体系，用专家咨询法等对各指标因子的相对权重进行确定，然后通过数学计算得到生态安全程度的综合指数(或分数)。此评价方法需要确定评价标准(或基准值)或进行综合指数分组处理，有一定的主观性。该方法便于横向与纵向的对比分析。运用综合指数法应注意两个方面：一是应考虑多个影响因子之间的协同效应存在时将会加重影响程度；二是各个影响因子对综合指数的贡献相等，其危害及安全程度下的指数相等。

综合指数法简明扼要，且符合人们所熟悉的环境污染及环境影响评价思路，其困难之处在于如何明确建立表征生态环境质量的标准体系，而且难以赋权与准确计量。采用综合指数法进行土地生态安全评价的过程如下：

(1) 分析研究评价的生态安全因子的程度与变化规律。

(2) 建立表征各生态安全因子特性的指标体系。

(3) 确定评价标准。

(4) 建立评价函数曲线,将评价的环境因子的现状值与预测值转换为统一的无量纲的生态安全与质量指标,用1～0表示(1表示生态安全度最高,0表示最差)。确定生态安全的标准值后,就可以计算出人类活动对生态安全及环境影响的变化值。

(5) 根据各评价因子的相对重要性赋予权重。

(6) 将各因子的变化值综合,得出综合影响评价值,即:

$$\Delta E = \sum_{i=1}^{n} (E_{hi} - E_{gi}) W_i \tag{11.1}$$

式中:ΔE—— 人类活动前后生态安全及质量变化值;

E_{hi}—— 人类活动后 i 因子的质量指标;

E_{gi}—— 人类活动前 i 因子的质量指标;

W_i——i 因子的权重。

11.3.2 景观指数法

1) 概述

景观结构、功能和变化等方面的指标与土地利用的持续利用的安全性关系相当密切,土地功能的退化、土地生态系统的失调等必然会导致土地生态系统景观结构和功能的失调或退化,因此,运用景观指数对土地生态安全评价也是一种值得探索的方法。

生态学中使用景观这个概念有两种方式。第一种是直觉的(狭义的),认为景观是基于人类尺度上的一个具体地域,它是具有数公里尺度的生态系统聚合,包括森林、斑块、耕地、树篱、人类聚居地和自然生态系统等看得见的要素。第二种概念(广义的)将景观作为任意尺度上空间异质性的代表,按照这种认识,景观是一个对任何生态系统进行空间研究的生态标准。不论如何使用景观的概念,根据所反映尺度的不同,景观生态学有两类主要的研究,一类是最普通的研究,阐明一类基质(尤其是相邻两者)中景观要素之间的相互作用,集中揭示整个基质的结构与动态的相对小尺度机制;另一类研究集中于大尺度动态与作为整体的基质行为。这两类研究是相互补充的,两者都承认具体要素之间的空间镶嵌。地理信息系统和电子数据库等新技术把这两类研究综合在一起。

斑块—廊道—基质是景观的基本结构。斑块指与周围环境在外貌或性质上不同,并具有一定内部均质性的空间单元。廊道指景观中与相邻两边环境不同的线性或带状结构。基底指景观中分布最广、连续性最大的背景结构。在实际研究中要确切地区分斑块、廊道和基底有时很困难,也没有必要。这种区分往往与观察程度相联系。区域土地利用单元也可分为斑块、廊道、基质,这些类型单元的结构、功能、稳定性、抗干扰能力、恢复能力和生产力等直接与土地生态安全有关。基质是区域景观的背景地块,它可以控制环境质量的组分,可借用传统生态学中计算植被重要值的方法。

目前应用比较广泛的指标有景观破碎度、景观的多样性指数、均匀度、优势度、分离度、生境破碎化指数等。斑块的表征,一是多样性指数,二是优势度指数。景观的功能和稳定性分析包括组成因子的生态适宜性分析,生物的恢复能力分析,系统的抗干扰或抗退化能力分析,种群源的持久性和可达性分析(能流是否畅通无阻,物流能否畅通和循环)。

2）景观指数测度

（1）斑块形状指数(Patch Shape Index)

采用斑块边长与面积之比 S 表示。根据参照几何形状，有两种测度方式：

$$S=\frac{P}{2\sqrt{\pi A}}\text{（以圆为参照几何形状）} \tag{11.2}$$

$$S=\frac{P}{4\sqrt{A}}\text{（以正方形为参照几何形状）} \tag{11.3}$$

式中：S—— 形状指数；

P—— 斑块周长；

A—— 斑块面积。

（2）景观丰富度指数(Landscape Richness Index)

景观丰富度 R 指景观中斑块类型总数，有相对丰富度 R_r 和丰富度密度 R_d。

相对丰富度(Relative Richness)：

$$R_r=\frac{m}{m_{\max}} \tag{11.4}$$

丰富度密度(Richness Density)：

$$R_d=\frac{m}{A} \tag{11.5}$$

式中：R_r—— 相对丰富度；

R_d—— 丰富度密度；

m—— 斑块类型数目；

$m_{\max}$—— 景观中斑块类型数的最大值；

A—— 景观面积。

（3）景观多样性指数(Landscape Diversity Index)

景观多样性有两种测度方式，即 Shannon Weaver 景观多样性指数 H 和 Simpson 景观多样性指数 H'。

$$H=-\sum_{k=1}^{n}P_k\ln(P_k) \tag{11.6}$$

$$H'=1-\sum_{k=1}^{n}P_k^2 \tag{11.7}$$

式中：H——Shannon Weaver 景观多样性指数；

H'——Simpson 景观多样性指数；

P_k——斑块类型在景观中出现的概率；

n——景观中斑块类型的总数。

（4）景观优势度指数(Landscape Dominance Index)

景观优势度指数 D 指多样性指数的最大值与实际值之差。

$$D=H_{\max}+\sum_{k=1}^{m}P_k\ln(P_k) \tag{11.8}$$

$$H_{\max}=\ln(m) \tag{11.9}$$

式中：D——景观优势度指数；

P_k——斑块类型在景观中出现的概率；

m——景观中斑块类型的总数。

(5) 景观均匀度指数(Landscape Evenness Index)

景观均匀度指数 E 反映景观各斑块在面积上分布的不均匀程度,通常以多样性指数和其最大值的比来表示。

$$E=\frac{H}{H_{\max}} \tag{11.10}$$

(6) 景观形状指数(Landscape Shape Index)

景观形状指数 LSI 测度公式如下:

$$LSI=\frac{E}{4\sqrt{A}} \tag{11.11}$$

式中:LSI——景观形状指数;

E——景观中所有斑块边界的总长度;

A——景观总面积。

(7) 正方像元指数(Square Pixel Index)

正方像元指数测度 SQP 公式如下:

$$SQP=1-\frac{4\sqrt{A}}{E} \tag{11.12}$$

式中:SQP——正方像元指数;

A——景观总面积;

E——景观中所有斑块边界的总长度。

(8) 景观聚集度指数(Landscape Contagion Index)

景观聚集度指数 C 反映景观中不同斑块类型的非随机性或聚集程度。

$$C=C_{\max}+\sum_{i=1}^{n}\sum_{j=1}^{n}P_{ij}\ln(P_{ij}) \tag{11.13}$$

$$C_{\max}=2\ln(n) \tag{11.14}$$

式中:C——景观聚集度指数;

$C_{\max}$——聚集度指数的最大值;

n——景观中斑块类型的总数;

P_{ij}——斑块类型 i 与 j 相邻的概率。

(9) 分维数(Fractal Dimension)

分维或分维数可以直观地理解为不规则形状的非整数维。斑块分维数测度公式为:

$$F_d=\frac{2\ln(\frac{P}{k})}{\ln A} \tag{11.15}$$

式中:F_d——斑块分维数,$1\leqslant F_d<2$;

P——斑块周长;

A——斑块面积;

k——常数,当用栅格研究景观时,$k=4$。

在用分维数来描述景观斑块镶嵌体的几何形状复杂性时,通常采用线性回归方法:

$$F_d=2s \tag{11.16}$$

式中:s——对景观中所有斑块的周长和面积的对数回归而产生的斜率。

(10) 生态环境质量(Environmental Quality)

生态环境质量 EQ 的测度公式如下：

$$EQ=\frac{\sum_{i=1}^{n}A_i}{N} \tag{11.17}$$

式中：EQ——生态环境质量，其对应生态环境安全的级别见表 11.1(据杨京平)；

A_1——当地生态适宜性，阈值 0～100；

A_2——植被覆盖度，以土地的实际覆盖度为权值；

A_3——抗退化能力赋值，群落抗退化能力强时赋值 100，较强赋值 60，一般赋值 40，以下为 0；

A_4——恢复能力赋值，群落恢复能力强时赋值 80，较强赋值 60，一般赋值 40，以下赋值 0。

表 11.1 生态安全质量表

EQ 值	100～70	69～50	49～30	29～10	9～0
生态环境安全的级别	Ⅰ	Ⅱ	Ⅲ	Ⅳ	Ⅴ

11.3.3 景观生态安全格局法

区域景观空间格局的研究是揭示该区域生态状况及空间变异的有效手段。景观的空间格局是若干生态过程与非生态过程长期作用的产物，景观的空间结构影响着干扰的扩散和能量的转移，尤其是景观中某些具战略性的结构退化或破坏将对整个区域生态环境产生致命的影响。假设在一定过程中空间景观变异效果存在一些不规则的不对称性或者是特异的品质(如物种消亡、动乱的发展、虚拟进程的知觉和选择，经济进程中的农业发展等等)。在一些入口上会改变进程中的不对称性，可以对景观的效果产生影响，因此，这些入口在进程中的保护是至关重要的。超越这些入口将不同程度地伤害一定进程的安全性，并带来不可预见的风险。因而景观与环境规划应该注意识别出那些防卫性的入口。对于人们将要保护的进程，每个入口都是和这个进程的一定水平的安全性相联系的。假如存在个性化的安全水平，他们处于一定的空间格局中，则这种格局被称为生态安全格局(Ecological Security Pattern)。景观中存在的这种潜在的生态安全格局，是由景观中的某些关键性的局部、位置和空间联系所构成，生态安全格局对维护和控制某种过程来说，具有主动、空间联系和高效的优势，对生物多样性保护和景观改变有重要意义。特别是在自然生态系统中，斑块的形状、大小，廊道的走向，斑块和廊道的组合格局，对许多生物有重要影响，人为改变景观格局对各种种群的发展十分不利，某些关键种的消失可能会使整个生态系统发生退化。安全格局能够有效地或最有效地保护相关的景观进程，在一定安全水平上最大限度地避免可能带来的危机和变化。因此，可以通过识别景观生态安全格局来判断土地的生态安全性。景观生态安全格局的分析识别包括以下步骤：源的确定，建立阻力面，根据阻力面来判断安全格局。下面是景观生态安全格局的分析识别步骤。

第一步，源的确定。在大多数情况下，景观生态安全规划的保护对象是多个物种和群体，能充分反映保护地的多种生境特点，要在区系成分调查基础上，确定作为主要保护对象的物种和相应的栖息地(源)。

第二步，建立阻力面。物种对景观与生境的利用可以看作是对空间竞争性控制和覆盖过程，而这种控制和覆盖必须通过克服阻力来实现。所以，阻力面反映了物种空间运动的趋势。

如俞孔坚以最小累积阻力模型(Minimum Cumulative Resistance,MCR)来建立阻力面,该模型考虑三个方面的因素,即源、距离和景观介质面特征。式(11.18)根据 Knaapen 等人的模型和地理信息系统中常用的费用距离(Cost-Distance)修改而来。

$$MCR = f_{\min}\sum_{j=n}^{i=m}(CD_{ij}R_i) \tag{11.18}$$

式中:f——一个未知的正函数,反映空间中任一点的最小阻力,与其到所有源的距离和景观基面特征的正相关关系;

D_{ij}——物种从源 j 到空间某一点所穿越的某景观的基面 i 空间距离;

R_i——景观 i 对某物种运动的阻力。

尽管函数 f 通常是未知的,但$(D_{ij}R_i)$之累积值可以被认为是物种从源到空间某一点的某一路径的相对易达性的衡量。

第三步,根据阻力面来判别安全格局。阻力面是用等阻力线来表示的一种矢量图,是反映物种运动的时空连续体,类似地形表面。这一阻力表面在源区下陷,在最不易达到的地区阻力面呈峰突起,而两陷之间有低阻力的谷线相连,两峰之间有高阻力的脊线相连,每个谷线和脊线上都各有一鞍,它们是谷线或脊线上的极值。根据阻力面,进行空间分析可以判别缓冲区、源区联结、辐射道和战略点。

对上述各组分及各种存在的和潜在的景观结构组分叠加、组合,就形成了某一安全水平上的生物安全保护格局。不同的安全水平要求有各自相应的安全格局,但每一层次的安全格局,都是根据生态过程的动态和趋势的某些门槛值来确定的,可以通过分析阻力面的空间特性来求得。

景观生态安全的判别可以根据下列原则与方法进行。

(1) 景观镶嵌的稳定性及安全度以三种方式增大

在完全没有生物量时,趋于物理系统稳定性;当存在低生物量时,受干扰后趋于较快恢复;当存在高生物量时,通常对干扰有较高抵抗力,但干扰后恢复得相对较慢。

植被中的镶嵌性大多数是由“干扰”而引起的,这种干扰包括了自然和人为的。多重干扰的相互作用、干扰的累积影响对敏感生境和环境质量保护十分重要;中等干扰能迅速地增大异质性;严重的干扰可能增大异质性,也可能减少异质性。

(2) 尺度法则

空间格局和生态过程相互关联,在不同的空间和时间尺度上,生态过程的影响是不同的。如生物地理过程在决定区域格局上的重要性比决定局部格局要大,不同的种和有机体类群在不同的空间尺度上起作用,因此必须重视从不同的尺度上研究。

(3) 结构(格局)影响功能

如景观连接度对生物种分布、运动和持久性影响很大,斑块的大小、形状和多样性会影响生物种的多度格局。从较大的空间格局看,廊道对生物种有很大影响:绿色廊道如树篱,有助于植物种和运动种从一个资源拼块运动到另一个资源拼块内,有助于生物多样性的维护;而人造的廊道如高速公路等却起着分割生境、阻碍物种运动交流的作用,易造成生物种的损失与生物安全性降低。

(4) 养分再分布法则

景观要素中的矿物养分再分布速率随着景观要素受干扰的强度增加而增大。

(5) 用于土地规划的安全性准则

在某一给定的区域单元内,占优势的土地利用类型不能成为唯一存在的类型,至少地表的

10%～15%必须为其他土地利用类型或生态区元，也即在集约农业和城市工业土地利用规划中，至少应用10%的地面保持自然、近自然和半自然生态系统，这称为“10%急需律”。

11.3.4　层次分析法

层次分析法是一个多目标、多标准的决策方法，通过两两比较确定因子相对的优势程度，在此基础上确定权重。层次分析法已被广泛应用与选点和可持续评价中。层次分析法是目前土地生态安全评价最常用、常见的方法，包括以下几步：根据压力状态响应模型选择评价因子，建立层次结构，一般分为目标层、指标层和策略层三个层次。构造判断矩阵、层次排序计算和一致性检验、选择评级标准，进行评价和判别。

层次分析法是一种对复杂现象的决策思维过程进行系统化、模型化、数量化的方法，所以又称之为多层次权重分析决策法。采用层次分析法进行土地生态安全评价的具体步骤如下：

(1) 明确问题。确定土地生态安全评价范围和评价目的、对象，进行生态因子相关分析，明确各因子之间的相互关系。

(2) 建立层次结构。将被评价关系按其组成层次构筑成一个树状层次结构，一般分为目标层、指标层、策略层三个层次。

(3) 构造判断矩阵。在每一层次上，按照上一层次的对应准则要求，对该层次的元素(指标)进行逐对比较，并用标度1、3、5、7、9和2、4、6、8以及倒数来比较相对重要性(见表11.2，据杨京平)。在每一层次上，按照上一层次的对应准则要求，对该层次的元素(指标)进行逐对比较；依照规定的标度定量化后，写成矩阵形式，即为判断矩阵。

表11.2　标度及其描述

重要性标度	定义描述
1	相比较的两因素同等重要
3	一因素比另一因素稍重要
5	一因素比另一因素明显重要
7	一因素比另一因素强烈重要
9	一因素比另一因素绝对重要
2、4、6、8	重要性介于两奇数中间

(4) 层次排序计算和一致性检验。即计算判断矩阵的最大特征根值及相应的特征向量。另外，对层次分析所得结果是否基本合理，还需要对判断矩阵进行一致性检验。判断矩阵的最大特征根值及一致性检验如下：

$$\boldsymbol{A}_{n\times n}\boldsymbol{W}=\lambda_{\max}\boldsymbol{W} \tag{11.19}$$

式中：$\boldsymbol{A}_{n\times n}$——判断矩阵；

$\lambda_{\max}$——最大特征根；

$\boldsymbol{W}$——最大特征根所对应的特征向量，其计算方法取规一化的初值向量$\boldsymbol{W}_0=(W_{01},W_{02},\cdots,W_{0n})$，计算$\boldsymbol{A}_{n\times n}\boldsymbol{W}^{i-1}=W^i$直至收敛，则$\boldsymbol{W}=(W_1^i,W_2^i,\cdots,W_n^i)^w$，求得的$\boldsymbol{W}$便是要求的排序权重，$\lambda_{\max}$可用于矩阵的判断。

$$\lambda_{\max}=\sum_{j=1}^{n}A_{ij}\frac{W_j}{W_i}\quad(i=1,2,\cdots,n) \tag{11.20}$$

$$CR=\frac{\frac{\lambda_{\max}-n}{n-1}}{RI} \tag{11.21}$$

当CR值<1时，认为一致性可接受。

(5) 评价标准选择。通过上述步骤确定区域土地生态安全综合评价的指标体系层次结构及各层间的比重，接着确定相应指标体系的评价标准体系。评价的标准可依据国家颁布的标准。

(6) 评价。评价可以采用指数方法进行。

(7) 判别。在区域土地生态环境与安全综合评价中质量的现状可分为理想、良好、一般、较差和恶化五个等级进行综合性判别。

11.4　我国土地生态安全的现状及对策

在人类科学技术高度发达的今天，土地资源的多寡和优劣仍然是决定一个国家生态安全的重要方面，特别是对于像中国这样一个人口众多的发展中国家来说，更是一个先决性条件。庞大的人口压力，加上长期以来在计划经济体制下重视经济建设，以牺牲环境为代价谋求经济数量的增加，做出了许多违背自然规律的事情，造成了的生态破坏，使我国的土地生态安全受到沉重压力。随着人类活动的加剧和对土地资源的不合理开发利用，出现了一系列的土地生态安全问题。

11.4.1　我国的土地生态安全问题

当前我国土地资源面临着诸多问题，对生态安全构成了严重的威胁，主要表现在以下方面。

1) 水土流失日趋严重

据全国第2次水土流失遥感普查结果，我国现有水土流失面积356万km^2，占国土总面积的37.1%，每年新增水土流失面积1万km^2。每年流失的土壤总量达50亿t，相当于损失氮、磷、钾肥4 000万t，流失的肥力高出全国化肥的产量。这不仅造成巨大经济损失，而且使土壤肥力不断衰退和土地生产力不断下降，导致化肥用量逐年升高，土壤却愈来愈贫瘠，形成恶性循环。耕地的肥力主要存储于表层土。表层土的流失导致了土壤肥力的不断衰退和生产力的不断下降。据推算，形成厚1 cm的土层，需要120～400年，而一些地区每年流失的表层土在1 cm以上，有的甚至超过3 cm。土流失严重的地区又多是贫困地区，中国90%以上的贫困人口生活在水土流失严重地区。水土流失在多方面造成严重危害，直接威胁、破坏人类赖以生存的水土资源，并且覆盖面广，不是一点一线的局部问题。所以说，水土流失是中国面临的头号环境问题。同时，水土流失区是泥沙的主要产地，严重的水土流失，导致江、河、湖、库的淤积。不仅黄河因大量泥沙淤积而成为“地上悬河”，就是有黄金水道之称的长江，也面临着同样的威胁。黄河流域黄土高原区年均输入黄河泥沙16亿t，约4亿t淤积在下游河床。在长江流域，水土流失面积达62.2万km^2，占流域总面积的34.6%，年土壤流失总量24亿t，其中上游达15亿t，多年平均年输沙量为5.3亿t，其中1/3的泥沙进入干流，2/3的粗沙、石砾淤积在支流河道和水库中，降低了河道的行洪能力，是造成1998年长江发生全流域性的大洪水灾害的主要原因。据调查全国水库泥沙淤积已达200亿t以上，相当于减少了库容1亿m^3的大型水库200座。上、中游损失多少土壤水库容，下游则相应增加等量的洪水量，加剧洪涝灾情的发展。因此，水土流失最终导致环境承受和抗御自然灾害能力的下降,特别是在长江上、中游一些山丘地。

2) 荒漠化土地面积不断扩大

根据国家林业局组织的《第二次全国荒漠化监测》结果,我国现有荒漠化面积是267万 km^2,是全国耕地面积的2倍多。全国有100多个贫困县集中在荒漠化地区,受荒漠化影响的人口达4亿人,占全国人口的三分之一。全国有近666.7万 hm^2 耕地和5 333.3万 hm^2 草地受到风沙危害,受害村庄5万多个,受害铁路3 000 km,受害公路4万 km,受害灌渠8万 km。全国每年因风沙危害造成的直接经济损失高达84亿元。此外,由于土地严重沙化,导致了可利用国土资源的锐减,严重影响了当地的经济和社会可持续发展以及人民群众的生活。

另外,我国现有沙化土地168.9万 km^2,占国土总面积的17.6%。其中有116万 km^2 的沙漠是在目前技术和财力条件下难以治理的;有52.9万 km^2 的沙化土地经过努力是有可能恢复其原有的草地和耕地面貌的。另外,还有超过90万 km^2 的土地处于明显沙化的过程中,如果不采取有力措施,也会逐步变成荒漠的。目前,形成了一条西起塔里木盆地,东至松嫩平原西部,东西长约4 500 km,南北宽约600 km的风沙带。据专家估计,每年土地沙化造成的直接经济损失达540亿元。一些地区还形成了生态难民,仅青海省迁移生态难民就达20多万人。统计表明,大面积的沙尘暴频率在不断加快:20世纪50年代5次,60年代8次,70年代13次,80年代14次,90年代23次,仅2000年就发生13次。从20世纪50年代到70年代末期,我国干旱、半干旱地区沙化土地面积,平均每年扩展1 500 km^2 左右。近些年来平均每年扩大2 460 km^2,相当于每年损失一个中等县的土地面积。著名的鄂尔多斯草原,由于长期的掠夺性经营和粗放耕作,致使沙化面积由50年代初的66.7万 hm^2 扩展到80年代初的400万 hm^2,占该草原面积的50%以上。目前我国北方约有沙化面积20万 km^2,潜在的沙漠化面积16万 km^2。如不尽快制定实施方案加以遏制,土地沙漠化问题将成为危及中华民族生存与发展的又一严重灾害。

3) 土地质量不断退化

随着废水、废气、废渣等的排放,我国土壤受到重金属、农业化学品、酸雨、放射性物质、矿物油以及致病微生物等因素所污染的面积达到2 000万 hm^2 亩,大约相当于总耕地面积的1/5,污染的农田面积达1 000万 hm^2,每年因污染减产粮食100亿 kg以上,造成土地外源污染严重,土地退化及农产品的安全性下降。

对生态系统的破坏,造成生态功能下降,生态平衡失调,已对土地生态安全构成非常严重的威胁。目前,我国草地退化面积每年以200万 hm^2 的速度递增,退化速度每年约为0.5%,而人工草地和改良草地的建设速度每年仅为0.3%,中度以上退化的草地已达1.3亿 hm^2。我国湿地资源占世界湿地面积的10%,但已有近40%的湿地受到中度和严重威胁。我国盐碱地主要分布在黄淮海平原、东北西部平原、黄河河套平原及西部内陆地区,东部沿海地区也有一小部分,总面积有2 700万 hm^2,其中次生盐渍化耕地约670万 hm^2,占我国耕地面积的7%左右,且主要是由不合理灌溉造成的,此外,估计我国尚有1 733.3万 hm^2 潜在盐渍化威胁的土壤,土壤次生盐渍化将仍是我国土地安全的一大隐患。从20世纪80年代在西南部分地区出现酸雨,到90年代整个南方地区都出现酸雨;北方城市地区出现酸雨的比率也超过了50%;酸雨面积已占到国土面积的30%。

4) 耕地资源严重不足

我国土地资源的总量在世界占有一定优势,但质量和结构较差,这在一定程度上威胁着土地生态安全。我国人口多,耕地少,人均土地资源有限,耕地后备资源相对不足。我国每年净增人口 1 300 多万，人均耕地逐年减少，现我国人均耕地 0.08 hm^2，为世界人均水平的 1/3，且每年净减少耕地 333 万 hm^2，相当于减少 25 亿 kg 粮食，每年灾害毁损耕地 13.3 万 hm^2，遭受污染的土地1 000 万 hm^2，共损失粮食 120 亿 kg。

另一方面，非农业建设用地大幅度增加，耕地资源在不断减少。每年被占用的耕地在20 万～30 万 hm^2之间，使人地矛盾日趋突出。全国已有 666 个县突破了联合国粮农组织确定的人均耕地 533.4 m^2(0.8 亩)的警戒线，其中 463 个县平均耕地已不足 333.4 m^2(0.5 亩)，对中国的粮食安全问题是一个威胁。在生产建设和资源开发利用过程中，因土地挖损、塌陷、沉降、压占等情况，致使土地破坏也是一个不容忽视的土地生态问题。由于土地的粗放经营、闲置等造成的土地浪费问题应当引起足够重视。改革开放以来，我国经济一直保持着高速增长的势头，但这种高速增长是以占用大量耕地为代价取得的。据国家统计局的统计，全国耕地净减数在"六五"期间为 235.3 万 hm^2，平均每年减少 47.1 万 hm^2；"七五"期间为 123.0 万 hm^2，平均每年减少 24.6 万 hm^2；"八五"期间为 70.2 万 hm^2，平均每年 14.1 万 hm^2。而实际上耕地减少的速度要高出统计数。

土壤是一种难以再生的宝贵资源，土地是人类赖以生存的基础，一旦流失，很难恢复，"土之不存，人将焉附"，更谈不上可持续发展。我国在土地生态安全方面的问题触目惊心，构成了对生存环境的严重威胁，应引起人们的高度警觉。

11.4.2　土地生态安全的对策

近年来，水土流失、土地沙漠化、土地污染等使得土地生态服务功能衰退，严重影响着土地资源的可持续利用，直接影响到人类社会的可持续发展。人们切实意识到土地生态安全问题的日益重要，我们应该从维护国家安全、维护全球安全和维护人类自身安全的角度出发，认识维护土地生态安全的重要性，建设、维护与管理土地生态安全体系，从而为人类社会、经济和生态环境的可持续发展奠定物质基础。

1) 改变不合理的土地利用方式，建立土地生态利用技术体系

实现土地的生态利用是经济、社会和生态可持续发展的前提基础和关键之一。因此，对土地的利用是生态过程和经济过程的综合统一，土地利用不应是单纯的经济利用，而应该是在强调生态利用基础上的生态经济利用，既要追求经济利益和社会稳定，更要强调生态效益。应提高土地资源利用和保护效率，建立、健全科学和统一的土地资源安全评价指标和指标体系。以往利用增加土地资源投入来增加经济产出的生产是建立在对生态环境的掠夺式开发基础上的，应促进我国土地生产利用方式向集约型生产利用方式的转变。对土地资源的利用应该在指导思想上树立"在利用中保护和在保护中利用"的原则，真正把利用和保护土地资源结合起来，不断开发和完善土地生态利用技术体系。

2) 建立区域土地生态安全预警系统

土地生态安全预警系统包括土地风险评价、预警系统的建立与土地生态安全设计等内容。土地风险评价应区分最大允许水平和可忽略水平，与土地生态风险评价的不同之处是土地生态安全预警则强调人的积极主导作用，从分析研究区域的生态系统要素和功能(过程)出发，探求维护土地生态安全的关键性要素和过程，通过对安全诊断指标的对比分析，划分生态安全等级，制定不同安全等级的预警标准。土地生态安全设计是指在预警结果安全等级较低的研究区域内，应用景观生态建设的原理和方法，通过对原有系统要素的优化组合或引入新的要素，调整或

构建新的安全格局，从而使关键性生态过程不受阻碍，系统所受胁迫控制在安全等级允许的范围内。

加快土地生态安全评价指标体系及安全网络的建设。生态安全网应包括来自官方与民间组织的信息、生活方式、研究基础、科学方面与商业方面的以及与决策相关的内容。国外已经建立了与生态安全相关的网络，这些网络在实现生态安全的过程中发挥着巨大的作用。

3）加强土地生态安全维护和管理

土地生态安全维护与管理包括土地生态资产管理、土地生态服务功能管理、土地生态健康状态管理以及复合生态关系的综合管理等，要充分利用土地生态学和管理学知识，从自然、经济、社会等各个层面对现有安全保障系统进行全面整合。安全管理应以减少风险为目标，按照预防和回避风险的目的，设置安全标准，制定、修改法律和法规，同时建立社会公众对于公共安全监控和评估的体制。安全管理则应设定风险规避的优先顺序，制定应急响应和恢复措施等。维护土地的生态安全，必须运用法律、行政和经济手段，搞好土地管理。

4）加强土地生态恢复和重建工作

为了有效利用土地，在一定范围内进行改造是必要的，但是必须遵循包括生态规律在内的自然规律，不能盲目改造。尤其对土地生态退化区和生态敏感脆弱区，要运用恢复生态学有关原理和生态工程技术进行改造和恢复重建。过去一些山区毁林开荒，造成水土流失，不仅毁了森林，而且耕地产量也不高，最终由于水土不保，难以持续耕作，不得不退耕还林。只有根据不同地方的生态特点来合理规划，扬长避短，科学利用，才能提高土地利用效益。加强自然保护区的建设与管理，认真做好可持续发展实验区、土地生态实验示范区的工作。建立健全稳定的投入保障机制，坚持国家、地方、集体和个人一起上，多渠道、多层次、多方筹集建设资金。完善机制，强化投入保障，加快生态环境的建设步伐。

5）加强法制建设，依法保护和治理土地生态环境

我国人口众多，各地区平均受教育水平状况差别较大，要实现国家生态安全仅仅依靠宣传、引导是远远不够的，依靠法律手段来推进和维护我国土地生态安全建设是必不可少的。虽然我国已经制定了《中华人民共和国土地管理法》、《中华人民共和国水土保持法》、《中华人民共和国环境保护法》等一些与土地生态安全有关的法律、法规和条例，但现有的这些法规或条例具有明显的条块特征，各种法规或条例比较分散，交叉与重复并存，与其他法律规定的联系不紧密，不能形成一个有机的体系，因此其作为法律的效率大打折扣。在执法方面，由于缺乏必要的资金、技术、人力及其他执法条件，有法不依、执法不严和违法不究的现象不同程度地存在。因此，建立科学、完善的国家土地生态安全法律并严格执法和强化法律监督是关键。要不断提高全民的法制观念，形成全社会自觉保护生态安全的强大舆论。逐步建立、健全以若干法律为基础、各种行政法规相配合的法律法规体系。

6）加强全民土地生态安全意识

决定政策调整及实施效果的关键在于人。在我国土地开发中出现种种浪费和使用不当的问题，原因之一就是人们对土地的有限性和宝贵性缺乏正确的认识。要维护土地的生态安全，就必须从思想上提高认识，改变重开发、轻保护的倾向，统筹兼顾局部利益和整体利益、短期利益和长期利益、本代利益和后代利益。当这些利益发生矛盾时，应当服从整体利益、长期利益和后代利益的需要。未来教育发展的基本任务在于大力提高全体公民的生态安全意识和参与生态安全建设和改善的能力。坚持基础教育、专业教育和普及教育的紧密结合，注重教育方式的

改进和教育效果的提高。加强宣传,提高全社会的生态环境意识,引导公众参与生态环境建设。

参 考 文 献

1 Banaikashani R. A new method for site suitability analysis: an analytic hierarchy process. Environmental Management, 1989, 13(6)

2 Carver S. Integrating multi criteria on systems. International Journal of Geographical Information System, 1991(5)

3 ESRI. Environmental systems research institute. Cell-based Modeling with GRID. Relands,1991

4 Gunnar Kullenberg. Regional co-development and security: a comprehensive approach. Ocean and Coastal Management, 2002(45)

5 Janson L. The challenge of sustainable development. Journal of Cleaner Production, 2003(1)

6 Knaapen J P, Scheffer M and Harms B. Estimating habitat isolation in landscape planning. Landscape and Urban Plann, 1992(23)

7 Leopold A. Wilderness as a land laboratory. Living Wilderness, 1941(6)

8 Saaty T L. A scaling method for priorities in hierachicals structures. Journal of Mathematical Psychology, 1977(15)

9 Shamsul Haque M. Environmental discourse and Sustainable development: linkages and limitations. Ethic and the Environment, 2000, 5(1)

10 Tobias Plieninger, Fernando J Pulido and Harald Schaich. Effects of land use and landxcscape structure on holmoak recruitment and regeneration at farm level in Quercus iex L. dehesas. Journal of Arid Environments, 2004(57)

11 КОНДРаТЬеВКЯ. Ecology, Politics and Society. РГО Report. Geography, 1993, 125(2)

12 白婕,刘晓春,杨阿莉. 我国生态安全现状及维护措施. 环境科学与管理,2005,30(3)

13 曹新向,郭志永,雒海潮. 区域土地资源持续利用的生态安全研究. 水土保持学报,2004,18(2)

14 陈雷. 中国的水土保持. 中国水土保持,2002(7)

15 陈志刚,黄贤金. 经济发达地区土地资源可持续利用评价研究——以江苏省江阴市为例. 资源科学,2001,23(3)

16 崔胜辉,洪华生,黄云凤等. 生态安全研究进展. 生态学报,2005,25(4)

17 方创琳,张小雷. 干旱区生态重建与经济可持续发展研究进展. 生态学报,2001,21(7)

18 傅伯杰. 景观生态学原理及应用. 北京:科学出版社,2002

19 谷树忠,姚予龙,沈镭等. 资源安全及其基本属性与研究框架. 自然资源学报,2002,17(3)

20 郭凤芝. 土地资源安全评价的几个理论问题. 山西财经大学学报,2004,26(3)

21 郭中伟. 建设国家生态安全预警系统与维护体系——面对严重的生态危机的对策. 科技导报,2001(1)

22 黄天元,张殿发. 土地可持续利用的生态经济规划. 经济地理,2004,24(4)

23 李辉,魏德洲,姜若婷. 生态安全评价系统及工作程序. 中国安全科学学报,2004,14(4)

24 李艳芳. 我国生态安全的现状与法律保障. 法商研究,2004(2)

25 梁留科. 中德土地生态利用比较研究及其案例分析:[中国优秀博硕士学位论文全文数据库]. 杭州:浙江大学,2002

26 刘胜华. 我国土地生态安全问题及其立法. 环境与生态,2004(2)

27 刘勇,刘友兆,徐萍. 区域土地资源生态安全评价——以浙江嘉兴市为例. 资源科学,2004,26(3)

28 刘渝琳. 我国可持续发展指标体系的设计和评价方法探索. 生态经济,1999(6)

29 马克伟,张巧玲. 认清土地国情珍惜有限土地. 中国农业资源与区划,2001(22)

30 孟旭光.我国国土资源面临的挑战及对策.中国人口·资源与环境,2002,12(1)
31 彭少麟,郝艳茹,陆宏芳等.生态安全的涵义与尺度.中山大学学报(自然科学版),2004,43(6)
32 曲格平.关注生态安全之二:影响中国生态安全的若干问题.环境保护,2002(7)
33 曲格平.依法防治水土流失确保长江流域生态安全.中国水土保持,2001(9)
34 曲格平.关注生态安全之一:生态环境问题已经成为国家安全的热门话题.环境保护,2002(5)
35 史德明.长江流域水土流失与洪涝灾害关系剖析.土壤侵蚀与水土保持学报,1999,5(1)
36 世界环境与发展委员会.我们共同的未来.长春:吉林人民出版社,1997
37 孙蕾.我国国家生态安全的评价指标体系研究.统计教育,2005(2)
38 王爱民,王惠.维护我国生态安全的对策分析.生产力研究,2003(5)
39 王朝科.生态安全评价的方法论.统计与咨询,2003(1)
40 王根绪,程国栋.荒漠绿洲生态系统的景观格局分析——景观空间方法与应用.干旱区研究,1999,16(3)
41 王浩,王建华,陈明.我国北方干旱地区节水型社会建设的实践探索.中国水利,2002(10)
42 王焕校.污染生态学.北京:高等教育出版社,2002
43 吴国庆.区域农业可持续发展的生态安全及其评价探析.生态经济,2001(8)
44 吴开亚.生态安全理论形成的背景探析.合肥工业大学学报(社会科学版),2003,17(5)
45 肖笃宁,陈文波,郭福良.论生态安全的基本概念与研究内容.应用生态学报,2002,13(3)
46 谢俊奇.未来20年土地科学与技术的发展战略问题.中国土地科学,2004,18(2)
47 徐燕,周华荣.初论我国生态环境质量评价研究进展.干旱区地理,2003,26(2)
48 杨京平,卢剑波.生态安全的系统分析.北京:化学工业出版社,2002
49 杨京平,卢剑波.生态恢复工程技术.北京:化学工业出版社,2002
50 姚继承,余国忠.环境质量综合评价方法探讨.污染防治技术,1994,7(4)
51 俞孔坚.生物保护的景观安全格局.生态学报,1999,19(1)
52 张雷,刘慧.中国国家资源环境安全问题初探.中国人口·资源与环境,2002,12(1)
53 张月平,刘友兆,毛良祥,张炳等.根据承载力确定土地资源安全度——以江苏省为例.长江流域资源与环境,2004,13(4)
54 中华人民共和国国家统计局.关于"七五"时期国民经济和社会发展的统计公报.1991
55 周国富.生态安全与生态安全研究.贵州师范大学学报(自然科学版),2003,21(3)
56 邹长新,沈渭寿.生态安全研究进展.农村生态环境,2003,19(1)
57 左伟,周慧珍,王桥.区域生态安全评价指标与标准研究.地理学与国土研究,2002,18(1)

12 土地污染评价

如前所述，土地是地球表面特定地段，由气候、土壤、水文、地貌、地质、动物、植物、微生物及人类活动和结果等要素所组成的，内部存在大量物质、能量、信息交换流通，空间连续，性质随时间不断变化的一个自然和社会经济综合体。由此可知，土地既是一个自然综合体，同时也是一个社会经济综合体；既是资源，也是资产，同时也是一个复合的生态系统。从环境的角度上说，土地是重要的环境要素之一，土地的环境质量是土地质量的一个非常重要、不容忽视的方面。土地环境评价是指对土地环境这一复杂系统环境质量优劣的评定。合理评价土地环境质量对于合理开发利用土地资源，协调人口、粮食和环境之间的关系具有重要意义。

土地系统是由许多子系统构成的复杂综合系统，相应地，土地环境评价是对评价区域的气候环境质量、土壤环境质量、水资源环境质量、生态环境质量和社会经济环境质量等的综合评价。土壤是土地系统中的一个非常重要的子系统，是土地资源的核心，土壤环境质量评价是土地环境评价的重点和核心。因此，本章有关土地污染评价，主要针对土壤污染评价进行讨论。

12.1 概述

12.1.1 土地污染及其污染源

1）土地污染

土地资源不论是城镇建设用地还是农用地一旦遭受污染，将对食品安全、人体健康和生态系统等方面产生严重危害，如何恰当地界定土地是否遭受污染及其污染程度，关系到土地资源保护和土壤环境污染防治技术法规的制定和执行，对于农用地来说更是十分必要又非常迫切的工作。

一般地说，只要土壤环境受到外来有害物质或能量的侵害，就表明该土地受到了污染。依据受到侵害的程度，可分为轻微污染、轻度污染、中度污染、严重污染和极度污染等多个级别。

可见，土地污染的关键在于土壤是否受到外来有害物质或能量的侵害。对于土壤污染有不同的看法，一种看法认为：由人类的活动向土壤添加有害物质，土壤即受到了污染。此定义的关键是存在有可鉴别的人为添加污染物，可视为“绝对性”定义。另一种是以特定的参照数据来加以判断的，如以土壤背景值加二倍标准差为临界值，超过此值即认为该土壤已被污染，可视为“相对性”定义。第三种定义不但要看含量的增加，还要看后果，即当加入土壤的污染物超过土壤的自净能力，或污染物在土壤中积累量超过土壤基准量，而给生态系统造成危害，才能称为污染，这可视为“相对性”定义。一般认为，现阶段采用第三种定义更具有实际意义。

因此，土壤污染是指人类活动产生的污染物质通过各种途径进入土壤，其数量和速度超过了土壤的容纳能力和净化速度，从而使土壤的性质、组成及性状等发生变化，并导致土壤的自然功能失调，土壤质量下降的现象。土壤质量包括土壤保证生物生产的土壤肥力质量、保护生态安全和持续利用的土壤环境质量以及土壤中与人畜健康密切相关的功能元素和有机无机毒害物质含量多寡的土壤健康质量。

1992 年在美国召开的土壤质量会议认为土壤的主要功能包括三个方面：一是生产力，即土壤提高植物和生物生产力的能力；二是环境质量，即土壤降低环境污染物和病菌损害的能力；三是动植物健康，即维护动植物和人类健康的能力。土壤质量(Soil Quality)也称土壤健康(Soil Health)是指维持生态系统生产力和动植物健康而不发生土壤退化及其他生态环境问题的能力。

土壤的自净是指进入土壤的污染物，在土壤矿物质、有机质和土壤微生物的作用下，经过一系列的物理、化学及生物化学反应过程，降低其浓度或改变其形态，从而消除或降低污染物毒性的现象。土壤的自净作用对维持土壤的生态平衡和保持土壤质量起着重要作用。土壤的自净作用主要有四种类型：一是物理自净作用，土壤是多孔介质，进入土壤的污染物可以随土壤水迁移，通过渗滤作用排出土体；某些有机污染物还可以通过挥发、扩散方式进入大气，可溶性有机物可通过土壤水分稀释扩散，减小毒性。这种作用只是从土壤的角度上来说得到了净化，污染物并不能从整个自然界消失，易造成水体和大气污染。二是物理化学自净作用，主要是指污染物的阳、阴离子与土壤胶体上原来吸附的阳、阴离子之间的离子交换吸附作用，土壤物理化学净化能力的大小可用土壤阳离子交换量的大小来衡量，因此，土壤胶体的类型、含量及 pH 等都是主要影响因素，这种作用只是使污染物在土壤溶液中的离子活度或浓度降低，相对减轻其危害，从长远来看污染物也没有真正消除，反而“积累”起来，最终仍有可能被生物吸收，危及生物圈，因而是暂时的、不稳定的，一定条件下污染物可被解吸重新转移到土壤溶液中。三是化学净化作用，是指土壤中污染物经过吸附、配合、沉淀和氧化还原作用使其毒性浓度降低的过程。四是生物化学净化作用，是指有机污染物在微生物及酶的作用下，通过生物降解，被分解为简单的无机物而消散的过程。从净化机理来看，生物化学净化作用是真正的净化，因而是最重要的净化途径。另外植物的吸收也是污染物净化的一个重要途径，植物修复已经成为一项重要的土壤修复措施。土壤净化是各种物理、化学和生物过程共同作用、互相影响的结果，是有一定限度的。使进入土地的污染物数量和速度控制在土壤自净能力范围之内，对于土壤资源环境管理来说显得尤为重要。

2）土地污染物

凡是进入土壤并影响土壤的性质和组成，导致土壤自然功能失调、土壤质量下降的物质统称为土地污染物。

土地污染种类繁多，有物理污染、化学污染、生物污染和放射污染等，其中以土壤的化学污染最为普遍、严重和复杂，土壤的化学污染物按污染物的性质主要分为无机污染物和有机污染物两大类。

无机污染物主要是指重金属、放射性物质、营养物质和其他无机物质等。重金属(包括类金属)如 Hg、Cd、Cu、Zn、Cr、Pb、Ni、As、Se 等；放射性元素主要是指 Cs、Sr、U 等；营养物质主要是指 N、P、S、B 等；其他物质主要是指 F、酸、碱、盐等。

有机污染物主要是有机农药。农业上使用的杀虫剂、除草剂和杀真菌剂等均属于化学农药，目前大量使用的化学农药约有 50 种，主要包括有机氯类、有机磷类、氨基甲酸酯类、苯氧羧酸类、苯酰胺类等。此外，有机污染物还有石油、多环芳烃(PAHs)、多氯联苯(PCBs)、酚类、氰化物、洗涤剂以及有害微生物、高浓度耗氧有机物等。其中多环芳烃和多氯联苯等具有致癌作用，属于持久性有机污染物(POPs)。

3) 土地污染源

土地污染物来源广泛,主要涉及工业污染源、农业污染源、生物污染源、生活污染源、商业污染源和交通污染源等。

(1) 工业污染源

工业污染源主要是指工矿企业排放的废水、废气和废渣等。随着工业化进程的加速,"三废"排放量数量巨大,且不断增长,污水灌溉、废气排放、废渣(如污泥等)农用都将使土地遭受污染。废气中的SO_2、NO_x和颗粒物等可通过沉降或降水进入土壤,雨水酸度增大,引起土壤酸化,将导致土壤重金属活性的变化。另外工厂发生泄漏事故,化学品被事故性排放也将造成土地污染。

(2) 农业污染源

农业污染源主要是指由于现代化农业生产的需要而大量施入土壤的农药、化肥、有机肥以及农用地膜等。有机氯农药 DDT 和六六六在中国已禁用 20 多年,但由于非常难于降解,至今仍经常能从土壤中检出。N、P 等营养元素利用率低下,未被植物吸收的都在耕层以下积累或转入地下水,成为潜在的环境污染物。有机肥在培肥地力的同时,因施用季节、施用方式或腐熟不够等原因易造成土壤污染。农用地膜因难于降解,易在土壤中造成隔离层,影响土壤肥力和土壤结构。

(3) 生物污染源

生物污染源主要是指含有致病菌的各种病原微生物和寄生虫的生活污水、医院废水、垃圾以及被病原菌污染的河水等。

(4) 生活污染源和商业污染源

生活污染源和商业污染源主要是指居民日常生活和商业活动中产生的生活污水、废弃物等进入土壤引起土壤结构和功能的改变,致使土壤质量下降。

(5) 交通污染源

交通污染源主要是指飞机、火车和汽车等交通工具因排放废气引起土壤污染。已有的研究早已表明公路两侧土壤易遭受铅污染。燃料的燃烧、轮胎等的磨损或因交通工具带来的其他因素(如生活垃圾等)都是导致土壤污染的原因。

由于人类活动使污染物质进入土壤的,称为人为污染源,如工业和生活废水等;此外还有自然污染源,在自然界中某些矿床或物质的富集中心周围,经常形成自然扩散晕,而使附近土壤中某些物质的含量超出土壤正常含量范围,从而造成土壤污染。

4) 土地污染类型

按污染物进入土壤的途径,可将土地污染主要发生类型分为以下四种。

(1) 水污染型

工业废水和生活污水排放到水系,灌溉农田,常使土壤遭受重金属、无机盐、有机物和病原体的污染。我国以城市为中心的污灌区有 30 多个,污灌土壤的污染物质一般集中于表层,但随着污灌时间的积累,污染物质也可由上部向下部迁移,以致达到地下水。水污染型的污染特点是沿河流或干支渠呈树枝状或片状分布。

(2) 大气污染型

污染物质来源于被污染的大气,特点是以大气污染源为中心呈椭圆状或带状分布,长轴沿主风向伸长。污染的面积、程度和扩散的距离,取决于污染物的种类、性质、排放量、排放形式及风力大小等。污染物主要集中在土壤表层，其主要污染物是大气中的 SO_2、NO_x 和颗粒物等。

(3) 固体废弃物污染型

固体废弃物污染主要是指工矿企业的废渣、尾矿、污泥和城市垃圾等作为肥料施用或在堆放过程中通过扩散、降水淋洗等直接或间接影响土壤。全国矿区各类固体废弃物存放约70亿 t，不仅直接占用和破坏土地 1.7 万～2.3 万 km^2，而且对周围土壤造成不同程度的污染。

(4) 农业污染型

农业污染物主要来自施用于农田的化肥、农药、有机肥和农用地膜等。其污染程度与肥料、农药的种类、数量、利用方式和耕作制度等有关，污染物通常在土壤表层累积，该类型分布广泛，属于面源污染。

12.1.2 土地污染的特点与危害

1) 土地污染的特点

土壤是多介质、多界面、多组分的非均一的复杂系统，具有与水污染和大气污染相比不同的特点。

(1) 隐蔽性和滞后性。土壤环境污染往往要通过对土壤样品分析测定和作物残留检测甚至通过人和动物的健康状况受到影响后才能反映出来，土壤污染从产生到出现问题通常会滞后较长时间，如日本的"骨痛病"经过了一二十年之后才被人们所认识。

(2) 累积性和地域性。污染物在土壤中并不像在大气和水体中那样容易扩散和稀释，容易不断累积达到很高的浓度，也使土壤污染具有很强的地域性。

(3) 难于逆转性和长期性。重金属污染土壤难于逆转，累积在土壤中的难降解污染物很难靠稀释作用和自净作用来消除，土壤污染一旦发生，仅仅依靠切断污染源的方法很难自我恢复，必须采用各种有效的治理技术才能解决污染问题，治理难周期长。

2) 土地污染的危害

土壤圈处于水圈、大气圈、生物圈、岩石圈等各大圈层的交界面，是一个非常活跃的圈层，并不断地与各大圈层发生着物质、能量和信息的交换。土壤污染破坏土壤的性质，使土壤板结，降低农产品质量，特别是通过农作物对有害物的富集作用，危害牲畜和人体健康。其主要危害表现在：① 导致严重的经济损失；② 导致农产品污染超标，品质下降；③ 导致大气环境的次生污染；④ 导致水体富营养化并成为水体污染的祸患；⑤ 成为农业生态安全的克星。

12.1.3 土地污染诊断的方法

土地污染诊断取决于土壤污染研究过程中对土壤质量科学评价的客观要求，是土壤污染生态学研究深入发展的必然，它应判断土壤是否被污染、使用何种方法进行修复及污染土壤修复的效果。土壤生态毒理学的研究开始成为生态毒理学研究新的热点，无论是对污染土壤、自然土壤以及污染土壤修复的评价，都需要生态毒理学的方法，这主要与土壤本身的特性、土壤质量评价过程的复杂性有关。污染物在土壤中的清洁需要经历一个复杂而漫长的过程，目标污染物的减少并不意味着土壤在生态学意义上就是清洁的或安全的，在有机污染物降解过程中，次生污染物或其他中间产物的生成是必然的。

污染土壤诊断可分实验室诊断和田间诊断。生态毒理学中，实验室结果主要涉及化学品对生物生命历程产生的重要作用，为了克服实验室研究方法的局限性，研究者采用了一种新的试验方法,即微宇宙法(Microcosm),它是研究化学品或污染物对生态系统影响以及毒性作用的有效方法。田间诊断(即场地实验)是一种适合的方法,通过这种试验可以发现场地条件或接近场地条件下污染物对各种土壤生物的毒害作用。

快速诊断的实现一般通过急性毒性试验来实现,急性毒性试验可以用于受试污染物对生物短期暴露的初评,估计受试物对生物的急性反应,确定和判断适合繁殖试验的浓度值,为进一步的生态毒理试验研究提供依据。生态毒理学试验中最困难的是预测浓度低、维持时间长的化学物质的毒害效应,这些物质对生物群个体发生影响,产生非致死性和中间差异的效应,理想的试验方法是采用系列生物组合系统进行慢性毒性试验。

生活在污染土壤中的生物,其生活力、代谢特点、行为方式、种类组成、数量分布、体内污染物及其代谢产物含量等均不同程度地受到污染物的影响。因此,土壤生物的这些特征变化可以用来监测土壤污染的成分和浓度。土壤污染的生物监测包括植物监测、动物监测和微生物监测。

12.1.4　土地污染评价的分类

土地污染评价可以分为土地污染现状评价、土地污染影响评价和土地污染风险评价等。其中,土地污染现状评价是在全面掌握土地及其环境特征、主要污染源、污染物和土壤背景值或本底值等资料的基础上,选择适当的评价因子和评价标准,建立正确评价模式和指数系统,对土地污染程度、范围和污染物的分布做出定量、半定量估计。土地污染影响评价,是从预防性环境保护的目的出发,依据建设项目的特征与开发区域的土地环境条件,通过监测调查,识别各种污染对土地可能产生的影响,预测影响的范围、程度及变化趋势,评价影响的含义和重大性,提出避免、消除和减轻土地污染的对策,为行动方案的优化决策提供依据。土地污染风险评价,是就土地尤其是土壤污染对环境和人体危害的轻重、缓急及其危害性进行全面评价。

12.2　土地污染现状评价

土地污染现状评价的主要步骤,包括:土地污染现状调查、土地污染评价因子的选择、评价标准的确定及评价方法选择与污染分级。

12.2.1　土地污染现状调查

土地污染现状调查包括资料调查和现场实测。

资料调查是收集有关研究区内调查目标所需要的社会经济发展与自然条件等方面信息,为开展土地污染评价服务。调查内容主要包括:① 社会经济发展概况等;② 自然环境特征,如土壤(成土母质、土壤类型、土壤性质等)、气象、地貌、水文、植被等;③ 工作所需图件,如土壤图、地形图、交通图等,依评价区域范围的大小选择合适的比例尺;④ 土地利用状况;⑤ 土壤环境背景值资料等。资料获得方法可以是土壤志、统计年鉴、实地调查、网络或前人的研究成果等。

现场实测是根据评价的要求确定监测项目、布点、采样。

(1) 监测项目的确定主要考虑土壤污染物和成土因素。一般把主要污染物和由成土因素决定的异常元素都列为监测项目,另外监测项目及其测定方法可参照国家环保总局 2004 年 12 月发布并实施的中华人民共和国环境保护行业标准《土壤环境监测技术规范》(HJ/T166—2004)执行。

（2）污染评价布点要考虑评价区内土壤类型与分布、土地利用和地形地貌条件。布点的原则是能满足评价的需要，保证所布设样点具有足够的代表性，样点数量满足样本容量的基本要求，实际工作中布点数量还要根据调查目的、调查精度和调查区域环境状况等因素确定。布点的方式有随机布点、分块布点和系统布点等，见图 12.1。有时为研究某点源污染对周围土地环境的影响，可由排放源向四周辐射布点，布点距离由密到稀，应同时考虑主风向。

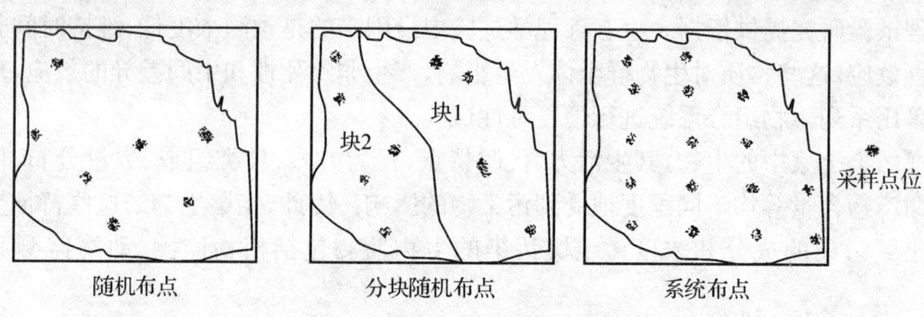

图 12.1　布点方式示意图

（3）为了保证样点的代表性，降低监测费用，可采取采集混合样的方案，混合样的采集主要有四种方法（见图 12.2）：

对角线法：适宜于污灌农田，对角线分 5 等份，以等分点为采样分点。

梅花点法：适宜于面积较小，地势平坦，土壤组成和受污染程度相对比较均匀的地块，设分点 5 个左右。

棋盘式法：适宜中等面积、地势平坦、土壤不够均匀的地块，设分点 10 个左右；受污泥、垃圾等固体废物污染的土地，分点应在 20 个以上。

蛇形法：适宜于面积较大、土壤不够均匀且地势不平坦的地块，设分点 15 个左右，多用于农业污染型土地。

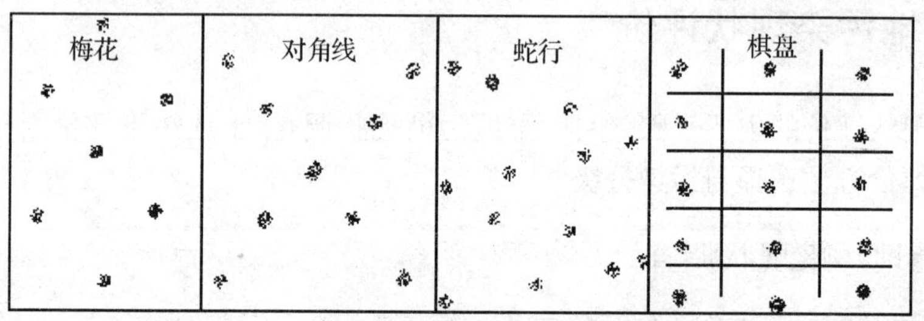

图 12.2　混合土壤采样点布设示意图

各分点混匀后用四分法取 1 kg 土样装入样品袋，多余部分弃去。土样采集完备，应同时写好标签，做好记录，并用 GPS 记下采样点的经纬度。

土壤环境质量调查一般只采集 0～20 cm 和 20～40 cm 的土样，在需要了解污染物的剖面迁移或对地下水是否有影响时应分层取剖面样，采样次序自下而上，先采剖面的底层样品，再采中层样品，最后采上层样品。测量重金属的样品尽量用竹片或竹刀去除与金属采样器接触的部分土壤，再用其取样。每层 1kg，采样深度视具体情况而定。

除土壤污染调查和采样外，还应调查评价区内植物、水和污染源状况等。

12.2.2 评价因子的选取

评价因子选取的合理与否直接关系到土地污染评价结果的科学性和可靠性，应综合考虑评价区内土壤污染物的类型和评价的目的与要求。一般可供选择的评价因子有以下几类：

(1) 重金属等无机毒物，如汞、镉、砷、铅、铜、锌、铬、镍、氟、硒、氰等；

(2) 有机毒物，主要是化学农药，如有机氯农药(DDT、六六六等)和有机磷农药(如马拉硫磷、对硫磷、敌敌畏等)，此外还有酚、石油、苯并芘、三氯乙醛、多氯联苯和多环芳烃等；

(3) 有害微生物，如大肠杆菌、炭疽杆菌、破伤风菌、结核菌、肠寄生虫卵等；

(4) 土壤 pH、全氮、全磷、硝态氮等。

(5) 放射性元素，如^{137}Cs、^{90}Sr 等。

此外还有附加因子，如氧化还原电位、有机质、土壤质地、阳离子交换量和不同价态的重金属含量、易溶性盐类、粘土矿物等，附加因子可反映土壤污染物的积累、迁移和转化特征，用于研究土壤中污染物质的运动规律，一般不参与评价。

12.2.3 评价标准的确定

污染评价标准至关重要，直接关系到评价结果，应根据评价的目的和要求来选择评价标准。土壤污染物主要通过食物链进入人体，并影响人体健康，而土壤和人体之间的物质平衡关系比较复杂，限制了土壤环境质量标准制定工作的开展，土壤污染评价可根据实际情况选用如下标准：

1) 以《土壤环境质量标准》为基本评价标准

1996 年实施的《土壤环境质量标准》(GB15618—1995)如表 3.13 所示。该标准共分三级，一级标准为保护区域自然生态，维持自然背景的土壤环境质量的限制值；二级标准为保障农业生产，维护人体健康的土壤限制值；三级标准为保障农林业生产和植物正常生长的土壤临界值。

该标准在制定过程中充分考虑了土壤—植物体系、土壤—微生物体系和土壤—水体系的不同要求，标准值确定既要防止污染物通过食物链危害人体健康，又要保持土壤良好的生产力和土壤生态处于良性循环，还不致引起地表水和地下水二次污染，因此以国家土壤环境质量标准作为评价标准在现阶段是比较理想的选择。使用该标准还将使评价结果具有较好的可比性，但一方面该标准本身规定的污染物有限，如有机污染物只规定了六六六和 DDT，另一方面该标准不能很好地体现区域差异。

2) 以区域土壤环境背景值为评价标准

以区域土壤环境背景值为评价标准判断土壤是否受到污染是常用的标准之一，该评价标准具有显著的区域特点，测定工作简单易行，数据处理简便，适用面广。

区域土壤背景值是指一定区域内，远离工矿、城镇和道路(公路和铁路)，无明显工业“三废”污染影响的土壤有毒物质的平均含量。其计算公式为：

$$C_{oi} = \overline{C_i} \pm S(\text{或 } 2S) \tag{12.1}$$

$$S = \sqrt{\frac{1}{n-1}\sum_{i=1}^{n}(C_i - \overline{C_i})^2} \tag{12.2}$$

式中：C_{oi}——区域土壤中第 i 种污染物质含量的背景值，mg/kg；

$\overline{C_i}$——区域土壤中第 i 种污染物质含量实测值的平均值,mg/kg;

C_i——区域土壤中第 i 种污染物质含量实测值,mg/kg;

S——区域土壤中第 i 种污染物质含量实测值的标准差,mg/kg;

n—分析样品数。

计算公式中以背景值+2 倍标准差应用较多,全国土壤环境背景值已有广泛的调查,为这一评价标准的确定提供了依据。

3) *以土壤本底值为评价标准*

土壤本底值是指区域内未受人为污染的土壤中某一元素的平均含量。在人类活动范围广、影响大、活动强的今天,完全不受人为污染的土壤是很难找到的。该标准适用于自然保护区、风景疗养区的土壤环境质量评价。

4) *以区域性土壤自然含量为评价标准*

区域性土壤自然含量是指在清灌区内与污灌区的自然条件、耕作栽培措施大致相同并土壤类型相近的土壤中污染物的平均含量。计算公式为:

$$C_{oi} = \overline{C_i} \pm 2S \tag{12.3}$$

式中:C_{oi}——清灌区内土壤中第 i 种污染物质含量的背景值,mg/kg;

$\overline{C_i}$——清灌区内土壤中第 i 种污染物质含量实测值的平均值,mg/kg;

S——清灌区内土壤中第 i 种污染物质含量实测值的标准差,mg/kg。

5) *以土壤对照点含量为评价标准*

土壤对照点是指在未污染区域内,选择与污染区土壤的自然条件、土壤类型和利用方式基本相同的土壤作为对照点,以一个对照点的测定值或多个对照点测定值的平均值作为对照点的污染物含量,并以此含量作为判断土壤是否污染的评价标准。该标准在评价范围较小、评价要求不高、时间紧和任务重的情况下也可获得较好效果,在评价初期有应用,现在应用较少。

6) *以土壤和作物中污染物累积的相关含量作为评价标准*

作物累积污染物质而遭受不同程度污染时土壤相应污染物的含量,即为土壤和作物污染累积的相关含量或对应含量。它因土壤条件、污染物种类、作物种类与部位而异。这种方法通过食物链把土壤中的污染物与人体健康联系起来制定评价标准,反映了土壤污染物危害人体健康的实际途径,往往需要一定时期的试验和资料积累,多用作土壤环境质量分级的依据。

需要指出的是,土壤污染评价不仅要考虑土壤污染物的全量水平,而且要考虑其存在形态和相应的含量水平。例如:在土壤重金属污染评价中,如果只考虑土壤重金属的全量,而不考虑土壤重金属有效态含量及其活化率,有可能使评价结果与实际污染情况相差甚远。因为对于土壤重金属全量而言,只是潜在的环境风险,只能表明作物对重金属可能的吸收情况,不能表征实际的可吸收量,这与土壤重金属在土壤中以不同形态(可交换态、碳酸盐结合态、铁锰氧化物结合态、有机质结合态和残渣态)存在,而各形态所占比例及其有效性并不一致有关;有效态含量却能较好的表明作物对重金属可能的吸收情况,是现实的环境风险。

12.2.4 评价方法的选择与污染分级

土壤污染评价与分级,通常采用决定论评价法中的污染指数法。一般地说,指数越大,污染越重。决定论评价法是通过环境因素与评价标准进行判断与比较的过程。

1）单因子评价法

单因子指数评价法是分别计算评价土壤中各污染因子的污染指数，进而对土壤污染进行评价的一种方法。污染指数的计算有下面两种方法。

(1) 单因子污染指数

单因子污染指数是指单因子评价中以土壤污染物实测值与评价标准值相比，计算污染指数。它是指数法中最基本的形式，其计算公式为：

$$P_i = \frac{C_i}{S_i} \tag{12.4}$$

式中：P_i——土壤中污染物 i 的污染指数；

C_i——土壤中污染物 i 的实测值(或统计平均值)；

S_i——污染物 i 的评价标准。

本方法可用于确定单个土壤质量参数的污染情况，或为多因子综合评价做准备，其本身并不能反映土壤环境综合质量的全貌。根据评价目的和要求选用恰当的评价标准是十分重要的，使用不同的评价标准，其计算所得污染指数不同；使用同一标准，不同污染物之间的污染指数相对大小是可以比较的。当 $P_i>1$ 时，表示土壤受到污染物 i 不同程度的污染；当 $P_i\leqslant 1$ 时，表示土壤未受污染物 i 的污染。P_i 值越大，表示污染越严重。所以，在某些情况下，可按单因子污染物的分指数(P_i 值)的大小顺序排序，区分各污染物的影响和污染程度，作为多因子污染综合评价的依据。

用土壤污染累积指数更能反映土壤的人为污染程度，它是将单因子评价中的评价标准确定为污染物的背景值，其计算公式为：

$$\text{土壤污染累积指数} = \frac{\text{土壤污染物实测值}}{\text{污染物背景值}} \tag{12.5}$$

土壤污染超标倍数、样本超标率等统计量也能反映土壤的环境状况：

$$\text{土壤污染超标倍数} = \frac{\text{土壤某污染物实测值} - \text{某污染物质量标准}}{\text{某污染物质量标准}} \tag{12.6}$$

$$\text{土壤污染样本超标率} = \frac{\text{土壤样本超标总数}}{\text{监测样本总数}} \times 100\% \tag{12.7}$$

(2) 根据土壤与植物中污染物累积的相关数量计算污染指数(分级污染指数)，并据此确定污染级别

这一方法的使用必须首先确定土壤和作物中污染物累积的相关数值，以此来确定土壤污染的起始污染、轻度污染、重度污染的限值(或临界值)，然后根据实测值计算污染指数，并根据污染指数值确定相应的污染程度。下面是具体做法。

首先，确定污染等级划分的起始值。

① 土壤污染起始值：即土壤中污染物的评价标准，一般指土壤背景值，以 X_a 表示。

② 土壤轻度污染值：即植物的初始污染值，指土壤污染物超过一定限度，使作物开始遭受污染时相应的土壤中污染物的含量，有的以土壤背景值加三倍标准差表示，以 X_c 表示。

③ 土壤重度污染值：指土壤污染物继续累积，作物受到严重污染，使作物体内某污染物含量超过食品卫生标准，或使作物显著减产 5%～10%时土壤中该污染物的含量，以 X_p 表示。

其次，根据 C_i 的分布范围计算污染指数：

当 $C_i \leqslant X_a$ 时，

$$P_i = \frac{C_i}{X_a} \quad (P_i \leqslant 1) \tag{12.8}$$

当 $X_a < C_i \leqslant X_c$ 时，

$$P_i = 1 + \frac{C_i - X_a}{X_c - X_a} \quad (1 < P_i \leqslant 2) \tag{12.9}$$

当 $X_c < C_i \leqslant X_p$ 时，

$$P_i = 2 + \frac{C_i - X_c}{X_p - X_c} \quad (2 < P_i \leqslant 3) \tag{12.10}$$

当 $X_p < C_i$ 时，

$$P_i = 3 + \frac{C_i - X_p}{X_p - X_c} \quad (P_i > 3) \tag{12.11}$$

最后，根据 P_i 值划分土壤污染等级，如表 12.1 所示。

表 12.1 土壤环境质量分级

污染等级	清洁级	轻度污染级	中度污染级	重度污染级
分级依据(P_i)	$P_i \leqslant 1$	$1 < P_i \leqslant 2$	$2 < P_i \leqslant 3$	$P_i > 3$

根据土壤与植物中污染物累积的相关数量计算污染指数(分级污染指数)，并据此确定污染级别，这一作法充分考虑到了土壤—植物系统污染物的迁移，把作物是否受到污染及其污染程度纳入土壤污染评价，有其合理和优越的一面，但是该法中的几个重要参数(X_a、X_c 和 X_p)的获取是相对困难的，往往需要一定时期的试验和资料积累，而且不同的耕作制度条件下几个重要参数可能会有较大出入，不利于该评价方法的运用。对于特定的土壤—植物系统，可以在盆栽试验和小区试验的基础上，确定参数，并依据土壤环境质量分级，确定土壤是否遭受污染及其污染程度。

2) 多因子综合评价法

单因子污染评价因计算因子单一，只能分别反映各污染物的污染程度，不能全面、综合地反映土壤的污染状况。在进行土壤污染评价时往往需将单因子污染指数按一定方法综合，采用综合指数进行评价，以全面反映土壤的环境质量，由于污染指数 P_i 消除了量纲，为综合指数的计算、比较提供了方便。多因子综合评价法就是综合考虑土壤中各污染因子的影响，计算综合指数进行评价的方法，当区域内土壤环境质量作为一个整体与外区域进行比较或与历史资料进行比较时除用单项污染指数外，还常用综合污染指数。主要包括以下几种。

(1) 等权综合指数

$$P = \sum_{i=1}^{n} P_i = \sum_{i=1}^{n} \frac{C_i}{S_i} \tag{12.12}$$

式中：P——土壤综合污染指数；

n——土壤中参评污染物种类数。

等权综合指数的大小显然与参评污染物种类数 n 有关，n 越大，P 值越大，这在参评种类和总数不同情况下的相互比较将出现困难；该方法将各污染物的污染指数平等对待，较大的污染指数常被较小的污染指数拉平，以致综合污染指数可能比实际情况小；另外，该方法视各个 P_i 对综合污染状况的贡献是相同的，忽视了相同的污染指数对于不同的污染物而言污染后果不同的实际情况，如镉 $P_1=2$（即超过标准一倍）要比铜 $P_2=2$ 的危害大的多。

此方法适合于各个分污染指数相差不大，对综合污染指数贡献大致相同的情况，其优点是计算简便，并可借此计算各污染物的分担率。土壤污染物分担率可确定土壤的主要污染项目，污染物分担率由大到小排序，污染物主次也同此序。其计算公式如下：

$$\text{土壤污染物分担率}=\frac{\text{土壤某项污染指数}}{\text{各项污染指数之和}}\times 100\% \tag{12.13}$$

（2）内梅罗指数

$$P=\sqrt{\frac{(\text{平均 }P_i)^2+(\text{最大 }P_i)^2}{2}}=\sqrt{\frac{\left(\frac{C_i}{S_i}\right)_{\text{ave}}^2+\left(\frac{C_i}{S_i}\right)_{\max}^2}{2}}=\sqrt{\frac{\left(\frac{1}{n}\sum_{i=1}^{n}\frac{C_i}{S_i}\right)^2+\left(\frac{C_i}{S_i}\right)_{\max}^2}{2}} \tag{12.14}$$

式中：$\left(\frac{C_i}{S_i}\right)_{\text{ave}}^2$ —— 土壤中各污染物分指数平均值的平方；

$\left(\frac{C_i}{S_i}\right)_{\max}^2$ —— 土壤中各污染物分指数中最大值的平方；

n—— 土壤中参评污染物种类数。

用内梅罗指数法计算土壤污染综合指数兼顾了单因子污染指数平均值和最大值，可以突出污染较重污染物的作用。其指数形式简单，适应污染物个数的增减，是比较适用的土壤污染综合指数。内梅罗指数反映了各污染物对土壤的作用，同时突出了高浓度污染物对土壤环境质量的影响，可按内梅罗污染指数，划定污染等级。国家环保总局 2004 年 12 月发布并实施的土壤环境监测技术规范所规定的内梅罗指数土壤污染评价标准见表 12.2。该评价标准共分五级，将 $P\leqslant 0.7$ 定义为清洁，$0.7<P\leqslant 1.0$ 定义为警戒限。

表 12.2 土壤内梅罗污染指数评价标准

等级	内梅罗污染指数	污染等级
Ⅰ	$P\leqslant 0.7$	清洁（安全）
Ⅱ	$0.7<P\leqslant 1.0$	尚清洁（警戒限）
Ⅲ	$1.0<P\leqslant 2.0$	轻度污染
Ⅳ	$2.0<P\leqslant 3.0$	中度污染
Ⅴ	$P>3.0$	重度污染

（3）加权综合指数

$$P=\sum_{i=1}^{n}W_iP_i=\sum_{i=1}^{n}W_i\frac{C_i}{S_i} \tag{12.15}$$

式中：W_i——污染物的权重，$\sum_{i=1}^{n}W_i=1$。

权重是加权综合指数计算的关键，它能反映各种污染物对土壤污染的不同作用。权重的确定方法包括人为赋权和计算赋权两种，不同的赋权方法最终计算所得评价结果会有较大出入。人为赋权是凭评价者或专家的经验对各污染物的主观认识进行分级，其随意性较大，一定要请有经验的专家来确定权重。当数据资料齐备时，使用公式法进行计算赋权简单而有效，常见的确定权重的方法有以下几种。

① 根据单个因子的土壤环境可容纳量确定权重

土壤环境可容纳量是指土壤对某种污染物的可容纳程度，即污染物开始引起土壤环境恶化的极限，其计算公式为：

$$V_i = \frac{S_i - B_i}{B_i} \tag{12.16}$$

式中：V_i——土壤环境可容纳量；

S_i——因子的土壤环境质量评价标准；

B_i——因子的土壤环境背景值。

土壤环境可容纳量越大，所允许的污染物的量越大，评价时该因子的权重系数就可以降低。即可采用如下公式计算其权重系数：

$$W_i = U_i \Big/ \sum U_i \tag{12.17}$$

式中：U_i—— 某土壤污染因子可容纳量 V_i 的倒数，即 $U_i = 1/V_i$。

② 根据环境化学或环境毒理学研究结果确定权重

国家颁布的土壤环境质量标准考虑了多种污染物的协同和拮抗等联合作用，要求严格的因子其评价标准数值很小，如果以评价标准的倒数为权重系数，则在某种程度上突出了重点控制的环境污染因子。其计算公式为：

$$W_i = (\frac{1}{S_i}) \Big/ \sum (\frac{1}{S_i}) \tag{12.18}$$

③ 根据专家调查评分法确定权重

由于专家对分指数中的环境因子有一个全面而深刻的认识，能够根据评价目的、范围、等级和规模给出各种环境因子在分指数中的相对重要性，从而最终确定各因子的权重。

④ 应用序列综合法确定权重

应用序列综合法确定权重的定权因子就是评价因子的某些定量的性质指标，根据这些定量数据的大小排序后给出对应分数，而后综合这些分数定权。这些性质可以是污染指数最高值、超标率等。

⑤ 应用因子分析法或模糊数学法求权重

因子分析法是通过因子分析过程和方法求权，其特征是用主成分分析或因子分析法。权值可理解为对于“重要”模糊子集的隶属度，从而可以利用模糊数学的方法求得权重。

(4) 综合污染指数法

$$CPI = X(1 + RPE) + Y\frac{DDMB}{Z \times DDSB} \tag{12.19}$$

式中：CPI——综合污染指数；

X、Y——分别为测量值超过标准值和背景值的数目；

RPE——相对污染当量；

$DDMB$——元素测定浓度偏离背景值的程度；

$DDSB$——土壤标准偏离背景值的程度；

Z——用作标准元素的数目。

(5) 质量分级

用指数法对土壤环境质量进行评价的结果是一些定量的综合质量指数，为了给这些数字赋予环境质量状况的实际含义，必须进行土壤环境质量分级。土壤环境质量分级应力求划分的质量级别与作物、人体健康受土壤污染影响的程度相联系。

3）潜在生态危害指数法

潜在生态危害指数法最早由瑞典科学家 Hakanson(1980 年)提出，潜在生态危害指数 RI 值的大小受以下四个因素的影响：① 表层土壤中重金属的浓度；② 重金属种类；③ 重金属的毒性水平；④ 环境对重金属的敏感性。

(1) 潜在生态危害指数 RI 的计算

① 单个重金属的污染指数 C_f^i：

$$C_f^i = \frac{C_{soil}^i}{C_n^i} \tag{12.20}$$

式中：C_f^i——某一重金属污染指数；

C_{soil}^i——表层土壤重金属实测值；

C_n^i——计算所选用的参比值。

由该计算式可知，单个重金属的污染指数(C_f^i)的大小与所选用的参比值有关，所以选用适当的参比值也就成为单个重金属的污染指数大小的关键。

② 土壤重金属污染度(Degree of Contamination)CD 是多种重金属污染指数之和。即：

$$CD = \sum_{i=1}^{n} C_f^i \tag{12.21}$$

各重金属的毒性响应系数(Toxic Response of Factor)T_r^i 值，用来反映重金属的毒性水平及环境对重金属的敏感程度。就毒性大小，顺序为 Hg＞Cd＞Pb，相应毒性响应系数为：T_r^i(Hg)＝40，T_r^i(Cd)＝30，T_r^i(Pb)＝5。

③ 单个重金属的潜在危害系数(Potential Ecological Risk Factor)E_r^i 值：

$$E_r^i = T_r^i C_f^i \tag{12.22}$$

④ 多种重金属潜在危害系数 RI：

$$RI = \sum_{i=1}^{n} E_r^i = \sum_{i=1}^{n} T_r^i C_f^i = \sum_{i=1}^{n} T_r^i \frac{C_{soil}^i}{C_n^i} \tag{12.23}$$

(2) 潜在生态危害指数等级划分

潜在生态危害指数与污染程度的划分标准如表 12.3 所示。该标准同时考虑了单个重金属的潜在危害系数，也考虑了多种重金属的潜在危害系数，并规定只要单个重金属潜在危害系数大于 320，即属于极强生态危害。

表 12.3 Hakanson 潜在生态危害指数污染程度

单个重金属潜在危害系数 E_r^i	多种重金属潜在危害系数 RI	污染程度
＜40	＜135	轻微生态危害
40～80	135～265	中等生态危害
80～160	265～525	强生态危害
160～320	≥525	很强生态危害
≥320		极强生态危害

除指数法之外，土壤环境质量评价方法尚有星座聚类法对土壤重金属污染的评价；模糊数学方法、灰色系统理论、多目标规划与线性代数和图论等都得到广泛应用，它们有各自的数学理论基础和优缺点。

12.3 土地污染影响评价

12.3.1 概述

环境影响评价是一项技术,用以识别和预测某项人类活动对环境产生的影响,解释和传播影响信息,制定出减轻不利影响的对策措施,从而达到人类行为与环境之间的协调发展。根据目前人类活动的类型及其对环境的影响程度,可以将环境影响评价分为单个建设项目的环境影响评价、区域开发的环境影响评价和公共政策的环境影响评价三种类型。一般认为环境影响评价方法有一是识别,二是预测,三是提出对策或措施三种职能。

土地环境影响评价的内容包括土地环境影响类型的分析、土地环境影响的特征分析和土地环境影响评价。土地环境影响类型分析是根据土地环境影响特点对土地环境影响进行分类和识别的过程。土地环境影响按影响的结果可以分为土地污染型影响、土地退化型影响和土地破坏型影响;按影响的方式可以分为直接影响和间接影响;按影响的性质可以分为可逆影响、不可逆影响、累积影响和协同影响;按土地污染的成因可以分为水体污染型、大气污染型、农业污染型、生物污染型和固体废物污染型。土地污染型影响是由于外界污染物进入土地,导致土地肥力下降、土地生态破坏、土地质量下降等不良影响,例如土壤重金属污染、农药污染、化肥污染等,该类影响具有可逆或不可逆双重特性。土地退化型影响是指由于人类活动破坏土壤中各组分之间或土壤与其他环境要素之间正常的物质、能量循环过程,引起土壤肥力、土壤质量和土壤环境承载力的下降,其特征是没有外来物质的加入,影响一般是可逆的。土地破坏型影响是指人类活动或由其引发的自然灾害导致了土地的占用、淹没或破坏,包括严重的土壤侵蚀等,其特点是土壤彻底破坏,影响过程不可逆。

土地环境影响的特点与建设项目的工程性质和区域自然环境特点有关。

土地环境影响的特征分析包括建设项目对土壤污染、土地退化和破坏等进行时空分析和对土壤污染、土地退化和破坏等所造成的土地质量下降的程度及其对其他环境要素和人类经济造成影响程度等进行分析。土壤污染型影响的特征分析包括对项目实施前后不同污染级别的土壤面积的变化趋势与变化速率,主要污染物在空间上的扩散范围;污染物在土壤中的分布、迁移转化规律及其对其他环境因素以及人类社会经济活动的影响。

土壤环境影响评价是以土壤环境质量现状评价和土壤环境预测为基础,通过土壤环境影响的深度与广度分析,对比和评价土壤环境质量的变化程度和演化趋势,结合评价区的环境条件、土壤类型以及土壤背景值、土壤环境容量等各种影响因素,综合分析建设项目对土壤环境影响的大小,判断其是否可以接受,给出评价结论,并根据区域和项目的具体情况提出防止土壤污染、退化、破坏的对策、措施与建议。

本章主要讨论土壤污染影响评价,包括土壤污染的识别、土壤环境容量预测和土壤污染预测等。

12.3.2 土壤污染的识别

各种建设项目生产过程都有所不同,所涉及的原料、工艺不同,排放的废物及其对土壤环境的影响也不尽相同。

(1) 工业项目对土壤环境的影响

工业生产过程中产生大量的烟气、粉尘、SO_2、CO_x和氟化物等有毒有害气体，它们通过降水、扩散和重力作用降落回地表，进入土壤，导致土壤酸化和营养物质流失，降低土壤肥力。特别是废气中含有大量的重金属飘尘，它们经由大气传送进入土壤，污染土壤环境。

工业废水中含有多种有机和无机污染物。污水灌溉或用工业废水污染的河水灌溉农田，均会使土壤遭受污染，其污染效应与污水的性质有关。污水灌溉引起的土壤重金属污染对农作物的危害作用与污水中重金属的种类、含量、灌溉量和灌溉时间有关。

工业生产中产生的各种固体废物，如钢渣、铁渣等各种废渣和各种尾矿等，它们在填埋和堆放的过程中可能通过各种途径引起其中污染物质的迁移，污染土壤环境。各种原材料的生产、运输、储藏和各种工业产品的消费与使用过程也将产生对土壤环境的影响。

(2) 水利建设项目对土壤环境的影响

水利建设项目对土壤环境的影响主要表现在占用土地资源、诱发土壤地质灾害、引发土壤沼泽化、盐渍化，降低土壤肥力。

(3) 矿业工程建设项目对土壤环境的影响

矿业工程建设项目的土壤环境影响包括土壤资源的损失、污染土壤环境、引起土壤退化。采矿粉尘和酸性废水中含有大量的重金属元素，在粉尘回落时将产生对土壤环境的影响，引起重金属污染。

此外，农药和肥料等的施用也将带来土壤污染。

12.3.3 土壤环境容量预测

1) 土壤环境容量概述

环境容量是某一环境单元、一定时限内对污染物的最大允许负荷量或最大容纳量。环境容量是以总量控制代替浓度控制，要更全面、安全，它把环境的容纳能力与污染源允许排放的量直接联系起来，便于环境的全面安排和综合治理。土壤环境容量是指遵循土壤环境质量标准，既保证农产品产量和质量，同时不造成周边环境污染时，土壤所能容纳的最大负荷量。也就是在不使土壤生态系统功能和结构受到损害的条件下土壤所能容纳污染物的最大量。

土壤环境容量是包括时间与空间在内的每个环境单元的污染物最大负荷量，一般认为土壤环境容量及其特有的定量指标与作用有以下四个方面：① 不破坏土壤生态系统的正常结构与作用；② 保证土壤获得稳定高产；③ 农产品质量符合国家食品卫生标准；④ 不对地表水和地下水及其他环境系统造成二次污染。

污染物的生态效应，如重金属污染土壤，其生态环境效应除总量之外，显然与污染物的有效态含量有关，因此，土壤环境容量研究过程中有效态应逐步代替总量。另外，应根据长期研究结果制定土壤环境容量，同时应重点研究制定多种污染物复合污染条件下的土壤环境容量。

2) 土壤环境容量的确定

一般地说，土壤环境容量的数学模型有土壤系统结构模型和物质平衡模型。前者计算复杂，变量间的相互影响关系难以确定，后者是以“黑箱理论”为基础建立的，即把土壤耕层(0～20 cm)作为一个有输入和输出的开放系统，只考虑物质的输入和输出，而不考虑中间发生的过程。物质平衡模型建立的基础是一定土壤环境单元的污染物平衡方程，即：

$$\text{某时该污染物累积量}=\text{前时刻累积量}+\text{输入量}-\text{输出量} \tag{12.24}$$

土壤环境容量的确定，首先应选择参数。在确定一个地区的环境容量时污染物很多，应根据实际需要进行参数的选择。如污灌地区，由于重金属在土壤中的高度累积，因此重金属的环境容量计算具有特别重要的意义，一般以 Hg、Cd、As、Cr、Pb 等对环境影响较大，多作为重点参数。其次应确定背景值，它不仅对评价污染地区有重要意义，而且影响到地区环境容量的大小。然后应确定地区的评价标准，它不仅影响到评价结果，同时也影响到地区土壤环境容量的大小。

在确定参数、背景值和评价标准的基础上，根据土壤环境容量的定义，则土壤(重金属)静容量为：

$$Q = MS(S_i - C_i) \tag{12.25}$$

式中：Q——参数 i 的区域总环境容量；

S_i——污染物 i 的土壤评价标准；

C_i——污染物 i 的土壤背景值；

M——一定面积(如每公顷)耕层土壤重量；

S——一定的区域面积(如公顷)。

MS 表示一定面积耕层土壤的重量，一般为 2 250 t/hm^2，该区土壤容纳量 Q 为某污染物达到土壤环境标准时所算出的总量减去背景值的量，是一个静态的量。

实际上污染物的输入和输出是一个连续的过程，重金属元素或其他污染物在土壤中都是处于动态的平衡过程之中，所以土壤所能容纳的污染物应是一个变动量。在考虑区域允许输入量时，不只是要考虑一定时限内允许连续输入的量，更重要的是考虑每一时限内允许输入的量，以便对单位时限内的总量进行控制。由此看来，制定一个单位时限内的允许容纳量是十分必要的，此容量可称为控制容量。

显然，一定时限内的控制容量与区域的输入和输出状况有关，当区域的输出为零时，控制容量与区域控制的年限有关，即：

$$I = \frac{Q}{n} \tag{12.26}$$

式中：I——一定时限(如每年)内控制容量；

Q——区域总容量；

n——控制年限。

虽然将输出定为零是理想情况，但是如果某污染物半衰期很长，或者的确系统输出很小时，该式可以在总量控制的基础上为单位时限内应控制的量(即控制容量)提供一定的依据和参考。该式未考虑区域污染物的平衡，是以静态的观点用以较为粗略地计算区域控制容量，也是静止容量。

在未污染区域，土壤中某物质的输入和输出基本处于相对平衡状态，即：

$$I = O \tag{12.27}$$

式中：I——区域某污染物输入量；

O——区域某污染物输出量。

当污染发生时，上式的平衡被破坏，上式应为：

$$IK_0 = O \quad \left(K_0 = \frac{O}{I}\right) \tag{12.28}$$

式中：K_0——输出系数，即自净系数(如有机污染物的降解等)。

相应地，某污染物的残留系数 $K = 1 - K_0$。

当 K_0 不变时，由于每一次输入的残留量都要参与以后的平衡，因此，一定时限内的残留总量($Q_{残}$)可由下式求得：

$$Q_{残} = I(K + K^1 + K^2 + K^3 + \cdots + K^n) \tag{12.29}$$

即

$$Q_{残} = IK\frac{1-K^n}{1-K} \tag{12.30}$$

当 $Q_{残}$ 作为某污染物的区域总容量时，则可算出每年的输入量，这一输入量即为某物质的控制容量，其表达式为：

$$I = \frac{Q(1-K)}{K(1-K^n)} \tag{12.31}$$

由于有机污染物在土壤中具有不断降解的特性，所以以上两式($Q_{残}$ 和 I)一般适用于有机污染物环境容量的计算。式中 K 值可以通过定位观察、盆栽试验和小区试验加以确定，K 值越大，表示该有机污染物易于降解，当然 $Q_{残}$ 将越小，输入量 I 就可以较大。

对于土壤重金属污染而言，由于重金属在土壤中不会被降解，K 值常不是定值，它的平衡受大气干湿沉降带入 T、污水灌溉带入 W、施肥带入 H、植物吸收带出 P、径流带出 R 等的影响。

以上几项输入和输出的平衡式为：

$$(T + W + H)K_0 = (P + R) \tag{12.32}$$

即输出系数：

$$K_0 = \frac{P+R}{T+W+H} \tag{12.33}$$

上式中，T、P 和 H 值是相对稳定的，W 值是人为控制的，R 值是随土壤残留量的增加而增大的，因此，K 值是一个变量，其方程为：

$$Q_{残} = I(K + KK_2 + KK_2K_3 + \cdots + KK_2K_3\cdots K_n) \tag{12.34}$$

经统计得知，K 与 n 是直线关系，由直线方程可以求出某一年对应的 K 值，由于 K 与 n 是直线关系，取上式每一项 K 值中的中值代表该项中的各个 K 值，则上式变为：

$$Q_{残} = I(K + K_2^2 + K_3^3 + \cdots + K_n^n) \tag{12.35}$$

当 n 很大时，可由下式求得其近似值：

$$Q_{残} = I_nK_m^n \tag{12.36}$$

K_m^n 为 K^n 的中值，上式可变为：

$$I = \frac{Q}{nK_m^n} \tag{12.37}$$

当 Q 为某土壤重金属区域总容量时，I 即为一定控制年限内达到区域总容量时的控制容量。

为使土壤重金属积累不超过区域总容量，在达到区域总容量前就要有一个指标，也可称之为临界容量或警戒限制容量，使到此容量就能高度警惕起来。这一警戒限制容量，可以用总容量的 70%计。土壤重金属污染发生后，其含量超过背景值，但并未造成环境大的危害，可属轻度污染，在此范围内，可称为安全控制容量，大约为总容量的 30%。

3）土壤环境容量的影响因素

土壤是一个复杂的不均匀的多相组成的开放系统，土壤环境容量的主要影响因素有土壤性质、环境条件、污染历程、土壤环境质量标准与临界含量、污染物及其化合物类型等。

土壤性质的差异对重金属的土壤化学行为的影响和生物效应有显著差异；环境条件变化时，影响植物对土壤重金属的吸收与累积；污染物(如重金属)在土壤中的物理化学反应均与污染历程有关，包括平衡时间与浓度，形态的变化，污染物累积过程等；从定义看，土壤环境质量标准选择的不同，将使计算得出的土壤环境容量（特别是静容量）明显不同；化合物类型对土壤环境容量有明显影响，主要因为不同化合物类型的污染物进入土壤，在土壤中迁移、转化行为及对作物产量和品质的影响不同，最终影响到污染物标准值和临界含量的不同。此外，复合污染对土壤环境容量的变化也有明显的影响，这与污染物之间的相互作用有关。

12.3.4　土壤污染预测

土壤污染预测是根据土壤污染现状和污染物在土壤中的迁移转化规律，选用相应的数学模型，计算未来污染物在土壤中的累积量和残留量，预测其污染状况、程度和变化趋势，提出控制和消除污染的措施。

污染物进入土壤后因其本身特性、土壤性质、环境条件、污染历程等的不同，迁移、转化和累积特征各有差异。

1）土壤污染物累积与污染趋势预测步骤

（1）计算土壤污染物的输入量

土壤中的污染物取决于原有污染物和建设项目等新增污染物，在污染源调查的基础上，分析核算污染物可能进入土壤的途径、形态和数量。

（2）计算土壤污染物的输出量

土壤污染物输出量的计算包括土壤侵蚀输出量、作物吸收输出量、淋溶作用输出量、污染物降解转化输出量等。

（3）计算土壤污染物的残留率

土壤污染物输出途径的复杂性决定了土壤污染物残留率计算不便，一般可以通过相应的盆栽试验或与评价区相似条件区域的小区模拟试验求得污染物通过各种途径后的残留率。

（4）预测土壤污染趋势

通过对比土壤中污染物的输入量和输出量，或根据土壤中污染物输入量与残留率的乘积说明土壤污染的状况和污染程度。通过污染物输入量与土壤环境容量的比较，说明土壤污染物的累积和趋势。

2）土壤污染物累积与预测

通过各种途径进入土壤环境的污染物（如重金属），由于土壤的吸附、络合、沉淀、截留等作用，绝大多数残留、累积在土壤中。污染物在土壤中累积预测模式可表示为：

$$W=K(B+R) \tag{12.38}$$

式中：W——污染物在土壤中的年累积量，mg/kg；

B——区域土壤背景值，mg/kg；

R——土壤污染物年输入量，mg/(kg·a)；

K——土壤污染物年残留率，%。

n 年后土壤污染物（如重金属）的累积量为：

$$\begin{aligned}W_n &= K_n\{K_{n-1}[\cdots K_2(K_1(B+R_1)+R_2)+\cdots+R_{n-1}]+R_n\}\\ &= BK_1K_2\cdots K_n+R_1K_1K_2K_3\cdots K_n+R_2K_2K_3\cdots K_n+\cdots+R_nK_n\end{aligned} \tag{12.39}$$

当 $K_1=K_2=K_3=K_n=K$，$R_1=R_2=R_3=R_n=R$ 时，则有：

$$W_n = BK^n+\frac{RK(1+K^n)}{1-K} \tag{12.40}$$

由此可见,区域土壤背景值 B 对一定区域而言是一定的,土壤污染物残留率 K 值的大小对计算结果影响很大。不同地区,土壤特性各异,K 值也不完全相同,因此,不同地区应根据盆栽试验和小区模拟试验,力求准确地求出相对准确的残留率。

3) 土壤中农药残留预测模式

农药进入土壤后,在各种因素的作用下发生降解和转化,其最终残留量可按下式计算:

$$R = Ce^{-kt} \tag{12.41}$$

式中:R——农药残留量,mg/kg;

C——农药施用量;

k——降解常数;

t——农药施用时间。

由式(12.41)可知,若连续施用农药,土壤中的农药累积量不断增加,但不会无限增加,当土壤中农药累积量达到一定数值后便趋于平衡。

如果一次施用农药后,土壤中农药的浓度为 C_0,一年后的残留量为 C_1,则农药的残留率 f 可表示为:

$$f = \frac{C_1}{C_0} \tag{12.42}$$

如果每年一次连续施用该农药,则农药在土壤中数年后的残留量为:

$$R_n = (1 + f + f^2 + f^3 + \cdots + f^{n-1})C_0 \tag{12.43}$$

式中:R_n——农药残留总量,mg/kg;

f——农药残留率,%;

C_0——一次施用农药后在土壤中的浓度,mg/kg;

n——连续施用农药年数。

当 $n \to \infty$ 时,则有:

$$R_n = \frac{1}{1-f}C_0 \tag{12.44}$$

式(12.44)可用于计算农药在土壤中达到平衡时的残留量。

12.4 土地污染风险评价

12.4.1 环境风险评价概述

通俗地说,风险就是发生不幸事件的概率,也就是指一个事件产生我们所不希望的后果的可能性。风险广泛存在于人们的生活、生产等活动之中。

环境风险是指由人类活动引起的,或由人类活动与自然界的运动过程共同作用造成的,通过环境介质传播的,能对人类社会及其生存、发展的基础环境产生破坏、损失及至毁灭性作用等不利后果的事件的发生概率。环境风险有两个特点,即不确定性和危害性。环境风险往往与人类社会的经济发展是联系在一起的。

环境风险评价广义上讲是指对某建设项目的兴建、运转,或是区域开发行为所引发的或面临的灾害(包括自然灾害)对人体健康、社会经济发展、生态系统等所造成的风险可能带来的损失进行评估,并以此进行管理和决策的过程。狭义上讲是指对有毒化学物质危害人体健康的可能程度进行概率估计，并提出减少环境风险的方案和决策。

环境风险评价包括三个步骤，即环境风险识别、环境风险估计和环境风险对策与管理。环境风险识别又称危险识别，是进行环境风险评价时首先进行的重要工作；环境风险估计或称环境风险度量，是指对环境风险的大小以及事件的后果（包括事件涉及的时空范围、强度等）进行量测；环境风险决策和管理是指根据风险分析、评估的结果，结合风险事件的承受者的承受能力，确定风险是否可以被接受，并根据具体情况采取减小风险的措施和行动。

环境风险评价与环境影响评价的根本区别就在于，环境影响评价所考虑的是建设项目引起的相对确定的事件，而且其影响程度也相对比较容易测量和预测；而环境风险评价是考虑建设项目引起的不确定性的危害事件，或者说考虑潜在的危险事件，这类事件发生具有概率特征，危害后果发生的时间、范围、强度等，事先都是难以准确预测的。

风险评价已应用于自然灾害、资源利用、气候变化、产业经营、交通事故和人寿保险等诸多方面。在环境保护领域，风险评价方法已用于有毒有害化学品的风险管理，最近还应用于污染土壤的修复及风险管理。

土地污染风险评价包括健康风险评价和生态风险评价。其结果对污染土壤进行修复中采用不同的次序、方法与手段进行修复与治理，对污染土壤实行科学管理，防止污染导致的各种健康影响与不良生态效应的产生和扩散，具有重要指导作用。

12.4.2　土壤污染生态风险评价

一般地说，生态风险评价是指对暴露于一种或几种污染物可能产生或已经产生不良生态效应的评估过程。它是建立在生态学、生态毒理学、数学和计算机技术等学科最新研究成果基础上的一门综合分支学科，其中生态毒理学在健康风险评价和生态风险评价中十分重要。

就评价技术而言，健康风险评价技术已发展的较为成熟，而生态风险评价技术则是从 20 世纪 80 年代末至 90 年代初才开始发展起来的。风险评价的基本形式是：

$$\text{风险}=\text{危害}\times\text{暴露} \tag{12.45}$$

危害指的是污染物潜在的危害性，而暴露指的是生物体所面临的可能会导致危害发生的污染物的水平及一些内在特性。因此，生态风险评价包括四个主要步骤：不良生态效应识别、剂量—效应分析、生态暴露评估及风险表征。

1）不良生态效应识别

不良生态效应识别是污染土壤生态风险评价的第一步，是对人类活动产生的生态效应提出假设及进行评估的过程，是生态风险评价的基础。主要目的是结合所有理论上的可能性对污染土壤确定潜在的暴露终点及关键暴露途径。其主要内容有以下三点。

(1) 评价终点的选择：是基于对土壤中潜在污染物的生态相关性和生态敏感性的了解，并且与生态风险的管理目标有关。

(2) 概念性模型的建立：是有关生态实体与污染物之间相关性的书面描述和报告。模型的复杂程度取决于土壤中污染物的种类及数量、评价终点的数目、生态效应的性质及生态系统的特征等方面。

(3) 分析计划的制定：是根据所得到的数据对不良生态效应进行评估，以确定该如何对生态风险进行评价。

2）剂量—效应分析

污染物对生物体及其整个生态系统影响的确定(即生态毒理学评价)，习惯上以剂量—效应关系来表达。典型的剂量—效应曲线如图 12.3 所示，其效应变量由死亡率表示。

在复合污染情况下，首先逐个建立剂量—效应关系，然后再进行综合，剂量—效应分析是对有害因子暴露生物种群中不良生态效应发生率之间关系进行定量估算的过程，是生态风险评估的定量依据，是根据不良生态效应识别确定的主要有害物质、受体及有关的评价终点，研究在不同的剂量水平下，受体呈现的危害效应。

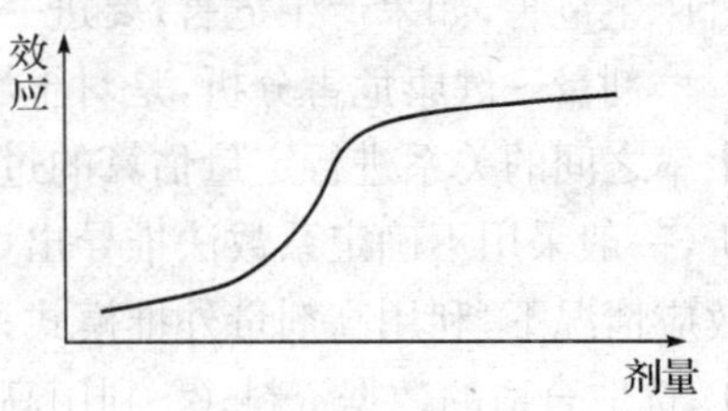

图 12.3　典型剂量—效应关系曲线

在污染土壤中污染物与生物的剂量—效应分析，包括资料调研、根据模型计算和外推分析等三个方面。

3）生态暴露评估

生态暴露评估是描述土壤中污染物与终点的潜在和实际的接触，以暴露方式、生态系统及终点特征为基础，分析污染源、污染物分布以及污染物与终点的接触模式。

生态暴露评估包括两方面的内容：① 分析土壤环境存在的有害化学物质的迁移转化过程，以及污染源是否继续存在和是否对其他环境产生次生污染；② 污染土壤对受体的暴露途径、暴露方式和暴露量的计算。生态评估工作主要包括土壤污染源分析、污染物在时间和空间上的强度及分布的分析，以及暴露途径分析等。

土壤污染源分析是生态暴露评估首要的也是最重要的组成部分，污染源可以分为两类：一类是产生污染物地点；另一类是当前受污染的土壤或地区。

生态暴露评估的第二个目标是分析污染物在土壤环境中的时间和空间分布，通过分析污染源的污染途径，以及二次污染的形成和分布来达到以上目标。

生态暴露评估的第三项工作是分析污染物与受体的接触，包括暴露途径分析、暴露方式分析和暴露量计算。

4）风险表征

风险表征是污染土壤生态风险评价的最后一步，是不良生态效应识别、剂量—效应分析及生态暴露评估这三项评价结果的综合分析，目的是通过阐述土壤污染物与污染生态效应之间的关系得出结论，评估土壤污染物对目标生态终点产生的危害。风险表征是指风险评价者利用剂量—效应分析及生态暴露分析的结果，对土壤有毒物质的生态效应包括生态评价终点的组成部分是否存在不利影响，或某种不利影响出现可能性大小的判断和表达，并且指出风险评价中的不确定因素及涉及的假设条件。

风险表征的内容有确定性分析和可能性分析，风险表征的方法主要有定性风险表征和定量风险表征。

12.4.3　土壤污染健康风险评价

土壤是污染物的源和汇，土壤污染会导致二次污染，使水和作物等遭受污染，并通过食物链进入人体，危害人体健康，有的土壤污染物具有致畸、致癌、致突变性，而且土壤一旦被污染，一时难以消除，长此以往必将对人类造成极大危害，甚至导致人体退化。

健康风险评价是收集、整理和解释各种相关资料的过程，这些资料包括毒理学资料、人群流行病学资料、环境和暴露的因素等。评价目的在于估计土壤中特定剂量的化学或物理因子对人体、动植物和生态系统造成损害的可能性及其程度大小。

土壤污染危害判定是根据土壤污染物的生物学和化学资料,判定土壤中某种特定污染物是否产生危害,如果产生危害,要进一步确定其危害的后果。

剂量—健康危害分析,是对土壤污染物暴露水平与暴露人群或生物种群中不良健康反应发生率之间的关系进行定量估算的过程,是风险评价的定量依据。非致癌物的剂量—效应危害分析,一般采用不确定系数法推导出可接受的安全水平。致癌物的剂量—效应危害分析是在无阈效应情况下,利用高剂量外推模式评价人群暴露水平上所致毒的危险概率。分析过程一般是:① 选取合适的数据资料;② 利用高剂量外推模型推导出低剂量暴露下可能的危害程度;③ 将由动物试验数据得出的危害程度估计值转换为人的相应值。突变物的剂量—健康分析目前仅能进行有关整体哺乳类诱导的胚胎突变资料的剂量—危害分析。形态特定的位点和系列化特定位点检测能提供有关急性突变频率的资料,由遗传易位试验可得到有关遗传染色体损伤的资料。

暴露评估是定性或定量地估算土壤污染暴露大小、暴露频度、暴露持续时间和暴露途径。不同交界面的污染物暴露量估算包括:① 经呼吸道进入人体的暴露量估算;② 经消化道进入人体的暴露量估算;③ 经皮肤吸收进入人体的暴露量估算。暴露评估的内容包括土壤污染源分析、暴露途径分析、污染物在时间和空间上的强度及分布分析、暴露人群和环境受体的分析、计算暴露水平和评估不确定性因素等。

健康风险表征是健康风险评价的最后一步,通过综合分析暴露评价和剂量—危害关系评价的结果,分析判断某种危害发生的可能性大小,并对其可信度或不确定性加以阐述,最终以正规文件形式提供风险管理人员,作为进行管理决策的依据。风险表征包括:① 污染土壤危害判定;② 剂量—危害评估及暴露评价结果的综合分析;③ 风险度分析;④ 书面总结风险表征结果。

12.5　土地污染的防治与修复

12.5.1　提高对土地污染的认识

目前,土地污染远没有像大气污染和水污染那样受到人们的普遍关注和重视。原因是多方面的,一是因为土壤污染具有隐蔽性、滞后性、地域性、复杂性和长期性等特点,它对人体的危害往往要污染物通过食物链进入人体并引起病症才能被人们所发现,并不像水污染和大气污染那样较易被人们所察觉,但是,土壤一旦被污染不能像水和大气那样通过扩散稀释而得到解决,许多时候土壤污染是不可逆的。二是土壤污染除少数突发性自然灾害外,主要由人类活动所引起,随着人类社会对土地需求的不断扩展,人类在开发、利用土壤的同时,不断地大量向土壤排放各种废弃物。另外土壤污染并不是孤立的,土壤作为各种污染物的最终聚集地,大气和水体中污染物的 90%以上最终沉积在土壤里,与此同时,污染土壤也将易导致大气和水体的污染。

可以说,有限的土壤资源是生命线的重要保障,珍惜土地就是珍惜未来,只有保证相当数量的洁净的土壤才能保证人们对粮食数量和质量的基本要求,也是我国实现小康社会和构建和谐社会的重要根基之一。

12.5.2　土地污染的防治措施

土壤一旦被污染,恢复和治理的难度很大。所以从宏观上说,土壤污染防治应以预防为主,综合治理。

1）控制和消除污染源

控制和消除污染源是从根本上对土壤污染的防治，也是贯彻以预防为主方针的最好体现。

前面已经提到土壤污染类型有大气污染型、水污染型、固体废弃物污染型和农业污染型，要控制污染物通过以上几种主要途径进入土壤，严格执行相关法律和污染物排放标准，严格执行工业企业建设等项目的环境影响评价法。

建立土壤污染监测、预测与评价系统。加强污染物总量控制与管理，预测土壤污染趋势，分析土壤污染物累积因素等。

发展清洁生产。所谓清洁生产工艺是不断地、全面地采用环境保护战略，以降低生产过程和产品对人类和环境的危害，从原料到产品最终处理的全过程中减少“三废”排放，以减轻对环境的影响。

2）土壤污染治理措施

污染土壤治理措施包括：工程措施、生物措施、农业措施和改良剂措施。

(1)工程措施一般是用物理或物理化学原理治理污染土壤且工程数量较大的一类方法，具体的工程措施包括客土法、换土法、去表土、翻土、水洗法、电动力学法、热解法和隔离法等。

(2)生物措施是利用生物包括某些特定的动、植物和微生物较快地吸走或降解净化土壤中污染物质，而使土壤得到治理的技术措施，也称生物修复技术措施，被认为是最有生命力的方法。

(3)农业措施包括：增施有机肥、控制土壤水分、改变耕作制度、选择抗污染作物品种、选择合适的化肥种类和形态。农业措施投资少，无副作用，治理效果较差，适用于轻度污染土壤的治理，可与其他措施配合使用。

(4)改良剂措施主要是降低土壤污染物的水溶性、扩散性和有效性，包括加入钝化剂或吸附剂、利用污染物之间的拮抗作用等，适用于中度污染程度土壤的治理。

污染土壤治理方法的选择应根据土壤污染种类、性质、污染程度、土壤特性、气候特征、地形地貌及当地的经济技术水平、农业生产习惯和治理费用与效果等方面综合加以考虑。如清洗法适用于重金属污染土壤的治理，对多数有机污染物并不适用。

12.5.3　土壤污染的修复措施

1）污染土壤的植物修复

金属污染土壤的植物修复是一种利用自然生长植物或者遗传工程培育植物修复金属污染土壤环境的技术总称。它通过植物系统及其根际微生物群落来移去、挥发或稳定土壤环境污染物，已成为一种修复重金属污染土地的经济、有效的方法。植物修复的成本仅为常规技术的一小部分。正因其技术和经济上优于常规方法技术，植物修复被当今世界迅速而广泛接受，正在全球应用和发展。

根据其作用过程和机理，污染土壤的植物修复技术可归成三种类型：① 植物吸取(Phytoextration)：指利用植物吸收、累积污染物，将土壤中的污染物尤其是重金属萃取出来，转移并富集到植物的可收割部位，通过收割以清除环境中的污染物；② 植物挥发(Phytovolatilization)，指通过植物的吸收和蒸腾作用将土壤和水体中的可挥发性的污染物吸收、转化并发散到大气中的技术；③ 植物稳定(Phytostabilization)，指在植物和土壤的共同作用下，将不能降解的污染物固定或是降低其活性，以缓解对生物的毒性，或是降低在环境中的迁移的风险。从植物修复技术的角度讲，还有根际修复技术（Rhizosphe Bioremediation），即利用植物根系及根际微生物将有机污染物降解、转化为无机物（如 CO_2 和 H_2O 等）或无毒物质，又称植物降解技术（Phytodegration）；植物转化技术（Phytotransformation），指通过植物的分泌物或代谢作用改变有机物的分子结构使之无害化过程；根际过滤技术（rhizofiltration），指通过人工湿地发挥植物的吸收、固定污染物的功能，以达到净化地表和地下水中污染物的目的。目前，中国植物修复与发展才刚起步，重金属污染土壤的植物修复主要应集中在寻找、培育重金属超累积植物，发展、改进植物-微生物联合修复技术，在污染区集成植物修复技术与管理系统。另外需要环境友好、投入较低、适应当地的超累积植物，植物修复在修复农药、石油和持久性有机污染物污染土壤上的应用也应加强。Chekol 通过对根围的研究证明对多氯联苯污染的土壤植物修复是环境友好的。

2）污染土壤的生物修复

土壤生物修复（特别指微生物）在降解土壤有机污染物方面有许多独特之处，微生物修复（Bioremediation，Bioreclamation，Biorestoration）主要是基于微生物对有机和无机污染物的生物降解（Biodegradation）、矿化（Mineralization）、生物转化（Biotransformation）和生物富集（Bioaccumulation）。生物降解是指在微生物作用裂解分子键，将有机物分解成无机物甚至矿化的过程，矿化作用是指有机物完全的生物降解，即从有机物分解成无机物如 CO_2、H_2O、NO_3^- 等的过程，生物转化是指在微生物或酶的作用下改变有机污染物的分子结构而使之无害化的过程，生物富集是指某些微生物能吸附和在体内累积有机污染物和重金属，因而可用于清除或固定污染物。在微生物修复中，可以起到作用的微生物根据其来源可分为三种类型：土著微生物、外来微生物和基因工程菌（GEM）。另外，土壤的动物修复是指通过土壤动物群（Macrofauna）的直接（吸收、转化和分解）或间接作用（改善土壤理化性质、提高肥力等）而修复土壤污染的过程。

污染土壤生物修复场地的管理，主要是对修复场地各种运行条件和因子的调控，是生物修复的重要组成部分，这些条件包括氧气、水分与湿度、营养元素、温度、土壤 pH、污染物的物理化学特征和微生物接种等。生物修复包括原位生物修复和异位生物修复，原位修复是在污染源就地处理的一种生物处理技术，包括自然修复和工程修复两种过程，处理时土壤不被扰动，是最常见的生物修复形式。

3）污染土壤的化学修复

过去 20 多年来，采用化学方法修复被有害废弃物污染的土壤是环境工程实践的一个关注热点。通常情况下，根据污染物类型和土壤特征，当生物修复法在速度和广度上不能满足污染土壤修复的需要时可以选择化学修复方法，相对于其他污染土壤修复技术，化学修复技术发展较早，也相对成熟。

污染土壤的化学修复是利用加入到土壤中的化学修复剂与污染物发生一定的化学反应，使污染物被降解或毒性被去除与降低的修复技术。

化学修复技术主要涵盖以下几方面的技术类型：① 化学淋洗技术；② 溶剂浸提技术；③ 原位化学氧化修复技术；④ 化学还原与还原脱氯修复技术；⑤ 土壤性能改良修复技术等。相对来说，化学氧化技术是一种快捷、积极、对污染物类型和浓度不是很敏感的修复方式；化学还原与还原脱氯法则作用于分散在地表下较大、较深范围内的氯化物等对还原反应敏感的化学物质，将其还原、降解;原位化学淋洗技术对去除低溶解度和吸附力较强的污染物更加有效。

化学淋洗技术(Soil Leaching and Flushing/Washing)是指借助能促进土壤中污染物溶解或迁移作用的溶剂,通过水力压头推动清洗液,将其注入到被污染土层中,然后再把包含有污染物的液体从土层中抽提出来,进行分离和污染处理的技术。化学淋洗技术适用范围广,可用来处理有机、无机污染物。

溶剂浸提技术(Solvent Extractin Technology),通常也被称为化学浸提技术(Chemical Extraction Technology),是一种利用溶剂将有害化学物质从污染土壤中提取出来或去除的技术。

原位化学氧化修复技术(In-situ Chemical Oxidaton)主要是通过掺进土壤中的化学氧化剂与污染物所产生的氧化反应,达到使污染物降解或转化为低毒、低移动性产物的一项污染土壤修复技术。

化学还原与还原脱氯修复法(Chemical Reduction and Reductive Dehalogenation Remediation)就是利用化学还原剂将污染物还原为难溶态,从而使污染物在土壤环境中的迁移性和生物可利用性降低。

土壤性能改良技术是原位修复技术,对于重金属污染的土壤,可以采用改良土壤性能的方法,使污染物变成难迁移态或使其从土壤中去除,从这一思想出发,可以有针对性地采取施用改良剂(酸碱反应等)或人为改变土壤氧化-还原电位的工程措施。土壤性能改良主要是针对重金属污染的土壤而言的,部分措施也可以针对有机物污染的土壤进行改良。

4) *污染土壤的物理修复*

污染土壤的物理修复近年来得到了前所未有的重视,也得到了多方位的发展。主要包括物理分离修复、蒸汽浸提修复、固定/稳定化修复、玻璃化修复、低温冰冻修复、热力学修复和电动力学修复等技术。

物理分离修复技术是一项借助物理手段将重金属颗粒从土壤胶体上分离开来的技术,工艺简单,费用低。这些分离方式没有高度的选择性。通常情况下,只作为初步的分选,以减少待处理土壤的体积,优化以后的序列处理工作,一般来说,物理分离技术不能充分达到土壤修复的要求。物理分离修复方法有粒径分离、水动力学分离、密度(或重力)分离、脱水分离、泡沫浮选分离和磁分离。

土壤蒸汽浸提技术(Soil Vapour Extraction)是指通过降低土壤孔隙的蒸汽压,把土壤中的污染物转化为蒸汽形式而加以去除的技术,是利用物理方法去除不饱和土壤中挥发性有机组分污染的一种修复技术,适用于高挥发性化学污染土壤的修复。

固定/稳定化技术(Solidification/Stabilization)是指防止或降低污染土壤释放有害化学物质过程的一组修复技术,通常用于重金属和放射性物质污染土壤的无害化处理。

玻璃化技术包括原位玻璃化和异位玻璃化两个方面。前者指通过向污染土壤插入电极,对污染土壤固体组分给予1 600~2 000℃高温处理,使有机污染物和一部分无机化合物如硝酸盐、硫酸盐和碳酸盐等挥发或热解从而从土壤中去除的过程。后者使用等离子体、电流或其他热源在1 600~2 000℃的高温熔化土壤及其中的污染物,有机污染物在如此高温下被热解或蒸发去除,有害无机物离子则得以固化,产生的水分和热解产物则由气体收集系统进一步处理。

热力学修复技术涉及利用热传导(如热井和热墙)或辐射(如无线电波加热)实现对污染土壤的修复,与玻璃化技术所不同的是,即使是高温加热修复,其温度也相对较低。

热解吸修复技术是通过直接或间接热交换,将污染介质及其所含的有机污染物加热到足够的温度(通常被加热到150~540℃),使有机污染物从污染介质上得以挥发或分离的过程。

电动力学修复技术是从饱和土壤层、不饱和土壤层、污泥和沉积物中分离提到重金属与有机污染物的过程。主要用于低渗透性土壤的修复，适用于大部分无机污染物，也可用于对放射性物质及吸附性较强的有机污染物的治理。

冰冻修复技术是一门新兴的污染土壤修复技术，是通过温度降低到 0℃以下冻结土壤，形成地下冻土层以容纳土壤或者地下水中的有害和辐射性污染物。可以用在隔离和控制饱和土层中的辐射物质、金属和有机污染物。

参 考 文 献

1 Chekol T，Viugh L R and Chaney R L. Phytoremediation of polychlorinated biphenyl-contaminated soil：the rhizosphere effect. Environment International，2004(30)

2 Hakanson L. Water Research，1980(14)

3 Head I M，Swannell R P J. Bioremediation of petroleum hydrocarbon contaminants in marine habitats. Current Opinion in Biotechnology，1999，10(3)

4 Kazuya W. Microorganisms relevant to bioremediation. Current Opinion in Biotechnology，2001，12(3)

5 Mermut A R and Eswaran H. Some major developments in soil science since the mid-1960s. Geoderma，2001(100)

6 陈怀满，郑春荣，周东美. 我国土壤环境保护的研究进展. 面向农业与环境的土壤科学(综述篇). 北京：科学出版社，2004

7 国家环保总局. 土壤环境监测技术规范(HJ/T 166—2004)

8 国家环保总局. 土壤环境质量标准(GB 15618—1995)

9 黄昌勇. 土壤学. 北京：中国农业出版社，2000

10 黄瑞农. 环境土壤学. 北京：高等教育出版社，1988

11 潘根兴，高建芹，刘世梁. 活化率指示苏南土壤环境中重金属污染冲出初探. 南京农业大学学报，1999，22(2)

12 万红友，黎成厚. 磷化厂排放气体对环境系统的影响. 贵州大学学报(农业与生物科学版)，2002，21(1)

13 万红友，周生路，赵其国. 苏南经济快速发展区土壤重金属含量的空间变化研究. 地理科学，2005，25(3)

14 万红友. 苏南典型区土壤基本性质与重金属污染时空变化规律研究：[博士学位论文]. 南京：南京大学，2005

15 王焕校. 污染生态学. 北京：高等教育出版社，2002

16 徐新阳. 环境质量评价教程. 北京：化学工业出版社，2004

17 叶文虎，栾胜基. 环境质量评价学. 北京：高等教育出版社，1994

18 张乃明，段永蕙，毛昆明. 土壤环境保护. 北京：中国农业科学技术出版社，2002

19 张桃林，潘剑君，赵其国. 土壤质量研究进展与方向. 土壤，1999，31(1)

20 赵其国，孙波，张桃林. 土壤质量与持续环境 Ⅰ：土壤质量的定义及评价方法. 土壤，1997，29(3)

21 周启星. 污染土壤修复理论与方法. 北京：科学出版社，2004

22 周生路，陆春锋，万红友. 苏南菜地土壤酸化特点及成因分析. 河南师范大学学报，2005，33(1)

13 土地可持续利用评价

13.1 概述

在《我们共同的未来》中，土地资源可持续利用被表述为“尽可能减少对人类生存所依赖的土地资源破坏与退化，维持一个不变或增加的资本贮量，旨在人类生活质量的长期改善，即在追求经济发展效益最大化的同时，维持和改善土地资源的生产条件和环境基础”。它强调土地作为社会必不可少的生产资本，其贮量随着社会的发展进步不能减少，而应保持不变，即土地资源的生产能力和景观环境，要满足不断发展的人类生存活动、生产活动和社会活动的需要。

土地可持续利用评价是将与土地利用有关的自然环境、经济和社会各个方面的因素联系起来，通过一系列的科学分析，指出土地利用的可持续性。它是土地利用规划的重要依据，是合理、持续利用土地的重要手段。土地资源的可持续利用是人类社会、经济可持续发展的要求和基础，其中农业土地可持续利用是土地资源可持续利用的核心。农业土地可持续利用的直接目标，是持续、稳定、充足地为人类生存提供符合健康要求的食物及其他农产品，并为农村社会成员提供满足自身生活需要的途径。各类土地利用活动有其自身的目标，同时作为人类社会、经济系统的有机组成部分，也不能脱离其整体目标。

13.1.1 土地可持续利用评价的发展历史

土地可持续利用研究源于土地适宜性评价。它是对土地适宜性在时间方向的延伸趋势进行的一种判断和评估，是可持续发展思想在土地评价领域的体现。

1990年，印度农业研究会(ICAR)、美国农业部(USDA)与美国Rodale研究所，在印度新德里举办首次国际土地持续利用系统研讨会(International Workshop on Sustainable Land Use System)，美国Rodale研究所在会上首次提出了土地可持续利用理论，将土地可持续利用看成是“人地”关系和由于土地而产生的“人人”关系两部分构成。所有人不能因为拥有土地而不顾周围他人的利益，随意处置利用土地；当代人也不能只顾当前利益而实行掠夺式的土地利用方式，造成土地资源的破坏，影响未来人对土地的利用。

1991年9月在泰国清迈举行的“发展中国家可持续土地利用评价国际研讨会”及1993年6月在加拿大Lethbridge大学召开的“21世纪可持续土地利用管理国际研讨会”上，提出了可持续土地利用管理的明确概念。许多学者从自然、环境、经济和社会各个方面探讨了土地可持续利用评价的指标和方法。

联合国粮农组织于1993年在内罗毕拟定《可持续土地利用管理评价大纲》(FESLM)等指导性文件，将土地资源可持续利用定义为“把保持和提高土地生产力(生产性)、降低土地生产风险(稳定性)、保持土地资源的潜力和防止土壤与水质的退化(保持性)、经济上可行(可行性)和社会可以接受(接受性)相结合”。这五个条件必须全部同时满足，其中任何一个条件得不到满足，则认为是土地资源的非持续利用。从土地资源的利用目的来看，土地资源的可持续利用就是实现土地生产力的持续增长和稳定性，保护土地资源的生产潜力和防止土地退化，并具有良好的经济效益和社会效益，即达到生态合理性、经济有效性和社会可接受性。

综上所述，土地资源的可持续利用可以理解为：在综合考虑土地资源和环境资产的跨代配置基础上，逐步提高土地生产能力和承载力，既要使土地资源得到充分高效的利用，又要使土地的开发利用与土地的合理保护和科学整治结合起来，实现土地利用与社会、经济和环境系统之间的协调发展，不断满足当代和可预见的将来人类生存与发展的需要，追求最佳社会、经济和生态效益的统一。

13.1.2 土地可持续利用评价的原则

土地资源可持续利用评价时，应当遵循以下几个原则：

(1) 科学性与客观性原则

土地可持续利用评价应该建立在充分认识、系统研究土地开发利用的科学基础上，能客观地反映土地利用发展的状态，并能较好地度量区域土地可持续利用主要目标的实现程度。

(2) 系统性原则

土地可持续利用评价是对土地资源利用系统进行的综合性评价，是一个复杂的过程，应该从不同的角度系统地、综合地反映被评价系统的主要特征和状况。

(3) 可操作性原则

土地资源可持续利用评价的关键评价方法是否可以操作，理论上的研究在现实中是否可行；指标选择是否可以量化；资料是否可以获取。因此，选择统计方法和一定的数学分析方法时，既要科学又要可行。

(4) 层次性原则

土地可持续利用是一个复杂的自然—社会—经济复合系统，应根据系统的结构分解成若干亚系统，亚系统再分出若干子系统，使其指标体系结构清晰，层次分明，便于操作。

(5) 动态性原则

土地的可持续利用需要通过一定的时间尺度得到反映，因而评价指标的选择要素应充分考虑动态变化特点，要能较好地描述、刻画与度量未来的发展或发展趋势。如可持续性土地利用中的生产力、生态环境的稳定性等方面的指标。

(6) 前瞻性原则

土地可持续利用的评价指标应该反映土地利用的趋向性，不但能揭示历史的利用变化情况，并且能为未来的可持续利用提供间接信息，如预测指标和阈值等。

13.1.3 土地可持续利用评价的尺度

土地可持续利用评价的尺度可以分为两类，一类是时间尺度，一类是空间尺度。

土地适宜性评价是评价一定的土地单元是否适合某种土地利用方式及适宜程度，是一种现状评价。土地持续性评价是评价一块土地在更长时期内是否适合于某种土地利用方式，可以认为是土地适宜性在时间上的扩展。一种土地利用方式，如果在未来可预见的较长时期内，未引起明显的或永久性的土地退化，通常认为这种土地利用方式是可持续的。

在图 13.1 中，在土地利用方式Ⅰ前提下，被评价土地的生产能力在 $O \sim t_1$ 时间段里呈波动状态，其趋势线如 AB，处于总体趋升的态势，我们认为至少在这个时间段里，土地利用方式Ⅰ是可持续的。而在土地利用方式Ⅱ中，土地的生产能力变化趋势如 CD，呈现逐步下降的态势，因此，可认为在这个时间段里土地利用方式Ⅱ不可持续。在 t_1 时间尺度下，我们不能根据已有的评价结果对土地利用方式Ⅰ的可持续性以及土地利用方式Ⅱ的不可持续性进行外推。

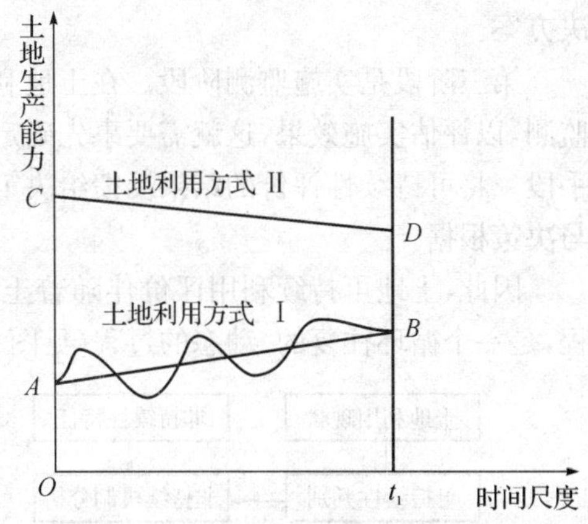

图 13.1　土地持续利用的时间尺度

在空间上，不同的尺度侧重点不同，从田块—农场—流域或景观—区域或国家—全球，土地持续利用的主要约束因素分别是农业技术—微观经济—生态因子—宏观经济和社会因子—宏观生态因子。对于具体的农田，土地利用是为了提高土地的生产力和生产效益，制约土地可持续利用的主要因子是农业技术。而对于农场来说，其目标是在更大尺度上满足几代农场家庭的生活需求，提供优质高产的农产品，在此尺度上，影响土地可持续利用的主导因子是微观经济因素，它不仅取决于农作物的产量，还与区域市场条件有关。在景观或流域水平，生态因素则成为制约土地可持续利用的主导因子，土地持续利用要考虑流域或景观单元的环境容量与承载能力、生态系统和生物多样性保护。对于区域或国家一级，不仅包括国内食品供应、出口赢利和人口供养，而且还要考虑整个国家的总体规划、区域分配和在国际上的地位，土地持续利用的制约性因子主要为宏观的社会经济政策，评价的时间尺度则与国际政治和经济的规划水平有关。在全球尺度上，土地持续利用要考虑全球气候变化和环境演变，影响这一尺度的因子主要是生态因子。图 13.2 是澳大利亚学者 Smith C. S. 等建立的以田块、农场和流域三种空间尺度为基础的土地持续利用评价框架示意图。

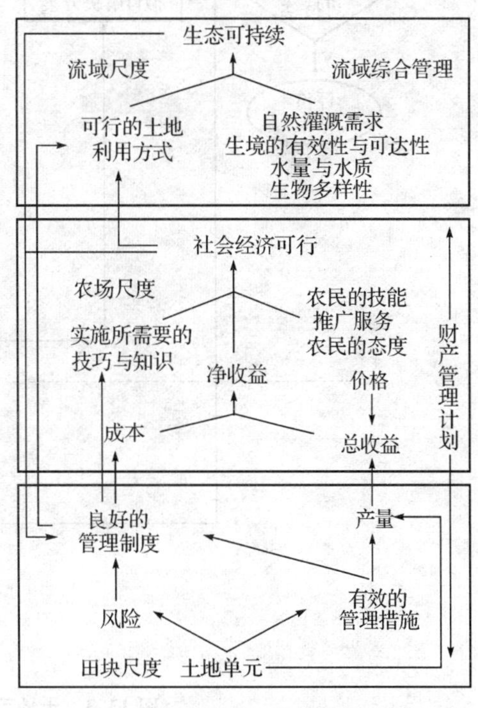

图 13.2　不同空间尺度条件下的土地可持续利用评价框架

13.1.4　土地可持续利用评价的步骤

对一定范围的土地进行可持续利用评价，大致可分为三个阶段：

第一阶段是问题辨识阶段。这一阶段的目的有两个，一是判断现有的土地利用方式是否可持续；二是分析所得出的或者已经出现的非持续性特征的形成机制。前者需要覆盖全面的指标和对未来趋势、过程的预测，后者注重特定方面的具体关系和作用过程。

第二阶段是方案制定阶段。这一阶段一方面在对可持续性问题进行辨识的基础上拟订相应的解决方案，另一方面也对为解决社会经济发展问题所拟订的各类土地利用方案进行可持续性评价。对方案的评价要有针对性和可操作性，所有方案还需通过技术可行性、经济可行性和社会可接受性的评价，如果评价结果呈否定性，则应权衡各方利弊，修改初始目标以寻求新的解决方案。

第三阶段是实施监测阶段。在土地利用方案实施过程中，对于可持续性问题也应进行实时监测，以评估实施效果，这就需要事先确定反映土地利用可持续性的测定指标、差别标准和监测手段。将可持续性评价的结果反馈给决策者，为重新认识和进一步修订土地利用方案提供参考与决策根据。

因此，土地可持续利用评价伴随着土地利用规划和土地利用方案实施监测与调整的全过程，是一个循环往复的、动态的过程(见图 13.3)。

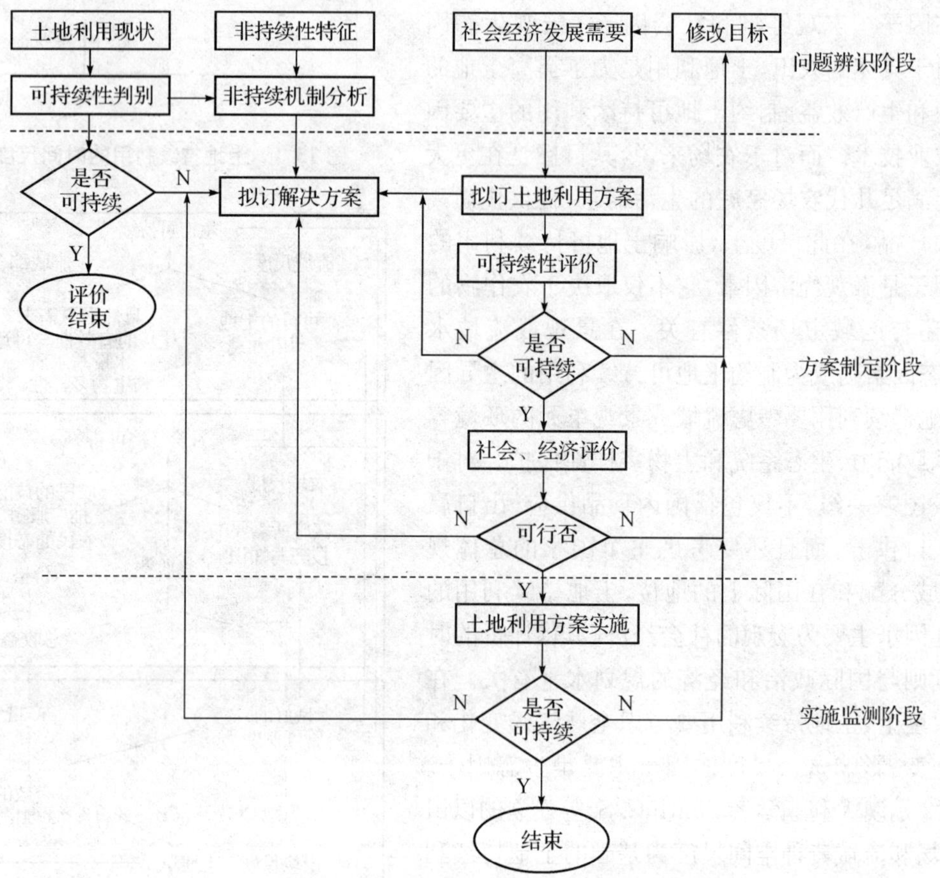

图 13.3　土地可持续利用评价与监测流程图

13.2　土地可持续利用评价的方法与指标体系

土地可持续利用评价的方法较多，下面介绍几种比较有代表性的评价方法及其评价的指标体系。

13.2.1　FAO 的五大准则评价框架

1) 概述

1993 年，FAO 拟定《可持续土地利用管理评价纲要》，将土地资源可持续利用定义为土地生产性、稳定性、保持性、经济可行性和社会可接受性等五个方面的结合。土地资源利用的目的就是要实现土地生产力的持续增长和稳定性，保护土地资源的生产潜力和防止土地退化，并产生良好的经济和社会效益。

土地资源的可持续利用评价是一项综合性评价。从土地资源可持续利用的标准出发，可以构建四个层次的评价指标体系，第一层次是目标层，即评价目标（区域土地资源的可持续利用）；第二层次是准则层，即包含土地可持续利用的五大准则：生产性、稳定性、保护性、经济可行性和社会可接受性；第三层次是分目标层，即每个准则层具体由哪些因素决定；第四层次是指标层，即每个评价因素由哪些具体指标来反映。

(1) 土地的生产性

土地的生产性是要保持和提高土地的生产性能和生态功能，保证为人类提供所需的产品和服务。一个可持续的土地利用系统应该长期保持高产，一个低产的系统被认为是不可持续的。土地利用系统的生产力可以用多种指标来衡量，例如生物量、能量、物质数量和货币价值等，比较普遍的指标是货币价值。为使结果具有可比性，各土地利用系统的生产力的度量指标应一致。投入产出比是经常用来衡量土地利用系统生产力的指标，投入的形式有土地、劳动、资金、物资和能源等，土地利用系统的生产力因投入形式的差异而会有所不同。因此，更合理的指标是相对于一定投入形式的生产率，例如单位水资源投入的产出、单位能源投入的产出、单位资金投入的产出和单位劳动投入的产出等等。人口密度大，劳动力充裕而资源相对稀缺的土地利用系统，很可能土地生产率高而劳动生产率低；人烟稀少，土地广阔的系统则相反，能源投入密集或资金投入密集的系统，很可能土地生产率高而能源或资金的产出率低。

(2) 土地的稳定性

土地的稳定性是指土地利用有利于减少不利的影响因素，使系统生产具有一致性和连贯性。一个可持续的土地利用系统，其生产应该长期保持在一定水平上，或在某一水平上下略有波动。生产大起大落的系统缺乏稳定性，是不可持续的。系统内外的自然、社会和经济等条件都是动态变化的，例如自然要素、人口、价格和政策等都会有正常变化，其生产力亦难免有所波动，要根据系统生产围绕某一长期平均水平或长期趋势的波动来评价系统稳定性。稳定性是系统生产力长期波动状态的度量，既然生产力可以用多种指标度量，那么稳定性也可以是多维的。可持续的土地利用系统要求通过科学调控，把这种波动控制在正常范围内。

(3) 土地的保护性

土地的保护性是在土地利用过程中，保护自然资源潜力和防止土壤与水质的退化。由于土地资源的数量是有限的，这就要求保护和提高土地的数量和质量，将污染降低到最低程度。保护性准则反映在土地利用过程中，就是系统对资源环境的保护程度和系统内、外部环境之间的相互影响程度。它包括四个方面：一是系统内环境的保护程度，如植被对土壤的保护程度；二是土地利用本身对系统内环境影响的控制，如土壤毒性的控制；三是对系统外环境影响控制，如工矿企业产生的污染对周围人类影响的控制；四是系统外环境对系统内环境影响控制，如进入土地的污染物对农田的危害控制。保护性准则是生产过程中对资源环境采取的保护性措施、生产过程中产生的对资源环境损坏的控制、外部条件对资源环境不利影响的控制等。

(4) 经济可行性

人们开发利用土地资源的目的在于获得经济利益。土地利用的经济可行性是指一定的土地利用方式能获得较好的经济效益，投入产出比呈正增长。一般而言，如果开发利用收益大于投资成本，这种方式就能持续，如不能获利，这种利用方式则不能持续存在。土地利用过程中产生的经济效益一般包括两个方面：一是直接经济效益，如产值的高低、增长的持续性等；二是间接经济效益，指由于这种土地利用方式带动其他产业发展的效益，如土地利用的结构等。

(5) 社会可接受性

社会可接受性是指社会能长期接受土地的利用方式。土地利用方式必须能被社会所接受，如果不能被社会接受，这种方式肯定不可能持续存在。土地资源的面积有限性、位置固定性、用途多样性、属性两重性、不可再生性和可重复利用等特性。对土地资源的可持续利用来说，应结合这些特点进行研究，并延长其寿命，满足其社会、经济和生态效益的统一，达到最佳的土地利用结构模式。社会可接受性包括土地利用过程中的社会条件和产生的社会效益两个方面：社会条件主要是获得土地的条件，如土地的产权制度；社会效益有对劳动力就业的影响、社会的稳定、交通状况等的直接或间接影响。

2) 评价指标体系的构成

根据 FAO 对土地可持续利用的定义，在土地可持续利用的总目标下，可以将这五个准则层作为土地可持续利用的五个分目标，再将各个分目标进行细化，得到详细的单项指标(见表 13.1)。

表 13.1　土地资源可持续利用评价的指标体系

总目标	分目标	评 价 指 标
土地资源可持续利用	土地生产性	土壤质地，有效土层厚度，土壤肥力指数，土壤含盐量，坡度，水土保持系数，灌排条件，人均水资源量，机耕面积比重，农作物良种化率，农业人口非文盲率，复种指数，垦殖指数，单位面积产量，单位面积林木蓄积量，土地生产率，农业劳动生产率，人均粮食占有量，农产品商品率，人均肉类产量，人均蛋类产量，人均蔬菜占有量
	生产稳定性	自然灾害成灾率，受灾面积比例，灾害类型，灾害发生频率，有效灌溉面积比例，中低产田占耕地面积比例，亩均化肥施用量，万元工业产值“三废”排放量，单位面积土地工业“三废”排放量，非农用地占用比例，耕地人口承载量(人/亩)与正常承载量的比例
	资源保护性	森林覆盖率，耕地资源存量，耕地面积减少比例，新开发耕地面积比例，水土流失面积比例，土壤污染面积比例，土壤侵蚀面积比例，人均耕地警戒值，耕地年减少率，土壤污染治理率，中低产田改良率，工业废水处理率、工业固体废弃物综合利用率
	经济可行性	亩产值，亩产商品率，优质农产品在产品中的比例，人均农业产值，农民人均纯收入，农业在区域国民生产总值中的比重，非农人口比重，非农就业劳动力比重
	社会可接受性	土地使用期限，产权获得的难易程度，集体土地面积比例，人均住房面积，人均农产品消费水平，区域农产品自给率，人口增长率，剩余劳动力就业率，人均用地量，建筑密度，路网密度，每百人拥有机动车数量，景观、娱乐用地面积变化，环境质量变化

3) 评价方法

根据 FAO 的这五个准则进行土地利用可持续性评价，其评价方法可分为下面两类。

一类是定性评价方法，即单指标多角度评价法。它从不同方面、不同角度逐个评价各准则层的各项评价因素是否满足可持续性要求，若五个方面中的任何一个是不可持续的，则认为这种土地利用方式是非持续性的。从理论上讲，土地资源可持续利用追求五个目标的统一，依据“木桶原理”，只要其中一个准则层评价结果不理想，即认为该准则层是不可持续的。单指标多角度评价法能够分析评价结果，发现问题，提出改进的土地利用方式。评价并不是最终目的，最终目的是找出土地利用过程中存在的不可持续因素，提出解决问题的办法，使土地利用向可持续发展。单指标多角度评价法的缺陷是不同区域的评价结果不易比较。

另一类方法是定量评价法，也就是综合指数评价法。综合指数评价法通过对各单项指标的赋值综合，最终得到一个综合评价结果值，利用它可进行各区域评价结果的比较。在不等权条件下，利用加权指数计算方法。具体评价模型为：

$$P = \sum_{i=1}^{n} x_i a_i \tag{13.1}$$

式中：P—— 综合评价指数；

n—— 评价指标的数量；

x_i—— 第 i 个评价指标的分值；

a_i—— 第 i 个评价指标的权重。

综合指数评价法的不足点是不易直接将土地利用管理中明显不持续的因素进行排除。当土地利用系统存在明显的限制性因素时，可持续性由最大限制因素的分值或临界值来决定。在评价时，将最大限制因素的权重看作 1，而将其他因素的权重当作 0。评价时，通过将综合评价指数值 P 分为四个级别，来判断土地利用的持续性水平(见表 13.2)。

表 13.2 土地利用可持续性的评价标准

综合评价指数 P(%)	可持续水平
<50	不可持续
$50 \sim 70$	初步可持续
$70 \sim 85$	一般可持续
>85	可持续

13.2.2 压力—状态—响应模型框架

1) 压力—状态—响应模型的概念

压力—状态—响应(Pressure—State—Response，PSR)模型，是从经济合作组织(OECD)在编制环境状况报告过程中发展起来的(见图 13.4)。其中压力表示造成土地不可持续利用的一系列影响因素，状态表示土地利用过程中资源环境在压力影响下所表现出来的特征，响应表示人类为促进土地可持续利用所采取克服压力、调整状态的对策，通过压力、状态、响应指标构成一条直接反映具体问题的指标链。

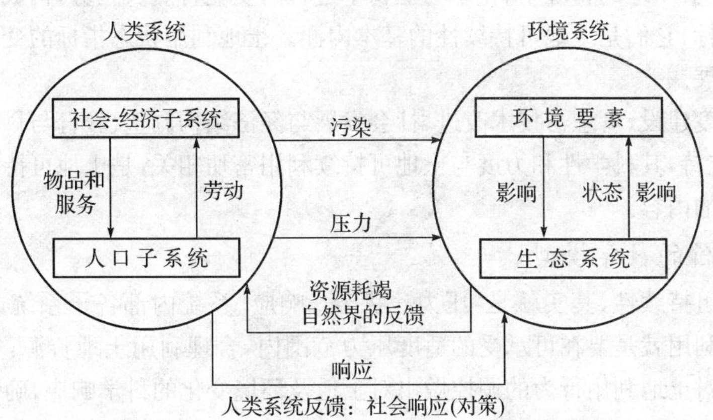

图 13.4 PSR 模型框架

PSR 模型建立在人类活动对环境施加压力并影响自然资源的数量和质量的基本认识上，

可将环境压力、环境状态和社会响应归纳为各种指标，来反映自然资源利用的可持续性。

PSR 模型的特点是适合于以解决问题为目标的分析工作。但在国家和亚国家层次进行可持续发展的评价、监测时，PSR 模型有许多限制性，不能很好的处理可持续性的多维问题，不适于需要信息范围较广的情况和制定规划。同时，在建立指标体系时常无法严格区分状态、压力和响应指标的基本不同点。

2）PSR 模型的评价指标体系

PSR 模型通过压力、状态和响应三个子系统来揭示土地利用中人地相互作用的链式关系。运用 PSR 模型进行土地可持续利用评价，其指标体系也可以从这三个方面来划分(见图 13.5)。

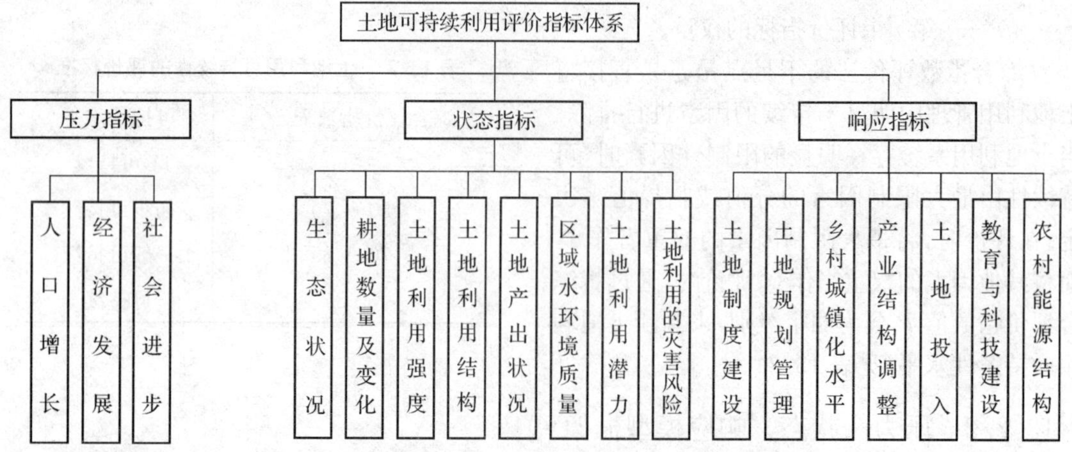

图 13.5　土地可持续利用评价 PSR 模型的指标体系

人类为获得基本的物质生活需求，对土地进行开发利用与改造，土地必然要承受因人口增长、经济发展和社会进步等方面所带来的压力，这是土地可持续利用评价的压力指标需要反映的内容。因此，压力指标反映的是土地可持续利用的社会经济动因。

在上述压力影响之下的土地所呈现的数量、质量、类型、结构、功能以及与土地密不可分的生态环境质量状况，土地的物理学、化学与生物学过程的变化特点及趋势，构成了土地可持续利用评价的状态指标，它们是土地可持续性的基本内涵。土地利用状态指标的变化反过来也会影响社会经济的发展。

人类通过制度建设、管理与技术改进、社会发展与经济结构调整、教育与科技进步等对土地利用进行调控、支持，其科学性和力度与土地可持续利用密切相关，是土地可持续利用评价的响应指标所应包含的内容。

3）PSR 评价的数学模型

土地利用的可持续性，其实就是“压力—状态—响应”系统内部各子系统之间的相互协调性。土地可持续利用就是要在可承受的适度压力范围内，合理利用土地资源，实现经济繁荣与社会进步。通过对土地利用行为的调控做出对土地及环境变化的科学响应，确保土地与环境状况及态势的优化，实现土地可持续利用的总目标。同时，适度压力、良好状态及科学响应由构成各子系统的诸要素之间相互协调、综合作用所决定。因此，可以选择二次综合的协调度函数来评价土地可持续利用的程度。

评价系统的有序度可以用功效函数进行[见式(13.2)]，根据协同论，当系统处于稳定状态时，状态方程为线性；势函数的极值点就是系统稳定区域的临界点；慢驰豫变量在系统稳定状态时也有量的变化，这种变化对系统有序度有两种功效，一种是正功效，即随着慢驰豫变量的增大，系统有序趋势增加，另一种是负功效，随着慢驰豫变量的增大，系统有序度趋势减少。

$$U_A(u_i)=\begin{cases}1 & X_i \geqslant a_i,U_A(u_i)\text{具正功效时},(i=1,2,3,\cdots,n)\\ \dfrac{X_i-b_i}{a_i-b_i} & b_i<X_i<a_i,U_A(u_i)\text{具正功效时}\\ \dfrac{b_i-X_i}{a_i-b_i} & a_i<X_i<b_i,U_A(u_i)\text{具负功效时}\end{cases} \tag{13.2}$$

式中：$U_A(u_i)$—— 指标 u_i 对系统有序的功效，其中 A 为系统的稳定区域，u_i 为土地可持续利用系统评价指标变量；

X_i—— 评价指标值；

a_i—— 系统稳定临界上指标的上限值；

b_i—— 系统稳定临界上指标的下限值。

各子系统内部各因素之间的一次及二次综合评价函数如下：

$$T_P=\sum_{i=1}^{n} w_i U_A(u_i) \tag{13.3}$$

$$T_S=\sum_{j=n+1}^{m} w_j U_A(u_j) \tag{13.4}$$

$$T_R=\sum_{k=m+1}^{p} w_k U_A(u_k) \tag{13.5}$$

$$\begin{aligned}T_{综}&=r_P T_P+r_S T_S+r_R T_R\\&=r_P\sum_{i=1}^{n} w_i U_A(u_i)+r_S\sum_{j=n+1}^{m} w_j U_A(u_j)+r_R\sum_{k=m+1}^{p} w_k U_A(u_k)\end{aligned} \tag{13.6}$$

式中：T—— 土地可持续利用协调度，$0\leqslant T\leqslant 1$，在不同的取值区间，T 的协调度存在差异，并对应于相应的土地可持续利用程度（见表 13.3）；

w—— 各因素的权重；

r—— 各子系统的权重。

表 13.3　*T* 协调度区间及所对应土地可持续利用程度

T 值范围	$T\geqslant 0.8$	$0.6\leqslant T<0.8$	$0.4\leqslant T<0.6$	$0.2\leqslant T<0.4$	$T<0.2$
协调度	高度协调	比较协调	基本协调	不协调	极不协调
土地可持续利用程度	可持续利用	初级可持续利用	可持续利用起始	非可持续利用	非可持续利用，土地严重退化、环境恶化

13.2.3　生态、经济、社会框架

1）生态、经济、社会框架概述

这一框架由国内学者傅伯杰于 1997 年提出。他认为，土地可持续利用就是实现土地生产力的持续增长和稳定性，保证土地资源潜力和防止土地退化，并具有良好的经济效益和社会效益，即达到生态合理性、经济有效性和社会可接受性。因此，土地可持续利用可以从生态、经济、

社会三个方面进行评价。

通过对生态、经济、社会效益的叠加来获取不同空间尺度的评价指标,其特点是强调了不同空间尺度评价的不同侧重点,评价指标涉及的范围较广,其动态监测性和预测性不足。

2）生态、经济、社会框架的评价指标体系

土地可持续利用评价包括生态评价、经济评价和社会评价三部分,评价过程的核心是对这三个部分的综合。评价过程见图 13.6。

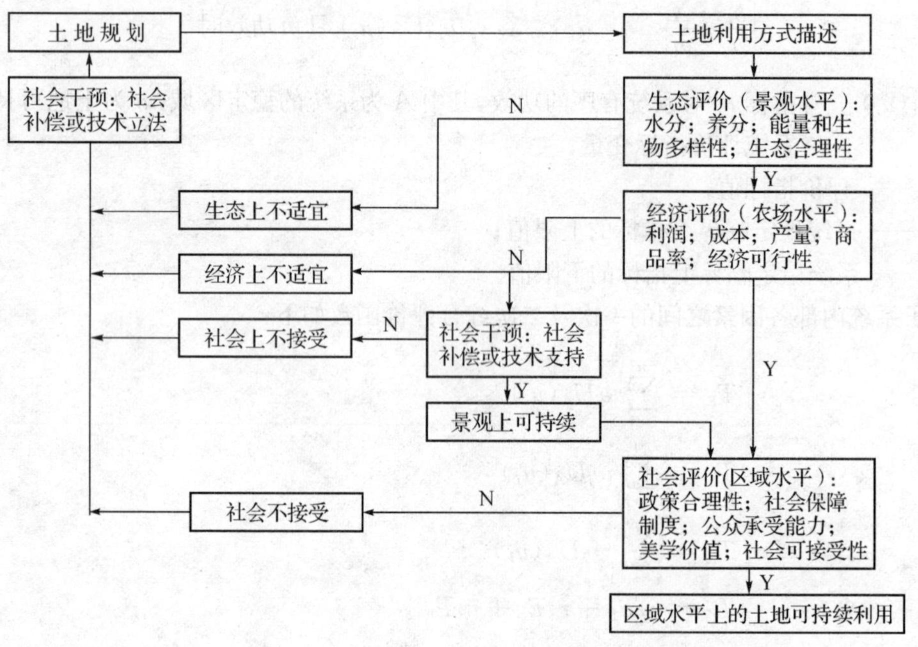

图 13.6　生态、经济、社会框架下的土地可持续利用评价过程

首先针对区域的土地利用方式,在景观尺度上进行生态评价,主要从水分、养分、能量和生物多样性这四个方面评价。评价得出各土地单元的自然适宜性以及从生态过程和物质能量交换、循环等方面提出流域(景观)内的土地利用配置。生态评价亦可进行多宜性评价,供经济和社会评价选择。

在此基础上,在景观以下的农场水平上进行经济评价,从利润、成本、产量和商品率这四个方面诊断每一土地单元自然适宜性在经济上的可行性。

如果经济上可行,在整个区域尺度上进行社会评价,评价土地利用大类是否符合区域的社会经济政策(如基本农田保护、商品粮棉基地等)、文化传统和美学价值,使其达到社会可接受性,只有满足生态合理性、经济可行性和社会可接受性,才能保证区域土地利用的可持续性。

这一评价过程将生态、经济和社会评价结合在一起,既突出了综合性,又强调了不同层次中的主导因子,具有可操作性。

(1) 生态指标

土地可持续利用中的生态评价,主要是评价一种土地利用方式在目前及其较长时期内对土地的基本属性和生态过程的影响。生态评价在土地可持续利用中起着重要作用,土地利用只有在生态上可持续性,才能保证土地利用的经济和社会的可持续性,因而生态评价是土地可持续利用评价的基础。一般认为,生态可持续性与自然环境中的物质和能量循环相关。土地可持续性评价中生态评价的主要参考指标通常包括气候条件、土壤条件、水资源、立地条件和生物资源等,见表13.4。

表13.4 影响土地可持续性的生态指标

一级指标	二级指标	三级指标
气候条件	太阳辐射	辐射强度,季节分布,日照天数,日均照射时间
	温度	年积温,年平均温度,月平均温度,年际变化
	降水量	年均降水量,季节分配,年变率
	气象灾害	风沙,暴雨,霜冻,冰雹等
土壤条件	土壤肥力	有机质含量,有机质盈亏,年、季变化,有效氮、磷、钾
	土壤结构	颗粒组成,孔隙度,透水性,持水性
	土壤侵蚀	侵蚀面积,强度,变化趋势
	土壤退化	沙化、盐碱化的面积、强度和过程
水资源	水资源量	水域面积,总量,年、季变化,供需平衡等
	水质	水化学特征,混浊度,BOD,COD,有机酚等
立地条件	地貌特征	地貌类型,坡度,坡向等
生物资源	动物	动物个数,自然增长率,灭绝率,分布刻度
	植被	植被覆盖率,生物量,生长率,人工/天然植被组成
	生物组成	生物各类,受威胁程度,生物年龄结构,空间结构,生物数量分布
	生物多样性	基因多样性,物种多样性,生态系统多样性,景观多样性,优势种,破碎度,隔离度等

在土地持续利用评价时,应注意土地利用对生态过程的影响。即使目前各生态要素没有发生明显的恶化,但随着时间的演替,生态要素的变化将会影响到土地利用的持续性和稳定性。

(2) 经济指标

经济评价是评价一种土地利用方式经济效益的大小。通常认为,定量指标利润、成本、产量和商品率是土地经济评价的指标,对各种评价指标的重视程度取决于具体决策者的认识态度。而定性指标,可行性和可接受性强调了土地利用的另一侧面。

土地持续利用评价的经济指标主要包括经济资源、经济环境和综合效益这三个方面(见表13.5)。经济评价的指标通过统计资料的分析、计算,常常可以给出定量的预测结果,评价一种土地利用方式在近期和未来所产生的经济效益。

表13.5 影响土地可持续性的经济指标

一级指标	二级指标	三级指标
经济资源	劳动力资源	劳动力来源,劳动力保证率,劳动生产力季节变化
	资金资源	资金信贷方式,资金回收
	智力资源	文盲率,教育普及水平,社会咨询度
	动力资源	动力资源类型,可使用方式
	效率	土地面积/劳动力,资金/劳动力,投入产出率

（续表 13.5）

一级指标	二级指标	三 级 指 标
经济环境	生产成本	投入水平，生产风险，生产成本季节变化
	产品价格	价格水平，年度变化
	信贷环境	信贷可获取程度，使用方式，利率
	市场状况	基础设施，供货与销售市场的距离，通达程度
	人口环境	人口密度，人口流动，人口变化
综合效益	经济收入	总收入，单位收入，净收入
	利　　润	毛利，净收益
	消　　耗	总消耗，消耗分配比例

但往往由于人类活动中所产生的生态影响和社会影响是隐性的和潜在的，随着时间的推移，会对经济发展过程产生显著的影响。因而，进行土地持续利用评价时，在满足了经济评价指标的同时，还必须进行生态和社会评价，评价一种土地利用方式在生态和社会上的可行性与可接受性。

在实际决策中，并非所有的决策制定均符合于经济规律，如果一种新的土地利用方式在生态上和社会上被认为是不可接受的，即使其满足了所有的经济指标，但依旧需要调整，否则将被放弃。

(3) 社会指标

影响土地持续利用的社会指标主要包括宏观的社会、政治环境，社会的接受能力等方面（见表 13.6）。

表 13.6 影响土地可持续性的社会指标

一级指标	二级指标	三 级 指 标
宏观社会、政治环境	政策法规	国家政策，区域政策，专项政策，部门条例法规
	总体规划	国家、区域中长期规划、近期规划，部门规划
	政策保障	政策的有效性、持续性
社会接受能力	个人接受能力	直接影响者，间接影响者
	团体接受能力	文化、宗教部门，区域团体等
	美学价值	保持自然景观美学，人工设计美学

社会评价指标通常是难以定量的指标，因此，在评价中通常利用专业判断法、调查评价法，比较分析和定量评价土地利用对社会环境的影响，以及社会因素对土地持续利用的影响。

3) 生态、经济、社会框架的评价方法

从以上论述我们可以得知，土地可持续利用的生态、经济、社会框架评价指标体系主要由生态、经济和社会三方面的指标构成，它们分别又包括多个单项指标。而各单项指标对土地可持续利用的贡献程度是不一致的，这就需要我们在进行土地可持续利用评价时，对它们进行指标权重的确定。在评价活动中，通常采用的权重确定方法有特尔菲法、层次分析法等，这两种方法将在第 15.3 节和第 15.4 节作详细介绍。

在评价过程中，各指标数据的赋值与标准化是最基础的工作之一。在所有各项指标当中，它们有的是对土地可持续利用具有正面效应,有的则具有负面效应,对于它们的赋值,可以参考式(13.2)的方法。而有些指标不太容易获得准确的数值,对于它们的赋值,可以采用定性分析、等级赋值的方法进行。

评价指标体系中的每一个单项指标都从不同的侧面以不同的程度反映土地可持续利用的状况。土地可持续利用水平可以用土地利用协调度 T 来表示:

$$T = \sum_{i=1}^{3}(\sum_{j=1}^{n} X_{ij} r_{ij}) w_i \tag{13.7}$$

式中:T—— 土地可持续利用协调度,$0 \leqslant T \leqslant 1$,在不同的取值区间,$T$ 的协调度与土地可持续利用程度的相应关系,可以参照表 13.3;

x_{ij}—— 第 i 个子目标(第1、2、3个子目标分别代表生态、经济和社会指标)里第 j 个单项指标的量化值;

n—— 各子目标中单项指标的数量;

w_i—— 各子目标的权重值;

r_{ij}—— 各单项指标的权重值。

13.2.4　土地资源综合价值法

1) 概述

土地资源是由土壤、植被、岩石、水文、地质和地貌等因素共同组成的一个自然历史综合体。土地具有养育功能、承载功能、环境功能和仓储功能等多种功能。人类利用土地,就是要通过一定的行为和措施,使用土地的各种功能,以满足自身的各种需要。

因此,将土地使人类生存和发展的需要得到的满足的价值定义为土地资源综合价值。土地资源综合价值包括土地资源生态价值、土地资源经济价值、土地资源社会价值等三个主要方面。

土地可持续利用评价是对特定时间系列上、特定区域范围内的土地资源对人类需要的满足能力的综合判定。土地资源综合价值法根据“土地资源的综合价值不是一成不变的”这一原理,通过对区域土地利用的土地资源综合价值的评价,将目标年与基准年的土地资源综合价值量进行比较分析来评价土地资源利用的可持续性。

这种方法认为土地利用的可持续性,表现为在土地利用过程中土地资源综合价值不减少,其中生态价值不减少是土地可持续利用的基础,因为当生态环境继续恶化时,社会和经济的可持续发展就失去了依托。

2) 土地资源综合价值法的数学模型

假设相对于人类的需求,土地资源综合价值 E 表现为 m 个方面,那么 E 可记为:

$$E = (E_1, E_2, \cdots, E_m) \tag{13.8}$$

其中,$E_i(i = 1,2,\cdots,m)$ 是土地资源满足人类社会生存与发展需要第 i 方面的价值,称之为土地资源综合价值的第 i 个分量;如果 E 由 j 个指标构成,则有:

$$E_i = f_i(e_{i1}, e_{i2}, \cdots, e_{ij}) \tag{13.9}$$

其中,e_{ij} 为土地资源综合价值的第i 个价值分量中的第j 个价值指标;f_i 是以e_{ij} 为自变量的函数表达式,它们表示出来的就是土地资源综合价值的第 i 个价值分量。因此,土地资源综合价值可以用下列函数表达:

$$E = \frac{\sum_{i=1}^{3} a_i E}{(1+i)^k} = \frac{\sum_{i=1}^{3} a_i(\sum_{j=1}^{n} a_{ij} e_{ij})}{(1+i)^k} \tag{13.10}$$

其中，$a_i(i=1,2,3)$ 和 $a_{ij}(j=1,2,\cdots,n)$ 为土地不同层次指标团和指标的权重，i 为贴现率，k 为从基期开始计算的土地利用年数。为了反映土地资源综合价值在时间系列上的变化，引入土地资源综合价值指数，通过土地资源综合价值指数的变动，来判断土地利用的可持续性。土地资源综合价值指数可以表示为：

$$R=\frac{E-E_0}{E_0} \tag{13.11}$$

其中，E 为评价期间土地资源综合价值；E_0 为基准年土地资源综合价值；R 为土地资源综合价值指数。只要得出土地资源综合价值增值指数 R，就可以利用 R 来进行土地利用的可持续性评价。

3）土地资源综合价值法的评价指标体系

在运用土地资源综合价值法进行土地利用可持续性评价时，必须建立科学合理的指标体系。在不同的区域，土地利用的方式和程度存在一定的差异，不同的土地利用复合系统的土地资源综合价值评价指标也会有所差异。因此，指标体系的建立必须结合当地的实际，在仔细分析当地土地利用特点和问题的基础上进行。如表 13.7 中，土地资源综合价值评价指标体系由 3 个子系统、24 个指标共同组成。

表 13.7 土地资源综合价值评价指标体系

总目标	子系统	指　标
土地资源综合价值	生态价值	土壤退化，土地污染，水土流失，大气污染，固体废弃物及有害物质富集率，森林和草地面积覆盖率，野生动植物栖息地，景观和娱乐价值
	经济价值	单位土地面积产值，单位土地面积净产值，单位土地面积纯收益，GNP 和人均 GNP，系统劳动生产率，系统成本利润率，系统投资收益率
	社会价值	土地产品商品化程度，人均土地面积，人均耕地面积，人均林地面积，人均水域面积，人均主要农产品数，单位土地面积科技投入，教育投入，人口密度

4）土地资源综合价值法的评价标准

进行土地资源综合价值评价的目的在于通过土地资源综合价值的变动来评价土地利用的可持续性。通过实际值与标准值的比较，判断土地利用的可持续性。评价时，必须选择一个基准年，以这一年的土地资源综合价值作为基准，用评价年的土地资源综合价值跟它进行比较得到土地资源综合价值指数 R，根据 R 的取值来判断土地资源的可持续性状况。

一般来讲，当 $R>0$ 时，土地利用是可持续的；当 $R=0$ 时，土地利用临界可持续；当 $R<0$ 时，土地利用不可持续。根据 R_1、R_2、R_3 的取值，可以将土地利用的持续性水平分为 7 种模式（见表 13.8）。

表 13.8 土地资源综合价值指数与土地利用可持续性的关系

标准	综合指数 R		
	R_1	R_2	R_3
综合协调型可持续	>0	>0	>0
生态经济型可持续	>0	>0	<0
生态型可持续	>0	<0	<0

(续表 13.8)

标准	综合指数 R		
	R_1	R_2	R_3
社会经济可持续	<0	>0	>0
经济持续	<0	>0	<0
社会持续	<0	<0	>0
生态持续	>0	<0	>0

注：R_1 为土地资源生态价值综合指数；R_2 为土地资源经济价值综合指数；R_3 为土地资源社会价值综合指数。当 $R_1<0$ 时，经济、社会价值不可持续的，但也可能在一定时期内持续增长，因此用“持续”表示。

13.2.5 “土地总量平衡＋土地永续利用”框架

“土地总量平衡＋土地永续利用”框架由国内学者王克强于 1998 年提出，他认为可持续土地利用是指在环境不退化、技术运用适当、经济能够维持、社会能够接受的前提下的土地利用，并据此建立了包括农业土地系统质量、农业土地与自然环境关系及农业土地与社会经济环境关系指标三方面的评价指标体系(见图 13.7)。在土地永续利用指标中突出强调土壤条件和生态环境变化，认为指标体系应具备动态性、地域性，服从和服务于社会生态经济系统的特性。可以通过采用限制因素法、加权和法、层次分析法和指数法等方法，应用该体系的指标进行可持续发展农业土地利用评价。

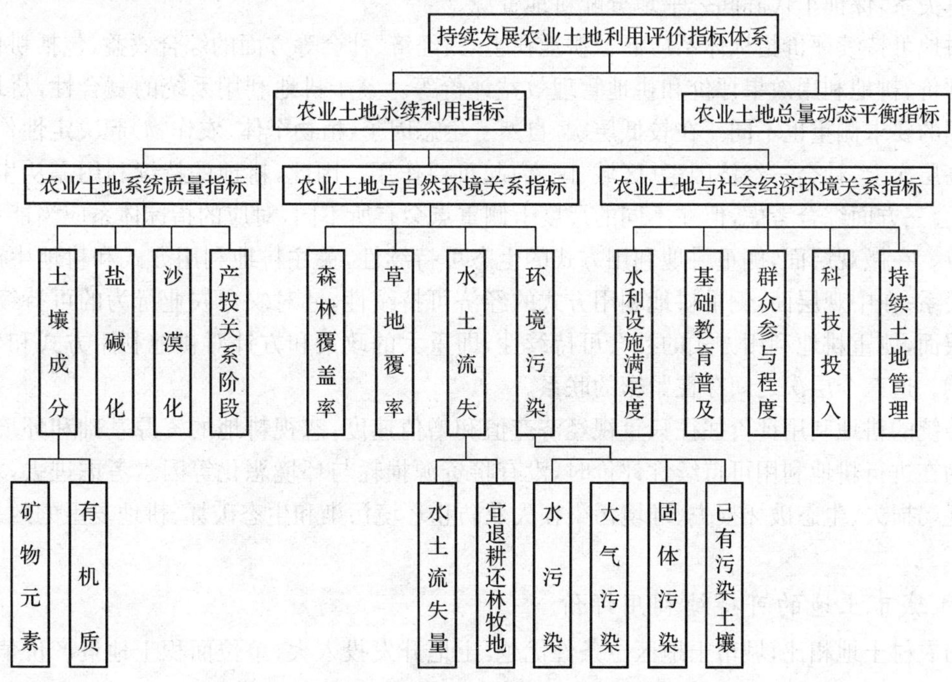

图 13.7 可持续发展农业土地永续利用指标体系

这个框架的特点是强调经济、社会和生态效益的协调一致，具有一定的现实性，但指标的可操作性有欠缺。

13.3　土地可持续利用评价的应用与展望

13.3.1　土地可持续利用评价的应用

土地可持续利用评价指标的选取，应结合《可持续土地利用管理评价大纲》，全面系统地分析影响当地可持续土地利用的重要因素。通过专家咨询法和频度统计等方法设置评价指标，然后采用各种数理方法对指标进行优化，使之更为科学合理，讲究实用性和可操作性。

土地利用系统是时空维不断变化的有机整体，在构建土地可持续利用评价指标体系时，应根据不同的地区、不同的经济发展水平以及不同的时期，参考一般性指标，具体确定合理、有效和动态的评价指标体系。如在不同空间比例尺情况下，国家或地区尺度强调生态、经济、社会环境综合效益，而对某一生产经营单位来说，则是在土地综合质量不致退化的前提下，追求经济效益(产出率)最大化。

1）耕地的可持续利用评价

耕地的可持续利用包括自然可持续利用和经济可持续利用，土地的自然可持续利用是其经济的可持续利用的基础。所谓自然可持续利用是指人们在利用土地自然地力时要按自然资源的承载力确定其强度，既要考虑当前利益，又要考虑土地的永续地力，防止竭泽而渔的短期行为。土地的经济可持续利用，是指在资源质量不发生退化的情况下，人们可以持续不断地从土地中取得收益，使土地生态系统实现良性循环。经济持续性说明了资源利用效益在不同时段上的分享关系，保证了代际间公平地分配耕地资源。

耕地可持续评价指标体系应涵盖耕地在生态、经济、社会等方面的综合效益，包括耕地使用制度评价、耕地利用效果评价和耕地管理效益评价等。鉴于耕地利用系统的复合性，耕地可持续利用的要求侧重也不同。在较低层次，自然—生态因子(植物个体、农作物)起决定性作用，而在较高层次上，社会—经济因素(区域、国家)起重要作用。因此，耕地的持续利用需从生态、经济、社会三方面综合考虑，但在不同的尺度上侧重点会有所不同，对应的指标体系应当能反映这一特点。在微观层面，侧重耕地利用方式的生态可持续性，关注耕地利用方式和耕地生产力之间的关系；在中观层面，侧重耕地利用方式的经济可持续性，针对农户农业行为的可持续性；在宏观层面，侧重耕地利用方式的社会可持续性，即重大的政策和方针对耕地利用方式和生产者的影响。这三个层次之间存在紧密的联系。

传统的耕地利用评价往往只重视经济产值和增值速度，忽视耕地的资源基础和环境条件。表现为在进行耕地利用可持续性评价时，没有将资源损耗与环境恶化等因素考虑进去，对耕地资源耗竭损失、生态破坏损失、环境污染损失及防止环境污染和生态破坏、耕地复垦的效果进行评估。

2）城市土地的可持续利用评价

与农村土地相比，城市土地区位条件优越，土地开发投入大，单位面积土地资产价值高，但资源有限。城市土地可持续利用的目标，一方面要求土地利用不得损害土地资源可更新利用的特性，维持良好的土地生态系统平衡，但更重要的是要致力于协调好人地关系，缓解用地矛盾和利益冲突，防止土地退化，实现效率、公平与环境的统一。也就是说，应在保护好土地资源，维持良好的土地生态系统平衡的基础上，充分发挥土地的区位优势和空间集聚作用，形成区域性乃至全国性的政治、经济和文化中心；通过中心的辐射功能，带动整个区域的发展，加速区际之间的联系和分工协作，实现土地资源的高效配置、土地资本的合理投资、土地资产的保值增值和土地利用效益的不断提高。

概括来讲，城市土地可持续利用的目标就是为城市生产和生活的正常进行提供空间场所，充分满足城市社会经济发展对土地的需求，使城市土地的经济效益、社会效益和生态环境效益协调统一，以促进整个城市的发展。

城市土地利用是否符合可持续利用的要求，其衡量标准包括：城市土地利用的集约化水平；城市产业结构优化程度；城市生产布局的合理性；城市土地开发投资回收期；城市土地收益的合理分配；城市生活的舒适性；城市中心功能的发挥；城乡土地利用的协调性；城市环境的自净能力；城市景观的美化水平。

城市土地可持续利用指标体系必须涵盖可持续发展战略目标的内涵，全面反映城市土地资源的保护和利用水平，以及经济发展、社会发展和生态环境质量的各个方面，客观、真实地反映城市土地利用的持续状态及其系统之间的相互协调，同时符合城市土地资源可持续利用的概念、目标及其评价原则。

13.3.2 土地可持续利用评价的动态发展过程

土地可持续利用评价研究区域特定时段内，土地利用中存在人地相互作用的单个循环链关系。一个循环结束，区域范围内的自然、社会经济等状况已与起始时不同，人地关系发生变化，土地资源状况及态势也不同。下一阶段是一个新的循环，新的人地关系就又一次改变了的土地资源状况。

人地关系的发展是一个以时间为方向轴的开放性螺旋形循环链关系。反映在土地利用实践中，土地利用的可持续性是一个动态的过程，并呈现阶段性变化规律，实现持续利用土地的目标只能通过反复管理调控而逐步实现。因此，区域土地可持续利用评价并非一蹴而就，而是不断在评价中发现问题，提出调控对策并在区域土地利用实践中付诸实施。评价与实践结合，并在评价参数变化之后，不断修正阈值与权重，进行土地可持续利用的动态评价与实践(图 13.8)。

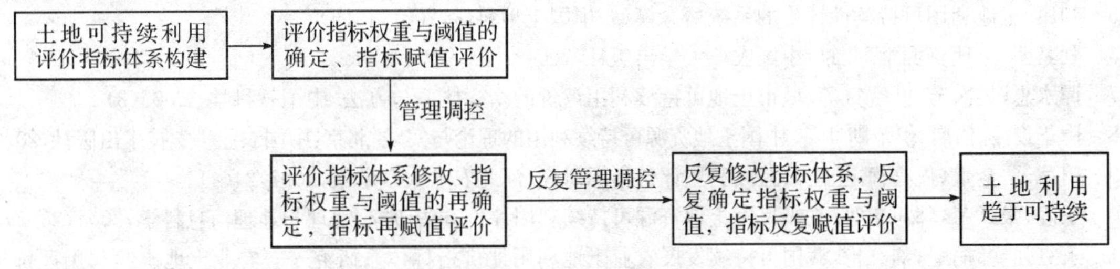

图 13.8 土地可持续利用评价的动态过程

13.3.3 土地可持续利用评价的展望

土地可持续利用评价从开始提出，已经经历了一二十年的时间，在这段时期内，各国学者在评价方法和评价指标体系等方面做了大量工作，使土地可持续利用评价得到了较大范围的应用与发展。随着时代的变迁和技术的发展，今后土地可持续利用评价还将进一步得到发展。

地理信息系统(GIS)技术在空间信息、信息采集、信息存储、信息处理和信息可视化方面具有强大的功能。土地资源可持续利用所涉及的社会、经济、政治和环境等方面的图形、图像数据文件，包括不同时间、空间的大量数据，都可以通过 GIS 进行有效的管理、动态更新，建立土地可持续利用评价指标数据库。并以此为基础，建立不同的模型库，包括区位条件分析、自然条件分析、政策影响分析、人口增长与劳动力分布分析、土地利用现状分析和投入产出分析等，开发土地可持续利用评价专家系统，省时、有效、科学地进行土地可持续利用评价，并及时提出土地可持续利用存在的问题以及整治措施，适应数字化国土信息管理的需要。

参 考 文 献

1 Clem Tisdell. Economic indicators to assess the sustainability of conservation farming projects: an evaluation. agriculture, Ecosystems and Environment, 1996(57)

2 Cornforth I S. Selecting indicators for assessing sustainable land management. Journal of Environmental Management, 1999(56)

3 Dumanski J. Part I: Workshop summary and concluding remarks of the international workshop on sustainable land management for the 21st Century. Canada: University of Lethbridge, 1993

4 Editorial. Land use and sustainability indicators. An introduction. Land Use Policy, 2004(21)

5 FAO. An international framework for evaluating sustainable land management. Rome: World Soil Resources Report 73,1993

6 Smith C S, McDonald G T and Thwaites R N. TIM: Assessing the sustainability of agricultural land management. Journal of Environmental Management, 2000(60)

7 蔡运龙，李军. 土地利用可持续性的度量——一种显示过程的综合方法. 地理学报，2003，58(2)

8 陈百明，张凤荣. 中国土地可持续利用指标体系的理论与方法. 自然资源学报，2001，16(3)

9 傅伯杰，陈利顶，马诚. 土地可持续利用评价的指标体系与方法. 自然资源学报，1997，12(2)

10 龚丽芳，杜清运. 耕地可持续利用评价指标体系初探. 国土资源管理，2002，19(5)

11 侯湖平，丁忠义，吕亮卿. 区域土地资源可持续利用评价指标体系的研究. 山东农业大学学报，2003，23(1)

12 李植斌. 城市土地可持续利用理论与评价. 合肥：中国科学技术大学出版社，1999

13 李植斌. 城市土地可持续利用评价研究. 浙江师范大学学报(自然科学版)，2000，23(1)

14 刘光成，董捷，田心尉. 土地可持续利用评价初探. 中国农业资源与区划，2002，23(2)

15 刘康. 土地利用可持续性评价的系统概念模型. 中国土地科学，2001，15(6)

16 刘黎明. 土地资源学. 北京：中国农业大学出版社，2004

17 谭永忠，吴次芳，叶智宣等. 城市土地可持续利用评价的指标体系与方法. 中国软科学，2003(3)

18 唐华俊，陈佑启，伊范朗斯特. 中国土地资源可持续利用的理论与实践. 北京：中国农业科学技术出版社，2000

19 田冰，贾金生，侯喜梅. 土地可持续利用评价指标研究. 河北农业大学学报，2001，24(4)

20 王静，张凤荣，郭旭东等. 县级尺度土地资源可持续利用评价方法研究. 地理与地理信息科学，2004，20(2)

21 王克强，韩桐魁，刘红梅. 我国可持续发展农业土地利用评价指标体系研究——农业土地永续利用评价指标体系. 生态农业研究，1998，6(2)

22 尹君. 土地资源可持续利用评价指标体系研究. 中国土地科学，2001，15(2)

23 于开芹，边微，常明等. 城市土地可持续利用评价指标体系的构建原理与方法研究. 西北农林科技大学学报(自然科学版)，2004，32(3)

24 于开芹，殷琪，李新举等. 城市土地可持续利用评价方法研究. 山东农业大学学报(自然科学版)，2003，34(4)

25 张梅，尹君，燕新程等. 区域土地资源可持续利用评价. 河北农业大学学报，2002，25(4)

26 赵凯，牛刚. 对耕地可持续利用评价指标体系的探讨. 经济问题，2001(6)

27 周炳中，杨浩，包浩生等. PSR 模型及在土地可持续利用评价中的应用. 自然资源学报，2002，17(5)

14 土地集约利用评价

14.1 土地集约利用的概念与必要性

14.1.1 土地集约利用的概念和分类

1）粗放与集约

“集约”和“粗放”是两个相对的概念。“集约”(Intensive)，含义是“加强的、密集的、深入细致的、透彻的”；“粗放”(Extensive)，含义是“广阔的、广泛的、大规模的、外延的”。集约经营原指农业土地的一种经营方式，后引申到其他领域，是指依靠科技进步和现代化管理，提高产品质量，降低物质消耗和劳动消耗，实现生产要素的合理配置，讲求经济效益和生产效率的生产经营方式。粗放经营是集约经营的对立，是一种只追求数量，忽视质量，强调外延扩散，牺牲效率的落后经营管理方式。由粗放的经营管理模式向集约化的方向转化，不仅是企业经营的发展方向，同时也是土地利用的发展方向。

导致经济增长的因素可分为两类：一类是劳动、资本等经济要素投入量的增加；另一类是科技进步、规模经济、结构优化和科学管理等引起的生产效率的提高。“粗放型增长方式”是指生产要素大量投入，但产出相对较少，投入产出比不高即创造的附加值相对不大，这种经济增长方式的产值可能增长很快，但是经济效益和经济质量不高；“集约型增长方式”则投资较少，产出较大，投入产出比较高，经济效益和经济质量较高。

2）土地集约利用的概念

土地集约利用是相对土地的粗放利用而言的。对土地集约利用的研究最早是来自农业土地利用的研究，是李嘉图等古典政治经济学家在地租理论中首先提出来的。所谓的土地集约利用是指在单位土地面积使用高比率的变量投入(劳动力、资本)；也就是说在一定面积的土地上，加大对土地的资金、劳动力、技术、生产资料等投入以使单位土地有更多经济产出。反之，若在大面积的土地上投入少量的劳动力、资金的经营行为便称之为土地的粗放利用。

土地集约利用的程度可用集约度指标来度量，一般用单位面积土地上的资本和劳动力投入量来衡量土地利用的集约度。用公式表示为：

$$I=\frac{A+K+Z}{F} \tag{14.1}$$

式中：I—— 土地利用集约度；

A—— 工资费用；

K—— 资本消耗；

Z—— 经营资本所需支付的利息；

F—— 用地面积。

由于土地利用报酬递减规律的作用，土地利用集约度的提高是有限度的，不能无限地增大，当经营者在某一块土地上连续投入资本和劳动力达到经济上的报酬递减点(即边际收益等于边际成本)时,土地利用的集约度达到了极限,这一临界点称作土地利用的集约边际,达到了集约边际的土地利用称之为理论上的集约利用,未达到集约边际的土地利用称为理论上的粗放利用。但是由于受种种因素的影响,往往很难使投入精确地达到报酬递减点,因此只能尽量使投入控制在一个合理的范围内,这个范围的上限就是报酬递减点,下限就是平均产出的最高点。在这个范围内,虽然平均产出逐渐减少,但是边际收益>边际成本,总收益还在增加。我们将在这一范围内的土地利用称作实践上的集约利用,未达到平均产出最高点的土地利用称作实践上的粗放利用。

3) 土地集约利用的分类

按照生产要素的构成不同,土地集约利用可分为资金集约型、劳动集约型和技术集约型。其中,资金集约型应该有雄厚的资金做后盾,劳动集约型必须有充足的劳动力,技术集约型是以使用先进的科学技术为前提的。按照用地类型不同,可分为农业土地集约利用、建设用地集约利用和城市土地集约利用等。其中,建设用地集约利用,根据用地涉及的空间范围,又可分为区域土地集约利用、开发区土地集约利用和项目土地集约利用等类型。

所谓农业土地集约利用,是指在一定面积的土地上,集中地投入较多的生产资料和活劳动,使用先进的技术和管理方法,以求在较小面积的土地上获得高额产量和收入的一种农业经营方式。常用的集约度衡量指标有以下几种:单位面积土地施肥量,单位面积土地用电量,单位面积农机拥有量;机播面积占农田比例,有效灌溉面积占耕地比例等。

目前对城市土地集约利用的概念还没有达成共识,由于城市土地需要考虑城市用地布局、环境保护、生活空间等诸多因素,不能仅靠追加单位面积投入来增加产出。综合国内外学者的研究,一般可将城市土地集约利用的内涵理解为:城市土地集约利用是指在合理布局、优化用地结构的前提下,通过对存量土地投入增加、改善经营管理、充分发挥土地使用潜力等途径,提高城市建成区土地的使用效率和利用效益,使土地的经济效益、社会效益和生态效益相互协调统一,兼顾当前利益和长远目标,促进城市土地利用结构优化和功能提升的过程与状态。

虽然农业土地集约利用与城市土地集约利用在概念上有一定的差异,但无论是农业用地还是城市用地,土地集约利用的目的都是为了提高土地利用率和生产率,获取较高的经济效益、社会效益和生态效益,不能单单为了经济效益而忽视生态效益和社会效益。

14.1.2　土地集约利用的必要性

随着社会经济的持续快速发展,我国目前正处于城市化加速发展的时期,提高土地利用集约度、有效地控制城市和建设占地规模,已成为土地管理的一个重要战略目标。土地集约利用对于提高土地使用效率,实现耕地总量动态平衡和社会经济可持续发展都有着重大而深远的意义。

1) 土地集约利用是解决人地矛盾的理性选择

我国是一个人多地少的国家,土地资源人均占有量为 0.79 hm^2,仅为世界平均人均占有量的 33.9%;人均耕地面积更少,仅为 0.1 hm^2,为世界平均水平的 27%。如果再以农业劳动力所拥有的土地资源来说,相差更加悬殊。随着我国经济的发展和城市化水平的提高,各项建设占用耕地数量日益增多,城市建成区面积日益扩大,并随着我国进入城市化快速发展阶段将进一步持续下去,加上自然灾害的影响,目前我国需要从国外进口粮食。因此,就城镇发展本身而言,只有走集约发展的道路,挖潜城镇现有建设用地的潜力,尽量少占耕地,减缓城镇建成区向外扩展蔓延速度，缓和城镇边缘区耕地的巨大压力，才能解决好“吃饭”与“建设”问题。

2）土地集约利用有利于节省城市建设投资

城市土地集约利用可以减少土地投入，提高城市用地布局和人口分布的集聚程度。而集聚所产生的规模效益，是社会提供完善的基础设施和公共服务设施的基本前提。即使在土地资源较为丰富的美国，由于过去几十年城市的低密度扩展，许多郊区住宅区无法提供大规模的公共交通，不得不严重依赖私人交通工具，从而大大增加了道路投资，造成空气污染并消耗大量能源。因此，人们现在越来越重视对城市用地的增长加以适当的控制，其目的主要是为了降低基础设施运行费用，提高大城市地区的社会和经济功能。我国是发展中国家，经济发展和城市建设都需要大量的投资，城市建设应当尽量集中布局，集约利用土地，以减少道路、管线等基础设施投资和运行费用，为城市居民提供更完善的基础设施和社会服务，提高城市建设的经济效益和社会效益。

3）土地集约利用是推动城市化和提高城镇质量的重要途径

我国已进入城市化加速发展时期，而当前城市建设普遍存在着盲目扩大城市土地规模、城建资金缺口大的现象。城市土地集约利用能够促使资金、技术、劳动力的相对集中，发挥资金、技术、劳动力的集聚优势，进行城市重点经济建设和经济结构的重大调整，优化产业结构，逐步发展壮大城市经济实力。从而，进一步发挥城市的“积聚效应”，带动周边地区经济快速发展，为区域经济的良性发展做出贡献。土地集约利用在发展壮大小城镇经济上更具有重大意义，县域经济发展上的“瓶颈”，重要的一个环节即是建设资金的缺乏。为此，许多部门为筹集建设资金、发展壮大本地经济想尽办法，但往往忽视了重要的一条筹资渠道，即坚持城镇土地集约利用，集中有限的资金进行重点建设，扶持特色产业和支柱产业，以有限的物力、财力进行重点基础设施建设，改变城镇居住环境“脏、乱、差”的状况，进一步为城镇的发展和城镇居住环境质量的提高发挥重要作用。

14.2 土地集约利用评价的目的原则与内容

14.2.1 土地集约利用评价的目的

土地集约利用管理是土地管理的核心内容之一。开展土地集约利用评价的目的，就是要通过研究影响土地集约利用的因素，制定相关的评判准则，评价土地的利用效率和效益，揭示当前土地利用的潜力，寻求土地最有效利用的途径，从而为政府制定土地集约利用政策，建立全面、科学、合理的用地管理与决策体系提供理论依据及相关技术支持。具体包括以下几个方面。

(1) 改变土地粗放利用的现状，不断提高土地利用的效率，促进城市由外延扩展向外延扩展与内涵挖潜相结合的方向发展，促进土地资源的优化配置与合理利用。

(2) 根据经济发展和城市现代化过程中对土地的客观需求，预测在土地集约利用条件下经济发展和城市现代化过程对建设用地需求的数量和结构，以期对当前不顾经济尤其是城市发展对建设用地实际需求的指标分配方式的变革有所促进，为建设用地指标分配适应社会主义市场经济体制改革目标模式提供科学依据。

(3) 为政府制定有关土地集约利用的政策法规提供依据，进一步加强政府与土地管理部门对土地市场管理以及土地利用的宏观调控作用，建立科学、合理的用地管理决策系统。

(4) 为城市总体规划和土地利用总体规划的编制提供科学依据。

(5) 通过开展土地集约利用评价，摸清我国城市土地利用状况和潜力，提出我国城镇土地集约利用的模式和评价体系，以制定切实可行的城市土地集约利用政策，遏制粗放利用土地，切实保护耕地。

14.2.2 土地集约利用评价的原则

土地集约利用评价时应遵循下面的原则。

(1) 系统性与主导性相结合的原则

按照系统论的观点，各子系统之间应相互协调、相互促进，共同为系统整体服务。因此，土地集约利用评价应对评价区域生态、经济、社会环境等因素进行综合分析，以全面、系统反映土地集约利用程度的各个方面，按差异划分土地集约度。但是由于各个区域现状不同，为了评价的方便和使其具有代表性，应选择评价区域的一些主导性因素。

(2) 区域性与动态性相结合的原则

对土地集约利用的衡量因评价地域自然条件、社会经济发展和土地利用不同而会有很大的差异。因此，土地集约利用评价指标体系的选择应以具有普遍性的指标为主，视不同区域而调整。如以小城镇为评价对象，其土地集约利用评价应侧重于城镇土地的经济效益和使用效率；如以整个城市作为评价对象，则侧重从土地资源的开发利用程度，城市用地布局和用地结构的合理性等方面，评价建成区内土地总体的使用效率和潜力；如以城市功能区(片)为对象，则应侧重从城市用地的功能差异——居住区、工业区和商业服务区，评价不同功能区土地的使用效率和潜力；如以地块为评价对象，则应侧重评价地块的土地使用效率和建筑潜力，主要选择建筑容积潜力、经济潜力和环境潜力方面的指标。

随着社会的发展，衡量土地集约利用的因素将会有所改变。因此，评价因子的选取宜随着时间、地域的变化而有所变更，以便能与所研究的地域相一致。

(3) 定量与定性相结合的原则

土地集约利用指标评价尽量以定量计算为主，体现科学性，但必要时也可对个别难以定量的指标进行定性分析，以利于评价的可操作性，减少人为随意性和主观性，以从宏观层面上对土地集约利用情况有较为详尽的分析。

(4) 可操作性与可比性原则

评价指标所要求的数据必须能够收集得到并便于计算，能与日常管理工作相结合。另外，所选取的指标能在不同规模、不同性质的评价区域之间进行比较。

(5) 导向性原则

在评价指标的选取上，要注重指标对土地集约利用的强导向性，要引导土地利用向有利于促进集约利用方向发展。

14.2.3 土地集约利用评价的主要内容

与土地集约利用分类相对应，土地集约利用有相应的评价内容，如农业土地集约利用评价、建设用地集约利用评价和城市土地集约利用评价等。但目前我国粗放低效的土地利用，主要存在于各类建设用地和城市土地利用之中，这也是今后我国推进土地集约利用的主要领域和潜力所在。因此，本章主要介绍讨论建设用地集约利用评价和城市土地集约利用评价的有关内容与方法。

14.3　建设用地集约利用评价

14.3.1　建设用地集约利用的内涵

建设用地由于其功能的多样性，土地利用价值或效果很多方面不是单靠经济指标所能衡量的，也就是说其集约度很难简单地采用经济投入产出指标进行衡量或评价，其集约利用内涵远较农业土地集约利用丰富且复杂。迄今为止，中外学者对建设用地集约利用的概念和内涵尚未达成共识，从而增加了研究的难度与复杂性。

但一般认为建设用地集约利用是以可持续发展的思想为依据，在合理布局、优化建设用地结构的基础上，通过增加土地投入、改善经营管理、提高利用强度等途径，不断提高建设用地的土地使用效率和经济效益。建设用地集约利用的涵义至少应包括以下几个方面：

(1) 建设用地集约利用旨在通过对建设用地单位土地面积上多投放活劳动和物化劳动，来提高土地利用率和产出率，提高土地的经济功能和负荷能力，力争获得单位土地面积上的最大收益。

(2) 个别建设用地的集约利用程度直接影响到其他土地的利用方向和能否集约。大量事实表明，如果建设用地布局和用地结构不合理，即使投入再多，容积率和使用强度再高，也不能达到最佳的利用效果，甚至会出现负效应。因此，建设用地集约利用必须在合理布局、优化用地结构的前提下进行。

(3) 建设用地集约利用不能简单地局限于经济投入和产出效益提高，还应综合体现社会、环境效益，在追求经济效益的同时，实现生态、经济、社会环境效益的统一。

(4) 建设用地集约利用是一个动态的过程，应充分考虑建设用地集约利用的动态发展趋势。

由此可见，建设用地集约利用评价的指标体系，在评价对象的空间范围上，应该由包括宏观、中观和微观等不同尺度的评价指标共同组成；在评价指标的构成内容上，应该包括经济、社会和生态环境等方面的因素因子。建设用地集约利用评价指标体系的构建是一个复杂的系统工程。

14.3.2　建设用地集约利用评价的指标体系

1) 建设用地集约利用评价指标体系构建的基本思路

由于建设用地集约利用评价指标体系的构建是一个复杂的系统工程，理论上其指标体系应该包括宏观、中观和微观等不同尺度，内容应该涵盖自然、经济、社会和生态环境等方面，以实现对建设用地空间布局和结构的优化，以及各类用地经济效益、社会效益与环境效益的协调统一等作出科学、全面和准确的评价。

但是目前我国建设用地集约利用水平普遍较低，这方面工作开展的水平和深度仍然处于较低层次。因此，建设用地集约利用评价，既要考虑从宏观、中观和微观等不同尺度及自然、经济、社会和生态环境等各个方面，对研究区建设用地集约利用程度进行全面、综合的评价，同时也应该根据研究和管理的具体目的，以及建设用地集约利用的有限目标，选择其中的某一尺度，针对研究区有限的空间范围，强调评价工作开展的可操作性，突出其中与土地利用直接相关的因素因子及指标的作用选择关键的参评因素因子，开展建设用地集约利用的评价。对此，我国一些地区、部门和学者，根据自身研究、管理考虑的范围和重点，提出了相应的建设用地集约利用评价指标体系。如:国土资源部、中国土地勘测规划院提出的“我国开发区土地利用评价指标体系”,江苏省国土资源厅提出的“江苏省建设用地集约利用评价指标体系”等等。

2）我国开发区土地利用评价指标体系

我国开发区土地利用评价指标体系,应按照:① 科学性。即所选取的指标应能尽量科学地、全面地反映开发区土地利用的状况,内涵明确;② 目的性。即强调开发区土地利用的核心是集约高效地利用土地,土地利用好坏的重要标志是土地利用效益和集约程度,土地利用的关键是处理好经济建设和土地资源利用与保护的关系;③ 可操作性。即指标所要求的数据必须能够收集到并便于计算,能与日常管理工作相结合;④ 可比性。即所选取的指标能在不同规模、不同性质的开发区之间进行比较评价;⑤ 特殊性。即只选取与开发区土地利用有关的指标,使评价指标体系突出开发区这一特殊经济区域在经济、社会等方面的特点,使之区别于一般的行政区域;⑥ 引导性。即评价指标要对开发区未来发展具备一定的引导性,尽可能反映出开发区今后的发展趋势和发展重点;⑦ 标准化。即参评指标应尽可能向现有统计指标靠拢等等。最终确定由三类参评因素、八项参评因子组成。下面是具体内容。

(1) 土地开发进度参评因素

土地开发进度参评因素包括三个参评因子:

① 土地开发率。即开发区累计已完成“七通一平”(南方为“六通一平”)的土地面积与经批准的开发区土地利用总体规划面积之比。

② 土地批租率。即开发区累计已出让、出租土地面积与开发区累计已完成的“七通一平”南方为“六通一平”的土地面积之比。

③ 土地建成率。即开发区累计已建成面积与开发区累计已出让、出租土地面积之比。

(2) 土地投入与产出参评因素

土地投入与产出参评因素包括以下三个参评因子:

① 单位面积土地投入。即开发区土地开发累计投资总额与开发区累计已征用土地面积之比。

② 单位面积土地产出。即开发区国内生产总值与开发区累计已征用土地面积之比。

③ 单位面积土地收益。即开发区税收收入与开发区累计已征用土地面积之比。

(3) 工业用地效益参评因素

工业用地效益参评因素包括以下两个参评因子:

① 工业用地效益。即开发区工业总产值与开发区累计已建成工业用地面积之比。

② 工业用地比较效益。即开发区工业用地单位面积产值与所在城市工业用地面积单位面积产值之比。

3）江苏省建设用地集约利用评价指标体系

遵循建设用地集约利用评价应包括宏观、中观和微观等不同尺度指标的要求,江苏省建设用地集约利用评价指标体系分成区域评价、开发区评价和项目评价三部分,即宏观、中观、微观这三个尺度。其中,区域评价以各县(市、区)行政范围内所有建设用地作为评价对象;开发区评价以各地经批准保留的各类开发区为评价对象;项目评价以当年报批或批准用地的建设用地项目为评价对象。该评价指标体系将建设用地集约利用年度考核与日常的项目考核结合起来,空间上点、面结合,时间上长、短结合,使评价工作更为全面。

各评价尺度建设用地集约利用的参评因素因子构成见表 14.1。

表 14.1 江苏省建设用地集约利用评价参评因素因子体系

参评因素	参评因子		
	区域评价	开发区评价	项目评价
土地利用率	平均建筑密度 项目开工率 城镇人均建设用地 土地闲置率	平均建筑密度 多层厂房占地比例 项目开工率 土地闲置率	建筑系数 建筑容积率
土地供应水平	工业地价水平	工业地价水平	—
土地投入产出水平	地均固定资产投资强度 地均 GDP 地均税收 地均吸纳劳动力人数	地均投资强度 地均工业产值 地均税收 地均吸纳劳动力人数 土地比较效益	地均投资强度 地均税收 地均吸纳劳动力人数
土地资源消耗与效益增长趋势	工业地价增长弹性系数 固定资产投资增长资源消耗系数 GDP 增长资源消耗系数 税收增长资源消耗系数	工业地价增长弹性系数 完成投资增长资源消耗系数 工业产值增长资源消耗系数 税收增长资源消耗系数	—
土地供应结构	工业用地比例 第三产业用地比例 基础设施用地比例	生产性用地比例 第三产业用地比例 基础设施用地比例 绿地率	生产性用地比例 行政办公及生活服务设施用地比例 绿化率
土地供应水平	土地供应率	土地供应率	—

14.3.3 建设用地集约利用评价的方法

建设用地集约利用一般可以采用综合指数方法进行评价，即在分别对各参评因子指标值进行标准化处理，计算得到各参评因子分值的基础上，根据各参评因子和因素权重，逐级加权求和得到评价对象建设用地集约利用综合指数，然后根据该综合指数划分评价对象建设用地集约利用等级。下面是具体步骤。

1）单个因子的分值计算

一般可根据因子与建设用地集约利用程度相关关系的正负向性，采用极值标准化法计算单个因子的分值。具体如下：

若因子为正向型，即因子指标值越大，反映建设用地集约利用程度越高，计算公式为：

$$f_i = \frac{a_i}{a_{\max}} \times 100 \tag{14.2}$$

若因子为逆向型，即指标值越大，反映建设用地集约利用程度越低，则计算公式为：

$$f_i = \frac{a_{\min}}{a_i} \times 100 \tag{14.3}$$

若因子为适度型，即指标有一适度值，在此适度值上，对建设用地集约利用最有利，大于或小于此适度值，对建设用地集约利用作用由好向差发展。设 a 为某因素适度值，则：

当 $a_i \geqslant a$ 时，

$$f_i = \frac{a}{a_i} \times 100 \tag{14.4}$$

当 $a_i < a$ 时，

$$f_i = \frac{a_i}{a} \times 100 \tag{14.5}$$

式中：f_i—— 因子指标值的作用分值；

a_i—— 评价对象因子指标实际值；

$a_{\max}$—— 评价研究区该因子指标值的最大值，该值可根据具体情况设定标准值，因子指标值大于该标准值时，因子指标值的作用分值取 100；

$a_{\min}$—— 评价研究区该因子指标值的最小值，该值可根据具体情况设定标准值，因子指标值小于该标准值时，因子指标值的作用分值取 100；

a—— 评价研究区该因子指标值的适度值。

2）综合指数的计算

建设用地集约利用综合指数，在因子分值计算结果的基础上，根据各因子权重采用下面的方法计算得到。

(1) 加权求和法

$$H = \sum_{j=1}^{n} w_j f_j \tag{14.6}$$

式中：H—— 建设用地集约利用综合指数；

j—— 参评因子编号；

w_j—— 第 j 个参评因子的权重；

f_j—— 第 j 个参评因子的分值；

n—— 参评因子总数。

(2) 限制系数法

当某评价对象的参评因子对建设用地集约利用存在强限制性时，可选择限制系数计算法：

$$H = \prod_{j=1}^{m} F_j \sum_{k=1}^{n} w_k f_k \Big/ 100^m \tag{14.7}$$

式中：H—— 建设用地集约利用综合指数；

j—— 强限制性参评因子编号；

k—— 非强限制参评因子编号；

F_j—— 强限制性参评因子分值；

f_k—— 第 k 个非强限制性参评因子的分值；

w_k—— 非强限制性参评因子的权重；

m—— 强限制参评因子个数；

n—— 非强限制性因子个数。

3）建设用地集约利用等级划分

根据建设用地集约利用综合指数，可选择采用综合指数分布频率法、数轴法等方法，或者按照事先根据调查基础上所确定的等级划分标准，对研究区各评价对象建设用地集约利用等级进行划分。

需要指出的是，在确定建设用地集约利用等级划分标准时，应充分考虑不同地区土地利用程度的空间差异。如:国土资源部、中国土地勘测规划院提出的“我国开发区土地利用评价指标体系”,把开发区分为三档,即优秀、合格及较差,相应的分数为80分及以上,60～80分和60分以下,对于达到80分以上的开发区允许其扩区。但同时也考虑到我国经济发展水平的地区差异,将全国的开发区分成东部和中西部两类,对不同地域的开发区实行不同的评价标准,东部开发区的标准高于中西部。

14.4 城市土地集约利用评价

14.4.1 城市土地集约利用的内涵

由于城市土地利用研究具有宏观、中观和微观之分,相应地,城市土地集约利用及其评价也从宏观、中观和微观的不同尺度进行。在宏观层面上,城市土地集约利用是指城市建设在考虑个性发展的基础上,应与周边城镇、乡村形成有机整体,以此来确定城市规模、城市功能定位和城市性质。因此,城市土地集约利用应适应城市社会经济发展需要,既要节约土地、提高效益,又要确立各自特色,并与区域城镇体系相协调、相衔接的产业结构。城市土地集约利用宏观层面的评价结果,是中观、微观层面集约利用评价的前提和基础。

用地的合理布局、结构的优化完善、良好的生态环境,是城市土地集约利用的前提,缺乏上述条件,土地集约利用的目标——不断提高土地使用效率和经济效益就无法实现。假如盲目地加大土地开发强度,追求过高的容积率,就会造成环境质量大幅度下降;过高的人口密度有可能造成城市局部地区基础设施的压力,导致生产、生活效率的降低。从经济效益分析,城市用地布局的不合理,即使投入强度的指标很高,土地不仅不会升值,反而要贬值。在上述必要条件的约束下,不断地增加存量土地的投入、提高土地的经营管理水平,在现有技术经济水平许可的条件下,尽可能提高土地的使用强度和效率,成为土地集约利用的核心。

城市土地集约利用的内涵主要包括以下几个方面:

(1) 城市土地集约利用是一个动态过程,而不是一个静态的终极目标,应充分考虑城市现代化过程功能的扩展,考虑土地集约利用的动态发展趋势。随着经济发展水平和科学技术的进步,城市用地的效率将会不断地提高,城市土地集约利用的追求目标也应作出相应地调整。

(2) 在不同的空间尺度下,城市土地集约利用的目标不尽相同,评价城市土地集约利用的方法和指标体系也不完全相同。对于以整个城市为空间尺度的宏观评价,主要强调城市综合效益及用地功能、结构的合理性;而在中观、微观尺度下的土地集约利用评价,则偏重于土地投入产出的效果。

(3) 城市土地集约利用的潜力应综合分析和考察,不仅要考虑可增加的土地与建筑面积的数量潜力,而且还要考虑城市土地产出、土地价值得到提高的质量潜力,以及城市土地利用结构得到优化带来的结构潜力。

(4) 各个城市所在地区的自然、经济条件相差很大,而城市的性质、规模也不完全相同,不宜用一两个指标和同一个标准去衡量、评价不同城市的土地集约利用水平。另外,城市土地利用最佳集约度与城市化发展水平密切相关,城市发展的不同阶段,其土地集约利用的强度标准、形式和类型将产生变化。

14.4.2 城市土地集约利用评价的指标体系

1）城市土地集约利用评价指标体系构建的基本思路

从城市土地集约利用的内涵分析可以看出，城市土地集约利用评价的指标，在评价对象的空间范围上，应该由包括宏观、中观和微观等不同尺度的评价指标共同组成；在指标构成内容上，除经济效益、基础设施等社会经济属性指标外，应该包括绿地覆盖、自然条件、环境质量等自然属性方面的指标；评价指标除考虑其当前状态外，还要考虑其未来的发展变化，尤其是城市土地利用规划调整后的发展变化。城市土地集约利用评价指标体系的构建，是一个复杂的系统工程。

因此，城市土地集约利用评价指标体系构建时，需从宏观、中观和微观等不同的层面，考虑经济效益、社会效益与环境效益的协调统一，针对不同层面城市土地集约利用的目标及其影响因素，以及研究和管理的具体目的，从自然、社会、经济和生态环境等方面选择相应的因素因子，组成城市土地集约利用评价的指标体系。在指标体系构建时应重视下面的原则：

(1) 综合性与主导性原则。城市土地集约利用评价应采用城市土地的利用强度、产出效益、生态环境影响程度等方面的指标进行综合评价，体现城市土地利用在生态、经济、社会环境上效益的统一，但又应抓住其中主导性因素因子，突出主导性因素因子对城市土地集约利用的影响。

(2) 可持续性原则。一方面，城市土地集约利用评价应充分考虑土地利用与城市生态建设、历史文化保护等因素，体现城市土地利用与城市保护的协调性；另一方面，评价应选取反映城市土地集约利用动态发展趋势的有关指标作为参评因素因子。

(3) 先进性和可操作性原则。参评因素因子的选取，既要考虑城市土地集约利用的发展趋势，确保选项的先进性，又要从实际情况出发，考虑资料数据的可获取性；参评因素因子对于土地利用集约度影响的优劣标准的确定，既要参照国际、国内先进城市的数据和标准，也要考虑到评价城市的可能性和可行性。

(4) 特殊性和可比性原则。参评因素因子的选取，要尽可能突出评价城市的特点，要能反映城市的发展潜力、竞争实力、聚集和辐射能力，体现城市的品位和形象。同时，也要考虑因素因子及指标的国际通用性以及城市、地区之间的可比性。

(5) 导向性原则。参评因素因子选取时，既要考虑通过对这些因素因子的评价，反映城市土地利用的现实水平和未来发展方向，同时也可揭示影响和制约城市土地集约利用的因素因子和指标，更好地明确促进城市土地集约利用的努力方向，并指导实际行动。

2）城市土地集约利用评价指标体系的构成

(1) 宏观评价的指标体系

宏观尺度的城市土地集约利用评价，以整个城市作为评价对象，侧重于城市土地开发利用的程度、用地结构和布局的合理性等方面，对城市建成区内土地利用的使用效率和潜力进行总体评价。宏观评价的参评因素因子体系构建时主要考虑如下方面：

首先，应从土地集约利用的本意即土地投入强度和产出效率出发，选取相应的指标作为参评因素因子。主要包括：土地开发资金投入强度指标，如固定资产投入、基础设施投入及不同行业的投入指标等；土地利用经济产出效率指标，如土地和房地产价格等土地产出直接指标、单位土地工业产值和商品销售额等土地产出间接指标；土地利用强度指标，如容积率、人口密度、人均用地、土地闲置率及商品房空置率等指标。

其次，从城市综合功能及城市土地利用效益整体性出发，在城市综合功能发挥、城市土地集约利用实现的影响要素中选取相应参评因素因子。这类参评因素因子，虽然不直接反映土地利用的投入产出效益，但能反映土地集约利用的约束程度或合理程度，是城市土地集约利用必须克服的因素。这类因素主要包括生态环境、土地利用结构和布局等。

最后，从土地集约利用动态发展趋势出发，选取相应的指标作为参评因素因子。这类指标主要包括城市人口与用地弹性系数、固定资产投入与用地弹性系数、基础设施投入与用地弹性系数等方面。

表 14.2(据成舜等)、表 14.3(据龚义等)为我国有关城市土地集约利用宏观评价所构建的指标体系。

表 14.2 包头市城市土地集约利用宏观评价指标体系

参评因素	参 评 因 子
城市土地空间布局合理性	城市用地结构，Ⅰ、Ⅱ级地价区内工业、仓储用地比重，城市功能区均质度，待改造老城区面积比
城市土地利用强度	城市土地利用率，人均城市建设用地面积，城市人口与用地增长弹性系数，城市总容积率
城市土地使用效率	城市地均 GDP，城市地均利税，城市商品房销售率
城市土地投入强度	单位城市用地固定资产投资额，单位城市用地基础设施投资额，单位城市用地环保投资额
城市土地可持续利用度	城市土地可持续利用年限，城市性质、城市主导职能与区域发展的协调度，城市人均绿地，城市人均道路、广场用地

表 14.3 义乌市城市土地集约利用宏观评价指标体系

参评因素	参评因子	衡 量 指 标
土地投入强度	固定资产投入	单位用地固定资产投入[万元/(km^2·a)]
	基础设施水平	人均铺装道路面积(m^2/人)
土地利用强度	工业产值	单位面积工业产值[万元/(km^2·a)]
	商品零售额	单位面积社会消费品商品零售额[万元/(km^2·a)]
	宾馆入住状况	涉外宾馆入住率(%)
	商业用地价格水平	商业最优区域房地产价格(万元/m^2)
	住宅用地价格水平	住宅最优区域房地产价格(万元/m^2)
	工业用地出让价格增值状况	工业用地出让价格增值收益率(%)
土地利用经济产出	容积率	单位土地面积拥有的建筑总面积
	人口负荷	人均用地(m^2/人)
	土地闲置状况	土地闲置率(%)
	商品房空置状况	商品房空置率(%)
土地资源配置机制	土地出让价格市场化程度	经营性房地产开发土地出让招标拍卖比重(%)
土地利用结构和布局	级差地租	Ⅰ级、Ⅱ级地价区中二、三类工业用地比重(%)
城市生态环境质量	绿化状况	绿化覆盖率(%)
城市拥挤状况	建筑密度	建筑覆盖率(%)
土地集约利用发展趋势	人口与用地增长弹性	城市人口与用地弹性系数

(2) 中观评价的指标体系

中观尺度的城市土地集约利用评价，以城市功能区(片)或均质区域为评价对象，尤其是侧重从城市用地的功能差异——居住区、工业区和商业服务区，评价不同功能区土地的使用效率和潜力。中观评价应侧重于反映土地集约利用强度方面的因素与指标，且这些因素与指标对于具体区域应有针对性：参评因素因子和指标只反映具体功能区的土地集约利用状况，一些影响全市集约利用整体状况如土地利用结构、土地资源配置机制等因素，在宏观总体评价指标体系中已得到体现，中观尺度评价不再考虑；对于商业、住宅和工业等不同类型功能区，反映土地集约利用状况的指标应有所不同，参评因素因子应分商业、住宅和工业等不同类型分别选取。

商业区土地集约利用评价可选择容积率、建筑密度、专业市场成交额、土地闲置率、宾馆入住率和土地价格实现程度等参评因素；居住区土地集约利用评价可选择容积率、建筑密度、土地价格实现程度以及人口密度、绿地率、区位条件等参评因素；工业区土地集约利用评价应主要选择直接反映土地集约利用水平的指标，如容积率、建筑密度、地均工业产值、工业用地系数及土地价格实现程度等作为参评因素。

表 14.4(据龚义等)为我国有关城市土地集约利用中观评价所构建的指标体系。

表 14.4 义乌市城市土地集约利用中观评价指标体系

功能区	参评因素	参 评 因 子
居 住 区	容积率	每公顷居住区用地上拥有的建筑总面积
	建筑密度	居住区内建筑基底总面积与居住区用地总面积的比率(%)
	土地价格实现程度	评价单元土地实际价格与机会成本的比值(%)
	土地闲置率	评价单元土地闲置面积与总面积的比值(%)
	人口密度	每公顷居住区用地上容纳的人口数量(人/km^2)
	绿地率	居住区用地范围内各类绿地的总和占居住用地的比率(%)
商 业 区	容积率	每公顷商业区用地上拥有的建筑总面积
	建筑密度	商业区内各类建筑的基底总面积与商业区面积的比率(%)
	专业市场成交额	单位市场营业面积的年成交额[万元/(m^2·a)]
	土地价格实现程度	评价单元土地实际价格与机会成本的比值(%)
	土地闲置率	评价单元土地闲置面积与总面积的比值(%)
	宾馆入住率	评价单元土地闲置面积与总面积的比值(%)
工 业 区	容积率	每公顷工业区用地上拥有的建筑总面积
	建筑密度	工业区内的各类建筑基底面积与工业区面积的比率(%)
	地均工业产值	单位工业用地上所创造的产值[万元/(km^2·a)]
	工业用地系数	工业区内工业用地面积与工业区面积比率(%)
	土地出让价格增值收益率	土地增值收益与成本价格的比率(%)
	土地闲置率	评价单元土地闲置面积与总面积的比值(%)

(3) 微观评价的指标体系

微观尺度的城市土地集约利用评价，以地块为评价对象，主要评价地块的利用效率和建筑潜力。微观尺度评价，可主要选择建筑容积潜力、经济潜力和环境潜力尤其是建筑容积潜力，作为参评因素和指标。

14.4.3 城市土地集约利用评价的方法

1）宏观、中观评价的方法

城市土地集约利用宏观、中观评价，一般可以采用综合指数方法进行，即在分别对各参评因子指标值进行标准化处理，计算得到各参评因子分值的基础上，根据各参评因子和因素权重，逐级加权求和得到评价对象土地集约利用综合指数，然后根据该综合指数划分评价对象土地集约利用等级。

其中，各参评因素因子对于土地利用集约度影响的优劣评判，由于城市土地集约利用评价研究起步较晚，目前还没有形成一套公认的权威的标准。具体评价时，可以参考以下两方面：一是参考当今国内外同类发达城市有关因素因子平均状况；二是认真考察城市土地利用的发展定位、城市发展的现实水平和增长潜力及其与国内外相关城市间的差距。各参评因素因子的权重，可采用专家打分法和层次分析法等方法确定。

土地集约利用综合指数，一般采用加权求和法计算得到。当某评价对象的参评因素因子对土地集约利用存在强限制性时，可选择限制系数计算法计算得到土地集约利用综合指数。具体方法参见第 14.3 节“建设用地集约利用评价”中的有关内容。

2）微观评价的方法

具体进行城市土地集约利用微观尺度的评价时，主要是通过计算地块所在地区所能接受的最低临界容积率和最低临界单位面积地价和最低临界环境容量，将待评价地块的现状容积率、单位面积地价和环境容量与之比较，便可以评价确定该地块土地集约利用的程度；将地块规划的容积率、单位面积可实现的地价、环境容量与之比较，则可以评价确定该地块土地集约利用的潜力。下面介绍以容积率为例，评价地块土地集约利用程度和潜力的方法。

(1) 现状容积率的计算

容积率是指在城市用地的地块上允许修建的总建筑面积与地块面积之比值，即：

$$\text{容积率} = \frac{\text{地块上总建筑面积}}{\text{地块面积}} \tag{14.8}$$

对于一个区域而言，若该区域内有 n 宗地块，每宗地块的现状容积率为 F_i，每宗地块的面积分别为 S_i，则该区域土地的平均现状容积率 F_1 的计算方法为：

$$F_1 = \sum_{i=1}^{n}(S_iF_i)\Big/\sum_{i=1}^{n}S_i \tag{14.9}$$

(2) 规划容积率的确定

规划容积率作为控制土地利用强度的主要指标，在城市规划中起着重要作用。确定规划控制容积率，是控制性详细规划中的重要内容。在土地的开发过程中，建筑物的实际容积率不容许超过规划容积率的规定。一个区域内各地块的规划控制容积率 F_2 在其控制性详细规划中都做了明确规定，因而其值可查详细规划得到。

(3) 最低临界容积率的计算确定

任何土地使用者购买城市土地进行开发利用，都希望获得利润，如果没有利润可图，土地开发与房地产开发便不存在。而根据容积率变动规律，在一定条件下，容积率越高，开发商获得的利润越多。开发商为保证有利可图，必须保证所建的房地产容积率在一定标准以上，即必须高于一定的建筑容积率才能保证开发商能使收入与投资相抵，并获取一定利润，这个能够保证开发商获得最低正常利润的最低建筑容积率，便是最低临界容积率。如果规划规定的容积率低于最低临界容积率，则不会有开发商购买该土地进行开发，必须对规划做出调整与变动。

由于最低临界容积率是保证城市房地产开发商最低收益的最小容积率，可以通过分析房地产开发商进行房地产开发的投入产出的收益过程，测算最低临界容积率。

① 用地的成本构成分析

为分析方便，各种成本以每平方米用地上投入的费用计算。房地产开发用地的成本构成包括以下四项：

a. 城市土地出让单价 P_1（元 /m²），包括土地取得费、场地开发费、城市基础设施及其他配套费等。城市土地因所处街区位置、基础设施等条件不同而具有不同价格，因此，各地块的 P_1 值是不一样的。

b. 安置补偿费。安置补偿费是对被拆迁房屋使用人进行的补偿，一般根据现状建筑的性质、质量、使用年限和产权等因素，对建筑进行分类，分别确定各类旧房拆迁的单位建筑面积补偿标准，然后计算拆迁费。在土地出让实际操作过程中，由于拆迁范围过大，一般不对每座拆迁建筑进行评估，而是根据现状建筑的性质、质量、使用年限、产权等因素把用地划分成不同区，然后测算各区现状容积率 F_1，确定各区内建筑的安置补偿标准 P_2（元 /m²），则每平方米用地内建筑拆迁安置费为 F_1P_2。

c. 新建筑综合造价，包括前期工程费、土建费、建筑设备及安装费和管理费等。设建筑造价为 P_3（元 /m²），如设计建筑容积率为 F_3，则每平方米用地内建筑造价为 F_3P_3。

d. 贷款利息。贷款利息与利息率 r 和建设周期 n（年）有关。

累计以上四项，可得出房地产开发商在每平方米用地上的总投入 P 为：

$$P = (P_1 + P_2F_1 + P_3F_3)(1 + r)n \tag{14.10}$$

式中：P—— 每平方米用地上的总投入；

P_1—— 地块每平方米土地出让单价；

P_2—— 每平方米建筑的安置补偿标准；

P_3—— 每平方米建筑的建筑造价；

F_1—— 地块现状建筑容积率；

F_3—— 地块设计建筑容积率；

r—— 贷款利息率；

n—— 建设周期。

② 用地的产出分析

房地产开发经营收入必须通过房屋商品化来实现，对某个开发商来说，其获取收入便是可售房屋价格之和。设地块设计建筑容积率为 F_3，建筑每平方米售价为 V_1，则每平方米用地产出 V 为：

$$V = V_1F_3 \tag{14.11}$$

式中：V—— 每平方米用地产出；

V_1—— 每平方米建筑的售价；

F_3—— 地块设计建筑容积率。

③ 用地的投入产出分析及最低临界容积率的计算

从目前我国实际情况看，土地开发与房地产开发走的是资金自求平稳的道路，体现了投入

产出平衡的原则。即土地开发总产出不仅包括应收回成本,而且包括其应得的利润,则:

$$开发利润 = 开发总投入 \cdot 利润率 = 总产出 - 总投入 \tag{14.12}$$

假设开发投资利润率为 m,则可得出开发利润 R 为:

$$\begin{aligned} R &= (P_1 + P_2F_1 + P_3F_3)(1+r)nm \\ &= V_1F_3 - [(P_1 + P_2F_1 + P_3F_3)(1+r)n] \end{aligned} \tag{14.13}$$

由此可以得出:

$$F_3 = \frac{(1+r)(1+m)n(P_1 + P_2F_1)}{V_1 - (1+r)(1+m)nP_3} \tag{14.14}$$

式中:F_3—— 计算得出最低临界容积率;

P_1—— 地块每平方米土地出让单价;

P_2—— 每平方米建筑的安置补偿标准;

P_3—— 每平方米建筑的建筑造价;

F_1—— 区域土地的平均现状建筑容积率;

V_1—— 每平方米建筑的售价;

r—— 贷款利息率;

n—— 建设周期;

m—— 开发投资利润率。

依据公式(14.14)计算得出的设计容积率 F_3 即为开发商获得最低利润时的容积率,因此可将其作为地块的最低临界容积率。

(4) 城市土地集约利用程度和潜力计算

$$城市土地集约利用程度 D = \frac{现状容积率}{最低临界容积率} = \frac{F_1}{F_3} \tag{14.15}$$

$$城市土地集约利用潜力 Q = \frac{规划容积率 - 最低临界容积率}{最低临界容积率} = \frac{F_2 - F_3}{F_3} \tag{14.16}$$

式中:F_1—— 地块现状建筑容积率;

F_2—— 地块规划容积率;

F_3—— 地块最低临界容积率。

14.5 土地集约利用评价成果的应用

土地集约利用评价成果可应用于城市与土地利用规划、土地利用管理和土地市场管理和土地价格管理等方面。

1) 促进城市和土地利用规划的科学编制

在城市土地利用方面,我国目前存在两种规划体系,即土地利用总体规划和城市总体规划。两种规划都具有法律效力,但各自规划的重心有所不同。城市总体规划要解决的问题很多,重心放在建设的总体安排上,在土地利用效率方面考虑较为单一。土地利用总体规划和城市总体规划的衔接之处,主要是在确定城市用地规模、建设用地总量尤其是新增建设用地等方面。目前两种规划在这方面都无一例外地依靠人均用地这一单一指标来确定用地规模,这显然不能充分反映多样化的城市背景、性质与发展水平。城市的经济密度与经济结构、社会结构等必须考虑的因素,仅靠这一单一指标是不能得到明确体现的。由于两种规划的侧重点不同,造成在城市用地规模、建设用地总量尤其是新增建设用地等方面往往难以衔接。

土地集约利用评价作为基础性的工作,可直接为两个规划的衔接提供依据。两种规划编制之初,在确定城市用地的扩张规模时,可以参考城市土地总体集约利用水平评价结果,测算出城市在当前经济、社会条件下理论潜力的大小,通过比较用地需求与挖潜能力即集约利用潜力,可科学地推断城市今后新增建设用地的合理规模甚至范围。根据城市土地总体集约利用的水平,可以提高对城市总体规划审核的科学性,为城市总体规划的多方案优选提供参考依据。

城市土地集约利用水平的评价结果,可以直观地反映各个城市总体集约利用水平的相对高低,为国家制定总体规划,平衡各个城市用地指标提供依据和参考;同时也为各级政府编制土地利用总体规划和城市总体规划,确定城市用地规模提供科学的依据。

2)对建设用地进行集约利用审核,对开发区用地规模进行控制

在建设用地审批的规划预审中,审核的内容之一是对土地集约利用水平的评价与审核,即建设项目申请的用地规模是否适宜。城市土地集约利用的标准将直接为规划预审提供依据。在对大中型项目和区片整体用地审批时,可以根据土地集约利用评价结果核定其合理规模,并根据相应的现实潜力明确其今后集约利用的发展方向,在具体项目安排时序上优先考虑现实潜力大的区域挖潜与改造。此外,可依据集约利用标准,对城市建成区内的新建或改建项目,在规模、用途和设计等方面进行集约利用方面的审核。对不符合集约利用标准的项目,必须对用地方案修改调整。

在土地集约利用标准指导下,可对开发区的布局、规划面积进行调整,限定开发面积,按项目供地,滚动发展。尤其是对于已有的开发区的二期乃至三期用地的审批,可对前期已批用地的集约利用水平进行评价,没有达到集约标准的开发区不再批准新增用地。对新增开发区用地规划的审核也可依据集约用地标准进行审核。

3)丰富土地利用信息,为土地管理提供更多支持

目前的土地供应计划偏重于农用地转为非农用地数量,也就是注重新增建设用地,而忽视了存量土地,使存量土地的开发利用没有得到应有的重视与引导。今后政府应将城市存量土地纳入土地供应计划体系。要制定盘活存量土地的年度实施计划,掌握一定时期内城市土地供应量,做到定数量、定地块、定面积、定用途和定集约指标等,使土地供应在计划指导下,有步骤地进行。集约利用潜力评价将为制定土地供应计划,盘活存量土地的年度实施计划提供翔实的资料。

土地储备与投放制度是政府调控市场土地供求平衡的重要手段。根据城市土地集约利用评价结果,可掌握建成区内现实可挖潜的土地数量、类型及分布,无论储备还是投放都应优先选择那些潜力大的地块。集约利用潜力大的地块一般现状价格相对较低,而升值潜力较大,这样不仅可以最大限度地降低储备的资金成本,也可在投放时有效地吸引投资者,使投放的土地能尽快产生效果,产生最优的经济效益和社会效益,使需求压力得到最大限度的缓解。

地价评估的一项基本原则是要评价最有效利用条件下的实际价值,而不是现状利用条件下的表面价值。实际上"最有效利用"与"集约利用"实为同一概念。因此,集约利用潜力的评价将会成为地价评估的基础,立足于集约利用信息的价格评估将更真实可靠,将有助于杜绝价格评估行为中的任意性,防止不公平的土地交易和欺诈行为。

税费政策是调节用地关系、引导用地行为的重要手段。根据集约利用评价成果,可以制定区别性的税费政策。对于不集约利用或过度利用的土地,要强化其持有成本,降低其流通成本,鼓励其向集约利用的方向流转;而对于已达到集约利用状态的土地,应降低其持有成本,提高流转成

本。这样将促使所有的土地最终向集约利用状态逼近,实现城市土地的均衡利用和价值回归。

参 考 文 献

1 何芳,吴正和.国内外城市土地集约利用研究综述与分析.国土经济,2003(3)

2 查志强.城市土地集约利用潜力评价指标体系的构建.浙江经济,2002(4)

3 章牧,骆培聪,颜志森等.城市土地集约利用评价——以福建省福州市为例.福建师范大学学报(自然科学版),2001(4)

4 龚义,吴小平,欧阳安蛟.城市土地集约利用内涵界定及评价指标体系设计.浙江国土资源,2002(1)

5 成舜,白冰冰,李兰维等.包头市城市土地集约利用潜力宏观评价研究.内蒙古师范大学[自然科学(汉语)版],2003,32(3)

6 陈莹,刘康,郑伟元等.城市土地集约利用潜力评价的应用研究.中国土地科学,2002,16(4)

7 刘琳,张博,刘长滨.城市建设中容积率指标的确定方法.技术经济与管理研究,2001(5)

8 吴松涛,贾梦宇,韩冬.容积率取值及其设计.低温建筑设计,2003(1)

9 陈顺清.容积率的确定及其对土地开发效益的影响.武汉城市建设学院学报,1995,12(2)

10 谢正峰.浅议土地的集约利用和可持续利用.国土与自然资源研究,2002(4)

11 许树辉.城市土地集约利用研究.地域研究与开发,2001(9)

12 陶志红.城市土地集约利用几个基本问题的探讨.中国土地科学,2000(9)

13 徐颖.城市土地利用综合潜力的初步研究:[硕士学位论文].南京:南京大学,2003

14 孙兆金.城市土地储备风险甄别与规避研究——以南京市为例:[硕士学位论文].南京:南京大学,2005

第三篇　支持技术篇

15　土地评价常用的数学方法

15.1　主成分分析方法

土地评价在对影响土地质量和土地价值的因素进行分析时，会碰到众多因素，且因素间存在着相关关系，将这些存在相关关系的因素通过数学方法综合成少数几个最终参评因素，使这几个新的因素既代表原来因素的信息又相互独立，从而简化问题并抓住其本质是分析过程中的关键，主成分分析方法可以解决这个难题。

15.1.1　主成分分析的基本原理

主成分分析是把原来多个变量化为少数几个综合指标的一种统计分析方法，从数学角度来看，这是一种降维处理技术。假定有 n 个评价单元，每个评价单元有 m 个因素来描述，这样就构成一个 $n\times m$ 阶数据矩阵：

$$\boldsymbol{X}=\begin{bmatrix} x_{11} & x_{12} & \cdots & x_{1m} \\ x_{21} & x_{22} & \cdots & x_{2m} \\ \vdots & \vdots & & \vdots \\ x_{n1} & x_{n2} & \cdots & x_{nm} \end{bmatrix} \tag{15.1}$$

如何将 m 个因素综合成新的少数几个因素，最简单的形式就是取 m 个因素的线性组合，适当调整组合系数，使新的因素之间相互独立且代表性最好。

如果记 m 个因素为 $x_1,x_2,\cdots,x_m$，它们的综合因素——新因素为 $z_1,z_2,\cdots,z_p(p\leqslant m)$。则

$$\begin{cases} z_1=l_{11}x_1+l_{12}x_2+\cdots+l_{1m}x_m \\ z_2=l_{21}x_1+l_{22}x_2+\cdots+l_{2m}x_m \\ \quad\cdots\cdots\cdots\cdots \\ z_p=l_{p1}x_1+l_{p2}x_2+\cdots+l_{pm}x_m \end{cases} \tag{15.2}$$

系数 l_{ij} 由下列原则来决定：

(1) z_i 与 $z_j(i\neq j;i,j=1,2,\cdots,p)$相互无关；

(2) z_1 是 $x_1,x_2,\cdots,x_m$ 的一切线性组合中方差最大者；z_2 是与 z_1 不相关的 $x_1,x_2,\cdots,x_m$ 的所有线性组合中方差最大者；z_p 是与 z_{p-1}不相关的 $x_1,x_2,\cdots,x_m$ 的所有线性组合中方差最大者。

这样决定的新因素 $z_1,z_2,\cdots,z_p$ 分别称为原因素 $x_1,x_2,\cdots,x_m$ 的第 1,第 2,…,第 p 主成分。其中，z_1 在总方差中占的比例最大，$z_2,z_3,\cdots,z_p$ 的方差依次递减。在实际问题的分析中，常挑选前几个最大的主成分，这样既减少了因素的数目，又抓住了主要矛盾，简化了因素之间的

关系。

从以上分析可以看出,找主成分就是确定原来因素 $x_j(j=1,2,\cdots,m)$ 在所有主成分 $z_i(i=1,2,\cdots,p)$ 上的载荷 $l_{ij}(i=1,2,\cdots,p;j=1,2,\cdots,m)$。从数学上容易知道,它们分别是 $x_1,x_2,\cdots,x_m$ 的相关矩阵的 p 个较大的特征值所对应的特征向量。

15.1.2　主成分的计算步骤

通过上述主成分分析的基本原理的介绍,可以把主成分分析计算步骤归纳如下:

(1) 计算相关系数矩阵

$$\boldsymbol{R}=\begin{bmatrix} r_{11} & r_{12} & \cdots & r_{1m} \\ r_{21} & x_{22} & \cdots & r_{2m} \\ \vdots & \vdots & & \vdots \\ r_{n1} & r_{n2} & \cdots & r_{nm} \end{bmatrix} \tag{15.3}$$

在式(15.3)中,$r_{ij}(i,j=1,2,\cdots,m)$ 为原来因素 x_i 与 x_j 的相关系数,其计算公式为:

$$r_{ij}=\frac{\sum_{k=1}^{n}(x_{ki}-\overline{x}_i)(x_{kj}-\overline{x}_j)}{\sqrt{\sum_{k=1}^{n}(x_{kj}-\overline{x}_i)^2}\sqrt{\sum_{k=1}^{n}(x_{kj}-\overline{x}_j)^2}} \tag{15.4}$$

因为 $\boldsymbol{R}$ 是实对称矩阵(即 $r_{ij}=r_{ji}$),所以只需计算其上三角元素或下三角元素即可。

(2) 计算特征值与特征向量

首先解特征方程 $|\lambda I-R|=0$,求出特征值 $\lambda_i(i=1,2,\cdots,m)$,并使其按大小顺序排列,即 $\lambda_1\geqslant\lambda_2\geqslant\cdots\geqslant\lambda_m\geqslant0$;然后分别求出对应于特征值 λ_i 的特征向量 $\boldsymbol{e}_i(i=1,2,\cdots,m)$。

(3) 计算主成分贡献率及累计贡献率

主成分 z_i 的贡献率:$\lambda_1\Big/\sum_{k=1}^{m}\lambda_k(i=1,2,\cdots,m)$,累计贡献率:$\sum_{k=1}^{p}\lambda_k\Big/\sum_{k=1}^{m}\lambda_k$。一般取累计贡献率达 85% ~ 95% 的特征值 $\lambda_1,\lambda_2,\cdots,\lambda_p$ 所对应的第 1,第 2,…,第 $p(p\leqslant m)$ 个主成分。

(4) 计算主成分载荷

$$p(z_k,x_i)=\sqrt{\lambda_k e_{ki}}(i,k=1,2,\cdots,m) \tag{15.5}$$

由此可以进一步计算主成分得分:

$$\boldsymbol{Z}=\begin{bmatrix} z_{11} & z_{12} & \cdots & z_{1m} \\ z_{21} & z_{22} & \cdots & z_{2m} \\ \vdots & \vdots & & \vdots \\ z_{n1} & z_{n2} & \cdots & z_{nm} \end{bmatrix} \tag{15.6}$$

15.1.3　特征值与特征向量的计算方法

主成分分析最主要的计算是计算特征值和特征向量。关于它们的计算方法内容十分丰富,这里仅仅介绍适合于实对称阵的雅可比方法。设有实对称矩阵

$$\boldsymbol{R}=\begin{bmatrix} r_{11} & r_{12} & \cdots & r_{1m} \\ r_{21} & x_{22} & \cdots & r_{2m} \\ \vdots & \vdots & & \vdots \\ r_{n1} & r_{n2} & \cdots & r_{nm} \end{bmatrix} \tag{15.7}$$

其中 $r_{ij}=r_{ji}$，以下是利用雅可比方法求其特征值与特征向量的步骤。

(1) 记 $\boldsymbol{R}^{(0)}=\boldsymbol{R}$，选 $\boldsymbol{R}^{(0)}$ 非对角元素 r_{ij} 中绝对值最大者，记为 $r_{i_0j_0}^{(0)}=r_{i_0j_0}=\max\limits_{i\neq j}\{|r_{ij}|\}$；

(2) 作正交变换：

$$\theta_0=\frac{1}{2}\arctan\frac{2r_{i_0j_0}^{(0)}}{r_{i_0i_0}^{(0)}-r_{j_0j_0}^{(0)}} \tag{15.8}$$

假设在原始矩阵 $\boldsymbol{R}^{(0)}$ 的对角线以外元素中，以 r_{ij} 的绝对值为最大。当然 $r_{ij}\neq 0$，否则已对角化了。为了明确起见，设 $j>i$。作一个转轴变换：

$$\left[\begin{array}{cccccccccccc}
 & & & i & & & & j & & & & \\
1 & & & & & & & & & & & \\
 & 1 & & & & & & & & & & \\
 & & \ddots & & & & & & & & & \\
 & & & i & & & & & & & & \\
 & & & \cos\theta_0 & & & & -\sin\theta_0 & & & & i \\
 & & & & 1 & & & & & & & \\
 & & & & & \ddots & & & & & & \\
 & & & & & & 1 & & & & & \\
 & & & \sin\theta_0 & & & & \cos\theta_0 & & & & j \\
 & & & & & & & & 1 & & & \\
 & & & & & & & & & \ddots & & \\
 & & & & & & & & & & 1 &
\end{array}\right] \tag{15.9}$$

用 $\boldsymbol{T}_0$ 作用到 $\boldsymbol{R}^{(0)}$ 上，所得矩阵为 $\boldsymbol{R}^{(1)}$，即：

$$\boldsymbol{R}^{(1)}=\boldsymbol{T}'_0\boldsymbol{R}^{(0)}\boldsymbol{T}_0=\left[r_{ij}^{(1)}\right] \tag{15.10}$$

变换后的矩阵 $\boldsymbol{R}^{(1)}$，与变换前的矩阵 $\boldsymbol{R}^{(0)}$ 的区别只是在第 i 行、第 j 行、第 i 列与第 j 列的元素起了变化。变化元素的结果是：

$$\begin{cases}
r_{i_0i_0}^{(1)}=r_{i_0i_0}^{(0)}\cos^2\theta_0+r_{j_0j_0}^{(0)}\sin^2\theta_0+2r_{i_0j_0}^{(0)}\sin\theta_0\cos\theta_0 \\
r_{j_0j_0}^{(1)}=r_{i_0i_0}^{(0)}\sin^2\theta_0+r_{j_0j_0}^{(0)}\cos^2\theta_0-2r_{i_0j_0}^{(0)}\sin\theta_0\cos\theta_0 \\
r_{i_0j_0}^{(1)}=r_{j_0i_0}^{(1)}=(r_{j_0j_0}^{0}-r_{i_0i_0}^{(0)})\sin\theta_0\cos\theta_0+r_{i_0j_0}^{(0)}(\cos^2\theta_0-\sin^2\theta_0)=0 \\
\left.\begin{array}{l} r_{i_0k}^{(1)}=r_{i_0k}^{(0)}\cos\theta_0+r_{j_0k}^{(0)}\sin\theta_0 \\ r_{j_0k}^{(1)}=-r_{i_0k}^{(0)}\sin\theta_0+r_{j_0k}^{(0)}\cos\theta_0 \end{array}\right\} k\neq i_0,j_0 \\
r_{ij}^{(1)}=r_{ij}^{(0)} \quad i\neq i_0,j_0;j\neq i_0,j_0
\end{cases} \tag{15.11}$$

(3) 取 $\boldsymbol{R}^{(1)}$ 阵非对角元素中绝对值最大者，记作 $r_{i_1j_1}^{1}$，仿式(15.9)、式(15.10) 作正交变换 T_1，得

$$\boldsymbol{R}^{(2)}=\boldsymbol{T}'_1\boldsymbol{R}^{(1)}\boldsymbol{T}_1=\left[r_{ij}^{(2)}\right] \tag{15.12}$$

$|r_{ij}^{(2)}|$ 可利用类似式(15.11) 由 $r_{ij}^{(1)}$ 算得。

(4) 设已作了 m 次变换，得 $\boldsymbol{R}^{(m)}$。取 $\boldsymbol{R}^{(m)}$ 矩阵非对角线元素绝对值最大者，记为 $r_{i_mj_m}^{(m)}$，仿式(15.10)、式(15.11) 作正交变换 $\boldsymbol{T}_m$，得

$$\boldsymbol{R}^{(m+1)}=\boldsymbol{T}'_m\boldsymbol{R}^{(m)}\boldsymbol{T}_m=\left[r_{ij}^{(m+1)}\right] \tag{15.13}$$

类似式(15.11) 有：

$$\begin{cases}
r_{i_mi_m}^{(m+1)}=r_{i_mi_m}^{(m)}\cos^2\theta_m+r_{j_mj_m}^{(m)}\sin^2\theta_m+2r_{i_mj_m}^{(m)}\sin\theta_m\cos\theta_m \\
r_{j_mj_m}^{(m+1)}=r_{i_mi_m}^{(m)}\sin^2\theta_m+r_{j_mj_m}^{(m)}\cos^2\theta_m-2r_{i_mj_m}^{(m)}\sin\theta_m\cos\theta_m \\
r_{i_mj_m}^{(m+1)}=0 \\
\left.\begin{array}{l} r_{i_mk}^{(m+1)}=r_{i_mk}^{(m)}\cos\theta_m+r_{j_mk}^{(m)}\sin\theta_m \\ r_{j_mk}^{(m+1)}=-r_{i_mk}^{(m)}\sin\theta_m+r_{j_mk}^{(m)}\cos\theta_m \end{array}\right\} \quad k\neq i_m,j_m \\
r_{ij}^{(m+1)}=r_{ij}^{(m)} \quad i\neq i_m,j_m;j\neq i_m,j_m
\end{cases} \tag{15.14}$$

其中

$$\theta_m = \frac{1}{2}\arctan\frac{2r_{imjm}^{(m)}}{r_{imim}^{(m)} - r_{jmjm}^{(m)}} \tag{15.15}$$

(5) 如果进行到 k 步，非对角线上元素的绝对值都小于给定的精度 M_0（比如 $M_0 = 10^{-10}$），则迭代过程停止，矩阵 $\boldsymbol{R}^{(m)}$ 对角线上的元素就是特征值的近似值。

$$\boldsymbol{T} = T_0 T_1 T_2 \cdots T_k \tag{15.16}$$

正交矩阵 $\boldsymbol{T}$ 的列向量就是相应特征向量的近似值。

15.1.4 应用举例

某地区 11 个土地评价单元，每个评价单元的土地价值受 8 个因子影响，现对这 8 个影响因子做主成分分析。11 个评价单元的每个因子作用分值见表 15.1。

表 15.1 某地区 11 个评价单元的因子分值

单 元	因 子							
	x_1	x_2	x_3	x_4	x_5	x_6	x_7	x_8
1	16.59	2.51	18.43	0.00	34.22	1.38	21.32	5.55
2	23.63	9.00	11.59	0.00	22.19	2.30	21.85	9.44
3	19.59	6.40	23.13	0.00	5.70	0.90	32.93	11.35
4	12.87	0.28	27.92	0.00	5.89	0.72	43.56	8.76
5	15.04	1.59	64.50	0.00	2.46	0.62	4.10	11.70
6	32.34	2.94	37.51	0.01	5.06	0.63	12.83	8.68
7	29.45	2.62	38.13	0.00	6.63	0.73	12.30	10.13
8	22.06	1.59	67.01	0.03	1.80	0.64	2.22	4.66
9	12.21	2.69	73.32	0.00	1.63	0.59	1.61	7.95
10	29.56	3.13	36.34	0.00	6.11	0.70	15.70	8.47
11	21.49	5.76	38.63	0.00	6.27	1.07	16.77	10.01

(1) 将表 15.1 中的数据采用标准差标准化，由公式(15.4)计算得相关系数矩阵(见表 15.2)。

表 15.2 相关系数矩阵

因 子	x_1	x_2	x_3	x_4	x_5	x_6	x_7	x_8
x_1	1.000	0.236	−0.242	0.205	−0.059	0.025	−0.163	0.041
x_2	0.236	1.000	−0.520	−0.269	0.311	0.758	0.168	0.347
x_3	−0.242	−0.520	1.000	0.423	−0.679	−0.675	−0.769	−0.141
x_4	0.205	−0.269	0.423	1.000	−0.270	−0.251	−0.401	−0.623
x_5	−0.059	0.311	−0.679	−0.270	1.000	0.750	0.287	−0.319
x_6	0.025	0.758	−0.675	−0.251	0.750	1.000	0.280	−0.004
x_7	−0.163	0.168	−0.769	−0.401	0.287	0.280	1.000	0.214
x_8	0.041	0.347	−0.141	−0.623	−0.319	−0.004	0.214	1.000

(2) 由相关系数矩阵计算特征值，以及各个主成分的贡献率和累计贡献率见表 15.3。由表可知，第 1、第 2、第 3、第 4 主成分的累计贡献率已高达 91.110%，故只需求出第 1、第 2、第 3、第 4 主成分 z_1, z_2, z_3, z_4 即可。

表 15.3 特征值及主成分贡献率

主成分	特征值	贡献率(%)	累计贡献率(%)
1	3.408	42.605	42.600
2	1.670	20.877	63.480
3	1.310	16.375	79.860
4	0.901	11.257	91.110
5	0.525	6.564	97.680
6	0.125	1.557	99.230
7	0.061	0.765	100.000
8	0.000	0.000	100.000

(3) 对于特征值 $\lambda_1=3.408$，$\lambda_2=1.670$，$\lambda_3=1.310$，$\lambda_4=0.901$，分别求出其特征向量 $\boldsymbol{e}_1$，$\boldsymbol{e}_2$，$\boldsymbol{e}_3$，$\boldsymbol{e}_4$，并计算各因子 x_1，x_2，…，x_8 在各主成分上的载荷得到主成分载荷矩阵(表 15.4)。

表 15.4 主成分载荷矩阵

因　子	主　成　分				占方差的百分数(%)
	z_1	z_2	z_3	z_4	
x_1	0.065	−0.195	0.820	−0.466	93.115
x_2	0.711	0.001	0.514	0.333	88.092
x_3	−0.922	0.087	0.014	0.374	99.766
x_4	−0.581	−0.631	0.193	−0.159	79.708
x_5	0.719	−0.520	−0.279	0.116	87.861
x_6	0.842	−0.346	0.098	0.331	94.706
x_7	0.644	0.240	−0.400	−0.526	90.805
x_8	0.268	0.883	0.300	0.087	94.857

从表 15.4 可以看出，第 1 主成分 z_1 与 x_2，x_5，x_6 有较大的正相关，与 x_3 有较大的负相关；z_2 与 x_8 有较大的正相关；z_3 与 x_1 有较大的正相关。因此，可以将 8 个因子分成 3 类：x_2，x_3，x_5，x_6 归为一类；x_1 与 x_8 各成一类，其余的 2 个因子 x_4，x_7 可以看成是“另类因子”，即无意义的因子。因为从表 15.1 可以看出，因子 x_4 的作用分值在所有 11 个评价单元中都几乎为 0，没有任何区分作用，对评价单元的土地价值毫无影响；而因子 x_7 的作用分值在 11 个评价单元差别太大(最大值 43.56 为最小值 1.61 的 27 倍)，与实际情况明显不符，可能是因子选择有误，或数据不真实。

经过以上主成分分析后，可以将因子 x_2，x_3，x_5，x_6 综合成一个新的因子，而因子 x_4 和 x_7 可以剔除，这样，8 个因子可以缩减为 3 个因子。

15.2 系统聚类分析方法

聚类分析亦称群分析或点群分析，它是研究多要素事物分类问题的数量方法。其基本原理是根据样本自身的属性，用数学方法按照某些相似性或差异性指标，定量地确定样本之间的亲疏关系，并按这种亲疏关系程度对样本进行聚类。

聚类分析方法是研究要素分类问题的重要的数量分析方法，常见的聚类分析方法有系统聚类法、模糊聚类法和灰色聚类法等。

15.2.1 系统聚类法

1) 聚类要素数据处理

在聚类分析中，聚类要素的选择是十分重要的，它直接影响分类结果的准确性和可靠性。不同要素的数据往往具有不同的单位和量纲，因而其数值的差异可能是很大的，这就会对分类结果产生影响。因此在进行聚类分析之前，要对聚类要素进行数据处理。

假设有 m 个被聚类的对象，每一个被聚类对象都有 $x_1, x_2, \cdots, x_n$ 个要素构成。它们所对应的要素数据可用表 15.5 给出。

表 15.5 聚类对象与要素数据

聚类对象	要素					
	x_1	x_2	$\cdots$	x_j	$\cdots$	x_n
1	x_{11}	x_{12}	$\cdots$	x_{1j}	$\cdots$	x_{1n}
2	x_{21}	x_{22}	$\cdots$	x_{2j}	$\cdots$	x_{2n}
$\vdots$	$\vdots$	$\vdots$		$\vdots$		$\vdots$
i	x_{i1}	x_{i2}	$\cdots$	x_{ij}	$\cdots$	x_{in}
$\vdots$	$\vdots$	$\vdots$		$\vdots$		$\vdots$
m	x_{m1}	x_{m2}	$\cdots$	x_{mj}	$\cdots$	x_{mn}

在聚类分析中，常用的聚类要素的数据处理方法有如下几种。

(1) 总和标准化，分别求出各聚类要素所对应的数据的总和，以各要素的数据除以该要素数据的总和，即：

$$x'_{ij} = x_{ij} \Big/ \sum_{i=1}^{m} x_{ij} \qquad \begin{pmatrix} i = 1,2,\cdots,m \\ j = 1,2,\cdots,n \end{pmatrix} \tag{15.17}$$

这种标准化方法所得的新数据 x'_{ij} 满足

$$\sum_{i=1}^{m} x'_{ij} = 1 \qquad (j = 1,2,\cdots,n)$$

(2) 标准差的标准化，即：

$$x'_{ij} = \frac{x_{ij} - \overline{x}_j}{s_j} \qquad \begin{pmatrix} i = 1,2,\cdots,m \\ j = 1,2,\cdots,n \end{pmatrix} \tag{15.18}$$

在式(15.18)中，$\overline{x}_j = \dfrac{1}{m}\sum_{i=1}^{m} x_{ij}$，$s_j = \sqrt{\dfrac{1}{m}\sum_{i=1}^{m}(x_{ij} - \overline{x}_j)^2}$

由这种标准化方法所得的新数据，各要素的平均值为 0，标准差为 1。即有

$$\overline{x}'_j = \frac{1}{m}\sum_{i=1}^{m} x'_{ij} = 0, \qquad s'_j = \sqrt{\frac{1}{m}\sum_{i=1}^{m}(x'_{ij} - \overline{x}'_j)^2} = 1$$

(3) 极大值标准化，即：

$$x'_{ij} = \frac{x_{ij}}{\max\limits_{i}\{x_{ij}\}} \qquad \begin{pmatrix} i = 1,2,\cdots,m \\ j = 1,2,\cdots,n \end{pmatrix} \tag{15.19}$$

经过这种标准化所得的新数据，各要素的极大值为 1，其余各数值小于 1。

(4) 极差的标准化，即：

$$x'_{ij} = \frac{x_{ij} - \min\limits_{i}\{x_{ij}\}}{\max\limits_{i}\{x_{ij}\} - \min\limits_{i}\{x_{ij}\}} \qquad \begin{pmatrix} i = 1,2,\cdots,m \\ j = 1,2,\cdots,n \end{pmatrix} \tag{15.20}$$

经过这种标准化所得的新数据，各要素的极大值为 1，极小值为 0，其余的数值均在 0 与 1 之间。

表 15.6 给出了某地区 11 个评价单元的 8 个评价指标的数值，其标准差标准化处理的结果如表 15.7 所示。

表 15.6 某地区 11 个评价单元的 8 个评价指标的数值

单元代号	指标							
	I_1	I_2	I_3	I_4	I_5	I_6	I_7	I_8
U_1	16.59	2.51	18.43	0.00	34.22	1.38	21.32	5.55
U_2	23.63	9.00	11.59	0.00	22.19	2.30	21.85	9.44
U_3	19.59	6.40	23.13	0.00	5.70	0.90	32.93	11.35
U_4	12.87	0.28	27.92	0.00	5.89	0.72	43.56	8.76
U_5	15.04	1.59	64.50	0.00	2.46	0.62	4.10	11.70
U_6	32.34	2.94	37.51	0.01	5.06	0.63	12.83	8.68
U_7	29.45	2.62	38.13	0.00	6.63	0.73	12.30	10.13
U_8	22.06	1.59	67.01	0.03	1.80	0.64	2.22	4.66
U_9	12.21	2.69	73.32	0.00	1.63	0.59	1.61	7.95
U_{10}	29.56	3.13	36.34	0.00	6.11	0.70	15.70	8.47
U_{11}	21.49	5.76	38.63	0.00	6.27	1.07	16.77	10.01

表 15.7 标准差标准化处理后的数值

单元代号	指标							
	I_1	I_2	I_3	I_4	I_5	I_6	I_7	I_8
U_1	−0.720	−0.410	−1.092	−0.413	2.634	0.912	0.365	−1.566
U_2	0.345	2.275	−1.443	−0.413	1.382	2.797	0.408	0.314
U_3	−0.266	1.199	−0.850	−0.413	−0.333	−0.071	1.309	1.237
U_4	−1.283	−1.332	−0.604	−0.413	−0.314	−0.439	2.173	−0.015
U_5	−0.954	−0.790	1.275	−0.413	−0.671	−0.644	−1.035	1.406
U_6	1.663	−0.232	−0.112	0.722	−0.400	−0.624	−0.326	−0.054
U_7	1.226	−0.364	−0.080	−0.413	−0.237	−0.419	−0.369	0.647
U_8	0.108	−0.790	1.404	2.991	−0.739	−0.603	−1.188	−1.996
U_9	−1.383	−0.335	1.728	−0.413	−0.757	−0.706	−1.238	−0.406
U_{10}	1.242	−0.153	−0.172	−0.413	−0.291	−0.480	−0.092	−0.155
U_{11}	0.021	0.934	−0.054	−0.413	−0.274	0.277	−0.005	0.589

2）距离和相似系数的计算

距离是事物之间差异性的测度，而相似系数则是其相似性的测度，所以距离和相似系数是聚类分析的依据和基础。当聚类要素的数据处理工作完成以后，就要计算分类对象之间的距离或相似系数，并依据距离或相似系数的矩阵结构进行聚类。

（1）距离的计算

如果我们把每一个分类对象的 n 个聚类要素看成 n 维空间的 n 个坐标轴，则每一个分类对象的 n 个要素所构成的 n 维数据向量就是 n 维空间中的一个点。这样，各分类对象之间的差异性就可以由它们所对应的 n 维空间中点之间的距离度量。常用的距离有下面几种：

① 绝对值距离：

$$d_{ij}=\sum_{k=1}^{n}|x_{ik}-x_{jk}| \qquad (i,j=1,2,\cdots,m) \tag{15.21}$$

② 欧氏距离：

$$d_{ij}=\sqrt{\sum_{k=1}^{n}(x_{ik}-x_{jk})^2} \qquad (i,j=1,2,\cdots,m) \tag{15.22}$$

③ 明科夫斯基距离：

$$d_{ij}=\left[\sum_{k=1}^{n}|x_{ik}-x_{jk}|^{p}\right]^{\frac{1}{p}} \qquad (i,j=1,2,\cdots,m) \tag{15.23}$$

式中：$p\geqslant1$。当 $p=1$ 时，它就是绝对值距离；当 $p=2$ 时，它就是欧氏距离。

④ 切比雪夫距离，当明科夫斯基距离 $p\to\infty$时，有

$$d_{ij}=\max_{k}|x_{ik}-x_{jk}| \qquad (i,j=1,2,\cdots,m) \tag{15.24}$$

选择不同的距离，聚类结果会有所差异。在因素聚类研究中，往往采用几种距离进行计算、对比，选择一种较为合理的距离进行聚类。

(2) 相似系数的计算

常见的相似系数是夹角余弦和相关系数，其计算公式如下：

① 夹角余弦

$$r_{ij}=\cos\theta_{ij}=\frac{\sum_{k=1}^{n}x_{ik}x_{jk}}{\sqrt{\sum_{k=1}^{n}x_{ik}^{2}}\sqrt{\sum_{k=1}^{n}x_{jk}^{2}}} \qquad (i,j=1,2,\cdots,m) \tag{15.25}$$

式中：$-1\leqslant\cos\theta_{ij}\leqslant1$。

② 相关系数

$$r_{ij}=\frac{\sum_{k=1}^{n}(x_{ik}-\bar{x}_i)(x_{jk}-\bar{x}_j)}{\sqrt{\sum_{k=1}^{n}(x_{ik}-\bar{x}_i)^2}\sqrt{\sum_{k=1}^{n}(x_{jk}-\bar{x}_j)^2}} \qquad (i,j=1,2,\cdots,m) \tag{15.26}$$

式中：$\bar{x}_i$ 和 $\bar{x}_j$ 分别为聚类对象 i 和 j 各要素标准化数据的平均值。

3) 直接聚类法聚类分析

直接聚类法是根据距离或相似系数矩阵的结构一次并类得到结果，是一种简便的聚类方法。它先把各个分类对象单独视为一类，然后根据距离最小或相似系数最大的原则，依次选出一对分类对象，并成新类。如果其中一个分类对象已归于上类，则把另一个也归入该类；如果一对分类对象正好属于已归的两类，则把这两类并为一类。每一次归并，都划去该对象所在的列及与列序相同的行。那么，经过 $m-1$ 次就可以把全部分类对象归为一类，这样就可以根据归并的先后顺序作出聚类分析的谱系图。

根据表 15.7 的数据，采用式(15.22)计算可得到某地区 11 个评价单元的欧氏距离矩阵如表 15.8 所示。

表 15.8 某地区 11 个评价单元的欧氏距离矩阵

单 元	U_1	U_2	U_3	U_4	U_5	U_6	U_7	U_8	U_9	U_{10}	U_{11}
U_1	0	1.463	1.634	1.483	1.934	1.669	1.591	2.089	1.817	1.477	1.461
U_2	1.463	0	1.356	2.029	2.174	1.824	1.706	2.576	2.234	1.671	1.283
U_3	1.634	1.356	0	1.115	1.366	1.237	1.034	2.177	1.582	1.039	0.618
U_4	1.483	2.029	1.115	0	1.432	1.488	1.342	2.040	1.521	1.280	1.263
U_5	1.934	2.174	1.366	1.432	0	1.279	1.002	1.744	0.701	1.163	1.027
U_6	1.669	1.824	1.237	1.488	1.279	0	0.507	1.361	1.372	0.443	0.914
U_7	1.591	1.706	1.034	1.342	1.002	0.507	0	1.702	1.240	0.312	0.686
U_8	2.089	2.576	2.177	2.040	1.744	1.361	1.702	0	1.443	1.604	1.795
U_9	1.817	2.234	1.582	1.521	0.701	1.372	1.240	1.443	0	1.234	1.144
U_{10}	1.477	1.671	1.039	1.280	1.163	0.443	0.312	1.604	1.234	0	0.691
U_{11}	1.461	1.283	0.618	1.263	1.027	0.914	0.686	1.795	1.144	0.691	0

根据表 15.8 所示的距离矩阵，用直接聚类法对某地区的 11 个评价单元进行聚类分析步骤如下：

第一步，在距离矩阵中，除对角线元素以外，$d_{10,7}=d_{7,10}=0.312$ 为最小者，故将 U_{10} 与 U_7 并为一类，划去第 10 行和第 10 列；

第二步，在余下的元素中。除对角线元素以外，$d_{7,6}=d_{6,7}=0.507$ 为最小者，故 U_6 与第 U_7，U_{10} 并为一类，划掉第 7 行和第 7 列；

第三步，在第二步之后余下的元素中，除对角线元素以外，$d_{11,3}=d_{3,11}=0.618$ 为最小者，故将 U_{11} 与 U_3 并为一类。划去第 11 行和第 11 列；

第四步，在第三步之后余下的元素中，除对角线元素以外，$d_{9,5}=d_{5,9}=0.701$ 为最小者，故将 U_9 与 U_5 并为一类，划去第 9 行和第 9 列；

第五步，在第四步之后余下的元素中，除对角线元素以外，$d_{4,3}=d_{3,4}=1.115$ 为最小者，故将 U_4 与 U_3、U_{11} 并为一类，划去第 4 行和第 4 列，此时，第 U_3、U_4、U_{11} 已归并为一类；

第六步，在第五步之后余下的元素中，除对角线元素以外，$d_{6,3}=d_{3,6}=1.237$ 为最小者，故将 U_6、U_7、U_{10} 与 U_3、U_4、U_{11} 并为一类，划去第 6 行和第 6 列，此时，U_3、U_4、U_6、U_7、U_{10}、U_{11} 已归并为一类；

第七步，在第六步之后余下的元素中，除对角线元素以外，$d_{3,2}=d_{2,3}=1.356$ 为最小者，故将 U_2 与 U_3、U_4、U_6、U_7、U_{10}、U_{11} 并为一类，划去第 3 行和第 3 列，此时，U_2、U_3、U_4、U_6、U_7、U_{10}、U_{11} 已归并为一类；

第八步，在第七步之后余下的元素中，除去对角线元素以外，$d_{2,1}=d_{1,2}=1.463$ 为最小者，故将 U_1 与 U_2、U_3、U_4、U_6、U_7、U_{10}、U_{11} 并为一类，划去第 2 行和第 2 列，此时，U_1、U_2、U_3、U_4、U_6、U_7、U_{10}、U_{11} 已归并为一类；

第九步，在第八步之后余下的元素中，除去对角线元素以外，$d_{8,5}=d_{5,8}=1.744$ 为最小者，故将 U_8 与 U_5、U_9 并为一类，划去第 8 行和第 8 列，此时，U_5、U_8、U_9 已归并为一类；

第十步，在第九步之后余下的元素中，除去对角线元素以外，只有 $d_{5,1}=d_{1,5}=1.934$，故将 U_1、U_2、U_3、U_4、U_6、U_7、U_{10}、U_{11} 与 U_5、U_8、U_9 并为一类，划去第 5 行和第 5 列，此时，U_1、U_2、U_3、U_4、U_5、U_6、U_7、U_8、U_9、U_{10}、U_{11} 已全部归并为一类。

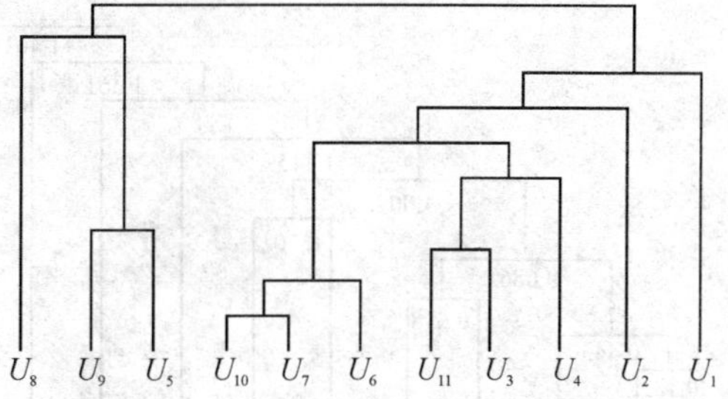

图 15.1 直接聚类法聚类谱系图

根据上述步骤，可以作出聚类过程的谱系图（见图 15.1）。直接聚类法虽然简便，但在归类过程中是划去行和列的，因而难免有信息损失。因此直接聚类法并不是最好的系统聚类法。

4）逐步聚类法聚类分析

逐步聚类法的基本步骤和直接聚类法相似，但和直接聚类法最大的区别在于逐步聚类法每次聚类后，需要重新计算新合成的类和原来各类之间的距离，然后依据新的距离进行聚类，直至全部的对象聚为一类，下面以最短聚类法来说明逐步聚类法的过程。

(1) 最短距离法

最短距离法是在原来的 $m\times m$ 距离矩阵的非对角元素中找出 $d_{pq}=\min\{d_{ij}\}$，把分类对象 G_p 和 G_q 并为一新类 G_r，然后按计算公式：

$$d_{rk}=\min\{d_{pk},d_{qk}\} \qquad (k\neq p,q) \tag{15.27}$$

计算原来各类与新类之间的距离，这样就得到一个新的$(m-1)$阶的距离矩阵；再从新的距离矩阵中选出最小的 d_{ij}，把 G_i 和 G_j 归并成新类，再计算各类与新类的距离，这样一直下去，直至各分类对象被归为一类为止。

根据表 15.8 所示距离矩阵，用最短距离聚类法对某地区 11 个评价单元进行聚类分析。

第一步，在 11×11 阶距离矩阵中，非对角元素中最小者是 $d_{10,7}=0.312$，故首先将 U_{10} 与 U_7 并为一类，记为 U_{12}，即 $U_{12}=\{U_7,U_{10}\}$。分别按照式(15.27)计算 U_{12} 与 U_1、U_2、U_3、U_4、U_5、U_6、U_8、U_9、U_{11} 之间的距离得：

$d_{12,1}=\min\{d_{7,1},d_{10,1}\}=\min\{1.591,1.477\}=1.477$；$d_{12,2}=\min\{d_{7,2},d_{10,2}\}=\min\{1.706,1.671\}=1.671$；类似地可以得到 $d_{12,3}=1.034$、$d_{12,4}=1.342$、$d_{12,5}=1.002$、$d_{12,6}=0.443$、$d_{12,8}=1.604$、$d_{12,9}=1.234$、$d_{12,11}=0.686$。这样得到一个新的 10×10 阶距离矩阵：

	U_1	U_2	U_3	U_4	U_5	U_6	U_8	U_9	U_{11}	U_{12}
U_1	0									
U_2	1.463	0								
U_3	1.634	1.356	0							
U_4	1.483	2.029	1.115	0						
U_5	1.934	2.174	1.366	1.432	0					
U_6	1.669	1.824	1.237	1.488	1.279	0				
U_8	2.089	2.576	2.177	2.040	1.744	1.361	0			
U_9	1.817	2.234	1.582	1.521	0.701	1.372	1.443	0		
U_{11}	1.461	1.283	0.618	1.263	1.027	0.914	1.795	1.144	0	
U_{12}	1.477	1.671	1.034	1.342	1.002	0.443	1.604	1.234	0.686	0

第二步，在新的 10×10 阶距离矩阵中，非对角元素中最小者是 $d_{12,6}=0.312$，故将 U_{12} 与 U_6 并为一类。记为 U_{13}，即 $U_{13}=\{U_6,U_7,U_{10}\}$。分别按照式(15.27)计算 U_{13} 与 U_1、U_2、U_3、U_4、U_5、U_8、U_9、U_{11} 之间的距离得一新的 9×9 阶距离矩阵，从中选出非对角元素中最小者，然后合并对应的类；依此步骤直至将 11 个对象全部聚为一类。最后的聚类结果见图 15.2，直线下方的数据为每次聚类时的距离。

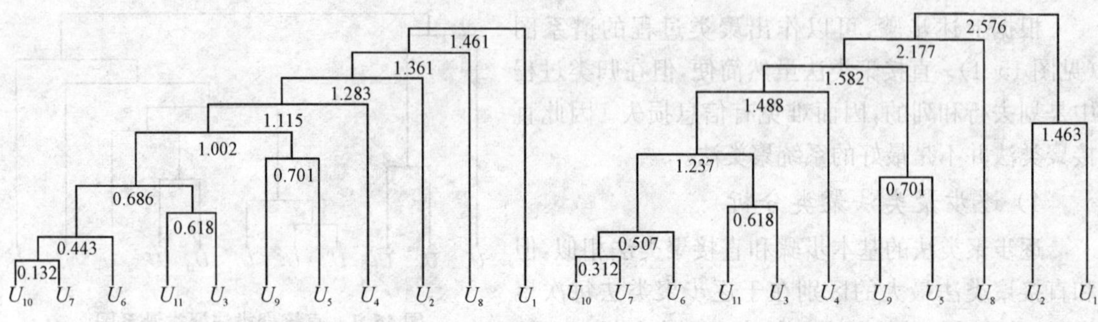

图 15.2　最短聚类法聚类谱系图　　　**图 15.3　最长聚类法聚类谱系图**

(2) 最长距离法

最长距离法聚类过程和最短距离法完全相同，仅是计算新类与原来的类之间的距离采用的公式不同，所采用的公式如下：

$$d_{rk}=\max\{d_{pk},d_{qk}\}\qquad(k\neq p,q)\tag{15.28}$$

根据表 15.9 所示的距离矩阵，用最长距离聚类法得到图 15.3 所示的聚类谱系图，直线下方的数据为每次聚类时的距离。

5) 系统聚类法计算类之间距离的统一公式

从式(15.27)和式(15.28)不难看出，最短距离法具有空间压缩性，而最大距离聚类法具有空间扩张性。它们的这种性质可以形象地用图 15.4 来表示。最短距离为 $d_{AB}=d_{a_1b_1}$，最长距离为 $d_{AB}=d_{a_2b_2}$。这两种聚类方法关于类之间的距离计算可以用一个统一的公式来表示：

$$d_{kr}^2=\frac{1}{2}d_{pk}^2+\frac{1}{2}d_{qk}^2+r|d_{pk}^2-d_{qk}^2|\tag{15.29}$$

图 15.4　两种不同空间距离

当 $r=-1/2$ 时，式(15.29)就是最短距离聚类法计算类之间的距离的公式(15.27)；当 $r=1/2$ 时，式(15.29)就是最长距离聚类法计算类之间的距离的式(15.28)。

除了最短距离聚类法和最长距离聚类法外，系统聚类的方法还有多种，如：

$$D_{kr}^2=a_pD_{kp}^2+a_qD_{kq}^2+\beta D_{pq}^2+r|D_{kp}^2-D_{kq}^2|\tag{15.30}$$

式(15.30)就是八种不同系统聚类方法计算类之间距离的统一表达式。当 a、β、r 三个参数取不同的值时，就形成了不同的聚类方法(见表 15.9)，式中 n_p 是 p 类中单元的个数，n_q 是 q 类中单元的个数，n_k 是 k 类中单元的个数，$n_r=n_p+n_q$，β 一般取负值。

表 15.9　八种系统聚类方法的距离参数值

方法名称	参数				距离矩阵要求	空间性质
	a_p	a_q	β	r		
最短距离法	$\frac{1}{2}$	$\frac{1}{2}$	0	$-\frac{1}{2}$	各种距离	压缩
最长距离法	$\frac{1}{2}$	$\frac{1}{2}$	0	$-\frac{1}{2}$	各种距离	扩张

（续表 15.9）

方法名称	参数				距离矩阵要求	空间性质
	a_p	a_q	β	r		
中线法	$\frac{1}{2}$	$\frac{1}{2}$	$-\frac{1}{4}\leqslant\beta\leqslant 0$	0	欧氏距离	保持
重心法	$\frac{n_p}{n_p+n_q}$	$\frac{n_q}{n_p+n_q}$	$-\frac{n_p n_q}{(n_p+n_q)^2}$	0	欧氏距离	保持
组平均法	$\frac{n_p}{n_p+n_q}$	$\frac{n_q}{n_p+n_q}$	0	0	各种距离	保持
距离平方和法	$\frac{n_k+n_p}{n_k+n_r}$	$\frac{n_k+n_q}{n_k+n_r}$	$\frac{-n_k}{n_k+n_r}$	0	欧氏距离	压缩
可变数平均法	$(1-\beta)\frac{n_p}{n_r}$	$(1-\beta)\frac{n_q}{n_r}$	<1	0	各种距离	不定
可变法	$\frac{(1-\beta)}{2}$	$\frac{(1-\beta)}{2}$	<1	0	各种距离	扩张

15.2.2　模糊聚类法

模糊聚类分析是从模糊集的观点来探讨事物的数量分类的一类方法。近年来，模糊聚类分析方法在评价单元和因素分类研究中得到了广泛的应用。下面将主要介绍基于模糊等价关系与基于最大模糊支撑树的模糊聚类分析方法。

1）基于模糊等价关系的模糊聚类分析方法

基于模糊等价关系的模糊聚类分析方法的基本思想是：由于模糊等阶关系 $\widetilde{R}$ 是论域集 U 与自己的直积 $U\times U$ 上的一个模糊子集，因此可以对 $\widetilde{R}$ 进行分解，当用 λ-水平对 $\widetilde{R}$ 作截集时，截得的 $U\times U$ 的普通子集 $\widetilde{R}_\lambda$ 就是 U 上的一个普通等价关系，也就得到了关于 U 中被分类对象元素的一种分类。当 λ 由 1 下降到 0 时，所得的分类由细变粗，逐渐归并，从而形成一个动态聚类谱系图。由此可见，分类对象集 U 上的模糊等价关系 $\widetilde{R}$ 的建立是这种聚类分析方法中的一个关键性的环节。

(1) 建立模糊等价关系

为了建立分类对象集合 U 上的模糊等价关系 $\widetilde{R}^*$，通常需要首先计算各个分类对象之间的相似性统计量，建立分类对象集合 U 上的模糊相似关系 $\widetilde{R}$。

① 模糊相似关系的建立

关于各分类对象之间相似性统计量 r_{ij} 的计算，除了采用夹角余弦公式和相似系数计算式(15.25)和式(15.26)以外，还可以采用如下几个计算公式。

Ⅰ. 数量积法

$$r_{ij}=\begin{cases}1 & \text{当 } i=j\\ \sum_{k=1}^{n}x_{ik}x_{jk}/M & \text{当 } i\neq j\end{cases}\qquad (i,j=1,2,\cdots,m)\tag{15.31}$$

式中：M 是一个适当选择之正数，一般而言，它应满足：

$$M>\max_{i\neq j}\{\sum_{k=1}^{n}x_{ik}x_{jk}\}$$

Ⅱ. 绝对值差数法

$$r_{ij}=\begin{cases}1 & 当\ i=j\\ 1-c\sum_{k=1}^{n}\mid x_{ik}-x_{jk}\mid & 当\ i\neq j\end{cases}\qquad (i,j=1,2,\cdots,m)\tag{15.32}$$

式中：c 为适当选择之正数，使 $0\leqslant r_{ij}<1(i\neq j)$。

Ⅲ. 最大最小值法

$$r_{ij}=\frac{\sum_{k=1}^{n}\min(x_{ik},x_{jk})}{\sum_{k=1}^{n}\max(x_{ik},x_{jk})}\qquad (i,j=1,2,\cdots,m)\tag{15.33}$$

Ⅳ. 算术平均最小法

$$r_{ij}=\frac{\sum_{k=1}^{n}\min(x_{ik},x_{jk})}{\frac{1}{2}\sum_{k=1}^{n}(x_{ik}+x_{jk})}\qquad (i,j=1,2,\cdots,m)\tag{15.34}$$

Ⅴ. 绝对值指数

$$r_{ij}=e^{-\sum_{k=1}^{n}\mid x_{ik}-x_{jk}\mid}\qquad (i,j=1,2,\cdots,m)\tag{15.35}$$

Ⅵ. 指数相似系数法

$$r_{ij}=\frac{1}{n}\sum_{k=1}^{n}e^{-\frac{3}{4}\frac{(x_{ik}-x_{jk})^2}{s_k^2}}\qquad (i,j=1,2,\cdots,m)\tag{15.36}$$

式中：s_k 是第 k 个指标的方差，即

$$s_k=\sqrt{\frac{1}{m}\sum_{i=1}^{m}(x_{ik}-\bar{x}_k)^2}$$

② 将模糊相似关系 $\tilde{R}$ 改造为模糊等价关系 $\tilde{R}^*$。改造的办法是将 R 自乘，即

$$\tilde{R}^2=\tilde{R}\tilde{R}$$

$$\tilde{R}^4=\tilde{R}^2\ \tilde{R}^2$$

$$\vdots$$

这样下去，就必然会存在一个自然数 K，使得

$$\tilde{R}^{2K}=\tilde{R}^K\ \tilde{R}^K$$

这时，$\tilde{R}^*=\tilde{R}^K$ 便是一个模糊等价关系。设 $\tilde{\boldsymbol{R}}$ 是一个给定的模糊矩阵：

$$\tilde{\boldsymbol{R}}=(r_{ij})_{n\times n}=\begin{bmatrix}r_{11} & r_{12} & \cdots & r_{1n}\\ r_{21} & r_{22} & \cdots & r_{2n}\\ \vdots & \vdots & & \vdots\\ r_{n1} & r_{n2} & \cdots & r_{nn}\end{bmatrix}$$

其中满足 $0\leqslant r_{ij}\leqslant 1$，则有

$$\tilde{\boldsymbol{R}}^2=\tilde{\boldsymbol{R}}\cdot\tilde{\boldsymbol{R}}=\begin{bmatrix}\bigvee_{k=1}^{n}(r_{1k}\wedge r_{k1}) & \bigvee_{k=1}^{n}(r_{1k}\wedge r_{k2}) & \cdots & \bigvee_{k=1}^{n}(r_{1k}\wedge r_{kn})\\ \bigvee_{k=1}^{n}(r_{2k}\wedge r_{k1}) & \bigvee_{k=1}^{n}(r_{2k}\wedge r_{k2}) & \cdots & \bigvee_{k=1}^{n}(r_{2k}\wedge r_{kn})\\ \vdots & \vdots & & \vdots\\ \bigvee_{k=1}^{n}(r_{nk}\wedge r_{k1}) & \bigvee_{k=1}^{n}(r_{nk}\wedge r_{k2}) & \cdots & \bigvee_{k=1}^{n}(r_{nk}\wedge r_{kn})\end{bmatrix}$$

其中"∧"和"∨"是运算符号,简称为算子,"∨"表示取最大值,"∧"表示取最小值。

对表 15.7 数据采用夹角余弦式(15.25)计算 11 个评价单元间的相似系数矩阵,得

$$\widetilde{\boldsymbol{R}}=\begin{bmatrix} 1.000 & 0.933 & 0.771 & 0.735 & 0.522 & 0.694 & 0.713 & 0.515 & 0.475 & 0.728 & 0.731 \\ 0.933 & 1.000 & 0.866 & 0.771 & 0.475 & 0.760 & 0.762 & 0.477 & 0.408 & 0.787 & 0.765 \\ 0.771 & 0.866 & 1.000 & 0.967 & 0.656 & 0.844 & 0.845 & 0.640 & 0.599 & 0.879 & 0.891 \\ 0.735 & 0.771 & 0.967 & 1.000 & 0.625 & 0.750 & 0.757 & 0.599 & 0.579 & 0.796 & 0.829 \\ 0.522 & 0.475 & 0.656 & 0.625 & 1.000 & 0.874 & 0.895 & 0.990 & 0.995 & 0.871 & 0.914 \\ 0.694 & 0.760 & 0.844 & 0.750 & 0.847 & 1.000 & 0.998 & 0.895 & 0.832 & 0.997 & 0.973 \\ 0.713 & 0.762 & 0.845 & 0.757 & 0.895 & 0.998 & 1.000 & 0.909 & 0.854 & 0.997 & 0.982 \\ 0.515 & 0.477 & 0.640 & 0.599 & 0.990 & 0.895 & 0.909 & 1.000 & 0.987 & 0.887 & 0.912 \\ 0.475 & 0.408 & 0.599 & 0.579 & 0.995 & 0.832 & 0.854 & 0.987 & 1.000 & 0.828 & 0.897 \\ 0.728 & 0.787 & 0.879 & 0.796 & 0.871 & 0.997 & 0.997 & 0.887 & 0.828 & 1.000 & 0.984 \\ 0.731 & 0.765 & 0.891 & 0.829 & 0.914 & 0.973 & 0.982 & 0.912 & 0.897 & 0.984 & 1.000 \end{bmatrix}$$

就是 11 个评价单元所构成的分类对象集合上的一个模糊相似关系,经过自乘后可以验证:

$$\widetilde{\boldsymbol{R}}^{*}=\widetilde{\boldsymbol{R}}^{8}\cdot\widetilde{\boldsymbol{R}}^{8}=\widetilde{\boldsymbol{R}}^{8}=\begin{bmatrix} 1.000 & 0.933 & 0.866 & 0.866 & 0.866 & 0.866 & 0.866 & 0.866 & 0.866 & 0.866 & 0.866 \\ 0.933 & 1.000 & 0.866 & 0.866 & 0.866 & 0.866 & 0.866 & 0.866 & 0.866 & 0.866 & 0.866 \\ 0.866 & 0.866 & 1.000 & 0.967 & 0.891 & 0.891 & 0.891 & 0.891 & 0.891 & 0.891 & 0.891 \\ 0.866 & 0.866 & 0.967 & 1.000 & 0.891 & 0.891 & 0.891 & 0.891 & 0.891 & 0.891 & 0.891 \\ 0.866 & 0.866 & 0.891 & 0.891 & 1.000 & 0.914 & 0.914 & 0.990 & 0.995 & 0.914 & 0.914 \\ 0.866 & 0.866 & 0.891 & 0.891 & 0.914 & 1.000 & 0.998 & 0.914 & 0.914 & 0.997 & 0.984 \\ 0.866 & 0.866 & 0.891 & 0.891 & 0.914 & 0.998 & 1.000 & 0.914 & 0.914 & 0.997 & 0.984 \\ 0.866 & 0.866 & 0.891 & 0.891 & 0.990 & 0.914 & 0.914 & 1.000 & 0.990 & 0.914 & 0.914 \\ 0.866 & 0.866 & 0.891 & 0.891 & 0.995 & 0.914 & 0.914 & 0.990 & 1.000 & 0.914 & 0.914 \\ 0.866 & 0.866 & 0.891 & 0.891 & 0.914 & 0.997 & 0.997 & 0.914 & 0.914 & 1.000 & 0.984 \\ 0.866 & 0.866 & 0.891 & 0.891 & 0.914 & 0.984 & 0.984 & 0.914 & 0.914 & 0.984 & 1.000 \end{bmatrix} \quad (15.37)$$

即 $\widetilde{\boldsymbol{R}}^{*}$ 是一个模糊等价关系。

(2) 在不同截集水平下进行聚类

用上述模糊等价关系 $\widetilde{\boldsymbol{R}}^{*}$,在不同截集水平下聚类,具体做法是:将模糊等价关系 $\widetilde{\boldsymbol{R}}^{*}$ 矩阵中不小于 λ 的元素变为 1,其余变为 0,得到截距矩阵,然后将截距矩阵中元素完全相同的行所代表的聚类对象聚为一类。如:

① 取 $\lambda=1.000$,则得到如下截距矩阵:

$$\begin{matrix} 1 & 0 & 0 & 0 & 0 & 0 & 0 & 0 & 0 & 0 & 0 \\ 0 & 1 & 0 & 0 & 0 & 0 & 0 & 0 & 0 & 0 & 0 \\ 0 & 0 & 1 & 0 & 0 & 0 & 0 & 0 & 0 & 0 & 0 \\ 0 & 0 & 0 & 1 & 0 & 0 & 0 & 0 & 0 & 0 & 0 \\ 0 & 0 & 0 & 0 & 1 & 0 & 0 & 0 & 0 & 0 & 0 \\ 0 & 0 & 0 & 0 & 0 & 1 & 0 & 0 & 0 & 0 & 0 \\ 0 & 0 & 0 & 0 & 0 & 0 & 1 & 0 & 0 & 0 & 0 \\ 0 & 0 & 0 & 0 & 0 & 0 & 0 & 1 & 0 & 0 & 0 \\ 0 & 0 & 0 & 0 & 0 & 0 & 0 & 0 & 1 & 0 & 0 \\ 0 & 0 & 0 & 0 & 0 & 0 & 0 & 0 & 0 & 1 & 0 \\ 0 & 0 & 0 & 0 & 0 & 0 & 0 & 0 & 0 & 0 & 1 \end{matrix}$$

此截距矩阵中所有行都不相同,所以 U_1、U_2、U_3、U_4、U_5、U_6、U_7、U_8、U_9、U_{10}、U_{11} 各为一类。

② 取 $\lambda=0.997$，则得到如下截距矩阵：

$$
\begin{matrix}
1 & 0 & 0 & 0 & 0 & 0 & 0 & 0 & 0 & 0 & 0\\
0 & 1 & 0 & 0 & 0 & 0 & 0 & 0 & 0 & 0 & 0\\
0 & 0 & 1 & 0 & 0 & 0 & 0 & 0 & 0 & 0 & 0\\
0 & 0 & 0 & 1 & 0 & 0 & 0 & 0 & 0 & 0 & 0\\
0 & 0 & 0 & 0 & 1 & 0 & 0 & 0 & 0 & 0 & 0\\
0 & 0 & 0 & 0 & 0 & 1 & 1 & 0 & 0 & 1 & 0\\
0 & 0 & 0 & 0 & 0 & 1 & 1 & 0 & 0 & 1 & 0\\
0 & 0 & 0 & 0 & 0 & 0 & 0 & 1 & 0 & 0 & 0\\
0 & 0 & 0 & 0 & 0 & 0 & 0 & 0 & 1 & 0 & 0\\
0 & 0 & 0 & 0 & 0 & 1 & 1 & 0 & 0 & 1 & 0\\
0 & 0 & 0 & 0 & 0 & 0 & 0 & 0 & 0 & 0 & 1
\end{matrix}
$$

在此截距矩阵中，第 6 行、第 7 行和第 10 行完全相同，故将 U_6、U_7 和 U_{10} 归并为一类。

③ 取 $\lambda=0.914$，则得到如下截距矩阵：

$$
\begin{matrix}
1 & 1 & 0 & 0 & 0 & 0 & 0 & 0 & 0 & 0 & 0\\
1 & 1 & 0 & 0 & 0 & 0 & 0 & 0 & 0 & 0 & 0\\
0 & 0 & 1 & 1 & 0 & 0 & 0 & 0 & 0 & 0 & 0\\
0 & 0 & 1 & 1 & 0 & 0 & 0 & 0 & 0 & 0 & 0\\
0 & 0 & 0 & 0 & 1 & 1 & 1 & 1 & 1 & 1 & 1\\
0 & 0 & 0 & 0 & 1 & 1 & 1 & 1 & 1 & 1 & 1\\
0 & 0 & 0 & 0 & 1 & 1 & 1 & 1 & 1 & 1 & 1\\
0 & 0 & 0 & 0 & 1 & 1 & 1 & 1 & 1 & 1 & 1\\
0 & 0 & 0 & 0 & 1 & 1 & 1 & 1 & 1 & 1 & 1\\
0 & 0 & 0 & 0 & 1 & 1 & 1 & 1 & 1 & 1 & 1\\
0 & 0 & 0 & 0 & 1 & 1 & 1 & 1 & 1 & 1 & 1
\end{matrix}
$$

在此截距矩阵中，第 1 行和第 2 行相同，第 3 行和第 4 行相同，第 5、6、7、8、9、10、11 行完全相同，故将 U_1、U_2 聚为一类，U_3、U_4 聚为一类，U_5、U_6、U_7、U_8、U_9、U_{10}、U_{11} 聚为一类。

④ 根据模糊等价关系式(15.37)得到的模糊聚类结果如图 15.5，直线下方的数据为每次聚类时的截距 λ。

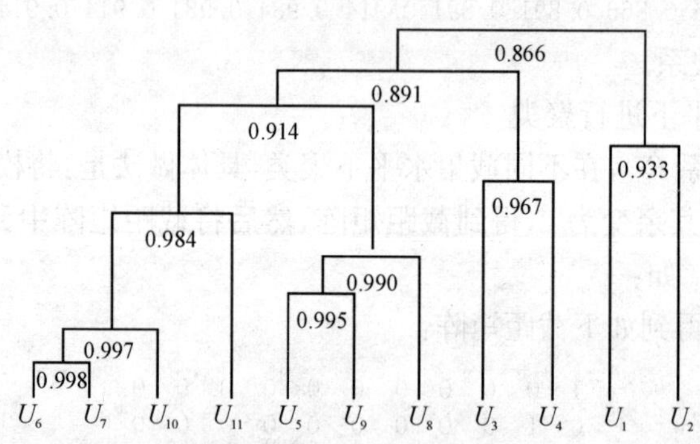

图 15.5　模糊聚类法聚类谱系图

2) 基于最大模糊支撑树的模糊聚类分析方法

除了依据模糊等价关系进行聚类分析外，还可以应用最大模糊支撑树进行聚类分析。基于最大模糊支撑树的聚类分析过程，可按下面的步骤进行。

第一步：建立分类对象集上的模糊相似关系，构造模糊图。这一步骤的工作可按如下作法进行：

(1) 计算各个分类对象之间的相似性统计量 $r_{ij}\,(i,j=1,2,\cdots,m)$，建立分类对象集 U 上的

模糊相似关系 $\tilde{\boldsymbol{R}}=(r_{ij})_{m\times m}$。

(2) 将 r_{ij} 表示成一个由 m 个结点所构成的模糊图 $G=(V,E)$，使 G 中的任意两个结点 V_i 与 V_j 之间都有一条边相连接，且赋该边的权值 r_{ij}。

假如，对于某五个评价单元所构成的分类对象集合 $V=\{V_1,V_2,V_3,V_4,V_5\}$，经过选择聚类要素并对其原始数据进行标准化处理后，计算各分类对象之间的相似性统计量，得到如下的模糊相似关系：

$$\tilde{\boldsymbol{R}}=\begin{bmatrix}1 & 0.7 & 0.6 & 0.1 & 0.3\\ 0.7 & 1 & 0.7 & 0.3 & 0.8\\ 0.6 & 0.7 & 1 & 0.4 & 0.9\\ 0.1 & 0.3 & 0.4 & 1 & 0.1\\ 0.3 & 0.8 & 0.9 & 0.1 & 1\end{bmatrix}$$

则按照上述作法，可以将其表示成一个模糊图，如图 15.6 所示。

第二步：构造最大模糊支撑树。构造模糊图 G 上最大支撑树的算法可按下述作法进行：

① 找出 G 中最大权值的边 r_{ij}；

② 将 r_{ij} 存放在集合 C 中，将 r_{ij} 边上的新结点放在集合 T 中。若 T 中已含有所有 m 个结点时，转④；

③ 检查 T 中每一个结点与 T 外的结点组成的边的权值，找出其中最大者，转至②；

④ 结束，此时 G 中的边就构成了 G 的最大模糊支撑树 $T_{\max}$。

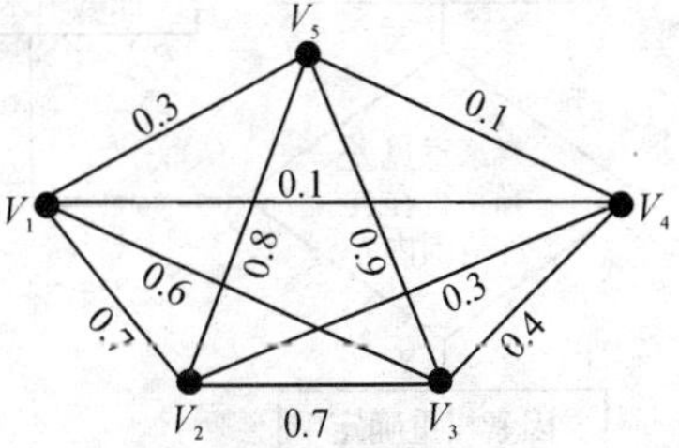

图 15.6　由模糊相似关系 $\tilde{\boldsymbol{R}}$ 所构造的模糊图 G

对于图 15.6 所示的模糊图 G 按照上述算法，可以求出其最大模糊支撑树 $T_{\max}$，如图 15.7 所示。

可以证明，$T_{\max}$ 具有如下特点：①它不存在回路，所以是树；②它对原图 G 中所有结点都是连通的，所以它是图 G 的支撑树；③对于 G 的其他任何支撑树 T 都有 $T_{\max}$ 中各边的权值之和大于或等于 T 中各边的权值之和。所以，$T_{\max}$ 的确是 G 的最大模糊支撑树。

第三步：由最大模糊支撑树进行聚类分析。其具体做法是：选择某一个 λ 值作截集，将 $T_{\max}$ 中小于 λ 的边断开，使相连的各结点构成一类，当 λ 由 1 下降到 0 时，所得的分类由细变粗，各结点所代表的分类对象逐渐归并，从而形成一个动态聚类谱系图。

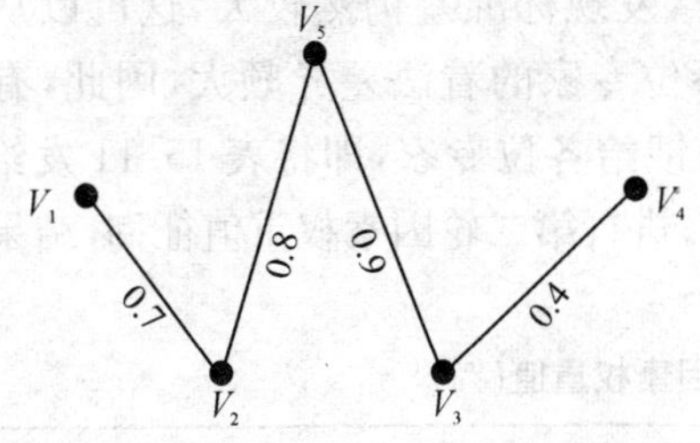

图 15.7　模糊图 G 的最大模糊支撑树 $T_{\max}$

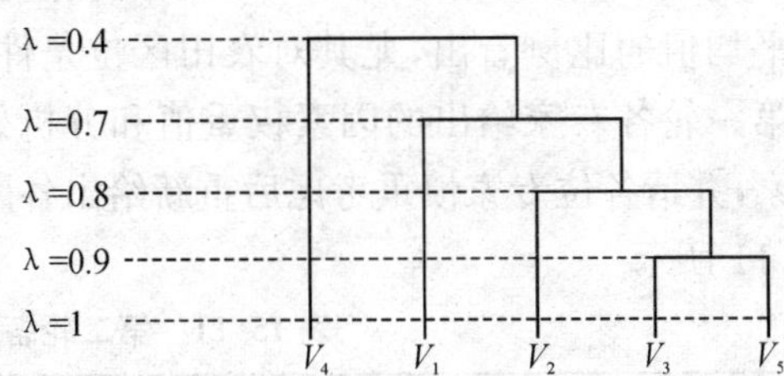

图 15.8　基于最大模糊支撑树的聚类谱系图

譬如，对于图 15.7 所示 G 的最大模糊支撑树 $T_{\max}$，当分别选取 $\lambda=1,\lambda=0.9,\lambda=0.8,\lambda=0.7,\lambda=0.4$ 时，可以得出不同的分类结果，这一过程所形成的聚类谱系图如图 15.8 所示。

15.3 特尔菲法

15.3.1 特尔菲法的过程

特尔菲法又称专家打分法，由美国著名的咨询公司——兰德公司(Remington Rand)在20世纪60年代提出，它是一种客观的综合多数专家经验与主观判断的技巧，可以用于各种领域的决策和判断过程。特尔菲法之所以在系统分析中占有重要地位，关键在于它能对大量非技术性的无法定量分析的要素作出概率估算，并将概率估算结果告诉专家，充分发挥信息反馈和信息控制的作用，使分散的评估意见逐次收敛，最后集中在协调一致的结果上。因此，其结果可信度较高，是系统工程中一种很重要的测定方法。利用特尔菲法确定因素权重的步骤如图15.9所示。

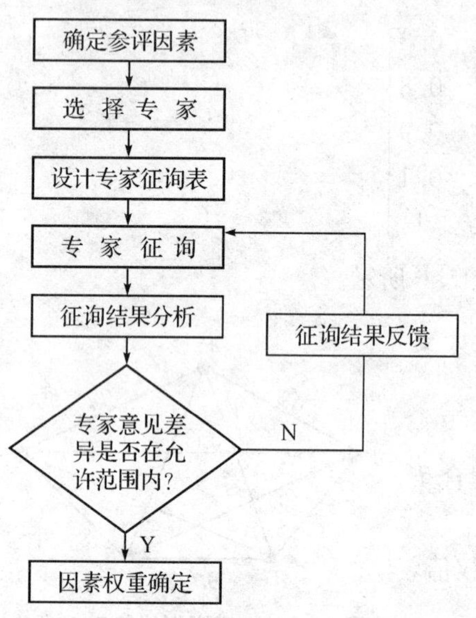

图15.9　特尔菲法确定因素及权重的过程

15.3.2 应用举例

某次农用地定级中，确定三个因素对土地等级有影响，它们是土壤状况、农田环境设施状况和农田区位条件，现在采用特尔菲法确定它们的权重，共选择了8位专家，分别编号为1,2,…,8，每人发给一张因素权重征询表，让他们给出各因素权重值，对收回的征询表进行分析处理，结果如表15.10所示。

表15.10　第一轮各专家给出的因素权重值(%)

因素	专家								平均值	标准差	标准差与平均值比
	1	2	3	4	5	6	7	8			
土壤状况	52	49	50	55	55	60	56	60	54.63	3.87	0.071
农田环境设施状况	36	37	40	35	30	35	30	30	34.12	3.52	0.103
农田区位条件	12	14	10	10	15	5	14	10	11.25	3.03	0.269

对第一轮专家给出的3个因素的权重值进行分析，发现标准差仍然较大，这可以从方差与平均值的比例看出，尤其对农田区位条件的权重，各位专家的看法差异颇大，因此，有必要将第一轮各专家给出的因素权重值和分析处理结果反馈给各位专家，即将表15.11发给各位专家，并请各位专家慎重考虑后重新给出各因素权重值，进行第二轮因素权重值征询，结果如表15.11所示。

表15.11　第二轮各专家给出的因素权重值(%)

因素	专家								平均值	标准差	标准差与平均值比
	1	2	3	4	5	6	7	8			
土壤状况	55	55	55	55	55	55	56	55	55.12	0.33	0.006
农田环境设施状况	35	34	36	35	35	35	35	33	34.75	0.83	0.024
农田区位条件	10	11	9	10	10	10	9	12	10.13	0.93	0.092

从第二轮的专家征询结果分析来看,各位专家显然受了别的专家影响,调整了自己的看法,并使所有专家的看法趋于一致,反映偏离程度的标准差及标准差与平均值的比均下降到可以接受的程度,所以可以将各位专家此次给出的权重值视为有效权重值,并取其均值作为最后的因素权重值。

在土地评价中特尔菲法不仅可以确定因素权重值,还可以用来确定参评因素。具体做法是:① 列出所有的影响因素;② 选择专家;③ 让专家们从中选出主要的影响因素并按重要性排好次序;④ 计算各因素的平均重要性和各专家对其重要性评价的偏离度,如果偏离度超出可以接受的范围,则将结果反映给各专家并重复③的过程,直至偏离度降到某一数值以下;⑤ 计算各因素的平均重要性,将重要性达到一定程度的因素挑选出来作为最后的参评因素。

15.4 层次分析法

美国运筹学家 A. L. Saaty 于 20 世纪 70 年代提出的层次分析法,是一种定性与定量相结合的决策分析方法,它是一种将决策者对复杂系统的决策思维过程模型化、数量化的过程。应用这种方法,决策者通过将复杂问题分解为若干层次和若干因素,在各因素之间进行简单的比较和计算,就可以得出不同方案的权重,为最佳方案的选择提供依据。

15.4.1 层次分析法的基本原理

层次分析法的基本原理可以用以下的简单事例分析来说明。假设有 n 个物体 $A_1, A_2, \cdots, A_n$,它们的重量分别记为 $W_1, W_2, \cdots, W_n$。现将每个物体的重量两两进行比较如下:

	A_1	A_2	$\cdots$	A_n
A_1	W_1/W_1	W_1/W_2	$\cdots$	W_1/W_n
A_2	W_2/W_1	W_2/W_2	$\cdots$	W_2/W_n
$\vdots$	$\vdots$	$\vdots$		$\vdots$
A_n	W_n/W_1	W_n/W_2	$\cdots$	W_n/W_n

若以矩阵来表示各物体的这种相互重量关系,即

$$\boldsymbol{A}=\begin{bmatrix} W_1/W_1 & W_1/W_2 & \cdots & W_1/W_n \\ W_2/W_1 & W_2/W_2 & \cdots & W_2/W_n \\ \vdots & \vdots & & \vdots \\ W_n/W_1 & W_n/W_2 & \cdots & W_n/W_n \end{bmatrix} \tag{15.38}$$

式中:$\boldsymbol{A}$——判断矩阵。

若取重量向量 $\boldsymbol{W}=[W_1, W_2, \cdots, W_n]^{\mathrm{T}}$,则有:

$$\boldsymbol{AW}=nw \tag{15.39}$$

这就是说,$\boldsymbol{W}$ 是判断矩阵 $\boldsymbol{A}$ 的特征向量,n 是 $\boldsymbol{A}$ 的一个特征值。事实上,根据线性代数知识不难证明,n 是矩阵 $\boldsymbol{A}$ 的唯一非零的也是最大的特征值,而 $\boldsymbol{W}$ 为其所对应的特征向量。

上述事实提示,如果有一组物体,需要知道它们的重量,而又没有衡器,那么可以通过两两比较它们的相互重量,得出每对物体重量比的判断,从而构成判断矩阵;然后通过求解判断矩阵的最大特征值 $\lambda_{\max}$ 和它所对应的特征向量,就可以得出这一组物体的相对重量。根据

这一思路，在土地评价研究中，对于一些无法测量的因素，只要引入合理的标度，也可以用这种方法来度量各因素之间的相对重要性，从而为有关决策提供依据。上述思路就是层次分析法的基本原理。

15.4.2 层次分析法的基本步骤

层次分析方法的基本过程，大体可以分为以下六个基本步骤。

(1) 明确问题。即弄清问题的范围、所包含的因素和各因素之间的关系等，以便尽量掌握充分的信息。

(2) 建立层次结构。在这一个步骤中，要求将问题所含的因素进行分组，把每一组作为一个层次，按照最高层(目标层)，若干中间层(准则层)以及最低层(措施层)的形式排列起来。这种层次结构常用结构图来表示(见图 15.10)，图中要标明上下层元素之间的关系。如果某一个元素与下一层的所有元素均有联系，则称这个元素与下一层次存在有完全层次的关系；如果某一个元素只与下一层的部分元素有联系，则称这个元素与下一层次存在有不完全层次关系。层次之间可以建立子层次，子层次从属于主层次中的某一个元素，它的元素与下一层的元素有联系，但不形成独立层次。

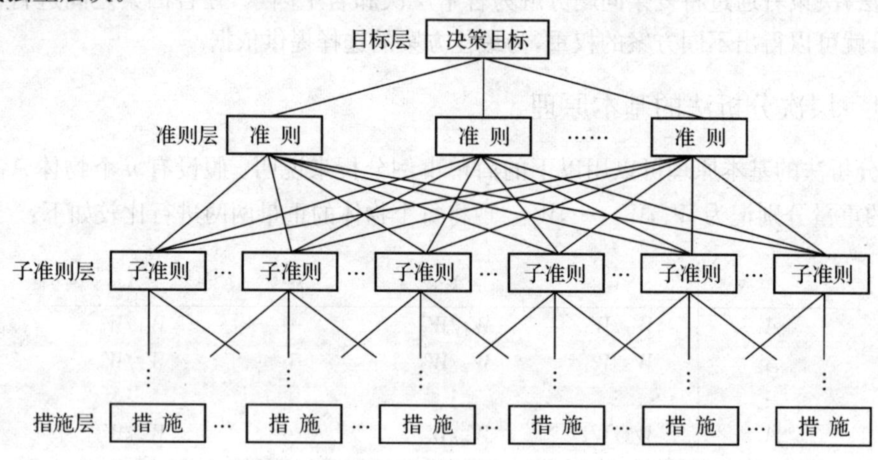

图 15.10 AHP 决策分析法层次结构示意图

(3) 构造判断矩阵。这一个步骤是层次分析法的一个关键步骤。判断矩阵表示针对上一层次中的某元素而言，评定该层次中各有关元素相对重要性的状况，其形式如下：

A_k	B_1	B_2	…	B_n
B_1	b_{11}	b_{12}	…	b_{1n}
B_2	b_{21}	b_{22}	…	b_{2n}
⋮	⋮	⋮		⋮
B_n	b_{n1}	b_{n2}	…	b_{nn}

其中，b_{ij} 表示对于 A_k 而言，元素 B_i 对 B_j 的相对重要性的判断值。b_{ij} 一般取 1，3，5，7，9 等 5 个等级标度，其意义为：1 表示 B_i 与 B_j 同等重要；3 表示 B_i 较 B_j 重要一点；5 表示 B_i 较 B_j 重要得多；7 表示 B_i 较 B_j 更重要；9 表示 B_i 较 B_j 极端重要。而 2，4，6，8 表示相邻判断的中值，当 5 个等级不够用时，可以使用这几个数值。

显然，对于任何判断矩阵都应满足

$$\begin{cases} b_{ij}=1 \\ b_{ij}=\dfrac{1}{b_{ji}} \end{cases} \quad (i,j=1,2,\cdots,n) \tag{15.40}$$

因此，在构造判断矩阵时，只需写出上三角(或下三角)部分即可。

一般而言，判断矩阵的数值是根据数据资料、专家意见和分析者的认识加以平衡后给出的。衡量判断矩阵质量的标准是矩阵中的判断是否具有一致性。如果判断矩阵存在关系

$$b_{ij}=\frac{b_{ik}}{b_{jk}} \quad (i,j,k=1,2,\cdots,n) \tag{15.41}$$

则称它具有完全一致性。但是，因客观事物的复杂性和人们认识上的多样性，可能会产生片面性，因此要求每一个判断矩阵都有完全的一致性显然是不可能的，特别是因素多、规模大的问题更是如此。为了考察层次分析法得到的结果是否基本合理，需要对判断矩阵进行一致性检验。

(4) 层次单排序。层次单排序的目的是对于上一层次中的某元素而言，确定本层次与之有联系的元素重要性次序的权重值。它是本层次所有元素对上一层次而言的重要性排序的基础。

层次单排序的任务可以归结为计算判断矩阵的特征根和特征向量问题，即对于判断矩阵 $\boldsymbol{B}$，计算需满足下式的特征根和特征向量。

$$\boldsymbol{B}\cdot\boldsymbol{W}=\lambda_{\max}W_i \tag{15.42}$$

式中：$\lambda_{\max}$——B 的最大特征根；

$\boldsymbol{W}$ 对应于 $\lambda_{\max}$ 的正规化特征向量；

W_i——W 的分量，就是对应元素单排序的权重值。

通过前面的分析，我们知道，当判断矩阵 $\boldsymbol{B}$ 具有完全一致性时，$\lambda_{\max}=n$。但是，在一般情况下是不可能的。为了检验判断矩阵的一致性，需要计算它的一致性指标

$$CI=\frac{\lambda_{\max}-n}{n-1} \tag{15.43}$$

式中：当 $CI=0$ 时，判断矩阵具有完全一致性；反之 CI 愈大，则判断矩阵的一致性就愈差。

为了检验判断矩阵是否具有令人满意的一致性，则需要将 CI 与平均随机一致性指标 RI(见表 15.12)进行比较。一般而言，1 或 2 阶判断矩阵总是具有完全一致性的。对于 2 阶以上的判断矩阵，其一致性指标 CI 与同阶的平均随机一致性指标 RI 之比，称为判断矩阵的随机一致性比例，记为 CR：

$$CR=\frac{CI}{RI} \tag{15.44}$$

一般地，当 $CR<0.10$ 时，可认为判断矩阵具有令人满意的一致性；否则，当 $CR\geqslant 0.10$ 时，就需要调整判断矩，直到满意为止。

表 15.12 平均随机一致性指标

阶数	1	2	3	4	5	6	7	8	9	10	11	12	13	14	15
RI	0	0	0.58	0.9	1.12	1.24	1.32	1.41	1.45	1.49	1.52	1.54	1.56	1.58	1.59

(5) 层次总排序。利用同一层次中所有层次单排序的结果，就可以计算针对上一层次而言的本层次所有元素的重要性权重值，这就称为层次总排序。层次总排序需要从上到下逐层顺序进行。对于最高层，其层次单排序就是其总排序。

若上一层次所有元素 $A_1,A_2,\cdots,A_m$ 的层次总排序已经完成，得到的权重值分别为 a_1,a_2，

$\cdots, a_m$，与 a_j 对应的本层次元素 $B_1, B_2, \cdots, B_n$ 的层次单排序结果为 $[b_1^j, b_2^j, \cdots, b_n^j]^T$（这里，当 B_i 与 A_j 无联系时，$b_i^j=0$），那么，得到的层次总排序见表 15.13。

表 15.13　层次总排序表

层次 B \ 层次 A	A_1	A_2	$\cdots$	A_m	B 层次的总排序
	a_1	a_2	$\cdots$	a_m	
B_1	b_1^1	b_1^2	$\cdots$	b_1^m	$\sum_{j=1}^m a_j b_1^j$
B_2	b_2^1	b_2^2	$\cdots$	b_2^m	$\sum_{j=1}^m a_j b_2^j$
$\vdots$	$\vdots$	$\vdots$		$\vdots$	$\vdots$
B_n	b_n^1	b_n^2	$\cdots$	b_n^m	$\sum_{j=1}^m a_j b_n^j$

显然如式(15.45)，即层次总排序为归一化的正规向量。

$$\sum_{i=1}^m \sum_{j=1}^m a_j b_i^j = 1 \tag{15.45}$$

(6) 一致性检验。为了评价层次总排序的计算结果的一致性，类似于层次单排序，也需要进行一致性检验。为此，需要分别计算下列指标：

$$CI = \sum_{j=1}^m a_j CI_j \tag{15.46}$$

$$RI = \sum_{j=1}^m a_j RI_j \tag{15.47}$$

$$CR = \frac{CI}{RI} \tag{15.44}$$

在式(15.46)中，CI 为层次总排序的一致性指标，CI_j 为与 a_i 对应的 B 层次中判断矩阵的一致性指标；在式(15.47)中，RI 为层次总排序的随机一致性指标，RI_j 为与 a_j 对应的 B 层次中判断矩阵的随机一致性指标；在式(15.44)中，CR 为层次总排序的随机一致性比例。

同样，当 $CR<0.10$ 时，则认为层次总排序的计算结果具有令人满意的一致性；否则，就需要对本层次的各判断矩阵进行调整，从而使层次总排序具有令人满意的一致性。

15.4.3　计算方法

通过前面的介绍知道，在层次分析方法中，最根本的计算任务是求解判断矩阵的最大特征根及其所对应的特征向量。这些问题当然可以用线性代数知识去求解，并且能够利用计算机求得任意高精度的结果。但事实上，在层次分析法中，判断矩阵的最大特征根及其对应的特征向量的计算，并不需要追求太高的精度。这是因为判断矩阵本身就是将定性问题定量化的结果，允许存在一定的误差范围。因此，常常可用如下的两种近似算法求解判断矩阵的最大特征根及其所对应的特征向量。

1）方根法

下面是这一方法的计算步骤。

(1)计算判断矩阵每一行元素的乘积：

$$M_i = \prod_{j=1}^{n} b_{ij} \quad (i = 1,2,\cdots,n) \tag{15.48}$$

(2) 计算 M_i 的 n 次方根：

$$\overline{W}_i = \sqrt[n]{M_i} \quad (i = 1,2,\cdots,n) \tag{15.49}$$

(3) 将向量 $\overline{\boldsymbol{W}} = [\overline{W}_1,\overline{W}_2,\cdots,\overline{W}_n]^{\mathrm{T}}$ 归一化

$$W_i = \overline{W}_i \Big/ \sum_{i=1}^{n} \overline{W}_i \quad (i = 1,2,\cdots,n) \tag{15.50}$$

则 $\boldsymbol{W} = [W_1,W_2,\cdots,W_n]^{\mathrm{T}}$ 即为所求的特征向量。

(4) 计算最大特征根：

$$\lambda_{\max} = \sum_{i=1}^{n} \frac{(\boldsymbol{AW})_i}{nW_i} \tag{15.51}$$

式中：$(\boldsymbol{AW})_i$—— 向量 $\boldsymbol{AW}$ 的第 i 个分量。

2) 和积法

下面是这一方法的计算步骤。

(1) 将判断矩阵每一列归一化：

$$\overline{b}_{ij} = b_{ij} \Big/ \sum_{k=1}^{n} b_{kj} \quad (i,j = 1,2,\ \cdots,n) \tag{15.52}$$

(2) 对按列归一化的判断矩阵，再按行求和：

$$\overline{W}_i = \sum_{i=1}^{n} \overline{b}_{ij} \quad (i = 1,2,\cdots,n) \tag{15.53}$$

(3) 将向量 $\overline{\boldsymbol{W}} = [\overline{W}_1,\overline{W}_2,\cdots,\overline{W}_n]^{\mathrm{T}}$ 归一化：

$$W_i = \overline{W}_i / \sum_{i=1}^{n} \overline{W}_i \quad (i = 1,2,\cdots,n) \tag{15.54}$$

则 $\boldsymbol{W} = [W_1,W_2,\cdots,W_n]^{\mathrm{T}}$ 即为所求的特征向量。

(4) 计算最大特征根：

$$\lambda_{\max} = \sum_{i=1}^{n} \frac{(\boldsymbol{AW})_i}{nW_i} \tag{15.55}$$

式中：$(\boldsymbol{AW})_i$—— 向量 AW 的第 i 个分量。

15.5 逐步回归分析方法

影响土地质量或土地价值的因子常常众多，为了在这众多的因子中不遗漏地找出其中有显著影响的因子，经常使用逐步回归分析方法。逐步回归分析是多元回归分析的一种，它的基本思想是：将因子一个个地引入，引入因子的条件是该因子的偏回归平方和在没有进入方程的其余因子当中为最大，而且经过检验是显著的。同时，每引入一个新因子后，在新的方程的基础上，从已进入方程的因子中找出偏回归平方和最小的一个并作检验，如不显著则将其剔除。就是说，每一步(引入一个变量或剔除一个变量算作一步)的前后，就要作 F 检验，直到最后没有显著的变量可以引入，也没有不显著的变量需要剔除为止。所以这一方法又可称为双重检验的逐步回归。

15.5.1 逐步回归分析的数学模型

如前所述，逐步回归是根据系统要素的重要性大小，每步选一个重要变量进入回归方程，第一步使选择的要素有大于其他要素的偏回归平方和(也可以是最小的剩余平方和的要素)，第二步在未选的要素中选一个要素，使它与已选的要素构成二元回归方程，而比其他要素组成的二元回归方程有更大的回归平方和。依此类推，每选一次都进行显著性检验；同时，考虑已选要素是否会因后继选入的要素而使显著性降低，把其中回归平方和最小的要素进行显著性检验，把不显著的加以剔除。如此循环，进行到无不显著要素可剔除，又无显著要素可选入为止。

逐步回归分析的数学模型与多元回归分析的数学模型是一样的，但为了适应电子计算机上的计算，逐步回归分析的数学模型在形式上略有变化。下面是这些变化的主要内容。

1) 对变量重新编号

在逐步回归分析中，常令自变量个数 $p=n-1$，并记 $y_\alpha=x_{\alpha n}$。这时的数学模型为：

$$x_{\alpha n}=\beta_0+\beta_1 x_{\alpha 1}+\beta_2 x_{\alpha 2}+\cdots+\beta_{n-1} x_{\alpha,n-1}+\varepsilon_\alpha \quad (\alpha=1,2,\cdots,N) \tag{15.56}$$

在这种编号下，各类偏差平方和分别为：

$$\begin{cases} S_{总}=\sum\limits_{\alpha}(x_{\alpha n}-\bar{x}_n)^2 \\ S_{回}=\sum\limits_{\alpha}(\hat{x}_{\alpha n}-\bar{x}_n)^2 \\ S_{剩}=\sum\limits_{\alpha}(x_{\alpha n}-\hat{x}_{\alpha n}) \\ x_j \text{ 的偏回归平方和} \\ Q_j=S_{回}=S'_{回}=b_j^2/C_{jj} \quad (\text{在经式(15.59)变换的条件下}) \end{cases} \tag{15.57}$$

其中 $\bar{x}_n$ 为地理要素观测值 $x_{1n},x_{2n},\cdots,x_{Nn}$ 的算术平均数，$\hat{x}_{\alpha n}$ 为所求得的回归方程：

$$\hat{x}_n=b_0+b_1 x_1+b_2 x_2+\cdots+b_{n-1} x_{n-1} \tag{15.58}$$

的第 α 个回归值，C_{jj} 为相关矩阵 C 对角线上的元素。

2) 对数据进行“标准化”变换

由于不同的 $x_j(j=1,2,\cdots,n)$，它们的取值范围和单位都不相同，所以为了在无量纲影响下进行计算，在逐步回归中常将所有数据先进行“标准化”变换，即令

$$z_{\alpha j}=\frac{x_{\alpha j}-\bar{x}_j}{\sigma_j} \qquad (j=1,2,\cdots,n) \tag{15.59}$$

其中 $\bar{x}_j=\frac{1}{N}\sum\limits_{\alpha}x_{\alpha j}$，$\sigma_j^2=l_{jj}=\sum\limits_{\alpha}(x_{\alpha j}-\bar{x}_j)^2$。在变换式(15.59)下，其数学模型为：

$$Z_{\alpha n}=\beta'_0+\beta'_1 Z_{\alpha 1}+\beta'_2 Z_{\alpha 2}+\cdots+\beta'_{n-1} Z_{\alpha,n-1}+\varepsilon_\alpha \tag{15.60}$$

这时，模型式(15.60)的结构矩阵 $\boldsymbol{X}$ 与观察值的矩阵 $\boldsymbol{Y}$ 分别为：

$$\boldsymbol{X}=\begin{bmatrix} 1 & \frac{x_{11}-\bar{x}_1}{\sigma_1} & \frac{x_{12}-\bar{x}_2}{\sigma_2} & \cdots & \frac{x_{1,n-1}-\bar{x}_{n-1}}{\sigma_{n-1}} \\ 1 & \frac{x_{21}-\bar{x}_1}{\sigma_1} & \frac{x_{22}-\bar{x}_2}{\sigma_2} & \cdots & \frac{x_{2,n-1}-\bar{x}_{n-1}}{\sigma_{n-1}} \\ \vdots & \vdots & \vdots & & \vdots \\ 1 & \frac{x_{N1}-\bar{x}_1}{\sigma_1} & \frac{x_{N2}-\bar{x}_2}{\sigma_2} & \cdots & \frac{x_{N,n-1}-\bar{x}_{n-1}}{\sigma_{n-1}} \end{bmatrix}$$

$$Y=\begin{bmatrix}\dfrac{x_{1n}-\overline{x}_n}{\sigma_n}\\ \dfrac{x_{2n}-\overline{x}_n}{\sigma_n}\\ \vdots\\ \dfrac{x_{Nn}-\overline{x}_n}{\sigma_n}\end{bmatrix}$$

而系数矩阵 **A** 和常数项矩阵 **B** 分别为：

$$\boldsymbol{A}=\boldsymbol{X}'\boldsymbol{X}=\begin{bmatrix}N & 0 & 0 & \cdots & 0\\ 0 & r_{11} & r_{12} & \cdots & r_{1,n-1}\\ 0 & r_{21} & r_{22} & \cdots & r_{2,n-1}\\ \vdots & \vdots & \vdots & & \vdots\\ 0 & r_{n-1,1} & r_{n-1,2} & \cdots & r_{n-1,n-1}\end{bmatrix}=\begin{bmatrix}N & 0\\ 0 & R\end{bmatrix}$$

$$\boldsymbol{B}=\boldsymbol{X}'\boldsymbol{Y}=\begin{bmatrix}0\\ r_{1n}\\ r_{2n}\\ \vdots\\ r_{n-1,n}\end{bmatrix}$$

其中 $r_{ij}(i,j=1,2,\cdots,n)$ 为变量 x_i 和 x_j 的相关系数，即

$$r_{ij}=\frac{\sum_{\alpha}(x_{\alpha i}-\overline{x}_i)(x_{\alpha j}-\overline{x}_j)}{\sigma_i\sigma_j} \tag{15.61}$$

而 R 是系数矩阵 A 右下角的 $n-1$ 阶对称方阵，它的元素都是变量 $x_1,x_2,\cdots,x_{n-1}$ 间的相关系数，故亦称 R 为相关系数矩阵。

3) 模型式(15.60)的改写

可以证明在变换式(15.59)下模型式(15.60)中的常数项 β'_0 的估计值 $\hat{\beta}'_0=0$，所以模型式(15.60)可改写为：

$$Z_{\alpha n}=\beta'_1Z_{\alpha 1}+\beta'_2Z_{\alpha 2}+\cdots+\beta'_{n-1}Z_{\alpha,n-1}+\varepsilon_\alpha \tag{15.62}$$

它的系数矩阵就是相关系数矩阵 **R**，它的常数项矩阵就是从 **B** 中把第一个元素 0 剔去后的矩阵，即

$$\boldsymbol{R}=\begin{bmatrix}r_{11} & r_{12} & \cdots & r_{1,n-1}\\ r_{21} & r_{22} & \cdots & r_{2,n-1}\\ \vdots & \vdots & & \vdots\\ r_{n-1,1} & r_{n-1,2} & \cdots & r_{n-1,n-1}\end{bmatrix}\qquad \boldsymbol{B}=\begin{bmatrix}0\\ r_{1n}\\ r_{2n}\\ \vdots\\ r_{n-1,n}\end{bmatrix}$$

4) 模型式(15.62)与模型式(15.56)回归系数之间的关系

设由模型式(15.62)求得的回归方程为：

$$\hat{z}_n=d_1z_1+d_2z_2+\cdots+d_{n-1}z_{n-1} \tag{15.63}$$

将变换式(15.59)代入，即得

$$\frac{\hat{x}_n-\overline{x}_n}{\sigma_n}=d_1\frac{x_1-\overline{x}_1}{\sigma_1}+d_2\frac{x_2-\overline{x}_2}{\sigma_2}+\cdots+d_{n-1}\frac{x_{n-1}-\overline{x}_{n-1}}{\sigma_{n-1}}$$

或

$$\hat{x}_n=(\bar{x}_n-\frac{\sigma_n}{\sigma_1}d_1\bar{x}_1-\frac{\sigma_n}{\sigma_2}d_2\bar{x}_2-\cdots-\frac{\sigma_n}{\sigma_{n-1}}d_{n-1}\bar{x}_{n-1})+$$

$$\frac{\sigma_n}{\sigma_1}d_1x_1+\frac{\sigma_n}{\sigma_2}d_2x_2+\cdots+\frac{\sigma_n}{\sigma_{n-1}}d_{n-1}x_{n-1} \tag{15.64}$$

比较式(15.58)和式(15.64)可得

$$\begin{cases} b_j=\dfrac{\sigma_n}{\sigma_j}d_j \qquad (j=1,2,\cdots,n-1) \\ b_0=\bar{x}_n-\sum\limits_{j=1}^{n-1}b_j\bar{x}_j \end{cases} \tag{15.65}$$

因而只要能求得式(15.63)式中 d_j，也就立即能求得式(15.58)中的 b_j，下面的讨论将只在模型式(15.62)下进行。

5) 在模型式(15.62)下的各种平方和的计算

在模型式(15.62)下总的偏差平方和、回归平方和、剩余平方和与 z_j 的偏回归平方和分别记为 $\tilde{S}_{总}$、$\tilde{S}_{回}$、$\tilde{S}_{剩}$、V_j，注意到 $\bar{Z}_j=\frac{1}{N}\sum\limits_{\alpha}Z_{\alpha j}=0(j=1,2,\cdots,n)$，立即可得

$$\begin{cases} \tilde{S}_{总}=\dfrac{1}{\sigma_n^2}S_{总}=1 \\ \tilde{S}_{回}=\dfrac{1}{\sigma_n^2}S_{回} \\ \tilde{S}_{剩}=\dfrac{1}{\sigma_n^2}S_{剩} \\ V_j=\dfrac{1}{\sigma_n^2}Q_j \end{cases} \tag{15.66}$$

15.5.2 逐步回归分析的步骤

为了用消去变换计算回归系数，将系数矩阵 $\boldsymbol{R}$ 与常数项 B 放在一起组成增广矩阵，同时为了检验的方便，又在此矩阵中添上一行 $(r_{n1}\cdots r_{nn})$，从而组成一个方阵，记作 $\boldsymbol{R}^{(0)}$：

$$\boldsymbol{R}^{(0)}=\left[\begin{array}{cccc|c} r_{11} & r_{12} & \cdots & r_{1,n-1} & r_{1n} \\ r_{21} & r_{22} & \cdots & r_{2,n-1} & r_{2n} \\ \vdots & \vdots & & \vdots & \vdots \\ r_{n-1,1} & r_{n-1,2} & \cdots & r_{n-1,n-1} & r_{n-1,n} \\ r_{n1} & r_{n2} & \cdots & r_{n,n-1} & r_{nn} \end{array}\right]=\begin{bmatrix} R & B \\ B' & r_{nn} \end{bmatrix}$$

$\boldsymbol{R}^{(0)}$ 中所有元素都是相关系数，也称相关系数矩阵。下面利用 $\boldsymbol{R}^{(0)}$ 来进行逐步回归分析。

(1) 首先从 $n-1$ 个因子 $Z_1,Z_2,\cdots,Z_{n-1}$ 中引入一个因子 Z_{k1}，建立一元线性回归方程。显然，这 Z_{k1} 是所有因子中偏回归平方和(或称方差贡献)为最大的因子，因为这能使剩余平方和减少得最多。

为了计算各个一元线性回归方程中因子的偏回归平方和，就要计算各回归方程

$$\hat{Z}_n=d_j^{(1)}Z_j \quad (j=1,2,\cdots,n-1)$$

的系数 $d_j^{(1)}$(上标(1)表示引入第一个变量)及相应的正规方程系数矩阵的逆矩阵。由变换的性质可知，这只要对 $\boldsymbol{R}^{(0)}$ 作消去 Z_j 的变换即可。但若要对所有的因子都作这样的变换，工作量实在太大。能否从 $\boldsymbol{R}^{(0)}$ 的元素中直接求得偏回归平方和呢？

记 $\boldsymbol{R}^{(0)}$ 经过 L_j 变换后所得矩阵中的元素为 $r_{uv}^{(1j)}$（上标 $1j$ 中的 1 表示对矩阵 $\boldsymbol{R}^{(0)}$ 的第 1 次变换，j 表示消去 Z_j），则

$$d_j^{(1)}=r_{jn}^{(1j)}=\frac{r_{jn}}{r_{jj}}$$

$$c_{jj}^{(1)}=r_{jj}^{(1j)}=\frac{1}{r_{jj}}$$

在 Z_j 的一元线性回归方程中，Z_j 的偏回归平方和为：

$$V_j^{(1)}=\frac{[d_j^{(1)}]^2}{c_{jj}^{(1)}}=\frac{r_{jn}^2}{r_{jj}}$$

上式表明 $V_j^{(1)}$ 完全可用 $\boldsymbol{R}^{(0)}$ 中的元素表示。从 $V_j^{(1)}(j=1,2,\cdots,n-1)$ 中找出最大的一个记为 $V_{k1}^{(1)}$，即

$$V_{k1}^{(1)}=\max_{1\leqslant j\leqslant n-1}V_j^{(1)}$$

并对其作显著性检验。由于回归方程 $\hat{Z}_n=d_{k1}^{(1)}Z_{k1}$ 的剩余平方和为：

$$S_{剩(1)}=S_{总}-V_{k1}^{(1)}=r_{nn}-V_{k1}^{(1)}$$

其自由度 $f_{剩(1)}=N-1-$因子数$=N-2$（N 为试验次数），于是 F 统计量为：

$$F_1=\frac{V_{k1}^{(1)}}{S_{剩(1)}/f_{剩(1)}}=\frac{V_{k1}^{(1)}}{r_{nn}-V_{k1}^{(1)}}(N-2)$$

为了区别是引入因子时做的检验还是剔除因子时做的检验，将引入时作检验的 F 统计量记为 F_1，剔除时记为 F_2。当 $F_1>F_\alpha(1,N-2)$ 时，可将变量 Z_{k1} 引入，并对 $\boldsymbol{R}^{(0)}$ 作变换 L_{k1} 得到 $\boldsymbol{R}^{(1)}=L_{k1}\boldsymbol{R}^{(0)}$。

由于这一因子刚刚引入，而且回归方程中没有别的变量，因此不需要再做是否要剔除的检验。如 $F_1<F_\alpha$，表示在这一组自变量中，没有一个与 Z_n 有显著的线性关系，建立回归方程的工作就此结束。但只要因子的初选是经过仔细考虑的，这种情况通常不会发生。

(2) 继续挑选第二个因子，同样要求该因子在二元线性回归方程中的偏回归平方和，是所有因子（Z_{k1} 外）中最大的。

在第一步中，我们已得 $\boldsymbol{R}^{(1)}=L_{k1}\boldsymbol{R}^{(0)}$，和前面的道理一样，我们同样希望用 $\boldsymbol{R}^{(1)}$ 中的元素来求得二元回归中的偏回归平方和。

记 $\boldsymbol{R}^{(1)}$ 过 L_j 变换（$j\neq k_1$）后，所得矩阵中的元素为 r_{uv}^{2j}，则

$$d_j^{(2)}=r_{jn}^{(2j)}=\frac{r_{jn}^{(1)}}{r_{jj}^{(1)}}$$

$$c_{jj}^{(2)}=r_{jj}^{(2j)}=\frac{1}{r_{jj}^{(1)}}$$

于是因子 $Z_j(j\neq k_1)$ 的偏回归平方和 $V_j^{(2)}$ 为：

$$V_j^{(2)}=\frac{[d_j^{(2)}]^2}{c_{jj}^{(2)}}=\frac{[r_{jn}^{(1)}]^2}{r_{jj}^{(1)}}$$

记

$$V_{k2}^{(2)}=\max_{j\neq k1}V_j^{(2)}$$

因子 Z_{k2} 要不要引入回归方程，要由对 $V_{k2}^{(2)}$ 作 F 检验后决定。对于回归方程

$$\hat{Z}_n=d_{k1}^{(2)}Z_{k1}+d_{k2}^{(2)}Z_{k2} \tag{15.67}$$

来讲，其剩余平方和

$$S_{剩(2)}=S_{剩(1)}-V_{k2}^{(2)}=r_{nn}^{(1)}-V_{k2}^{(2)}$$

其自由度 $f_{剩(2)}=N-3$，故这时 F 统计量为

$$F_1=\frac{V_{k2}^{(2)}}{S_{剩(2)}/f_{剩(2)}}=\frac{V_{k2}^{(2)}}{r_{nn}^{(1)}-V_{k2}^{(2)}}(N-3)$$

当 $F_1>F_\alpha(1,N-3)$ 时，因子 Z_{k2} 应该引入，否则就不引入，逐步回归分析结束。如 $F_1<F_\alpha$，则对 $\boldsymbol{R}^{(1)}$ 施行变换 L_{k2}，得到 $\boldsymbol{R}^{(2)}=L_{k2}\boldsymbol{R}^{(1)}$。

(3) 当因子 Z_{k2} 引入后，应该检验 Z_{k1} 要不要剔除。这要对 Z_{k1} 在二元回归方程

$$\hat{Z}_n=d_{k1}^{(2)}Z_{k1}+d_{k2}^{(2)}Z_{k2}$$

中的偏回归平方和作 F 检验。

记 $\boldsymbol{R}^{(2)}=L_{k2}\boldsymbol{R}^{(1)}$，由变换的性质知道：

$$d_{k1}^{(2)}=r_{k1n}^{(2)}$$

$$C_{k1k1}^{(2)}=r_{k1k1}^{(2)}$$

故式(15.67)中 Z_{k1} 的偏回归平方和

$$V_{k1}^{(2)}=\frac{[d_{k1}^{(2)}]^2}{C_{k1k1}^{(2)}}=\frac{[r_{k1n}^{(2)}]^2}{r_{k1k1}^{(2)}}$$

式(15.67)中的剩余平方和

$$S_{剩(2)}=r_{nn}^{(1)}-V_{k2}^{(2)}=r_{nn}^{(1)}-\frac{[r_{k2n}^{(1)}]^2}{r_{k2k2}^{(1)}}=r_{nn}^{(1)}-\frac{r_{nk2}^{(1)}r_{k2n}^{(1)}}{r_{k2k2}^{(1)}}=r_{nn}^{(2)}$$

于是检验 Z_{k1} 是否显著的统计量为：

$$F_2=\frac{V_{k1}^{(2)}}{S_{剩(2)}/f_{剩(2)}}=\frac{[r_{k1n}^{(2)}]^2}{r_{nn}^{(2)}}(N-3)$$

当 $F_2>F_\alpha(1,N-3)$ 时，因子 Z_{k1} 不要剔除，接下去再考虑引入第三个因子 Z_{k3}；当 $F_2\leqslant F_\alpha(1,N-3)$ 时，因子 Z_{k1} 应剔除，这时需对 $R^{(2)}$ 作变换 L_{k1}，得到 $R^{(3)}$，从而建立只包含 Z_{k2} 的回归方程，然后再考虑引入新的因子。

(4) 重复步骤(2)、(3)，一般地讲，在建立了 l 个因子 $Z_{k1},Z_{k2},\cdots,Z_{kl}$ 的回归方程

$$\hat{Z}_n=d_{k1}Z_{k1}+d_{k2}Z_{k2}+\cdots+d_{kl}Z_{kl} \tag{15.68}$$

之后，假定这时 $\boldsymbol{R}^{(0)}$ 经过 l 次变换成了 $\boldsymbol{R}^{(l)}$，那么由于新因子 Z_{kl} 的引入，首先要对原有的因子 $Z_{k1},Z_{k2},\cdots,Z_{k\,l-1}$ 作剔除的 F 检验；即对其中偏回归平方和最小的变量设为 $Z_{kj}(1\leqslant j\leqslant l-1)$ 作检验，如 $F_2>F_\alpha$，则无需剔除，可进一步引入新的变量；如 $F_2<F_\alpha$，则 Z_{kj} 应予剔除，并对 $\boldsymbol{R}^{(l)}$ 进行 L_{kj} 变换，得到 $\boldsymbol{R}^{(l+1)}$。必须注意，这时还不能开始引入变量，而应该重复做剔除检验，直到没有要剔除的变量为止，才可以引入变量。理论和实际计算都证明可能相继地剔除几个自变量。具体步骤如下：

① 对 $t=1,2,\cdots,l-1$，计算因子 Z_{kt} 的偏回归平方和

$$V_{kt}^{(l)}=\frac{[r_{ktn}^{(l)}]^2}{r_{ktkt}^{(l)}} \tag{15.69}$$

从中找出

$$V_k^{(l)}=\max_{1\leqslant t\leqslant l-1}V_{kt}^{(l)}$$

对因子 Z_k 作 F 检验，由于

$$S_{剩(l)}=r_{nn}^{(l)}\qquad f_{剩(l)}=N-l-1$$

所以

$$F_2=\frac{V_k^{(l)}}{r_{nn}^{(l)}}(N-l-1) \tag{15.70}$$

当 $F_2<F_\alpha(1,N-l-1)$ 时，对 $\boldsymbol{R}^{(l)}$ 作变换 L_k，得到 $\boldsymbol{R}^{(l+1)}=L_k\boldsymbol{R}^{(l)}$，对 $\boldsymbol{R}^{(0)}$，然后重复上述步

骤，对因子 $Z_{kt}(k_t \neq k)$ 重做检验，直到没有因子要剔除时为止；当 $F_2 > F_\alpha(1, N-l-1)$ 时，下一步考虑引入新变量。

② 设经过以上剔除检验后，回归方程中包含 $x_{k1}, x_{k2}, \cdots, x_{kl}$ 共 l 个因子，系数矩阵为 $\boldsymbol{R}^{(l)}$。对 $j \neq k_1, k_2, \cdots, k_l$ 的因子 Z_j，计算偏回归平方和

$$V_j^{(l+1)} = \frac{[r_{jm}^{(l)}]^2}{r_{jj}^{(l)}} \tag{15.71}$$

从中找出最大值

$$V_{kl+1}^{(l+1)} = \max_{j \neq k_1, \cdots, k_l} V_j^{(l+1)}$$

此时

$$S_{剩(l+1)} = S_{剩(l)} - V_{kl+1}^{(l+1)} = r_{m}^{(l)} - V_{kl+1}^{(l+1)} \tag{15.72}$$

对因子 Z_{kl+1} 做 F 检验

$$F_1 = \frac{V_{kl+1}^{(l+1)}}{r_m^{(l)} - V_{kl+1}^{(l+1)}}(N-l-2) \tag{15.73}$$

当 $F_1 > F_\alpha(1, N-l-2)$ 时，引入因子 Z_{kl+1}，对 $\boldsymbol{R}^{(l)}$ 作变换 L_{kl+1}，得到 $\boldsymbol{R}^{(l+1)} = L_{kl+1}\boldsymbol{R}^{(l)}$，然后进行剔除的检验，即转到第(1)步。当 $F_1 < F_\alpha(1, N-l-2)$ 时，挑选因子结束。这时就建立了 l 元线性回归方程式(15.68)，其回归系数为：

$$d_{kt}^{(l)} = r_{ktn}^{(l)} \quad (t = 1, 2, \cdots, l) \tag{15.74}$$

回归方程的均方差估计值

$$\hat{\sigma} = \sqrt{\frac{S_{剩(l)}}{N-l-1}} = \sqrt{\frac{r_m^{(l)}}{N-l-1}} \tag{15.75}$$

回归方程式(15.68)的复相关系数

$$R = \sqrt{1 - r_{m}^{(l)}} \tag{15.76}$$

以上就是逐步回归中所用的主要公式及其计算步骤。

15.6　模糊综合评判方法

模糊综合评判方法是一种运用模糊数学原理分析和评价具有“模糊性”的事物的系统分析方法。它是一种以模糊推理为主的定性与定量相结合、精确与非精确相统一的分析评价方法。由于这种方法在处理各种难以用精确数学方法描述的复杂系统问题方面所表现出的独特的优越性，近年来已在许多学科领域中得到了十分广泛的应用。

15.6.1　单层次模糊综合评判模型

给定两个有限论域

$$U = \{u_1, u_2, \cdots, u_m\} \tag{15.77}$$

$$V = \{v_1, v_2, \cdots, v_n\} \tag{15.78}$$

式(15.77)中，U 代表所有的评判因素所组成的集合；式(15.78)中，V 代表所有的评判等级所组成的集合。

如果着眼于第 $i(i=1,2,\cdots,m)$ 个评判因素 u_i，其单因素评判结果为 $R_i = [r_{i1}, r_{i2}, \cdots, r_{in}]$，则 m 个评判因素的评判决策矩阵为：

$$\widetilde{\boldsymbol{R}}=\begin{bmatrix}R_1\\R_2\\\vdots\\R_m\end{bmatrix}=\begin{bmatrix}r_{11} & r_{12} & \cdots & r_{1n}\\r_{21} & r_{22} & \cdots & r_{2n}\\\vdots & \vdots & & \vdots\\r_{m1} & r_{m2} & \cdots & r_{mn}\end{bmatrix}\tag{15.79}$$

式(15.79)是U到V上的一个模糊关系。

如果对各评判因素的权数分配为：$\widetilde{\boldsymbol{A}}=[a_1,a_2,\cdots,a_m]$(显然，$\widetilde{\boldsymbol{A}}$是论域$U$上的一个模糊子集，且$0\leqslant a_i\leqslant 1,\sum_{i=1}^{m}a_i=1$)，则应用模糊变换的合成运算，可以得到论域$V$上的一个模糊子集，即综合评判结果：

$$\widetilde{\boldsymbol{B}}=\widetilde{\boldsymbol{A}}\cdot\widetilde{\boldsymbol{R}}=[b_1,b_2,\cdots,b_n]\tag{15.80}$$

15.6.2 多层次模糊综合评判模型

在复杂大系统中，需要考虑的因素往往是很多的，而且因素之间还存在着不同的层次，这时，应用单层次模糊综合评判模型就很难得出正确的评判结果。所以，在这种情况下，需要将评判因素集合按照某种属性分成几类，先对每一类进行综合评判，然后再对结果进行类之间的高层次综合评判。这样，就产生了多层次模糊综合评判问题。

多层次模糊综合评判模型的建立，可按以下步骤进行：

(1) 对评判因素集合U，按某个属性c，将其划分成m个子集，使它们满足：

$$\begin{cases}\sum_{i=1}^{m}U_i=U\\U_i\cap U_j=\varnothing\qquad(i\neq j)\end{cases}\tag{15.81}$$

这样，就得到了第二级评判因素集合：

$$U/c=\{U_1,U_2,\cdots,U_m\}\tag{15.82}$$

式中：$U_i=\{u_{ik}\}(i=1,2,\cdots,m;k=1,2,\cdots,n_k)$表示子集$U_i$中含有$n_k$个评判因素。

(2) 对于每一个子集U_i中的n_k个评判因素，按单层次模糊综合评判模型进行评判。如果U_i中诸因素的权数分配为$\widetilde{A}_i$，其评判决策矩阵为$\widetilde{\boldsymbol{R}}_i$，则得到第$i$个子集$U_i$的综合评判结果：

$$\widetilde{\boldsymbol{B}}_i=\widetilde{\boldsymbol{A}}_i\cdot\widetilde{\boldsymbol{R}}_i=[b_{i1},b_{i2},\cdots,b_{in}]\tag{15.83}$$

(3) 对U/c中的m个评判因素子集$U_i(i=1,2,\cdots,m)$，进行综合评判，其评判决策矩阵为：

$$\widetilde{\boldsymbol{R}}=\begin{bmatrix}\widetilde{B}_1\\\widetilde{B}_2\\\vdots\\\widetilde{B}_m\end{bmatrix}=\begin{bmatrix}b_{11} & b_{12} & \cdots & b_{1n}\\b_{21} & b_{22} & \cdots & b_{2n}\\\vdots & \vdots & & \vdots\\b_{m1} & b_{m2} & \cdots & b_{mn}\end{bmatrix}\tag{15.84}$$

如果U/c中的各因素子集的权数分配为$\widetilde{\boldsymbol{A}}$，则可得综合评判结果：

$$\widetilde{\boldsymbol{B}}^*=\widetilde{\boldsymbol{A}}\cdot\widetilde{\boldsymbol{R}}\tag{15.85}$$

式中：$\widetilde{B}^*$既是U/c的综合评判结果，也是U中的所有评判因素的综合评判结果。

这里需要强调的是，在式(15.82)或式(15.84)中，矩阵合成运算的方法通常有两种：一是主因素决定模型法，即利用逻辑算子$M(\wedge,\vee)$进行取大或取小合成，该方法一般仅适合于单项最优的选择；二是普通矩阵模型法，即利用普通矩阵算法进行运算，这种方法兼顾了各方面的因素，因此适宜于多因素的排序。

若U/c中仍含有很多因素，则可以对它再进行划分，得到三级以至更多层次的模糊综合评判模型。多层次的模糊综合评判模型，不仅可以反映评判因素的不同层次，而且避免了由于因素过多而难于分配权重的弊病。

15.7 灰色关联分析和灰色聚类分析

影响土地质量或土地价值的因子常常众多，为了分析不同因子影响程度的大小，常采用灰色关联分析方法。灰色理论是由我国学者邓聚龙创立的，用于对“部分信息已知，部分信息未知”的灰色系统的分析处理。在当前的土地质量评估，尤其土地价值评估中，由于所需的数据不完整或部分数据不准确，若采用常规的处理方法难于得到满意的结果，而灰色理论可以弥补这一缺憾。在影响因子的分析中，常采用灰色关联分析和灰色聚类分析。

15.7.1 灰色关联分析

灰色关联分析用于分析各因素对结果影响的程度，有较为简单的灰色关联度分析法和较为复杂的关联序分析法。

1）灰色关联度分析法

设有系统行为序列

$$X_0=[x_0(1),x_0(2),\cdots,x_0(n)]$$
$$X_1=[x_1(1),x_1(2),\cdots,x_1(n)]$$
$$\cdots\cdots$$
$$X_i=[x_i(1),x_i(2),\cdots,x_i(n)]$$
$$\cdots\cdots$$
$$X_m=[x_m(1),x_m(2),\cdots,x_m(n)]$$

则按以下步骤进行灰色关联分析：

(1) 求各序列的初值像(或均值像)

用下式求初值像：

$$X_i'=\frac{X_i}{x_i(1)}=[x_i'(1),x_i'(2),\cdots,x_i'(n)] \quad (i=0,1,2,\cdots,m)$$

用下式求均值像：

$$X_i'=\frac{X_i}{\overline{X}_i}=[x_i'(1),x_i'(2),\cdots,x_i'(n)] \quad (i=0,1,2,\cdots,m)$$

式中：$\overline{X}_i=\sum_{j=1}^{n}x_i(j)$。

(2) 求差序列

记
$$\Delta_i(k)=|x_0'(k)-x_i'(k)|$$
$$\Delta_i=[\Delta_i(1),\Delta_i(2),\cdots,\Delta_i(n)] \quad (i=0,1,2,\cdots,m)$$

(3) 求两极最大差与最小差

记
$$M=\max_i \max_k \Delta_i(k),\quad m=\min_i \min_k \Delta_i(k)$$

(4) 求关联系数

$$r_{0i}(k)=\frac{m+\xi M}{\Delta_i(k)+\xi M} \quad (\xi\in(0,1);\ k=1,2,\cdots,n;i=1,2,\cdots,m)$$

(5) 计算关联度

$$r_{0i}=\frac{1}{n}\sum_{k=1}^{n}r_{0i}(k) \qquad (i=1,2,\cdots,m)$$

(6) 关联分析

若

$$r_{0i}>r_{0j} \qquad (i\neq j;i,j=1,2,\cdots,m)$$

则认为 X_i 与 X_0 的关联度比 X_j 与 X_0 的关联度大。

在实际的土地质量评估和土地估价中,将 X_0 看成土地质量或土地价值,X_i 看成影响因子,通过对它们进行灰色关联度分析,可以确定出各因子对土地质量或土地价值影响的重要性程度。

2) 关联序分析方法

关联序分析方法与灰色关联度分析的基本步骤类似,所不同的仅是关联度的计算不同,另外可以分析比较任意两个行为特征之间的关联度。采用关联序分析方法的步骤如下:

设有系统行为序列

$$X_1=[x_1(1),x_1(2),\cdots,x_1(n)]$$
$$X_2=[x_2(1),x_2(2),\cdots,x_2(n)]$$
$$\cdots\cdots\cdots\cdots$$
$$X_i=[x_i(1),x_i(2),\cdots,x_i(n)]$$
$$\cdots\cdots\cdots\cdots$$
$$X_m=[x_m(1),x_m(2),\cdots,x_m(n)]$$

(1) 求序列 X_i 与 X_j 的灰色绝对关联度或灰色相对关联度或灰色综合关联度

① 灰色绝对关联度,简称绝对关联度 ε_{ij} 的计算

$$\varepsilon_{ij}=\frac{1+|S_i|+|S_j|}{1+|S_i|+|S_j|+|S_i-S_j|} \tag{15.86}$$

其中:

$$|S_i|=\left|\sum_{k=2}^{n-1}x_i^0(k)+\frac{1}{2}x_i^0(n)\right| \tag{15.87}$$

$$|S_j|=\left|\sum_{k=2}^{n-1}x_j^0(k)+\frac{1}{2}x_j^0(n)\right| \tag{15.88}$$

$$|S_i-S_j|=\left|\sum_{k=2}^{n-1}(x_i^0(k)-x_j^0(k))+\frac{1}{2}(x_i^0(n)-x_j^0(n))\right| \tag{15.89}$$

式中:

$$x_i^0(k)=x_i(k)-x_i(1) \quad (k=1,2,\cdots,n;i=1,2,\cdots,m) \tag{15.90}$$

$X_i^0=(x_i^0(1),x_i^0(2),\cdots,x_i^0(n))$ 称为 X_i 的零点始化像。

② 灰色相对关联度,简称相对关联度 r_{ij} 的计算

先对序列 X_i 与 X_j 求初值像,然后对 X_i 与 X_j 的初值像采用式(15.86)～式(15.90)进行计算即可得序列 X_i 与 X_j 的相对关联度 r_{ij}。

③ 灰色综合关联度,简称综合关联度

如果 X_i 与 X_j 的绝对关联度和相对关联度都存在,则称

$$\rho_{ij}=\theta\varepsilon_{ij}+(1-\theta)r_{ij}$$

为 X_i 与 X_j 的综合关联度,其中,$\theta\in[0,1]$。

(2) 求灰色绝对关联矩阵、灰色相对关联矩阵和灰色综合关联矩阵

灰色绝对关联矩阵为:

$$\boldsymbol{A}=(\varepsilon_{ij})=\begin{bmatrix}\varepsilon_{11} & \varepsilon_{21} & \cdots & \varepsilon_{1m}\\ \varepsilon_{21} & \varepsilon_{22} & \cdots & \varepsilon_{2m}\\ \vdots & \vdots & & \vdots\\ \varepsilon_{m1} & \varepsilon_{m2} & \cdots & \varepsilon_{mm}\end{bmatrix}$$

类似地可以定义灰色相对关联矩阵和灰色综合关联矩阵。

(3) 关联序分析

设关联矩阵(绝对关联矩阵或相对关联矩阵或综合关联矩阵)为

$$\boldsymbol{\Gamma}=(r_{ij})=\begin{bmatrix}r_{11} & r_{21} & \cdots & r_{1m}\\ r_{21} & r_{22} & \cdots & r_{2m}\\ \vdots & \vdots & & \vdots\\ r_{m1} & r_{m2} & \cdots & r_{mm}\end{bmatrix}$$

若存在 $l,j\in(1,2,\cdots,m)$,满足

$$r_{ij}\geqslant r_{ij}\qquad(i=1,2,\cdots,m)$$

则认为 X_l 与 X_i 的关联度比 X_j 与 X_i 的关联度大。

15.7.2 灰色聚类分析

灰色聚类主要有灰色关联聚类和灰类白化权函数聚类两种。灰色关联聚类主要用于同类因素的归并,以使复杂系统简化。灰类白化权函数聚类主要用于检查观测对象是否属于事先设定的不同类别,以便区别对待。根据土地评价的需要,这里仅介绍灰色关联聚类。

灰色关联聚类分两步,第一步求灰色绝对关联矩阵,第二步根据灰色绝对关联矩阵进行聚类。有关求灰色绝对关联矩阵的方法步骤前面已有论述,此处不再赘述。根据灰色绝对关联矩阵对行为特征进行聚类的方法步骤与模糊聚类中对模糊等价矩阵的聚类方法完全一样,读者可以阅读本章 15.2“系统聚类分析方法”中的“模糊聚类法”部分。以下举例说明灰色关联聚类的应用。

某地在进行农用地定级时,选择了 11 个因素,对 14 个评价单元进行评价。每个评价单元的因素得分情况见表 15.14。

表 15.14 14 个评价单元的 11 个因素得分情况

因素	评价单元													
	1	2	3	4	5	6	7	8	9	10	11	12	13	14
X_1	11.12	0.70	1.78	2.99	2.15	0.36	18.39	27.53	6.12	18.71	1.52	4.59	0.36	0.54
X_2	21.67	0.01	1.39	0.57	8.98	0.01	11.51	13.98	7.41	20.54	0.67	5.50	3.86	0.03
X_3	11.52	3.36	3.42	0.23	6.18	0.18	23.13	2.62	2.67	18.65	12.85	4.38	2.22	4.70
X_4	0.61	0.15	11.99	0.13	0.27	0.00	27.78	1.46	3.48	0.08	41.45	3.00	3.29	2.34
X_5	2.97	7.34	4.73	0.00	1.29	0.28	64.35	0.66	1.61	3.27	0.55	5.27	1.51	4.86
X_6	16.46	5.46	10.22	0.20	2.17	0.61	37.45	1.85	3.03	2.94	9.12	5.96	0.50	2.15
X_7	15.89	4.56	8.36	0.64	1.13	1.42	38.05	1.82	4.38	2.88	8.03	4.54	2.56	2.99
X_8	2.63	12.18	7.24	0.00	1.00	0.58	66.96	0.45	1.26	0.94	0.54	1.63	0.16	2.80
X_9	0.35	9.20	2.64	0.01	0.22	2.45	73.19	0.41	1.13	0.87	0.18	2.86	0.13	4.68
X_{10}	15.56	3.54	10.13	0.32	2.64	0.44	36.28	2.29	3.65	4.76	9.57	4.94	0.71	2.71
X_{11}	15.58	2.19	3.67	0.05	5.56	0.19	38.61	2.72	2.85	3.95	10.51	6.93	0.78	2.15

根据式(15.86)～式(15.90)计算 11 个因素的绝对关联矩阵(见表 15.15)。

表 15.15　11 个因素的绝对关联矩阵

因　素	X_1	X_2	X_3	X_4	X_5	X_6	X_7	X_8	X_9	X_{10}	X_{11}
X_1	1.000	0.703	0.926	0.639	0.659	0.797	0.798	0.658	0.628	0.800	0.799
X_2	0.703	1.000	0.738	0.576	0.582	0.841	0.840	0.582	0.573	0.838	0.839
X_3	0.926	0.738	1.000	0.626	0.643	0.849	0.850	0.642	0.617	0.852	0.851
X_4	0.639	0.576	0.626	1.000	0.909	0.600	0.600	0.913	0.948	0.601	0.601
X_5	0.659	0.582	0.643	0.909	1.000	0.611	0.611	0.995	0.867	0.611	0.611
X_6	0.797	0.841	0.849	0.600	0.611	1.000	0.999	0.610	0.595	0.996	0.997
X_7	0.798	0.840	0.850	0.600	0.611	0.999	1.000	0.610	0.595	0.997	0.999
X_8	0.658	0.582	0.642	0.913	0.995	0.610	0.610	1.000	0.870	0.611	0.611
X_9	0.628	0.573	0.617	0.948	0.867	0.595	0.595	0.870	1.000	0.595	0.595
X_{10}	0.800	0.838	0.852	0.601	0.611	0.996	0.997	0.611	0.595	1.000	0.999
X_{11}	0.799	0.839	0.851	0.601	0.611	0.997	0.999	0.611	0.595	0.999	1.000

对绝对关联矩阵用不同的截距进行聚类，最后得到灰色关联聚类谱系图(见图 15.11)，左边的数据为每次聚类时的截距。

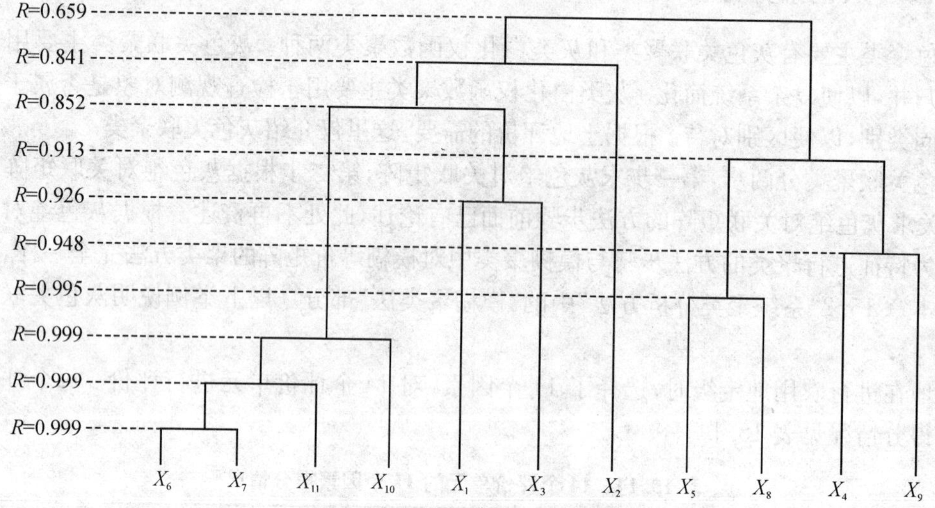

图 15.11　灰色关联聚类谱系图

从聚类谱系图可以看出 X_6、X_7、X_{10}、X_{11} 关系紧密，X_5 与 X_8 关联度也非常大。若取截距 $R=0.95$，则可以将 11 个因素分成 7 类，即 X_5、X_8 归为一类，X_6、X_7、X_{10}、X_{11} 归为一类，其余 X_1，X_2，X_3，X_4，X_9 各成一类。这样，可以将 11 个因素删除合并为 7 个因素。实际估价结果表明采用合并后的 7 个因素比采用原来选择的 11 个因素进行土地评价结果更科学合理。

参 考 文 献

1　林炳耀.计量地理学概论.北京:高等教育出版社,1985

2　刘思峰,郭天榜,党耀国.灰色系统理论及其应用.北京:科学出版社,1999

3　徐建华.现代地理学中的数学方法.(第 2 版).北京:高等教育出版社,2002

4　张超.杨秉赓.计量地理学基础.北京:高等教育出版社,1986

16 地统计学方法

16.1 地统计学的产生与应用

16.1.1 地统计学的产生

地统计学(Geostatistics)又称地质统计学，是由南非矿山地质工程师 Krige D. G. 和 Siche H. S. 于 1951 年从南非采矿业的矿藏勘察计算中提出。随后，法国著名地质学家 Matheron G. 在他们的基础上进行了大量的理论和实际研究，于 1962 年提出了区域化变量理论(The Theory of Regionalized Variable)，形成了地统计学的基本框架。由于它首先是在地学领域如采矿学、地质学等中发展和应用的，因此得名于地统计学。

“地统计学”一词首先是 Matheron G. 采用的，他在 1962 年给地统计学下过一个较早的定义，地统计学即以随机函数的形式体系应用在勘查与估计自然现象中。随着地统计学在地质、土壤、农业、气象、海洋、生态、森林和环境治理方面的应用和发展，一些地统计学工作者认为：“地统计学是以区域化变量理论为基础，以变异函数为主要工具，研究那些空间分布既有随机性又有结构性，或空间相关和依赖性的自然现象的科学。”地统计学主要研究要素空间分布数据的结构性和随机性，数据的空间相关性和依赖性，要素的空间格局与变异，数据的最优无偏内插估计，以及数据的离散性、波动性的模拟等。经过 40 年的发展，地统计学已经在需要评估空间和时间变异的许多领域得到了广泛的应用。

16.1.2 地统计学与经典统计学的区别

地统计学有一套完整的理论体系，是在用经典统计学研究地学问题时遇到矛盾的过程中产生与发展起来的。地统计学与经典统计学存在较大区别，具体内容如下：

(1) 经典统计学研究的变量必须是纯随机变量而且服从某已知概率分布，而地统计学研究的变量是区域化变量，该随机变量根据其在一个域内的空间位置取不同的值，是随机变量与位置有关的随机函数，因此，地统计学中的区域化变量既有随机性又有结构性。

(2) 经典统计学研究的变量可以无限次重复实验或大量观测，而地统计学研究的变量则不能进行这样的重复试验，因为区域化变量一旦在某一空间位置上取得一样品后，就不能在同一位置再次取到该样品，即区域化变量取值只有一次。

(3) 经典统计学的每次抽样必须独立进行，即要求样本 $X(x_1,x_2,\cdots,x_n)$ 中各 $x_i(i=1,2,\cdots,n)$ 相互独立，不考虑样品的空间分布，而地统计学的区域化变量是在空间不同位置取样，因而两个相邻样品中的值不一定保持独立，具有某种程度的空间相关性。

(4) 经典统计学在统计观测值的频率并研究其分布规律时只要求有足够多的观测值，对每个观测值的空间位置不予重视，而地统计学除了要考虑样本的数字特征外，还要考虑到观测值的空间位置，更主要的是研究这些观测值的空间变异性及区域化变量的空间分布特征。

(5) 地统计学充分利用各种信息,包括空间位置信息。插值方法是一种无偏的最优估值方法,可以给出插值精度等。因此,地统计学的主要研究是围绕着变量的分布理论和估计方法。

正是上述主要区别,导致地统计学研究与经典统计学相比具有较多的优点和特色,并在具体实践中迅速发展。

16.1.3 现行土地评价方法存在的问题

我国现行的土地质量评价和土地价值评估主要是以土地均质地域为基础,采用对一定均质区域取一定样本数据进行统计分析,选择合适的模型进行拟合,进而估算出区域的土地质量和土地价值。当前土地质量和土地价值常用的模型主要有指数模型、线性模型、多项式模型和对数模型等。这些模型有其各自的优点,但都存在几个共同的不足之处,具体内容如下:

(1) 这些模型都是基于样本变量的独立性而言的,传统的统计学方法在描述土地质量的变异时假定抽样区的土地质量变化是随机的,样本之间完全独立,且服从某已知的概率分布,认为样品均值是抽样区土地质量评价的最好描述方式,并用方差、标准差、变异系数和置信区间来表征估计精度。但是从土地、土地质量和土地价值的自然与社会经济属性而言,土地、土地质量和地价的样本数据并非是独立的,而是存在着空间上的相关性。

(2) 抽取样本数据存在着空间分布不均匀的问题,即存在着样本的丛聚现象。在同一均质区域内,如果土地质量和地价相对较高的小区域抽取的样本较多时,导致高的土地质量和地价的有效样点也较多,其结果必然使得模型拟合的最后结果偏高;同样如果土地质量和地价相对较低的小区域抽取的样本数较多时,则使评价的土地质量和地价偏低。

(3) 在以上模型的拟合中,对所有样点的影响权重视为等同,他们没考虑到对同一个待估点而言,距离较近的样点对其产生的影响大于距离较远的样点。

由于现行的土地质量和土地价值评价方法存在着以上几方面的不足,因此,构建一种新的科学评价方法十分必要。地统计学以变异函数为主要工具,能够很好地研究抽取样本数据的空间相关性和依赖性,并对这些数据进行最优、线性、无偏内插估计(Best Linear Unbiased Estimator, BLUE),从而定量地描述土地质量和土地价值的空间分布格局与空间变异性。因此,地统计学对描述区域化土地质量和土地价值空间分布特征很有意义。

16.1.4 地统计学在土地评价中的应用

土地是一个形态和演化过程都十分复杂的自然和社会经济综合体,同时,土地也是一个复合的生态系统,它的一个重要的特性就是具有时间和空间上的变化特征,这种变化特征取决于土地的自然属性(如大气、生物、土壤、岩石、水、地貌和地质等)和社会经济属性(如土地的地理区位、道路交通和基础设施等人类活动与结果)的综合作用。土地资源构成要素空间分布的差异性及其地域组合的复杂性,促使土地资源的空间分布也具有明显的地域差异性。自然要素方面,水热条件具有地带性规律,地质地貌因素具有非地带性规律,土壤因素则具有地带性和隐域性规律,在这些因素共同作用影响下,土地资源的空间分布即具有一定地域分异规律,同时不同地区之间会存在显著的差异性。社会经济因素方面,不同地区不仅社会经济条件、生产技术和水平存在差异,土地利用方式、发展方向和措施等也不同,因此形成不同的地域差异。自然要素和社会经济要素差异叠置,将进一步扩大土地资源的地域差异性。同时,土地也是一个历史综合体,由于构成土地的自然因素、社会经济因素及人类活动均随时间而变化,因此土地具有发生与发展的过程,土地的特性随时间而不断变化。此外,由于土地及其属性的时间变化与空间位置紧密联系,因此土地的时间性和空间性应予统一考虑。土地的许多自然和社会经济属性在空间和时间上是连续变化的,空间和时间相近的点比空间和时间分散的点在自然和社会经济的特性等方面具有更大的相似性,也就是说它们在统计学意义上相互依赖,土地具有高度的空间和时间异质性。

土地评价是在特定的目的下,通过土地质量对土地的自然和经济属性进行综合鉴定,确定土地等级,揭示土地质量等级的空间分异的过程,其核心内容是土地质量。由于土地最重要的特征是具有生产力,所以土地质量实质上就是土地的综合生产质量(包含土地的自然生产力和渗入了劳动的经济生产力)或因这种综合生产力而形成的、不同的土地劳动生产率质量。在不同的土地利用状态下,土地的综合生产力有不同的构成,土地质量的涵义也有所差异。农用地的土地质量是因土地生物生产能力不同而造成的劳动生产率的差异,非农用地质量好坏是以区位条件优劣为主造成的劳动生产率的高低。无论是土地的生物生产能力还是土地的区位条件在空间上都是连续变化的,因此,土地质量也具有高度的空间异质性和空间相关性。

经典统计学由于基本假设的限制,在研究土地和土地评价的空间异质性或空间自相关方面具有较多的缺陷,因此,用经典的统计学对土地性质、过程和土地评价作出定量化的描述,尤其是土地资源和土地质量的空间变异、土地利用的区域分异以及空间相关性和依赖性作定量描述相当困难,而地统计学却为土地学家提供了一个非常有效的分析和解释空间数据的方法。具体地说,它可为土地评价在研究土地的各种复杂问题提供:① 定量地描述和解释空间异质性空间相关的方法;② 建立各种有关的空间预测模型,并进行空间数据插值和估计;③ 对空间格局的尺度、几何形状、变异方向进行定量地分析和有效地估计,并将空间格局与土地的特性和过程联系起来;④ 为土地评价在各种尺度上进行空间抽样时,提供最优的抽样方法。

此外,基于模型(Model-Based)的地统计学方法,提供了一个将空间和时间坐标结合进入数据处理过程的有力工具,它通过半方差(Semivariogran)描述空间分布模式及空间相关性,通过克立格插值(Kriging)等方法预测未采样点土地的性质和评价土地的质量。由于考虑了与时间和空间有关的随机过程对土地性质和土地质量的时空变化的影响,地统计学方法可以很好地估计土地综合生产力的时间变化,也能用于评论土地质量的不确定性、随机模拟土地性质的空间分布格局、模拟土地的时空变化过程等。近年来的研究表明,地统计学在分析土地特性和评价土地质量的空间分布特征、空间分布格局和区域分异规律方面都显示出经典统计学不可替代的优越性,地统计学已被证明是分析土地质量和土地价值空间变异性最为有效的方法之一。

16.2 地统计学的基本理论和假设

16.2.1 区域化变量理论

地统计学主要是以区域化变量理论为基础,研究那些分布于空间中并显示出一定结构性和随机性的自然现象。当一个变量呈空间分布时,称之为“区域化”。这种变量常常反映某种空间现象的特征,如在土地和土地评价中的土壤肥力、地价、土地利用程度和土地质量等变量都具有空间分布的特点,而这些变量实质上都是区域化变量。

所谓区域化变量是指以空间点 x 的三个直角坐标(x_u,x_v,x_w)为自变量的随机场 $Z(x_u,x_v,x_w)=Z(x)$,当对它进行了一次观测后,就得到了一个现实的 $Z(x)$,它是一个普通的三元实值函数或空间点函数。区域化变量的两重性表现在:在观测前是随机场(依赖于坐标(x_u,x_v,

x_w)),观测后是一个普通的空间三元函数值或空间点函数值(即具体的坐标上有一个具体的值)。这与概率统计中的随机变量的概念一样,在抽样前把它看成一个随机变量,抽样后,则看作具体的实数值。

Matheron G. (1963)定义区域化变量为:一种在空间上具有数值的实函数,它在空间的每一个点取一个确定的数值,即当由一个点移到下一个点时,函数值是变化的。

从纯数学观点来看,一个区域化变量是一个函数 $f(x)$,它在三维空间上的每一个点 $X(x_u, x_v, x_w)$都有一个实值。但是该函数在空间变化很不规则,以至于不能用直接的数学方法去研究它。例如研究土地的自然生产力时,通过空间点的观测可以明显区分高产地和低产地,即可以局部异常的特点分辨出土地自然生产力的空间变异性和结构性。因此,区域化变量 $Z(x)$具有两个最显著也是最重要的特征,即随机性和结构性。这似乎是区域化变量两个自相矛盾的性质。但是,正是这两种性质能使区域化变量在所研究的某种自然现象的空间结构和空间过程方面具有独特的优势。首先,区域化变量是一个随机函数,它具有局部的、随机的、异常的性质;其次,区域化变量具有一般的结构的性质,即变量在点 X 与 $X+h$(h 为空间距离)处的 $Z(x)$与 $Z(x+h)$具有某种程度的自相关,这种自相关依赖于两点间的距离 h 及变量特征,这就体现了区域化变量的结构性。

区域化变量的结构性和随机性往往是数学或统计学意义上的特性,对于研究某一具体变量时,它还具备以下几种属性:

(1) 空间局限性。区域化变量被限制于一定的空间范围内,如土地利用景观中农田的某一作物的种植范围,这一空间范围称为区域化变量的几何域。在几何域空间范围内,变量的属性最为明显;而在几何域或空间范围之外,变量的属性表现不明显或表现为零。区域化变量是按几何支撑定义的。在土地利用的景观生态格局中表现为景观的空间异质性(Landscape Spatial Heterogeneity)。

(2) 连续性。不同的区域化变量具有不同程度的连续性,这种连续性是通过区域化变量的变异函数来描述的。

(3) 各向异性(Anisotropy)。当区域化变量在各个方向上具有相同性质或在各个方向上性质变化相同,则称为各向同性(Isotropy),否则称为各向异性。各向同性是相对的,而各向异性则是绝对的。

(4) 区域化变量在一定范围内呈一定程度的空间自相关,当超出这一范围之后,相关性减弱或消失。这一性质用经典的统计学方法很难识别,而地统计学却能十分清楚地辨别。

(5) 对于任一区域化变量而言,特殊的变异性可以叠加在一般的规律之上。

16.2.2　变异函数与协方差

1) 变异函数(Variograms)

在土地和土地质量的变异性研究中,可以把在一定位置 $Z(x)$上的土地特性和土地质量等级 Z,设想成是一个点上的土地性质或土地质量等级 Z。对于任何类似的分析目的而言,那个点的位置误差都是相对比较小的而且是可以忽略不计的。从数学上来说,土地是一个多变量或矢量域。有些变量可以在连续尺度上测定,另一些变量则可能是离散的。但从原则上来说,确定任何位置上的(或任意区域内的)土地利用程度及土地质量等级是可能的。实际的土地和土地质量调查,由于工作量和经费关系,都只有在一定量的离散点上观测土地利用程度及土地质量等级。因此,在土地和土地质量等级调查基础上,应建立土地利用程度和土地质量等级的区域分异规律模型，以估计和判断没有观察和调查到的区域的土地利用程度及土地质量等级。

变异函数是以区域化理论为基础分析要素的空间变异和空间相关的统计学方法，它能同时描述区域化变量的随机性和结构性，为从数学上严格地分析区域化变量提供了强有力的工具。

一维条件下的变异函数定义为：当空间点 x 在一维 x 轴上变化时，区域化变量 $Z(x)$ 在点 x 和 $x+h$ 处的值 $Z(x)$ 与 $Z(x+h)$ 的差的方差的一半定义为区域化变量 $Z(x)$ 在 x 轴方向上的变异函数，并记为 $\gamma(x,h)$。

$$\begin{aligned}\gamma(x,h)&=\frac{1}{2}\mathrm{Var}[Z(x)-Z(x+h)]\\&=\frac{1}{2}E[Z(x)-Z(x+h)]^2-\frac{1}{2}\{E[Z(x)]-E[Z(x+h)]\}^2\end{aligned}\tag{16.1}$$

一个区域化变量 $Z(x)$ 是一个随机变量，它表征某区域内 x 位置上记录的不同的 Z 值，可以把它视为对区域内某一固定位置 x 上的一个随机变量 Z 的特别认识。对一个区域化变量的认识是由系统变异组成部分 $m(x)$ 和随机变异组成部分 $e(x)$ 两个部分组成。可用方程 $Z(x)=m(x)+e(x)$ 表达。如果整个区域上的系统变异组成部分都相同，也就是说，如果随机函数 $Z(x)$ 的期望值在整个区域的所有位置上都是相同的话，$Z(x)$ 就不再随位置 x 而变化了。因此，当 $E[Z(x)=m]$ 和 $E[Z(x)-Z(x+h)]=0$ 时，可以把它说成是一级稳定。

在二阶平稳假设条件下，有：

$$E[Z(x+h)]=E[Z(x)] \qquad \forall h$$

因此，式(16.1)可改写成：

$$\gamma(x,h)=\frac{1}{2}E[Z(x)-Z(x+h)]^2 \tag{16.2}$$

从式(16.2)可知，变异函数依赖于两个自变量 x 和 h，当变异函数 $\gamma(x,h)$ 仅依赖于 h 而与位置 x 无关时，$\gamma(x,h)$ 可改成 $\gamma(h)$：

$$\gamma(h)=\frac{1}{2}E[Z(x)-Z(x+h)]^2 \tag{16.3}$$

$2\gamma(h)$ 称为变异函数，而 $\gamma(h)$ 称为半变异函数(Semivariograms)，两者在使用时不会引起本质上的差别。变异函数揭示了在整个尺度上的空间变异，值得注意的是，变异函数在最大间隔距离的 1/2 之内才有意义。

根据变异函数的定义式(16.3)，可推导变异函数的计算公式：

$$\gamma^{\#}(h)=\frac{1}{2N(h)}\sum_{i=1}^{N(h)}[Z(x_i)-Z(x_i+h)]^2 \tag{16.4}$$

2) 协方差函数(Covariance Function)

当随机函数中只有一个自变量 x 时称为随机过程，而随机过程 $Z(t)$ 在时刻 t_1 和 t_2 处两个随机变量 $Z(t_1)$、$Z(t_2)$ 的二阶混合中心矩定义为随机过程的协方差函数，记为 $\mathrm{Cov}\{Z(t_1), Z(t_2)\}$，即：

$$\mathrm{Cov}[Z(t_1),Z(t_2)]=E[Z(t_1)Z(t_2)]-[EZ(t_1)][EZ(t_2)] \tag{16.5}$$

当随机函数依赖于多个自变量时，$Z(x)=Z(x_u,X_v,x_w)$ 为随机场。而随机场 $Z(x)$ 在空间点 x 和 $x+h$ 处的两个随机变量 $Z(x)$ 与 $Z(x+h)$ 的二阶混合中心矩定义为随机场 $Z(x)$ 的自协方差函数，即：

$$\mathrm{Cov}[Z(x),Z(x+h)]=E[Z(x)Z(x+h)]-E[Z(x)]E[z(x+h)] \tag{16.6}$$

随机场 $Z(x)$ 的自协方差函数有时简称为协方差函数。协方差函数一般依赖于空间点 x 和 h。

当式(16.6)中 $h=0$ 时，则协方差函数变为：

$$\mathrm{Cov}[Z(x),Z(x+0)]=E[Z(x)]^2-\{E[Z(x)]\}^2$$

即等于先验方差函数 $\mathrm{Var}[Z(x)]$，当其不依赖于 x 时，简称方差，即：

$$\mathrm{Var}[Z(x)]=E[Z(x)]^2-[EZ(x)]^2 \tag{16.7}$$

根据协方差的定义式(16.6)，计算协方差函数的公式为：

$$C^{\#}(h)=\frac{1}{N(h)}\sum_{i=1}^{N(h)}[Z(x_i)Z(x_i+h)]-m^2 \tag{16.8}$$

先验方差 $C^{\#}(0)$ 的计算公式为：

$$C^{\#}(0)=\frac{1}{N(h)}\sum_{i=1}^{N(h)}[Z(x_i)]^2-m^2 \tag{16.9}$$

式中：m—— 样本平均数；

N—— 样本单元数。

m 可由一般求算术平均值的方法求得，即：

$$m=\frac{1}{N}\sum_{i=1}^{N}Z(x_i) \tag{16.10}$$

16.2.3 平稳假设与内蕴假设

在地统计学研究中，用变异函数表示一定范围内区域化变量的空间结构性，用式(16.2)计算变异函数时，必须要有足够的若干 $Z(x)$ 与 $Z(x+h)$ 的值，而在地统计学中，空间抽样只能得到一对这样的数值 $Z(x)$ 与 $Z(x+h)$，因为不可能在空间上同一点取得重复，也就是说，区域化变量的取值是唯一的，不能重复的，这就在统计推断上出现了困难。为了克服这个困难，能够使用变异函数，地统计学对区域化变量 $Z(x)$ 提出了如下的平稳假设和内蕴假设。

1) 平稳假设(Stationary Assumption)

设随机函数 $Z(x)$ 其空间分布规律不因位移而改变，即若对任一向量 h，关系式：

$$Fx_1,x_2,\cdots,x_n(Z_1,Z_2,\cdots,Z_n)=F(x_1+h),(x_2+h)\cdots,(x_n+h)(Z_1,Z_2,\cdots,Z_n)$$

成立时，则称该随机函数 $Z(x)$ 为平稳性随机函数。确切地说，无论位移向量 h 多大，两个 n 维随机变量 $\{Z(x_1),Z(x_2),\cdots,Z(x_n)\}$ 和 $\{Z(x_1+h),Z(x_2+h),\cdots,Z(x_n+h)\}$ 有相同的分布律。但是这种假设条件太强，至少要求 $Z(x)$ 的各阶矩均存在且平稳，在实际工作中这样很难满足。在线性地统计学中，我们只需假设其一、二阶矩存在且平稳就够了，因而提出了二阶平稳或弱平稳假设(Second Order Stationary Assumption)。

当区域化变量 $Z(x)$ 满足以下两个条件时，称该区域化变量是二阶平稳的。

(1) 在整个研究区内，区域化变量 $Z(x)$ 的数学期望对任意 x 存在且等于常数，即

$$E[Z(x)]=m(\text{常数})\quad \forall x \tag{16.11}$$

(2) 在整个研究区内，区域化变量的协方差函数对任意 x 和 h 存在且平稳，即

$$\begin{aligned}\mathrm{Cov}[Z(x),Z(x+h)]&=E[Z(x)Z(x+h)]-E[Z(x)]E[Z(x+h)]\\&=E[Z(x)Z(x+h)]-m^2=C(h)\quad \forall x,\forall h\end{aligned} \tag{16.12}$$

当 $h=0$ 时，上式变为：

$$\mathrm{Var}[Z(x)]=C(0)\quad \forall x \tag{16.13}$$

即它有有限先验方差。

上述各式中 Cov 及 C 表示协方差，Var 表示方差。

协方差平稳意味着方差和变异函数平稳，从而有关系式：

$$C(h)=C(0)-\gamma(h) \tag{16.14}$$

上式说明，在二阶平稳假设条件下，协方差函数和变异函数都表示相距为 h 的两个变量 $Z(x)$ 与 $Z(x+h)$ 之间的自相关特性，这时它们两个是等效的函数。这时就可以定义出第三个空间函数，即空间相关函数(Correlogram)，简称相关函数，记为 $\rho(h)$，即

$$\rho(h)=\frac{C(h)}{C(0)}=1-\frac{\gamma(h)}{C(0)} \tag{16.15}$$

2) 内蕴假设(又叫本征假设，Intrinsic Assumption)

在实际工作中，有时协方差函数不存在，因而没有有限先验方差，即不能满足上述的二阶平稳假设，如一自然现象和随机函数，它们具有无限离散性，即无协方差及先验方差，但却有变异函数，因此，只要将二阶平稳假设的条件稍放宽，于是导致内蕴假设。

当区域化变量 $Z(x)$ 的增量 $[Z(x)-Z(x+h)]$ 满足下列两个条件时，称该区域化变量是内蕴或弱二阶平稳：

(1) 在整个研究区域内，区域化变量 $Z(x)$ 的增量 $[Z(x)-Z(x+h)]$ 的数学期望对任意 x 和 h 存在且等于 0，即：

$$E[Z(x)-Z(x+h)]=0 \qquad \forall x, \forall h \tag{16.16}$$

(2) 在整个研究区域内，区域化变量 $Z(x)$ 的增量 $[Z(x)-Z(x+h)]$ 的方差函数对任意 x 和 h 存在且平稳，即：

$$\mathrm{Var}[Z(x)-Z(x+h)=E[Z(x)-Z(x+h)]^2=2\gamma(x,h)=2\gamma(h) \tag{16.17}$$

即要求 $Z(x)$ 的变异函数 $\gamma(h)$ 存在且平稳。

内蕴假设可以理解为：随机函数 $Z(x)$ 的增量 $[Z(x)-Z(x+h)]$ 只依赖于分隔它们的向量 h，而不依赖于具体位置 x，这样被向量 h 分割的每一对数据 $[Z(x),Z(x+h)]$ 可以看成是一对随机变量 $\{Z(x_1),Z(x_2)\}$ 的一个不同现实，而变异函数的估计量 $\gamma^{\#}(h)$ 是：

$$\gamma^{\#}(h)=\frac{1}{2N(h)}\sum_{i=1}^{N(h)}[Z(x_i)-Z(x_i+h)]^2 \tag{16.4}$$

式中：$N(h)$——被向量 h 相分隔的试验数据对的数目。

如果随机函数只在有限大小的邻域(如以 a 为半径的范围)是平稳的(或内蕴的)，则称该随机函数服从准平稳(或准内蕴)假设，准平稳或准内蕴假设是一种折中方案，它既考虑到某现象相似性的尺度(Scale)，也顾及到有效数据的多少。因此，总可以通过不断缩小准平稳区域尺度 a 而得到区域内的平稳性，即局部平稳。但是结构函数(协方差或变异函数)只能用于一个限定的距离 $|h|\leqslant a$，界限 a 为估计邻域的直径，也可以是一个均匀带的范围，当 $|h|>a$ 时，区域化变量 $Z(x)$ 与 $Z(x+h)$ 就不能认为同属于一个均匀带，这时，结构函数 $C(h)$ 和 $\gamma(h)$ 只是局部平稳的，所以把只限于 $|h|\leqslant a$ 范围内的二阶平稳称为准平稳，把只限于 $|h|\leqslant a$ 范围内的内蕴称为准内蕴。上述这种概念在后面将要讨论的克立格估计中十分重要，因为可以用这种想法确定适当大小的移动邻域，在该邻域内，随机函数的数学期望和协方差、变异函数是平稳的，而且在该邻域内的有效数据足以进行推断。显然，平稳假设或内蕴假设可以理解为一种相对的概念。

16.2.4 方差估计理论

协方差函数和变异函数实质上都是计算误差，确切的说是估计误差的函数。任一估计方

法，由于估计时所用样品与被估块段的大小并非严格相等，从而使被估块段的实际值与估计值不同，即产生了估计误差，如土地质量的等级和地价计算方法的可靠程度就是根据该方法所包含的误差大小来衡量的。最好的估计方法应该是误差最小的方法。地统计学中的估计方差和离散方差，在估计误差过程中能够给出估计精度，比一般传统的估计方法更为精确，因此，是两个非常有效的方法。

1）估计方差(Etimation Variance)

一般将实际值与估计值之间的差异称为估计误差。估计方差实质上就是估计误差的方差。在了解估计方差前，就首先了解估计误差。

设有一空间研究域，将区域分成大小相等的以 $x_i(i=1,2,\cdots,N)$ 为中心的 N 个块段，$Z(x_i)(i=1,2,\cdots,N)$ 为每一块上某一区域化变量的实际值，而 $Z^{\#}(x_i)(i=1,2,\cdots,N)$ 为 $Z(x_i)$ 的估计值，这时就有估计误差，记为 $R(x_i)$，即：

$$R(x_i)=Z(x_i)-Z^{\#}(x_i) \tag{16.18}$$

可以证明，若 $Z(x_i)$ 是二阶平稳的话，$R(x_i)$ 也是二阶平稳的，数学期望存在，且有有限方差，且平稳，即：

$$E[R(x)]=m_E \tag{16.19}$$

$$\sigma_E^2=\mathrm{Var}[Z(x)-Z^{\#}(x)]=E\{[R(x)]^2-m_E^2\} \tag{16.20}$$

式中：σ_E^2——估计方差；

σ_E——估计标准差。

判断估计方差好坏的两个重要标准是无偏性和最优性(方差最小)。当估计的值与实际值的平均相同时，系统误差最小(无偏性)得到满足，即 $EZ(x_i)=EZ^{\#}(x_i)=m$，与此同时，我们总希望上述大多数误差的绝对值要小一些，并且在某一确定值周围波动，即估计误差的分布具有较小的离散性。使估计方差最小，即 $\sigma_E^2=\mathrm{Var}[Z(x)-Z^{\#}(x)]=\min\Rightarrow 0$。

设 $Z(x)$ 是一个二阶平稳的区域化变量，其数学期望为 m，协方差 $C(h)$ 和变异函数 $\gamma(h)$ 存在且平稳，而且只依赖于向量 h。若估计中心点为 x，块段为 V 的平均值 $Z_V(x)$。估计 $Z_V(x)$ 时，要确切知道估计的方差有多大，并推算出估计方差 σ_E^2 的计算公式时，有两种方法：一种是采用中心点 x 附近的样点去估计，另一种方法是采用若干个小块段(或信息域 v 平均值去估计)。

通过上述两种方法推导，估计方差的计算公式如下：

$$\sigma_E^2=\bar{C}(V,V)+\bar{C}(v,v)-2\bar{C}(V,v) \tag{16.21}$$

通过协方差函数与变异函数的关系 $\gamma(h)=C(0)-C(h)$，上式可用变异函数表示，即：

$$\sigma_E^2=2\bar{\gamma}(V,v)-\bar{\gamma}(V,V)-\bar{\gamma}(v,v) \tag{16.22}$$

式(16.21)和式(16.22)中，$\bar{C}(V,v)$ 及 $\bar{\gamma}(V,v)$ 分别代表当矢量的两个端点各自独立地扫过待估域 V 及信息域 v 的协方差函数平均值及变异函数平均值；$\bar{C}(v,v)$ 及 $\bar{\gamma}(v,v)$ 分别代表当矢量的两个端点各自独立地扫过任两个信息域 v 的协方差函数平均值及变异函数平均值；$\bar{C}(V,V)$ 及 $\bar{\gamma}(V,V)$ 分别代表当矢量的两个端点各自独立地扫过任两个待估域 V 的协方差函数平均值及变异函数平均值。

当估计量是加权平均值时，估计方差的公式可表示如下：

$$\sigma_E^2=\bar{C}(V,V)+\sum_{i=1}^{n}\sum_{j=1}^{n}\lambda_i\lambda_j\bar{C}(v_i,v_j)-2\sum_{i=1}^{n}\lambda_i\bar{C}(V,v_i) \tag{16.23}$$

$$\sigma_E^2=2\sum_{i=1}^{n}\lambda_i\bar{\gamma}(V,v_i)-\bar{\gamma}(V,V)-\sum_{i=1}^{n}\sum_{j=1}^{n}\lambda_i\lambda_j\bar{\gamma}(v_i,v_j) \tag{16.24}$$

式中：v_i, v_j——表示信息域；

V——表示待估域；

λ_i, λ_j——v_i, v_j 的权系数。

值得注意的是，如果 $Z_V(x)$ 仅满足二阶平稳假设，其协方差函数存在且平稳，则采用式(16.23)和式(16.24)。如果 $Z_V(x)$ 仅满足内蕴假设，协方差函数不存在，只存在变异函数且平稳，故只能采用式(16.24)。

估计方差 σ_E^2 的大小主要依赖于 V 与 v 之间的距离 h、v 和 V 的几何形状、变异函数和协方差函数的特性(如精度等)。一般距离 h 愈大，$\bar{\gamma}(V,v)$ 也愈大，于是 σ_E^2 也越大。V 的几何形状愈大，$\bar{\gamma}(V,V)$ 也愈大，σ_E^2 则愈小。同样，小块段 v 愈多，几何形状愈大，则 $\bar{\gamma}(v,v)$ 也愈大，σ_E^2 就愈小。

2) *离差方差*(Dispersion Variance)

(1) 支撑效应(Support Effect)

离差方差的大小与支撑效应有密切关系。设 V 为一研究或待估块段，x 为块段的中心位置。若将块段 V 分成以 x_i 为中心的 N 个小块段 $v(x_i)(i=1,2,\cdots,N)$。这时将出现两种离散现象：一种是在 V 内围绕平均值 $Z_V(x)$ 的离散程度随着 V 的扩大而增大，而且当 V 缩小时，离散程度降低，平均值 $Z_V(x)$ 与估计值接近。另一种是 V 不变，使分割的小块段 v 变化。当小块段 v 面积逐渐扩大时，离散程度降低。这两种现象就叫支撑效应或承载效应。实际上这是研究(或估计)的尺度问题。一个是大块段 V 的尺度变化对离散方差的影响，另一个是小块段 v 的尺度变化对离散方差的影响。在实际工作中，确定适当的支撑尺度对提高估计精度是非常重要的。

(2) 离散方差的概念

设研究或待估块段 V，x 为块段 V 的中心位置，并将其分成以 x_i 为中心的 N 个大小相等小块段 $v(x_i)(i=1,2,\cdots,N)$。即：

$$V = \sum_{i=1}^{N} v(x_i) = Nv \tag{16.25}$$

若在某一小块段 v 上再离散成若干个点 y_i，其观测值为 $Z(y_i)$，则每个以 x_i 为中心小块段 $v(x_i)$ 的平均值 $Z_v(x_i)$ 为：

$$Z_v(x_i) = \frac{1}{v}\int_{v(x_i)} Z(y)\mathrm{d}y \tag{16.26}$$

则以 x 为中心的大块段 V 的平均值 $Z_V(x)$ 为：

$$Z_V(x) = \frac{1}{V}\int_V Z(y)\mathrm{d}y = \frac{1}{N}\sum_{i=1}^{N} Z_v(x_i) \tag{16.27}$$

显然，N 个小块段上的 $Z_v(x_i)$ 与大块段平均值 $Z_V(x)$ 的离散程度可用两者的方差表示：

$$s^2(x) = \frac{1}{N}\sum_{i=1}^{N}[Z_v(x_i) - Z_V(x)]^2 \tag{16.28}$$

当中心点 x 固定不变时，$Z_v(x_i)$ 和 $Z_V(x)$ 均为随机变量，因此，$s^2(x)$ 也是一个随机变量，且 $s^2(x)$ 的数学期望也存在。在区域化变量满足二阶平稳假设条件下，将 $s^2(x)$ 的数学期望定义为离散方差，简称为 v 对 V 的离散方差，记为 $D^2(\frac{v}{V})$，即：

$$D^2(\frac{v}{V}) = E[s^2(x)] = E\{\frac{1}{N}\sum_{i=1}^{N}[Z_v(x_i) - Z_V(x)]^2\} \tag{16.29}$$

经过推导得到离差方差的公式为：

$$D^2(\frac{v}{V}) = \overline{C}(v,v) - \overline{C}(V,V) \tag{16.30}$$

根据变异函数与协方差函数的关系 $\gamma(h)=C(0)-C(h)$，离散方差的变异函数表达式为：

$$D^2(\frac{v}{V}) = \overline{\gamma}(V,V) - \overline{\gamma}(v,v) \tag{16.31}$$

如果区域化随机变量 $Z(x)$ 满足二阶平稳假设，则离差方差的计算可采用式(16.30)和式(16.31)计算。如果 $Z(x)$ 只满足本征(内蕴)假设，协方差不存在，则只能采用式(16.31)计算离散方差了。

16.3 变异函数的结构性分析

经典的统计分析只能说明变量全体变化的全貌，而不能反映局部的变化特征，即只在一定程度上反映变量全体，而不能定量地刻画变量属性的结构性和随机性、相关性和独立性。如，为了表征一个区域地价等特征量的变化，经典统计学通常采用均值、方差等参数，方差是随机变量 $Z(x)$ 与其均值 m 之差的平方的数学期望，方差大表明 $Z(x)$ 在该区域地价变化大，它只能概括该区域地价等特征量的全貌，而无法反映其局部的变化特征，无法回答对于一个区域地价的局部范围和特定方向上的等级的变化。

地统计学方法在经典统计学基础上，充分考虑到变量的空间变化特征(相关性和随机性)最大限度的保留空间变异信息，以反映区域化的随机函数——变异函数为工具来描述变量属性的空间变异结构。由于变异函数能反映区域化变量的空间变异结构，特别是透过其随机性反映区域化变量的结构性，因此，变异函数也称为结构函数(Structure Function)。结构分析的主要目的是建立一个最优的变异函数的理论模型，定量地描述区域化变量的随机性和结构性，变量的背景和变异函数的理论模型进行专业分析和解释。

16.3.1 变异函数的性质

1) 变异函数的性质

设 $Z(x)$ 是区域化变量，在满足二阶平稳或内蕴假设条件下，变异函数存在，并定义为式(16.3)，即：

$$\gamma(h)=\frac{1}{2}E[Z(x)-Z(x+h)]^2$$

变异函数具有下列性质：

(1) $\gamma(0)=0$，在 $h=0$ 时，变异函数为零；

(2) $\gamma(h)=\gamma(-h)$，$\gamma(h)$ 是对于 $h=0$ 的直线对称的，它是一个偶函数；

(3) $\gamma(h)\geqslant 0$，$\gamma(h)$ 表示的方差只能大于或等于 0；

(4) $|h|\to\infty$ 时，$\gamma(h)\to C(0)$，或 $\gamma(\infty)=C(0)$，当空间距离增大时，变异函数接近先验方差；

(5) $[-\gamma(h)]$ 必须是一个条件非负定函数，由 $[-\gamma(x_i-x_j)]$ 构成的变异函数矩阵在条件 $\sum_{i=1}^{n}\lambda_i = 0$ 时，为非负定的。

2）变异函数的参数

变异函数一般用变异曲线来表示，它是一定滞后距 h 的变异函数值 $\gamma(h)$ 值与该 h 的对应图。通过变异函数和曲线图可以得到四个极为重要的参数，即块金值（Nugget）、变程（Range）、基台值（Sill）和分数维（Fractal Dimension）。前三个参数可以直接从变异函数曲线中得到。图 16.1 是一个理想化的变异曲线图，图中，C_0（Nugget）是块金方差，也叫块金常数（块金值），是指当 $h=0$ 时，变异函数 $\gamma(h)\neq 0$，而等于一个常数 C_0。这种现象在地统计学中称为“块金效应”（Nugget Effect）。块金常数反映了区域化变量 $Z(x)$ 内部随机性的可能程度。它主要有两种来源：一是来自区域化变量 $Z(x)$ 在小于抽样尺度 h 时所具有的内部变异；二是来自抽样分析的误差。因此，块金值表示区域化变量在小于抽样尺度时的非连续变异，由区域化变量的属性，或测量误差决定。当样点间的距离或样点的大小大于微域结构的范围，就会出现块金效应。

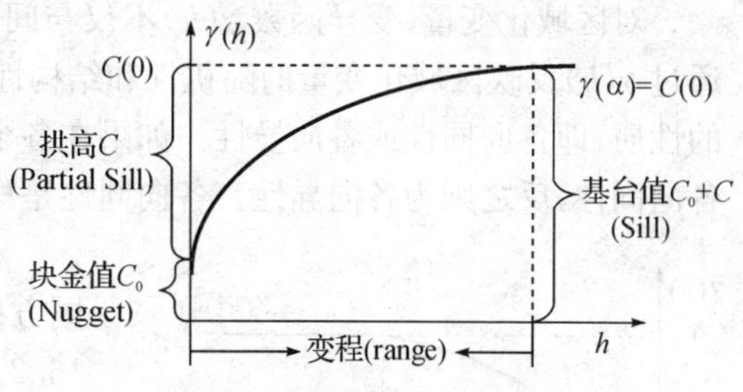

图 16.1 变异函数曲线图

变程 a 是当 h 足够大后，$C(h)=0$，$\gamma(h)=C(0)$ 时 h 的距离，即半方差趋于恒定时的距离。变程 a 的大小，反映了区域化变量空间变异尺度或空间自相关尺度，能准确反映区域化变量影响范围的大小，或者说是反映该变量自相关范围的大小。当 $h\leqslant a$ 时，任意两点间的观测值有相关性，这个相关性随 h 的变大而减小，而当超出这个范围（$h>a$）时，自相关不存在。可以认为在 $h=a$ 时，$\gamma(a)=C(0)$，$C(a)=0$。

基台值是指当 h 无限增大时变异函数的极限值 $\gamma(\infty)$，实际上它等于区域化变量的先验方差 $\gamma(\infty)=\mathrm{Var}[Z(x)]=C(0)$，即变异函数与协方差函数之和，是一个常数（$C(0)=\gamma(h)+C(h)$）。拱高（$C$）指图中的 Partial Sill，也称结构方差，反映区域化变量的结构变异。基台值（C_0+C）通常表示系统内的总变异，等于块金值和拱高之和，既包括结构变异，也包括随机变异，是系统或系统属性中最大的变异。基台值越大，表示系统总的空间异质性越高，但不同变量之间因受自身因素和测量单位的影响较大，其值在不同变量间的比较并不有效。块金值（C_0）表示随机部分的空间异质性，较大的块金方差值表明较小的尺度上的某种过程不可忽视，因此，与基台值相似，块金值也不能在不同变量之间比较随机变异的大小。但块金值与基台值之比（块金系数）反映块金方差占空间总变异的大小则很有意义。块金系数$<25\%$，说明变量具有强烈的空间相关性，所研究的空间变量在整个尺度上具有恒定的变异；在 $25\%\sim50\%$ 时说明变量具有明显的空间自相关；在 $50\%\sim75\%$ 时变量具有中等空间自相关；在$>75\%$时变量空间自相关微弱，说明变异主要是由随机部分引起的，不适合用空间插值的方法进行空间预测。

分维数 D 用于表示变异函数的特性，是由变异函数 $\gamma(h)$ 和间隔距 h 之间的关系确定，即：

$$2\gamma(h)=h^{(4-2D)} \tag{16.32}$$

分维数 D 为双对数直线加归方程中的斜率。式（16.32）取对数后，对双对数曲线进行线性回归，得到回归曲线的斜率 k，分维数可用斜率 k 估算，即：

$$D=\frac{1}{2}(4-k) \tag{16.33}$$

分维数 D 的大小，表示变异函数曲线的曲率，D 值越大，由空间自相关部分引起的空间异质性越高，它可以作为随机变异的量度。分维数 D 是一个无量纲数，可以对不同变量的 D 值间进行比较，确定空间异质性程度。要说明的是，这里的 D 值是一个随机分维数，由于它并不是测定系统中同一属性,因而与 Krummel 等使用的形状分维数有本质的不同。

3) 各向异性(Anisotropy)

对区域化变量,变异函数 $\gamma(h)$ 不仅与间隔距离 h 有关,而且也与方向有关。由于 $Z(x)$ 能通过 $\gamma(h)$ 反映区域化变量的随机性和结构性,因此 $Z(x)$ 在每一个方向上呈现出相同的或不同的性质,即各向同性或各向异性。如果在各个方向上 $Z(x)$ 的变异性相同或相近,则称 $Z(x)$ 为各向同性,反之则为各向异性。各向同性是相对的,各向异性是绝对的。

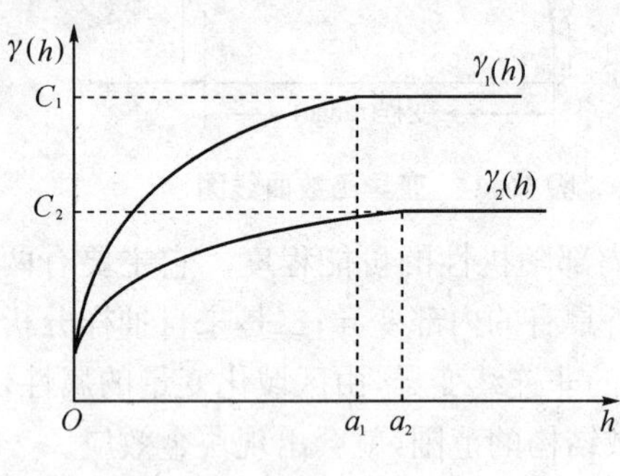

图 16.2 变异函数的各向异性

在结构分析中,主要是根据变异函数的变程 a 在不同方向上的大小来反映各向同性或各向异性,见图 16.2。$\gamma_1(h)$ 表示东西方向上的变异函数,$\gamma_2(h)$ 表示南北方向上的变异函数,由于 $a_2>a_1$,因此南北方向上的变异大于东西方向上的变异,表现区域化变量在东西、南北方向上的各向异性。因此,我们可以采用各向异性比来描述区域化变量各向异性结构的特点,即 $k=a_2/a_1$,式中 a_2 和 a_1 分别表示不同方向的最大变程和最小变程。若 k 等于或接近 1,则区域化变量为各向同性,否则为各向异性。

16.3.2 变异函数的理论模型

虽然变异函数有助于解决区域化变量的变化特征和结构性状,但它纯粹是一个数据的概括技术,当定量描述区域化变量的特征时,有关区域化变量的变异结构还必须借助于推断。因为理论上变异函数模型 $\gamma(h)$ 是未知的,往往要从有效的空间取样数据中去估计,对各种不同的 h 值可计算出一系列 $\gamma^{\#}(h)$ 值。因此,必须给变异函数配以相应的理论模型来拟合 $\gamma^{\#}(h)$。

地统计学中最常用的理论模型是球状模型、指数模型和高斯模型。

1) 球状模型(Spherical Model)

球状模型的一般公式为:

$$\gamma(h)=\begin{cases}0 & (h=0)\\ C_0+C(\frac{3}{2}\frac{h}{a}-\frac{1}{2}\frac{h^3}{a^3}) & (0<h\leqslant a)\\ C_0+C & (h>a)\end{cases} \tag{16.34}$$

式中:C_0——块金常数;

C_0+C——基台值;

C——拱高;

a——变程。

当 $C_0=0$,$C=1$ 时,称为标准球状模型,此时,它在原点切线斜率为 $3C/2a$,与基台值线的交点的横坐标为 $2a/3$。球状模型是地统计学应用最广的模型。

2) 指数模型(Exponential Model)

指数模型的一般公式为:

$$\gamma(h)=\begin{cases}0 & (h=0)\\ C_0+C(1-e^{-\frac{h}{a}}) & (h<0)\end{cases} \tag{16.35}$$

式中：C_0 和 C 的意义同球状模型，但 a 不是变程。当 $h=3a$ 时，$1-e^{-\frac{3a}{a}}=1-e^{-3}=0.95\approx1$，即当 $h=3a$ 时，$\gamma(h)\approx C_0+C$，因此，指数模型的变程为 $3a$。当 $C_0=0$，$C=1$ 时，称为标准指数函数模型。

3）高斯模型(Gaussian Model)

高斯模型的一般公式为

$$\gamma(h)=\begin{cases}0 & (h=0)\\ C_0+C(1-e^{-\frac{h^2}{a^2}}) & (h>0)\end{cases} \tag{16.36}$$

式中：C_0 和 C 的意义同球状模型，但 a 也不是变程。当 $h=\sqrt{3}a$ 时，$1-e^{-\frac{h^2}{a^2}}=1-e^{-3}=0.95\approx1$，即当 $h=\sqrt{3}a$ 时，$\gamma(h)\approx C_0+C$，因此，高斯模型的变程为 $\sqrt{3}a$。当 $C_0=0$，$C=1$ 时，称为标准高斯函数模型。

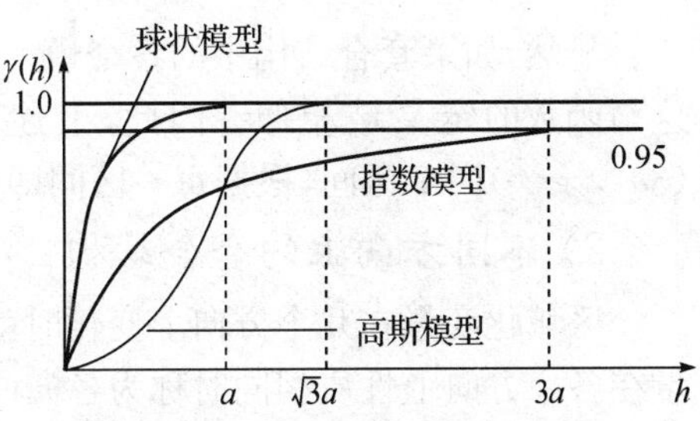

图 16.3　球状模型、指数模型和高斯模型的比较

比较上述三个模型发现，球状模型的变程最小，指数模型的变程最大。球状模型和指数模型过原点的切线存在，高斯模型切线不存在。三种模型的比较见图 16.3，图示模型均通过原点，表示完全空间自相关。

16.3.3　变异函数的结构分析

区域化变量 $Z(x)$ 的变化性很复杂，往往可能在不同方向上有不同的变化性，或者在同一个方向上包含着不同尺度上多层次的变化性，反映在变异函数 $\gamma(h)$ 上，就是其结构往往不是单一的一种结构，而是多层次的结构相互叠加在一起。因此，无法用一种理论模型来拟合，为了全面地了解区域化变量的变异性，就必须进行结构分析。结构分析就是构造一个变异函数模型对于全部有效结构信息作定量化的概括，以表征区域化变量的主要特征，结构分析的主要方法是套合结构(Nested Structure)，即把分别出现在不同距离 h 上和不同方向 a 上同时起作用的变异性组合起来。

套合结构可以用反映各种不同尺度变化的多个变异函数之和表示，即：

$$\gamma(h)=\gamma_0(h)+\gamma_1(h)+\cdots+\gamma_n(h)=\sum_{i=0}^{n}\gamma_i(h) \tag{16.37}$$

1）单一方向上的套合结构

由于套合结构中每一个变异函数代表了一种特定尺度上的变异性，因此，可以是不同模型的变异函数。例如，区域化变量 $Z(x)$ 在某一方向上的变异性由 $\gamma_0(h)$、$\gamma_1(h)$ 和 $\gamma_2(h)$ 组成。$\gamma_0(h)$ 表示微观上的变化，由于变程 a 极小，因此，可近似地看成纯块金效应，$\gamma_0(h)$ 的理论模型为：

$$\gamma_0(h)=\begin{cases}0 & (h=0)\\ C_0 & (h>0)\end{cases} \tag{16.38}$$

$\gamma_1(h)$ 表示变程为 a_1 时的球状模型，即

$$\gamma_1(h)\begin{cases}C_1\left(\frac{3}{2}\frac{h}{a_1}-\frac{1}{2}\frac{h^3}{a_1^3}\right) & (0\leqslant h\leqslant a_1)\\ C_1 & (h>a_1)\end{cases} \tag{16.39}$$

$\gamma_2(h)$ 表示变程为 $3a_1$ 时的指数模型，即：

$$\gamma_2(h)=\begin{cases}C_2(1-e^{\frac{h}{a_1}}) & (0\leqslant h\leqslant 3a_1)\\ C_2 & (h>3a_1)\end{cases} \tag{16.40}$$

由 $\gamma_0(h)$、$\gamma_1(h)$ 和 $\gamma_2(h)$ 构成的套合模型为 $\gamma(h)=\gamma_0(h)+\gamma_1(h)+\gamma_2(h)$，即

$$\gamma(h)=\begin{cases}0 & (h=0)\\ C_0+C_1\times\frac{3}{2}(\frac{h}{a_1}-\frac{1}{2}\ \frac{h^3}{a_1^3})+C_2(1-e^{\frac{h}{a_1}}) & (0<h\leqslant a_1)\\ C_0+C_1+C_2(1-e^{\frac{h}{a_1}}) & (a_1<h\leqslant 3a_1)\\ C_0+C_1+C_2 & (h>3a_1)\end{cases} \tag{16.41}$$

显然，如果套合结构中的各个模型已拟合好，那么建立套合结构模型的关键是 h 的变化域，这与函数的定义域相似。因此，上述套合结构 h 的变化范围分别为 0、$(0,a_1]$、$(a_1,3a_1]$、$(3a_1,+\infty)$ 四个区间，根据每一区间即可确定其函数的形式。

2) 不同方向上的套合结构

区域化变量在几个方向上变化时就必须研究各个方向上的变异函数的变化。当区域化变量在各个方向上性质相同时称为各向同性，反之则称为各向异性，它表现在 $\gamma(h)$ 在各个方向上的差异。各向异性按其性质分可分为几何异向性(Geometric Anisotropy)及带状异向性(Zonal Anisotropy)两种。

(1) 几何异向性

如果区域化变量 $Z(x)$ 构成的变异函数 $\gamma(h)$ 在不同方向上表现出变异程度相同而连续性不同时，称为几何异向性，由于这种异向性可通过简单的几何图形变换为各向同性，因此称几何异向性。几何异向性具有相同的基台值，不同的变程，不同方向上变异性之差可由变程之比表示，即 $a_2/a_1=k$，k 称为各向异性比，它表示在 a_2 方向上距离为 h 的两点间的平均变异程度与在 a_1 方向上距离为 kh 的两点间的平均变异程度相同。

假设区域化随机变量 $Z(x)$ 在四个方向上建立了四个变异函数模型，且均为球状模型，如图 16.4 所示，各变异函数的基台值相同，变程分别为 a_1、a_2、a_3、a_4。可以认为变异函数是几何异向性的，由方向变程图可知，采用椭圆比较合适。如果以变程 a_4 为基础，则 a_1 方向上的各向异性比 $k_1=a_4/a_1$，a_2 方向上的各向异性比 $k_2=a_4/a_2$，a_3 方向上的各向异性比 $k_3=a_4/a_3$。把这些差异引进模型中，就表现在矢量 h 上的分量的差异。因此，若用椭圆来近似，仅考虑长轴和短轴之间的差异即可。

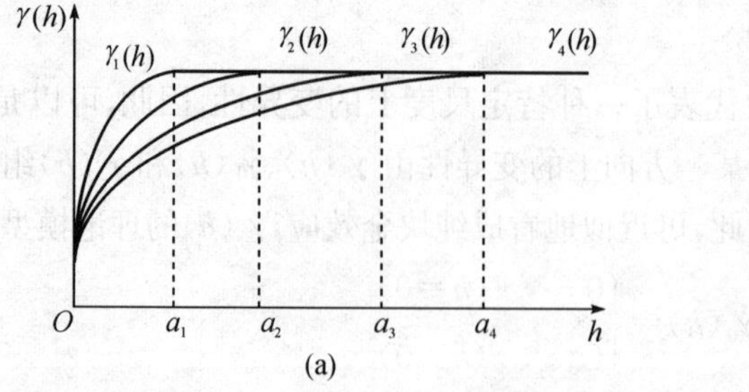

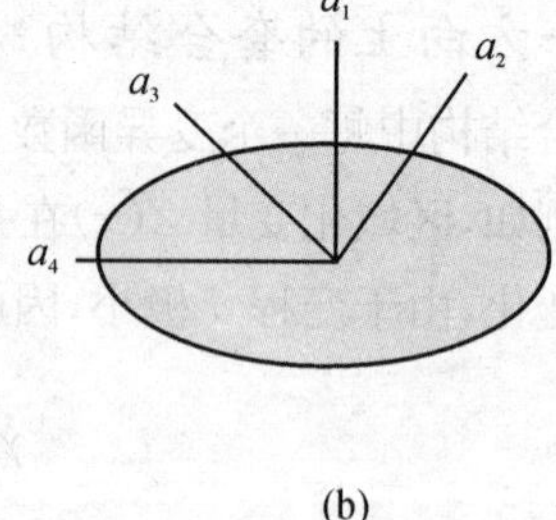

图 16.4　四个方向上几何变异函数图

设 a_4 为方向 u 的变程，a_1 为方向 v 的变程，分别为椭圆的长轴和短轴，则 h 可以变为 $h'=\sqrt{h_u^2+(k_1h_v)^2}$，同时引入变换矩阵 A：$A=\begin{bmatrix}1 & 0\\ 0 & k_1\end{bmatrix}$，则

$$h'=[h'_u,h'_v]^T=\begin{bmatrix}1 & 0\\0 & k_1\end{bmatrix}\begin{bmatrix}h_u\\h_v\end{bmatrix}$$

因变异函数 $\gamma(h)$ 为球状模型，因此

$$\gamma(h')\begin{cases}0 & (h'=0)\\ C\left(\dfrac{3}{2}\dfrac{h'}{a_4}-\dfrac{1}{2}\dfrac{h'^3}{a_4^3}\right) & (0<h'\leqslant a_4)\\ C & (h'>a_4)\end{cases}\tag{16.42}$$

式中：$h'=\sqrt{h'^2_u+h'^2_v}=\sqrt{h_u^2+(k_1h_v)^2}$。

(2) 带状异向性

当区域化变量 $Z(x)$ 在不同方向上的变异性之差不能通过简单的几何变换转换为各向同性时的各向异性就称为带状异向性，这时构成区域化变量 $Z(x)$ 的变异函数 $\gamma(h)$ 在不同方向上具有不同的基台值，变程可以相同也可以不相同。带状异向性不能简单地通过线性变换为各向同性，而是根据变异函数的特点一步步地进行线性变换，它的变异函数模型可以看成一种不同方向结构的套合结构，即：

$$\gamma(h)=\sum_{i=1}^{n}\gamma_i(h)\tag{16.43}$$

每一组结构可具有不同的异向性，包括几何异向性，但都可以通过坐标线性变换化为各向同性，最后把这些各向同性结构叠加起来，构成统一的变异函数模型。

带状异向性主要包括水平方向上的结构和垂直方向上的结构，最典型的变异函数模型见图 16.5。在套合过程中，把垂直方向上和水平方向上的结构各自当成独立成分进入套合结构式，而在该结构模型中用变换矩阵区别不同方向上的变异函数值。

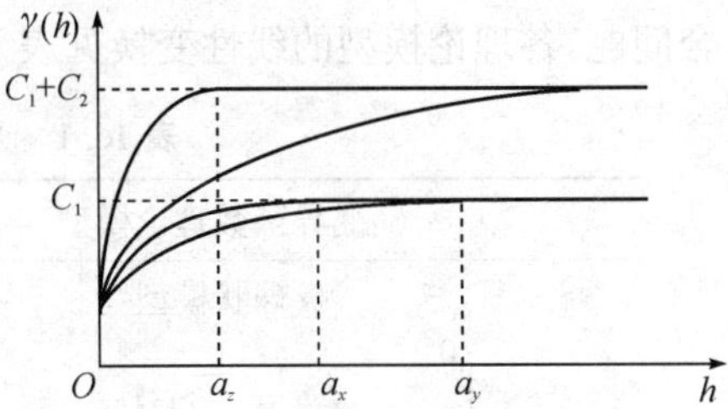

图 16.5 变异函数的带状曲线图

首先对垂直方向坐标进行变换，即：

$$[h']=\begin{bmatrix}h'_u\\h'_v\\h'_w\end{bmatrix}\begin{bmatrix}0 & 0 & 0\\0 & 0 & 0\\0 & 0 & 1\end{bmatrix}\begin{bmatrix}h_u\\h_v\\h_w\end{bmatrix}=\begin{bmatrix}0\\0\\h_w\end{bmatrix}$$

$\gamma_1(h')=\gamma_1(h'_u,h'_v,h'_w)=\gamma_1(0,0,h_w)-\gamma_1(h_w)-\gamma_1(\sqrt{h'^2_u+h'^2_v+h'^2_w})=\gamma_1(|h'|)$，这时，$\gamma_1(|h'|)$ 变为三维各向同性结构。

然后，对水平方向坐标进行变换，即：

$$[h'']=\begin{bmatrix}h''_u\\h''_v\\h''_w\end{bmatrix}\begin{bmatrix}1 & 0 & 0\\0 & 1 & 0\\0 & 0 & 0\end{bmatrix}\begin{bmatrix}h_u\\h_v\\h_w\end{bmatrix}=\begin{bmatrix}h_u\\h_v\\0\end{bmatrix}$$

$\gamma_2(h'')=\gamma_2(h''_u,h''_v,h''_w)=\gamma_2(h_u,h_v,0)=\gamma_2(h_u,h_v)=\gamma_2(\sqrt{h_u^2+h_v^2})$，这时，$\gamma_2(h'')$ 也成为三维各向同性结构。

最后，将两者套合成统一的各向同性结构模型，即：

$$\gamma(h)=\gamma_1(|h'|)+\gamma_2(|h''|)=\gamma_1(h_w)+\gamma_2(\sqrt{h_u^2+h_v^2})\tag{16.44}$$

3) 套合结构模型的一般表达式

变异函数 $\gamma(h)$ 所表示的结构模型总可以看成是由多个各向同性结构组成的模型，即：

$$\gamma(h)=\sum_{i=1}^{n}\gamma_i(|h_i|)\qquad(i=1,2,\cdots,n)\tag{16.45}$$

式中:各个组成结构 $\gamma_i(|h_i|)$ 均是由各向异性采用线性变换后转化成各向同性结构组成的,即 $[h_i]=[A_i][h]$。

在进行结构分析时,首先是把复杂的结构分解成较简单的结构,对每一个结构将各向异性变为各向同性,最后将全部变换后的各向同性结构叠加在一起,成为统一的结构模型。

16.3.4 变异函数理论模型的最优拟合

要使变异函数的理论模型真实地描述变量的变化规律,在建立理论模型过程中要对模型进行最优拟合。地统计学中最优拟合主要包括三个步骤:确定曲线类型、参数最优估计和最优曲线的确定。

1) 确定曲线类型

地统计学中选择变异函数的理论模型主要是根据距离 h_i 和变异函数计算值 $\gamma^{\#}(h_i)$ 的关系,通过专业知识理论推断或散点图的方法初步确定曲线类型,然后进行参数最优估计,确定是否为最优曲线。

2) 参数最优估计

变异函数的理论模型主要是曲线模型,将曲线模型经过适当的变换,化为线性模型,然后用最小二乘法原理求未知参数的估计。对球状模型、指数模型和高斯模型只讨论 $0<h\leqslant a$ 时的拟合问题,各理论模型的线性变换见表 16.1。

表 16.1 常用变异函数理论模型的线性变换

变异函数理论模型	变 换		变换后的线性模型
球状模型 $\gamma(h)=\begin{cases}0 & (h=0)\\ C_0+C\left(\frac{3}{2}\frac{h}{a}-\frac{1}{2}\frac{h^3}{a^3}\right) & (0<h\leqslant a)\\ C_0+C & (h>a)\end{cases}$	$\gamma(h)=y$ $h=x_1$ $h^3=x_2$	$C_0=b_0$ $\frac{3c}{2a}=b_1$ $\frac{-c}{2a^3}=b_2$	$y=b_0+b_1x_1+b_2x_2$
指数模型 $\gamma(h)=\begin{cases}0 & (h=0)\\ C_0+C(1-e^{-\frac{h}{a}}) & (h<0)\end{cases}$	$\gamma(h)=y$ $C_0+C=b_0$	$e^{-\frac{h}{a}}=x_1$ $-C=b_1$	$y=b_0+b_1x_1$
高斯模型 $\gamma(h)=\begin{cases}0 & h=0\\ C_0+C(1-e^{-\frac{h^2}{a^2}}) & h>0\end{cases}$	$\gamma(h)=y$ $C_0+C=b_0$	$e^{-\frac{h^2}{a^2}}=x_1$ $-C=b_1$	$y=b_0+b_1x_1$

3) 最优曲线的确定

通过样本数据得到半变异函数的理论模型,仅仅进行参数的最优估计是不够的,必须对拟合模型进行显著性检验。这时可以选取离差平方和与标准误最小,决定系数和 F 值最大的方法检验,最后用交叉验证法(Jacknife Method)来修正模型的参数。交叉验证法即把在各实测点上的观测值与用已选出的结构模型计算出的估计值进行比较,当其误差的均值趋于零且方差最小时,该结构模型最好。

(1) 离差平方和或标准误最小检验

实测值 y 与理论值 $\hat{y}$ 之差，即 $(y-\hat{y})$ 称为离差，离差平方和为：

$$Q=\sum_{i=1}^{n}(y_i-\hat{y}_i)^2$$

其回归估计的标准误为：

$$S_{\frac{y}{x}}=\sqrt{\frac{Q}{n-2}}=\sqrt{\frac{1}{n-2}\sum_{i=1}^{n}(y_i-\hat{y}_i)^2}$$

离差平方和或标准误越小，说明实测值与拟合值越接近。

(2) 回归模型的 F 检验

对于线性回归条件下，F 值的计算公式为：

$$F=\frac{\sum_{i=1}^{n}(\hat{y}_i-\bar{y})^2/(k-1)}{\sum_{i=1}^{n}(y_i-\hat{y}_i)^2/(n-k)} \tag{16.46}$$

式中：k——回归模型变量的个数。

当 F 值大于自由度 $f=(k-1,\ n-k)$ 时的 $f_{0.05}$ 或 $f_{0.01}$ 的显著性时则所建立的回归方程显著。

(3) 回归模型的相关系数和决定系数

线性回归模型用相关系数大小来判断回归的精度，曲线回归模型用决定系数 R^2 表示拟合的精度。决定系数是回归平方占总平方和的百分比，R^2 越大，拟合的曲线精度越高。当 R^2 大于自由度 $f=(k-1,\ n-k)$ 时的显著性水平 α(0.05 或 0.01)时，曲线拟合度较高。

4) 影响变异函数的主要因素

(1) 样点间的距离和支撑的大小

样点间距离的加大会使变异函数的随机成分不断增加，使小尺度的结构特征被掩盖。因此，要准确反映各种尺度上的变化特征，应该在满足精度的前提下，确定最佳的采样尺度。用块段取样时，支撑的大小与采样距离一样，变异程度随支撑的增大而减小，因此，在块段取样时，一般采用正则化变量消除其影响。

(2) 样本数量的大小

地统计学中样本数量主要是指计算变异函数值时的点对数目。显然，任一距离的实际变异函数值随着点对数的增加而更精确，但实际工作中取样数不能无限，因此，可根据取样的置信度、精度以及样本的方差确定合理的取样数目。

(3) 异常值的影响

在变程范围内的异常值影响变异函数理论模型的精度。若在原点附近出现异常值，剔除这些异常值并重新计算实际变异函数值是唯一的解决办法。变程范围内的异常值主要影响块金值 C_0。若异常值较多，块金值增大，随机成分的影响加强，空间自相关减弱。

(4) 比例效应的影响

样品的平均值和标准差存在线性关系，则比例效应存在，反之则不存在。比例效应的存在主要使实际变异函数值产生畸变，使基台值和块金值增大，并使估计精度降低，导致某些结构特征不明显。消除比例效应主要是通过对原始数据取对数或求相对变异函数的方法。

(5) 漂移的影响

当漂移存在时,实际变异函数值就不再是理论变异函数的无偏估计了,随着漂移形式的不同,对变异函数的影响也不同。消除漂移的影响主要是建立合适的漂移形式,即 $E[Z(x)]=m(x)$中的 $m(x)$函数式。

5) 结构分析的实施

结构分析的主要目的是建立一个最优的变异函数的理论模型,定量地描述区域化变量的随机性和结构性,并对变量的背景和变异函数的理论模型进行专业分析和解释。因此,结构分析除了需要地统计学的理论和建模技术外,更主要的是具有专业背景的分析能力。进行结构分析的具体步骤如下:

(1) 选择符合研究目的的区域化变量。区域化变量定义在确定大小的样品支撑上,因此要特别注意选择合理的支撑大小及形状,同时要充分考虑到取样方法和测试方法的一致性,以免产生系统偏差影响结构分析。

(2) 认真审议被研究的数据。这些数据包括空间取样设计、样点间距离的大小、取样方法、数据的代表性和均匀性、时间空间的一致性以及系统误差的原因。

(3) 进行数据的统计分析。数据的统计分析包括计算数据的均值、方差、变异系数和频数分布等。数据的正态分布是进行空间相关性分析的前提,对不服从正态分布的数据,应对其进行对数转换,符合对数正态分布后再进行地统计学分析。

(4) 计算变异函数。当数据非等间距又不规则时,计算变异函数时分成距离组和角度组。距离组和角度组划分的要求是:① 与 $Z(x_0)$位置相比,角度在 $\alpha\pm\Delta\alpha$ 范围内;② 距离在 $h\pm\Delta h$ 范围内的点均可以看成与点 x_0在 α 方向上相距为 h 的数据点。

(5) 对变异函数进行结构分析。变异函数的结构分析主要包括:各向同性和各向异性分析、块金效应分析、比例效应分析和不同方向上的套合结构分析等。其中最重要的是各向同性分析和各向异性分析。

(6) 结构模型的检验。最优的变异函数理论模型是离差平方和、标准误最小,决定系数较高,F 值较大,块金值较小。

(7) 对变异函数理论模型进行专业分析。结合专业背景知识,对建立的区域化理论模型所反映的区域化现象进行充分的解释。

16.4 空间局部估计

克立格法也称空间局部估计或空间局部插值,是地统计学两大主要内容之一,它实质上是利用区域化变量的原始数据和变异函数的结构特点,对未采样点的区域化变量的取值进行线性最优无偏内插估计的一种方法。具体地说,它是根据待估样点(待估块段)有限邻域内若干已测定的样点数据,在认真考虑了样点的形状、大小和空间相互位置关系以及他们与待估样点相互空间位置关系,变异函数提供的结构信息之后,对该待估样点值进行的一种线性无偏最优估计。地统计学对于土地、土地质量和土地价值研究的主要贡献在于它对土地、土地质量和土地价值变异的结构分析及其在内插估值的运用。以地价为例,在土地估价过程中所收集到空间数据都是以离散点的形态表现的,而估价对象一般是位于这几个空间点之间的某一空间部位。如果将估价过程抽象为这种空间分析,则估价过程可简化为:根据已知空间点的土地价值求未知点地价的过程。因此,空间插值是这种空间分析中不可缺少的步骤。空间插值它将离散点的测量数据转换为连续的数据曲面,以便与其他空间现象的分布模式进行比较。克立格的线性无偏最优估计可对空间未抽样点或未抽样区域的土地评价研究提供较为准确的定量化预测,而且,空间位置越靠近的点,越可能具有相似的特征值。

克立格法比传统的估计方法更精确,更符合实际,并且避免系统误差的出现,给出估计误差和精度。但是,若区域化变量的空间相关性不存在,则克立格法不适用。克立格法在估计时需满足以下两点要求:

(1) 偏差的平均数为 0,即偏差的数学期望等于 0,此时 $\sum_{i=1}^{n}\lambda_i = 1$,估计是一种无偏估计;

(2) 估计的方差最小:

$$\begin{aligned}\sigma_E^2 &= E[Z_V - Z_V^{\#}]^2 \\ &= E[Z(V) - \sum_{i=1}^{n}\lambda_i Z(x_i)]^2 \\ &= \bar{C}(V,V) + \sum_{i=1}^{n}\sum_{j=1}^{n}\lambda_i\lambda_j\bar{C}(x_i,x_j) - 2\sum_{i=1}^{n}\lambda_i\bar{C}(x_i,V) \\ &= \min\end{aligned}$$

即估计是一种最优估计。因此,对于任意待估点或块段 V 的实际值 $Z_V(x)$,其估计值 $Z_V^{\#}(x)$ 是通过该待估点或待估块段影响范围内的 n 个有效样品值 $Z(x_i)(i=1,2,\cdots,n)$ 的线性组合得到的,即:

$$Z_V^{\#}(x) = \sum_{i=1}^{n}\lambda_i Z(x_i) \tag{16.47}$$

式中:λ_i——与 $Z(x_i)$ 位置有关的权系数。

估计量 $Z_V^{\#}(x)$ 称为实际值 $Z_V(x)$ 的克立格估计量(Kriging Estimator),它是 $Z_V(x)$ 的线性、无偏、最优估计量。

根据以上两点要求和式(16.41),利用拉格朗日极小化原理,可以导出 λ_i 与变异函数之间的矩阵:$\Sigma\lambda=D$,即:

$$\begin{bmatrix} \bar{\gamma}_{11} & \bar{\gamma}_{12} & \cdots & \bar{\gamma}_{1n} & 1 \\ \bar{\gamma}_{21} & \bar{\gamma}_{22} & \cdots & \bar{\gamma}_{2n} & 1 \\ \vdots & \vdots & \vdots & \vdots & \vdots \\ \bar{\gamma}_{n1} & \bar{\gamma}_{n2} & \cdots & \bar{\gamma}_{nn} & 1 \\ 1 & 1 & \cdots & 1 & 0 \end{bmatrix} \begin{bmatrix} \lambda_1 \\ \lambda_2 \\ \vdots \\ \lambda_n \\ \varphi \end{bmatrix} = \begin{bmatrix} \bar{\gamma}(v_1,V) \\ \bar{\gamma}(v_2,V) \\ \vdots \\ \bar{\gamma}(v_n,V) \\ 1 \end{bmatrix} \tag{16.48}$$

式中:Σ——普通克立格矩阵;

$\bar{\gamma}_{ij}$——x_i,x_j 间距为 $|x_i-x_j|$ 的半方差;

φ——拉格朗日乘数。

由以上方程组求出 λ_i 后,线性统计量 $Z_V^{\#}(x)$ 为 $Z_V(x)$ 的最优无偏估计。

普通克立格方差矩阵为:

$$\sigma_k^2=\lambda^{\mathrm{T}}D-\bar{\gamma}(V,V) \tag{16.49}$$

由于研究的目的和重点不同,克立格法也多种多样。例如,当区域化变量满足二阶平稳(或内蕴)假设时,可用普通克立格法(Ordinary Kriging);若样本非平稳即有漂移存在时,则采用泛克立格法(Universal Kriging);对多个变量的协同区域化现象采用协同克立格法(Co-Kriging),即用易于求测的变量去估计难以求测的变量;区域化变量服从对数正态分布时可用对数正态克立格法(Logistic Normal Kriging);对有特异值的数据可用指示克立格法(Indicator Kriging),它能对连续的变量进行特征变换,并对估值结果提供超过一定阈值的概率。

16.4.1 普通克立格法

普通克立格法是地统计学中最基本、最重要和应用最为广泛的方法,它包括点克立格法(Puctual Kriging)和块段克立格法(Block Kriging)。

1) **点克立格法**

当区域化变量 $Z(x)$的数学期望 $E[Z(x)]=m$ 时,在待估块段 V 的邻域内,有一组 n 个已知样点 $x_i(i=1,2,\cdots,n)$,其观测值为 $Z(x_i)$,数学期望也为 m,根据线性最优无偏估计和拉格朗日定理,求得普通克立格方程组和普通克立格估计方差为:

$$\begin{cases}\sum_{j=1}^{n}\lambda_j\overline{C}(x_i,x_j)-\mu=\overline{C}(x_i,V)\\ \sum_{i=1}^{n}\lambda_i=1\end{cases} \tag{16.50}$$

$$\sigma_K^2=\overline{C}(V,V)-\sum_{i=1}^{n}\lambda_i\overline{C}(x_i,V)+\mu \tag{16.51}$$

用变异函数表示式(16.44) 和式(16.45) 后,变为:

$$\begin{cases}\sum_{j=1}^{n}\lambda_j\overline{\gamma}(x_i,x_j)+\mu=\overline{\gamma}(x_i,V)\\ \sum_{i=1}^{n}\lambda_i=1\end{cases} \tag{16.52}$$

$$\sigma_K^2=\sum_{i=1}^{n}\lambda_i\overline{\gamma}(x_i,V)-\overline{\gamma}(V,V)+\mu \tag{16.53}$$

求解出 $\lambda_i(i=1,2,\cdots,n)$,代入式(16.47) 得到普通克立格估计量为:

$$Z_K^{\#}(x)=\sum_{i=1}^{n}\lambda_iZ(x_i) \tag{16.54}$$

2) **块段克立格法**

当区域化变量 $Z(x)$的数学期望 $E[Z(x)]=m$ 时,在待估块段 V 的邻域内,已知的 n 个样点不是点支撑,而是以 x_i 为中心的小块段 v_i 时,其平均值为 Z_V,数学期望也为 m,要估测以 x_0 为中心块段的平均值时,根据线性最优无偏估计和拉格朗日定理,求得普通克立格方程组和普通克立格估计方差为:

$$\begin{cases}\sum_{j=1}^{n}\lambda_j\overline{C}(v_i,v_j)-\mu=\overline{C}(v_i,V)\\ \sum_{i=1}^{n}\lambda_i=1\end{cases} \tag{16.55}$$

$$\sigma_K{}^2=\overline{C}(V,V)-\sum_{i=1}^{n}\lambda_i\overline{C}(v_i,V)+\mu \tag{16.56}$$

同样,式(16.50)和式(16.51)也可用变异函数表示,即:

$$\begin{cases} \sum_{j=1}^{n} \lambda_j \bar{\gamma}(v_i, v_j) + \mu = \bar{\gamma}(v_i, V) \\ \sum_{i=1}^{n} \lambda_i = 1 \end{cases} \tag{16.57}$$

$$\sigma_K{}^2 = \sum_{i=1}^{n} \lambda_i \bar{\gamma}(v_i, V) - \bar{\gamma}(V, V) + \mu \tag{16.58}$$

在块段克立格法中，$\bar{C}(V,V)$用下式计算，即：

$$\bar{C}(V,V) = \frac{1}{V^2}\int_V \mathrm{d}x \int_V C(x-x')\mathrm{d}x \tag{16.59}$$

$$\bar{C}(V,v_i) = \int_V \mathrm{d}x \int_{V_i} C(x-x')\mathrm{d}x' \tag{16.60}$$

式中：V——块段面积(二维)。

但是，得到式(16.59)、式(16.60)的解析式很困难，因此根据块段形状，常用辅助函数的方法求解。

此外，离散化法也是较为常用的方法，具体如下：

(1) 将待估块段 V 离散化成若干个点，计算已知样点与块段 V 内被离散化的若干个点之间协方差函数 $C(h)$和变异函数 $\gamma(h)$，最后求出平均数 $\bar{C}(x_i,V)$；

(2) 除了将待估块段 V 离散化外，如果已知样点也是一个小块段的支撑构成，将这块段也离散成已知的若干个点，计算点与点之间的协方差函数 $C(h)$和变异函数 $\gamma(h)$，最后取平均数 $\bar{C}(v_i,V)$。

离散化法只是一种近似的方法，离散化点越多，得到的平均协方差函数值或变异函数值精度越高，但计算的工作量很大，因此，在离散化的同时，既要考虑精度，也要考虑工作量。

3) 克立格法制图

空间分布格局是指区域化变量的结构在空间上有规律的分布，空间异质性导致了空间分布格局的存在，因此，空间分布格局是空间异质性的具体表现。协方差函数和变异函数仅用函数的形式描述区域化变量的空间相关性或空间异质性，不能从二维平面直观地描述区域化变量的分布格局，克立格法利用已知空间抽样点对未知样点进行估计，通过克立格法的制图技术，将协方差函数或变异函数描述的空间相关性通过二维平面精确地描述所研究的变量在空间上的分布、形状、大小、地理位置或相对位置，对于区域化现象的分析很有意义。同时，通过变异函数计算出来的空间分布格局的分数维值可描述不同尺度上空间格局的拓扑学性状和自相似性，有助于认识空间分布格局的共性特点。

4) 克立格法的几点说明

(1) 克立格方程组的唯一解

克立格方程组式(16.48)解的存在和唯一性的条件是克立格方差矩阵式(16.49)为非负，因此，只有当克立格矩阵Σ中的元素 $\bar{C}(v_i,v_j)$或 $\gamma(v_i,v_j)$严格正定时，才有唯一解。此外，已知样点的数据不能有任意两点的数据相等，否则行列式$|\Sigma|=0$。

(2) 克立格矩阵和估计方差的数据构型

克立格方程组中Σ和 D 中的 $C(h)$或 $\gamma(h)$可以是各向同性或各向异性，也可以是套合结构。由于克立格方程组和估计方差的表达式对任何已知数据的支撑、待估样点或块段以及变异函数的结构模型都完全通用，它们的结果只取决于 $C(h)$或 $\gamma(h)$以及 v_i、v_j 和 V 的相对几何位置，而不依赖于待估样点或待估块段 $Z(x_i)$ 的具体数据，因此，当两组数据构型相同时，其克立格矩阵 $\sum$ 也相同，求权系数 λ 时只需一次求逆 $\sum^{-1}$，如果不但 $\sum_1=\sum_2$，而且两个待估块段或样点的几何特征也相同，即 $D_1=D_2$，则 $\lambda_1=\lambda_2$，此时只需解一次克立格方程组求权系数。因此，当数据构型已知时，在实际工作之前就可解出克立格方程组，并预计最小估计方差，从预先设计的方案中根据最小估计方差的原则设计出最优的方案。因此，空间取样设计时保证数据构形的规则性和系统性是必要的。

(3) 克立格估计的可靠性

克立格估计量是一种线性无偏最优估计量，而且给出了估计方差，是真正的空间局部内插法，具有较高的可靠性。对比分析(Cross-Validation Analysis)是一种用来评价克立格模型估值结果可靠性的较好的方法。在进行对比分析时，将空间中每一个点的实测值从原来点上移去，假设该点不存在，然后用克立格法对该点估值。估值完成后，将实测值和该点的估计值组成点对，建立线性回归方程，通过对方程以下的参数来评价克立格估值的精度。这些参数是回归方程的系数(Regression Coefficient)：表示用最小二乘法模型对线性回归方程的拟合优度，该值越接近 1 说明拟合效果越好；标准误(Standard Error)：表示回归系数的标准误，其计算公式为 $SE=\sqrt{SD\times(1-r^2)}$(式中 SD 为实测值的标准差)。

(4) 克立格的权重系数

当区域化变量 $Z(x)$ 各向同性，且样点间的几何位置对待估样点 x_0 对称时，它们之间的克立格权重系数也具对称性。但当区域化变量 $Z(x)$ 各向异性，或存在丛聚效应时，则对称性不存在。样点周围有其他样点丛聚在一起时会产生丛聚效应，丛聚效应会降低克立格权重系数。当区域化变量的块金值很小或不存在时，已知样点的克立格权重系数大小受屏蔽效应的影响，当块金常数增大时，屏蔽效应减弱；当为纯块金效应时，所有样点相互独立，协方差为零，待估样点 x_0 与周围任何已知样点的权重系数均相同，此时，屏蔽效应消失。

(5) 邻域已知样点数量对克立格估计的影响

克立格估计量是根据待估点邻域内已知样点的数据进行估计的，已知样本数目愈多，估计方差愈小，当样本数达一定数量后，估计方差基本保持不变，因此，估计方差开始保持平稳时的邻域的样本数为有效样点数，再扩大有效数据，会产生屏蔽效应，对估计精度影响不大。克立格估计中，一般采用 4～8 个邻域内的有效数据。

(6) 理论模型对克立格估计的影响

克立格估计的主要影响因素为尺度、变程、块金效应及理论模型的种类。尺度减小，克立格估计方差减小，估计精度增加；变程减小，克立格方差增大，估计精度降低；块金效应增大，屏蔽效应降低，样点相关性降低。

16.4.2 对数正态克立格法

由于在土地质量评价中抽样常常是离散的，并且当某区域的土地质量空间分布极不规则时，这种土地质量的空间分布的样关性极易被掩盖。在有些情况下，会出现某几个抽样点数据非常高，而周围的数据较低的现象，导致拟合半方差模型中的块金系数很大，如果纯块金效应发生时，那么克立格的估值就会变成样品数据的简单的平均，由此得到的等值线图也没有多大意义。为此专家们提出了先将遵循对数正态分布的数据进行对数转换，再利用对数正态克立格来进行空间插值这一方法。这种方法是基于多元高斯模型的，只有当数据严格地遵从多元高斯分布(或多元对数正态分布)时，克立格插值才有效。

对数正态克立格法具有如下特点：

(1) 当样点值呈对数正态分布时，其样点的平均值(或块段平均值)也呈对数正态分布，但对数正态变量的线性组合不符合对数正态分布；

(2) 定义于支撑 $v_i(i=1,2,\cdots,n)$ 上的区域化变量 $Z(x)$ 呈对数正态分布，其数学期望为 m，协方差为 $\overline{C}(v_i,v_j)$，即 $E[Z(x)]=m,\overline{C}(v_i,v_j)=D^2[Z(x)]$，则 $y=\ln[Z(x)]$ 呈正态分布，其数学期望为 $m'=E[\ln Z(x)]$，方差 $\overline{C}_e(v_i,v_j)=D^2[\ln Z(x)]$，则

$$m=\exp[m'+\frac{1}{2}\overline{C}_e(v_i,v_j)]$$

$$\overline{C}(v_i,v_j)=m^2[\exp\overline{C}_e(v_i,v_j)-1]$$

在待估块段 V 的邻域内，有一组 n 个样品 $v(x_i)$，其观测值 $Z(x_i)(i=1,2,\cdots,n)$ 均服从对数正态分布，待估块段 V 的平均值为 Z_V，其最优无偏估计量为 $Z_V^{\#}$，对数值为 $\ln Z_V^{\#}$，它表示 n 个样品 $\ln[Z(x_i)](i=1,2,\cdots,n)$ 的线性组合，则

$$\ln Z_V^{\#}=C+\sum_{i=1}^{n}\lambda_i\ln[Z(x_i)] \tag{16.61}$$

式中：C、λ_i——待定系数。

根据最优无偏估计和拉格朗日定理，得到对数正态克立格方程组：

$$\begin{cases}\sum_{j=1}^{n}\lambda_j\overline{C}_e(v_i,v_j)-\mu=\overline{C}_e(v_i,V)\\ \sum_{i=1}^{n}\lambda_i=1\end{cases} \tag{16.62}$$

用矩阵表示则为：

$$\sum=\begin{bmatrix}\overline{C}_e(v_1,v_1) & \overline{C}_e(v_1,v_2) & \cdots & \overline{C}_e(v_1,v_n) & 1\\ \overline{C}_e(v_2,v_1) & \overline{C}_e(v_2,v_2) & \cdots & \overline{C}_e(v_2,v_n) & 1\\ \vdots & \vdots & & \vdots & \vdots\\ \overline{C}_e(v_n,v_1) & \overline{C}_e(v_n,v_2) & \cdots & \overline{C}_e(v_n,v_n) & 1\\ 1 & 1 & 1 & 1 & 0\end{bmatrix},\lambda=\begin{bmatrix}\lambda_1\\ \lambda_2\\ \vdots\\ \lambda_n\\ -\mu\end{bmatrix},D=\begin{bmatrix}\overline{C}_e(v_1,V)\\ \overline{C}_e(v_2,V)\\ \vdots\\ \overline{C}_e(v_n,V)\\ 1\end{bmatrix} \tag{16.63}$$

则

$$\sum\lambda=D$$

根据式(16.62)和式(16.61)可得到 Z_V 的最优无偏估计量为 $Z_V^{\#}$：

$$Z_V^{\#}=\exp\left\{\sum_{i=1}^{n}\lambda_i[\ln(Z(x_i))+\frac{1}{2}\overline{C}_e(v_i,v_j)]-[\frac{1}{2}\overline{C}(v_i,V)+\frac{1}{2}\mu]\right\} \tag{16.64}$$

$\ln Z_V^{\#}$ 的对数正态克立格方差是：

$$\sigma_{ke}^2=\overline{C}_e(V,V)-\sum_{i=1}^{n}\lambda_i\overline{C}_e(v_i,V)+\mu \tag{16.65}$$

估计值 $Z_V^{\#}$ 的克立格方差是：

$$\sigma_K^2=Z_V^{\#2}\left\{\exp\overline{C}_e(V,V)+\exp[\sum_{i=1}^{n}\lambda_i\overline{C}_e(v_i,v_j)]-2\exp[\sum_{i=1}^{n}\overline{C}_e(v_i,V)]\right\} \tag{16.66}$$

在实际工作中，大部分数据难以满足严格的多元高斯分布，为此，一些科学家提出了一种称为秩序列地统计学(Rank-Order Geostatistics)的方法来将数据的不同类型、比例和精度综合起来，它所应用的标准化秩转换对需转换的数据没有任何的特定要求，因此，已成为解决高度不规

则的另一有效的地统计学方法。

16.4.3 泛克立格法

1）漂移概念

当区域化变量在研究区域内是非平稳的，其数学期望也不是一个常数时，即 $EZ(x)=m(x)$，不能用普通的克立格方法进行空间局部估计，而要采用泛克立格法。地统计学把 $m(x)$ 定义为非平稳随机函数的漂移。漂移是非平稳随机函数 $Z(x)$ 的一阶矩，在给定的以 x_0 为中心的邻域 V 内，有任一点 $x\in V$，其漂移 $m(x)$ 可采用如下多项式精确地近似，即：

$$m(x)=f(x)=\sum_{i=1}^{n}a_i f_i(x) \tag{16.67}$$

式中：$f_i(x)$——已知多项式函数；

a_i——未知系数。

当漂移为线性时，一维和二维条件下漂移的 $m(x)$ 的形式为：

$$m(x)=a_0+a_1x$$

$$m(x,y)=a_0+a_1x+a_2y$$

当漂移为二次（非线性）时，一维和二维条件下漂移 $m(x)$ 的形式为：

$$m(x)=a_0+a_1x+a_2x^2$$

$$m(x,y)=a_0+a_1x+a_2y+a_3xy+a_4x^2+a_5y^2$$

2）$Z(x)$ 的泛克立格估计

在研究区域内，设 $Z(x)$ 是一个非平稳区域化随机变量，且有：

$$EZ(x)=m(x)$$

$$m(x)=\sum_{l=0}^{k}a_l f_l(x)$$

$$E[Z(x)Z(y)]=m(x)m(y)+C(x,y)$$

设研究区域内有 n 个已知样点 $x_i(i=1,2,\cdots,n)$，其观测值为 $Z(x_i)(i=1,2,\cdots,n)$。现要用这些已知样点估计邻域中任一点的数值 $Z(x)$。设 $Z(x)$ 的估计量为 $Z^{\#}(x)$，它可以表示这 n 个已知样点的线性组合，即：

$$Z^{\#}(x)=\sum_{i=1}^{n}\lambda_i Z_i \quad (i=1,2,\cdots,n) \tag{16.68}$$

式中：λ_i—— 权重系数。

为使 $Z^{\#}(x)$ 成为 $Z(x)$ 的最优无偏估计，则必须满足下面两点：

(1) 无偏性，即：

$$E[Z^{\#}(x)]=E[Z(x)]=m(x)$$

式中：

$$E[Z^{\#}(x)]=E[\sum_{i=1}^{n}\lambda_i Z_i]=\sum_{i=1}^{n}\lambda_i E[Z_i]=\sum_{i=1}^{n}\lambda_i m(x_i)$$

$$=\sum_{i=1}^{n}\lambda_i\sum_{l=0}^{k}a_l f_l(x_i)=\sum_{l=0}^{k}a_l[\sum_{i=1}^{n}\lambda_i f_i(x_i)]$$

$$m(x)=\sum_{l=1}^{k}a_l f_l(x) \quad (l=0,1,2,\cdots,k)$$

由于无偏性条件 $E[Z^{\#}(x)] = m(x)$ 对任一组系数均成立，即要求

$$\sum_{i=1}^{n} \lambda_i f_l(x_i) = f_l(x) \qquad (l = 0,1,2,\cdots,k) \tag{16.69}$$

成立时，式(16.69)中的$(k+1)$个式子称为无偏性条件。

(2) 最优性

在满足无偏性条件下，用 $Z^{\#}(x)$ 估计 $Z(x)$ 的估计方差为：

$$\begin{aligned}\sigma_E^2 &= E[Z^{\#}(x) - Z(x)]^2 = D^2[Z^{\#}(x)] + D^2[Z(x)] - 2\mathrm{Cov}[Z^{\#}(x)Z(x)] \\ &= D^2[\sum_{i=1}^{n}\lambda_i Z_i] + \mathrm{Cov}[Z(x),Z(x)] - 2\mathrm{Cov}[Z^{\#}(x),Z(x)] \\ &= \sum_{i=1}^{n}\sum_{j=1}^{n}\lambda_i\lambda_j C(x_i,x_j) + C(x,x) - 2\sum_{i=1}^{n}\lambda_i(x_i,x)\end{aligned} \tag{16.70}$$

当 σ_E^2 最小时，$Z^{\#}(x)$ 成为 $Z(x)$ 的最优估计。

在满足最优无偏估计的条件下，根据拉格朗日定理求得 $Z(x)$ 的泛克立格方程组：

$$\begin{cases}\sum_{j=1}^{n}\lambda_j C(x_i,x_j) - \sum_{l=0}^{k}\mu_l f_l(x_i) = C(x_i,x) & (i = 1,2,\cdots,n) \\ \sum_{i=1}^{n}\lambda_i f_l(x_i) = f_l(x) & (l = 0,1,2,\cdots,n)\end{cases} \tag{16.71}$$

相应的泛克立格估计方差为：

$$\sigma_E^2 = C(x,x) - \sum_{i=1}^{n}\lambda_i C(x_i,x) + \sum_{l=0}^{k}\mu_l f_l(x) \tag{16.72}$$

3) *漂移 $m(x)$ 的泛克立格法估计*

由于漂移的存在，泛克立格在估计的某一点 $Z(x)$ 的估计值 $Z^{\#}(x)$ 时，必然要估计该点漂移 $m(x)$ 的估计值 $m^{\#}(x)$。设在研究区域内有 n 个已知样点 $x_i(i=1,2,\cdots,n)$，其观测值为 $Z(x_i)$ $(i=1,2,\cdots,n)$。现要用这些已知样点估计邻域中任一点的数值 $m(x)$。设 $m(x)$ 的估计量为 $m^{\#}(x)$，它可以表示这 n 个已知样点的线性组合，即：

$$m^{\#}(x) = \sum_{i=1}^{n}\lambda_i Z_i \qquad (i = 1,2,\cdots,n)$$

设 $Z(x)$ 是一个非平稳区域化随机变量，且有：

$$EZ(x) = m(x)$$

$$m(x) = \sum_{i=1}^{n} a_i f_i(x)$$

$$E[Z(x)Z(y)] = m(x)m(y) + C(x,y)$$

式中：λ_i——权重系数。

为使 $m^{\#}(x)$ 成为 $m(x)$ 的最优无偏估计，则必须满足：

① 无偏性，即：

$$E[m^{\#}(x)] = m(x)$$

因为

$$m(x) = \sum_{l=0}^{k} a_l f_l(x)$$

$$E[m^{\#}(x)] = E[\sum_{i=1}^{n}\lambda_i Z_i]$$

所以无偏性条件为：

$$\sum_{i=1}^{n}\lambda_i f_l(x_i) = f_l(x) \qquad (l = 0,1,2,\cdots,k) \tag{16.73}$$

显然，无偏性条件不依赖于 α_l。

② 最优性

在满足无偏性条件下，用 $m^{\#}(x)$ 估计 $m(x)$ 的估计方差为：

$$\begin{aligned}\sigma_E^2 &= E[m^{\#}(x) - m(x)]^2 = E\{m^{\#}(x) - E[m^{\#}(x)]\}^2 \\ &= D^2[m^{\#}(x)] = D^2[\sum_{i=1}^{n}\lambda_i Z_i] \\ &= \sum_{i=1}^{n}\sum_{j=1}^{n}\lambda_i\lambda_j \mathrm{Cov}(Z_i, Z_j)\end{aligned} \tag{16.74}$$

当 σ_E^2 最小时，$m^{\#}(x)$ 成为 $m(x)$ 的最优估计。

在满足最优无偏估计的条件下，根据拉格朗日定理求得 $m(x)$ 的泛克立格方程组：

$$\begin{cases}\sum_{j=1}^{n}\lambda_j C(x_i, x_j) = \sum_{l=0}^{k}\mu_l f_l(x_i) & (j = 1,2,\cdots,n; l = 1,2,\cdots,k) \\ \sum_{i=1}^{n}\lambda_i f_l(x_i) = f_l(x) & (i = 0,1,2,\cdots,n)\end{cases} \tag{16.75}$$

相应的泛克立格估计方差为：

$$\sigma_E^2 = \sum_{l=0}^{k}\mu_l f_l(x) \tag{16.76}$$

16.4.4　协同克立格法

1）协同区域化变量理论

目前，研究最多、应用最广的空间局部估计方法如普通克立格法、泛克立格法、对数克立格法等都只限于单变量的空间分布的特征研究，它们都不能为我们提供多元信息在空间分布上的有用资料，从而限制了地统计学在多元信息领域中的应用。

为弥补线性地统计学在利用空间多元信息上的不足，提出了多元地统计学这个新技术。多元地统计学是以协同区域化理论为基础，以变异函数为基本工具，研究那些定义于同一空间域中既有统计相关又有空间位置相关的多元信息空间结构的自然现象的科学。在地统计学中，把某一点上某一性质的观测值，与在统计分析上依赖于相邻一点上的另一个性质的观测值，这两种性质之间的相关性称为协同区域化(Coregionalization)。描述这种协同区域化现象的变量称为协同区域化变量。协同区域化变量可以用一组 K 个在空间位置及统计概念上具有一定相关的区域化变量$\{Z_1(x), Z_2(x), \cdots, Z_K(x)\}$表示，观测前，它是一个 K 维区域化向量，观测后，它就是一个空间点函数，即可看成上述 K 维向量的一个实现。

研究协同区域化变量有很多优点，如在空间变异性分析中，可用一种变量的信息去弥补所遗漏的或提供另一变量的信息；协同区域化变量的理论和方法可以解决两个或多个变量空间相关和估计的问题等。

2) 协同克立格法

在土地质量或土地价值评价中,由于影响土地质量或土地价值的因子常常众多,而实际所需的数据不完整或部分数据不准确,或者有些变量很难测定或测定所需费用很高,若采用普通的克立格估计法难于得到满意的结果,而协同克立格法可以弥补这一缺憾。协同克立格法是在单变量克立格法的基础上,融入了多元统计的思想而发展起来的一种数据处理方法,它利用两个变量之间的互相关性,用其中易于观测的变量对另一变量进行局部估计的方法。协同克立格法既考虑了多元信息间的相关性,即协同性,又考虑了变量本身所具有的结构性和随机性,即区域化特性,因而它继承了多元统计和单变量克立格法的优点,同时它又克服了多元统计只考虑变量的随机性和单变量克立格法没考虑到变量间相关性的特点,从而可以较好地解决某一变量“取样不足”的难题。协同克立格法比普通克立格法能明显改进估计精度及采样效率。但在实际应用中,协同克立格法要求有一个已知的互相关的函数,这就需在很多地点同时采样,测定二个函数间的相关性,而这种互相关性会受到样本数目的影响。

设在某一研究区域内有 K 个在空间位置及统计概念上相关的区域化变量 $Z_K(x)(K=1,2,\cdots,K)$,在满足二阶平稳和本征假设下,其数学期望为:

$$E[Z_K(x)]=m_K \tag{16.77}$$

交叉协方差函数为:

$$C_{K'K}(h)=E[Z_{K'}(x+h)Z_K(X)]-m_{K'}m_K \tag{16.78}$$

交叉变异函数为:

$$\gamma_{K'K}(h)=\frac{1}{2}E\{[Z_{K'}(x+h)-Z_{K'}(x)][Z_K(x+h)-Z_K(x)]\} \tag{16.79}$$

设 K_0 为 $K=\{1,2,\cdots,K\}$ 中 K 个区域化变量中需估计的主要变量,则在待估域 V 上主要变量 $Z_{K_0}(x)$ 的平均值 $Z_{V_{K_0}}$ 的协同克立格估计值 $Z^{\#}_{V_{K_0}}$ 为:

$$Z^{\#}_{V_{K_0}}=\sum_{k=1}^{K}\sum_{a_K=1}^{n_K}\lambda_{a_K}Z_{a_K} \quad (a_K=1,2,\cdots,n_K) \tag{16.80}$$

公式(16.80)中的 Z_{a_K} 是估计邻域内定义于支撑 V_{a_K} 上的已知数据,λ_{a_K} 是对应于每一支撑 V_{a_K} 的权系数。为了求解 λ_{a_K},必须首先求出克立格方程组。

设在点 K_0 处的区域化变量的平均值为 u_0,在 K_0 附近两个已观测的协同区域化随机变量 u_i $(i=1,2,\cdots,n)$ 和 $v_j(j=1,2,\cdots,m)$。则平均值 u_0 的估计值 $u_0^{\#}$ 构成的协同克立格线性估计量为:

$$u_0^{\#}=\sum_{i=1}^{n}a_iu_i+\sum_{j=1}^{m}b_jv_j \tag{16.81}$$

其中,$a_i(i=1,2,\cdots,n)$,$b_j(j=1,2,\cdots,m)$ 为协同克立格权重系数。根据最优无偏估计条件和拉格朗日定理,得到如下协同克立格线性方程组的表达式:

$$\begin{cases}\sum_{i=1}^{n}a_i\overline{C}(u_i,u_j)+\sum_{j=1}^{m}b_j\overline{C}(v_i,u_j)+\mu_1=\overline{C}(u_0,u_j)\\ \sum_{i=1}^{n}a_i\overline{C}(u_i,v_j)+\sum_{j=1}^{m}b_j\overline{C}(v_i,v_j)+\mu_2=\overline{C}(u_0,v_j)\\ \sum_{i=1}^{n}a_i=1\\ \sum_{j=1}^{m}b_j=0\end{cases} \tag{16.82}$$

相对应的协同克立格的估计方差是：

$$\sigma_{V_{K0}}^2 = \overline{C}(u_0,u_0) + \mu_1 - \sum_{i=1}^{n} a_i \overline{C}(u_i,u_0) - \sum_{j=1}^{m} b_j \overline{C}(v_j,u_0) \tag{16.83}$$

16.4.5 指示克立格法

在土地质量评价或土地价值评估中，土地质量或地价中的变量一般都遵从某种概率分布，但这种统计规律因抽取样点所在的地理环境因素而异，在抽取样点中可能会出现一些异常值，这些异常值既非分析误差所致，也非抽样误差、抽样方法引起，而是实际存在于母体之中，可能因实际样点的某些特殊因素所导致的，虽然这些特异值只占数据的极少部分，但它却能真实反映实际样点土地质量和地价的真实水平。如果只用现行的土地质量或地价的模型，或用普通克立格等方法，则必须剔除这些特异值以使样点的概率分布满足模型所要求的分布特征，从而可能歪曲了样点的土地质量或地价的实际分布状况。

指示克立格法是在不必去掉重要而实际存在的高值数据的条件下处理各种不同的现象，它不依赖于空间现象的平稳性，也不要求区域化变量服从某种分布，而且能够给出一定风险条件下未知量 $Z(x)$ 的估计值及空间分布。指示克立格法是一种最常用的非参数地质统计学方法，是因对区域化变量的研究转换为对其指数函数的研究而得名。

以地价评估为例，设在待估区域 D 中收集到 n 个地价样点的数据，$Z(x)$ 表示地价样点 x 的地价值。设 Z 为待估区域 D 上的临界地价值（临界地价值可以是样点地价的平均值，也可以是任意给定的一个值），则在 D 上的每点 $x\in D$ 定义一个 Z 的指示函数如下：

$$i(x;Z)=\begin{cases}1 & Z(x)\leqslant Z\\ 0 & Z(x)>Z\end{cases} \tag{16.84}$$

对于指数函数 $i(x;Z)$，可用条件概率描述，当 $x_a(a=1,2,\cdots,n)$ 为观察点或信息样时：

$$i(x_a;Z)=P\{Z(x_a)\leqslant Z|Z(x_a)=Z_a\} \tag{16.85}$$

$P\{Z(x_a)\leqslant Z|Z(x_a)=Z_a\}$ 表示当 $Z(x_a)\leqslant Z$ 已发生的条件下 $Z(x_a)=Z_a$ 发生的概率。

这时，某待估点 x 的指示函数估计值 $i^*(x,Z)$ 可以表示为：

$$i^*(x;Z)=P\{Z(x)\leqslant Z|Z(x_a)=Z_a\} \quad (a=1,2,\cdots,n) \tag{16.86}$$

对于地价估计样点来说，指示值可解释为当已知该点的样本地价值为 Z_a 时，该点的真实地价小于等于临界地价值的概率；而对于待估点而言，其指示函数估计值可解释为已知待估点周围的信息（样点的样本地价值）时，该点真实地价值小于等于临界地价值的概率。因此，可建立指示克立格法的实验指示变异函数：

$$\gamma_i(h;Z) = \frac{1}{N(h)}\sum_{a=1}^{N(h)}[i(x_a+h;Z)-i(x_a;Z)]^2 \tag{16.87}$$

式中：$N(h)$——相距 h 的数据点对的数目。

指示克立格法通过分析实验指示变异函数，得到待估区域中地价的空间相关特征，并根据理论指示变异函数，在已知周围样点地价的条件下，计算出待估点在给定地价值下对应的指示值（即条件概率），然后根据条件概率计算出期望值，以期望值作为待估点的估计地价值。

指示克立格法根据待估点与样点的距离和空间相关性来加权平均计算出待估点的指示值，其中，各权系数由指示克立格方程给求出，它应满足无偏性和最优性两个条件，指示克立格方程组表示为：

$$\begin{cases} \sum_{\beta=1}^{n} \lambda_\beta \gamma_i(x_a, x_\beta; Z) + \mu = \gamma_i(x_a, A; Z) \quad (a = 1, 2, \cdots, n) \\ \sum_{a=1}^{n} \lambda_a = 1 \end{cases} \tag{16.88}$$

式中：求出 λ_a 即为各个地价样点对该待估点的权系数，对每个待估点都有一组相应的权系数，权系数越高表明该地价点对待估点的影响力越大。

指示克立格法的估计精度由指示克立格方差公式计算得到：

$$\sigma_{Ei}{}^2 = \sum_{a=1}^{n} \lambda_a \gamma_i(x_a, A; Z) - \gamma_i(A, A; Z) + \mu \tag{16.89}$$

式中：A——属于 D 内的任意区域。

参 考 文 献

1 Cambardeua C A, Moofman T B and Novak J M. Field scale variability of soil properties in central lowa soil. Sci. Soc. Am. J., 1994(58)

2 Carr J R and Benzer W B. On the practice of estimating fractal dimension. Math. Geol, 1991, 23(7)

3 Clark I. Practical Geostatistics. London: Applied Science Publishers, 1979

4 David M. Geostatistics ore reserve estimation. Amsterdam: Elsevier, 1984

5 Goovaerts P. Comparative performance of indicator algorithms for modeling conditional probability distribution functions. Math. Geol, 1994(26)

6 Goovaerts P. Geostatics in soil science. State-of-the-art and perspectives. Geoderma, 1999, 89, 1～45

7 Issaaks E H and Srivastrava R M. An introduction to applied geostatistics. New York: Oxford University Press, 1989

8 Journel A and Huibregis C. Mining geostatistics. London: Academic press, UK, 1978

9 Krummel J R, Gardner R H and Sugihara G. Landscape patterns in a disturbed environment. Oikos, 1987, 48

10 Li H and Reynolds J F. On definition and quantification of heterogeneity. Oikos, 1995, 73(2)

11 Matheron G Principles of geostastics. Economic Geology, 1963(58)

12 Robertson G P, Klingesmith K M and Klug M J. Soil resources, microbial activity and primary production across an agricultural ecosystem. Ecological applications, 1997(7)

13 Rossi R E, Milla D J and Journel A G. Geostatistical tools for modeling and interpreting ecological spatial dependence. Ecological Monographs, 1992(62)

14 Trangmar B B, Yost R S and Uehara G. Application of geostatistics to spatial studies of soil properties. Advanced Agronomy, 1985(38)

15 Webster R. Quantitative spatial analysis of soil in the field. Advance in Soil Science, 1985(3)

16 傅佩红，刘耀林，李雪飞. 指示克立格法及其在城市地价评估中的应用. 国地资源科技管理，2004(21)

17 侯景儒. 实用地质统计学. 北京：地质出版社，1998

18 李玲，谷树忠，胡克林. 都市地价空间分析方法及其应用——以北京市为例. 资源科学，2003，25(4)

19 李艳，史舟，徐建明. 地统计学在土壤科学中的应用和展望. 水土保持学报，2003，17(1)

20 刘耀林，傅佩红. Kriging 空间分析法及其在地价评估中的应用. 武汉大学学报(信息科学版)，2004，29(6)

21 谈文琦，徐建华，岳文泽. 上海城市土地利用格局的景观生态学分析. 生态科学，2004，23(2)

22 王仁铎，胡光道. 线性地质统计学. 北京：地质出版社，1988

23 王政权. 地统计学及在生态学中的应用. 北京：科学出版社，1999

24 吴承祯，洪伟. 中国土地利用程度的区域分异规律模拟研究. 山地学报，1999，17(4)

25 吴宇哲，吴次芳. 基于 Kriging 技术的城市基准地价评估研究. 经济地理，2001，21(5)

17 遥感技术与土地评价应用

17.1 遥感概述

17.1.1 遥感的概念与发展历程

遥感是以电磁波与地球表面物质相互作用为基础，探测、分析和研究地球资源与环境，揭示地球表面各要素的空间分布特征与时空变化规律的一门科学技术。

遥感是由以军事为目的的空对地观测技术逐渐演化为民用的一种高新技术。遥感源于航空摄影测量，历史悠久。1839年摄影像机问世，1913年机载摄影机研制成功，1959年前苏联宇宙飞船"月球3号"拍摄了第一批月球相片，20世纪60年代美国海军研究局伊·普鲁伊特(Eretyn Pruitt)第一次提出"遥感"这个术语。目前，遥感已经形成一套较为完整的理论体系，技术方法不断完善。遥感的主体是将不同性能的观测器(Sensors)用不同的载体送入距地球一定的高度而实现对地表的观测，并将观测结果实时发送到地面，通过地面接收、解码与分析系统的处理、认知，获取观测信息，为进一步认知地球，合理开发和利用地球资源与环境整合提供强有力的技术支撑和手段。

我国自20世纪60年代起，在航空遥感方面做了大量的工作。首先是着手开展航空相片的综合利用与系列制图。60年代初至70年代中，曾经在海南岛进行三次航空遥感试验。在野外典型样片判读和总结判读标志的基础上，在室内编制了地貌、坡度组合、现状植被、土地利用和农业地形等6种样图，并进行了全岛1:10万土地类型及土地利用状况的判读和制图。自1978年起，中国科学院先后组织了哈密、腾冲、天津、二滩等地的航空遥感试验。特别是1978年至1980年的腾冲航空遥感试验，标志着我国航空遥感技术水平的迅速发展。这次试验包括33个专题组，各专题组进行了解译制图和各种遥感器的试验、波谱测试，参试科技人员多达700余人。地学界和生物界的科学家积极从事了这一试验，共完成75项专题，标志着我国航空遥感达到新的水平，使我国的航空遥感技术基本上形成了从数据获取、数据处理与分析到遥感应用各个环节基本配套的实验技术体系。随后利用腾冲航空遥感信息资料，借助地理信息系统和计算机技术进行了土地评价。这是利用航空遥感信息资料与计算机制图进行土地评价的一次成功的尝试。

17.1.2 遥感常用传感器及其对地观测特征

遥感图像是各种传感器所获信息的产物，是遥感探测目标的信息载体。传感器的多平台、多波段、多视场、多时相、多角度和多极化等形成遥感数据的多维特征。这种多维特征可以通过不同的空间分辨率、时间分辨率、波谱分辨率和特性来描述。其中，时间分辨率是指对同一地点进行遥感采样的时间间隔，即采样的时间频率，也称重访周期；空间分辨率指像素所代表的地面范围的大小，即扫描仪的瞬时视场，或地面物体能分辨的最小单元；波谱分辨率指传感器所用的波段数目、波段波长及波段宽度。表 17.1 为常用传感器获取的图像特征。

表 17.1　不同传感器的空间分辨率、时间分辨率和波谱分辨率

卫星名称	传感器	空间分辨率(m)	重复周期(d)	波段数
(美)陆地卫星 Landsat	TM	30/120	16	7
	ETM	15/30/120	16	8
(法)SPOT 卫星	HRVIR	20/10	26	5
(美)气象卫星	NOVAA/AVHRR	1 100	0.5	5
(中巴)资源卫星	CCD	20	26	5
(加)雷达卫星	SAR	25	24	5.3GHz
(美)IKONOS		1/4	1.5	5
(美)$EOS\text{-}AM_1/EOS\text{-}PM_1$	MODIS	250/500/1 000	16	36

1) (美)气象卫星

NOVAA/AVHRR 为一台旋转平面镜式扫描仪，其探测器扫描角度为±55.4°，扫描带宽约 2 800 km。空间分辨率为 1.1 km，部分地区为 4 km。它有 5 个光谱通道，其中可见光波段 0.58～0.68 μm，近红外波段 0.725～1.1 μm，热红外波段分别为 3.55～3.93 μm、10.5～11.5 μm、11.5～12.5 μm。重复观测周期为 0.5 d(天)。在双星系统下，同一地点每天有 4 次过境资料。AVHRR 具有较高的辐射分辨率，其数据量化等级为 1 024，温度分辨率达到 1℃。

由于 NOVAA/AVHRR 的成像范围大，有利于获得宏观同步信息，减少数据处理容量。同等量数据下，NOVAA/AVHRR 地面覆盖面积是 Landsat(陆地卫星)的 194 倍，大大减少了数据处理和存储的工作量。另外，NOVAA/AVHRR 时间分辨率比较高，有助于捕捉地面快速动态变化信息，如日变化频繁的大气海洋动力现象等，利于高密度动态遥感研究，同时大大增强了获取无云影像的能力。经过加工处理，可绘制出各种高质量的等值线图，如平均云量等值线图、海陆表面温度等值线图等，以进行专题分析。

2) Landsat

Landsat 的轨道为与太阳同步的近极地圆形轨道，可以保证北半球中纬度地区获得中等太阳高度角的上午成像，而且卫星通过同一地点的地方时相同，以利于图像对比。Landsat 每天向西移动 2 700 km，每 16 d 覆盖地球一次。在扫描一幅图像的 28 s 内形成平行四边形图像，覆盖范围为 185 km×185 km。TM 的辐射分辨率为 256 级。TM 图像的地面分辨率在可见光部分为 30 m×30 m，热红外部分为 120 m×120 m。

Landsat 传感器的 TM 影像有 7 个通道的信息：① 蓝波段(0.45～0.52 μm)，对水体穿透能力强，对叶绿素与叶色素浓度反映敏感，有助于判别水深、水中叶绿素分布，进行近海水域制图等；② 绿波段(0.52～0.60 μm)，对健康旺盛植物绿反射敏感，对水的穿透力较强，用于探测健康植物绿色反射率，暗"绿峰"反射评价植物生活力，区分林型、树种和反映水下特征等；③ 红波段(0.63～0.69 μm)，为叶绿素的主要吸收波段，反映不同植物的叶绿素吸收、植物健康状况，用于区分植物种类与植物覆盖度，也广泛用于地貌、岩性、土壤、植被、水中泥沙流等方面研究；④ 近红外波段(0.76～0.90 μm)，对绿色植物类别差异最敏感，为植物通用波段，用于生物量调查、作物长势测定、水域判别等；⑤ 中红外波段(1.55～1.75 μm)，处于水的吸收带内，对含水量敏感，用于土壤湿度、植被含水量调查、水分状况的研究、作物长势分析等，具有较高的区分不同作物类型的能力，也易于区分云与雪；⑥ 热红外波段（10.4～12.5 μm），可以根据辐射响应的差别，区分农、林覆盖类型，辨别表面湿度、水体、岩石以及监测与人类活动有关的热特征，进行热制图；⑦ 中红外波段（2.08～2.35 μm），主要应用于地质学领域，可以区分主要岩石类型、岩石的水热蚀变，探测与岩石有关的粘土矿物等。

由于 Landsat 覆盖范围大，可获得准同步、全球性的系统覆盖，为宏观研究各种自然现象和规律提供有利条件。另外它重复覆盖，体现不同季节、不同照度条件下的图像，可满足动态监测与预报分析的需要。

3) IKONOS

IKONOS 具有蓝（0.45～0.90 μm）、绿（0.52～0.61 μm）、红（0.64～0.72 μm）和近红外（0.77～0.88 μm）4 个波段的信息，空间分辨率为 4 m×4 m；以及全色波段（0.45～0.90 μm）的信息，空间分辨率为 1 m。该传感器每 1～1.5 d 可以获得 1.5 m 空间分辨率的数据，每 3 d 可以获得 1 m 空间分辨率的数据。IKONOS 的辐射分辨率很高，达到 2 048，灰度级相较于前几个介绍的图像要高很多。在这样高的空间分辨率下，一些地物景观的结构、纹理和细节等信息会更加清楚地表现出来，这使得在获得丰富的地物光谱信息的同时还可以获取更多的地物结构、形状和纹理信息，使在较小的空间尺度上观察地表的细节变化、进行大比例尺遥感制图以及监测人为活动对环境的影响成为可能。由于时间分辨率的提高，可用于监测局部地区变化。

4) (美) $EOS-AM_1/EOS-PM_1$

MODIS 的扫描宽度为 2 330 km，时间分辨率为 16 d。它从可见光到热红外具有 36 个波段的扫描成像辐射计，分布在 0.4～14 μm 的电磁波谱范围内。MODIS 数据波段多，光谱范围宽，采集的数据应用广，是 TM 和 AVHRR 无法比拟的。对于不同的波段，其空间分辨率不同，有 250 m、500 m 和 1 000 m 三种。MODIS 是高信噪比仪器，增强了云监测能力，减少了子象素云污染影响，提高了对地观测能力。它共有 44 种产品，其中包括栅格的植被指数（NDVI/EVI）、热异常火灾、叶面积指数和光合作用有效辐射等。因此它对于开展自然灾害与生态环境监测、全球环境和气候变化研究，以及全球变化的综合性研究等具有重要意义。

在地质资源勘查方面，利用波段 20、21、22、23、31、32 等可以反演整个地球陆地表面的温度，用于地热资源的勘查；利用波段 1、3、7、20 等可以得到气溶胶观测数据，尤其是蓝光通道提供了将陆地上气溶胶光学厚度计算扩展到其他地物上的可能性，使人们可以直接在遥感图像上确定污染的位置和范围，并根据它们的运动、发展规律来进行预测、预报；波段 1、2、6、7、20、21、22、23、31、32 等可以用来探测火灾；波段 4、6、7、13、16、20、26、31、32 等均可为冰雪监测提供原始资料；其植被指数产品可以提供全球植被状态的同一时间和空间比较，可用于监测地球上植被的生长变化，以便进行变化监测和生物气候学及生物物理学的解释，如波段 1 和 13 为叶绿素的主要吸收波段，波段 3 对叶绿素和叶色素浓度敏感；利用同一地区不同时相的遥感影像进行叠加、解译和对比分析，可以准确地得出该地区土地资源的变化，例如波段 26 和波段 3 的比值可区分土壤类型是腐殖土还是沙土或粘土，粘土在通道 5、6 附近具有强吸收，沙土则具有强反射，因而可以区分二者；盐渍土的反射率比非盐渍土高得多，并随着盐渍土程度的增加，波谱特征曲线向上平移。但是，由于空间分辨率的限制，MODIS 只适用于大面积、大区域的研究。

用户可以根据环境特征的地面分辨率要求（见表 17.2），选择相应的遥感影像。一般来说，AVHRR 影像用于较大范围的遥感调查研究；TM、SPOT 图像的分辨率较高，可用于 1∶10 万或更大比例尺的专题研究上；MSS 图像的分辨率较低，只能用于 1∶20 万左右的专题研究。

表 17.2 环境特征的地面分辨率要求

各种环境特征的地面分辨率要求							
巨型环境	分辨率要求(m)	大型环境	分辨率要求(m)	中型环境	分辨率要求(m)	小环境	分辨率要求(m)
地　壳	10 000	区域地理	400	作物估产	50	污染源识别	10
成矿带	2 000	矿产资源	100	作物长势	25	海洋化学	10
大陆架	2 000	海洋地质	100	天气状况	20	水污染控制	10～20
洋　流	5 000	石油普查	1 000	水土保持	50	港湾动态	10
自然地带	2 000	地热资源	1 000	植物群落	50	水库建设	10～50
生长季节	2 000	环境质量评价	100	土种识别	20	航行设计	5
		土壤识别	75	洪水灾害	50	港口工程	10
		土壤水分	140	径流模式	50	鱼群分布与迁移	10
		土壤保护	75	水库水面监测	50	城市工业发展规划	10
		灌溉计划	100	城市、工业用水	20	城市居住密度分析	10
		森林清查	400	地热开发	50	城市交通密度分析	5
		山区植被	200	地球化学性质、过程	50		
		山区土地类型	200	森林火灾预报	50		
		海岸带变化	100	森林病毒探测	50		
		渔业资源管理与保护	100	港湾悬浮质运动	50		
				污染监测	50		
				城区地质研究	50		
				交通道路规划	50		

注：据 Lowell Krawitz，陈述彭整理。

17.1.3 遥感技术和应用发展的新近趋势

从信息接受、分析处理和应用角度，遥感技术发展的新近趋势主要有以下几点。

(1) 多平台、多传感器和多角度的综合应用

目前，遥感的多平台已逐步形成从不同空间高度对地进行观测的立体观测网，从地球同步轨道卫星的 35 000 km 高空，太空飞船、航天飞机的 200～350 km 的高度到中低空飞机、升空气球的 10 km 高度，这种立体观测网还在进一步加密。遥感的多传感器从框幅式光学相机、全景相机到光电扫描仪、CCD 扫描仪直至微波散射计、激光扫描仪和合成孔径雷达，几乎覆盖了可透过大气窗口的所有电磁波段。遥感的多角度则从三行的 CCD 阵列同时得到 3 个角度的扫描成像，到 EOS Teera 卫星上的 MISR 同时从 9 个角度对地成像，使多星种、多尺度的对地观测信息获取成为可能。

(2) 传感器分辨率不断提高

如果按低(1 000 m 左右)、中(100～20 m)和高(小于 20 m)三个空间分辨率来划分遥感对地观测可识别的最小单元的话，除 NOVAA/AVHRR 气象卫星 1 000 m 左右的空间分辨率用于其固有的应用目的外，陆地卫星(如 TM 和 SPOT)则基本完成了从中分辨率到高分辨率的改进，IKONOS 和 Quick Bird 的空间分辨率已达到米级。小于米级的空间分辨率将是未来主要的发展趋势。时间分辨率已从单星 30 d 左右的重复观测周期提高到 4～1/4 d 的多星往返过程的补充。小卫星系列的发展，其时间分辨率还会有所提高。

波谱分辨率则主要反映在由可见光、近红外向微波波段的进一步延伸，由多光谱向高光谱

波段的进一步细化,在轨的 EOS AM-1(Terra)和 EOS DM-1(Aqua)卫星上的 MODIS 传感器已具有 36 个波段的中分辨率成像光谱仪,EOS-1 高光谱遥感卫星已具有 220 个波段。这些发展,使得全天候、多极化的卫星探测信息业成为可能,它不仅可直接获得地表的几何形态信息,还可间接获得地表的物化参数信息。全色波段的完善还可以获得地表的真三维信息。

(3) 分析处理技术不断完善

遥感分析处理技术的发展主要包括对地定位和智能化两方面。在全自动 GPS 空间测量的基础上,利用 DGPS 和 INS 惯性导航系统的组合,可实现摄影成像和无地面控制的高精度对地直接定位,其精度可达到米级。该技术进一步推广应用,将改变目前摄影测量和遥感作业的工作流程,实现实时测图和数据库的更新。若与高精度激光扫描技术集成,可实现实时的三维测量(LIDAR),自动生成数字表面模型(DSM),并推算出数字高程模型(DEM)。在图像匹配的基础上,图像的自动识别将主要集中在图像数据的融合及基于统计和结构的目标识别与分类技术。随着遥感数据量的进一步增大和数据融合技术的逐渐成熟,快速的图像数据压缩技术将逐步趋向商业化。

(4) 信息表达的智能化、全定量化

遥感技术的发展将逐步从静态、二维、三维的信息获取向三维动态方向演化,定性描述将逐步向定量的表达过渡,资源探测的应用将逐渐迈向环境研究。随着各类空间数据库的建立和大量新的遥感数据的出现,实时的自动化监测已成为研究的热点。若将图像目标的三维重建与变化监测同步进行,可实现三维变化监测和数据库的自动更新。进一步的发展是利用智能化传感器,将数据处理在轨完成,并直接发送对地观测信息,为数字正射影像(DOM)、数字高程模型(DEM)、数字线划图(DLG)和控制点(CP)数据库直接提供所需的信息源。通过对地表的遥感和全定量化遥感技术的反演,可获得有关地物目标的几何与物理特性。随着成像机理、波谱特征和大气模型研究的进一步深入,几何与物理方程式的全定量化遥感方法正逐步从理论研究走向实用化。

17.2　遥感常用地物解译方法

17.2.1　目视解译分析方法

遥感目视解译实质上就是人们运用大脑的感知识别功能,以眼睛或借助简单的光学工具如放大镜、立体镜等,在有关信号层(投影成像机理)、物理层(地学波谱特性)和语意层(事物相关规律)这三个层面知识的引导下,依据成像机理与地学、生物学规律,对遥感图像上所呈现的丰富影像进行分析判断,来识别地物目标属性,区分类别,勾绘地物目标分布界线,从而获得所需要的信息,并进一步从诸多信息中提炼有用知识的过程。

目视解译一般可分为基本地理要素解译和各行业的专业解译。但从方法论的角度来说,无论哪种解译,都包括以下三方面的内容和要求:

(1) 分界。即确定各种地物目标的空间分布范围,勾绘分布界线;

(2) 识别。即揭示划分出来的每个影像轮廓内的地物目标类型和属性,或进行必要的量测,包括长度、面积、高差(测量高差需立体像对);

(3) 决断。即分析工作地区各类地物目标的空间分布规律以及与其他景观要素之间的相关性,并根据应用目的做出决策所要求的判断与评价意见。

遥感图像的解译主要是观察和选用解译标志来进行地物目标信息的提取。解译标志有直接和间接两种。直接解译标志是指地物或自然现象本身的有关属性在遥感图像上直接表现出来的影像特征,可以依据这些影像特征直接识别地物目标获取有关信息,如地物形状、大小、色调、阴影和纹理等;间接解译标志是指通过与之有内在联系的地物的影像特征,可间接推断地物的存在和属性,如水系、地貌、植被、水文、土壤和人类活动等。

随着计算机技术的发展,数字图像处理技术有了极大地提高,运用数字图像处理技术,对遥感影像进行增强等处理,并显示在计算机屏幕上,通过人机对话进行目视分析解译,勾绘解译界线,附注解译类型,还可以变更处理方案,得到突出不同地物目标的增强图像供分析解译,最后把分层次分析解译得到的信息叠加,汇总成一幅完整的满足应用需要的解译成果图。这种把遥感图像应用处理与目视解译衔接起来的技术路线有助于提高解译效率。图 17.1(据戴昌达等修改)为人机对话目视解译流程示意图。

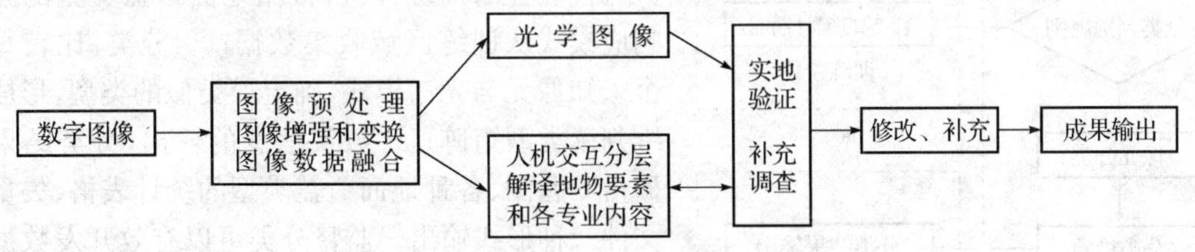

图 17.1 人机对话目视解译流程示意图

17.2.2 计算机自动分类方法

遥感图像的计算机自动识别分类,是根据遥感图像数据特征的差异和变化,通过计算机处理,自动输出地物目标识别分类结果的技术。一般包括以下几种技术方法。

1) 非监督分类

非监督分类是指在没有先验知识的情况下,仅根据图像本身的统计特征进行识别分类的方法。其核心是按照地物反射率及其时间变化所形成的空间特征进行划分和聚类,通过计算机分类将数字图像转化为集群图像后,再将集群归入相应的地物类型。

非监督分类所需输入的初始参数较少,往往仅需要给出所要分出的集群数量、计算迭代次数、分类误差的阈值等,由于分类完全依赖于计算机进行光谱聚类,致使有些集群不一定与某些地物类型相对应。另外,地物类型的光谱特征往往随时间和空间变化,即使同一地物类型的光谱特征也可能随季节和地区不同而变化。这种“同物异谱”及“同谱异物”的现象增加了将非监督分类集群归入相应地物类型的难度。因此对非监督分类的结果往往需要进行大量的分析解译以及后处理,才能得到可靠的地物类型分类结果。常用的自然集群算法很多,如 ISODATA 法(Iterative Sel-Organizing Data Analysis Technique)(见图 17.2)。

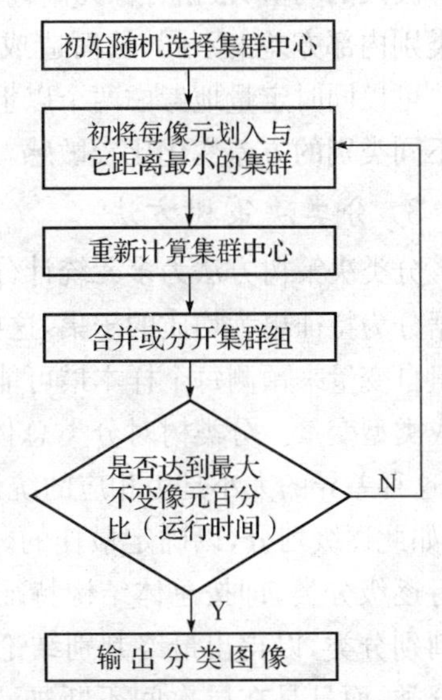

图 17.2 ISODATA 算法流程示意图

经过 ISODATA 算法得到的集群组织是一些自然光

谱组,需要分析者将每个集群组归到其对应的类别中,这个过程通常需要参考其他的资料。有时一些自然组可能是混合的,不一定对应于一个类别,因此在实际应用中,经过 ISODATA 算法得到的图像,将一些易于识别的组归类后,做成一个黑白掩膜图像,用到原图像中,过滤掉归类的部分,留下难以归类的图像,重新运行 ISODATA 算法,直到所有的集群组都能归类。

2) 监督分类

利用已知的有关训练区的地物类型、光谱特征数据和其他辅助数据对计算机进行训练,计算出对应各种地物类型的多元统计特征(如均值、方差和协方差矩阵等),并以此建立分类判定规则,对未知地区进行计算机自动分类(见图 17.3)。监督分类过程有三个基本步骤:① 训练,分析人员寻找具有代表性的训练样区,根据地面覆盖类型的光谱响应模式从训练区域收集数据;② 分类,比较每一个未知像元与光谱模式,确定最类似的类型,形成多维判读类型矩阵;③ 数字信息的输出,分类结果以栅格专题图、各种地面覆盖类型的统计表格、矢量图文件三种形式输出。监督分类可以有效开发数据内容,但需要太多信息以决定地表信息的先验概率,以致一部分信息被忽略。

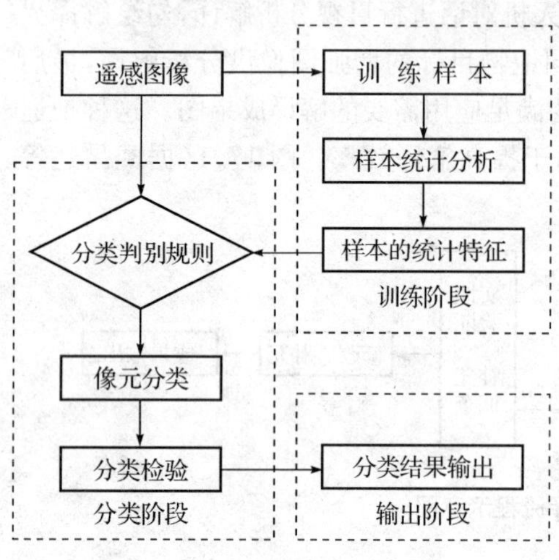

图 17.3 监督分类过程示意图

监督分类常用的算法有:① 平行算法,又称为盒式决策规则。它根据训练样本的亮度值范围形成一个多维数据空间,其他像元的光谱值如果落在训练样本的亮度值所对应的区域,就被划分到其对应的类别中。确定多维数据空间区域的数据既可是波段的最大和最小值,也可是波段的平均值和标准方差。平行算法没有考虑到各类别在不同波段上的内部方差,以及不同类别其直方图重叠部分的频率分布,因此容易出现漏分的现象。② 最小距离法。它利用训练样本各类别在各波段的均值,根据各像元离训练样本平均值距离的大小来决定其类别。该方法没有考虑不同类别内部方差的不同,从而造成一些类别在其边界上的重叠,引起分类误差。③ 最大似然法。可以同时定量地考虑两个以上的波段和类别,是一种广泛应用的分类器,但其计算量大,且对不同类别的方差变化比较敏感。

3) 分类决策树方法

分类决策树方法为多元统计分类中的一种方法,它利用树结构原则,按一定的分割原则把数据分为特征更为均质的子集,这些子集在树结构中称为结点。分类树方法的基本思路是利用一组自变量来预测每个样本最可能对应的类型因变量。自变量既可以是连续变量,也可以是离散或类型变量。分类树对分类总体进行逐级分割,首先将总体划分为相互差异最大的两个子集,这种差异的大小是由相应的统计量确定给出的。所划分的子集可再次被分割成次一级的子集,如此逐级划分,以确定最佳的分类结构。具体说是根据信息树所描述的景物总体结构来进行逐级分类,即按总体结构特征建立分类标志或设计分类器,对图像中的各象元进行若干次判别分类,以得出最终判别结论。与常规传统分类法所不同的是,它不仅是按层次一步步地分类,而且是在层次间不断加入遥感与非遥感的决策函数,从而组成一个最佳逻辑决策树。也就是用传统的地学方法和概念,按现在的信息传输和信息相关体系建立信息树。由于信息并非都能从遥感图像上得以反映,因而在建立信息树的过程中必须不断补充其他资料(如一些边界条件、分类参数等),已逐渐满足某种分类的需要,最后完善这个最佳逻辑决策树,得出满意的分类结果。

该分类法的特点:① 用分级逻辑判别的方式使人的知识判别思维能力与图像处理实现有效的结合,避免出现某些逻辑上错误的分类结果。② 由于复杂景物经一定原则作了层层分解、简化,在信息树的各个中间结点上只存在较少的类别,并具有较好的可分性。这样可以根据具体情况分别采取有针对性的分类方法,包括特征选择和分类算法。针对较少的类别,往往可以使用较小的特征,采用更合适的分类算法,以提高信息提取能力和分类精度,并减少计算处理的时间。

分类树方法与传统的统计分类方法(如最大似然法)相比具有某些优越之处。首先,分类数方法不要求自变量遵从正态随机分布并具有中心趋势和正态近似。分类树的另一优越性在于它允许类型自变量与连续数字型自变量共存并可作为一组自变量进入分类过程。

4) 人工神经元网络方法

人工神经网络方法简称神经网络法(Artificial Neural Network,ANN)。它是 20 世纪 80 年代中期迅速兴起的一门非线性科学,现已大量运用于遥感分类中。神经网络与传统分类方法的区别在于:① 在处理模式分类问题时,人工神经网络并不基于某个假定的概率分布;② 神经网络通常具有较好的容错特性,有利于解决遥感模式的"同物异谱"和"异物同谱"的问题。

人工神经网络分类器属人工智能的一种,对于解决非线性问题有其特别的作用。它的决策边界不是固定的,也不是使用训练样本信号特征中使用的那种确定性的规则,而是使用一种迭代式的方法使类型确定的误差最小化。在这个意义上它有点像聚类算法。人工神经网络的实质体现了网络输入及输出的一种函数关系。通过选取不同的模型结构和有效传输函数,可以形成不同的人工神经网络,得到不同的输入及输出关系式,达到设计的目的。目前有近百种人工神经网络模型,主要包括反向传播网络 BP(Back Propagation Neural Network)、Kohonen 自组织特征映射网络(Kohonen Self-Organization Feature Map)、径向基函数神经网络(Radial Basis Function Neural Network)、自适应共振神经网络(Adaptive Resonance Theory)等。神经网络的模型虽然很多,其主要结构一般都是由处理单元、拓扑结构和自行学习规则等主要部分组成。最典型的神经元网络是三层网络结构,即一个输入层、一个中间层和一个输出层。

5) 基于专家知识的分类方法

基于光谱特征的统计模式识别是通过统计每个地物类别在各波段中的均值、方差以及各波段之间的协方差来进行统计分类,这种固定形状的决策界面具有明显的缺陷。由于当前传感器有限的分辨能力、空间分辨率的大小及地面物体的复杂性等多种因素的影响,遥感影像本身存在着"同物异谱"、"异物同谱"的现象。这一现象在目视解译分类过程中,由于解译专家综合考虑了地物在影像上的色调、颜色、纹理、形状、大小及空间分布等特征,往往可以获得较高的分类精度。因此,单纯依靠地物光谱信息利用计算机进行分类是远远不够的,很难获得较高的分类精度。基于专家知识的分类方法,就是利用多种地理辅助数据,将领域专家目视解译时用到的知识加入到计算机来进行遥感影像解译。其流程如图 17.4(据王周龙)所示。

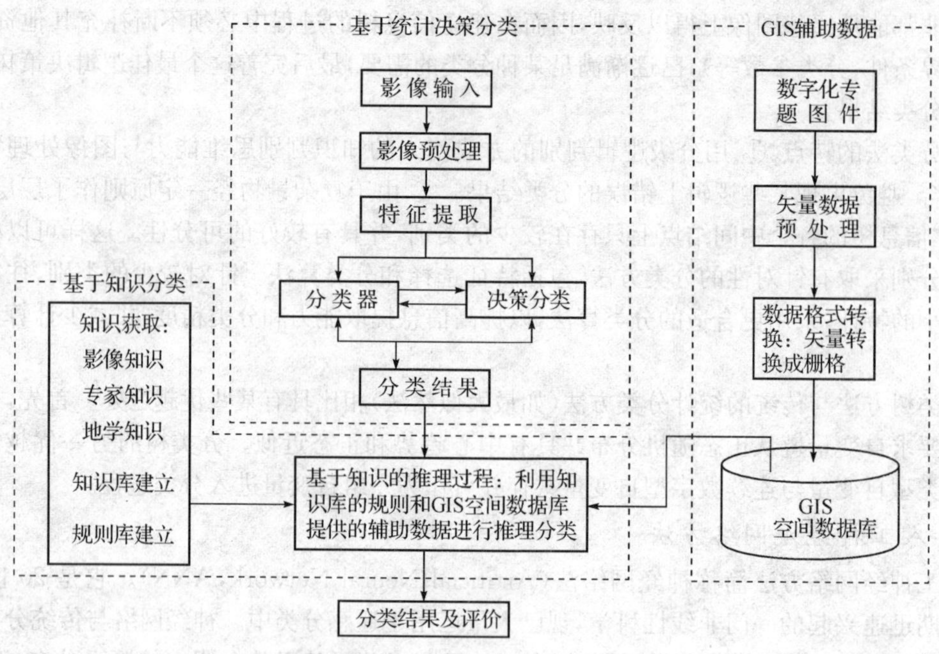

图 17.4　基于知识分类决策流程

17.3　遥感技术在土地评价中的应用

17.3.1　土地评价单元的划分确定

评价单元是按照土地质量均匀一致的原则所划分的土地评价的最基本单位。各评价单元要尽可能保证单元内土地质量、土地属性和利用方式的相对一致性。

1）评价单元常见划分方法

评价单元是土地质量、土地性状基本一致的独立的土地单元，它既是能完整反映土地自身特性的最基本地块，也是土地评价中获取数据的基本单元。划分土地评价单元时，不但要求单元内各要素具有相对一致性或相似性，同时也应考虑行政权属界线的完整性，以使评价结果易于在生产实践中应用。目前，土地评价尤其是土地资源评价常采用以下方法划分确定评价单元：

(1) 以土壤类型图斑为评价单元。它可以使各单元在土壤类型上取得相对的一致，但不能保证各评价单元在气候、地形、水文等方面的一致性，土地质量、土地属性、土地利用方式也可能达不到一致。

(2) 以土地类型图斑为评价单元。它克服了以土壤类型图斑为评价单元的某些不足，综合考虑了土壤、地形、气候、水文等因素，但没有考虑土地利用因素。

(3) 以土地利用现状图斑为评价单元。该方法虽然综合考虑了诸多因素，特别是保证了评价单元的界线在地面上与地块分布一致，也便于土地评价成果的应用和土地利用结构的调整，还可以减少评价单元面积量算的工作量，但一些大图斑如大面积的耕地、林地内部差异较大，只能保证其利用类型上的一致性，而且图斑内评价所需的土地特殊信息量不足、精度稍差。

(4) 以多因素叠加生成的最小图斑为评价单元。由于评价单元是按照土地质量相对均匀一致的原则划分的，而土地质量又由诸多影响因素决定，这些因素通常是评价的参评因子。因此，采取把土地利用现状图与各影响土地质量的参评因子分级图进行叠加分析，求取具有最小图斑信息的工作底图，并以此最小图斑工作底图作为最基本的评价单元。这样，各评价单元内土地利用方式是一致的，同时，土地属性、土地质量也具有相对一致性。

2) RS 结合 GIS 划分土地评价单元

运用空间遥感技术(RS)结合地理信息系统(Geographic Information System，GIS)划分土地评价单元的步骤如下：

(1) 运用 RS 对遥感影像进行土地利用现状分类信息提取，编制土地利用现状分类图。

(2) 运用 RS 对遥感影像进行各类专题信息提取，编制专题成果图(如地形、坡度、坡向、植被指数图等)。

(3) 运用 GIS，以土地利用现状图为底图，把从遥感影像上提取的部分专题成果图或其他矢量图如行政单元界线等叠加上去，用多边形交叉叠加算法(Overlay Intersect)进行叠置，生成新的最小地理单元图，保证在该地理单元内地理属性的同质性(在进行叠加分析前，数据都必须转化为矢量格式)。

上述最小地理单元图即为评价单元图，以其为底图，可以进行研究区土地评价工作。由于矢量数据在评价模型空间耦合方面不如栅格数据方便，因此，可以对矢量数据栅格化。以栅格数据作为工作底图，把各个栅格化的评价因子图按照评价模型与工作底图叠加，运用地理信息系统根据评价模型对栅格图进行基于代数(加、减、乘、除等)和逻辑运算(与、或、非、异或等)，自动对研究区土地进行评价，并把评价结果赋值给评价单元，生成评价结果图。

17.3.2 土地评价参评因素指标信息的遥感提取

1) 水体信息的提取

(1) 水体的光谱特征

水体的光谱特征是由水体本身的物质组成决定，同时又受各种水情状态的影响。天然水体对 0.4～2.5 μm 电磁波的吸收明显高于绝大多数其他地物，因而水体的总辐射水平低于其他地物，在彩色遥感影像上表现为暗色调。在红外波段，水体吸收的能量高于可见光波段，即使水很浅，水体也几乎全部吸收了近红外及中红外波段内的全部入射能量，所以水体在近红外及中红外波段的反射能量很少，而植被、土壤在这两个波段内的吸收能量较小，且有较高的反射特性，这使得水体在这两个波段上与植被和土壤有明显的区别。反映在影像上，水体呈现出暗色调，而土壤植被则相对较亮。图 17.5(据 Swain P. H.)反映水的光谱递减规律。

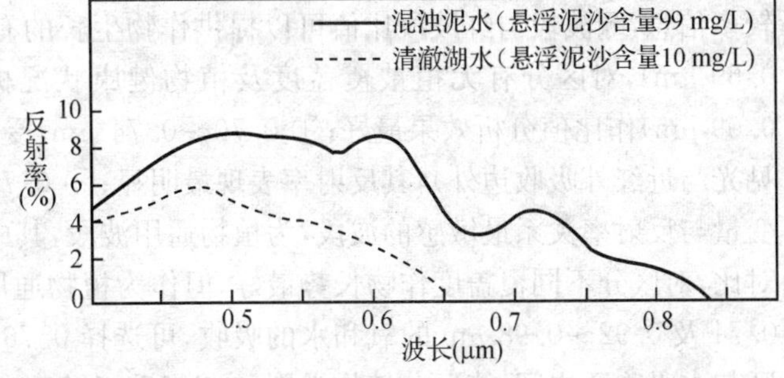

图 17.5 水的反射光谱特征

(2) 水体信息提取方法

利用遥感数据提取水体信息的方法很多，如阈值法、差值法、比值法、密度分割法、色度判别法、比率测算法、谱间关系法以及基于知识的水体自动判别方法等。

① 单波阈值法。利用水体在近红外波段上反射率较低，易与其他地物区分的特点，通常选取单一波段即近红外波段，通过反复试验，确定以灰度值作为区分水体与其他地物的阈值，根据这一阈值进行水体提取的方法称为单波段阈值法。该方法容易把水体与山区阴影混淆，而把部分阴影当作水体提取。

② 差值法或比值法。利用水体在不同波段之间的差异性大小，通过不同波段影像之间的差值运算或比值运算，使运算得出的影像能突出水体信息，其实质是对遥感影像进行增强处理，以突出相关信息，以利于专题信息的解译。如利用 NOVAA/AVHRR 数据的通道 2 与通道 1 差值图像可很好地识别水体，用 NOVAA/AVHRR 数据的通道 2 与通道 1 之比值图像，可有效识别薄云覆盖下的水体等。

③ 谱间关系法。谱间关系法通过发现水体所具有的独特的谱间关系特征，根据这种关系进行水体信息提取。此方法不容易把水体和阴影混淆，精度较高。

由于山区地形阴影易与深水水体的光谱特征相混淆，在实际水体提取的工作中很难区分两者，这导致了此方面大量的研究工作的开展，产生了各种分类方法，但其核心基本上都是基于上述几种方法。如都金康等人提出基于 SPOT 影像的决策树水体识别技术，利用水体与阴影在 SPOT 4 影像的 4 个波段波谱响应趋势的不同，首先根据短波红外波段水体亮度值明显低于其他地物的特点将水体与其他地物分离开，此时水体信息中会混有山体阴影；然后根据水体在波段 1 的亮度值设定阈值将阴影从水体中去除，但阴影中仍然有部分水体；最后根据水体与阴影在波段 1～4 的亮度值的不同，将丢失的水体再提取回来，从而分离水体与阴影。又如赵书河等人基于中巴资源卫星的采用迭代混合分析方法，对由阈值法得到的数据先进行水体与山区阴影分离，得到含有山区阴影的水体和含有水体的山区阴影，对两部分数据进行分离；然后对得到的山区阴影部分、水体部分分别合并，再次对合并后的两部分数据进行分离；最后对得到的山区阴影部分、水体部分分别再合并，再分离……如此下去，得到满意的水体数据位置。

2）植被覆盖信息的提取

(1) 植物的光谱反射特性

根据研究，在波段 0.4～2.5 μm 范围可划分植物信息提取的 8 个有效波段：① 0.45～0.50 μm(或 0.44～0.51μm)，色素吸收波段，处于叶红素及叶绿素吸收区之内，其特性与红波段相似；② 0.52～0.59 μm(或 0.51～0.60 μm)，绿色反射波段，对区分不同林型及树种能提供较多信息，绿波段与红波段比值可以提供作物生长的有用信息；③ 0.63～0.69 μm(或 0.62～0.69 μm)，对区分有无植被覆盖度及植物健康状况极为敏感，用(0.74～0.91 μm/0.63～0.69 μm)作比值分析效果最好；④ 0.70～0.74 μm，受金属毒害的植物在此波段范围内(即可见光与近红外吸收边外)，其反射率表现最明显，⑤ 0.74～0.90 μm，是绿色植物(活的)的各种变量与反射率关系最敏感的波段，为植物通用波段，其中 0.74～0.80 μm 与背景土壤形成明显对比，对区分不同覆盖度作物长势最好，但作为植物通用波段区，0.74～0.90 μm 为宜，为避开 0.74 及 0.92～0.98 μm 的氧和水的吸收，可选择 0.76～0.90 μm；⑥ 1.1～1.3 μm，在高反射区与水吸收区之间，能区分植物类别；⑦ 1.55～1.75 μm 与 2.1～2.3 μm，均是位于几个水吸收带之间的反射峰，这对土壤及绿色植物有很强的对比。

图 17.6(据赵英时等)分别显示了健康植被干死或枯萎植被以及裸露土壤的典型光谱反射特征曲线。这三条曲线在不同波段的形状的差异是计算许多植被指数的基础。

(2) 植被指数

植物遥感信息中所包含的叶子及其生长状况等综合信息，直接指示植物干物质的积累以及生物量的多少。不同光谱通道的信息，可以与植被的不同要素或状况有各种不同的相关性。因而，把这些遥感数据经过分析运算而得到的某些数值，往往可能提供更好的植物信息。植被指数的概念因此产生。

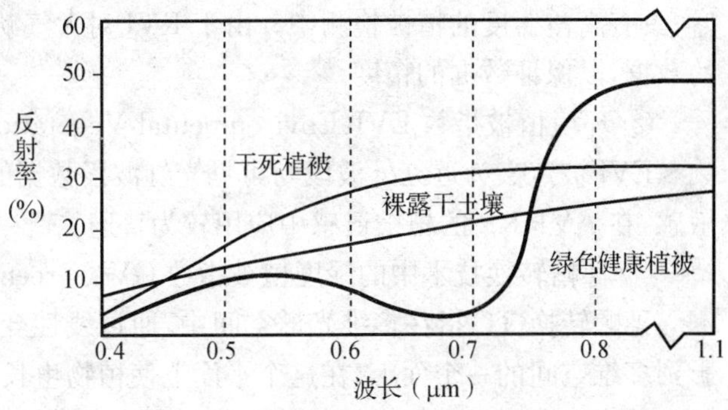

图 17.6 植物与土壤的典型光谱特征

植被指数(绿被指数)是由多光谱数据，经线形和非线性组合所构成的对植物有一定指示意义的各种数值。在植被指数中，通常利用植物光谱中的近红外与可见光波段两个最典型的波段值。两个波段值的不同形式组合，是植被指数的核心。运用植被指数，在一定程度上有助于减少外界因素(如太阳高度角、大气状态等)带来的数据误差，有利于植被专题信息的提取。常用的植被指数主要有以下四种：

① 归一化差值植被指数 NDVI(Normalization Difference Vegetation Index)

NDVI 被定义为近红外波段(NIR)与可见光红波段(R)之差和这两个波段数值之和的比值。具体表达为：

$$\mathrm{NDVI}=\frac{DN_{\mathrm{NIR}}-DN_{\mathrm{R}}}{DN_{\mathrm{NIR}}+DN_{\mathrm{R}}}$$

式中：DN——近红外、红波段的计数值(灰度值)。

也可通过两波段的半球反射率 ρ 表示：

$$\mathrm{NDVI}=\frac{\rho_{\mathrm{NIR}}-\rho_{\mathrm{R}}}{\rho_{\mathrm{NIR}}+\rho_{\mathrm{R}}}$$

NDVI 是植物生长状态及植被空间分布密度的最佳指示因子，与植物分布密度呈线性相关，又称为生物量指标。NDVI 经比值处理，可以部分消除与太阳高度角、卫星观测角、地形、云、阴影和大气条件有关的辐照度条件变化等影响，并降低由地表二向反射和大气效应造成的角度影响，增强了对植被的响应能力。几种典型的地面覆盖类型如雪、水、岩石、裸土、植被覆盖区等的 NDVI 值有较大的差异，因此在大尺度的 NDVI 图像上区分鲜明，特别适用于全球或各大陆等大尺度的植被动态检测。

② 比值植被指数 RVI(Ratio Vegetation Index)

RVI 被定义为近红外波段 NIR 与可见光红波段 R 数值的比值。具体表达为：

$$\mathrm{RVI}=\frac{DN_{\mathrm{NIR}}}{DN_{\mathrm{R}}}$$

也可通过两波段的半球反射率 ρ 表示：

$$\mathrm{RVI}=\frac{\rho_{\mathrm{NIR}}}{\rho_{\mathrm{R}}}$$

对于有大量绿色植物覆盖的地面，RVI 值高，对于无植被的地面如裸土、人工特征物、水体以及枯死或有病虫害的植被，RVI 值低。土壤一般有近于 1 的比值，而植被会表现出高于 2 的比值。因此 RVI 能增强植被与土壤背景之间的辐射差异，可提供植被反射的重要信息，是植被长势、丰度的度量方法之一。

RVI 是绿色植被的一个灵敏指数，当植被覆盖小于 50%时，RVI 不能很好地识别植物密度差异，但在高覆盖度下，RVI 将变得对植被十分敏感。因此 RVI 更适合应用于植被发展高度旺盛、具有高覆盖度的植被检测中。由于 RVI 对大气状况极为敏感,因此最好采用经大气校正过的数据,以保证数据的精度。

③ 环境植被指数 EVI(Environmental Vegetation Index,又称差值植被指数)

EVI 被定义为近红外波段与可见光红波段数据的差值。EVI 对土壤背景的变化较 RVI 要敏感,在 AVHRR 的植被遥感中应用较为普遍。

④ 穗帽转换技术中的绿度植被指数 GVI(Green Vegetation Index)

穗帽转换 TC 指在多维光谱空间中,通过线性变换、多维空间的旋转,将植物、土壤信息投影到多维空间的一个面上,在这个平面上使植物生长状况的时间轨迹(光谱图形)和土壤亮度轴相互垂直。即通过坐标变换使植被与土壤的光谱特征分离。

对于 TM 而言,可见光至红外 6 个波段数据蕴含着很丰富的植被信息,经穗帽变换的前三个分量主要反映土壤亮度、绿度、湿度特征,第四分量主要为噪声。以 Landsat 5 为例,可表示为:

$$BI = 0.2909TM_1 + 0.2493TM_2 + 0.4806TM_3 + 0.5568TM_4 + 0.4438TM_5 + 0.1706TM_7$$

$$GVI = -0.2728TM_1 - 0.2174TM_2 - 0.5508TM_3 + 0.7721TM_4 + 0.0733TM_5 - 0.1648TM_7$$

$$WI = 0.1446TM_1 + 0.1731TM_2 + 0.3322TM_3 + 0.3396TM_4 - 0.6210TM_5 - 0.4186TM_7$$

TC 变换是以各波段的辐射亮度值作为变量的,这些亮度值中包含了太阳辐射、大气辐射和环境辐射等多要素的综合信息,因此 TC 变换所得到的图形和数值,受大气条件、光照角度等外界条件的影响,这意味着 GVI 值受大气条件、光照角度等外界条件的影响。GVI 不受土壤背景的影响,对植被具有适中的灵敏度,利于提取各种土壤背景下生长的植被专题信息。

此外,还有土壤调整植被指数 SAVI(Soil Adjusted Vegetation Index)、垂直植被指数 PVI(Perpendicoar Vegetation Index)等。植被指数不仅有利于植被信息的提取,而且在土地评价工作中,常常被作为评价指标直接运用于土地评价中。如在土壤质量评价、土地退化评价等工作中,常常运用 NDVI 指数作为评价指标。

(3) 植被信息的提取

植被信息提取的方法可概括为三种:① 通过植被光谱特征差异,直接提取植被信息;② 通过植被指数如 NDVI 等提取植被信息;③ 将植被光谱特征、植被指数结合的基于知识发现的混合提取法。

3) 道路、居民地信息的提取

(1) 居民地及其地面特征

居民地又称"居民点"或聚落,是人类与自然相互作用的产物,是人类从事生产和生活的需要而集聚定居的各种形式的居住场所。它包括房屋建筑的结合体,以及与居住直接有关的其他生活设施(如道路、公共设施、园林绿化、港站等)和生产设施。从居民地的定义可以看出,居民地是指由房屋建筑物,及其房屋建筑物之间的道路、绿化用地、活动用地和生产用地所组成的空间实体,它有一定的结构、功能和空间形态。居民地的地面特征在遥感影像上表现为影像的光谱特征、纹理特征和空间关系特征的集中反映。因此在提取居民地信息时必须先了解研究区的居民地的地面特征。居民地可分为城镇和乡村两大类,两类居民地具有不同的地面特征,表现在遥感影像上也有较为明显的区别。

城镇居民地由建筑物、道路网、绿地和空地组成,其中建筑物包括住宅建筑、公共建筑与生产性建筑,住宅建筑的平面布置结构主要有行列式、周边式、混合式和自由式。不同规模及不同经济水平的居民地,其建筑的地面特征也不相同,表现在建筑密度、建筑高度、建筑屋顶上面。

一般情况下,规模大、经济水平高的居民地,其建筑密度相对较低,大部分的建筑高度较高。道路分为城镇外部交通路网系统和城镇内部交通路网街道系统。城镇外部交通系统是指城镇之间相互联系的干道。对于城市而言可以分为快速路、主干路、次干路、支路四个等级。对于集镇,一般可分为三级,分别是连接生活区、生产区、公共中心以及对外交通的主干道,联系居住街坊和各生产地段的次干道,以及住宅建筑之间与主次干道相连接的通户巷道。城镇内部道路的布置形式有棋盘方格式、环形放射式、自由式和混合式。绿地包括公共绿地,街道、广场、河堤、水旁(河流、湖泊、海滨、水库、池塘)绿地,居民区内的小块绿地,公园休憩绿地,专用绿地,居住区宅旁绿地,工业生产区内的绿地。对于城镇而言,由于有公园和学校的存在,一般会有大面积的绿地。空地主要有房屋与房屋之间的小面积裸露土地,学校运动场等大面积裸露土地,以及水泥面或裸土面的大面积广场。

对于乡村居民地而言,主要由房屋建筑、空地和绿地所组成,大的居民地还可能有街道,其中,房屋建筑是的它的主要组成部分,它通常占居民地面积的一半以上。常见农村住宅有封闭型院落式住宅和开敞式无院落式住宅。乡村居民地的房屋建筑结构,因地而异,但其一般的特征表现为建筑密度较高,楼层数较少,多为平房或 2～3 层的楼房,建筑的体量也非常小。在乡村居民地中,空地一般都为裸露土地,这些裸露土地一般位于各家各户的房前屋后,用作晒场或娱乐休闲场所,也有的部分空地铺成了水泥面。绿化用地是指乡村居民地周围的树木、竹林等。

地物表面特性是遥感光谱特性的基础,居民地内部组成和结构是产生居民地纹理特征的基础。居民地的形状受周围自然环境的制约,一般可分为团状居民地、带状居民地、丁字状和弧状居民地。

(2) 居民地信息的提取

居民地信息的提取可概括为基于光谱知识和基于空间关系两种。但两种方法经常结合在一起,用于对居民地信息的提取,即根据居民地与其他地物之间谱间关系特征,建立基于光谱知识的居民地提取模型,采用域值法把居民地从其他地面要素中分离。对于漏分和错分的信息,运用空间关系判断模型,对居民地信息进行进一步的提取,以得到分类精度较高的居民地信息。操作步骤如下:

① 分析研究区居民地的地面特征,如形状、空间结构、空间关系等。

② 对居民地及其背景地物进行光谱分析。为了分析不同类型的居民地与其背景地物在光谱特征上的差别,对居民地分别按城市、县城、乡镇、集村(主要是以房屋为主的混合像元)进行采样,对背景地物分别按水体、水田、河滩地、菜地和道路在图像上进行采样,对所有采样数据进行均值、最小值和最大值统计,并作出各地物的光谱曲线图以及各地物的光谱分布范围图。

③ 对居民地及其背景地物的光谱均值特征进行分析,根据各地物采样光谱的均值表和各地物的光谱曲线图,在各个波段上对各地物进行排序,以分析地物之间在各波段上的光谱差异。

④ 根据居民地和各地物的光谱特征分析,建立基于光谱知识的居民地提取模型。

⑤ 根据基于光谱知识的居民地提取模型,对居民地进行提取。

⑥ 根据居民地与背景地物的空间关系知识,建立判断模型,对上步成果进一步判断,分离误分的地物。

⑦ 精度验证和成果输出。

4) 土壤信息的提取

(1) 土壤的光谱特性

土壤是岩石的风化产物,其主要物质组成与岩石相似,因而土壤和岩石的光谱反射在整体上一致，即反射率从可见光的短波段起随波长的增加而逐渐抬升。但是土壤又是经历不同的风化过程的风化残积物在不同的生物、气候因子和人类长期耕作活动的共同作用的产物。因此土壤又具有与岩矿不同的光谱反射特征，并由土壤的组成与表面状态决定。

① 土壤表层的光谱反射率

土壤表层的光谱反射率是绿色植物覆盖的光谱反映，在假彩色影像上呈现不同亮度和饱和度的红色。它也是地面残茬和植物的残落物的光谱反映，地面粗糙程度与结壳情况也对土壤表层的光谱反射有影响，具有结壳的土壤，在 0.43～0.73 μm 的波段具有较高的反射率、在影像上可形成白色色调。但当结壳破坏，或是耕作以后，其反射率则明显下降。地面粗糙的反射与太阳高度角有较大的关系。细结构的耕层土壤要比无结构的反射率降低 15%～20%。

② 土壤本身特性对土壤反射率的影响

a. 土壤湿度的影响。一般情况下，土壤水分含量与其反射率呈反比，土壤水分含量与反射率在一定范围内几乎呈现一种线性关系。土壤有机质含量少的土壤水分的影响比土壤有机质含量多的土壤的影响要大，在土壤水分曲线中 1.45 μm 和 1.95 μm 两个波段处有两个强吸收谷，并在 0.97 μm、1.20 μm 与 1.77 μm 处有三个弱吸收谷。当土壤湿度处于 $1/3\times10^5$ Pa 时，对土壤反射率影响最大。所以，有人认为 1.50～1.73 μm 波段是用来进行土壤水分含量制图的最有可能性的波段。

b. 土壤有机质含量及腐殖类型的影响。一般在 0.4～2.5 μm 波长范围内，土壤有机质含量与其反射率成反比，当土壤有机质含量超过 2%就有明显的影响，但是当有机质含量达到一定水平以后，其影响程度就不再增长。这与土壤腐殖质的类型有关，一般胡敏酸的影响大于富里酸。有研究表明，有机质比较敏感的波段为 0.5～1.2 μm，也有人提出 0.90～1.22 μm，用此波段可绘制土壤有机碳含量图。

c. 土壤中的氧化铁含量的影响。由于土壤风化，土壤中的部分含铁矿物风化为铁的氧化物，如针铁矿、赤铁矿、褐铁矿等，它们均以胶体状态覆于土壤颗粒表面。因此，它们含量虽少、但对土壤颜色影响较大，在 0.62～0.72 μm 和 0.82～0.92 μm 的反射率与氧化铁含量呈正相关。而在 1.55～1.75 μm、2.08～2.32 μm 时呈负相关。

d. 土壤质地的影响。一般土壤颗粒在小于 0.25 mm 以下者，其颗粒越细，则光谱反射率越高。但其中的反射率曲线最高者不是粘粒而是粉粒(0.050～0.005 mm)，遥感影像上的粉粒土壤多呈白色，易与砂土相混淆。

e. 土壤结构的影响。土壤在自然界不是以单个颗粒的形式存在，而是以颗粒粘结成一定的结构，如田间所普遍存在的团聚体形式。一般在田间没扰动的情况下，土壤颗粒以一定的结构存在，仅仅是砂粒反射率高，遥感影像上所见到的干细沙粒也呈淡白色。

f. 土壤的粘土矿物的影响。一般认为比较符合于土壤粘土矿物测定的波段为 8～14 μm，其次是土壤中常见的高岭石、蒙脱石等，由于束缚水存在，于 1.40 μm 和 1.94 μm 处表现为明显的吸收峰。

③ 成土因素对土壤反射率的影响

土壤信息的解译，不仅要根据一些土壤本身的光谱特性在影像上的反映来解译，而且还应该根据土壤的地理规律来加以解译，因为土壤本身是一个自然地理体。任何一种土壤，它在某一区域的存在绝非偶然，而是和当地五大自然成土因素(当地的气候、地形、母质、生物和时间)和人为活动的综合影响的结果。如果不根据这一规律，而仅凭其影像的光谱特性是不可能进行土壤解译的，很可能出现同一土壤，在不同的地区表现为不同的光谱特性，只有把土壤的光谱信息，结合地理规律进行分析才有可能解决这一类复杂现象。

一般在一个较大的区域内，气候因素对土壤的分布可能起重要作用，而在一个局部地区，地形、母质等地学因素往往起主导作用，这是进行景观解译的主要参考。

不同的土壤类型，在遥感影像上表现为不同的颜色和色调，部分还表现在纹理结构的不同，可以把这些特征作为土壤的解译标志(见表 17.3，据孙家抦)。

表 17.3　几种主要土壤及其特征在遥感影像颜色上的表现

土　壤	黑白影像	假彩色合成的彩虹外影像	主要功能
干旱壤质土壤	白发浅灰	黄 白	水分系列影像
湿润草甸性土壤	暗 灰	浅 蓝	
湿润的沼泽性土壤	深暗灰	深暗灰	
灰蓝色潜育性土壤	灰	蓝 灰	
浅色土壤	白发灰	白 黄	有机质系列影像
黄色土壤	灰 白	浅黄、浅蓝绿	
有机质稍多的土壤	灰	暗 灰	
黑　土	黑	黑	
潮湿盐土	黑	蓝 灰	盐分系列影像
硫酸盐土	白	白	
石质土	浅 灰	浅蓝、蓝绿	质地系列影像
砾质土	浅	浅 蓝	
白色粗砂	白	白	
黄色砂土	浅 灰	白、浅黄	
黄色粉砂土	浅 灰	白	
红色粘土	暗 灰	蓝绿、绿	

(2) 土壤信息的提取

土壤是生物、气候、母质等综合作用的产物。多样的成土因子形成多样的土壤类型，多样的土壤类型必然通过与成土因子相适应的土壤分布规律反映出来 。因此，对于特定地区的土壤，必然有着其自身的分布规律。土壤信息提取中应该根据研究目的结合相应的遥感影像及专业调查数据，分析植被类型、地形地势等因子与土壤因子的关系，总结其规律性，进而确定土壤信息提取方法。提取的土壤信息包括土壤类型、土壤质地、土壤有机质、土壤含水量、土壤质地和土壤重金属含量等。

① 土壤类型信息的提取。主要根据植被类型(植被光谱特性)、裸土的光谱特性、研究区的地形状态、研究区的地成土母质及气候因素等进行。

② 土壤有机质信息的提取。主要通过分类树建模方法将土壤有机质含量与一些易于广泛观测的景观属性，包括地形、地质、土地利用和遥感影像建立联系，从而将有关土壤有机质含量分布的知识转入一种清楚的、定量的、与景观因子相关联的规则系统中，并以此来预测研究区土壤有机质水平的连续空间分布。

③ 土壤水分信息提取的方法和途径。主要有地区蒸发估计、作物表面温度、土壤热容量和表层干旱度、土壤水分含量、干旱条件、植物水分胁迫及叶片含水量等。微波遥感土壤水分是监测土壤水分最有希望的方法，也是目前研究的热点。微波遥感法有被动微波法和主动微波法两种。对于被动微波法，在植被覆盖区，微波辐射测量土壤湿度的有效采样深度约为 2～5 cm，且选择较长波长更具优越性；对于主动微波法，以应用 X 波段侧视雷达为主，方法主要是后向散射系数法。其原理为土壤含水量多少直接影响土壤的介电特性，使雷达回波对土壤湿度极为敏

感。对雷达发出的微波信号,不同介电常数的物体,回波信号不同;即不同含水量土壤的微波后向散射系数不同,通过建立二者的关系,可达到监测土壤含水量的目的。

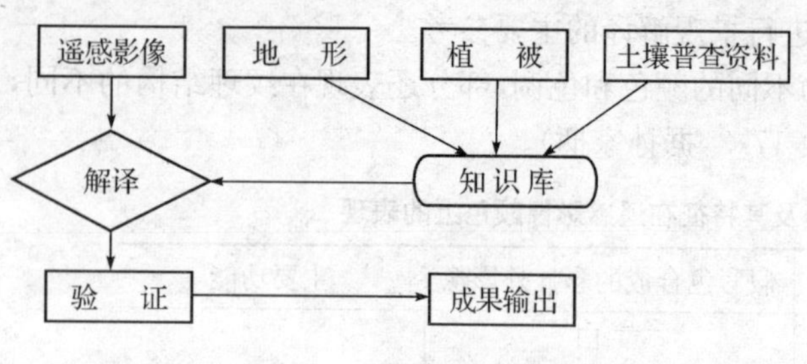

图 17.7　土壤信息提取流程图

④ 土壤重金属含量的监测。通过不同重金属含量的土壤的光谱特性,运用高光谱遥感影像,对土壤重金属含量进行监测。

综上所述,土壤的大部分信息提取是一种间接解译,是属于知识推理的解译方法,用户都必须分析土壤信息与相关信息的关系,建立关联知识库,运用知识推理的方法对土壤的各种信息进行提取。其流程一般如图 17.7 所示。

17.4　遥感技术在土地评价中的应用展望

随着全球环境资源对人类生存及发展的进一步影响,可以预言,未来人类将对地球系统进行更为全面和深入地观测和监测。相应的遥感技术手段也会得到进一步的提高,具体表现在遥感影像的时间分辨率、空间分辨率和光谱分辨率等将进一步提高,新型遥感信息采集技术、信息分析技术将进一步发展,遥感信息从静态的二维、三维向动态的三维采集发展,定性描述向定量表达发展等。遥感技术的发展必然为土地评价工作提供更大的便利。

(1) RS、GIS、GPS 一体化技术将在土地评价工作中得到广泛应用

随着计算机理论技术的发展,新的分类方法将逐步运用到大面积土地覆盖研究中,包括智能计算机方法,专家系统分类以及在传统统计方法基础上发展起来的多元数据采掘分析等新方法,这将和 GIS、GPS(空间定位技术)新发展的技术一起促进土地评价中的评价因子数据的采集、评价单元的划分、数据的空间定位、评价模型计算的自动化。以遥感信息为数据源,以 GPS 数据为地理位置控制信息,以地理信息系统为分析手段的 3S(RS、GIS、GPS)一体化技术将在土地评价工作广泛运用,大大提高土地评价工作的效率和质量,并使土地评价向实时、动态的评价发展,使评价成果具有现势性。

(2) 高光谱、微波数据遥感数据将大量运用到土地评价中

高光谱分辨率遥感着重于在光谱维上进行空间信息展开,可定量分析地球表层生物物理化学过程和参数,雷达技术不仅有较高的空间分辨率,而且具有一定的穿透能力,可全天候使用。这些技术的实用将产生大量常规方法无法得到或者只能部分得到的土地信息,如植被的生物量、全氮量、全磷量,土壤的重金属含量、有机质含量等。这将大大丰富土地评价的数据源,促使土地评价从定性化向定量化发展,为相关部门的决策提供更准确的参考。

(3) 土地综合数据库将得到大力建设

随着人类利用卫星数据开发全球具有统一分类方法,统一数据处理规范并将具有统计精度评价结果的全球 1 km 空间分辨率土地覆盖数据库的完成,大、中、小比例尺 SOTER——土壤地体数字化数据库(Soil and Terrain Digital Database)数据库建设全面推进。土地综合数据库的内容将得到极大的扩充,这将为土地评价工作提供足够的评价信息。

可以预料,上述技术的发展将导致土地评价的应用将更加科学化、定量化、实用化、高效化、动态化、实时化。

参 考 文 献

1 [日]遥感研究会编;刘勇卫,贺雪鸿译. 遥感精解. 北京:测绘出版社,1993.

2 Bonnin P Zadorique B. An edge point/region cooperative segmentation spectic to 3D scence reconstruction. In vcip'90. SPIE, 1990, 1360:1270－1281

3 Bruzzone L. An iterative technique for the detection of land-cover transition in multitemporal remote sensing image. IEEE Trans. Geosci. Remote Sensing, 1997,35(4)

4 Cihlar J et al. Classification by progressive generalization: A new automated methodology for remote sensing multichannel data. Int. J. Remote Sensing, 1998. 19(14)

5 Congalton R G et al. Mapping and monitoring agricultural crops and other land cover in the lower Colorado River Basin. PE&RS, 1998(64)

6 Grandell J et al. Subpixel land use classification and retrieval of forest stem volume in the boreal forest zone by employing SSm/I data. Remote Sensing of Environment, 1998(63)

7 Harsanyi J C et al. Hyperspectral image classification and dimensionality reduction: an orthogonal subspace projection approach. IEEE Trans. Geosci. Remote Sensing, 1994, 32(4)

8 Pierce L E et al. Multitemporal land-cover classification using SIR-C/X-SAR imagery. Remote Sensing of Environment, 1998(64)

9 Solaiman B et al. An information fusion method for multispectral image classification postprocessing. IEEE Trand. Geosciand Remote Sensing, 1998, 36(2)

10 Todd S W et al. Responses of spectral indices to variations in vegetation cover and soil background. PE&RS, 1998, 64(9)

11 Vogelmon J E et al. Regional characterization of lead cover using multiple source of data. PE&RS, 1998, 64(1)

12 Wharton S W. A spectral-knowledge-based approach for urban land cover discrimination. IEEE Trans. Remote Sensing, 1987, Ge-25(5)

13 Thomas M Lillesand et al;彭望琭等译. 遥感与图像解译. 北京:电子工业出版社,2003

14 陈怀亮,毛留喜,冯定原. 遥感监测土壤水分的理论方法及研究进展. 遥感技术与应用 1999,14(2)

15 陈述彭,赵英时. 遥感地学分析. 北京:测绘出版社,1990

16 戴昌达,姜小光,唐伶俐. 遥感图像应用处理与分析. 北京:清华大学出版社,2004

17 邓劲松,王珂,邓艳华等. SPOT-5 卫星影像中水体信息自动提取的一种有效方法. 上海交通大学学报(农业科学版),2005,23(2)

18 都金康,黄永胜,冯学智等. SPOT 卫星影像的水体提取方法及分类研究. 遥感学报,2001,5(3)

19 杜云艳,周成虎. 水体的遥感信息自动提取方法. 遥感学报,1998,2(3)

20 方红亮,黄绚. 地学应用中的遥感处理若干问题的分析. 地理研究,1997,16(2)

21 傅肃性. 遥感专题分析与地学图谱. 北京:科学出版社,2002

22 胡月明,欧阳村香,戴军等. 基于 GIS 的土地资源评价单元确定与属性数据获取方法初探. 华南农业大学学报,1999,20(2)

23 刘慧平,朱启疆. 应用高分辨率遥感数据进行土地利用与覆盖变化检测的方法及其研究进展. 资源科学,1999,21(3)

24 年顺龙,杨建祥,栗冰峰. SPOT-5 卫星影像中提取森林土壤因子方法的研究. 林业资源管理,2005(2)

25 聂艳,周勇,于婧等. 基于 GIS 和模糊物元分析法的农用地定级评价研究. 农业工程学报, 2004,20(5)

26 孙家抦. 遥感原理与应用. 武汉:武汉大学出版社,2003

27 唐宏,盛业华,陈龙乾. 基于 GIS 的土地适宜性评价中若干技术问题. 中国土地科学,1999,19(5)

28 王圆圆,李京. 遥感影像土地利用/覆盖分类方法研究综述. 遥感信息,2004(1)

29 王周龙. 基于3S技术的江宁土地利用动态变化研究:[博士学位论文]. 南京:南京大学,2003

30 吴林,张鸿辉,王慎敏等. 基于栅格数据空间分析的土地整理生态评价——以江西省南康市凤岗镇为例. 中国土地科学,2005,19(3)

31 吴健平. 区域土地利用土地覆盖遥感调查. 上海:华东师范大学出版社,1999

32 肖平,李德仁. 基于人工神经元网络技术的土地利用/覆盖变化探测. 武汉大学学报(信息科学版),2002,27(6)

33 邢素丽,张广录. 我国农业遥感的应用现状与展望. 农业工程学报,2003,19(6)

34 徐冠华、田国良、王超等. 遥感信息科学的进展和展望. 地理学报,1996,51(5)

35 徐永辉,陈文瑞. 土地适宜性评价关键问题探讨. 莆田高等专科学校学报,200,7(1)

36 杨存建,周成虎. TM影像的居民地信息提取方法研究. 遥感学报,2000,4(2)

37 杨存建,周成虎. 基于知识发现的TM图像居民地自动提取研究. 遥感技术与应用,2001,16(1)

38 杨立民,朱智良. 全球及区域尺度土地覆盖土地利用遥感研究的现状和展望. 自然资源学报,1999,14(4)

39 曾志远. 卫星遥感图像计算机分类与地学应用研究. 北京:科学出版社,2004

40 张海涛,周勇,汪善勤等. 利用GIS和RS资料及层次分析法综合评价汉江平原后互地区耕地自然地力. 农业工程学报,2003,19(2)

41 张樵英,闻立峰. 遥感图像目视地质解译方法. 北京:地质出版社,1986

42 张友水,冯学智,都金康等. IKONOS影像在城市绿地提取中的应用. 地理研究,2004,23(2)

43 张友水,冯学智,阮仁宗等,Kohonen神经网络在遥感影像分类中的应用研究. 遥感学报,2004,8(2)

44 赵萍,冯学智,林广发. SPOT卫星影像居民地信息自动提取的决策树方法研究. 遥感学报,2003,7(4)

45 赵书河,冯学智,都金康. 中巴资源一号卫星水体信息提取方法研究. 南京大学学报(自然科学),2003,39(1)

46 周斌,许红卫,王人潮. 基于分类树方法的土壤有机质空间制图研究. 土壤学报,2003,40(6)

47 周成虎,杜云艳,骆剑承. 基于知识的AVHRR影像的水体自动识别方法与模型研究. 自然灾害学报,1996,5(3)

48 周成虎,骆剑承,杨晓梅等. 遥感影像地学理解与分析. 北京:科学出版社,2001

49 朱振海,黄晓霞,李红旮等. 中国遥感的回顾与展望. 地球物理学进展,2002,17(2)

50 冯学智. 3S集成技术. 北京:商务出版社,2006

18 地理信息系统技术与土地评价应用

18.1 地理信息系统概述

18.1.1 概况

地理信息系统是在计算机软件和硬件的支持下,运用系统工程和信息科学的理论,结合空间遥感技术(RS)和空间定位技术(GPS),科学管理和综合分析具有空间内涵的地理数据,为规划、管理、决策和研究等提供所需信息的技术系统。该项技术已发展成为一门综合性和技术实用性很强的应用科学。

地理信息系统的特点:① 具有采集、管理、分析和输出多种地理信息的能力,具有空间性和动态性;② 可进行空间地理数据管理,并模拟常规的或专门的地理分析方法,完成人类难以完成的任务;③ 能快速、精确、综合地对复杂的地理系统进行空间定位和过程动态分析;④ 通过地理编码存储和处理信息,地理位置(位置信息)以及与该位置有关的地物属性特征(非位置信息)成为信息检索的重要部分。

地理信息系统是计算机科学、地理学、测量学和地图学等多门学科的交叉,它以地理空间数据库为基础,采用地理模型分析方法适时提供多种空间的和动态的地理信息,可为空间研究和决策服务。系统一般由三个部分组成:人机界面、应用系统和数据库。其中,数据库的管理是该系统最重要的部分,并可进一步分为空间数据库、属性数据库和模型方法库(知识库、规则库)(见图 18.1)。

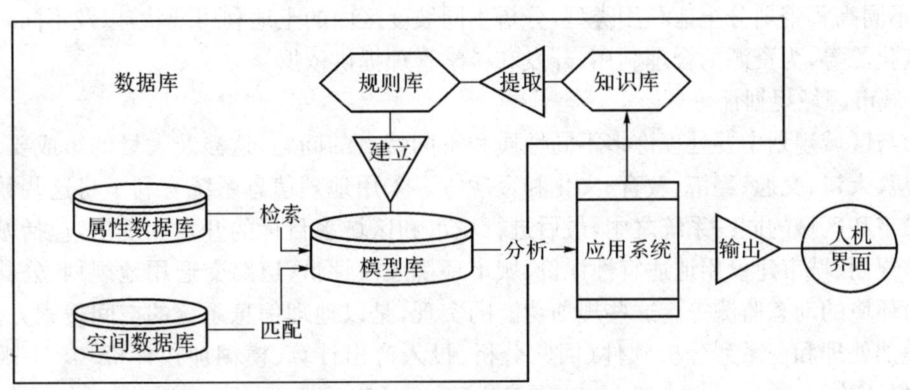

图 18.1 地理信息系统组成结构图

地理信息系统作为传统学科——地理学、地图学和测量学等,与现代科学技术——遥感技术、全球定位系统和计算机科学等相结合的产物,是处理空间数据的多学科综合应用技术。从表现形式来看,地理信息系统主要表现为计算机软硬件系统,其核心是管理、计算、分析地理坐标位置信息及相关位置上属性信息的数据库系统。它表达的是空间位置及所有与位置相关的信息,是地球空间实体的再现和综合,其信息的基本表达形式是各种二维或三维电子地图。因此,地理信息系统也可简单定义为:用于采集、模拟、处理、检索、分析和表达地理空间数据的计算机信息系统。

从计算机技术角度看,它主要是空间数据库技术;从数据收集角度看,它主要是3S(GIS、GPS和RS)技术的有机结合;从应用角度看,其主体是数据互访和空间分析决策的专门技术;从信息共享的角度看,其主体是计算机网络技术。地理信息系统能回答和解决以下五类问题:① 位置。即在某个地方有什么;② 条件。即符合某些条件的实体在哪里;③ 趋势。即在某个地方发生的某个事件及其随时间的变化过程;④ 模式。即在某个地方的空间实体的分布模式,它揭示了地理实体之间的空间关系;⑤ 模拟。即某个地方如果具备某种条件会发生什么,通过基于模型的分析实现。地理信息系统的对空间地理数据的综合管理和再现能力,使它特别适合于进行土地评价,并成为土地评价重要的技术和管理手段。

18.1.2 地理信息系统的应用

地理信息系统技术自从20世纪50年代产生以来,已取得了长足发展。地理信息系统发展的动力,一方面来自于日益广泛的应用领域对地理信息系统不断提高的要求;另一方面,计算机科学的飞速发展为地理信息系统提供了先进的工具和手段。许多计算机领域的新技术,如面向对象技术、三维技术、图像处理和人工智能技术都可直接应用到地理信息系统中;同时由于空间技术的迅猛发展,特别是遥感技术的发展,提供了地球空间环境中不同时相的数据,使地理信息系统的作用日渐突出,地理信息系统不断升级并能提供存储、处理和分析海量地理数据的环境。所有这些都深深地影响着地理信息系统的发展,并使其得到广泛应用。当前地理信息系统在国土资源、农业、气象、环境、城市规划等领域已成为常备的工作系统。

(1) 资源清查

资源清查是地理信息系统最基本的职能。采用该系统将各种来源的数据汇集在一起,并通过系统的统计和覆盖分析功能,按多种边界和属性条件,提供区域多种条件组合形式的统计、进行原始土地面貌的快速再现。例如以土地利用类型为例,可以输出不同土地利用类型的分布和面积,按不同高程带划分土地利用类型,分析不同坡度区内的土地利用现状,以及不同时期的土地利用变化等等,为资源的合理利用、开发和科学管理提供依据。

(2) 城市区域规划评价

城市与区域规划中要处理许多不同性质和不同特点的问题,这涉及大量的组成要素,包括资源、环境、人口、交通、经济、教育、文化和金融等。采用地理信息系统有利于将这些数据信息归并到城市和区域的同一系统之中,最后进行城市和区域多目标的开发和规划,包括城镇土地利用总体规划、城市建设用地适宜性评价、城市环境质量评价、道路交通用地规划、公共设施配置及城市环境的动态监测等。这些规划功能的实现,是以地理信息系统的空间搜索方法、多种信息的叠加处理和一系列分析软件(回归分析、投入产出计算、模糊加权评价、0－1规划模型等)加以保证的。

(3) 灾害监测

借助于遥感和遥测数据的收集,利用计算机化的地理信息系统,可以有效地进行森林火灾的预测预报、洪水灾情监测、洪水淹没损失的估算等,为防洪决策和救灾抢险提供及时、准确的信息。地理信息系统利用拥有的数据库,通过一系列模型的构建和比较分析,可为灾害宏观决策提供科学依据。

(4) 地籍管理

多用途的地籍管理是地理信息系统的应用领域之一。地籍管理的数据涉及土地的位置、房地界、名称、面积、类型、等级、权属、质量、地价、税收、地理要素及其他有关的设施等，而且由于土地是人类赖以生存和进行社会生产所不可少的物质条件，不仅土地的权属可能发生变化，而且土地的空间特性也在不断改变，需要借助地理信息系统的方法，进行地籍数据的管理、更新，开展土地质量评价和经济评价，输出地籍图，为有关的用户提供所需的信息，为土地的科学管理和合理利用提供依据，也可作为土地法律咨询的可靠手段。

(5) 城市公共管理支持

地理信息系统(GIS)、遥感技术(RS)和全球卫星定位系统(GPS)组成的3S技术构成了空间信息技术的主要部分，其中地理信息系统技术是核心技术。城市是人类活动最活跃的环节，地理信息系统技术在城市活动中已得到广泛应用。近年来，数字城市已经成为国内信息化的热点问题，而以GIS为核心的空间信息技术是数字城市的核心应用技术，它与无线通信、宽带网络和无线网络日趋融合在一起，为城市生活和商务提供了一种立体的、多层面的信息服务体系。数字城市建设主要由基础设施、电子政务、电子商务及公众信息服务等四部分组成，GIS的应用贯穿其中各个部分及其各个层面，从城市基础地理信息数据库到政府空间数据共享、电子商务物流配送以及基于网络的公众地理信息服务，地理信息系统都发挥着不可缺少的作用。近几年来，随着移动通信技术(GSM)的发展，地理信息系统的应用范围更是迅速扩展到人们的日常生活中。集成GIS、GPS、GSM的技术已开始广泛应用于车辆反劫防盗、报警、道路指引、医疗救护以及在此系统平台基础上扩展各种电子商务增值服务。

18.1.3 地理信息系统的发展趋势

随着多媒体技术、空间技术、虚拟现实、数字测绘技术、数据仓库技术、计算机图形技术、三维图形芯片、大容量光盘技术及宽频光纤通信技术的突破性进展，消除数据通信瓶颈的卫星互联网的建立，以及能够提供接近实时对地观测图像的高分辨、高光谱、短周期遥感卫星的大量发射，地理信息系统技术将得到更广泛、更深入的发展。目前地理信息系统总体上主要呈现网络化、开放性、虚拟现实、集成化和空间多维性等发展趋势。

1) 网络化GIS

计算机网络技术的发展推动着地理信息系统技术的快速更新和发展，使得在因特网上实现地理信息系统应用日益引起人们的关注，建立万维网地理信息系统(Web GIS)是近年来地理信息系统研究领域的一个热门话题。Web GIS或互联网地理信息系统(Internet GIS)是当前地理信息系统的一个重要发展方向。

目前，Web GIS的建设面临四个方面的挑战：网上数据发布、网上数据互操作、网上数据采掘和网上数据管理及安全性。与传统的地理信息系统相比，Web GIS具有以下特点：① 适应性强。Web GIS基于互联网，是全球性的，能够在不同的平台运行。② 应用面广。网络功能将使Web GIS应用到整个社会，真正实现地理信息系统的无所不能，无处不在。③ 现实性强。地理信息的实时更新在网上进行，人们能得到最新信息和最新动态。④ 维护社会化。数据的采集、输入、空间信息的分析与发布是在社会协调下运作，对其维护也是社会化，减少重复的劳动。⑤ 使用简单。用户可以直接从网上获取所需要的各种地理信息，直接进行各种地理信息的分析，不用关心空间数据库的维护和管理。

2）开放式 GIS

开放式地理信息系统（Open GIS）是在计算机和通信环境下，根据行业标准和接口（Interface）所建立起来的地理信息系统。它不仅使数据能在应用系统内流动，还能在系统间流动。Open GIS 使不同的地理信息系统软件之间具有良好的互操作性，在异构分布数据库中实现信息共享的途径。为此，Open GIS 要具有下列特点：① 互操作性。不同地理信息系统软件之间连接、信息交换没有障碍。② 可扩展性。硬件方面，可在不同软件、不同档次的计算机上运行，其性能和硬件平台的性能成正比；软件方面可增加新的地学空间数据和地学数据处理功能。③ 技术公开性。开放的思想主要是对用户公开，公开源代码及规范说明是重要的途径之一。④ 可移植性。独立于软件、硬件及网络环境，不需修改便可在不同的计算机上运行。

Open GIS 将地理信息系统技术、分布处理技术、面向对象方法、数据库设计及实时信息获取方法更有效地结合起来，使地理信息系统始终处于一种组织、开放式的状态，真正成为服务于整个社会并实现地理信息全球范围内的共享与互操作，是未来网络环境下地理信息系统技术发展的必然趋势。

3）虚拟现实 GIS

虚拟现实地理信息系统是地理信息系统与虚拟现实技术（Virtual Reality，VR）的结合。VR 技术是当代信息技术高速发展，并与其他技术集成的产物，是一种有效模拟人在自然环境中视、听、动等行为的高级人机交互技术。这种模拟具有三个最基本的特征，即沉浸（Immersion）、交互（Interaction）、构想（Imagination）。虚拟现实 GIS 将虚拟环境带入地理信息系统使地理信息系统更加完美。地理信息系统用户在计算机上就能对真三维的客观世界的虚拟环境进行有效管理，分析空间实体数据。

4）多媒体 GIS

多媒体技术（Multi Media）是一种集声、像、图、文和通讯等为一体，并以最直观的方式表达和感知信息，以形象化的、可触摸（触屏）的甚至声控对话的人机界面操纵信息处理的技术。应用多媒体技术可对地理信息系统的系统结构、系统功能及应用模式的设计产生极大的影响，使得地理信息系统的表现形式更丰富、更灵活、更友好。

多媒体地理信息系统（MGIS）将文字、图形（图像）、声音、色彩和动画等技术融为一体，为地理信息系统应用开拓了新的领域和广阔的前景。它不仅能为社会经济、文化教育、旅游、商业、规划和决策管理等提供生动、直观、高效的信息服务，而且可使电脑技术真正走进人类社会生活。多媒体技术在地理信息系统领域的深入应用，乃至出现具有良好集成能力的 MGIS 是技术发展的必然。

5）集成化 3S 技术的结合

GPS、RS、GIS 这 3S 技术的结合与集成充分体现了学科发展从细分走向综合的规律。地理信息系统发展的重要趋势是与 GPS、RS 集成，从而构成实时的、动态的 GIS。GPS 为地理信息系统的快速定位和更新提供手段，RS 技术的多谱段、多时相、多传感器和多分辨率的特点，为地理信息系统不断注入“燃料”，反过来又可利用地理信息系统支持从遥感影像数据中自动提取语义和非语义信息。

3S 技术整体结合所构成的系统是高度自动化、实时化的地理信息系统，能自动、实时地采集、处理和更新数据，而且能够分析和运用数据，为各种应用提供科学的决策咨询，回答用户可能提出的各种复杂问题。

6）三维 GIS 与时态 GIS

在许多研究中，人们所要研究的对象是充满整个三维空间的，如大气污染、洋流、地质模型等，必须用一个(X,Y,Z)的三维坐标来描述。在三维 GIS 中，研究对象是通过空间 X、Y、Z 轴进行定义，描述的是真三维的对象。随着计算机技术和地理信息系统在许多行业(诸如地质、矿山、海洋、城市地下管网、城市空间规划、城市景观分析和无线通信覆盖范围分析等)对三维 GIS 的需求日益迫切，其理论和应用近年来受到广泛关注。

时态 GIS 的组织核心是时空数据库，其概念基础则是时空数据模型。时空数据结构的选择以不同类型的时空过程和应用目的作为出发点。虽然人们已分别在时态数据库和空间数据库研究方面取得很大进展，但是"时态"+"空间"≠"时空"，两者难以简单地组合起来，这导致了时态 GIS 研究与应用的困难。作为一种系统方法，时态 GIS 是地理信息系统技术需要进一步研究的领域。

7）组件式 GIS

地理信息系统软件一般是大型的软件，其开发是一项极其复杂的工程。如何合理地组织其结构，一直是地理信息系统软件技术研究的问题。它的发展体经历了如下历程：GIS 模块、集成式 GIS、模块化 GIS 和核心式 GIS。当前计算机软件控件技术(ActiveX 控件)为地理信息系统软件提供了一种新的开发模式。组件化 GIS 基于标准的组件式地理信息系统平台，各组件之间不仅可自由、灵活地重组，而且具有可视化的界面和方便的标准的接口。其主要特征为：① 高效无缝的系统集成。允许将专业模型、地理信息系统控件、其他控件紧密地结合在统一的界面下。② 无须专门的 GIS 开发语言。只要掌握基于 Windows 平面的通用环境(VB，VC ++，Delphi，Power Builder 等)以及组件式 GIS 各控件的属性、方法和事件，就能完成应用系统的开发。③ 大众化的 GIS。用户可以像使用其他 ActiveX 控件一样使用地理信息系统的控件，使非专业的地理信息系统用户也能胜任地理信息系统应用开发工作。④ 开发成本低。非地理信息系统功能可以利用非专业控件，降低系统的开发成本。

18.2　地理信息系统技术在土地评价中的应用

地理信息系统是土地评价与信息化的基础，地理信息系统中空间数据结构技术、多源空间数据集成技术、空间模型技术以及组件技术、可视化技术为土地评价提供了一个技术平台。

18.2.1　土地评价中的空间数据库技术

1）空间数据结构与编码

地理数据有空间数据和属性数据两个要素。空间数据有别于以简单二元实体为表达对象的传统数据理论，它能够表达丰富复杂的三维实体，并较好地模拟土地评价中现时的复杂对象。空间数据按格式可分为栅格数据和矢量数据。栅格数据以规则的阵列来表示空间地理实体和现象分布的一种数据组织方式。栅格元素是栅格数据的最小单位，它把土地评价的现时地理空间元素实体反射到平面坐标中，并以行列坐标值来表示各个栅格元素的平面位置。栅格数据的栅格精度表达了栅格逼近土地评价的现时地理空间元素实体的程度，采样精度越高，栅格越能真实地反映实体特征，然而其数据存储量却是以几何级数在增长。为了减少数据存储冗余度，提高检索效率，可采用相应的栅格大压缩编码方法，通常有费尔曼链码、游程编码、块码和四叉树编码。

矢量数据是土地评价现时地理空间元素实体另一种常用的表示方法，是基于矢量数据描述方法来表达和处理特征的数据组织方式，它能以最小的存储空间精确地表达评价实体对象的几何特征。最基本的矢量数据元就是点、线、面，它们分别表示点状数据（如评价监测点）、线状数据（如河流）和面状数据（如居住区）。矢量数据表达的是评价对象实体之间的几何拓扑关系，因此由这些点、线、面基本元可以延伸出更为复杂的矢量数据如区域元。矢量数据通常采用拓扑结构编码，常用的有坐标系列编码、DIME 编码。

在土地评价中，土地评价的类型、目的与评价过程的不同，对空间数据的编码也有不同的要求。在以空间分析为主的土地评价中，栅格结构的空间数据更适用于进行特定目的的空间操作，如空间数据的叠加分析；矢量结构的空间数据则更适用于土地评价结果后期管理，如空间属性查询、编辑和定位等。

2）空间数据的提取

土地相关评价中空间数据提取的目标包括：① 有效地提取空间评价数据；② 动态实现空间数据与属性数据同步提取。土地评价在空间数据提取中常采用地理数据集（GeoDataset）概念，即将一系列相关的空间地理特征设置成统一实体，在系统中实现一次打开多个地理特征。地理数据集根据评价对象大小进行设置，同一个地理特征允许包含在多个不同地理数据集中实现交叉，从而把土地评价中地理空间元素提取为计算机可识别的信息对象，实现空间评价元素信息化过程。

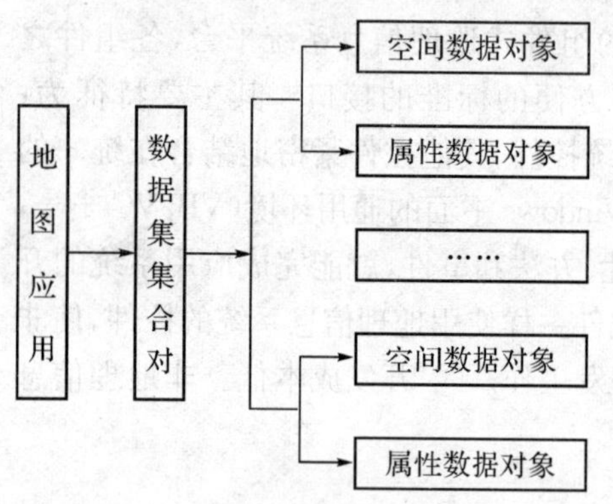

图 18.2 基于 GIS 技术土地评价空间数据的提取

土地评价在实现空间数据提取的过程中，可以采用 MapGIS 等系列专业软件作为图形平台负责对空间数据集进行引用，并对空间地理数据集提供一个相对通用的数据接口，在系统中由开发环境（MapGIS 可以嵌入到 VB、VC、Delphi 等语言环境中）对空间数据和属性数据进行绑定并调用。绑定后的空间数据和属性数据之间建立一一对应关系，并由每一个数据集对象进行管理（见图 18.2）。

3）多源空间数据集成

土地评价系统的长期应用，将产生并积累大量地理信息数据资源。土地评价系统的集成应用涉及土地资源评价、土地资产评价和土地环境评价等跨系统之间的数据集成，由于它们可能使用不同的 GIS 软件，跨系统之间的语义异构性给信息共享带来极大的不便，解决多格式数据源集成是土地评价系统中需要解决的重要问题。地理空间数据有特定的组织形式，并具有分布式、多尺度、空间拓扑和信息量大等特征，目前地理信息系统软件支持的空间数据库基本上有两种组织类型：① 混合型关系数据库。混合型关系数据库不完全等同于关系型数据库。以 MapInfo 公司的 MapInfo、Intergraph 公司的 IGDS 和 Bentley 公司的 MicroStation 为代表，空间数据存储于系统文件，属性数据存储在关系型数据库中，两种数据分开存储，通过空间索引实现动态绑定。② 以ESRI公司的 Arc/Info 为代表的 Coverage 第二代地理空间数据存储模型。它有机地将空间数据和属性结合，共同存储，支持用户自定义特征表，极大地提高空间数据的处理分析能力。

土地评价数据库中的空间数据可以用来表述空间实体的拓扑关系和几何特征，这是地理空间实体区别于其他实体的特征。拓扑关系反映了评价空间实体之间的逻辑关系，它不需要坐标、距离等信息，不受比例尺限制，也不考虑空间投影变化，能克服传统数据模型的局限性。空间数据管理模式将空间数据和属性数据分开管理，其中空间数据以文件方式，属性数据以关系型数据库方式进行管理，但未来的发展方向是面向对象的混合管理模式，空间数据和属性数据将集中统一管理。

土地评价过程中不可避免地要涉及数据集成(Integration)，亦即把分散的无序的数据重新合成。用关联的观点来看，就是用数据模型来表达空间数据和属性数据的内在关联，这种关联包含了数据的重新建模过程。从形式上看，数据集成的目的就是建立无缝空间数据库，这种无缝表现在时间、空间尺度、格式来源上的无缝集成。无缝链接建立在用户对空间数据接口的基础上，即对空间数据的透明访问。为实现空间数据的集成，建立开放性的数据互操作协议(OGIS)是一个趋势，即提供一个公共的空间数据操作函数 API，它类似于关系型数据的驱动引擎 ODBC，为实现不同平台间服务器和客户端之间数据请求与服务提供统一的协议。

18.2.2 土地评价中的空间模型库技术

1）土地评价模型

土地评价模型是对土地评价的一种抽象描述和求解，它作为对土地评价过程的抽象与模拟，建立在充分的专门研究基础之上。评价模型的产生依赖于丰富的知识和专家特有的经验，是一个互逆的推理和反馈机制，它把实际问题经过描述、解释、转换、提取而完成，并以计算机能识别的形式存储(见图 18.3)。

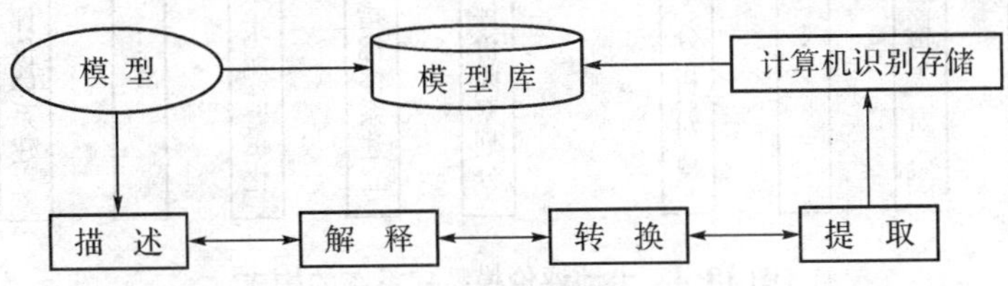

图 18.3 土地评价模型的产生流程

在地理信息系统技术支持下的土地评价系统中，常用的评价模型种类很多，很难用一种通用的模型单元或语句来概括，因此模型存储和表达方式与构模机理有关。虽然具体的土地评价模型表示可以多种多样，也可以是几种表示的综合，但总的来说，模型表示应有助于土地评价者对模型的操纵，同时又应具有语义性、多样性和可构造性。

在地理信息系统应用中通常的数据模型分为拓扑关系型和面向实体型。传统地理信息系统模型基本上以数据为中心，已经具备了较强的数据存储、编辑和分析功能，但是在完整表达客观地理世界、进行高层次的空间分析和直接提出决策方案的能力方面还远远不够，为此应在基于整体论的基础上提出能够直接反映人们认知的整体数据模型。同时，针对空间数据库的多义性，解决多源空间数据无缝集成问题。

细胞自动机原理 (Cellular Automaton，CA)就是一个基于微观个体相互作用的时空动态模拟模型，能够用于土地评价有关模拟、评价、预测、决策和管理等实际问题解决方案的建立。标准的 CA 模拟模型系统是一个由细胞 (Cells)、状态 (States)、邻域 (Neighbors)和规则(Rules)构成的四元组。土地评价系统应用 CA 模型将地理实体的空间和时间特性统一在模型中，通过划分评价对象土地的细胞空间和初始状态及状态转换规则，利用其自己复制与扩展功能，自行迭代运行并模拟系统演化过程。CA 模型较适合土地评价对空间信息的时空动态分析，尤其是时空动态过程的模拟，它为土地评价中时空动态分析提供了一个框架思路和建模方法。

2）土地评价模型库

由于土地评价的复杂性，单一模型通常不能满足土地评价的要求，通常需要多种模型组合运用，这使土地评价模型的组织形式由传统的软件包向模型库发展。模型库是按一定的组织结构形式存储和管理多种模型的集合体。

土地评价中采用基于地理信息系统分析模型库，能更为合理地设计、生成、管理和使用模型，它把专业模型库、基础模型库有机地结成一体。基础模型库存储了最基本的、通用的、规范化的、可被共享的基础模型。一旦模型被设计定义好，用户可以方便地使用。专业模型库则存储了面向具体应用的专业模型，它最终指向具体个体对象实体。模型库与基础模型、专业模型之间以及由此而衍生的继承子模型关系见图 18.4。

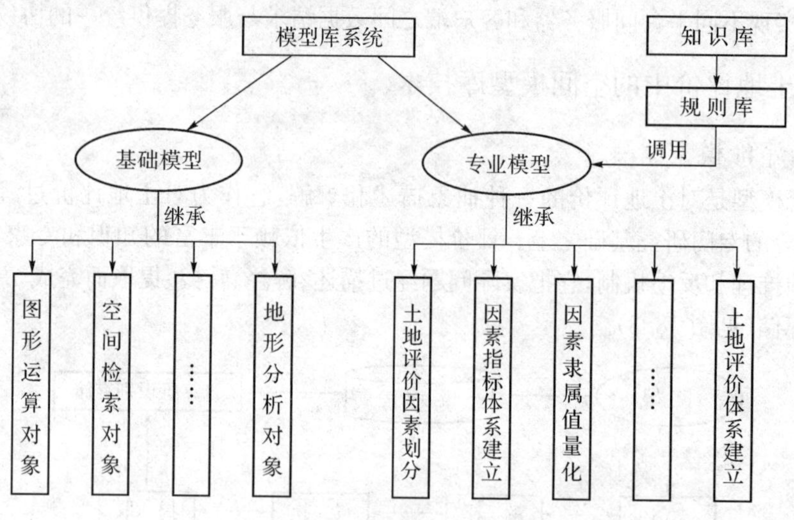

图 18.4　土地评价模型库系统的构成

土地评价系统模型库的组织关系侧重于系统对各个模型进行有效的管理和使用。通常模型库由字典库和文件库组成，利用字典库对模型的名称、编号和模型的文件进行说明，模型文件主要有源程序文件和目标程序文件。一个模型一般有 2～4 个模型文件，其中源程序文件和目标程序文件是主要的模型文件，此外还包括模型数据说明文件和模型描述文件。模型文件以建立子目录的方式进行存储，通过模型字典，用模型库管理系统实现统一的启动运行和管理。

传统的模型库中地理信息系统模块之间是面向应用事务以数据驱动方式来组织驱动的，它提供事务流程管理和简单的空间查询分析操作。模型文件以文件形式直接存放在外存的某一个目录下，显然采用这种方式存在诸多如模型共享、安全等问题。而面向对象驱动的数据仓库，它利用面向对象的模型设计、面向对象的模型库组织和存储，可以很好的解决上述问题。

18.2.3　土地评价中的可视化技术

可视化技术通过一系列的转换，将原始模拟数据转换成可显示图像。它为人们在计算机上直接描述物理世界提供了一条适合于人类思维的模式，用直观、结构清晰和组织有序的方法去描述复杂的空间信息。可视化技术主要为空间数据提供两个方面的应用：一是为用户提供过去没有的空间认知工具,如空间地图、虚拟环境等;二是用于优化、更新数据库本身,包括检测数据精度、开发新数据和数据挖掘(Data Mining)等。可视化是现代地理信息系统的核心内容之一,该技术有助于人们更为直观地再现土地评价的整个动态过程。

土地评价信息系统的可视化过程就是用户通过空间检索技术,有选择的提取评价对象土地的相关特征属性,应用地理多维模型实时地再现评价土地实体。土地实体的属性多种多样,因而对评价对象土地实体所提取的特征亦是多种多样。土地评价信息系统可视化数据模型中的特征主要包括:空间尺度,地理定义,几何形状,拓扑关系以及附加的表、文字、声音等相关属性。

多维 GIS 模型是可视化研究中关键技术,借助于时空数据模型、地理多维数据模型、多媒体数据模型、超媒体数据模型以及面向对象的数据模型,使地理信息系统从平面的数字处理延伸到多维空间操作。可视化使土地评价信息系统空间信息的表达更加灵活、方便、直观;通过信息检索,实现分析、挖掘和再生成;采用文本、图形、图像、声音、动画和动态视频等手段,表达多维仿真的评价对象土地,并可以虚拟现实环境。

18.3 土地评价信息系统的开发设计

18.3.1 系统分析

土地评价信息系统的建立是一项复杂的系统工程。按照系统工程的思想,做好系统分析和系统设计是建立土地评价信息系统的关键。土地评价信息系统属于专业实用型系统,系统分析的工作尤为重要。实践表明,凡是成功的信息系统,无论是自行独立研制的系统或是在一个软件平台上做二次开发,都是在做好充分的系统分析基础上研制完成的;不做好充分的系统分析,研制出的系统在实用性上一定会有重大缺陷,不会有生命力,甚至会归结于失败。

1) 系统需求分析

需求分析也叫概念建立,即正确地分析并获得用户的需求描述,是土地评价信息系统能否开发成功的前提。一般而言,用户的需求分为两类:功能性需求和非功能性需求。前者定义了系统的功能目标;后者则定义系统的附属要求,如系统的可靠性、可维护性和可移植性等。

土地评价信息系统一般可采用基于面向对象的思想与方法,按用例分析的过程进行用户角色定位和功能需求分析。一般先列出系统中所有的角色,再为每个角色确定用例。在确定用户的基础上确认用例,对应的用例为:监控决策、土地评价专项功能、知识库的维护以及空间和属性数据库管理、系统的开发与维护(见图 18.5)。

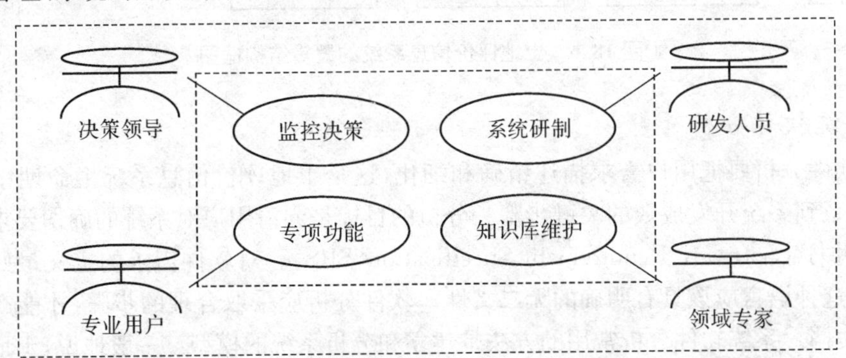

图 18.5 土地评价信息系统用户角色定位和具体用例示意图

2）系统可行性分析

土地评价信息系统用户主要有决策领导人员、研发人员、专业操作用户、一般查询浏览用户和相关领域的专家学者等。系统实现的具体功能则涉及土地评价的具体过程以及国土日常管理的相关业务流程，因此如何正确分析研究用户的需求和系统可能实现的功能非常重要。系统开发过程中，结合国土管理部门、专家及一般用户进行座谈交流，充分调查听取用户的需求，并将需求转换成系统开发流程进行经济、技术、法律等相关方面的可行性分析，充分论证。

作为土地评价信息系统开发的第一步，首先要对土地评价有关的历史、现状与发展做出调查和科学预测，确定系统所需要的资源(包括计算机硬件资源、相关的开发平台和工具软件、财力、人员等)，对各种可能的方案进行可行性研究，并比较优劣。土地评价信息系统可行性研究，主要对如下三个方面进行分析：

(1) 经济可行性。对系统开发进行成本—效益分析，比较系统开发的投入—产出比，包括可定量计算的和不可定量计算的投入与产出。要求系统建立的利益高于土地评价当前的运行模式。

(2) 技术可行性。分析影响系统的各种不确定性因素，如有关的技术是否已进步到足以支持系统开发，系统开发是否有足够的软、硬件资源支持等。

(3) 法律可行性。分析确定系统研制过程中涉及的技术方法、相关资料是否与现行的国家相关法律、法规相冲突，系统开发是否会侵犯他人、集体或国家的利益，是否会违反国家的法律等。

3）系统的逻辑结构分析

在分析土地评价流程及用户需求的基础上，采用数据流程图的方法分析系统运作及其所涉及的数据处理，并制定出对应的规范和标准。包括制作数据流程图；确定系统的逻辑结构；制定系统的标准及规范。其中，系统所涉及的标准化、规范化文档包括下列内容：① 信息的分类与分类标准；② 数据编码与数据字典；③ 各种数据源精度及数量的要求；④ 数据录入的技术要求；⑤ 系统成果资料的验收标准等(见图 18.6)。

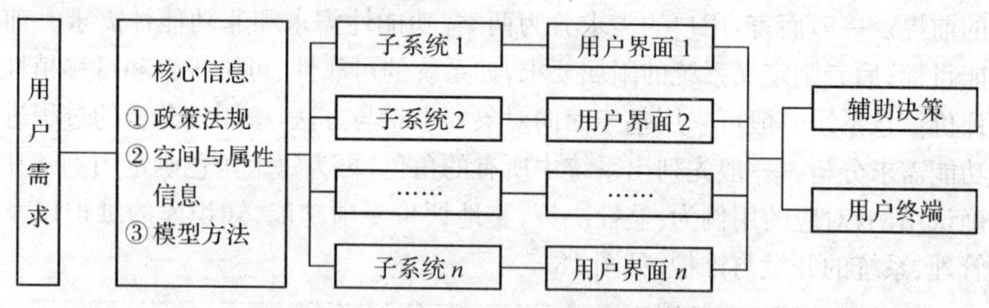

图 18.6 土地评价信息系统的逻辑结构框图

4）系统软件分析

系统软件分析要把用户需求描述精确和细化，这是土地评价信息系统生命期中重要的一步，也是关系到系统开发成败的关键步骤。分析的目标是弄清用户对系统的确切要求，建立“软件需求说明书”(Software Requirement Specification, SRS)。对软件需求的定义最好使用形式语言，并且这种语言应该具有明确的无二义性。软件分析应采取合理的步骤，才能产生符合上述要求的文档。系统软件分析常用的方法是建立和分析系统的模型。一般地说，土地评价不论表面上怎样杂乱无章，总可以通过分析与归纳从中找出一些规律，再通过“抽象”建立起系统的模型。土地评价信息系统软件需求分析大体上可以按照下述的步骤进行：① 通过对土地评价的调查研究，获得当前系统的具体模型；② 去掉具体模型中的非本质因素，抽象出当前系统的逻辑模型；③ 分析当前系统与目标系统的差别，建立目标系统的逻辑模型；④ 对目标系统进行完善和补充，并写出完整的软件需求说明；⑤ 对软件需求说明进行复审，确认文档齐全，并且符合用户的全部需求。

经过以上的步骤，最终得到的文档就是“软件需求说明书”，主要内容包括以下方面：

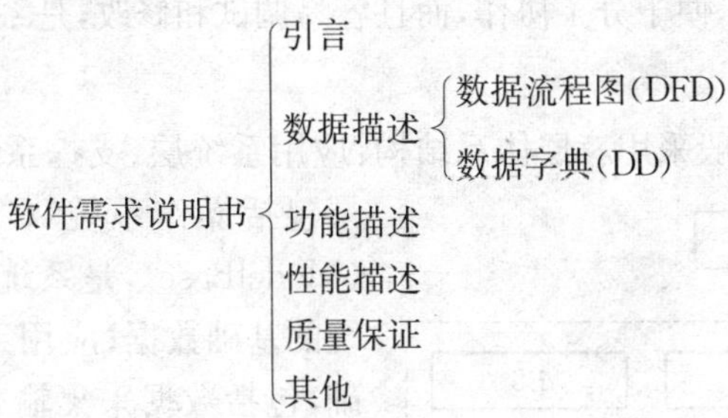

18.3.2 系统设计

1）系统设计的一般原则

土地评价信息系统涉及繁杂的空间地理数据和属性数据。地理数据丰富、原始数据不规范，这对系统软硬件的配置和数据源的选用提出了特殊要求：既要保证软硬件的可靠性，又要兼顾未来系统的升级扩展和继承性；既要考虑数据源有多样性和兼容性，更要保证其实时更新。这就要求系统具有良好的稳定性、继承性、可重用性、可扩充性、易操作性和易维护性。因此软件设计应遵循以下原则：

(1) 土地评价信息系统应按照统一标准，遵循先进性、开放性、兼容性、安全性、保密性和稳定可靠性等原则进行开发。

(2) 从总体效益出发，从全局的观点来设计和规划系统的建设，系统数据存储应符合土地管理信息系统规范，以便与其他的土地管理系统传递及共享数据；开放型系统，便于与各高级设备及其他外部设备接口，为土地评价信息系统进一步开发完善创造条件，保证整个系统运行的协调和系统信息的一致性。

(3) 系统需具有充分的可靠性和安全性。要建立各子系统、子模块间的有机联系，保证子系统间数据交换的完整性和安全性，避免数据丢失。

(4) 采用先进的空间数据管理模型，实现系统数据的有效存储，减少冗余，实现共享；进行高效空间索引，减少系统的操作时间，提高效率。

(5) 保证系统的开放性、可扩展性和易维护性。系统操作简单化、管理过程可视化为系统工作目标；科学实用，能适应不同地区、不同水平用户的需要，便于推广应用。

2）系统设计的一般方法

土地评价信息系统的设计一般采用系统工程分析法有关结构概念，自上而下划分模块，逐步求精。这种结构化分析和设计的基本思想包括如下要点：

(1) 土地评价信息系统研制的各个阶段都贯穿系统的观念。从土地评价的总目标出发，考虑土地评价的现状与发展的全局问题，在保证总体方案正确、接口问题解决的条件下，土地评价技术与功能结构自上而下层层分解，这是结构化思想的核心。

(2) 土地评价信息系统的开发是一个连续有序、循环往复和不断提高的过程。每一个循环就是一个生命周期,要严格划分工作阶段,保证阶段任务的完成,这是系统设计的基本要求。

(3) 用结构化的方法构筑土地评价信息系统的逻辑模块和物理模块。包括在系统的逻辑设计中,分析土地评价中各步骤之间的信息流程,绘制数据流程图;根据数据的规范,编制数据字典;根据概念结构的设计,确定数据文件的逻辑结构;选择系统执行方法构筑的结构化语言,以及采用控制结构作为土地评价信息系统的设计工具。用结构化方法构筑的土地评价信息系统,其组成清晰,层次分明,便于分工协作,而且容易调试和修改,是系统研制理想的工具。

3) 系统结构设计

土地评价信息系统一般采用三层体系结构:应用系统层、支撑系统层和界面层。支撑系统层包括操作系统(OS)、数据库(DB)、模型库(ModelBase),是系统的工作底层,存储管理系统的基础数据;应用系统层以支撑系统层为基础,包括数据采集输入、空间数据分析处理、属性数据动态查询实时更新、评价因素量化、评价体系的建立、统计报表的汇总输出、专题地图的制作输出以及日常业务流程的管理,主要是实现基于地理信息系统的空间辅助分析(地理信息系统+SAA)、办公自动化(OA)和专家决策(ES);界面层则是友好的人机接口(见图 18.7)。

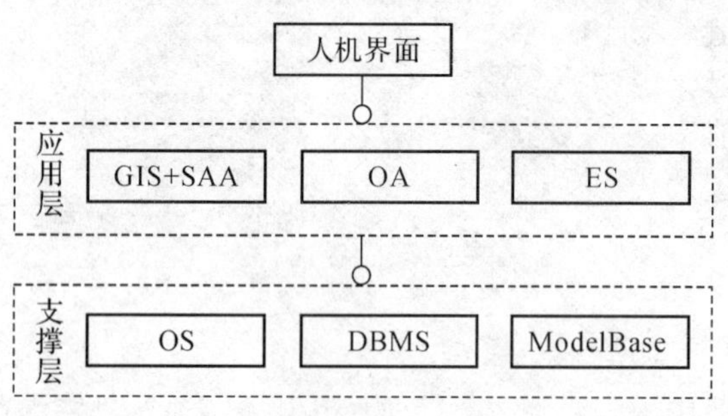

图 18.7　土地评价信息系统的三层体系结构图

4) 系统数据库设计

数据库设计是土地评价信息系统的核心部分。首先是数据输入的设计,要保证输入数据的准确性、可靠性、便捷性、规范性、安全性以及拓扑一致性,图形数据和属性数据的分别输入,冗余数据的消除,输入错误的检查等。其次是数据存储设计,如图形数据文件和属性数据文件的设计。具体包括如下方面:

(1) 数据库的划分。土地评价信息系统有大量的多种类型的数据,应将同一类型并经常一起使用的数据划分在同一个子数据库中。数据库划分的目的是为了数据的存储、调用方便,有利于数据的管理效率。在划分数据库时应做到:① 数据库与功能模块相对独立;② 避免数据的大量冗余;③ 各数据库之间应保持相对独立和完整;④ 避免一个数据库包含过多的数据项。

(2) 数据库结构的设计。通过系统分析的结果进行各数据库结构的设计,设计时既要考虑到信息的完整性,也要考虑到数据容量的问题。

(3) 中间数据库文件的设计。数据处理中根据算法的需要应建立某些中间数据库文件。文件中有些属于索引性质,有些属于处理的中间结果,文件的设置可提高计算机数据处理的工作效率,但同时也增加数据库的冗余度。解决这个矛盾的原则是:① 经常在不同模块都使用的索引性质的数据文件可以作为永久存放的最后结果文件固定下来,在硬盘中存储;② 可以在内存中安排的中间数据文件不在硬盘中存储。

5) 系统模型库设计

土地评价信息系统中数据的综合分析和应用通过模型的建立与应用来实现,模型库的功能和设计水平决定了土地评价信息系统的技术层次和工作效率。土地评价是一个复杂的系统问题,其模型库是由多种模型有机综合与集成而形成的模型综合体。土地评价信息系统模型库的构建和设计，应根据土地评价的类型、目的以及评价涉及的处理和算法等具体情况进行。

18.3.3 系统开发流程

1）业务流程

土地评价涉及社会、经济、自然、生态等多种因素，约束条件众多，不确定性突出，是一项复杂的系统工程。因此，它一般不可能由某一学科、某一部门、某一专业人员独立完成，需跨部门、跨行业、跨专业协同进行，组建一个专业知识、实践经验、技术素养、学术水平等方面结构合理和工作协调、高效的组织队伍，并严格按照系统工程实施的逻辑步骤进行。这是土地评价顺利进行的基本保证，也是土地评价信息系统开发工作的另一重要内容。土地评价的组织网络体系和土地评价实施程序体系，构成土地评价的工作质量保证体系。

2）软件流程

土地评价软件系统是程序以及开发、使用和维护所需要的所有文档共同组成的。根据这样的定义，软件不仅仅是程序，研制土地评价信息系统软件也不仅仅是编写程序。根据工程化的方式管理研制软件的全过程，可将土地评价软件系统的生命期分为如下六个阶段：

(1) 软件计划。在设计任务确立前，首先要进行调研和可行性研究，理解土地评价信息系统开发的工作范围和所花代价，做出软件计划。

(2) 软件需求分析。对土地评价信息系统用户要求具体进行分析，并用软件需求规格说明书表达出来，作为用户和软件人员之间相互共同的约定和沟通方式。

(3) 软件设计。决定土地评价信息系统的模块结构，给出模块的相互调用关系、模块间传送的数据以及每个模块的功能说明。

(4) 软件编码。按软件设计的要求为土地评价信息系统的每个模块编写程序。

(5) 软件测试。发现和排除程序中留存的错误，经过测试排错，得到可交付运行的土地评价信息系统软件。

(6) 软件维护。经过测试的土地评价信息系统软件仍然可能存在错误，用户需求和系统的操作环境也有可能发生变化，因此交付运行的系统软件仍然需要继续排错、修改和扩充。

土地评价信息系统软件流程各阶段的基本任务和工作结果见表 18.1。将软件生命期划分为上述六个阶段，仅是为工程化研制软件提供一个框架。实际的系统研制工作，不可能是直线进行的，常常存在着反复。软件生命期的前五个阶段，即计划、分析、设计、编码和测试，常称之为软件的开发期；最后一个阶段称之为软件的维护期。在软件的开发期中，测试阶段的工作量最大，约占到开发期总工作量的 40％，而在软件的整个生命周期中，维护的持续时间最长，工作量也非常大。

表 18.1 土地评价信息系统软件流程各阶段的基本任务和工作结果

工作阶段	基本任务	工作结果
软件计划	理解工作范围	计划任务书
软件需求分析	定义用户要求	需求规格说明书
软件设计	建立软件结构	设计说明书
软件编码	编写程序	程序
软件测试	发现和排除错误	可运行的系统
软件维护	运行和管理	改进的系统

18.3.4 系统软件设计

1）软件设计方法

软件设计是土地评价信息系统整个研制工作的核心，不但要完成逻辑模型所规定的任务，而且要保证系统的运行效率。一般要尽量避免中间文件的建立，减少文件扫描的遍数，尽可能采用经过优化的数据处理算法。为增强系统的控制能力，在输入数据时，要拟定对数字和字符出错时的校验方法；在使用数据文件时，要设立口令，防止数据泄密和被非法改写，保证只能通过特定的通道存取数据。为了提高系统的可变性，应采用模块化的结构设计方法，即先将整个系统看成一个模块，然后按功能逐步分解若干个第一层模块、第二层模块等等。一个模块只执行一种功能，一种功能只用一个模块来实现，这样设计出来的土地评价信息系统才能做到可变性好和具有生命力。

系统设计的任务是将系统分析阶段提出的逻辑模型转化为相应的物理模型。首先是根据系统研制的目标，确定系统必须具备的空间操作功能即功能设计；其次是数据分类的编码，完成空间数据和属性数据的存储和管理，即数据库设计；最后是系统的建模和产品输出即应用设计。

软件设计的任务就是把分析阶段产生的软件需求说明转换为用适当手段表示的软件设计文档。按照软件生存周期的划分，设计任务通常分为两个阶段完成。第一个阶段是概要设计，用来确定软件的结构及软件的组成，以及各组成部分（子系统或模块）之间的相互关系；第二个阶段是详细设计阶段，其任务是确定模块内部的算法和数据结构，产生描述每个模块程序过程的详细设计文档。软件设计的具体过程可分为：概要设计⟶概要设计复审⟶详细设计⟶设计复审。在设计阶段，设计人员要完成两种文档：概要设计说明书和详细设计说明书。前者主要确定软件的结构，后者则着重描述程序的过程。由于不同的软件设计方法，其设计说明书的内容不尽相同，用来描述软件结构与过程的设计表达也互有差异。

2）设计复审

设计阶段的成果，集中表现为设计文档，所以设计复审其实就是对涉及文档的复审。

(1) 复审的经济效益。复审的目的，在于及早发现设计中的缺陷和错误。对一些大型软件的调查表明，假定纠正在设计阶段发现的一个错误的代价为 1，则在以后的单元测试中纠正一个错误的代价将上升为 6.5，在综合测试到系统测试期间上升为 15，而在交付使用后支付的费用将高达 67。

(2) 复审的指导原则。概要设计复审与详细设计复审应分开进行，不能合并为一次复审。除软件开发人员外，概要设计复审必须有用户代表参加，必要时还可邀请有关专家到会。复审是为了及早揭露错误，参加复审的设计人员应欢迎别人提出批评和建议。

(3) 复审的内容。概要设计复审应该把重点放在系统的总体结构、模块划分、内外接口等方面，包括软件的结构是否满足要求，结构的形态是否合理，层次是否清晰，模块的划分是否符合优化原则，系统的人机界面是否友好等。详细设计复审的重点应该放在各个模块的具体设计上，包括模块的设计能否满足功能和性能的要求，选择的算法与数据结构是否合理等。

(4) 复审的方式。复审分为正式复审和非正式复审。正式复审是概要设计复审常用的方式；而非正式复审适合于详细设计阶段，主要由软件人员参加。

3）编码与测试

编码就是程序编写。软件开发的最终目标是产生能在计算机上执行的程序。分析阶段和设计阶段产生的文档，都不能在计算机上执行，只有到了编码阶段，才产生可执行的代码，把软件的需求真正付诸实现。

编码完成后，需对源程序进行测试。软件测试是一项很大很耗时的工程，统计表明，开发较大规模的软件，有40%以上的精力是耗费在软件测试上。因此无论是早期潜伏的错误还是编码中新引入的错误，若不及时排除，轻则降低软件的可靠性，重则导致整个系统的失败。

18.3.5　系统试运行与维护

1）系统的试运行

土地评价信息系统实施包括数据的收集和整理，数据的录入与校核，程序设计，调试程序，程序的装配和试运行，最后建立一个能交付用户使用的实体系统。调试通过后的土地评价信息系统要投入现实环境中去运行。此阶段的特点是信息量要比调试时的模拟信息量大得多。系统试运行中应对各个操作模块进行操作，对诸如修改、插入、删除，各种查询和检索，各种统计计算和表册输出，记录系统响应的速度、完整性程度等，以便同预期的系统目标进行比较，为系统评价提供依据。当确定整个系统运行正常后，方可交付用户使用。试运行结束后，写出系统报告和用户手册。

交付使用的土地评价信息系统，经过一段时间运行之后，可能会出现这样那样的一些差错或不符合实际需要的地方，必须进行良好的维护管理，对信息实现定时更新，完善服务体系，并通过开发应用，扩大系统应用范围，吸收更多的用户。

2）系统的维护

土地评价信息系统产品交付使用后，就进入系统生存周期的最后一个时期——运行维护期。期间除了要改正系统的残留错误外，还可能多次更新系统的版本，以适应改善运行环境和加强产品性能等需要。这些都属于维护工作的范畴，将直接影响到系统的使用寿命。系统维护的最终目的是满足用户对已开发土地评价信息系统性能和运行环境不断提高的需求，进而达到延长系统的寿命。根据维护的具体目标，可以将系统维护分为以下几种类型：

(1) 完善性维护(Perfective Maintenance)，即在使用期间不断改善和加强产品的功能与性能，以满足用户日益增长的需求；

(2) 适应性维护(Adaptive Maintenance)，即为使系统适应运行环境的改变而进行的一类维护，包括因硬件或支撑系统改变(如操作系统改版)、将系统移植到新的机器型号上运行、系统使用对象的变更；

(3) 纠错性维护(Corrective Maintenance)，即纠正开发周期间没有发现的错误，如系统测试的不彻底性使系统交付使用后发现潜藏的错误，而对它们进行诊断和改正；

(4) 预防性维护(Preventive Maintenance)，即针对早期开发的系统程序，由于其原先的开发方法陈旧，文档不齐全，而对它们的全部或部分程序重新设计、编码和调试。

土地评价信息系统维护的一般流程可按图 18.8(据冯玉琳)进行。

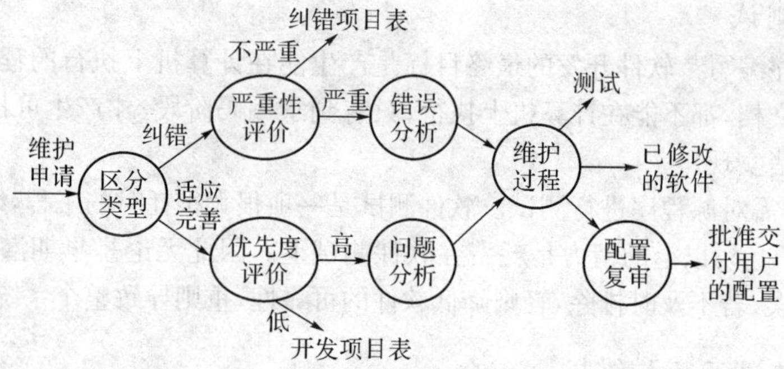

图 18.8　土地评价信息系统维护的一般流程

18.3.6　系统评价

土地评价信息系统的评价是从系统的多个侧面(包括系统质量、系统技术水平、系统的经济社会效益、系统商品化和系统成本等)对系统进行评价。其中,系统质量评价是系统综合评价的基础。低劣质量的系统不仅影响系统的使用,而且使系统维护的成本成倍增加,甚至会给用户带来巨大损失。基本的做法是将运行的系统与预期目标进行比较,考察是否达到了系统设计时所预定的效果。系统评价主要包括如下方面:

(1) 系统的预期目标是否达到。系统应能按照既定的功能设计要求进行工作,在功能和速度方面都符合设计要求。

(2) 系统的易读性和易维护性。系统结构设计科学合理,一方面要求系统的内部结构清晰,系统人员易于阅读和理解,方便系统的修改和维护;另一方面要求系统的人机界面友好。

(3) 系统的效率。效率可通过系统的各种职能指标、技术指标和经济指标反映,包括系统能否及时地向用户提供有用信息,系统的操作是否方便,系统的出错情况如何以及资源的使用效率如何等。

(4) 系统的可靠性。要求系统运行稳定性好,一般很少发生事故,即便发生事故也能很快修复;系统有关的数据文件和程序应妥善保存,系统应具有后备体系等。

(5) 系统的可扩展性。任何系统的开发都是从简单到复杂的不断求精和完善的过程,一个系统建成后,要使在现行系统上不作大改动或不影响整个系统结构,就可在现行系统上增加功能模块,因此系统设计时应留有接口。

(6) 系统的可移植性。可移植性是评价土地评价信息系统的一项重要指标,要求系统必须按国家规定的标准设计,包括数据表示、专业分类、编码标准、记录格式和控制基础等,以保证系统和数据的匹配、交换和共享,从而使系统具有较强的环境适应能力,它们不仅在一台机器上能够使用,而且在其他型号的设备上也能很好的使用。

(7) 系统的效益。系统的效益包括经济效益和社会效益,如信息的共享、数据的采集和处理的自动化水平,系统综合分析和决策能力,系统智能化技术的发展,系统决策的定量和科学化,系统应用的模型化,系统解决新课题的能力,以及劳动强度的减轻,工作时间的减少,技术智能的提高等等。从总体来看,土地评价信息系统的经济效益是在长时间内逐渐体现出来的,随着新课题的不断解决,经济效益也就不断提高。

(8) 系统文档齐全。系统不仅仅是可执行的程序代码,而且包括系统开发过程中所产生的所有文档,这些文档资料是系统维护所不可缺少的。

综上所述,土地评价信息系统的质量应该从可靠性、易理解性、易维护性和效率等几个方面全面地进行评价。从技术和经济两大方面将系统与预期的目标进行比较,考察其是否达到了系统设计时的预定效果,并对系统效率、可靠性、可移植性和系统效益(经济效益与社会效益)等项目逐一审议和考核,在其基础上做出恰当的系统评价。

另外,也应从用户要求的立场,对土地评价信息系统的有关特性进行适当的分析。这些性能特性包括:① 系统容量,指系统存储的数据量和保持的信息;② 系统质量,指信息的可靠性和系统按照设计指标连续运行的能力;③ 系统的兼容性,包括系统空间框架的兼容、数据类型的兼容、分类体系和分类标准的兼容、编码方法的兼容,以及程序语言的兼容等;④ 系统实时性,保证在需要的时间内提供数据和实时地进行数据的更新;⑤ 灵活性,指变更和交换输入信息的灵活性以及检索系统的能力等。

参 考 文 献

1 边馥苓. 地理信息系统原理和方法. 北京:测绘出版社,1996

2 蔡少华,王家耀,秦志远. 面向对象技术与部件对象模型在地理信息系统开发中的应用. 中国地理信息系统协会第三届年会论文集,1997

3 常燕卿. 大型地理信息系统空间数据组织方法初探. 遥感信息,2002(2)

4 陈琳,杜友福,王元珍. 地理信息数据仓库技术的研究. 计算机工程与设计,2002,23(2)

5 陈永庆. 地理信息系统在土地利用与交通系统研究中的应用. 上海理工大学学报,1998,20(1)

6 崔伟宏,张显峰. 土地资源的动态监测和动态模拟研究. 地球信息科学,2002(1)

7 冯玉琳. 软件工程方法、工具和实践. 合肥:中国科学技术大学出版社,1992

8 高俊. 地理空间数据的可视化. 测绘工程,2000,9(3)

9 高志强,刘纪远. 基于遥感和地理信息系统的中国土地潜力资源研究. 遥感学报,2000,4(2)

10 宫辉力,李京,陈秀万等. 地理信息系统的模型库研究. 地学前缘,2000(增刊)

11 龚健雅. 当代地理信息系统的若干理论与技术. 武汉:武汉测绘科技大学出版社,1999

12 韩海洋,龚健雅. 开放地理信息系统的内涵与地理信息互操作性的实现. 测绘通报,1999(6)

13 黄杏元,汤勤. 地理信息系统概论. 北京:高等教育出版社,1991

14 李军,费川云. 地球空间数据集成研究概况. 地理科学进展,2000,19(3)

15 李斌. 我国地理信息系统软件工业面临的机遇和挑战. 见:当代地理信息系统的若干理论与技术. 武汉:武汉测绘科技大学出版社,1999

16 李德仁. 当前国际地理信息系统的研究和应用现状. 见:RS、地理信息系统、GPS 的集成与应用. 北京:测绘出版社,1995

17 李德仁. 论 RS、GPS 与地理信息系统集成的定义、理论与关键技术. 遥感学报,1997,1(1)

18 聂庆华,包浩生. 基于地理信息系统农田土地质量评价与立地分析——以京郊房山区良乡为例. 地理科学,2000,20(4)

19 秦建新,张新年. 地图可视化研究. 地理研究,2000,19(1)

20 史济民. 软件工程原理、方法与应用. 北京:高等教育出版社,1990

21 术洪磊,毛赞猷. 地理信息系统辅助下的基于知识的遥感影像分类方法的研究——以土地覆盖/土地利用类型为例. 测绘学报,1997,26(4)

22 宋扬,李见为. 基于组件式地理信息系统的二次开发. 重庆大学学报(自然科学版),2000,23(6)

23 宋关福,钟耳顺. 多源空间数据无缝集成研究. 地理科学进展,2000,19(2)

24 宋关福,钟耳顺. 组件式地理信息系统研究与开发. 中国图像图形学报,1998,3(4)

25 王卉. 地理信息系统面向用户的模型库及其管理系统的设计与实现——以地理信息系统中地形分析为例.

解放军测绘学院学报,1998,15(3)

26　王桂芝.基于地理信息系统的三亚市热作土地适宜性评价模型的建立.测绘信息与工程,1997,2(23)

27　王建华,祝国瑞.地理信息系统中可视化的描述与表达.测绘通报,1992(2)

28　肖乐斌,钟耳顺,刘纪远等.面向对象整体地理信息系统数据模型的设计与实现.地理研究,2002,21(1)

29　肖乐斌,钟耳顺,刘纪远.地理信息系统概念数据模型的研究.武汉大学学报(信息科学版),2001,26(5)

30　袁相儒.Internet 地理信息系统的部件化结构.测绘学报,1998,27(4)

31　张光宇.土地评价的系统方法及软件工程.系统工程理论与实践,1999(8)

32　张显峰,崔伟宏.运用 RS、GPS 和地理信息系统技术进行大比例尺土地利用动态监测的实验研究.地理科学进展,1999,18(2)

33　张子平,肖平,龚健雅.时态土地资源信息系统中数据结构的研究.武汉测绘科技大学学报,1998,23(2)

34　赵庚星,李玉环.地理信息系统支持下的定量化、自动化农用地评价方法的探讨.农业工程学报,1999,15(3)

35　郑建敏.运用地理信息系统建立土地调查规划信息系统.地矿测绘,1999(4)

36　郑晓薇.分层有序结构决策矩阵模型及模型库管理.计算机工程与应用,2002(7)

37　钟耳顺,王康弘,宋关福等.地理信息系统多源数据集成模式评述.中科院地理信息中心论文集,1999

38　朱光.用地理信息系统技术开发土地信息系统的几个问题.工程勘察,2001(3)

19 专家系统技术

19.1 概述

19.1.1 专家系统的概念与特点

1）专家系统的概念

专家系统(Expert System,ES)是人工智能的一个分支,专家系统的研制促进了人工智能理论和技术的发展,开辟了计算机求解非数值问题的有效途径。专家系统也称作专家自学系统,它是模拟类似于人类专家的思维过程,利用大量专业知识解决特定领域中实际问题有专家能力的计算机系统。专家能力指专家对某一领域问题的理解及求解的技能。专业知识既包括实际和理论又包括专家个人的经验。个人经验被称为启发性知识,它能够使专家在需要的时候做出合理的猜测。

专家系统的功能主要依赖于大量的知识,这些知识均存于知识库中,通过推理机按一定的推理策略去实现问题求解;知识在专家系统中起着决定性的作用,所以一般将建立专家系统的工作过程称为知识工程;因此可以将专家系统的设计方法总结为:知识+推理=系统。目前的专家系统主要用于模拟某一领域中求特解的专家能力。专家系统与传统程序存在很大的差别,传统程序通过算法对大量的数据进行积累和处理,而专家系统通常要动态地建立解决问题的方法,要完成那些需要拥有专门知识的领域专家在几分钟或几小时内完成的诊断、规划、决策等任务(见表 19.1,据印鉴等)。

表 19.1 传统程序和专家系统的特点对比

特　征	传统程序	专家系统
由……控制	语句次序	推理机
控制与数据	隐含在一起	明确分开
控制能力	强	弱
由……求解	算法	规则和推理机
求解搜索	少或没有	多
问题求解	算法的正确性	规测
输入	假设正确	不完整、错误
意外输入	难以处理	照样处理
输出	总是正确	依赖于问题的不同
解释	没有	通常有
应用	数值、文件、文本	符号推理
执行	一般是顺序	随机
程序设计	结构化设计	很少或没有结构
修改	难	较易
扩充	要做很大改动	可逐步增加

2）专家系统的特点

专家系统具有以下特点：

(1) 启发性。专家系统是人类专家智能的模拟和延展，不仅能够使用逻辑知识也可以使用启发性知识。启发性知识即人类专家的经验，专家系统可以具有一个或多个专家的知识和经验，能以接近人类专家的水平在特定的领域内进行推断、推理、联想，实现问题求解。启发性知识提供了解决问题的有价值捷径，但是启发性知识是一种“浅”知识，它不能保证用同样的算法对不同问题的解决都能取得成功，对问题的求解可以起到帮助作用但不能保证一定有效。

(2) 灵活性。专家系统强调知识与推理的分离，这为系统灵活性提供了前提。专家系统可能需要有大量的知识，因此要求系统能够不断接纳新知识并且对原有知识进行修改和删除的高效机制，即较高的灵活性。系统的灵活性可以通过系统的自学能力实现，自学能力是指系统在运行中不断地总结经验，吸收新知识更换旧知识。人工神经网络专家系统就是一种有自学能力的专家系统。获取知识的能力是高性能的专家系统应该具备的素质，知识工程师和人类专家可以通过系统的这种能力将新知识不断“传授”给系统，使系统日趋完善。

(3) 推理性。专家系统能进行有效的非线性的精确或非精确推理。推理性使专家系统能够解决那些非结构化的不确定的问题，也善于解决在现有的机器上无法解决的没有算法的问题。专家系统的工作是在环境模式驱动下的知识推理过程，而不是在固定程序控制下的指令执行过程。

(4) 解释性。专家系统能够运用知识库中的知识和各种中间结果对用户的提问给出解答，显示求解过程的推理路径，在对问题的求解结果不满意时能发现推理的错误所在，专家系统还提供了答案的可信度估计。专家系统界面的透明性，增强了用户对结果的接受和信任。此外，知识工程师可以借助解释机制检查知识获取过程中的系统错误，解释性是专家系统的重要功能。

(5) 响应时间适当。专家系统应该在合理的时间内实现问题的解决，解决问题的时间至少应该和人类专家解决相同问题所耗费的时间一样，或者耗时短于人类专家工作的时间。若系统解决问题所耗费的时间太长，系统就没有存在的价值。

(6) 针对性。专家系统的开发往往针对某一特定问题，一旦脱离了具体的设计领域，其性能指标就会急剧下降。针对性致使多个专家系统的协同性不好，不仅局限了专家系统的应用领域，而且限制了专家系统能够处理的问题的难度。

19.1.2　专家系统的结构功能与分类

1）专家系统的结构和功能

一个完整的专家系统，一般由数据库、知识库、推理机、人机接口、解释器和知识获取系统等六部分组成。其中数据库、知识库、推理机和人机接口是必不可少的部分；解释器、知识获取是期望部分。各部分之间的关系如图 19.1 所示。

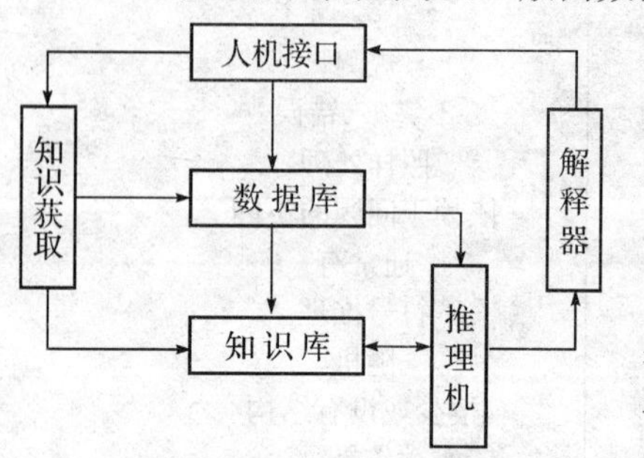

图 19.1　专家系统的一般结构

(1) 知识库

知识库是用来存储领域专家提供的专门知识的存储器。这些知识包括专门知识、启发性知识（专家经验）、常识性知识。专家系统问题求解是运用专家提供的知识来模拟专家思维方式的求解过程，所以知识库是决定一个专家系统性能的主要因素，是专家系统的核心，一个知识库必须具备良好的可用性、确实性和完善性。要建立一个知识库，首先要从领域专家那里获取知识，然后将获得的知识编排成数据结构，存入计算机中，这就形成了知识库，供系统推理判断之用。

(2) 数据库

数据库用于存储问题求解过程中的初始数据、求解状态、中间结果、假设、目标和最终结果。数据库中存放的内容是该系统当前要处理的对象的一些事实。

(3) 推理机

推理机用来控制、协调整个系统。它根据当前输入的数据即数据库中的信息，利用知识库中的知识按一定的推理策略，识别和选取数据库中对当前问题求解有用的知识进行推理，并把结果送到用户接口。在专家系统中，推理方式有：正向推理、反向推理、混合推理。在上述三种推理方式中，又分为精确推理与非精确推理。由于专家系统知识库中的知识往往是不完全的和不精确的，因此推理过程一般为不精确推理。

(4) 人机接口

人机接口是专家系统与用户通信的部分。它接受来自用户的信息，将其翻译成系统可接受的内部形式，并将推理机推出的结果转换成人类易于理解的外部形式输出。

(5) 解释器

解释器根据用户的提问，对系统得出的结论、求解过程以及系统当前的求解状态提供说明，便于用户理解系统的问题求解，增加用户对求解结果的信任程度。另外，解释器可以使专家或知识工程师发现和定位知识库中的错误，从而为系统的学习和维护系统提供了方便。

(6) 知识获取系统

知识获取系统为专家系统提供修改、扩充知识库中知识的能力，它对于专家系统性能的不断完善和提高起着十分重要的作用。它应具备能删除知识库中不需要的知识及把需要的新知识加入知识库的功能，并期望能发现知识库中不合适的知识及总结出新知识的功能。知识库与推理机的分离，为专家系统在运行过程中修改有关知识、增加新知识提供了可能，知识获取功能实际上是一种学习功能。

由上述部分构成的专家系统具备以下功能：存储求解问题所需的知识；存储具体问题求解的初始数据和推理过程中涉及的各种信息，如中间结果、目标、子目标以及假设等；根据当前输入的数据，利用知识库中的知识，按照一定的推理策略，去解决当前问题，并能控制和协调整个系统。

2) 专家系统的分类

专家系统根据其用途可分成如下十种不同的类别形式。

(1) 解释型的专家系统。这类专家系统的任务是通过对已知信息和数据进行分析，确定它们的含义，并对推理情况进行描述。这类问题包括语音理解、图像分析、系统监视、信号解释和化学成分分析等方面。这类专家系统在完成任务时由于输入的信息包含很多干扰信息，所以分析结果可能存在误差。

(2) 预测型专家系统。这类专家系统的任务是根据处理对象过去和现在的状况数据，预测未来可能发生的结果。这类问题包括天气预报、人口预测、军事预测、交通预测、产量预测和经济预测等。这类系统处理事件得到的结果会随事件和数据的变化而发生相应的变化。

(3) 设计型专家系统。这类专家系统的任务是根据设计任务的要求制定用户需要的方案或图样。这类问题包括电路设计、土木工程设计、机械产品设计、生产工艺设计、路线设计和财政方案设计等。设计型专家系统的多项设计要求之间可能存在重叠或隐含要求，在建立系统时需格外注意。

(4) 诊断型专家系统。这类专家系统的任务是根据输入信号找出待处理对象存在的故障，并给出排除故障的方案。这类问题包括医学诊断、电子设备问题诊断、机械故障排除等。这类专家系统所处理的故障和任务之间一般没有一一对应的关系。

(5) 规划型专家系统。这类专家系统的任务是根据已设计的目标拟定行动步骤、方案。这类问题包括：商业管理、交通管制、自主机器人控制和制定军事计划等。这类系统解决问题的目标通常是模糊的。

(6) 控制型专家系统。这类专家系统的任务是寻找出某个能够达到目标的动作序列、步骤、方案，进行动作设计。这类问题包括机场调度、商业经营管理、战场管理和任务控制等。

(7) 监视型专家系统。这类专家系统的任务是把观察到的行为同系统应该具有的行为进行对比，找出异常情况并发出警报。这类问题包括安全监视、防空监视、机场调度和财务管理等。

(8) 调试型专家系统。这类专家系统的任务是对诊断出的问题提出修正的建议。这类问题包括调试、检测和试验等。

(9) 教学型专家系统。这类专家系统的任务是根据学生的实际情况设计最佳的教学方案。这类问题包括教学和培训两方面。

(10) 修正型专家系统。这类专家系统的任务是制定并执行已诊断出问题的修正计划。这类问题包括计算机维护、航天系统控制和网络系统维护等。

另外，专家系统还可根据知识表示技术，分为基于规则的专家系统、逻辑型专家系统、基于框架的专家系统和基于语义网的专家系统等类型；根据推理策略，分为正向推理专家系统、反向推理专家系统和元控制专家系统等类型。

19.1.3 专家系统发展的历史与展望

1) 专家系统的发展历史

专家系统的发展大致可分为以下四个阶段。

(1) 准备阶段(1965 年以前)：人工智能产生于 1956 年。20 世纪 50 年代后期及 60 年代初涌现出大量以通用问题求解为目标的程序。Newell A. 和 Simon A. H. 在《人类问题求解》中论证了人类问题求解可以用 IF…THEN 的产生规则(Production Rule)表达，例如：

“IF 汽车无油并且油罐是空的”。

“THEN 加油”。

与一个规模化的小知识集对应的规则成为块(Chunk)，所有的人类记忆都以块的形式组织，而块则以松散的形式连接并与相关的知识有联系。感官接受思想对大脑产生刺激，刺激激发出恰当的长期记忆(Long-Term Memory)规则并生成恰当的响应，长期记忆是知识储存库。短期记忆(Short-Term Memory)表示可以被同时激活的数据块，脑海中被激活的数据块的传播就是人类问题的解决。处理机可以发掘与刺激匹配的被激活规则，当有多个规则被激活时，认识处理机会决定规则的优先权，优先权最高的规则将会被执行。长期记忆(规则)、短期记忆(工作内存)、认识处理机(推理机)构成了基于规则的专家系统的基础。到 20 世纪 60 年代中期，人们认识到问题求解能力不仅取决于规则和推理模式，而且取决于知识，知识在智能行为中的地位受到专家的重视。

(2) 初创阶段(1965 年—1971 年)。1965 年，Stanford 大学计算机系教授 Feigenbaum E.

A. 提出，模仿人类思维规律的解题策略与大量专门知识的结合是使程序达到更高性能的唯一方法。1968 年，Feigenbaum E. A. 等人研究出了根据化合物的分子式及其质谱数据帮助化学家推断分子结构的专家系统 DENDRAL，这是第一个使用大量专门知识与启发式程序相结合的智能系统。由麻省理工学院的专家开发的数学领域的专家系统 MACSYMA 也是专家系统的先驱，它将启发式程序的思想用于难以运用算法求解的问题上，该系统对符号表达式化简的能力超过了多数人类专家在此方面的能力。第一代专家系统 DENLDRA 和 MACSYMA 的设计和实现完全是针对其应用领域，注意系统的性能，但是忽略了系统的透明性、灵活性。DENLDRA 和 MACSYMA 的出现是专家系统诞生的标志。

(3) 成熟阶段(1972 年—1977 年)。这个时期专家系统的观点开始广泛地被人们接受，专家系统趋于成熟。MYCIN、HEARSAY、PROSPECTOR 是这个时期专家系统的代表。1972 年，Stanford 大学的计算机科学家 Shortliffe E. H. 和感染病专家 Buchanan B. G. 开始合作研制 MYCIN，并于 1974 年完成。MYCIN 可以和内科专家进行交谈，并能够获取各种可能的化验数据，可以在化验数据不齐全的情况下推理出合理的诊断结果。MYCIN 第一次使用了知识库的概念，并使用可信度因子来实现不精确推理求解的启发式程序，该系统便于使用、理解、修改和扩充。MYCIN 是世界上第一个功能较全面的专家系统。HEARSAY 系统是语言理解领域的专家系统，该系统由 Carnegie-Mellon 大学的 Erman L. D. 等设计，1973 年 HEARSAY-Ⅰ问世，1977 年 HEARSAY-Ⅱ研制成功。HEARSAY-Ⅱ为多个知识源、不同抽象级和不同类型的知识组织提供了一个统一的模块化“黑板”结构。黑板结构极大地提高了不同知识源的知识和策略进行组合时的灵活性，避免了不必要的重复推理，便于在控制策略下对问题的求解状态有整体的认识。在这个时期，模块化的知识结构思想已被专家系统的研究者普遍接受。PROSPECTOR 是一个根据地质数据寻找矿藏的专家咨询系统，它运用了规则与语义网相结合的混合结构，在数据不确定和不完全的情况下，运用似然技术进行推理，另外 PROSPECTOR 有一个获取知识的子系统 KAS。元知识概念、黑板、产生式系统、框架和语义网络知识表达以及知识工程概念的提出，宣告了专家系统已走向成熟。

(4) 发展阶段(1978 至今)。20 世纪 80 年代，专家系统步入了商品化的时代，1987 年研制成功的专家系统有一千多种。专家系统的应用领域不断拓宽，它广泛地应用于医学、地质勘探、石油天然气资源评价、数学、物理学、化学的科学发现以及企业管理、工业控制、经济决策等方面。专家系统在上述领域所起到解释、预测、诊断、故障排除、设计、规划、监视、修正、教学和控制等作用，它所处理问题的难度和复杂度不断增大。以 EMYCMIN、EXPERT 为代表的建造专家系统的骨架系统工具已经出现，基本骨架是指由知识表示框架、推理机制等专家系统的基本构件组成的开发专家系统的框架。当这个基本骨架中填入新领域的专门知识形成新的知识库时，便产生了一个新的专家系统。基本骨架极大地缩短了专家系统的研制时间。知识获取是建造专家系统的“瓶颈”，其中心任务是获取知识，在 TEIRESIAS 系统中运用的专家知识交互传送方式可以实现系统自动地获取知识，这种方式已被大范围的接受和使用。由于专家系统中知识的数量越来越庞大，知识的层次繁多，人们正尝试把数据库管理系统技术引入知识库的管理之中。

专家系统是人工智能的应用领域，它的研制和推广使社会获得了巨大的经济效益和社会效益。作为一种实用工具，它为人类专家知识的保存、使用、传播和评价提供了一种有效的手段，延伸了人类专家的能力。

2）专家系统的发展展望

模糊技术、神经网络和面向对象等新技术的迅速崛起为专家系统注入了新的活力，专家系统与这些新技术的融合将是专家系统发展的总趋势。专家系统将从单学科、单功能、专门性的小型专家系统向多学科、多功能、综合性的知识系统发展。今后一段时间内，专家系统的研究主要集中在以下三个方面：

（1）知识表示方法。知识表示有表层和深层表示之分。表层方法只表示事物表面的联系，目前使用较多的方法是表层表示法，如产生式系统的表示是建立在“IF…THEN”经验法则之上，其推理过程依靠规则的链接，如果缺少某一环节推理就无法进行下去，这就造成知识库中的规则数目庞大，给规则选择带来困难，推理过程中间任何一个环节出了差错，推理结果就会随之发生重大改变。深层方法可以表示事物的本质联系，它可以消除表层表示法的缺点，做到在没有直接选中知识库中的规则时进行推理，深层表示法目前尚处于研究阶段。此外，如何将多种知识表示方法有机地结合起来用以表示系统所需要知识的研究具有十分重要的意义，这种方法不但可以解决单个知识表示方法表达能力有限的问题，也避免了针对一个专家系统就需要设计一种新的知识表示方法的问题。

（2）知识获取方式。知识获取在整个专家系统的研制中占有很重要的地位，知识库的容量和新旧知识的更替方法是专家系统的核心技术之一，是专家系统正确运行的保证。由于领域专家很难系统表述其拥有的知识，这就需要建立良好的知识分类体系和清晰的概念，才能详尽地提取专家的知识。此外，知识库要易于接受新知识的输入，开发知识库的自学习能力，使系统可以通过实例自动修改、更新和删除知识库中的知识。

（3）加快系统开发工具的研制。这些工具包括通用语言、骨架工具和辅助工具等。系统工具的开发可以减短专家系统开发的周期，减少研制费用的投入，从而加快专家系统商品化、市场化的步伐，推动专家系统的发展。

目前人们正在采用各种新技术、新思想研制新一代专家系统，它们一般具有如下功能：

（1）分布式处理功能。系统中的多处理器应该能同时并行工作并能异步并行处理。分布式处理要求系统做到功能合理均衡地分布、知识库和数据库适当地分布。

（2）协同功能。系统能综合多个相近领域的专家系统的功能，使多个专家系统能够共同解决问题。

（3）高级专用语言。系统建立时，一般只需要用一种高级专用描述语言对系统进行功能、性能、接口的描述，并用知识表示语言描述领域知识，系统的生成子系统就能自动或半自动地选择一种合适的知识表示方法，把描述的知识形成一个知识库，并且随之形成相应的推理执行构件、用户接口、学习模块等。

（4）高级知识的获取与学习功能。即自学习机制，专家系统应该能根据知识库中已有的知识和实例通过推理和归纳的方法获得新知识，不断扩充知识库。

（5）深层推理机制。现行的推理机制多为浅层推理，新一代专家系统会逐步实现深层推理，深层推理机制能够在知识不完全或有噪声的情况下利用已有知识进行合理推理，这将使推理机制有重大的突破。

（6）自我纠错和完善的能力。具有系统优劣的鉴别标准，并在标准的控制下能通过反复的运行不断地修改错误、不断完善自身，期望实现自身知识的不断积累和丰富。

（7）智能人机接口。系统期望实现语言、文字、图形、图像的直接输入、输出，达到理解自然语言的能力。

19.2　专家系统的开发与设计

专家系统通过在系统中存储大量与应用领域有关的专门知识来取得高水平的问题求解。它将问题求解中的知识组成知识库实体，并通过独立于知识库之外的策略控制对知识库进行处理，其核心是知识，知识的数量和质量是一个专家系统性能是否优越的决定性因素。专家系统设计的基本思想是将知识库和推理策略分开。整个系统的工作过程是从知识库出发，在推理策略的控制下利用存储起来的知识分析与处理问题。

19.2.1　专家系统开发设计的前提和原则

1）专家系统开发设计的前提

不是所有的专业领域内的问题都适合用专家系统来解决，某个问题的解决是否有必要设计专家系统大体取决于以下四个方面：

(1) 待解决问题的局领域中存在公认的专家

如要设计一个专家系统，首先必须确定解决该领域的问题不是特别复杂，存在知识丰富的专家可以在正确率很高的情况下解决问题。不存在公认专家的领域就不适合用专家系统解决问题，比如地震预报之类准确性不高的领域。

(2) 需要通过启发式的方法解决问题

对于存在成熟的规则解法领域中的问题，运用传统的程序设计方法就能够很好的解决，所以不存在设计专家系统的必要性，只有在人类还没有掌握其成熟解法的领域内专家系统才能体现它的优越性。

(3) 领域专家的知识能够清楚的表达

能够清楚表达的专家知识才可能被知识工程师整理出来，并将其形式化表达。过分依赖感觉的工作领域不适宜开发专家系统。

(4) 所解决问题的范围和难度适当

问题的范围不宜太大，因为现阶段还不存在通用的知识表示和知识获取技术，问题的难度太大专家系统的构造就存在问题，而过于简单就失去了专家系统存在的必要性。

2）专家系统设计的原则

专家系统一般是渐进式设计，通过知识库由小到大逐步扩充，系统要经过不断的评价、改进才能交付使用。专家系统设计一般遵循以下原则：

(1) 知识与知识处理机构分开和相互独立的原则

专家系统设计时，应将独立存放知识的知识库与推理机、解释系统相互独立。这样可以使系统具有良好的模块性、可扩充性和可维护性。

(2) 功能模块化构造的原则

专家系统设计时，应该将系统功能分模块进行构造。这样可以使得系统结构清晰、容易调试。

(3) 专家合作、用户参与原则

领域专家与知识工程师合作是系统成功的关键，用户参与系统的设计和开发，对人机接口设计的交互性有很大的帮助。

(4) 交互性原则

人机接口和知识库等都必须具有良好的交互性，这样才能便于领域专家和用户进行信息传输和结果输出。

19.2.2 专家系统设计的步骤

专家系统的设计一般可分为系统初步设计、系统模型建立、知识库维护等三个步骤。

1）初步设计

（1）初步设计的工作内容

专家系统初步设计的工作内容，主要包括：① 在领域专家的协作下明确专家系统期望实现的目标；② 确定参与系统研制的专家和知识源；③ 在领域专家的指导下，对系统求解目标任务的主要概念、关系、假设和约束等进行图解形式的描述；④ 选择合适的知识表示法形式化表示图解内容；⑤ 确定推理的机制策略与控制方向。其中，知识表示方法和推理机制策略的选择非常关键。

（2）知识表示方法的选择

知识表示就是将知识符号化、形式化，知识表示方法就是设计数据结构。目前还没有一种通用、完善的知识表示模式，所以选择有效的知识表示方法十分重要。适合于解决某一问题的知识表示方法，应该可以理解、易推理，并具有模块性。知识表示方法首先应该具备完备性，包括语法的完备性和语义的完备性，具有表达待解决领域问题各种知识的能力，否则将影响专家系统解决问题的能力。其次，知识库中的知识必须具有一致性，不能相互矛盾。再次，知识表示必须能正确地反映知识的实际内涵，这样才能保证系统得出的结论正确、提出的建议合理。此外，专家系统的知识表示还应不仅便于用户理解、访问，而且有助于系统对用户解释其行为。

常见的知识表示方法主要有：产生式表示法、逻辑表示法、语义网络表示法和框架表示法等。

① 产生式表示法。产生式表示法一般用于产生式系统，采用这种表示法的专家系统称为基于规则的专家系统。产生式表示法的一般形式为：$P \longrightarrow Q$，P 表示一组前提条件，Q 表示一组结论。它的含义为：如果满足 P 前提，那么可以推出 Q 结论。产生式系统一般由全局数据库、规则库、推理机这三个基本部分组成。全局数据库是一组与特定问题有关的各种临时信息，它用于问题描述和环境描述，全局数据库被称为短期记忆器。规则库是由一组产生式规则组成的。一个规则的条件部分通常是全局数据库中某些有关数据的断言，动作部分一般是能改变全局数据库中数据的断言。当全局数据库中的数据满足某一条规则的条件时，该规则的动作部分可以改变全局数据库中的数据。规则库中的知识是针对整个问题领域的知识，所以规则库中的知识较全局数据库中的知识稳定，规则库被称为长期记忆器。推理机负责把规则的条件部分与全局数据库中的内容进行比较，能够匹配的规则被称为触发规则，触发规则一般有多个，然后在触发规则中通过冲突消解过程选择一条规则，这条规则被称为启用规则。推理机根据启用规则的动作部分的描述来修改全局数据库中的内容。推理机的工作程序可以概括为“匹配—冲突消解—操作”的循环运转直到问题的解决。

② 逻辑表示法。逻辑表示法是基于逻辑的知识表示法。这种表示方法主要用于自动定理证明、问题解答和机器人等领域，逻辑系统是从已知为真的事实出发根据一个公理系统和若干条规则推理得到新的事实。谓语是刻画个体的性质或个体间关系的模式，包含 n 个个体变量的谓语叫做 n 元谓语，相应谓语个体变量取为某个固定值就叫做命题。比如：定义谓语为 $R(x,y,z)$：$x+y=z$，这样 $R(1,2,3)$ 就表示 $1+2=3$。运用 $\wedge$、$\vee$、$\neg$、$\rightarrow$ 等逻辑联结词可以将简单命题表示为复杂的知识。逻辑表示法的表达能力强，它所表示的范围依赖于不含任何联结词和量词的原子谓语的种类和语义，原子谓语经过联结词的联结和两种量词的约束就构成谓语合式公式。

③ 语义网络表示法。语义网络法是 1966 年由 Quillian J. R. 作为人类联想记忆的一个显示心理学模型提出来的。一个语义网络就是一个带有标识的有向图，有向图的节点即为事物、概念、属性及知识实体等，有向图的弧表示所联结的节点之间的某种语义关系。有向图的边和节点都带有标识，用以区分各种不同的对象和对象之间的联系。我们可以将一个语义网 SN 描述为：$SN=\{N,E\}$，N 是节点的集合，E 是有向边的集合。网络中节点之间的联系可以采用系统预定义也可以采用用户自定义。用二元谓语描述的事实基本上都可以采用语义网来表示，通过二元谓语向多元谓语的转化语义网就可以用来表示复杂的结构。

④ 框架表示法。人类大脑中储存有大量表达从前经验和知识的结构，即为框架。人们在分析面临的新问题时一般是从自己的记忆中选择一个合理的框架，根据新问题的实际情况对框架加以修改、补充和推断，从而形成对新问题的认识。在专家系统中，框架是一种定型状态的数据，它的顶层是固定的，表示某个固定的概念、对象或事件，框架的下层由多个槽组成，每个槽可以由任意有限数目的侧面组成，每个侧面可以有任意有限数目的数值，侧面还可以是一个子框架。相互关联的框架联结起来就组成框架网络，多个框架网络通过信息检索可以组成更大的系统，用来表示一块完整的知识。下面是框架的一般形式。

框架名：

槽名 1：侧面名 11（值 111，值 112，…）
侧面名 12（值 121，值 122，…）
⋮
侧面名 1n（值 1n1，值 1n2，…）
槽名 2：侧面名 21（值 211，值 212，…）
侧面名 22（值 221，值 222，…）
⋮
侧面名 2n（值 2n1，值 2n2，…）
⋮
槽名 n：侧面名 n1（值 n11，值 n12，…）
侧面名 n2（值 n21，值 n22，…）
⋮
侧面名 nn（值 nn1，值 nn2，…）

(3) 推理机制策略的选择。

推理是根据一定的原则从已知事实出发推断出新知识的过程，专家系统中的推理是基于已有知识的推理。根据推理方式的不同可以将其分为：演绎推理和归纳推理、精确推理和不精确推理、单调推理和非单调推理。推理过程先做什么、后做什么是由推理策略决定的，不同策略的推理方向是不同的。一般可以将推理策略分为以下几种：

① 冲突消除策略。冲突消除策略解决如何在多条知识中选择合理的一条知识。专家系统中一般采用简单直观的消除冲突策略，即将多条知识按优先级排序，优先选择优先级高的知识。优先级的排序策略一般有：专一性排序、知识组织次序排序、数据排序、就近排序、分块组织和数据冗余限制方式。

② 正向推理控制策略。正向推理策略就是从有用信息出发，寻找可用知识，通过冲突消解选择知识并执行，逐步求解直至问题解决。在求解过程中用户将与问题有关的信息存入数据库，推理机根据这些信息从数据库中选择合适的知识，得出新信息存入数据库，当求出一个符合

条件的解或所有符合条件的解则推理结束。运用正向推理策略用户可以主动提供问题的有关信息,并且系统对用户输入事实可以做出快速反应,但是求解过程中可能要执行很多与问题求解无关的操作,所以该推理策略的过程效率较低。

③ 反向推理控制策略。反向推理的基本策略是:先假设一个目标,然后在知识库中找出导致这个目标的知识集,检查知识集中每条知识的条件部分,如果某条知识的所有条件均能得到满足,或者均能与当前数据库中的内容相匹配,那么就将这条知识的结论加到当前数据库中,这个结论就被证明了,否则就把该知识的条件项作为新的子目标,递归执行上述操作,直到"与"关系的子目标全部出现在数据库中,或者"或"目标有一个出现在数据库中,目标求解完成。如果子目标分解到不能再分解且数据库不能实现匹配,则这个假设目标为假,系统会提出新的假设目标。反向推理策略的方向性很强,并且能为用户提供明确的解释。但是系统能不使用那些与假设目标无关的知识,推理策略的初始目标选择较为盲目,不能通过用户自愿提供的有用信息来操作。

④ 混合推理策略。混合推理策略可以综合运用正向推理和反向推理的优点。混合推理策略的基本思想为:利用正向推理选择初始目标,即从已知事实演绎出部分结果并据此选择一个目标;然后利用反向推理对目标求解,在求解这个目标时又会得到用户提供的更多的信息,这时再利用正向推理选择新目标,如此反复直至求解。

2) 原型系统的开发

选择合适的程序设计语言或专家系统开发工具,设计推理工具或借助工具语言已有的推理机制把形式化表示的知识逐单元地转换为适合程序设计的语言或工具能接受的内部编码形式,输入知识库。不断对已有知识和新加入的知识的正确性和协调性进行测试,以期发现知识的不足之处,并对其进行完善。在这一阶段知识获取模块和解释机制等可交付使用,专家系统的雏形完成。其中,系统开发工具、知识获取方法和解释机制设计是关键。

(1) 系统开发工具

专家系统开发工具也叫做专家系统外壳或专家系统环境,当待解决问题的类型与工具所解决问题的类型相匹配时,利用专家系统开发工具可以提高专家系统设计和开发的效率。专家系统的开发工具可以分为:程序设计语言、知识工程语言、辅助型工具、支持工具和开发环境。

程序设计语言包括面向问题的语言和符号处理语言,它们是开发专家系统最基础的语言工具。面向问题的语言是为特定的问题类型而设计的,它便于代数运算的处理,而符号处理语言是为人工智能应用设计的。程序设计语言具有简洁的语法和一阶逻辑推理能力,有良好的通用性和灵活性,但是设计工作需要从头开始,开发周期长、效率低。

知识工程语言是专门用来建造和调试专家系统的语言,是为专家系统专门设计的一种特殊的高级工具,具有很强的支撑环境,它可以分为骨架型和通用型两种。骨架型知识工程语言是由一些已经成熟的专家系统抽去具体知识演化而来的,它保留了原有系统的基本骨架、外壳和功能,又称为专家系统外壳。利用骨架系统作为开发工具只要将新领域的知识填充到骨架系统中去,就可以生成新的专家系统。通用型知识工程语言是专门用于构造和调试专家系统的通用程序设计语言,它不依赖于任何已有的专家系统,在开发新系统时需要从头做起,具有较大的灵活性和通用性,比较难以应用。

辅助型工具是专家系统开发工具中支撑环境的部分,主要用于建造高质量的知识库和调试专家系统,包括一些用来帮助获取知识、表达知识的程序以及帮助知识工程师设计专家系统的程序。按照功能和特性它可以分为知识获取辅助工具和系统设计助手。

支持工具用于执行与专家系统建造工具的连接，帮助用户与专家系统对话，辅助程序的调试或作为程序调试的一部分。支持工具由程序设计辅助和解释设施两部分组成。

专家系统开发环境是以一种或多种工具和方法为核心，专为高效率开发专家系统而设计和实现的大型智能计算机软件系统，加之与它配套的各种辅助工具和界面环境的完整集成，是一种集成化专家系统开发工具包。一个好的专家系统开发工具应向用户提供多方面的支持，包括系统分析、知识获取、程序设计、系统调试与维护等。

(2) 知识获取方法

知识获取是指在系统尚未建立或知识库为空的情况下所进行的问题领域知识的抽取和转换，包括确定问题、概念化、形式化、实现、测试与评估修改和完善各个阶段。知识获取的基本方法有：会谈式知识获取、案例分析式知识获取、教学式知识获取、归纳式知识获取和假设式知识获取。

会谈式知识获取是通过知识工程师与领域专家直接对话获取知识，会谈以问答或磋商与讨论的形式进行。经过反复讨论后形成文本，文本是对领域问题所涉及的重要概念的详细说明，文本编撰完毕后即可开始概念化工作。案例分析知识获取是以具体案例为基础，根据案例所提供的材料进行分析、归纳，产生问题解决的文本，然后建造专家知识的结构模型。教学式知识获取是知识工程师通过知识编译器给计算机直接传授知识的知识获取方法。归纳式知识获取是从一些特定案例以及不完全、不精确的布局事实、关系和概念等出发归结出带有一般性的推理模式或因果关系。假设式知识获取是根据对外界现象的观察，进行归纳、联想、类比、分析与综合，形成并验证假设，若验证结果与外界现象符合则假设成立；如果外界现象和结果不符合则假设不成立，根据现象和结果之间的差异修改假设，并再次验证，直到得出满意的结果。

(3) 解释机制的设计

解释的基础是知识和知识在问题求解过程中的应用。解释机制的设计必须基于知识和知识表达以及规则的推理。解释系统从用户提问结论开始逆向追踪支持结论的中间假设或数据，每回溯一步都对应着知识库中一条规则的推理，解释机制综合这些中间推理，并将它们转换成用户能够理解的方式呈现给用户。

解释机制的结构取决于知识库中知识的形式化和知识获取，其结构设计中必须考虑用户模型和表达方式。用户模型确定了解释的内容，表达方式是关于解释的叙述。

3) 知识库的维护

当原型系统开发完成后，由领域专家选择一些有代表性的实验例子，对这些例子进行求解，通过实例求解发现专家系统存在的问题，不断对其进行改进，直到领域专家和知识工程师都满意为止交付用户使用。在用户使用过程中还要不断地对系统进行维护和修改。

19.3　基于人工神经网络的专家系统

19.3.1　人工神经网络的概念与特点

1) 人工神经网络的概念

人工神经网络是在现代神经科学研究成果的基础上，模仿生物神经系统功能的一种新型信息处理的计算机体系。人工神经网络由大量的简单处理单元(神经元)广泛并行互联构成的非线性、非定常性、动态的动力系统。神经元是神经网络的基本处理单元，是神经网络的最基本的组成部分。每个神经元的结构和功能十分简单，但当它们大量聚集在一起组成神经网络时，系统的行为就变得十分复杂多样。人工神经网络的知识处理是并行的，信息表达是分布的，知识是用连接强度表示的，学习的目的就是要找到一组正确的连接强度，以便在一定的条件下产生正确的激活模式。

人工神经网络由处理单元、激活状态、单元输出、连接模式和学习规则这六部分组成。在每一时刻，各个 u_i（处理单元）都有一个激活值 a_i，该激活值通过函数 f_i 产生一个输出值 o_i。通过单元之间的连接，o_i 被传送到其他单元。每个连接都有一个实数连接强度 w_{ij} 与之对应，它表示第 j 个单元对第 i 个单元影响的性质和大小。采用某种运算把所有的输入结合起来就得到一个单元的净输入。单元的净输入和当前的激活值通过函数 F 作用，就产生一个新的激活值。以连接强度作为经验的函数随着学习过程而发生变化。因此系统逐步演化，最后达到稳定状态。

神经网络中发生的动力学过程有两类：快过程和慢过程。快过程是神经网络的计算过程，它是神经网络活跃状态的模式变换过程。神经网络在输入的影响下进入一定的状态，由于神经元之间相互联系以及神经元本身的动力学性质，这种外界刺激的兴奋模式会迅速的演变而进入平衡状态。具有特定结构的神经网络可以定义一类模式变换，而计算过程就是通过这类模式变换而实现的。快速过程是短期记忆的基础，从输入态到它的邻近某平衡态的映射是多对一的映射关系。这种关系可以用来实现联想存储等功能，这种信息的存取方法具有一定的推广能力，即可以把一组邻近的输入态映射到同一平衡态中去。慢过程是神经网络的学习过程，在该过程中神经元之间的连接强度将根据环境信息发生缓慢的变化，将环境信息逐步存储于神经网络中，这种由连接强度的变化而形成的记忆是长久的。慢过程的目标不是寻求某个平衡状态，而是希望形成一个具有一定结构的自组织系统，自组织神经网络通过与环境交互从外界环境中获取知识。按照快过程与慢过程的不同处理方法可以把神经网络分为两种不同的模式，即学习神经网络模式和自组织模式。学习神经网络模式的主要特点是把慢过程与快过程分离，该模式把快过程看作是一个自治的动力学过程，而慢过程则是一个外加的对神经网络的连接强度进行系统调节的过程。这种方法不能实现“边学边干”。自组织模式把慢过程看作是与快过程同时进行而又相互影响的一个自组织过程，该模式神经网络的连接强度也是动力学系统的变量而不是参数，系统是一个统一的自治动力学系统，学习和自适应可以自发进行。这种系统可以实现“边学边干”。

2）人工神经网络的特点

人工神经网络具有如下特点：

（1）人工神经网络不仅在形式上模拟了生物神经系统，它也确实具有大脑的一些基本特征。首先，从系统构成的形式上看，由于人工神经网络是受生物神经系统的启发构成的，从神经元本身到连接模式，基本上都是与生物神经系统相似的方式工作的。这里的人工神经元与生物神经元相对应，可以改变强度的联结则与突触相对应。其次，从表现特征上来看，人工神经网络也力求模拟生物神经系统的基本运行方式：例如，可以通过相应的学习、训练算法，将蕴含在一个较大数据集中的数据联系抽象出来。就像人们可以不断地探索规律、总结经验一样，可以从先前得到的例子按要求产生出新的实例，在一定程度上实现了“举一反三”的功能。

（2）学习能力。人工神经网络可以根据所在的环境去改变它的行为。也就是说，人工神经网络可以接受用户提交的样本集合，依照系统给定的算法，不断地修正用来确定系统行为的神经元之间的联结强度，而且在网络的基本构成确定之后，这种改变是根据其接受的样本集合自然地进行的。一般来说,用户不需要再根据所遇到的样本集合去对网络的学习算法做相应的调整。也就是说,人工神经网络具有良好的学习功能。由于在传统的专家系统的研究中,虽然人们对学习问题付出了极大的努力,但是系统的自学习能力差依然是阻碍其获得广泛应用的最大障碍。而人工神经网络具有良好的学习功能的这一性能,使得人们对它产生了极大的兴趣。人工神经网络的这一特性称为"自学习功能",这与传统的专家系统要花较大的力气去研究系统的学习问题形成对照。

在学习过程中,人工神经网络不断地从所接受的样本集合中提取该集合所蕴含的基本成分,并将其以神经元之间的连接权重的形式存放于系统中。例如,可以构造一个异相连的网络,它在接受样本集合A时,可以抽取集合A中的输入数据与输出数据之间的映射关系。如果样本集合变成了B,它同样可以抽取集合B中输入数据与输出数据之间的映射关系。再例如,对于某一模式可以用它的含有不同噪声的数据去训练一个网络,在这些数据选择得比较恰当的前提下,可以使得网络今后在遇到类似的含有一定缺陷的数据时,仍然能够得到它对应的完整的模式。这表明人工神经网络可以学会按要求产生它从未遇到过的模式。有时候又将人工神经网络的这一功能叫作"抽象"功能。

(3) 普遍化能力。由于其运算的不精确性,人工神经网络在被训练后,不能反应输入的微小变化。与事物的两面性相对应,虽然在要求高精度计算时,这种不精确性是一个缺陷,但是,有些场合这一点又是系统的良好性能。例如,可以使这种不精确性表现成"去噪音、容残缺"的能力,而这对模式识别有时恰好是非常重要的。还可以利用这种不精确性,比较自然地实现模式的自动分类。值得注意的是,人工神经网络的这种特性不是通过隐含在专门设计的计算机程序中的人类的智能来实现,而是其自身的结构所固有的特性所决定的。

(4) 信息的分布存放。信息的分布存放给人工神经网络提供了另一种特殊的功能。由于一个信息被分布存放在几乎整个网络中,所以当其中的某一个点或者某几个点被破坏时,信息仍然可以被存取。这能够保证系统在受到一定的损伤时还可以正常工作。但是,这并不是说可以任意地对完成学习的网络进行修改。也正是由于信息的分布存放,对一类网络来说,当它完成学习时如果再让它学习新的东西,这时就会破坏原来已学会的东西。

(5) 适用性问题。人工神经网络并不可以解决所有问题,它有自己的适合领域。人脑既能进行形象思维又能进行逻辑思维,传统的人工智能技术模拟的是逻辑思维,人工神经网络模拟的是形象思维,而这两者适用的方面是不同的,所以人工神经网络擅长于形象思维的问题的处理。这类问题主要包括两个方面:对大量的数据进行分类并且只有较少的几种情况;必须学习一个复杂的非线性映射。

19.3.2 人工神经网络的结构和学习方式

1) 人工神经网络的结构

网络的拓扑结构是人工神经网络的一个重要的特征,从连接方式看人工神经网络主要有以下两种。

(1) 前反馈网络

各神经元接受前一层的输入,并输出给下一层,没有反馈。节点分为两类,即输入单元和计算单元,每一计算单元可以有任意多个输入,但只能有一个输出(它可以耦合到任意多个其他节点作为其输入)。前反馈网络可以分为不同的层,第 i 层的输入只与第 $i-1$ 层输出相连,输入和输出节点与外界相连,而其他中间层则称为隐层(见图19.2)。

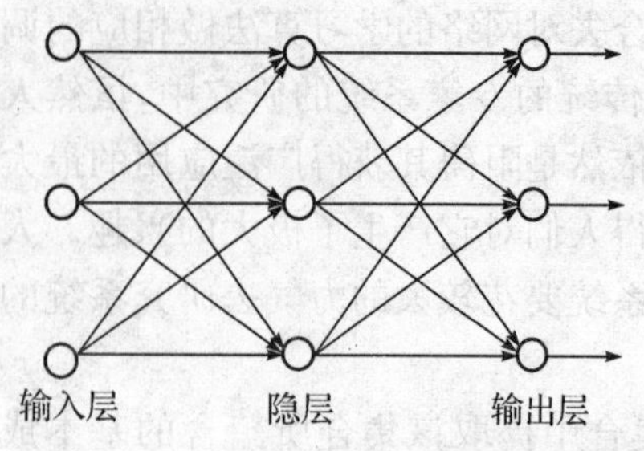

图 19.2　前反馈人工神经网络的结构

(2) 反馈型网络

反馈型网络中所有点都是计算单元,可以接受输入也可以向外界输出。这种网络是一个无向图,其中每个连接点都是双向的。若单元总数为 n,则每一节点有 $(n-1)$ 个输入和 1 个输出。

神经网络的工作过程主要分为两个阶段:一个阶段是学习期,这个时期各个计算单元状态不变,各连线上的权值通过学习来修改;另一个阶段是工作期,此时连接权重固定,计算单元状态变化,已达到某种稳定状态。

从作用效果看,前馈网络主要是函数映射,可以用于模式识别和函数逼近。按对能量函数的所有极小点的利用情况,可以将反馈网络分为两类:一类是能量函数的所有极小点都起作用,主要用作各种联想存储器;另一类只利用全局极小点,它主要用于求解优化问题。

2) 人工神经网络的学习方式

通过向环境学习获取知识并改进自身性能是人工神经网络的一个重要特点。在一般情况下,性能的改善是按照某种预定的度量通过调节自身参数(权值)随时间逐步达到的。学习的方式主要有以下三种:

(1) 有教师学习。这种学习方式需要外界存在一个“教师”,它可以对给定一组输入提供应有的输出结果,这组已知的输入、输出数据称为训练样本集,学习系统可以根据已知输出与实际输出之间的差值来调节系统参数。

(2) 无教师学习。非监督学习不存在外部教师,学习系统完全按照环境提供数据的某些统计规律来调节自身参数或结构(这是一种自组织过程),以表示外部输入的某种固有特性(如聚类或某种统计上的分布特征)。

(3) 强化学习。这种学习介于上述两种情况之间,外部环境对系统输出结果只给出评价信息而不是给出正确答案。学习系统通过强化那些受奖励的动作来改善自身的性能。

19.3.3　基于人工神经网络专家系统的优点与应用

1) 基于人工神经网络专家系统的优点

与传统专家系统相比,基于人工神经网络的专家系统有许多长处。表现在如下几个方面:

(1) 固有的并行性。人工神经网络无论从结构上,还是从处理顺序方面都具有固有的并行性。无论采用何种网络拓扑结构,每一层网络中神经元的个数远远大于网络的层数,而同一层神经元的操作是并行的,因而基于人工神经网络专家系统操作上是高度并行的。

(2) 分布式联想存储。基于人工神经网络的专家系统以分布及联想方式存储信息。神经网络的连接权值是它的记忆单元,一个输入和期望输出表达的知识分布于神经网络的所有存储单元中,并且与存储在网络中的其他所有知识项共享这些存储单元。

(3) 较好的容错性。通常人工神经网络总是包含大量的神经元和大量的连接关系,同时信息是分布式存储的,当一些神经元遭到破坏,整个系统仍能正常工作,因而基于人工神经网络专家系统具有高度的容错能力和坚韧性。

(4) 自适应能力。由于人工神经网络的连接权值可以改变,就使得网络的拓扑结构具有非常大的可塑性,从而使基于人工神经网络专家系统具有很高的自适应能力。

(5) 通过实例学习的能力。传统专家系统中知识是用显式规则表达的，而人工神经网络可以通过学习产生自己的隐式规则。基于人工神经网络专家系统的学习是由一组学习法则指导实现的，系统通过对输入和期望输出对的反应来调整连接权值达到学习的目的。

人工神经网络专家系统具有强大的学习能力，能从样本中学习并获取知识，易于实现并行运算，而且便于硬件上的实现，从而可以大大提高系统的速度；同时由于信息在网络中是分布表示的，因而它对带有噪声或缺损的输入信息有很强的适应能力。神经网络的这些长处正是传统的专家系统所缺乏的。但是，与传统专家系统相比，人工神经网络专家系统也有一些明显的缺陷。例如，人工神经网络专家系统的学习及问题求解具有"黑箱"特性，其求解结果不具有可解释性，人们无法知道系统得出的结论是如何得到的，而"解释"工作恰恰对于许多应用领域来说是非常必要的。此外神经网络的学习周期长，大部分学习算法的收敛速度较慢，缺乏有效的追加学习能力，为了让一个已经训练好的系统再学习几个样本，常常要对整个系统重新进行训练，包括对已训练好的样本也要一起重新训练，这样会引起时间上的浪费。人工神经网络专家系统与传统专家系统各有自己的长处与不足，而且一方的长处往往又是另一方的短处，如若两者很好的结合起来就能很好地实现对问题的求解。

人工神经网络专家系统采用隐式知识表示。知识不再是基于规则的，而是将某一问题的若干知识表示在同一网络中，即用各处理单元之间的连接强度来表示。知识表示具有统一的内部知识表示形式，能够表示事物复杂关系，通过学习即可获得网络的各个参数，任何知识都可变换成数字形式，便于知识库的组织和管理，也便于知识的自动获取。人工神经网络专家系统的知识库的建立是通过训练学习完成的。机器学习程序可从实例中提取有关知识，并通过矩阵及系统参数进行训练，将有关知识以网络形式表示。

人工神经网络专家系统的知识推理过程是一个数学计算过程。它按照一定的算法，通过人工神经网络单元之间所包含的关系，不断在问题求解空间进行并行计算，直至得出最终满意的解。人工神经网络推理的并行计算过程取代了传统符号处理中的匹配搜索、回溯等过程，从而提高了推理效率。当问题求解的输入模式与训练实例集中的某个实例的输入的模式相同时，人工神经网络经过推理得到的结果就是与该实例相对应的输出模式；当它们不完全一致时就得到与其最相近的训练实例的输入模式所对应的输出模式；当它们相差很远时，就不能得到推理结果，这时可把这一实例作为新的训练样本，通过调节神经元之间连接权值，使系统获得新的知识，并存储在网络中。

2) 人工神经网络专家系统在土地评价中的应用

由于土地评价的复杂性，很难利用传统的基于规则的方法构造土地评价专家系统，无法用 IF…THEN 那样强约束的语句模拟土地专家的评价过程。人工神经网络专家系统以其自组织性、自学习性，能够较好地模拟人的并行性和分布性的思维推理过程，能够自动建立和表达复杂、模糊的特征间关系，使其应用于土地评价成为可行。采用人工神经网络专家系统建立土地评价系统时，不需要考虑各个评价因子的相关性、数量特征以及评价等级的映射关系，只需利用所得到的训练集来训练人工神经网络，就能自动建立映射函数，所有的关系与知识均分布存储于神经元之间的联系强度上。

采用人工神经网络专家系统进行土地评价，一般是在地理信息系统的支持下，利用人工神经网络模型存储土地专家的评价经验和方法，模拟土地评价的具体思维过程，形成一个解决复杂的土地评价问题的软件系统，起到一个土地评价专家的作用，系统可以简捷快速地学习、管理知识库知识，对评价做出合理的解释，找出主导性因子。采用人工神经网络专家系统进行土地评价的流程见图 19.3(据赵霈生、陈百明)。

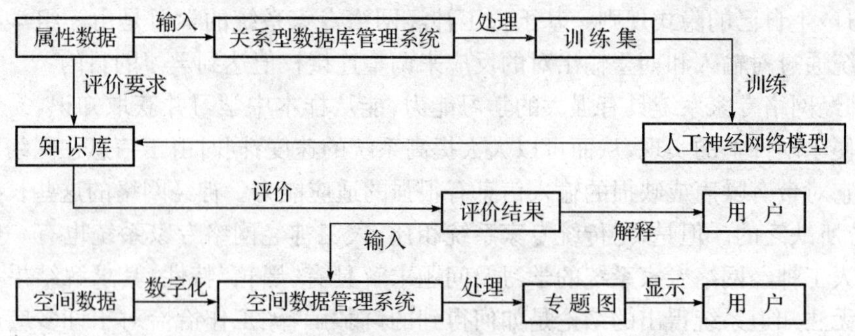

图 19.3　人工神经网络专家系统土地评价的流程

参 考 文 献

1　敖志刚.人工智能与专家系统导论.合肥:中国科学技术大学出版社,2002

2　胡守仁,余少波,戴葵.神经网络导论.长沙:国防科技大学出版社,1992

3　蒋宗礼.人工神经网络导论. 北京:高等教育出版社,2001

4　武波,马玉祥.专家系统.北京:北京理工大学出版社,2001

5　印鉴,刘星成,汤庸译.专家系统原理与编程. 北京:机械工业出版社,2000

6　张立明.人工神经网络的模型及其应用.上海:复旦大学出版社,1993

7　张乃尧,阎平凡.神经网络与模糊控制. 北京:清华大学出版社,1996

8　赵霈生,陈百明.在土地评价中应用人工神经网络专家系统的理论与实践.中国土地科学,1998,12(2)

第四篇 应用篇

20 桂林市土地粮食的潜力及人粮关系的研究

20.1 研究目的与研究区概况

20.1.1 研究目的

我国东南低山丘陵分布于长江中下游平原以南浙、皖、赣、粤、桂、湘、鄂、闽 8 个省区的广大亚热带地区，由江南丘陵、浙闽丘陵和两广低山丘陵组成，面积约占全国的 7.30%，而人口却约占 13%，并有扩大趋势。该区拥有丰富多样的自然条件和丰富的水、热、土地和生物等自然资源，历来为我国农业和粮食生产的重要基地。但该地区同时也是我国主要的经济欠发达地区，其内有不少贫困县、区分布。根据区域发展的阶段性原理，对这类人多地少的山丘地区，发展粮食生产、协调人口与粮食关系是保证其区域可持续发展的关键之一。但近些年来，该区粮食产量增长缓慢，其中部分地区还有所下降并成为严重缺粮区，这已阻碍区域的持续发展。为此，需探讨该区粮食生产潜力及其发挥和实现，以及人粮关系的影响因素，从而切实采取措施促进粮食生产的持续发展，促进该地区人口、资源、环境和社会经济的协调发展。

20.1.2 研究区概况

桂林市位于我国广西壮族自治区的东北部，地跨东经 109°45′～110°40′，北纬 24°18′～25°41′。除桂林城区外，该市现辖郊区及临桂、阳朔两县，土地总面积 4 248 km^2。

桂林属典型亚热带喀斯特地貌，发育好、类型全、分布广，为世所罕见。类型可分为溶蚀地貌、侵蚀溶蚀地貌、侵蚀地貌及堆积地貌等。境内峰丛、峰林、孤峰和岩洞千姿百态、星罗棋布、美丽壮观，并构成丰富的空间组合和景观效果，为旅游业发展提供了坚实基础。该市中低山、丘陵、平地纵横交错，山间盆地较多，越城岭、都庞岭及海洋山呈东北—西南走向、平行排列，地势东西北及东南部高，西南部次之。土地地貌类型构成以中山、平地为主体，其中中山占 24.31%，低山占 5.05%，高丘占 8.72%，中丘占 12.74%，低丘占 1.66%，台地占 6.32%，平地占 22.68%，其他占 18.52%。

桂林地处我国低纬，属亚热带季风气候区。其基本特点是：光照充足，但春季光照少；热量丰富，四季分明；雨量充沛，多集中于春、夏两季；风向夏南冬北，风速不大。年均气温 19.0℃，最冷月 1 月平均气温 8.2℃，最热月 7 月为 28.3℃。年均日照时数1 600 h，太阳总辐射量 418.68 J/cm^2，无霜期长达 308 天左右，年蒸发量1 390 mm，年均相对湿度 75.8%，年均风速 2.57 m/s。年均降雨量1 872 mm，集中于 5～7 月，约占 74%，具有明显的季风气候特征。该市光、热、水资源大多分布于作物生长期内，为农业生产发展提供了有利条件。

该市地表、地下水资源丰富，主要河流有漓江、义江等，属西江水系。河流集雨面积 9 327 km^2，流经市内总长度 848 km，最大流量 26 554 m^3/s，最枯流量 37.6 m^3/s，年径流总量为 169.2 亿 m^3。据调查估算，全市水资源总量为 120.72 亿 m^3，其中地表水 90.46 亿 m^3，地下水 30.25 亿 m^3，可供水量 11.84 亿 m^3，水能蕴藏量 12.95 万 kW。矿产资源种类较多，金属矿有铁、锰、铜、铅、锌、银等，非金属矿有大理石、水泥灰岩、重晶石、水晶等。市域边远山区野生动物、中药和经济植物较丰富。

桂林市属红壤土带，据第二次土壤普查结果主要有 7 个土类、18 个亚类、52 个土属、167 个土种，其中红壤面积约占一半。土壤 pH 大多为 4.5～6.5，成土母质主要有砂页岩、冲积母质、洪积母质、第四纪红土、硅质岩、石灰岩，质地主要为粘土、亚粘土、亚砂土等。总体而言，该市土壤质地比较协调，有机质和氮素含量较高，但普遍少磷缺钾，耕层厚度薄，并存在一定程度的"三废"污染。

根据土地利用现状调查结果，该市各类土地利用类型面积构成见表 20.1。该市土地利用率（已利用土地占土地总面积比例）为 75.73%，远低于我国东部地区的平均水平（约为 93.1%）；垦殖率（耕地面积比例）为 20.83%，高于广西和全国平均水平（约为 14.4%和 13.2%）；耕地复种指数为 209.2%，高于广西和全国平均水平（约为 206.3%和 154.9%），但远低于我国东南其他省份水平；林地绿化率为 73.18%，远低于广西和全国水平（约为 98.2%和 88.2%）；森林覆盖率为 31.81%，高于广西和全国平均水平（约为 23.2%和 13.9%）。耕地农业劳动力投入为 5.4 人/hm^2、农机功率 2 000.8 W/hm^2、化肥投入 282.3 kg/hm^2，均低于广西平均水平（约为 7.1 人/hm^2、3 155.1 W/hm^2 和 365.0 kg/hm^2）；有效灌溉面积率为 63.0%，高于广西平均水平（58.0%）。主要农作为单产，水平较低，早稻 4 583 kg/hm^2（统计数据，下同），只为广西和全国平均的 78%和 83%；晚稻 4 166 kg/hm^2，为广西和全国平均的 90%和 81%。

表 20.1　桂林市土地利用类型面积构成*（hm^2）

行政区	耕地	园地	林地	牧草地	居民点及工矿用地	交通用地	水域	未利用地
全市	88 483.4 (20.83)	8 960.9 (2.11)	184 678.8 (43.47)	4 958.1 (1.17)	18 096.9 (4.26)	2 697.1 (0.64)	13 800.2 (3.25)	103 107.2 (24.27)
市郊	12 643.1 (22.53)	2 543.6 (4.53)	15 679.2 (27.94)	4 559.6 (8.13)	8 875.9 (15.82)	626.1 (1.12)	2 968.5 (5.29)	8 210.6 (14.63)
临桂	47 307.3 (21.03)	1 777.1 (0.79)	121 776.7 (54.13)	125.5 (0.06)	5 257.6 (2.34)	1 453.0 (0.65)	6 733.0 (2.99)	40 552.1 (18.02)
阳朔	28 533.0 (19.86)	4 639.2 (3.23)	47 222.9 (32.86)	273.0 (0.19)	3 962.5 (2.76)	618.0 (0.43)	4 098.1 (2.85)	54 344.5 (37.82)

* 括号内数字为占相应行政单位土地总面积百分比（%）。

在粮食生产方面，由于降雨量季节分配不均匀，加之喀斯特地貌的作用及其对水利设施建设的不利影响，该市河川地表径流与雨量同季，从而造成夏涝秋旱较为严重，不利于农业和粮食生产。全市粮食自给率 70%左右。

在综合自然区划上，桂林市属于以丘陵、山地、盆地为主的华中区江南、南岭亚区，在全国土地利用区划上则属于面积广大的江南（或称东南）低山丘陵土地利用区。另外，该市介于我国亚热带东部与西部及东部土山红壤与西部石山红壤、南亚热带与中亚热带等自然条件，以及东部沿海富裕发达与西部贫困落后社会经济的过渡带上。因此，该市土地资源与利用及区域持续发展问题等具有较广泛的代表性，其研究对指导我国南方红黄壤地区尤其是腹地广大东南山地丘陵区资源开发、生态环境保护和社会经济发展，以及西部贫困落后地区如何借鉴东部发达和较发达地区发展思路和模式并协调它们之间的相互关系等，具有重要意义。

20.2　土地粮食生产潜力

20.2.1　研究方法

1）概述

一个地区土地粮食生产潜力有趋势潜力和资源潜力之分。其中，趋势潜力主要根据历史产量采用统计预测方法测算，其结果能反映历史趋势条件下研究区域未来粮食产量发展可能达到的水平。虽然这种方法具有较多局限性，但对近、中期潜力预测仍能取得较好效果，并可借助关联分析等手段揭示社会经济及投入因素对粮食产量增长的影响。而资源潜力，则从作物光合作用与其环境要素相关原理出发，采用逐项资源要素订正方法，揭示粮食生产对光、温、水、土等自然资源的利用程度或限制作用的克服能力。这种方法物理意义清晰，能够较好地反映粮食生产潜力发挥与农业生态环境改善及农业综合技术水平提高之间的关系。本研究拟分别采用上述两种方法，进行桂林市土地粮食生产潜力测算。

2）趋势潜力测算及关联分析方法

本研究据该市 1988 年至 1995 年粮食产量及其影响因子（见表 20.2），进行趋势预测和关联分析。其中，趋势预测采用相除法 GM(1,1)模型，关联分析采用灰关联度方法。

表 20.2　桂林市历年粮食产量及其影响因子状况*

粮食产量及影响因子	1988 年	1989 年	1990 年	1991 年	1992 年	1993 年	1994 年	1995 年
总产量（万 kg）	27 896	29 667	31 850	32 547	34 703	34 827	34 165	34 123
单位面积产量（kg/hm^2）	2 359	2 543	2 761	2 751	2 924	2 989	2 946	2 891
粮地复种指数（%）	169	175	160	162	169	169	170	174
粮地面积（hm^2）	70 024	66 488	72 351	72 589	70 445	68 863	68 318	67 701
化肥投入（kg/hm^2）	430.2	466.7	502.6	465.9	520.1	547.4	569.1	550.6
劳力投入（人/hm^2）	2.05	2.23	2.39	2.60	2.51	2.48	2.53	2.46
氮肥投入（kg/hm^2）	217.4	234.1	254.2	251.9	267.6	281.1	276.6	258.4
磷肥投入（kg/hm^2）	121.2	130.8	142.1	132.9	152.0	156.8	158.0	145.5
钾肥投入（kg/hm^2）	62.5	67.1	69.4	61.9	71.7	74.6	84.9	93.3

* 单产和粮地面积已按耕地详查面积修正，与统计数值有所差异。

相除法 GM(1,1)模型预测的数学方法如下：

对于原始时间数列 $X=\{X(1),X(2),\cdots,X(n)\}$，若 $X(k)\neq 0$ 且 $X(k)/X(k-1)>0$，$(k=1,2,\cdots,n)$，相除法 GM(1,1) 模型所建立的预测方程为：

$$X(k)=\mathrm{B}\exp(bk)\quad k\in\mathbf{N}$$

方程的参数 b、B 估计分别为：

$$b=(n-1)^{-1}\sum_{k=1}^{n}\ln\frac{X(k)}{X(k-1)}$$

$$B=\sum_{k=1}^{n}X(k)\frac{\exp(bk)}{\exp(2bk)}$$

灰色关联度计算方法如下：

设有数列 $x_0=[x_0(1),x_0(2),\cdots,x_0(k),\cdots,x_0(n)]$

$x_1=[x_1(1),x_1(2),\cdots,x_1(k),\cdots,x_1(n)]$

$x_2=[x_2(1),x_2(2),\cdots,x_2(k),\cdots,x_2(n)]$

…………

$x_j=[x_j(1),x_j(2),\cdots,x_j(k),\cdots,x_j(n)]$

则 $x_1,x_2,\cdots,x_j$ 与 x_0 之间的关联度 $r_{01},r_{02},\cdots,r_{0j}$ 计算过程如下：

(1) 初值化

以 $x_0(1),x_1(1),x_2(1),\cdots,x_j(1)$，分别除 x_0 数列，x_1 数列，x_2 数列，…，x_j 数列，得到初值化序列：

$$y_0=[y_0(1),y_0(2),\cdots,y_0(k),\cdots,y_0(n)]$$

$$y_1=[y_1(1),y_1(2),\cdots,y_1(k),\cdots,y_1(n)]$$

$$y_2=[y_2(1),y_2(2),\cdots,y_2(k),\cdots,y_2(n)]$$

…………

$$y_j=[y_j(1),y_j(2),\cdots,y_j(k),\cdots,y_j(n)]$$

(2) 求差序列 $\Delta_j(k)$

据公式 $\Delta_j(k)=|y_0(k)-y_j(k)|$ 得到差序列：

$$\Delta_1=[\Delta_1(1),\Delta_1(2),\cdots,\Delta_1(k),\cdots,\Delta_1(n)]$$

$$\Delta_2=[\Delta_2(1),\Delta_2(2),\cdots,\Delta_2(k),\cdots,\Delta_2(n)]$$

…………

$$\Delta_j=[\Delta_j(1),\Delta_j(2),\cdots,\Delta_j(k),\cdots,\Delta_j(n)]$$

(3) 求 $\max\limits_{j\in I}\max\limits_{k}|y_0(k)-y_j(k)|$ 与 $\min\limits_{j\in I}\min\limits_{k}|y_0(k)-y_j(k)|$

其中，$I=(1,2,\cdots,j)$

(4) 求 $\xi_j(k)$

$$\xi_j(k)=\frac{\min\limits_{j\in I}\min\limits_{k}|y_0(k)-y_j(k)|+\xi\cdot\max\limits_{j\in I}\max\limits_{k}|y_0(k)-y_j(k)|}{|y_0(k)-y_j(k)|+|\xi\cdot\max\limits_{j\in I}\max\limits_{k}|y_0(k)-y_j(k)}$$

一般可取 $\xi=0.5$。

(5) 求关联度 r_{0j}

$$r_{0j}=\frac{1}{n}\sum_{k=1}^{n}\xi_j(k)$$

3) 各级资源潜力测算方法

(1) 光合及光温生产潜力

光合生产潜力 $y(Q)$ 和光温生产潜力 $y(Q,T)$，采用联合国粮农组织(FAO)所推荐的农业生态区域法(AEZ 法)进行测算。但 AEZ 法中的许多参数具有地区性，目前我国该方法中的有关参数值是根据 20 世纪 80 年代中期高产作物特性修正得到，而作物优良品种的更替往往使作物产量得到普遍提高。因此，需对根据原参数计算所得结果进行新品种增产效应校正。

(2) 气候生产潜力

气候生产力 $y(Q,T,W)$ 采用下式测算：

$$y(Q,T,W)=\left[1-k_y\left(1-\frac{ET_a}{ET_m}\right)\right]y(Q,T) \tag{20.1}$$

其中，
$$ET_m = k_c ET_0 \tag{20.2}$$
$$ET_0 = C(WR_1) \tag{20.3}$$

式中：$y(Q,T,W)$—— 气候生产力；

k_y—— 作物水分产量反映系数；

ET_m—— 最大蒸发蒸腾量；

k_c—— 作物系数；

ET_0—— 标准蒸发蒸腾量，本研究采用辐射法计算式(20.3)；

C—— 昼夜风速修正系数；

W—— 重力因子；

R_1—— 短波辐射量；

ET_a—— 实际蒸发蒸腾量，据 ET_m、土壤有效水分指数 ASI 及 $(1-P)S_aD$ 得到。其中土壤有效水分指数 ASI 计算公式如下：

$$ASI = \frac{P_e + W_b - (1-P)S_aD}{ET_m} \tag{20.4}$$

式中：S_a—— 单位厚度土壤有效水分；

D—— 根区深度；

P—— 保证 $ET_a = ET_m$ 的土壤有效水分；

P_e—— 计算期有效降雨量；

W_b—— 计算期初根深处的土壤有效水分，考虑到喀斯特地区地表径流蓄积较差的特点，当 W_b 达到饱和后雨量大于 15 mm 时，均取 $P_e = 15$ mm。

(3) 经济生产潜力

经济生产潜力 $y(Q,T,W,I)$，在光温、气候生产潜力基础上，根据不同投入水平，分别进行相应的土地质量、灌溉条件、养分投入、优良品种使用及农业技术和管理水平等订正后而测算得到。公式为：

$$y(Q,T,W,I) = f[a, y(Q,T), y(Q,T,W)]k\frac{g(F)+g(C_2)+g(M)}{3} \tag{20.5}$$

其中，
$$f[a, y(Q,T), y(Q,T,W)] = ay(Q,T) + (1-a)y(Q,T,W) \tag{20.6}$$
$$k = \frac{a_1F_1 + a_2F_2 + a_3F_3}{F_1 + F_2 + F_3} \tag{20.7}$$

式中：$y(Q,T,W,I)$—— 经济生产潜力；

$y(Q,T)$—— 光温生产力；

$y(Q,T,W)$—— 气候生产力；

$f[a, y(Q,T), y(Q,T,W)]$—— 灌溉条件订正函数；

a—— 灌溉保证率；

k—— 土地质量订正系数；

F_i——i 等级土地面积比率；

a_i——i 等级土地平均质量分值；

$g(F)$—— 养分投入订正系数，采用养分投入的可能水平与理想水平之比衡量；

$g(C_2)$—— 优良品种使用订正系数，以大范围生产一般品种与优良品种产量之比衡量；

$g(M)$—— 农业技术和管理水平订正系数，采用大范围生产一般农业技术及管理水平与理想农业技术及管理水平之比衡量。

(4) 投入水平设计

土地生产潜力估算中等投入水平，一般是根据作物生长发育对各因子的相应要求而进行设计，且一般采用高、中、低三种水平。考虑到本研究中土地粮食生产潜力测算的主要目的是为区域持续发展决策服务，并作为决策的基础，测算中投入设计应该更注重于与目前相比较未来增长所能达到的水平。一般而言实际投入的水平是逐渐提高的，因此本测算进行投入水平设计时各投入因子的值，采用在目前基础上未来所能提高水平下的相应指标值。根据目前该市各投入因子相应水平，其在不同投入增长水平下的订正系数取值如下(见表 20.3)：

表 20.3 各投入增长水平对应投入因子订正系数取值

投入增长水平	土地质量订正系数 k	灌溉保证率 a	养分投入订正系数 $g(F)$	优良品种使用订正系数 $g(C_2)$	农业技术和管理水平订正系数 $g(M)$
高增长水平	0.9	1.0	1.0	1.0	1.0
中增长水平	0.85	0.9	0.85	0.9	0.9
低增长水平	0.8	0.8	0.75	0.8	0.8

① 土地质量订正系数 k，根据土地质量评价所得到的各等级水田的面积比率及其平均质量分值，并考虑到不少土地限制因子的难以克服性，高、中、低三种可能投入增长水平下 k 值分别取 0.9、0.85 和 0.8。

② 灌溉条件订正中灌溉保证率 a，高、中、低三种可能投入增长水平下 a 值分别取 1.0、0.9 和 0.8。

③ 新品种增产效应订正系数 $g(C_1)$，该项订正是基于这样的考虑，即本研究生产潜力测算所采用的农业生态区域法中的许多参数具有地区性，目前我国在该方法中的有关参数值是根据我国 20 世纪 80 年代中期高产作物特性修正得到的，而作物优良品种的更替往往使作物产量得到普遍提高。据高觉民等人的研究，我国粮食新当家品种的更替周期一般约为 5～8 年，产量增幅约为 3%～8%，并与生产管理水平成正比。根据桂林市农业生产管理水平，80 年代中期以来的新品种增产效应订正系数 $g(C_1)$ 取 1.05～1.10，即采用新品种使粮食产量增加 5%～10%。

④ 养分投入订正系数 $g(F)$，该订正系数以投入养分水平与理想养分水平比值衡量。高、中、低三种可能投入增长水平下 $g(F)$ 分别取 1.0、0.85 和 0.75。

⑤ 优良品种使用率订正系数 $g(C_2)$，该订正系数按大范围生产的一般品种平均产量可能达到优良品种产量的比值衡量。高、中、低三种可能投入增长水平下 $g(C_2)$ 分别取 1.0、0.9 和 0.8。

⑥ 农业技术和管理水平订正系数 $g(M)$，该订正系数采用大范围生产的一般农业技术和管理水平与理想农业技术和管理水平之比衡量。高、中、低三种可能投入增长水平下 $g(m)$ 分别取 1.0、0.9 和 0.8。

20.2.2 结果与分析

1) 趋势潜力及其关联

据 1988 年至 1995 年粮食产量及其影响因子资料(见表 20.2)，所得桂林市粮食总产量增长预测方程为：

$$y(t)=28\,227.492\times\exp[0.020\,590\,8\times(t-1987)] \tag{20.8}$$

式中：$y(t)$——粮食总量预测值(万 kg)；

t——预测年份。

根据式(20.8)，可测算得到桂林市2010年和2020年粮食总量，将分别约为48 214万kg和59 238万kg。

1988年至1995年桂林市粮食总产量，与影响因子单位面积产量、粮地复种指数和粮地面积之间增长关联度r_{01}、r_{02}和r_{03}，分别为0.875 0、0.592 2和0.578 1，大小排序$r_{01}>r_{02}>r_{03}$。其中粮食单位面积产量，与单位面积耕地投入化肥、劳力、氮肥、磷肥、钾肥之间增长关联度R_{01}、R_{02}、R_{03}、R_{04}、R_{05}，分别为0.911 0、0.914 0、0.980 1、0.926 8和0.833 0。

由上述结果可见：① 在各影响因子与粮食产量增长的关联度中，单位面积产量的关联度r_{01}最大，并明显高于粮地复种指数和粮地面积关联度r_{02}、r_{03}。因此，单产水平亦即投入水平提高是该市粮食产量增长的决定性因子，加大粮食生产投入、提高其单产水平，是该市粮食产量持续发展最主要、最根本的途径。② 在各投入因子增长与粮食单产水平提高的关联度中，劳力投入关联度R_{02}与化肥投入关联度R_{01}几乎相等。说明在该市农业现代化水平还较低的情况下，劳力投入仍然是粮食产量增长的重要影响因素。因此，在大力提倡农村剩余劳动力向城市、集镇及非农化转移的同时，应注意保证粮食生产所需劳力，尤其是年富力强、懂技术、会经营、会管理的年轻劳力。③ 从化肥投入结构上看，氮肥、磷肥、钾肥投入与该市粮食产量增长之间的关联度R_{03}、R_{04}、R_{05}依次减小，表明该市粮食生产增长更多的是靠氮肥投入的增加，而对磷肥和钾肥投入则重视不够，这与该市土壤普遍少磷缺钾状况很不匹配。因此，今后在注意增加氮肥投入的同时，应该加强磷肥和钾肥的投入。

2) 资源潜力

(1) 当前潜力

根据桂林市有关气象、土地资源条件等资料，采用前述方法测算所得土地粮食作物(水稻)光合、光温、气候和经济生产潜力见表20.4和表20.5。据此可作如下分析：

① 在一般太阳辐射和热量条件下，该市早稻、中稻、晚稻及水稻综合的光温生产潜力$y(Q,T)$为5 985.7 kg/hm^2、6 313.7 kg/hm^2、6 851.9 kg/hm^{2}和6 376.6 kg/hm^2，分别约为实际单产水平(分别为3 274 kg/hm^2、3 294 kg/hm^2、2 976 kg/hm^2、3 147 kg/hm^2)的1.8、2.0、2.3和2.0倍；理想投入水平下经济产量有望分别达到5 338.1 kg/hm^2、5 629.8 kg/hm^2、6 110.6 kg/hm^{2}和5 754.4 kg/hm^2。与此相比，该市水稻实际单产平均约为理想投入下经济产量的49%～61%。亦即由于投入不足，约有39%～51%经济生产潜力尚未得到充分发挥。因此，在加大投入力度前提下，该地区粮食生产仍有较大的增长潜力。

② 早稻、中稻、晚稻和水稻综合光温生产潜力$y(Q,T)$年际变化均较小，平均变幅分别约为1.8%、5.0%、6.2%和2.4%，变差系数C_v为0.030、0.040、0.043和0.029；其相互间的年内变化也不大，变幅9%～22%，变差系数C_v为0.039～0.081。由此可见，尽管该市太阳辐射和热量条件年际、年内均有一定波动，但尚未造成粮食产量锐减和巨幅波动。因此，该地区光、温条件较为平稳、优越，利于区域粮食生产的持续发展。

③ 在一般太阳辐射、热量和雨量条件下，该市早稻、中稻、晚稻和水稻综合气候生产潜力$y(Q,T,W)$，分别为5 705.5 kg/hm^2、4 458.6 kg/hm^2、4 457.2 kg/hm^{2}和4 994.0 kg/hm^2。与$y(Q,T)$相比有较大幅度下降，降幅晚稻>中稻>早稻。其中，早稻降幅为0～4.7%，平均2.2%；中稻达20.3%～39.2%，平均29.2%；晚稻达13.1%～53.5%，平均35.5%。$y(Q,T,W)$的年际变化差异较大，变幅晚稻>中稻>早稻。其中，早稻平均变幅2.9%，最大5.4%，变差系数0.018，与$y(Q,T)$接近；中稻和晚稻平均变幅分别为22.3%和45.3%，最大分别为33.6%

表 20.4 土地水稻光合、光温、气候生产潜力(kg/hm²)

年份	光合生产潜力 $y(Q)$				光温生产潜力 $y(Q,T)$				气候生产潜力 $y(Q,T,W)$			
	早稻	中稻	晚稻	综合*	早稻	中稻	晚稻	综合	早稻	中稻	晚稻	综合
1988	17 769	18 345	19 753	18 829	5 441.5	5 739.7	6 229.0	5 865.8	5 186.8	4 053.3	4 052.0	4 540.0
1989	18 094	18 722	20 138	19 188	5 552.3	5 855.5	6 355.6	5 985.2	5 290.5	4 134.4	4 123.0	4 625.6
1990	18 486	19 056	20 533	19 579	5 660.2	5 968.3	6 478.2	6 101.0	5 394.3	4 215.4	4 225.6	4 727.6
1991	17 768	18 197	19 735	18 812	5 676.7	5 755.9	6 187.5	5 963.6	5 438.3	3 500.0	2 874.7	4 008.3
1992	18 395	19 147	20 789	19 678	5 592.2	6 017.6	6 596.9	6 050.3	5 530.8	4 531.3	4 414.7	4 830.4
1993	18 941	19 771	21 360	20 241	5 582.6	6 253.8	6 810.7	6 138.7	5 518.2	4 232.8	3 891.4	4 607.9
1994	18 465	18 860	20 390	19 485	5 592.5	5 865.3	6 391.9	5 951.7	5 592.5	4 676.8	5 555.2	5 527.3
1995	19 388	19 978	21 550	20 542	5 931.2	6 255.3	6 789.6	6 393.8	5 653.6	4 417.1	4 415.7	4 948.1

* 水稻综合生产力以早、中、晚稻生产力按面积比例加权平均求取。

表 20.5 各投入增长水平下土地水稻经济生产潜力(kg/hm²)

年份	高投入增长水平				中投入增长水平				低投入增长水平			
	早稻	中稻	晚稻	综合*	早稻	中稻	晚稻	综合	早稻	中稻	晚稻	综合
1988	4 897.4	5 165.7	5 606.1	5 279.2	4 066.4	4 182.7	4 513.3	4 304.5	3 450.0	3 457.6	3 707.9	3 584.4
1989	4 997.1	5 270.0	5 720.0	5 386.7	4 149.0	4 267.1	4 604.1	4 391.6	3519.9	3 527.2	3 781.8	3 656.5
1990	5 094.2	5 371.5	5 830.4	5 490.9	4 229.4	4 349.4	4 694.5	4 477.5	3 588.5	3 595.3	3 857.7	3 728.8
1991	5 109.0	5 180.3	5 568.8	5 367.2	4 244.1	4 152.1	4 396.9	4 330.6	3 602.6	3 395.1	3 536.0	3 566.4
1992	5 033.0	5 415.8	5 937.2	5 445.3	4 194.0	4 406.3	4 789.1	4 451.0	3 571.2	3 661.0	3 942.7	3 716.0
1993	5 024.3	5 628.4	6 129.6	5 524.8	4 186.5	4 543.4	4 894.2	4 494.0	3 564.6	3 743.7	3 985.2	3 732.9
1994	5 033.3	5 278.8	5 752.7	5 356.5	4 198.8	4 314.5	4 736.2	4 436.6	3579.2	3 601.6	3 983.7	3 754.8
1995	5 338.1	5 629.8	6 110.6	5 754.4	4 432.3	4 558.5	4 919.4	4 691.9	3 761.5	3 768.1	4 041.5	3 907.0

* 水稻综合生产力以早、中、晚稻生产力按面积比例加权平均求取。

和 93.3%,变差系数分别为 0.109 和 0.232,与 $y(Q,T)$ 相比均明显增大。由此可见,虽然该市降雨丰沛(年均 1 894 mm),但年际、年内变化较大(5～7 月约占 74%),尤其伏旱和秋旱较为频繁严重。这种状况严重影响水稻尤其是中稻和晚稻的生长发育,从而导致其产量显著下降。水分因素(季节性干旱)已成为该地区粮食生产持续发展的重要影响因子。

④ 太阳辐射、热量和降水等气候条件波动影响 $y(Q)$、$y(Q,T)$ 和 $y(Q,T,W)$ 的实现,从而导致经济生产潜力 $y(Q,T,W,S,I)$ 下降。其公式为:

$$y(Q,T,W,S,I)\text{降幅} = aF_1 + (1-a)F_2 \tag{20.9}$$

式中:a——灌溉保证率;

F_1——$y(Q,T)$ 平均降幅;

F_2——$y(Q,T,W)$ 平均降幅。

将有关数据代入式(20.9),可以计算得到高、中、低投入增长水平下,水稻综合 $y(Q,T,W,S,I)$ 降幅分别为 2.4%、4.8% 和 7.1%。即:随投入水平的提高,不利气候条件尤其是干旱缺水所致粮食的可能减产幅度将有所下降。因此,提高投入水平是保证该地区粮食生产持续、稳定发展的重要措施之一。

⑤ 土地粮食生产与投入及管理水平密切相关,但该市粮食生产投入和管理水平较低,由此使粮食生产的潜力尚未得到充分发挥。在理想的灌溉条件、养分投入、优良品种及农业技术和管理水平下,水稻经济生产潜力的计算公式为:

$$y(Q,T,W,S,I)=kg(C_1)y(Q,T) \tag{20.10}$$

式中:k——土地质量订正系数;

$g(C_1)$——新品种增产效应订正系数;

$y(Q,T)$——光温生产潜力。

据此可以得到理想投入状况下,水稻的生产潜力(见表 20.6)。与实际单产相比,该市水稻单产水平(见表 20.7)的实现率平均为 63%～68%。也就是说,由于灌溉条件、养分投入、农作物品种、农业技术和管理水平等的原因,使该市水稻平均至少有 32%～37%的生产潜力尚未发挥出来。因此,该市粮食生产的投入和管理水平仍然较低,并对粮食产量产生了较大影响。所以,应该不断加大该市粮食生产投入水平的增长力度,以保证其粮食生产的持续发展。

表 20.6　理想投入和管理水平下水稻的经济产量(kg/hm²)

年　份	1987	1988	1989	1990	1991	1992	1993	1994
早　稻	4 353.2	4 441.8	4 528.2	4 541.3	4 473.8	4 466.1	4 474.0	4 745.0
中　稻	4 591.8	4 684.4	4 774.6	4 604.7	4 814.1	5 003.0	4 692.2	5 004.2
晚　稻	4 983.2	5 084.5	5 182.6	4 950.0	5 277.5	5 448.6	5 113.5	5 431.7
水稻综合	4 692.6	4 788.2	4 880.8	4 770.9	4 840.2	4 911.0	4 761.4	5 115.0

表 20.7　各年水稻实际单位面积产量*(kg/hm²)

年　份	1987	1988	1989	1990	1991	1992	1993	1994
早　稻	2 920	3 236	3 391	3 386	3 536	3 449	3 335	3 274
中　稻	2 727	2 689	2 855	2 882	3 075	3 169	2 943	3 294
晚　稻	2 063	2 186	2 518	2 550	2 775	3 015	3 052	2 976
水稻综合	2 534	2 754	2 989	3 000	3 182	3 250	3 235	3 147

* 本表数据据耕地详查面积的单位面积产量;水稻综合生产力以早、中、晚稻生产力按面积比例加权平均求取。

(2) 未来潜力

根据前述资源潜力测算方法,可得未来粮食可能总产量 F,计算式为:

$$F=y(Q,T,W,S,I)\cdot f(C_1)\frac{1}{k_1}Sta(1-b) \tag{20.11}$$

式中:$y(Q,T,W,S,I)$——优良品种水稻经济生产潜力;

$f(C_1)$——新品种增产效应系数,按前文研究 2010 年和 2020 年分别取 1.15 和 1.25;

k_1——水稻总产量与粮食总产量之比,据该市情况取 0.95;

S——耕地面积,据土地利用总体规划 2010 年和 2020 年均取 87 100 hm²;

t——粮地(稻田)面积系数,取 0.70;

a——粮地复种指数,2010 年和 2020 年分别取 1.80 和 1.85;

b——田间损耗系数,取 5%。

据此所得高、中、低投入增长水平下,桂林市未来粮食潜在产量,2010 年分别为 72 429

万 kg、59 762 万 kg 和 47 690 万 kg,2020 年为 81 785 万 kg、66 686 万 kg 和 53 215 万 kg。

20.2.3 土地粮食生产潜力研究结论

根据上述桂林市土地粮食生产潜力及其发挥和实现,以及人粮关系的影响因素研究结果,可以得出以下初步结论:

(1) 该市 2010 年和 2020 年趋势潜力法粮食总量预测结果,分别仅相当于资源潜力法投入增长低偏强和中偏弱水平下的粮食产量。因此,尽管我国东南低山丘陵区粮食生产发展受到较多因素的限制,但在加大投入力度的前提下,仍具有较大的增产潜力。

(2) 当前这一地区土地粮食生产资源潜力的发挥和实现仍处于较低水平。为促进粮食生产潜力的发挥和持续发展,协调人地与人粮关系,今后应在稳定耕地面积的同时,大力改造中低产田,提高土地质量;进一步兴修水利调节水资源的季节分配,从而提高耕地灌溉保证率;加强粮食生产的物化劳动投入,并保证活劳动投入的需求。其中化肥投入在结构上,除氮肥外应加强磷肥和钾肥的投入。

(3) 将趋势潜力结合资源潜力进行研究,能够更全面地揭示土地粮食生产的发展潜力及其发挥和实现,以及自然、社会经济、投入等因素的影响和作用,从而更好地为区域粮食生产持续发展的决策服务。

20.3 土地粮食人口承载力

20.3.1 概述

人口增长、资源开发和社会经济发展对土地的压力日益增强,区域有限的土地资源能否承载这种压力及承载上限有多大,是区域持续发展面临的重要问题。因此,联合国粮农组织(FAO)和人口基金会(UNFPA)倡导在发展中国家开展土地人口承载量研究,其目的就在于确定土地人口承载上限,并与现势或未来人口数量比较,从而确认区域土地的人口压力,为制定区域持续发展战略和措施提供依据。

目前国内外对土地人口承载量(Land Population Supporting Capacity)有不同理解,但一般采用 FAO 和联合国教科文组织(UNESCO)的定义。根据 FAO 的定义,土地人口承载量是指一个国家或地区在一定生产力水平下,土地资源食物生产力所能供养的一定营养水平下的人口数量;而据 UNESCO 的定义,则指一个国家或地区在可预见的时期内利用当地能源和其他自然资源以及智力、技术等,在保证与其社会文化准则相符的物质生活水平下所能持续供养的人口数量。前者把土地以外因素作为外部条件,后者则把所有有关部分视为内部要素,突出了技术、经济等因子,更具综合性。由此可见,土地人口承载量是对区域土地、食物、人口、资源、环境与发展的系统透视,它是土地产出与人口消费之间的一个动态关系对,其大小主要取决于一定生产条件下土地的生产能力和一定生活水平下的人均消费标准。因此,土地人口承载量研究的核心是土地生产能力的预测和人口消费标准的确定。

自 1965 年威廉·阿伦提出以粮食为标志计算区域土地人口承载量以来,这类研究一直是土地承载力研究的主要命题。这是因为:第一,粮食作为人类生存之本,应是土地人口承载量的第一限制,作为封闭系统,区域粮食产出总量一般来说是从根本上决定着区域土地人口的可能供养规模;第二,粮食作为人口与土地或土地生产力之间平衡发展的判断依据,仍然是当今世界人地关系协调和区域持续发展的核心问题；第三，粮食除反映人与地之间的关系外，还是国际政治关系、经济关系等的重要评判，粮食作为仅次于石油的资源往往成为争取独立自主、抗御外来政治、军事、经济压力的重要武器，也是消除可能引发社会和政治动乱的饥饿问题的根本途径。在目前历史背景条件下，以粮食为突破口进行人地关系和区域持续发展研究仍具有重要意义，FAO有关发展中国家的研究成果引起世界各国政府的瞩目深刻说明了这一点。中国作为一个人口大国，粮食始终是重大问题，桂林也不例外。因此，本研究中土地产出以粮食产量为主。相应地，人均消费标准也主要考虑人均粮食消费数量，包括直接消费和间接消费(如肉类消费中饲料转换粮)，而其他食物则作为外部条件考虑。

20.3.2　人口与粮食需求预测

1) 人口预测

人口作为人粮关系动态平衡的决定要素之一，其内涵非常广泛。除数量及其增长外，还包括人口素质、结构和构成等。尤其对桂林作为世界闻名的风景旅游区而言，外来旅游人口是区域人粮关系研究必须考虑的重要组成部分。本研究根据第三、第四次人口普查及人口统计资料，采用线性回归模型、GM(1,1)模型和离散型中国人口模型等，对影响粮食需求的人口因素、人口总数、城镇化率、国内和国际游客等的未来发展进行预测，结果见表20.8。

表20.8　桂林市未来人口发展预测结果

年份	人口总数(万人)				人口城镇化率(%)				国内游客(万人次)				国际游客(万人次)			
	中国人口模型	线性回归模型	相除法GM模型	平均	线性回归模型	累加法GM模型	相除法GM模型	平均	线性回归模型	累加法GM模型	相除法GM模型	平均	线性回归模型	累加法GM模型	相除法GM模型	平均
2010	157.8	159.8	163.6	160.4	44.0	46.1	45.0	45.1	1 792.9	2 131.7	2 127.9	2 017.5	116.9	138.2	137.2	130.8
2020	180.6	179.8	192.2	184.2	47.8	52.7	51.2	50.6	2 330.9	4 515.8	4 491.1	3 779.3	151.3	237.1	236.1	208.2

2) 粮食需求预测

(1) 口粮、饲料粮需求预测

口粮和畜禽饲料粮是粮食日常需求的主要部分，其数量与人的生活消费水平及食物结构紧密相关。为保证健康和活动能力，人体需从食物中摄取足够热量和各种营养要素，包括糖类、脂肪、蛋白质、维生素和矿物质等。其中，热量是衡量人体食物是否充分的依据，日需求量为1 170万～1 260万J；而蛋白质是衡量食物营养是否优质的标准，应占总热能的10%～15%。一般而言，随着生活水平的提高，人体食物消费变化主要表现为质的改善，即结构优化，而非量的大幅提高。与此对应，粮食消费量也主要表现为量的逐渐增加，并与生活水平密切相关。其情形大致为：生活水平由贫困⟶温饱时，食物消费主要表现为量的增加，并以口粮增长为主；温饱⟶小康时，食物变化更多的是表现为质的改善，即结构优化和营养水平提高，口粮消费呈一定程度下降，而畜禽品消费对应饲料粮数量则有较大增长；小康⟶富裕时，食物结构在前一基础上进一步优化，营养标准进一步提高，口粮消费再趋下降，饲料粮消耗进一步增大。由此可见，口粮、饲料粮需求量准确预测的关键在于科学合理地设定未来人均食物结构及其对应粮食消费标准。

但是，不同地区人体营养标准、食物构成及其发展变化有所差异，它们取决于多种因素，主要包括：① 区域社会经济基础，如人口密度、国民经济生产水平等；② 区域自然条件，尤其是土地资源特点、类型、数量、结构及地理纬度和农业气象条件等；③ 区域民族和传统习惯等。因此，研究地区未来食物构成分析和预测，既要注意人体营养标准，也要重视其社会经济可能发展水平和膳食习惯等。本文在考虑研究区社会经济、自然条件、农业生产、区域民俗和膳食习惯等基础上，参照桂林市政府经济研究中心《桂林市未来农副食品需求预测》有关研究成果，设计研究区未来不同生活消费增长水平下各人群人均食物结构，结果见表 20.9。表 20.9 中，随消费水平提高人均粮食直接消费(原粮消费)逐渐减少，而蛋白质能量比重不断增大，体现了上述食物消费和营养标准的一般变化规律。

表 20.9　桂林市未来不同消费增长水平下各人群人均食物结构和营养水平*

食物构成与营养水平	低消费增长				中等消费增长				高消费增长			
	农村人口	城镇人口	国内游客	国际游客	农村人口	城镇人口	国内游客	国际游客	农村人口	城镇人口	国内游客	国际游客
原粮[kg/(人·a)]	260.7	208.6	143.3	101.5	247.7	182.8	136.9	104.3	234.6	157.0	130.4	107.1
蔬菜[kg/(人·a)]	146.0	165.0	201.0	230.9	155.2	173.8	210.0	237.3	164.3	182.5	219.0	243.7
水果[kg/(人·a)]	15.0	73.0	110.0	159.9	21.0	82.0	118.9	164.3	27.0	91.0	127.8	168.7
植物油[kg/(人·a)]	3.0	6.0	9.1	7.1	3.9	6.3	9.1	7.3	4.8	6.5	9.1	7.5
食糖[kg/(人·a)]	2.4	6.0	7.3	8.9	3.1	6.0	7.3	9.1	3.7	6.0	7.3	9.3
其他植物品[kg/(人·a)]	22.5	55.0	73.0	88.8	38.8	59.5	77.5	91.3	55.0	64.0	82.0	93.8
肉类[kg/(人·a)]	20.0	36.0	42.0	35.5	30.0	43.5	43.8	36.5	40.0	51.0	45.6	37.5
禽肉[kg/(人·a)]	7.5	12.0	27.4	35.5	8.3	19.8	32.0	36.5	9.0	27.5	36.5	37.5
禽蛋[kg/(人·a)]	13.0	18.0	36.5	44.4	20.3	27.3	39.3	45.6	27.5	36.5	42.0	46.8
牛奶[kg/(人·a)]	12.0	24.0	45.6	71.0	15.2	30.3	50.2	73.0	18.3	36.5	54.8	75.0
鱼类[kg/(人·a)]	13.0	18.0	45.6	53.3	11.5	30.0	50.2	54.8	20.0	42.0	54.8	56.3
其他动物品[kg/(人·a)]	15.0	36.0	18.3	35.5	21.0	36.3	21.0	36.5	27.0	36.5	23.7	37.5
日摄总能量[$\times 10^4$ J/(人·d)]	1 172	1 242	1 319	1 338	1 218	1 267	1 328	1 375	1 265	1 293	1 336	1 412
蛋白质能量比(%)	11.8	13.1	15.1	16.4	12.5	13.9	15.6	16.9	13.4	15.1	16.0	17.4

* 为便于比较，各人群食物构成均统一按年平均消费量表示。但在测算国内和国际游客粮食消费时，需将年消费量转换为每人次消费量。具体为 $y=xt/365$，式中，y 为每人次粮食消费量；x 为年粮食消费量；t 为每人次游客桂林平均停留天数，取 3 天。

根据上述各人群人均食物构成以及研究区每千克畜禽品所需饲料粮，即肉类约为 1.35 kg、禽肉 0.90 kg、禽蛋 0.90 kg、牛奶 0.105 kg、鱼类 0.45 kg、其他动物品 0.83 kg，可测算得到未来低、中、高消费增长情况下，农村人均粮食消费分别为 353.6 kg/(人·a)、373.5 kg/(人·a)和 393.4 kg/(人·a)，其中口粮为 260.7 kg/(人·a)、247.7 kg/(人·a)和 234.6 kg/(人·a)，饲料粮为 92.9 kg/(人·a)、125.8 kg/(人·a)和 158.8 kg/(人·a)；城镇人均粮食消费分别为 374.5 kg/(人·a)、393.9kg/(人·a)和 413.4 kg/(人·a)，其中口粮为 208.6 kg/(人·a)、182.8 kg/(人·a)和157.0 kg/(人·a)，饲料粮为 165.9 kg/(人·a)、212.1 kg/(人·a)和 256.4 kg/(人·a)；国内游客人均粮食消费分别为 364.4 kg/(人·a)、376.6 kg/(人·a)和 388.8 kg/(人·a)，其中口粮为 143.3 kg/(人·a)、136.9 kg/(人·a)和 130.4 kg/(人·a)，饲料粮为 221.0 kg/(人·a)、239.7 kg/(人·a)和 258.4 kg/(人·a)；国际游客人均粮食消费水平分别为 359.8 kg/(人·a)、369.7 kg/(人·a)和 379.5 kg/(人·a)，其中口粮分别为 101.5 kg/(人·a)、104.3 kg/(人·a)和 107.1 kg/(人·a)，饲料粮为 258.3 kg/(人·a)、265.4 kg/(人·a)和 272.4 kg/(人·a)。

上述各人群食物构成对应营养水平满足人体所需营养标准，并随生活消费水平的提高而提高，且由农村人口向城镇人口、国内游客、国际游客递增。各人群人均粮食消费量，也随生活消费水平提高而有所增长,但情形有所差异。其中,国内、国际游客人均口粮、饲料粮及其总量均呈增长趋势,但增幅不大,这主要是由于该市外来国内和国际游客食物消费已处较高水平;农村和城镇人均口粮消费呈一定程度下降,饲料粮则增长较快,体现了该市未来生活由温饱向小康、富裕发展所对应的口粮、饲料粮消费变化情形。因此,研究区未来各人群食物构成及人均口粮和饲料粮消费标准设定是科学、可信的。

根据未来各人群总数及其人均口粮、饲料粮消费标准,即可得到未来研究区口粮、饲料粮需求总量。

(2) 其他粮食需求预测

工业用粮需求量与食品工业发展密切相关。据李湖研究,该市食品工业每百元产值(1980年不变价)需要原粮 1.975 kg。据该市社会经济发展规划,2010 年和 2020 年全市食品工业产值(1980 年不变价)将分别达 6.2 亿元和 8.9 亿元,据此届时工业用粮需求量分别约为 4 944 万 kg和 7 097 万 kg。种子用粮需求量取决于粮食作物播种面积及其种子定额,本研究中按 75 kg/hm^2 标准计算。储备粮需求量则与研究区国家下达的粮食储备任务和政策有关,由于该市粮食需从市外调入,因此粮食储备量要求较低。另外,粮食在贮藏过程中会发生一定的虫害和鼠害损失。根据近年该市国家粮食储备任务指标,以及研究区粮食贮藏中虫害和鼠害损失状况,本研究中储备粮和虫害、鼠害损失粮按粮食总产的 5%计算。

20.3.3 粮食人口承载状况及人粮关系协调的对策

1) 粮食人口承载状况

根据前述粮食产量、人口、粮食需求预测结果,未来桂林市粮食生产若仍按目前趋势发展即趋势产量,2010 年低、中、高消费增长下粮食人口承载率分别为 63.6%、60.8%和 58.2%,将分别超载 57.3%、64.6%和 71.9%;2020 年粮食人口承载率为 61.8%、59.1%和 56.6%,将分别超载 61.8%、69.2%和 76.7%。资源潜力产量粮食人口承载率和超载指数见表 20.10。由此可见,未来研究区人粮关系矛盾依然严峻,并呈加重趋势。

表 20.10 资源潜力产量粮食人口承载率和超载指数*

年份	消费增长水平	粮食人口承载率(%)			粮食人口超载指数(%)		
		低投入增长	中投入增长	高投入增长	低投入增长	中投入增长	高投入增长
2010	低消费增长	65.5	81.4	97.8	2.3	22.9	52.7
	中消费增长	62.6	77.8	93.5	6.9	28.5	59.8
	高消费增长	59.9	74.5	89.6	11.6	34.2	66.9
2020	低消费增长	60.4	73.8	89.8	11.4	35.4	65.7
	中消费增长	56.8	70.7	86.0	16.3	41.5	76.0
	高消费增长	54.5	67.8	82.5	21.2	47.5	83.6

* 粮食人口承载率=100×粮食总产量/粮食总需求量。

粮食人口承载指数=100×(粮食总需求量-粮食总产量)/粮食总产量。

2) 人粮协调对策

(1) 高⟶低消费增长情况下粮食人口承载率增幅,2010 年仅为 5.6%~8.2%,2020 年为 5.9%~7.3%;而同期低⟶高投入增长情况下粮食人口承载率增幅,2010 年为 29.7%~

32.3%,2020 年为 28.0%～29.4%,均明显大于前者增幅。因此,加大投入和改善土地质量,提高土壤养分和作物优良品种使用率、生产管理水平等,从而提高粮食单产,是未来该市人粮关系协调的关键措施之一。

(2) 按表 20.8 数据显示,该市 1996 年～2010 年和 1996 年～2020 年人口年增长率分别约为 1.6%和 1.5%。若将增长率下降一半即为 0.8%和 0.75%,则 2010 年和 2020 年人口总数分别约为 143.3 万人和 153.4 万人。据此,低、中、高消费增长下趋势潜力产量的粮食人口承载率,2010 年分别为 69.5%、66.5%和 63.7%,分别较原承载率提高 5.9 个百分点、5.7 个百分点和 5.5 个百分点;2020 年分别为 72.3%、69.3%和 66.5%,分别较原承载率提高 10.5 个百分点、10.2 个百分点和 9.9 个百分点。由此可见,降低人口增长率能使粮食人口承载率得到有效提高。因此,加强计划生育、控制人口增长,仍然是未来该市人粮关系协调的有力措施。

(3) 2010 年和 2020 年外来游客粮食消费约占全市粮食总需求的 8.6%～8.8%和13.0%～13.3%。如将其粮食消费量下降一半,则低、中、高消费增长下趋势产量粮食人口承载率,2010 年分别约为 67.0%、64.5%和 61.8%,较原承载率分别上升 3.9 个百分点、3.7 个百分点和 3.6 个百分点;2020 年分别约为 68.8%、65.8%和 63.1%,较原承载率分别上升 5.5 个百分点、5.2 个百分点和 5.0 个百分点。因此,大力开发桂林市周边地区旅游资源,形成"大桂林旅游圈",从而分流外来游客及其粮食消费是桂林市今后人粮关系协调应重视的措施之一。

(4) 前述粮食人口承载率测算所据饲料粮消费标准,为畜禽精饲料中粮食占 30%。如将 30%降至 10%,则各人群人均粮食消费将有较大幅度下降。据此,2010 年低、中、高消费增长下趋势产量粮食人口承载率分别为 81.6%、83.0%和 84.5%,较原承载率分别上升 18.0 个百分点、22.2 个百分点和 26.3 个百分点;2020 年分别为 82.4%、83.8%和 85.3%,较原承载率分别上升 20.6 个百分点、24.5 个百分点和 28.7 个百分点,均有较大增幅。由此可见,畜禽饲料中粮食消耗量是影响该市未来人粮关系的重要因素。因此,应努力降低畜禽饲料中的粮食用量,并走"节粮"型的畜牧业发展道路。一方面,需充分利用该市的旱地资源,因为旱地面积约占耕地面积 23.9%,而粮食产量不足全市粮食总量的 10.0%,经济作物产量也不高,以及具一定潜力的后备宜耕荒地资源,发展玉米、红薯等粗粮生产,并大力发展优质青饲料及替代粮食的其他饲料的生产与加工,以满足畜牧业的发展要求;另一方面,应充分开发和利用该市较为丰富的草山、草坡资源,发展食草型畜禽,以降低畜禽粮食消耗量。

(5) 如兼上述各假设,即 2010 年、2020 年粮食生产分别达到中、高投入增长水平,人口增长率下降 50%,外来游客粮食消费量下降 50%,畜禽饲料中粮食比例由 30%降为 10%,则未来该市粮食人口承载率,2010 年将达 109.2%～109.9%,较原承载率上升 45.6～51.7 个百分点;2020 年为 125.5%～126.4%,较原承载率上升 64.6～69.5 个百分点。由此可见,如前述各措施并举,即加大投入、提高粮食单产,加强计划生育、严格控制人口增长,大力开发周边旅游资源、分流外来游客,充分利用草山草坡资源、走"节粮"型畜禽发展道路等,则未来该市人粮关系矛盾有望得到解决。

(6) 本研究基本上是将桂林市假设为一个相对封闭系统来研究其人粮关系。但该市周围地区水热条件优越,土地资源较为丰富,具有山地、丘陵和平原等多种类型,为粮食、畜禽、水果等各种食物生产提供了良好基础。尤其是其东南部的丘陵、平原相间县市耕地资源较为丰富,粮食具有一定盈余。因此,应将该市人粮关系融入到"大桂林"范围圈内来进行协调,并从此种意义上看,在该地区进行行政上的地、市合并非常必要。

参　考　文　献

1　邓聚龙.灰色系统理论教程.武汉:华中理工大学出版社,1990

2　董德显.土地利用规划.北京:中国展望出版社,1990

3　封志明.土地承载力研究的过去、现在与未来.中国土地科学,1994,8(3)

4　高觉民,林培.中国气候生态区划分及作物气候生产力估算.全国土地利用总体规划研究.北京:科学出版社,1994

5　郭岐峰,傅硕龄.我国作物生产潜力研究进展.地理研究,1992,11(4)

6　李湖.桂林旅游发展前景研究.桂林:漓江出版社,1989

7　李克煌,钟兆站.豫西地区降水资源对旱地粮食作物产量的影响与对策.自然资源学报,1997,12(1)

8　倪绍祥.地理信息系统在土地适宜性评价中的应用.科学通报,1992,37(15)

9　任美锷,包浩生.中国自然区域及开发整治.北京:科学出版社,1992

10　唐五湘.GM(1,1)模型参数估计的新方法及假设检验.系统工程理论与实践,1995(3)

11　吴传钧,郭焕成.中国土地利用.北京:科学出版社,1994

12　赵其国.为跨世纪土壤学的发展作出新贡献——第15届国际土壤学会会议综述.土壤学报,1995,32(1)

13　周生路,彭补拙,徐彬彬.桂林市以土地资源及利用为核心的区域可持续发展研究.土壤学报,1999,36(3)

14　周生路,石晓日,徐彬彬.桂林市土地质量评价.山地研究,1997,15(4)

15　周生路,徐彬彬,赵其国.我国东南低山丘陵区土地粮食生产潜力研究——以桂林市为例.南京大学学报(自然科学版),1998,34(6)

16　周生路.桂林市人口发展特点、趋势及对策初探.经济地理,1996,16(5)

17　周生路.试论区域可持续发展研究的若干问题.干旱区地理,1998,21(1)

21 江苏省城镇土地出让最低价体系的建立

21.1 研究目的与研究区概况

21.1.1 研究目的

出让国有土地使用权实行最低限价制度是我国加强国有土地使用权出让管理的一项重要措施。由于土地市场的特殊性和我国土地管理政策的局限性，目前我国城镇尤其是城市边缘区土地交易市场仍处于不完善阶段，土地所有权主体的利益难以保障。政府在出让城镇土地使用权的过程中，往往难以确定合理的土地限制价格标准，难免存在某些人为因素使得出让土地价格低于实际地价水平，造成了国有土地资产的流失。

城镇土地出让最低保护价的主要目的就是为规范出让城镇国有土地使用权行为，加强地价管理，维护土地一级市场的正常供地秩序，保障国家土地所有权的经济收益，促进土地市场健康发展，根据《中华人民共和国城市房地产管理法》和《中华人民共和国土地管理法》等法规及《城镇土地估价规程》，全面收集土地出让相关数据资料，建立相应数据库，从评估区域内的基准地价、土地出让交易价、土地取得与开发成本等方面入手，采用基准地价扣除法、成本逼近扣除法和出让地价修正法等方法，分别测算出不同用途土地出让最低价，再通过对不同途径测算结果的分析、综合与平衡，最终确定出全省各城镇(含省级及以上开发园区)土地出让最低价，建立起江苏全省城镇国有土地使用权出让最低保护价体系。

21.1.2 研究区概况

江苏地处我国东部沿海地区，介于东经116°18′～121°57′，北纬30°45′～35°20′之间，地居长江、淮河下游，东濒黄海，西连安徽，北接山东，南与浙江和上海毗邻。全省土地面积10.67万 km^2，占全国土地总面积1.06%，是全国面积较小的省份之一。境内地形以平原、水面为主，占总面积的68.8%；水网密布，太湖、洪泽湖为中国第三、第四大淡水湖，全省水面面积比例16.21%。位于连云港市郊的云台山玉女峰为江苏最高峰，海拔625 m。

江苏省自1983年起实行市管县的行政体制。全省现设南京、苏州、无锡、常州、南通、扬州、镇江、连云港、徐州、盐城、淮安、泰州、宿迁等13个省辖市，68个县(市、区)，69个省级以上经济技术开发区、高新技术产业开发区、保税区、工业园区和旅游度假区及其他省级开发区，1 447个建制镇和乡集镇(见表21.1)。全省各城市中，100万人口以上的特大城市，有南京、徐州、无锡、苏州；50万～100万人口的大城市，有常州、南通、连云港、淮安、盐城、扬州、镇江和泰州；20万～50万人口的中等城市，有宿迁、常熟、通州和新沂；10万～20万人口的县(市)驻地城镇有47个；5万～10万人口的县(市)驻地城镇及一般城镇有264个。

表 21.1 江苏省城市城镇和开发区数量与分布

地 区	省辖市	县(市、区)个数	建制镇(乡集镇)个数	开发园区个数
苏北地区	徐州市	7	114	2
	淮安市	6	117	1
	盐城市	8	176	2
	连云港市	4	103	2
	宿迁市	4	111	1
苏中地区	扬州市	5	103	5
	泰州市	4	99	5
	南通市	6	158	8
苏南地区	苏州市	7	129	15
	无锡市	4	101	8
	常州市	4	79	7
	南京市	5	68	8
	镇江市	4	89	5
全 省	13 个	68	1 447	69

21.2 研究方法

21.2.1 最低价建立的原则及地价内涵的确定

1）最低价建立的基本原则

本研究建立江苏省城镇土地出让最低保护价时，将遵循如下基本原则：

(1) 最低标准原则。城镇土地出让最低价一经评定并公布执行，即为该区域的土地使用权出让价格最低控制标准，在出让最低价评估过程中，基准地价和有关利润率、土地增值收益率等估价参数的确定按照最低标准原则取值，国有土地使用权出让价格不得低于此标准。

(2) 分用途原则。在同一区域中，土地有商业、住宅、工业等各种不同利用类型，土地出让最低价评估应根据各区域土地利用的具体情况，结合当地土地市场发育程度，制定不同用途的协议出让最低价标准。

(3) 综合性原则。土地出让最低价应综合考虑各种因素进行评估，一方面，出让最低价要做到与现有基准地价成果和实际交易水平的兼顾，既与基准地价相衔接，又体现土地市场的地价水平；另一方面，既要考虑各区域土地取得、开发的最低成本，又保证国家土地所有权的收益；此外，在技术处理过程中，需要采用多种方法进行评估，彼此验证补充，确保评估结果的客观性。

(4) 统一性原则。为了保证全省各城镇土地出让最低价的可比性，加强不同城镇之间地价水平的联系与协调，便于统一进行地价管理，各地土地出让最低价在地价内涵、设定的土地开发水平、土地使用年限、相关估价参数、各类资料统计口径等方面应保持统一。

(5) 宏观调控原则。土地出让最低价的制定主要是为了便于政府宏观调控各地的地价水平,规范各地的土地市场供地行为,在土地出让最低价的制定过程中既要注意省内各级城镇之间的协调平衡,也要注重与省外、尤其是周边省份在地价水平上的均衡,以促进区域经济的共同发展。

(6) 因地制宜原则。由于各城镇的土地条件不同,在城市规模、经济实力、市政建设、社会文化背景及土地市场发育程度等各方面均千差万别,因此要根据具体情况,选择适合当地情况的评估技术路线和工作方法来确定土地出让最低价。

2) 最低价地价内涵的确定

江苏省城镇周边地区的土地供应主要来源于新增建设用地和少部分存量建设用地,并且政府在出让土地时大部分未由政府进行基础设施统一配套开发,考虑土地出让最低价的实用性,本研究将土地出让最低价定义为商业、住宅、工业用地包含土地取得费与相关利息和利润以及土地所有权收益(土地增值收益),不包含有关部门另行收取的城市基础设施配套费等的法定最高出让年期的土地出让最低控制价格标准。

(1) 地价构成。土地出让最低价的地价构成界定为包括土地取得成本与相关利息和利润以及政府土地所有权收益两个主体部分,不包含有关部门另行收取的城市基础设施配套费等费用。

(2) 开发程度设定。本研究土地出让最低价评估区域的实际开发程度为宗地内外达到三通至五通,宗地内达到土地平整。评估设定的土地开发程度为不考虑评估区域的土地实际开发水平。

(3) 土地使用年期。本研究土地出让最低价的土地使用年期按国家规定的各类用地的法定最高出让年期设定,即商业用地为40年,住宅用地为70年,工业用地为50年。

(4) 土地用途。江苏省各地基准地价均分为商业、住宅、工业三大类用途,考虑到与基准地价的衔接,土地出让最低价也分别按这三大类土地用途进行评估。对于为生产、商业活动直接服务的办公等附属设施用地,则分别归并入工业或商业用地类型。

21.2.2 研究技术路线

江苏省各城镇土地基准地价已相继建立。因此,理论而言,按照土地出让最低价评估的“最低控制标准原则”,可以通过选取末级地的基准地价来确定和建立全省各城镇土地出让最低价体系。但是各城镇土地基准地价的建立和更新时间各不相同,另外由于历史原因,各城市城镇基准地价的平衡不够协调,横向上各市县之间的地价水平与地区之间的经济发展水平不协调;纵向上同一市县内部的各等级城镇之间地价水平与城镇的等别不协调。这样势必会使协议出让最低价测算出现不合理的结果。为此,本研究首先对全省各城市城镇按照国家《城镇土地分等规程》进行城镇土地等别指数的计算和等别排序,并在对基准地价进行统一内涵和时间修正基础上,根据城镇土地等别指数和等别排序结果对全省各城市城镇土地基准地价进行调整,使其更具横向和纵向可比性;其次,在各城市城镇末级地、各开发区、保税区、工业园区和旅游度假区范围内,调查收集土地出让样点地价,土地征用取得开发成本及相应的利息、利润、税金,土地增值收益等资料,并采用分别出让地价修正法、成本逼近扣除法测算各城市边缘区、开发园区土地出让最低价;然后,根据基准地价、出让地价修正法和成本逼近扣除法基础资料的完备性、准确性以及结果的可靠性等,设定经城镇土地分等指数调整后的末级地基准地价、出让地价修正法和成本逼近扣除法土地出让最低价测算结果权重,采用加权平均法计算得到土地出让最低价;最后,经比较、综合,建立全省各级城市城镇、开发园区土地出让最低保护价体系。研究技术路线见图 21.1。

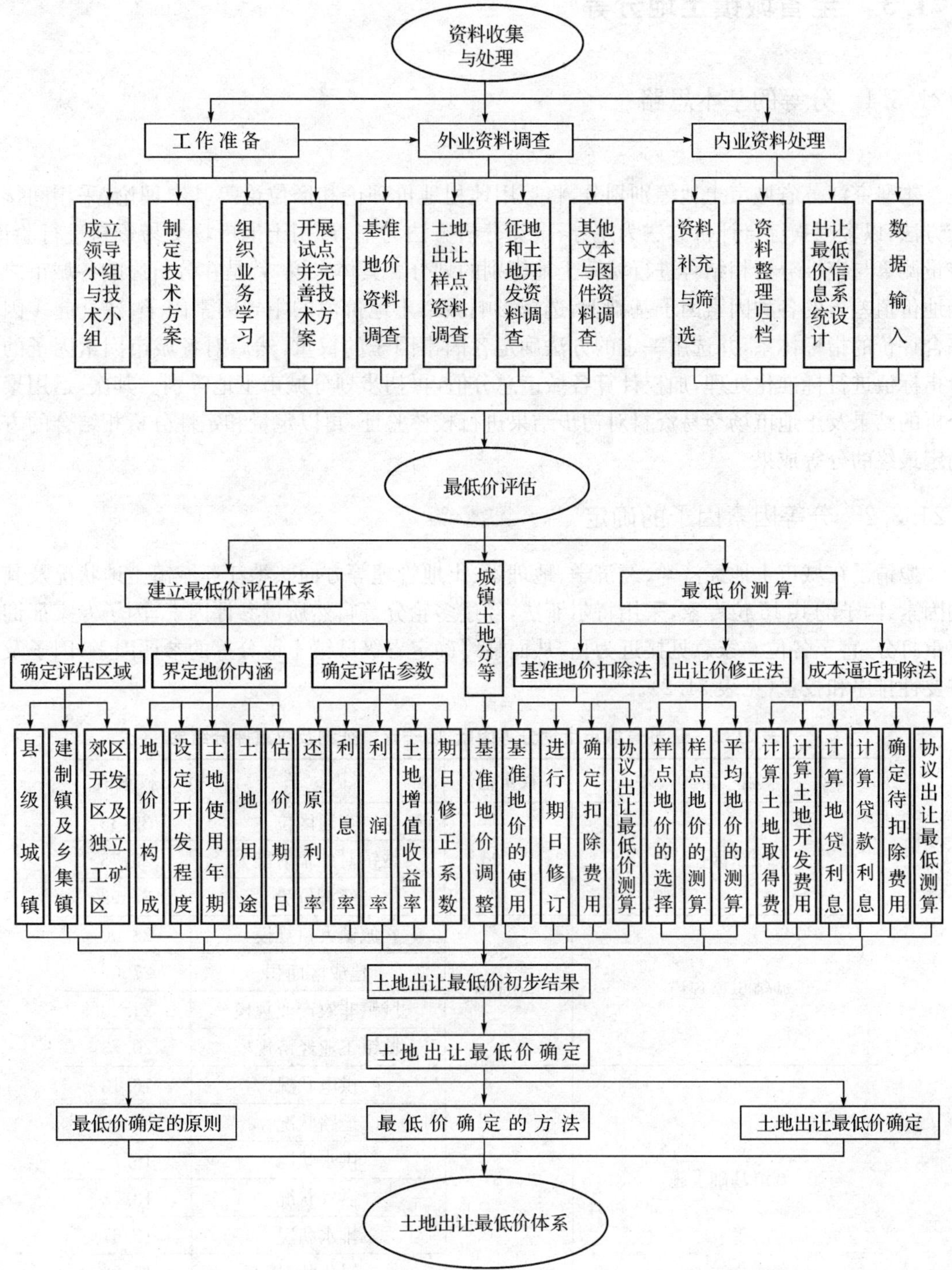

图 21.1　江苏省城镇土地出让最低保护价体系建立技术流程

21.3 全省城镇土地分等

21.3.1 分等的基本思路

本研究江苏省城市土地等别划分，将运用地租地价理论和区位论等基本理论，采用间接比较方法，以多因素综合评价方法为主导，聚类分析方法为辅，再用土地市场交易资料进行验证，定量测算与定性分析相结合进行城镇土地等别的划分。具体来说，就是在分析影响各城市之间土地价值差异的各种因素因子基础上，选择影响城市土地价值的主导因素因子，建立起多因素综合评价的指标体系，并选用一定的方法确定各因素因子的权重，然后对各城市因素因子的评价指标值进行标准化处理，加权计算各城市总分值，再初步划分城市土地等别。其次，运用聚类分析的结果及土地市场交易资料对初步结果进行校核验证，再以定量和定性分析相结合的方法确定最终的分等成果。

21.3.2 分等因素因子的确定

邀请了在城市土地经济学、经济学、地理学、土地管理等方面熟悉江苏城镇土地状况及其影响因素、因子的共 15 位专家，采用特尔菲法，经过多轮分等自然质量参评因素、因子专家征询及权重打分，直至各位专家意见接近为止，从而最终确定省级城镇土地分等的参评因素、因子及其重要性排序和权重(见表 21.2)。

表 21.2 江苏省城市土地分等因素、因子专家征询及权重评分结果

因　素	权重值	因　子	权重值
城镇区位	20.60	交通区位	39.33
		城镇对外辐射能力	25.73
		经济位势	34.93
城镇集聚规模	20.60	城镇人口规模	28.00
		建成区面积	27.07
		城镇非农产业规模	24.20
		城镇工业经济规模	20.73
城镇基础设施	15.87	供电状况	16.13
		道路状况	21.40
		供水状况	16.73
		供气状况	13.73
		排水状况	13.67
		绿化状况	18.33
城镇用地投入产出水平	11.87	城镇非农产业产出效果	25.60
		城镇商业活动强度	28.60
		城镇固定资产投资强度	26.93
		城镇劳动力投入强度	18.87

(续表 21.2)

因 素	权重值	因 子	权重值
区域经济发展水平	19.53	国内生产总值	24.73
		财政状况	25.20
		固定资产投资状况	18.20
		商业活动	16.93
		外贸活动	14.93
区域综合服务能力	11.53	金融状况	28.33
		邮电服务能力	22.60
		卫生条件	20.73
		科技水平	28.33

21.3.3 等别划分与最终确定

1) 多因素综合分值法城镇土地等别划分

(1) 因子分值的量化

在分等指标值计算中，除了城镇区位因素中的城镇经济区位因子需要另外计算外，其余因素因子的计算皆采用标准化方法，即：

$$Y_{ij} = 100 \times \frac{X_{ij} - X_j}{X_{\max} - X_{\min}} \tag{21.1}$$

式中：Y_{ij}——第 i 个分等城镇的第 j 项因子分值；

X_{ij}——第 i 个分等城镇第 j 项指标值；

$X_{\max}$——各分等城镇 X_{ij} 指标的最大值；

$X_{\min}$——各分等城镇 X_{ij} 指标的最小值。

城镇经济区位因子指数的计算方法与过程如下：

① 辐射源城市的影响半径计算

辐射源城市影响半径计算公式为：

$$R_i = \sqrt{\frac{S_i}{n\pi}} \tag{21.2}$$

式中：R_i——第 i 个辐射源城市的影响半径；

S_i——第 i 个辐射源城市的影响面积；

n——第 i 个辐射源城市所在该级及上级城市数目。

a. 上海市作为直辖市，对整个华东地区有着很强的辐射作用，辐射面积巨大，故作为一级辐射源城市。另外上海处于华东地区的边缘圆心，华东地区面积可视为上海影响面积的一半，按照式(21.2)计算得到上海城市影响半径为 712.3 km。

b. 南京作为江苏的省会，对整个江苏省都有辐射作用，由于南京不处在江苏的几何中心，采用南京到省域最远的丰县的主要公路的距离作为南京城市的影响半径，为 418 km。

c. 苏州、无锡、常州作为江苏省内最发达的都市圈，辐射作用远大于一般省辖市，本研究将其作为三级辐射源城市，采用南京城市影响半径的一半作为这 3 个城市的影响半径，为 209 km。

d. 余下的 9 个省辖市作为四级辐射源城市,影响半径采用省辖市到该市下属县城最远距离作影响半径;徐州市到新沂主要公路距离最远,本级影响半径采用徐州到新沂的主要公路的距离,为 108 km。

② 辐射源城市的势能值的计算

辐射源城市对外的影响作用主要体现在经济辐射作用和行政影响作用方面,故辐射源城市的势能值由这两方面组成。其中,用辐射源城市的 GDP 来表征经济辐射作用(其中上海市采用全市 GDP,其他的采用市区 GDP),采用按城市行政等级赋分的方式来表征行政影响作用。具体公式如下:

$$E_i = G_i W_G + A_i W_A \tag{21.3}$$

式中:E_i——第 i 个辐射源城市的势能值;

G_i——第 i 个辐射源城市的 GDP 标准化值;

W_G——GDP 的权重;

A_i——第 i 个辐射源城市的行政分值;

W_A——行政分值的权重。

采用按城市行政等级计算行政分值的标准和结果如下:上海市作为直辖市,行政分值为 100;南京市作为江苏省会,行政分值为 80;苏州作为副省级城市,行政分值为 70;余下的 11 个省辖市,行政分值为 50。

③ 城镇经济区位因子指数的计算

城镇经济区位因子指数的计算公式为:

$$I_i = \sum_{j=1}^{n} E_j \left(1 - \frac{L_{ij}}{R_j}\right) \quad (L_{ij} \leqslant R_j) \tag{21.4}$$

式中:I_i——第 i 个城镇的经济区位指数;

E_j——第 j 个辐射源城市的势能值;

L_{ij}——第 i 个城镇到第 j 个辐射源城市的主要公路距离;

R_j——第 j 个辐射源城市的影响半径;

n——辐射源城市总个数,按江苏 13 个省辖市加上海市,取 $n=14$。

(2) 分等指数的计算与等别划分

① 分等因素分值的计算

分等因素分值的计算公式为:

$$F_{ik} = \sum_{j=1}^{n} (W_{kj} Y_{ij}) \tag{21.5}$$

式中:F_{ik}——第 i 个分等对象第 k 个因素分值;

W_{kj}——第 j 项因子对应上层第 k 个因素的权重值;

Y_{ij}——第 i 个分等对象第 j 项因子的分值的标准值;

n——第 k 个因素包含的因子个数。

② 分等综合分值的计算

分等综合分值的计算公式为:

$$S_i = \sum_{k=1}^{n} (W_k Y_{ik}) \tag{21.6}$$

式中:S_i——第 i 个分等对象的综合分值;

W_k——第 k 个因素的权重值；

Y_{ik}——第 i 个分等对象第 k 个因素分值的标准值；

n——因素个数。

③ 等别划分

等别划分应该考虑到同一地区内部，相同等别内土地质量的相似性、收敛性，以及不同等别间土地质量的差别性、离散性。为此，采用数轴法进行土地等别划分，即将综合分值点标绘在数轴上，选择拐点或点数稀少处作为等与等之间的分界(见图 21.2)。

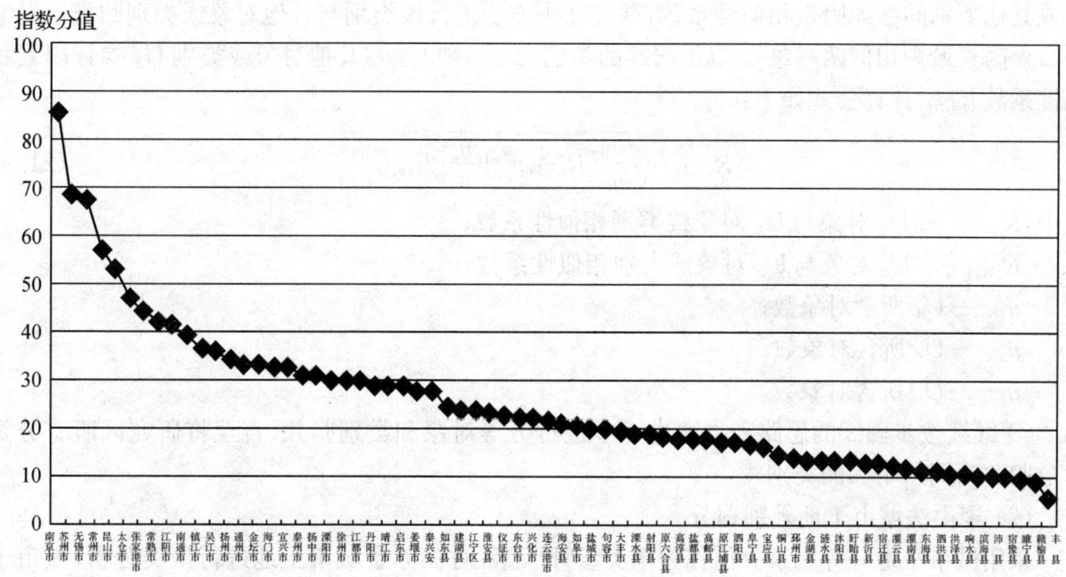

图 21.2　江苏省城镇土地分等综合分值曲线图

2) 聚类法城镇土地等别划分

(1) 聚类法的思路与计算过程

聚类法是根据事物本身的特性研究个体分类的方法，其主要准则是同一类中的个体有较大相似性，不同类中的个体差异很大。

根据研究区城镇土地分等评价对象上述参评因素因子数据，采用系统聚类法，对各分等评价对象进行归类得出江苏省城镇土地分等划分结果。下面是主要步骤和处理方法。

① 用标准差法进行参评因素因子指标值原始数据标准化，公式为：

$$Y_{(i,j)} = \frac{X_{(i,j)} - \overline{X}_{(j)}}{S_{(j)}} \tag{21.7}$$

式中：$Y_{(i,j)}$——i 对象 j 因子标准化指标值；

$X_{(i,j)}$——i 对象 j 因子指标值原始数据；

$\overline{X}_{(j)}$——各对象 j 因子指标平均值；

$S_{(j)}$——各对象 j 因子指标值标准差。

② 采用欧氏距离法计算研究区各对象间参评因素的相似性系数，并按一定阈值标准，以相似性系数最大化为原则将参评因素最为相似的两个对象归为一类别。相似性系数的计算公式如下：

$$R_{(i,j)}=\sqrt{\frac{1}{n}\sum_{k=1}^{n}[X_{(i,j)}-X_{(j,k)}]^2} \tag{21.8}$$

式中：$R_{(i,j)}$——i 对象与 j 对象参评因素相似性系数；

$X_{(i,k)}$——i 对象 k 因子标准化指标值；

$X_{(j,k)}$——j 对象 k 因子标准化指标值；

n——分等指标控制区划分参评因子总数。

③ 参评因素最为相似的两对象归为同一类别后，计算该类别与步骤②中其他尚未归类对象或其他类别间参评因素相似性系数，并按②中方法进行该类别与其他对象或类别归类。设②中参评因素最为相似两对象 U_a、U_b 归并的类别为 U_d，则 U_d 与其他对象或类别 U_k 参评因素相似性系数 $R_{(d,k)}$ 计算公式如下：

$$R_{(d,k)}=\sqrt{\frac{n_1}{n_3}[R_{(a,k)}]^2+\frac{n_2}{n_3}[R_{(b,k)}]^2} \tag{21.9}$$

式中：$R_{(a,k)}$——U_a 对象与 U_k 对象或类别相似性系数；

$R_{(b,k)}$——U_b 对象与 U_k 对象或类别相似性系数；

n_1——U_a 所含对象数；

n_2——U_b 所含对象数；

n_3——U_k 所含对象数。

④ 继续按步骤③的思路和方法进一步进行分等对象和类别归并，直至将研究区所有分等对象归并为同一个大的类别。

(2) 聚类法城市土地等别划分

采用城市土地分等因素分值作为聚类参评因素，对江苏省城市土地进行聚类分析，城市土地聚类分析谱系图如图 21.3。

3) 城镇土地分等最终结果的确定

以多因素综合评价划分方法为主，结合市场资料分析和聚类分析等方法，并进行专家咨询和向土地行政主管部门征求意见，确定江苏省城镇土地分等最终结果如表 21.3。

表 21.3 江苏省城镇土地等别划分最终结果

城镇土地等别	城 镇 名 称
一等	南京市
二等	苏州市、无锡市、常州市、昆山市、太仓市、张家港市、常熟市、江阴市
三等	徐州市、南通市、镇江市、扬州市、泰州市、吴江市、通州市、金坛市、海门市、宜兴市、扬中市、溧阳市
四等	连云港市、淮安市、盐城市、江都市、丹阳市、靖江市、启东市、姜堰市、泰兴市、如东县、江宁区、仪征市、东台市、兴化市、海安县、如皋市
五等	宿迁市、句容市、大丰市、溧水县、射阳县、建湖县、原六合县、高淳县、盐都县、高邮市、原江浦县、泗阳县、阜宁县、宝应县、铜山县
六等	邳州市、金湖县、涟水县、沭阳县、盱眙县、新沂市、灌云县、灌南县、东海县、泗洪县、洪泽县、响水县、滨海县、沛县、宿豫县、睢宁县、赣榆县、丰县

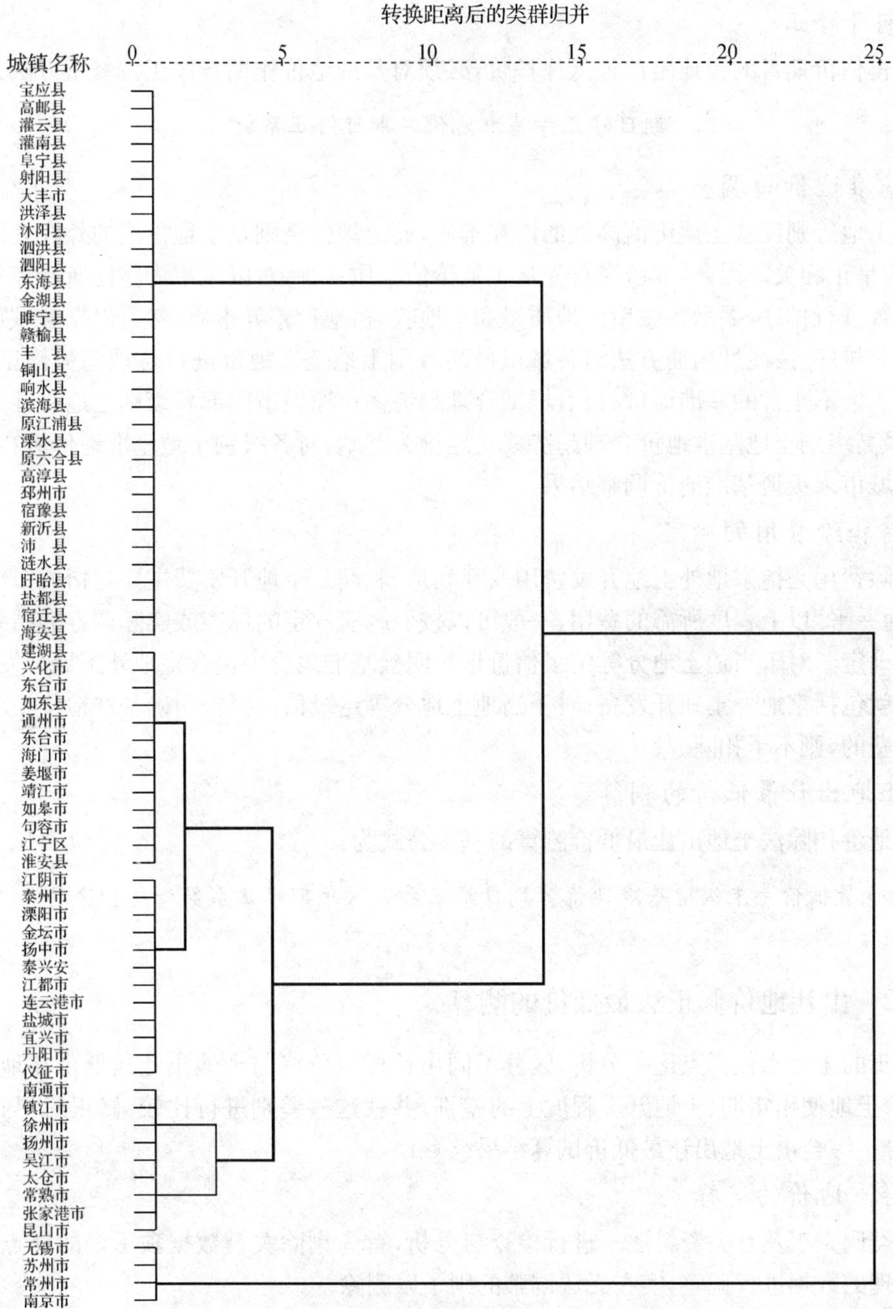

图 21.3　江苏省城镇土地等别聚类分析谱系图

21.4　土地出让最低价的测算与确定

21.4.1　基准地价扣除法最低价的测算

利用基准地价评估成果，将与土地出让最低价内涵不同的各项费用逐一扣除，最终得到城镇土地出让最低价试算结果。

1）期日修正

为求得估价期日的土地出让最低保护价，必须对基准地价作期日修正。修正方法为：

$$期日修正＝基准地价×期日修正系数 \tag{21.10}$$

2）基准地价的调整

城市土地等别反映土地价值高低的内在本质，而土地价格则是土地价值的外在表现。理论上，两者应呈正相关。因此，本研究首先从土地价值本质入手，对以城市为整体所计算得到的土地分等指数进行排序，揭示各城市土地质量和土地收益、地价差异本质；然后根据各城市土地分等指数及其排序，按线性内插方法对各城市最高级别土地基准地价进行合理趋势修正，尤其是要调整个别极不正常的基准地价；最后根据合理趋势修正原城市内部各级别土地基准地价比例关系，以最高级别土地基准地价合理趋势修正地价为基础，对各级别土地基准地价进行调整，从而得出各城市末级地基准地价调整结果。

3）待扣除费用的确定

待扣除费用是指宗地外土地开发费用及其利息、利润。土地开发费主要是指城市土地开发达到"三通一平"以上程度所需的费用，一般可以按照政府规定的标准或实际调查的结果结合容积率水平确定。对于当地土地分等定级估价报告明确基准地价中包含宗地外土地开发费的，扣除的项目就包括宗地外土地开发费；对于当地土地分等定级估价报告明确基准地价中不包含宗地外开发费的，则不予扣除。

4）土地出让最低价的测算

基准地价扣除法土地出让最低价测算的基本公式为：

$$土地出让最低价＝末级地基准地价×期日修正系数×年期修正系数－待扣除的各项费用 \tag{21.11}$$

21.4.2 出让地价修正法最低价的测算

对收集的土地出让样点逐一分析，区分不同出让样点价格与土地出让最低价在地价构成、估价期日、土地使用年期、土地开发程度上的差别，并就这些差别进行比较、修正后得到样点地价，然后分析综合出土地出让最低价试算结果。

1）样点地价的选择

对各类调查表及有关资料逐一进行检查与分析，首先剔除关键数据项不全的样点，然后对明显不合理的数据进行调整，实在无法调整的则予以删除。

2）样点地价的测算

在本研究中，土地出让最低价评估中使用的样点资料均应为协议出让的样点，其他方式出让的样点仅作为参考。经过分析的样点，如为非正常样点或难以进行各项修正，则予以剔除，操作中是用统计学的方法采用两倍方差计算剔除过高或过低的样点。然后利用有效样点进行协议出让最低价测算。基本公式为：

$$\begin{aligned}样点地价＝&实际出让价×期日修正系数×年期修正系数±土地取得费修正±\\&土地开发程度修正\end{aligned} \tag{21.12}$$

若出让样点地价包含了土地开发费，则需要将土地开发费及其利息、利润予以扣除；若出让样点地价不包含土地取得费，则应该将土地取得费加入到样点地价中。

3）平均地价的计算

对测算得到的样点地价进行分析比较，根据有效样点的多少、样点地价的同一性，分别采用算术平均法、加权平均法、中间值法、众数法等不同方法，计算土地出让最低价。

21.4.3　成本逼近扣除法最低价的测算

成本逼近扣除法是利用土地取得、开发成本资料，首先以土地取得、开发所耗费的各种费用之和为主要依据，加上一定的利息、利润、税金和土地所有权收益（土地增值收益）来确定土地价格，然后扣除宗地红线外土地开发费及相应的利息、利润，最终得到土地出让最低价试算结果。

1）计算土地取得费

土地取得费主要包括土地补偿费、劳动力安置补助费、青苗及地上附着物补偿费、农业重点开发建设资金、土地用途变更费、耕地开垦费、耕地占用税及围垦造地专项资金、土地管理费等。土地取得费根据当地城市边缘、城郊结合部的人均耕地、前三年亩均产值和有关补偿标准确定。实际的征地费用可能大于按照文件规定计算的征地费用，在调查中，同时调查实际的征地费用标准，以便与按照文件规定计算的标准相验证。其中，①土地补偿倍数：8～10 倍；②劳动力安置补助费：人均耕地 1 亩*（含本数）以上，5 倍，人均耕地不足 1 亩的，从 6 倍起算，每少 0.1 亩，增加1 倍，最高不超过 15 倍；③青苗补偿费：按亩产值的 1/2 计算；④地上附着物补偿费：按照重置价格结合成新状况或实际调查结果确定；⑤农业重点开发建设资金：苏南 2 400 元/亩，苏中 2 000 元/亩；苏北 1 600 元/亩；⑥土地用途变更费：县城以上 1.0～2.0 元/m^2，县城以下 0.5～1.0 元/m^2；⑦耕地开垦费：苏南 9 元/m^2，苏中 7 元/m^2，苏北 5 元/m^2；⑧耕地占用税及围垦造地专项资金：耕地占用税按照规定标准确定，围垦造地专项资金按照耕地占用税的 10%征收；⑨土地管理费：上述费用（不包含耕地占用税和围垦造地专项资金）的 2%～3%。

2）计算土地开发费用

土地开发费用主要是宗地红线内外土地开发费。依据土地的实际开发水平，宗地外的土地开发费，根据各地不同的开发程度所需的费用标准、容积率水平，并结合市场调查数据确定。

3）计算贷款利息、投资利润，确定待扣除费用

计算贷款利息、投资利润主要指征地和土地开发预支资金所需支付的贷款利息，本研究设定开发周期为 1 年，按复利计算利息。

$$投资利润=(土地取得费+土地开发费)\times开发周期\times利润率 \tag{21.13}$$

待扣除费用主要包括宗地红线外土地开发费及相应的利息、利润。

4）最低价的测算

土地出让最低价测算的基本公式为：

$$土地出让最低价=(土地取得费+土地开发费+利息+利润)\times(1+土地增值收益率)\times土地使用年期修正系数-待扣除的各项费用 \tag{21.14}$$

* 1 亩=666.667m^2（下同）。

21.4.4　土地出让最低价的确定

1）土地出让最低价确定的原则

土地出让最低价确定时，应遵循以下原则：

（1）出让样点数量充足且具有代表性的城镇，以出让地价修正法结果为主确定土地出让最低价。

（2）当出让样点不足以说明问题时，工业用地结合成本逼近扣除法结果确定出让最低价，商业用地结合基准地价扣除法结果确定土地出让最低价，住宅用地结合基准地价扣除法和成本逼近扣除法结果确定土地出让最低价。

（3）土地出让最低价原则上不低于现行的出让价格平均水平，并体现国家的土地所有权收益，即土地增值收益要求不低于国家规定的新增建设用地有偿使用费标准。

（4）根据上述原则和方法确定的土地出让最低价低于成本逼近扣除法测算结果时，以成本逼近扣除法测算的结果作为土地出让最低价。

（5）当采取两种以上方法确定土地出让最低价时，可以根据当地土地市场发育状况和土地利用特点采用加权平均法确定土地出让最低价。

2）土地出让最低价的确定方法

根据基准地价扣除法、成本逼近扣除法、出让地价修正法评估的土地出让最低价试算结果，遵循土地出让最低价确定的原则，按照不同用途土地对三种估价方法的适用性，确定三种不同试算结果的权重。即当出让样点充分时，商业用地以基准地价扣除法和出让地价修正法为主；住宅用地以出让地价修正法为主，适当考虑基准地价扣除法和成本逼近扣除法；工业用地以出让地价修正法为主，适当考虑成本逼近扣除法和基准地价扣除法。当出让样点不充分时，商业用地主要取基准地价扣除法结果；住宅用地以基准地价扣除法和成本逼近扣除法为主；工业用地以成本逼近扣除法为主。不论上述哪种情况，初步试算的最低价低于成本逼近扣除法测算结果时，以成本逼近扣除法测算的结果确定土地出让最低价。各种评估方法确定的权重结果见表21.4。

表21.4　土地出让最低价确定中各种方法结果权重

样点状况	评估方法	商业用地最低价确定	住宅用地最低价确定	工业用地最低价确定
样点充足	出让地价修正法	0.5	0.5	0.5
	基准地价扣除法	0.5	0.3	0.2
	成本逼近扣除法	0	0.2	0.3
样点不足	基准地价扣除法	0.9	0.5	0.2
	成本逼近扣除法	0.1	0.5	0.8

3）土地出让最低价结果

根据上述方法，所建立的江苏省城镇各用途土地出让最低价见表21.5。

表 21.5 江苏省城镇土地出让最低价结果

城市			商业用地(元/m²)				住宅用地(元/m²)				工业用地(元/m²)			
			城区边缘	一等镇	二等镇	三等镇	城区边缘	一等镇	二等镇	三等镇	城区边缘	一等镇	二等镇	三等镇
苏南	苏州市	苏州	390	350	—	—	290	240	—	—	220	190	—	—
		吴中	365	355	310	290	255	240	215	195	190	160	145	130
		相城	355	355	300	—	240	240	200	—	165	150	140	—
		常熟	340	315	290	270	240	210	180	180	165	145	140	135
		张家港	335	320	280	—	235	225	185	—	160	145	130	—
		太仓	315	300	265	—	210	195	170	—	155	145	130	—
		昆山	345	335	300	—	245	235	200	—	165	160	140	—
		吴江	325	315	285	265	220	210	190	170	160	150	140	130
	无锡市	无锡	380	350	330	300	280	240	220	190	200	160	150	140
		锡山	350	350	330	300	240	240	220	190	165	160	150	140
		惠山	345	345	330	300	235	235	220	190	165	160	150	140
		江阴	350	340	320	285	240	230	215	180	170	150	140	135
		宜兴	315	310	285	255	220	210	190	165	145	140	135	125
	常州市	常州	360	320	230	—	260	200	190	—	190	160	140	—
		戚墅堰	350	300	—	—	220	200	—	—	180	140	—	—
		武进	300	285	255	240	200	185	170	155	160	150	135	125
		金坛	265	255	240	225	180	170	160	150	130	125	120	115
		溧阳	290	275	250	235	190	180	170	150	140	135	130	125
	南京市	南京	400	290	—	—	300	190	—	—	200	145	—	—
		江宁	290	280	230	210	220	190	185	165	150	140	130	120
		江浦	255	250	200	—	190	180	145	—	135	125	105	—
		六合	240	230	210	200	170	165	155	145	120	115	110	105
		溧水	265	240	200	—	180	170	145	—	130	120	105	—
		高淳	240	230	200	—	170	165	145	—	125	120	105	—
	镇江市	镇江	340	300	—	—	250	200	—	—	180	150	—	—
		丹徒	270	260	220	—	190	170	150	—	140	130	120	—
		扬中	290	280	230	—	210	180	170	—	150	135	125	—
		句容	255	250	220	—	190	170	150	—	130	125	120	—
		丹阳	280	270	230	—	200	180	160	—	145	135	125	—
苏中	扬州市	扬州	320	280	—	—	240	200	—	—	170	140	—	—
		邗江	270	260	240	215	190	180	165	150	130	125	120	110
		宝应	220	215	200	185	150	140	135	125	115	110	105	100
		高邮	250	240	225	210	170	165	150	140	120	115	110	105
		仪征	275	270	250	235	205	195	180	170	130	125	120	110
		江都	270	260	235	215	200	175	155	145	130	120	115	110

(续表 21.5)

城市			商业用地(元/m²)				住宅用地(元/m²)				工业用地(元/m²)			
			城区边缘	一等镇	二等镇	三等镇	城区边缘	一等镇	二等镇	三等镇	城区边缘	一等镇	二等镇	三等镇
苏中	南通市	南通	320	270	—	—	230	180	—	—	170	135	—	—
		海安	250	220	175	160	180	160	140	130	125	120	110	100
		如皋	275	235	200	180	180	155	135	125	120	115	110	100
		如东	250	220	200	165	180	160	150	130	120	115	110	105
		通州	290	240	205	150	200	170	140	120	140	130	120	110
		海门	300	265	210	190	205	175	150	145	145	135	120	110
		启东	290	260	240	200	200	180	160	140	140	130	120	110
	泰州市	泰州	300	270	—	—	220	180	—	—	160	160	—	—
		兴化	240	245	225	200	160	165	145	125	115	110	105	100
		姜堰	265	260	235	210	180	175	150	130	130	125	115	110
		泰兴	290	265	240	215	190	175	155	140	130	125	115	110
		靖江	300	270	250	220	200	180	160	145	150	130	120	115
苏北	徐州市	徐州	300	250	—	—	210	160	—	—	165	100	—	—
		贾汪	250	230	180	—	170	150	125	—	120	90	80	—
		丰县	180	170	120	—	130	120	95	—	90	85	75	—
		沛县	220	180	140	—	150	140	110	—	100	90	80	—
		铜山	220	200	170	—	160	150	125	—	115	95	80	—
		睢宁	170	155	110	—	125	105	90	—	80	75	70	—
		邳州	235	210	170	—	165	145	125	—	110	95	80	—
		新沂	245	220	180	—	170	155	125	—	110	95	80	—
	淮安市	淮安	280	220	—	—	220	170	—	—	160	130	—	—
		淮阴	230	190	160	—	180	150	130	—	130	90	80	—
		楚州	230	200	170	—	160	170	140	—	120	110	100	—
		涟水	190	150	90	—	140	115	80	—	90	80	75	—
		洪泽	210	170	140	—	150	130	120	—	100	90	85	—
		盱眙	200	150	110	—	140	115	85	—	90	85	80	—
		金湖	200	180	150	—	140	140	120	—	100	90	80	—
	盐城市	盐城	275	210	—	—	210	160	—	—	150	115	—	—
		响水	160	135	100	—	120	105	80	—	80	75	70	—
		滨海	160	135	100	—	110	100	80	—	80	75	70	—
		阜宁	170	140	120	—	130	110	95	—	90	85	80	—
		射阳	170	150	130	—	120	110	95	—	90	85	80	—
		建湖	220	180	135	—	150	140	110	—	110	105	90	—
		盐都	200	165	130	—	130	115	100	—	115	110	95	—
		大丰	240	200	150	—	170	140	120	—	115	100	95	—
		东台	250	210	150	—	170	150	125	—	120	100	90	—

(续表 21.5)

城市			商业用地(元/m²)				住宅用地(元/m²)				工业用地(元/m²)			
			城区边缘	一等镇	二等镇	三等镇	城区边缘	一等镇	二等镇	三等镇	城区边缘	一等镇	二等镇	三等镇
苏北	连云港市	连云港	310	190	170	—	225	150	130	—	160	110	100	—
		赣榆	210	165	125	—	150	125	100	—	100	90	75	—
		东海	200	170	120	—	140	120	95	—	95	90	70	—
		灌云	185	140	100	—	130	110	90	—	90	85	75	—
		灌南	170	130	115	—	120	100	90	—	90	75	70	—
	宿迁市	宿迁	250	170	—	—	200	130	—	—	140	100	—	—
		宿豫	165	140	110	—	120	105	90	—	90	75	70	—
		沭阳	160	140	110	—	120	100	90	—	80	75	70	—
		泗阳	180	150	120	—	120	100	90	—	90	85	75	—
		泗洪	190	160	120	—	130	110	90	—	95	90	70	—

由表 21.5 分析可知,省辖市城市边缘区的土地出让最低价水平,商业用地在 250～400 元/m²之间,南京 400 元/m²最高,宿迁 250 元/m²最低;住宅用地在 200～300 元/m²之间,南京 300 元/m²最高,宿迁 200 元/m²最低;工业用地在 140～220 元/m²之间,苏州 220 元/m²最高,宿迁 140 元/m²最低。县(市、区)的土地出让最低价水平,商业用地在 174～340 元/m²之间,无锡市 340 元/m²最高,宿迁市 174 元/m²最低;住宅用地在 123～234 元/m²之间,无锡市 234 元/m²最高,宿迁市 123 元/m²最低;工业用地在 89～166 元/m²之间,苏州市 166 元/m²最高,宿迁市 89 元/m²最低。建制镇、乡集镇的协议出让最低价水平,第一等次商业用地在 147～331 元/m²之间,无锡市 340 元/m²最高,宿迁市 147 元/m²最低;住宅用地在 106～232 元/m²之间,无锡市 232 元/m²最高,宿迁市 106 元/m²最低;工业用地在 82～152 元/m²之间,无锡市 152 元/m²最高,宿迁市 82 元/m²最低。末等次商业用地在 115～288 元/m²之间,无锡市 288 元/m²最高,宿迁市 115 元/m²最低;住宅用地在 90～187 元/m²之间,无锡市 187 元/m²最高,宿迁市 90 元/m²最低;工业用地在 72～135 元/m²之间,苏州市 135 元/m²最高,宿迁市 72 元/m²最低。

参 考 文 献

1 Andrew Baum and David Macdmin. The income approach to property valuation. Hong Kong, 1988

2 Britton W. Modern methods of valuation. 8th edition. The Estate Gazette Limited, 1989

3 Clive Darlow. Valuation and development appraisal. 2nd edtition. Estates Gazette, 1988

4 HKIS and RICS. Hong Kong guidance notes on the valuation of property assets. Hong Kong, 1988

5 Isard W. Methods of regional analysis; an Introduction to regional science. Cambridge, 1960

6 Millington A F. An introduction to property valuation. The Estate Gazette Limited, 1988

7 William Britton, Keiyh Davies and Tony Johnson. Modern methods of valuation of land, houses and building. The Estate Gazette Limited, 1980

8 毕宝德. 土地经济学. 北京:中国人民大学出版社, 1993

9 陈宗兴,唐海彬,贡瑛. 经济活动的空间分析. 西安:陕西人民出版社, 1989

10 单卫东,包浩生. 区域中心城市地价的空间扩散研究. 经济地理, 1997, 17(1)

11　董黎明,胡存智.城镇土地定级原理与方法.北京:地震出版社,1992

12　董黎明.中国城市土地有偿使用的地域差异及分等研究.地理学报,1993,48(1)

13　杜忠潮,车自力.陕西省城市土地分等与基准地价体系建立初探.咸阳师范学院学报,2002,17(4)

14　国家质量监督检验检疫总局.城镇土地分等定级规程(GB/T18507—2001).北京:中国标准出版社,2002

15　国家质量监督检验检疫总局.城镇土地估价规程(GB/T18508--2001).北京:中国标准出版社,2002

16　胡存智.区位理论在我国城镇土地分等定级中的应用研究.中国土地科学,1991,5(1)

17　江苏省无锡县土地管理局.无锡县城镇土地分等定级估价实践与研究.南京:南京师范大学出版社,1995

18　李鸿昌.城市土地经济学.广州:科学普及出版社广州分社,1988

19　李武生.关于城镇土地使用价值的地域差异与分等研究的数理分析.资源科学,2000,22(5)

20　李晓东.新疆城市分等与城镇土地基准价格体系的建立初探.干旱区地理,1997,20(1)

21　陆大道.区位论及区域研究方法.北京:科学出版社,1987

22　唐根年.浙江省城镇土地分等地域分异特征研究.经济地理,1998,18(3)

23　严星,林增杰.城市地产评估.北京:中国人民大学出版社,1999

24　严长清,李涛.城镇土地分等信息系统的设计与应用.南京师范大学报(自然科学版),1998,21(3)

25　杨海娟.县域内城镇土地分等研究——以临潼区为例.西北大学学报(自然科学版),2003,33(5)

26　杨继瑞.中国城市地价论.成都:四川大学出版社,1998

27　张协奎,李玉双.层次分析法在城镇土地分等定级中的应用.基建优化,1993,14(3)

28　张占军,王令超.城镇土地多因素综合评价的理论与方法.地域研究与开发,1997,16(8)

29　周国华,肖卓.小城镇土地分等及等别地价确定方法研究——以湖南省湘乡市建制镇为例.湖南师范大学(自然科学学报),2003,26(1)

30　周国华,郑云有.城市间土地分等方法研究.热带地理,2000,20(3)

31　周建明.城市类型与地价成因的定量分析.中国土地科学,1997,11(4)

32　周生路,吴文红,彭补拙.区域城镇基准地价体系建立研究.自然资源学报,1999,14(2)

33　周寅康,徐梦洁,彭补拙.新疆生产建设兵团农垦城镇土地等级体系研究.自然资源学报,1997,12(1)

34　宋佳波.省域城镇基准地价网络体系建立方法研究——以江苏省为例:[硕士学位论文].南京:南京大学,2004

35　王黎明.省域城市土地等别体系及空间差异研究——以江苏省为例[博士学位论文].南京:南京大学,2004

22 江苏省宜兴市农用地征用土地补偿标准的建立

22.1 研究目的、技术路线与研究区概况

22.1.1 研究目的

随着我国经济的发展，农用地转为建设用地的情况越来越多，特别是城市边缘区，受城市经济、信息、技术和人才等因素的影响，农用地市地化的可能性更大。农用地转为城市建设用地，将丧失农用地固有的生产农产品的农业生产功能即农业生产的经济价值，因此需进行补偿。《中华人民共和国土地管理法》第47条规定："征用耕地的土地补偿费，为该耕地被征用前三年平均年产值的六至十倍。"但是，土地的产出不仅与土地的自然质量有关，而且与投入量、劳动者素质和土地区位条件等社会经济因素有关，因此根据土地的实际产值作为补偿费的标准，会造成虽土地质量好，但因投入少、产值小而补偿费低；以及土地质量差，却因投入多、产值大、补偿费高的不公平现象，由此造成了同地不同价、同价不同地等不合理现象。而农用地的价格反映了土地的现实收益能力，以此作为土地征用的补偿费标准更合理科学，更能保障农民的利益。

22.1.2 研究技术路线

不言而喻，为征地补偿服务的农用地定级估价必须强调农用地的经济属性。但就农用地而言，资源属性又是其经济属性发挥的前提和基础。因此，在进行为征地补偿服务的农用地定级时，首先仍需进行农用地资源属性因素的调查、影响作用的分值量化，然后在此基础上进一步进行经济属性因素的调查、分值量化及其影响作用的刻画。在进行为征地补偿服务的农用地估价时，首先应根据定级结果在各级别土地内进行农用地投入-产出等的调查和资料收集，然后采用收益还原法进行农用地价格的测算。由此可见，与一般目的的农用地定级估价相比，为征地补偿服务的农用地定级估价在总体技术路线、工作流程和实施步骤方面并没有大的区别。就本研究采用修正法进行宜兴市农用地定级估价而言，其工作流程大致如图22.1。

但需指出的是，经济属性因素(主要包括农贸市场影响度、道路通道状况等区位条件，田间路网密度)影响作用分值量化时，须按突出因素经济性作用要求主要从影响农用地经济收益而非农产品产量高低角度，来刻画经济属性因素的优劣状况及其对农用地级别的影响性。农用地估价时也应重视对区位条件、道路通道状况影响更为敏感的经济作物(包括花卉苗木、蔬菜等)投入-产出资料的调查收集，并将其收益数据参与估价计算。

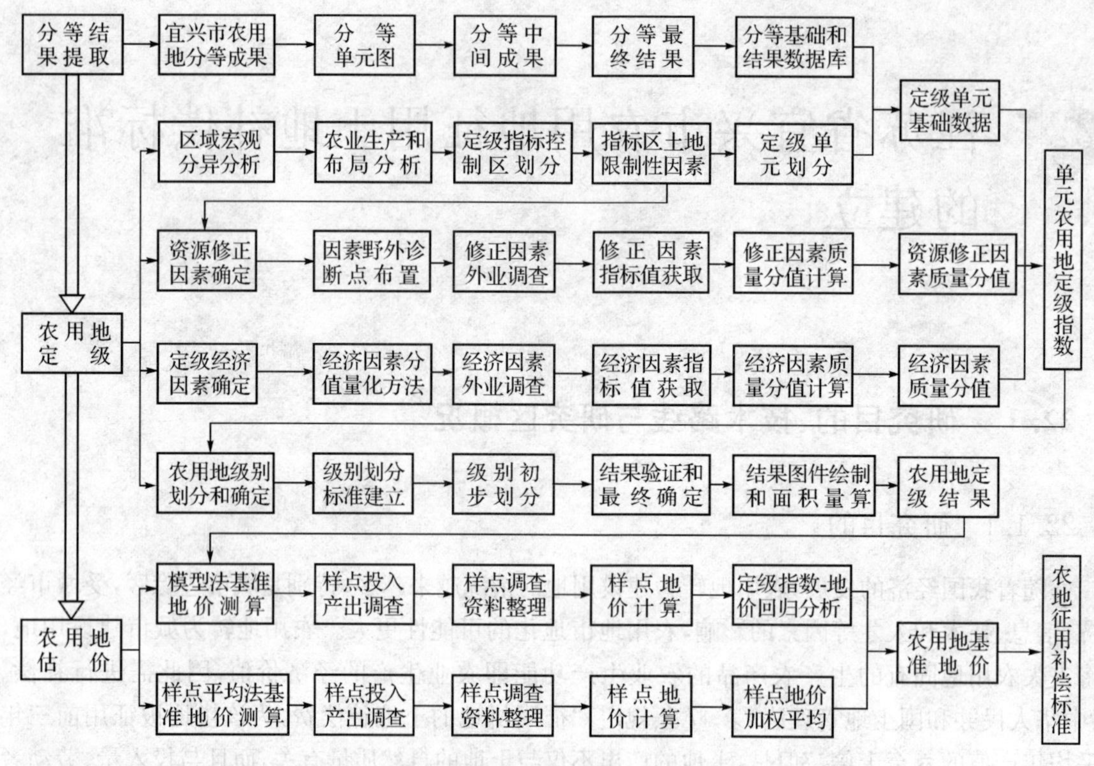

图 22.1　宜兴市农用地征用土地补偿建立技术路线

22.1.3　研究区概况

宜兴市位于江苏省南部，介于北纬31°07′～31°37′，东经119°30′～120°03′之间，属中亚热带北缘过渡地区。东临太湖，北濒滆湖，南、西南与浙江长兴和安徽广德交界，西、北与溧阳、金坛、武进三市接壤。全市总面积为2 038.7 km^2，总人口107.44万人，其中农业人口78.49万人，非农业人口28.95万人。

全境地势南高北低，其地貌形态可划分为低山、丘陵和平原三大单元。低山有苏、浙、皖交界处的界岭山和中部的铜官山，为剥落断褶低山，由泥盆系石英砂岩组成，岩性坚硬，故山势雄伟，叠嶂如云。其中界岭山为背斜山，铜官山为向斜山。山体均作东西向延伸，绝对高程500 m以上，最高峰黄塔顶海拔611.5 m。丘陵可分为碎屑岩或石灰岩组成的丘陵、北部平原区的侵蚀残丘和山前地带的剥落浅丘。平原约占内陆面积的一半，主要有高亢平原、湖沼平原、湖滨滩地三大地貌单元组成。高亢平原大部由冲击、冲洪积物组成，主要为棕黄色砂质粘土，平均高程在3～6 m，土地平坦，水系成网。湖沼平原分布在中西部圩区，原是水域，由湖积、湖沼沉积变为陆地，地形边高中低，高程2～3 m，洪水期易受淹，筑有圩堤，河道密布，湖荡成群。湖滨滩地分布于河湖滨岸地带，主要在太湖、滆湖等湖泊边缘，高程1～2 m，洪水期淹没，枯水期出露，生长芦苇等，为近期湖沼沉积区。

宜兴系北亚热带与温暖带过渡区，属海洋性季风气候，冬、春多西北风，夏、秋多东南风。气候特点是四季分明、温和湿润、雨水充沛、日照充足、无霜期长，适宜多种农作物生长。年平均气温15.6℃，无霜期年平均239 d，常年平均日照时数为1 941.9 h年平均降水量为1 191.3 mm，有水旱、风雹、地震等自然灾害的影响。

全境中、西、北部平原圩区和低洼圩区，河流密布，纵横交叉。全境共有大小河道215条，总长1 058 km，占地面积130 km^2。其中主干河14条，长5 km以上的河道有68条。横穿东西的主要河道有荆溪河、漕桥河、殷村港、湛渎港、堰径河、凰川等，纵贯南北的有武宜运河、横塘河、蠡河、孟津河、屋溪河等。这些河道以其自然地理位置，形成荆溪、洮滆、蠡河、凰川四大水系，均汇流入太湖。

宜兴南北过渡区的气候，加之地形复杂、植被多样，形成南北过渡型、微域分布型、垂直分布型等多种土壤空间分布形式，以及丰富的土壤类型。其中有受人为活动影响形成的耕作土壤，又有在自然条件下形成的自然土壤。宜兴的土壤类型主要有：黄棕壤、石灰岩土、棕红壤（亚类）、紫色土、水稻土、灰潮土、沼泽土、菜园土。

宜兴境内植被按地形与植物群落分为低山丘陵自然植被、平原圩区粮油作物人工植被和渎区经济作物人工植被。其中低山丘陵自然植被主要分布在市境南部的低山丘陵，有常绿阔叶、常绿针叶和落叶阔叶混交林，是江苏省唯一的中亚热带常绿阔叶林型。植被繁茂，覆盖率80%，组成的树种以毛竹、杉木、茶叶、板栗和马尾松为主。平原圩区粮油作物人工植被主要分布在市境中部和西北部，有粮油作物，如水稻、三麦和油菜。沿湖经济作物人工植被，主要分布在太湖沿岸，有以粮经套夹种为主的水稻、三麦、油菜和百合、西瓜、萝卜、青菜、大蒜、生姜等，还有沿太湖岸边浅水地段密生的芦苇。

根据土地详查资料，截至2002年底宜兴市土地总面积221 499.74 hm^2，其中耕地面积65 278.99 hm^2，占总面积的29.47%；园地面积10 258.05 hm^2，占总面积的4.63%；林地面积33 177.59 hm^2，占总面积的14.98%；牧草地面积2.63 hm^2；城镇及工矿用地面积21 328.85 hm^2，占总面积的9.63%；交通用地面积5 830.31 hm^2，占总面积的2.63%；水域面积83 486.91 hm^2，占总面积的37.69%；未利用地面积2 136.41 hm^2，占总面积的0.96%。

22.2 农用地定级

22.2.1 分等成果的提取

修正法进行农用地定级是在分等的基础上，进一步进行农用地资源因素、区位因素和经济因素的补充调查，在对等别指数进行修正的基础上得到定级指数，划分农用地级别。因此，修正法进行农用地定级，必须在充分掌握农用地分等方法、了解农用地分等过程前提下，提取农用地分等的图形数据和属性数据，与定级的野外调查数据相结合，计算定级指数，划分农用地等级。定级应提取的分等成果主要包括：

(1) 分等技术报告：掌握宜兴市农用地分等自然质量参评因素选取，及其权重和等别划分情况。

(2) 属性数据库：宜兴市农用地分等基础数据库、中间成果和最终成果数据库。

(3) 图形数据库：1∶5万宜兴市农用地分等单元图、自然等别图、利用等别图和分等结果图。

22.2.2 定级单元、指标区划分与修正因素因子的确定

1) 定级单元划分

土地定级单元是具有特定的耕作类型、地形特征、土壤性质等属性的地块，是土地定级的基本单位和基本图斑。单元是土地定级工作中取样和获得数据的基本单位，根据各因素对单元地块的作用方式和作用程度，求取的单元因素总分值是土地级别评定的基础和依据。常用的划分

方法有叠置法、地块法和网格法。

由于农用地定级涉及农贸中心、道路交通等点线状因素因子，而这些因素因子需按距离衰减法计算作用分值，采用网格法可以精确确定定级单元的几何中心，从而可以计算定级单元的影响距离，得到比较准确的作用分值；同时地理信息系统的构建为网格法的计算提供了技术支持。因此本研究采用25 m×25 m网格法划分定级单元，共划分定级单元170多万个，可大大提高定级精度。

2）定级指标区的划分

土地是一个自然经济复杂的综合体，受到自然生态规律和社会经济规律的制约，如果定级区域内部在气候、土壤、农业生产和土地利用方式等方面存在明显差异的，需划分定级因素指标控制区。指标控制区是根据区域分异理论，以区域内相似性和区域间差异性特征为基础，采用归并相似性与区分差异性这一原理划分土地利用区。定级指标控制区是每套农用地定级指数计算必选因素和参选因素指标所构成的评价指标体系的适用区。

宜兴市全境地势南高北低，其地貌形态可划分为低山、丘陵和平原三大单元，其中低山约占全市面积的15.40%，海拔一般为300～400 m；丘陵约占24.75%，海拔一般都在40 m左右；平原约占59.85%，海拔一般在3～8 m之间。不同的地形地貌区，其区域自然条件、生产结果和生产水平有明显差异，因此将全市分为三个定级指标区：低山区、丘陵区、平原区。

3）定级修正因素因子选取

定级是在分等对农用地资源属性因素评价的基础上，进一步对农用地的经济属性因素，以及分等工作没有细化、局部存在差异的资源属性因素的质量进行评价。这些定级的修正因素分为必选因素和参选因素，根据不同指标区的实际情况，选取对区域土地级别有明显影响的因素因子。

由于宜兴市农业生产受到农贸市场影响度、道路通达度的强烈影响，因此选取农贸市场影响度、道路通达度作为土地区位因素参评因子。宜兴市农业机械化耕作水平较高，农用地受耕作距离影响不大；另外宜兴属于河网密布地区，田块普遍因农村道路和田埂分割，面积较小，所以耕作便利因素只选取田间道路状况因子，并用路网密度来反映。宜兴市耕作制度以稻麦轮作为主，农用地中大部分为灌溉水田，土地利用现状差异不大，因此不把土地利用现状作为定级因子；土地利用方式、经营效益的不同会导致土地收益的不同，但与土地级别关系不大，因此不把土地利用方式作为定级因子；土地利用集约度反映了土地的利用效率，宜兴市处于苏南，土地利用效率均相对较高，内部差异不明显，因此不把土地利用方式作为定级因子。针对宜兴市的特定条件，本研究选取农贸中心影响度、道路通达度、田间路网密度、生态环境质量、速效磷和钾含量以及田块平整度作为修正因素因子。

22.2.3 修正因素因子分值量化

修正因素因子指标的量化可以分为三种类型：点状因素因子（农贸中心影响度）；线状因素因子（道路通达度）；面状因素因子（田间路网密度、生态环境质量、速效磷和钾含量以及田块平整度）。点状和线状因素因子通过指数衰减或者线性衰减量化；面状因素因子则通过直接指标量化或间接指标量化。

1）农贸市场影响度因子作用分值量化

（1）各农贸市场综合规模指数的确定

农贸市场的综合规模指数计算公式如下：

$$F_i = \sum W_j M_{ij} \tag{22.1}$$

$$M_{ij} = 100 \times \frac{A_{ij}}{A_{j,\max}} \tag{22.2}$$

式中：F_i—— 第 i 个农贸市场的综合规模指数；

W_j—— 农贸市场第 j 个指标的权重；

M_{ij}—— 第 i 个农贸市场第 j 个指标的规模指数；

A_{ij}—— 第 i 个农贸市场第 j 个指标的实际值；

$A_{j,\max}$—— 全市农贸市场第 j 个指标的最大值。

农贸市场规模主要通过其营业面积、年营业总额和营业人员等方面来反映。另一方面，农贸市场的规模在很大程度上取决于农副产品的市场需求状况（城镇人口数量），与此有很重要的相关关系。因此，农贸市场规模指数，将通过市场需求（城镇人口数量）和农贸市场营业额来进行量化。其中，市场需求即城镇人口数量指标的最大值为105 314 人，营业额指标的最大值为16 536.84 万元；市场需求即城镇人口数量、营业额的权重，本研究分别取 0.6 和 0.4。

（2）各级农贸市场服务半径的确定

根据宜兴市 39 个农贸市场综合规模指数大小排序图，可将宜兴市农贸市场划分为四级：第一级包括宜城镇青云菜场；第二级包括丁蜀镇东贤市场；第三级包括张渚镇农贸市场、环科园川埠市场和桥镇农贸市场；第四级包括其他农贸市场。设同一级别农贸市场服务半径相同，则各级别农贸市场服务半径可根据下列公式计算：

$$D_i = \sqrt{\frac{S}{n_i \pi}} \tag{22.3}$$

式中：D_i—— 第 i 级农贸市场的服务半径；

S—— 定级区域面积，即宜兴市总面积；

n_i—— 第一级至第 i 级农贸市场的累计个数。

本研究宜兴市总面积采用2 038.7 km^2，由以上方法计算得到一、二、三、四各级别农贸市场的服务半径分别为 25 km、18 km、11 km、4 km。

（3）农贸市场影响度作用分值的计算

农贸市场影响度作用分值按照直线衰减法计算，公式为：

$$f_{ij} = F_i(1 - r_{ij}) \tag{22.4}$$

$$r_{ij} = \frac{d_{ij}}{d_i} \tag{22.5}$$

式中：f_{ij}—— 第 i 个农贸市场对其影响范围内第 j 个定级单元的作用分值；

F_i—— 第 i 个农贸市场的综合规模指数；

r_{ij}—— 第 j 个定级单元与第 i 个农贸市场的相对距离；

d_{ij}—— 第 j 个定级单元与第 i 个农贸市场的实际距离；

d_i—— 第 i 个农贸市场影响半径。

高级别农贸市场除自己特有的市场功能外，还包括更低级别农贸市场的市场功能作用，特有功能服务半径是该级别农贸市场的服务半径，而所包含低级别农贸市场功能的服务半径则是低级别农贸市场的服务半径。本研究计算定级单元农贸市场分值时，首先采用对各级农贸市场进行功能划分，分别计算四级农贸市场对该单元的作用分值，然后再求和得到该单元总的农贸市场作用分值。具体公式如下：

$$f_i = 28 \times (1 - \frac{D_1}{25}) + 52 \times (1 - \frac{D_2}{18}) + 10 \times (1 - \frac{D_3}{11}) + 10 \times (1 - \frac{D_4}{4}) \tag{22.6}$$

式中：f_i—— 第 i 个定级单元农贸市场分值；

D_1—— 第 i 个定级单元距离一级农贸市场的实际最短距离；

D_2—— 第 i 个定级单元距离二级农贸市场的实际最短距离；

D_3—— 第 i 个定级单元距离三级农贸市场的实际最短距离；

D_4—— 第 i 个定级单元距离四级农贸市场的实际最短距离；

28、52、10、10—— 分别为四级农贸市场特有的功能作用分值；

25、18、11、4—— 分别为四级农贸市场的服务半径。

2）道路通达度因子作用分值量化

（1）道路综合规模指数的确定

道路综合规模指数的计算公式如下：

$$F_i = \sum W_j M_{ij} \tag{22.7}$$

$$M_{ij} = 100 \times \frac{A_{ij}}{A_{j,\max}} \tag{22.8}$$

式中：F_i—— 第 i 条公路的综合规模指数；

W_j—— 公路第 j 个指标的权重；

M_{ij}—— 第 i 条公路第 j 个指标的规模指数；

A_{ij}—— 第 i 条公路第 j 个指标的实际值；

$A_{j,\max}$—— 全市公路第 j 个指标的最大值。

本研究公路等级指数、总里程指数和二三级道路里程指数，加权计算公路的综合规模指数。其中，公路等级分为县道、省道、国道，分值分别取 50、80、100，指标最大值为 100；总里程指标最大值为46.64 km；公路等级、总里程、二三级道路里程权重分别取 0.6、0.25、0.15。

（2）道路影响半径的确定

根据宜兴市各公路规模指数大小排序图，可将宜兴市公路划分为三级：第一级包括 104 国道；第二级包括锡宜公路、宜广公路；第三级为其他公路。每级公路服务半径根据下列公式计算：

$$D_i = \frac{S}{2L_i} \tag{22.9}$$

式中：D_i—— 第 i 级公路的影响半径；

S—— 定级区域面积，宜兴市域总面积；

L_i—— 第一级至第 i 级公路总长度。

本研究宜兴市总面积为2 038.7 km^2，由以上方法计算得到的一、二、三各级道路的影响半径分别为 22 km、9 km、3 km。

（3）按照直线衰减法计算道路的作用分值

道路通达度的作用分值按照直线衰减法计算，公式为：

$$f_{ij} = F_i(1 - r_{ij}) \tag{22.10}$$

$$r_{ij} = \frac{d_{ij}}{d_i} \tag{22.11}$$

式中：f_{ij}—— 第 i 条公路对其影响范围内第 j 个定级单元的作用分值；

F_i—— 第 i 条公路的综合规模指数；

r_{ij} —— 第 j 个定级单元与第 i 条公路的相对距离；

d_{ij} —— 第 j 个定级单元与第 i 条公路的实际距离；

d_i—— 第 i 条公路的影响半径。

高级别公路除自己特有的功能，还包括了更低级别公路的功能。特有功能服务半径是该级别公路的服务半径，所包含更低级别公路功能的服务半径则是低级别公路的服务半径。本研究计算定级单元公路通达度作用分值时，首先对各级别公路进行功能划分，分别计算各级别公路功能对该单元的作用分值，然后再求和得到该单元总的公路作用分值。具体公式如下：

$$f_i = 20 \times (1 - \frac{d_1}{22}) + 25 \times (1 - \frac{d_2}{9}) + 55 \times (1 - \frac{d_3}{3}) \qquad (22.12)$$

式中：f_i—— 第 i 个定级单元道路通达度的作用分值；

d_1—— 第 i 个定级单元距离第一级公路的实际最短距离；

d_2—— 第 i 个定级单元距离第二级公路的实际最短距离；

d_3—— 第 i 个定级单元距离第三级公路的实际最短距离；

20、25、55—— 分别为第一、二、三级公路与下一级公路相比所特有的功能作用分值；

22、9、3—— 分别为第一、二、三级公路的服务半径。

3）路网密度因子作用分值量化

路网密度因子作用分值计算过程如下：

(1) 根据宜兴市交通局提供的各村道路长度资料，除以各村面积，得到各村路网密度指标值；

(2) 将路网密度指标值按极大值标准化法，得到各村路网密度作用分值，其中全市路网密度最大村为宜城镇的东虹村，路网密度为2.61 km/km^2；

(3) 将各村路网密度作用分值再除以全市路网密度平均分值，得到各村路网密度因子作用的修正系数。

4）生态环境质量因子作用分值量化

生态环境质量因子作用分值量化的步骤如下：

(1) 首先根据宜兴市环保局提供的 2002 年各镇工业企业烟尘、粉尘、二氧化硫、废水排放量、化学需氧量和悬浮物等 6 个项目的排放量，计算各镇的排放总量。

(2) 根据污染物排放量与农用地级别呈负相关的特点，按照极差标准化法对生态环境因子有 6 个指标值进行处理，得到各因子的作用分值，计算公式为：

$$f_{ij} = 100 \times \frac{X_{j,\max} - X_{ij}}{X_{j,\max} - X_{j,\min}} \qquad (22.13)$$

式中：f_{ij}—— 第 i 个乡镇第 j 项生态环境因子作用分值；

X_{ij}—— 第 i 个乡镇第 j 项生态环境因子指标值(排放总量)；

$X_{j,\max}$—— 全市各乡镇第 j 项生态环境因子指标(排放总量) 最大值；

$X_{j,\min}$—— 全市各乡镇第 j 项生态环境因子指标(排放总量) 最小值。

(3) 烟尘、粉尘、二氧化硫、废水排放量、化学需氧量和悬浮物等 6 个生态环境因子作用分值，按权重分别为 0.15、0.1、0.15、0.3、0.2、0.1，加权求和得到各镇生态环境因子的综合作用分值。

(4) 将各镇生态环境因子的综合作用分值除以全市生态环境因子平均分值，得到各镇生态环境因子作用修正系数。

5）土壤速效磷、钾因子作用分值量化

土壤速效磷、钾因子作用分值量化步骤如下：

(1) 根据宜兴市农林局土肥站近年土壤检测点土壤养分测试数据，对《宜兴市土壤志》中各土壤类型的速效磷、钾含量进行修正，得到各土壤类型目前土壤速效磷、钾含量状况。

(2) 根据宜兴市土壤速效磷、钾显著作用区间（速效磷含量为 0 ～ 15 mg/kg，速效钾含量为 0 ～ 200 mg/kg）和《宜兴市土壤志》中土壤速效磷、钾含量水平级别划分标准，确定土壤速效磷、钾含量 —— 分值隶属函数。

设土壤速效磷分值为 y，土壤速效磷含量指标值为 x，则土壤速效磷含量 —— 分值隶属函数为：

$$y=\begin{cases}\dfrac{25}{3}\times x; & (x=0\sim 3\ \mathrm{mg/kg})\\ \dfrac{25}{2}\times(x-3)+25; & (x=3\sim 5\ \mathrm{mg/kg})\\ 5x+25; & (x=5\sim 15\ \mathrm{mg/kg})\end{cases} \tag{22.14}$$

设土壤速效钾分值为 y，土壤速效钾含量指标值为 x，则土壤速效磷含量 —— 分值隶属函数为：

$$y=\frac{x}{2}\quad (x=0\sim 200\ \mathrm{mg/kg}) \tag{22.15}$$

(3) 根据土壤速效磷和速效钾两个指标的分值，采用加权求和法得到速效磷、速效钾综合分值。宜兴市农业土壤缺磷、缺钾面积分别占 90.11%、94.64%，土壤缺磷、缺钾对农作物影响性接近，因此计算土壤速效磷、钾因子综合分值时速效磷和速效钾权重分别取 0.5 和 0.5。

(4) 将各土壤类型速效磷、速效钾综合分值除以全市平均值，得到各土壤类型速效磷、钾因子作用修正系数。

6）田块平整度因子作用分值量化

田块平整度因子作用分值量化是根据宜兴市 1∶1 万地形图，以及本次宜兴市农用地定级三个指标区内部地形起伏对比状况，以村为单位确定田块平整度作用分值，其中最优状况即田块平整者为 100。将各村田块平整度作用分值除以全市平均值，即可得到各村田块平整度的修正系数。

22.2.4　定级指数的计算

1）定级修正基准指数的确定

修正法农用地定级是基于农用地分等结果进行的，定级基准指数即分等指数的提取将影响农用地定级结果的科学性。在农用地分等过程中，主要有自然等指数、利用等指数和经济等指数。其中，自然等指数体现的是土地自然质量水平，代表着在最优土地利用水平和最有利经济条件下，农用地所能实现的最大可能单产水平，体现的是农用地不同分等单元自然条件因素的差异；利用等指数是在自然等指数基础上进行区域土地利用水平修正，是农用地在当时最有利经济条件下所能实现的最大可能产量水平，其结果进一步体现了农用地不同分等单元在农田水利、田间道路等农田基本设施方面的差异；经济等指数是利用等指数基础上进行经济系数的修正，体现了不同分等单元在区位条件等方面的差异。修正法农用地定级是农用地等别在资源属性因素方面的细化和在社会经济属性因素方面的深化，需要增加分等过程中没有考虑到的部分自然因素因子和区位等经济因素因子，选取土地利用等指数作为定级基准指数，相对于自然等指数可以不再重复评价定级单元土地利用方面因素；相对经济等指数剥离了区位等因素，便于定级时深入探讨。

2）修正因素影响度的计算

各个修正因素对农用地级别的影响存在很大差异，修正系数直接修正的方法不能体现各个修正因素对农用地级别的实际影响程度，因此本级研究将修正系数转换为各个修正因素对定级单元的影响度。方法如下：

设某定级修正因素修正系数最小值为 K_{min}，最大值为 K_{max}，其对土地产出的影响幅度上、下限即最大影响度分别为 A_{max}、A_{min}。设定级单元该定级修正因素的修正系数为 K_i，则定级修正因素影响度 F_i 计算公式为：

① 当 $K_i < 1$ 时，

$$F_i = 1 - \frac{(1 - A_{min})(1 - K_{min})}{1 - K_i} \tag{22.16}$$

② 当 $K_i > 1$ 时，

$$F_i = A_{max} - \frac{(A_{max} - 1)(K_{max} - K_i)}{K_i - 1} \tag{22.17}$$

③ 当 $K_i = 1$ 时，

$$F_i = 1 \tag{22.18}$$

修正因素修正系数计算公式为：

$$k_{ji} = \frac{K_{ji}}{\overline{K}_j} \tag{22.19}$$

式中：k_{ji}—— 修正因素修正系数；

K_{ji}—— 第 i 个单元 j 因素作用分值；

$\overline{K}_j$—— 全市 j 因素的平均作用分值。

修正因素影响幅度上、下限即 A_{max}、A_{min}，可以根据样点的投入-产出水平差异来确定。首先在全市范围内根据不同修正因素的作用分值进行好、中、差区域划分，并进行图层叠加，选取单个因素存在优劣差异而其他四个因素优劣相近的区域，并根据该区域样点调查数据，分别计算好、中、差样点的投入-产出平均水平作为该修正因素的最高、中等、最低投入-产出水平，再将最高、最低水平与中等水平比较从而得到该修正因素的影响幅度。计算公式为：

$$A_{max} = \frac{\sum P_{1i} \cdot S_{1i}}{\sum S_{1i}} \Bigg/ \frac{\sum P_{2i} \cdot S_{2i}}{\sum S_{2i}} \tag{22.20}$$

$$A_{min} = \frac{\sum P_{3i} \cdot S_{3i}}{\sum S_{3i}} \Bigg/ \frac{\sum P_{2i} \cdot S_{2i}}{\sum S_{2i}} \tag{22.21}$$

式中：P_i——i 样点的单位面积净收益；

S_i——i 样点代表区面积；

1、2、3—— 分别代表好、中、差样点。

各修正因素的影响幅度上、下限见表 22.1。

表 22.1　修正因素影响幅度计算结果

修正因素	影响幅度上限 A_{max}	影响幅度下限 A_{min}
区位因素	4.0	0.60
耕作便利度因素	1.30	0.70
生态环境质量因素	1.05	0.85
速效磷、钾含量因素	1.20	0.80
田块平整度因素	1.06	0.85

3) 定级指数的计算

修正法定级指数计算可以采用修正系数连乘方法，即：

$$H_i = G_i k_{zi} k_{fi} \prod k_{ji} \tag{22.22}$$

式中：H_i——第 i 个单元的定级指数；

G_i——第 i 个单元所对应的分等指数；

k_{zi}——第 i 个单元土地区位的修正系数；

k_{fi}——第 i 个单元土地耕作便利的修正系数；

k_{ji}——第 i 个单元参选修正因素的修正系数。

本研究在定级指数计算时，采用修正因素影响度对定级单元利用等指数进行修正，最终计算公式调整为

$$H_i = Y_i F_{zi} F_{fi} \prod F_{ji} \tag{22.23}$$

式中：H_i——第 i 个单元的定级指数；

Y_i——第 i 个单元的利用等指数；

F_{zi}——第 i 个单元土地区位因素的影响度；

F_{fi}——第 i 个单元土地耕作便利因素的影响度；

F_{ji}——第 i 个单元参选修正因素的影响度。

22.2.5　土地级别的划分

单元的定级指数反映了该单元农用地质量的好坏，定级指数越大，农用地质量越好，级别越高。级别的具体划分方法主要有数轴法、总分值频率曲线法、总分等值线法等，本研究采用总分值频率直方图法划分宜兴市农用地级别。宜兴市各定级单元农用地定级指数 H_i 的频率直方图见图 22.2。

在分值越大、等级越高，级别之间分值具有明显差异，任何一个定级指数分值只能唯一对应一个土地级别等原则的指导下，结合野外实际验证，本研究将宜兴市农用地分为 5 个级别。其中，一级地、二级地主要位于宜城镇及其周围区域，区位等条件优越，一级地定级指数区间为 7 106～11 262，占全市农用地的 5.16%；二级地定级指数区间为 4 300～7 106，占全市农用地的 17.97%；三级地主要分布于中北部的平原和丘陵区，区位条件相对一、二级地稍差，耕作便利度等条件优越，其定级指数区间为 2 845～4 300，占全市总面积的 23.15%；四级地分布零散，耕作便利度较差，定级指数区间为 1 598～2 845，占全市总面积的 39.70%；五级地主要位于南部的低山地区，综合条件较差，定级指数区间为 974～1 598，占总面积的 14.02%。

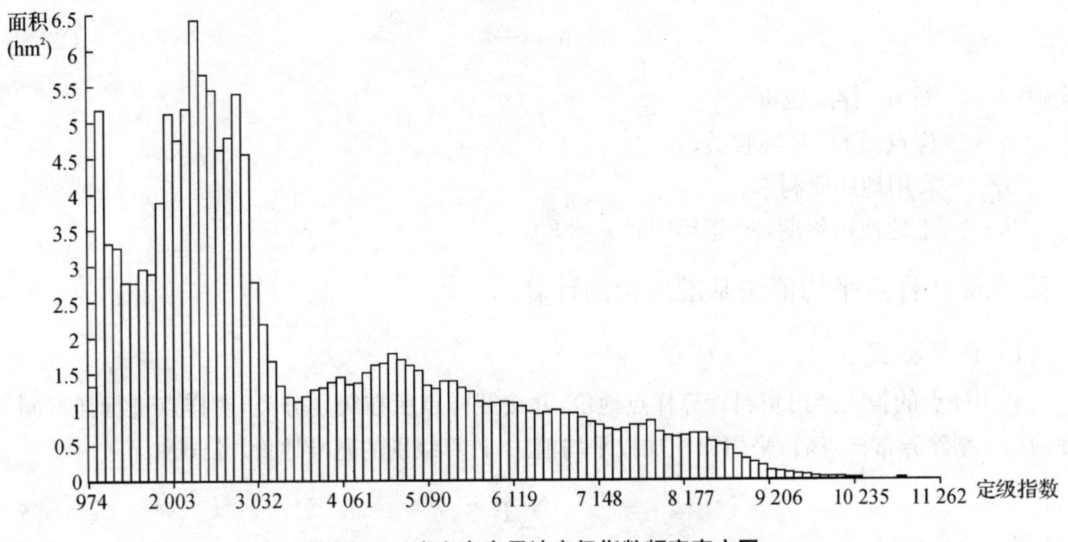

图 22.2 宜兴市农用地定级指数频率直方图

22.3 农用地估价

22.3.1 估价处理方法

(1) 评估技术路线。首先根据宜兴市农用地的利用现状,以及农用地自然、区位、社会经济和环境等条件,在农用地定级的基础上,评估出不同土地级别农用地在 2002 年 6 月 30 日的无限年期及 30 年期土地使用权的平均价格,相应的基础设施配套水平为本级别平均基础设施配套程度,以此平均价格作为农用地的基准地价。然后通过对影响农用地价格因素的分析,建立基准地价修正体系,进而可以利用该修正体系评估出农用地的宗地价格。步骤包括:① 在农用地定级基础上,采用农用地投入产出资料,按土地用途,分稻田养殖、花卉苗木、菜地、园地和水田等分别计算各用途的级别基准地价,并通过面积加权计算级别综合基准地价;② 在农用地定级基础上,建立各级别定级指数与该级别综合地价的模型,从而得到级别基准地价。

(2) 基准地价内涵。估价期日为 2002 年 6 月 30 日;土地用途为农用地;土地使用权年期为 30 年期及无限年期两种;土地开发条件在土地平整程度和灌排设施完善程度、田间道路配套程度、供电设施完善程度、农田防护设施完善程度和土壤熟化程度等六个方面达到本级别平均水平。

(3) 基准地价评估基本参数。土地还原利率,水田取 3.5%、园地和菜地取 4.5%、稻田养殖取 5.5%、花卉苗木取 6%;期日修正系数见表 22.2。

表 22.2 期日修正系数表

日　期	2000 年 6 月 30 日	2001 年 6 月 30 日	2002 年 6 月 30 日
修正系数(%)	98.4	99.0	100.0

(4)样点地价的计算方法。本研究采用收益还原法分别按 30 年年期和无限年期,进行农用地基准地价评估。30 年年期样点地价的计算公式为:

$$p=\frac{a}{r}\left[1-\frac{1}{(1+r)^n}\right] \tag{22.24}$$

无限年期样点地价的计算公式为:

$$p = \frac{a}{r} \tag{22.25}$$

式中：p—— 每 m^2 样点地价；

a—— 样点每 m^2 年纯收益；

r—— 农用地还原利率；

n—— 土地使用年期，30 年年期时 $n = 30$。

22.3.2　样点平均值法基准地价的计算

1）计算公式

利用样点的投入产出资料计算样点地价，并按照样点所在级别分类，对样点进行样本同一性检验。剔除异常样点后，采用面积加权平均值法，计算级别的基准地价。公式如下：

$$P_i = \frac{\sum_{j=1}^{n} P_{ij} S_{ij}}{\sum_{j=1}^{n} S_{ij}} \tag{22.26}$$

式中：P_i—— 第 i 级别的基准地价；

P_{ij}—— 第 i 级别内第 j 个样点的地价；

S_{ij}—— 第 i 级别内第 j 个样点代表区的面积；

n —— 第 i 级别内的样点数。

2）分用途级别基准地价的计算

按照上述方法，分不同的土地用途，分别计算稻田养殖、花卉苗木、菜地、水田、园地的级别基准地价，得到各土地用途的级别基准地价，所得结果见表 22.3。

表 22.3　分用途级别基准地价表(元/m^2)

土地级别	地 价	稻田养殖	花卉苗木	菜地	水田	园地
Ⅰ	最大值	38.00	66.10	63.82	22.44	—
	最小值	30.60	61.17	58.60	16.21	—
	平均值	33.18	63.57	60.42	17.92	—
Ⅱ	最大值	30.32	61.00	58.31	16.57	—
	最小值	25.25	55.83	52.60	14.02	—
	平均值	27.43	58.16	55.62	15.25	—
Ⅲ	最大值	25.93	55.21	52.80	14.20	—
	最小值	21.16	49.83	48.20	11.87	—
	平均值	23.41	52.17	50.47	13.27	—
Ⅳ	最大值	21.03	49.50	48.35	11.88	—
	最小值	16.99	45.60	42.56	9.24	—
	平均值	19.03	47.91	45.84	10.82	—
Ⅴ	最大值	—	45.88	42.80	9.20	43.67
	最小值	—	38.50	35.88	7.92	22.10
	平均值	—	43.67	40.48	8.64	33.95

3) 级别综合地价的计算

(1) 各级别土地用途理论面积比例的确定

由于为征地补偿服务农用地估价计算时应特别强调区位条件和路网密度等经济属性因素的作用,充分考虑在相应区位条件和路网密度条件下农业生产和农作物布局结构,选取相应的作物及其投入-产出效益并按适当的比例结构(权重)参与基准地价的计算。在确定各级别中土地用途的面积比例时,不能用现状比例来计算,因为现状土地利用结构还不能充分发挥农用地的潜在价值,因此需在此基础上,从理论角度出发,考虑产业布局的最佳利用情况,分析各级别的最佳的土地利用结构,同时征询当地农业专家的意见,对各级别的现状比例作了调整,结果见表 22.4。

表 22.4　各级别土地用途面积理论比例

土地级别	稻田养殖(%)	花卉苗木(%)	菜地(%)	水田(%)	园地(%)
Ⅰ	13	12	40	35	—
Ⅱ	17	10	33	40	—
Ⅲ	22	8	22	48	—
Ⅳ	18	5	15	62	—
Ⅴ	—	5	10	77	8

Ⅰ级地、Ⅱ级地由于地处宜兴市的城边地区,区位条件很好,从最佳用途上分析,比较适宜种植蔬菜和花卉苗木,因此应该占比较高的比例;Ⅲ级地、Ⅳ级地由于距离城市有一定的距离,蔬菜和花卉苗木的比例下降,而正由于远离城市中心,从环境角度上来说,环境质量提高,适合稻田养殖,其比例上升;Ⅴ地处于南部低山丘陵区,虽然环境条件很好,但由于地形地貌的限制,土地质量较前四级差,稻田养殖基本上不适合,花卉苗木和菜地比例也很小。

(2) 级别综合地价计算

通过上述各级别土地理论的计算,以及各土地用途级别基准地价的确定,将其面积加权得到级别综合地价(表 22.5)。

表 22.5　样点平均法农用地各级别地价表

土地级别	样点数(个)	平均地价(元/m^2)
Ⅰ	508	42.38
Ⅱ	1 080	34.93
Ⅲ	749	26.80
Ⅳ	1 179	19.41
Ⅴ	603	15.60

22.3.3　模型法基准地价的测算

模型法测算基准地价的理论依据是农用地的价格与其土地质量之间存在的相关性。地价是土地质量在市场上的体现,质量好的土地价格高;反之亦然。模型法是通过一定数量的调查样点模拟出地价与表征土地质量好坏的土地定级指数之间的数学关系,建立地价—土地质量指数模型,从而完成对农用地基准地价的评定。

1) 模型的构建

模型法是在完成了农用地定级工作,已有土地质量指数的基础上,建立地价与土地定级指数间的数学关系。相关的模型见下表 22.6。

表 22.6 地价—指数模型

类型	线性模型	对数模型	乘幂模型	指数模型	多项式模型
公式	$Y=aX+b$	$Y=a\ln(X)+b$	$Y=aX^b$	$Y=ae^{bX}$	$Y=aX^2+bX+c$

式中：Y——评估单元地价；

X——评估单元土地质量综合分值；

a、b、c——常数；

e——自然对数的底。

2）模型回归分析

分别在各土地级别中建立定级指数和农用地综合地价回归模型的数学公式，并对得到的各回归模型进行分析，从而最终确定该土地用途在该土地级别中的回归模型（见表 22.7）。

表 22.7 不同级别土地地价模型

土地级别	模型形式	模 型 方 程
Ⅰ	$Y=ae^{bX}$	$Y=20.25482\times e^{0.000735X}$
Ⅱ	$Y=a\ln(X)+b$	$Y=7.27515\times\ln(X)-27.853$
Ⅲ	$Y=aX^2+bX+c$	$Y=-0.00017X^2+0.176X-14.31399$
Ⅳ	$Y=a\ln(X)+b$	$Y=3.44285\times\ln(X)-7.05293$
Ⅴ	$Y=aX^2+bX+c$	$Y=-0.00027X^2+0.0775X+18.74$

3）基准地价计算

根据选定的级别地价—指数模型，对级别内的单元进行面积加权，计算基准地价，公式如下：

$$P_i=\frac{\sum_{j=1}^{n}P_{ij}S_{ij}}{\sum_{j=1}^{n}S_{ij}} \tag{22.27}$$

式中：P_i——第 i 级别的基准地价；

P_{ij}——第 i 级别内第 j 个单元的地价；

S_{ij}——第 i 级别内第 j 个单元代表区的面积；

n——第 i 级别内的单元数。

根据计算，得出各级别基准地价，结果见下表 22.8。

表 22.8 模型法测算各级别基准地价表

土地级别	定级指数区间	平均地价（元/m²）
Ⅰ	7 106～11 262	42.67
Ⅱ	4 300～7 106	35.50
Ⅲ	2 845～4 300	28.24
Ⅳ	1 598～2 845	21.55
Ⅴ	974～1 598	15.40

22.4 农用地征用土地补偿标准的确定

经过上述两种途径试算，得出基准地价初步结果后，对两种途径的计算依据、基础资料的充分程度、计算过程的严谨程度以及结果与实际的符合程度进行了比较分析，最后确定以样点地价平均法所得农用地基准地价结果，作为宜兴市农用地征用土地补偿基准(见表22.9)。其中，补偿标准中上调后的最大值和下调后的最小值，根据如下方法计算得出：以级别为单位，调查各级别中正常土地收益的上限值、下限值，分别与该级别基准地价折算的土地收益相减，得到上调后的补偿最大值和下调后的补偿最小值。

表 22.9 宜兴市农用地征用土地补偿标准(元/m^2)

土地级别	补偿基准	稻田养殖	花卉苗木	菜地	水田	园地	综合
Ⅰ	最大值	38.00	66.10	63.82	22.44	—	47.92
	最小值	30.60	61.17	58.60	16.21	—	35.75
	平均值	33.18	63.57	60.42	17.92	—	42.38
Ⅱ	最大值	30.32	61.00	58.31	16.57	—	39.95
	最小值	25.25	55.83	52.60	14.02	—	29.90
	平均值	27.43	58.16	55.62	15.25	—	34.93
Ⅲ	最大值	25.93	55.21	52.80	14.20	—	30.91
	最小值	21.16	49.83	48.20	11.87	—	22.46
	平均值	23.41	52.17	50.47	13.27	—	26.80
Ⅳ	最大值	21.03	49.50	48.35	11.88	—	21.86
	最小值	16.99	45.60	42.56	9.24	—	16.59
	平均值	19.03	47.91	45.84	10.82	—	19.41
Ⅴ	最大值	—	45.88	42.80	9.20	43.67	17.27
	最小值	—	38.50	35.88	7.92	22.10	13.12
	平均值	—	43.67	40.48	8.64	33.95	15.60

参 考 文 献

1 Eswaran H and Kimble J. Land quality assessment and monitoring: the next challenge for soil science. Pedosphere, 2003,13(1):1～10
2 陈安庆.兰州市农用地分等定级的基本理论和方法.甘肃科学学报,1990,2(4)
3 陈东湘,周生路.南京市农村房屋拆迁补偿政策演变与改革研究.中国土地科学,2005,19(6)
4 陈敬雄,黄劲松,周生路.我国农用地分等定级和估价研究的近今发展.土壤,2003,35(2)
5 关文荣.农用地的分等定级与估价.中国土地,2000(4)
6 梁朝仪,吴克宁.农用地综合评价研究——以驻马店市为例.中国土地科学,1992,6(5)
7 陆春锋,李爱军,周生路.修正法农用地定级方法探讨及其与因素法比较.土壤,2005,37(2)
8 邱炳文,周勇,李学垣.地理信息系统支持下的区域土壤资源适宜性动态评价.土壤学报, 2002,39(3)
9 盛乐山,赵哲远,陈建明等.农用地定级估价探讨——以浙江省义乌市为例.中国土地科学,1999,13(5)
10 宋佳波,周生路,彭补拙.大城市郊区农用地定级研究——以广州市天河区为例.土壤,2004,36(2)

11 隋雪艳,周生路.城市化背景下农用地价格体系的构建与量化.山东师范大学学报,2005,20(4)
12 王令超.农用地定级方法初探.国土资源科技管理,2001,18(1)
13 叶方,周生路,李爱军.两种目的农用地定级及其结果比较研究.经济地理,2005,25(1)
14 周勇,李学垣,贺纪正等.ARC/INFO信息系统在农用地分等定级中的应用——以武汉市狮子山地区的土系为例.土壤学报,1998,35(4)
15 周生路,王铁成,黄劲松.农用地经济定级中两种方法的比较研究——以新疆一四八农场为例.土壤学报,2001,38(3)
16 朱青,周生路.江苏省沿江地区农用地资源质量评价研究.长江流域资源与环境,2005,14(2)
17 李爱军.农用地两类定级及其与分等结果的比较研究:[硕士学位论文].南京:南京大学,2004
18 冯蓉晔.城市化背景下农用地价格评估初步研究——以宜兴市为例:[硕士学位论文].南京:南京大学,2004